모든 것은 영원했다, 사라지기 전까지는
: 소비에트의 마지막 세대

EVERYTHING WAS FOREVER, UNTIL IT WAS NO MORE
: THE LAST SOVIET GENERATION

모든 것은 영원했다, 사라지기 전까지는   알렉세이 유르착
: 소비에트의 마지막 세대

김수환 옮김

현대의 지성 172   문학과지성사

EVERYTHING WAS FOREVER,
UNTIL IT WAS NO MORE
: THE LAST SOVIET GENERATION

ALEXEI YURCHAK

현대의 지성 172

모든 것은 영원했다, 사라지기 전까지는
: 소비에트의 마지막 세대

제1판 제1쇄 2019년 9월 30일
제1판 제5쇄 2023년 10월 9일

지은이 알렉세이 유르착
옮긴이 김수환
펴낸이 이광호
주간 이근혜
편집 김현주 최대연
펴낸곳 ㈜문학과지성사
등록번호 제1993-000098호
주소 04034 서울 마포구 잔다리로7길 18(서교동 377-20)
전화 02)338-7224
팩스 02)323-4180(편집) 02)338-7221(영업)
전자우편 moonji@moonji.com
홈페이지 www.moonji.com

ISBN 978-89-320-3575-8 93160

이 도서의 국립중앙도서관 출판예정도서목록(CIP)은 서지정보유통지원시스템 홈페이지(http://seoji.nl.go.kr)와
국가자료공동목록시스템(http://www.nl.go.kr/kolisnet)에서 이용하실 수 있습니다.(CIP제어번호: CIP2019036367)

차례

일러두기

1. 이 책은 영어판 Alexei Yurchak, *Everything Was Forever, Until It Was No More: The Last Soviet Generation*(Princeton University Press, 2005)을 저본으로 삼고, 러시아어 판 Это было навсегда, пока не кончилось. Последнее советское поколение(Новое литературное обозрение, 2014)를 참조해 번역했다.

2. 이 책의 외래어 표기는 국립국어원 외래어 표기법을 원칙으로 삼되, 일부 관습적으로 굳어진 표기 용례가 있는 경우에는 이를 따랐다.

3. 본문의 주는 별도의 표시가 없는 경우는 모두 원주이고, 옮긴이주는 〔옮긴이〕로 표시 했다.

4. 본문에서 문맥상 옮긴이의 추가 설명이 필요한 경우에 〔 〕로 표시했다.

1

후기 사회주의
: 영원한 제국

의태는 전혀 다른 본성을 지닌 현상들을 묘사하기에 적당치 않은 개념인데, 왜냐하면 이항 논리에 근거하기 때문이다. 악어는 나무둥치인 척하는 것이 아니며, 카멜레온 또한 주변 색깔을 따라 하는 것이 아니다. 핑크 팬더 역시 다른 무엇인 척하지 않으며, 무언가를 모방하지도 않는다. 그것은 단지 핑크 위에 핑크를 덧입히면서 세계를 자기 색깔로 칠하고 있을 뿐이다.

—질 들뢰즈·펠릭스 가타리, 『천 개의 고원: 자본주의와 분열증 2』[1]

영원한 제국

"소비에트연방Soviet Union에서 무언가가 바뀔 수 있다는 생각은 한 번도 해본 적이 없어요. 그게 사라질 거라는 생각은 고사하고요. 누구도 그걸 기대하지 않았어요. 어른이건 아이건 말이에요. 모든 게 영원할 거라는 완전한 인상이 있었죠." 1994년 텔레비전 인터뷰에서 유명 작곡가이자 연주인인 안드레이 마카레비치Andrei

---

1 Delueze and Gatari(2002: 11)〔질 들뢰즈·펠릭스 가타리, 『천 개의 고원: 자본주의와 분열증 2』, 김재인 옮김, 새물결, 2001, p. 27. 번역 일부 수정〕. 〔옮긴이〕 여기서 핑크 팬더는 주변 세계를 모방하는 게 아니라 그것과 섞이면서 세계의 부분이 된다. 이 과정에서 핑크 팬더뿐 아니라 주변 세계도 달라지면서 그들은 서로의 부분이 된다. 이 과정은 이항 대립(핑크 팬더/주변 세계)의 논리가 아니라 공생symbiosis의 논리에 기초한다.

Makarevich[2]는 이렇게 말했다. 후일 출판된 회고록에서 그가 회상하기를, 수백만의 다른 소비에트 시민처럼 그 역시 영원한 제국vechnoe gosudarstvo에서 살아가고 있다고 느꼈다. 페레스트로이카perestroika (재건)의 개혁 조치가 이미 진행되고 있던 1986~1987년경 전까지는, 사회주의 시스템이 영원히 지속되지 않을 수도 있다는 가능성 자체가 그의 머리에 떠오르지 않았다. 많은 다른 이들도 유사한 경험을 증언했는데, 그건 소비에트 시스템이 변함없이 영원할 줄 알았는데 어느 날 갑자기 무너져버렸다는 느낌이었다. 그런데 마카레비치와 많은 소비에트 인민은 곧장 또 하나의 특이한 사실을 깨달았다. 외견상 붕괴의 급작스러움에도 불구하고, 실은 그들 스스로가 그것에 대비해왔다는 것이다. 여기서 그 시절을 특징짓는 아주 독특한 역설이 명확하게 드러난다. 시스템의 붕괴는 그것이 시작되기 전까지는 상상조차 할 수 없었지만, 막상 그것이 실현되자 놀랍지 않은 것으로 드러났다.

1985년 페레스트로이카와 글라스노스트glasnost'(개방, 공개 토론) 정책이 도입되었을 때, 대부분의 사람들은 뭔가 급진적인 변화가 뒤따를 것으로 예상하지 않았다. 그것들 역시 국가 주도하에서 줄기차게 진행되었던 과거의 선례들, 그러니까 삶이 평소처럼 진행되는 동안 수없이 왔다 갔던 이전의 캠페인들과 다를 바 없을 거라 여겨졌던 것이다. 하지만 1~2년 만에 소비에트 인민은 결코 상상할 수 없었던 어떤 일이 실제로 일어났다는 것을 깨닫게 되었다. 많은 사람들은 갑작스러운 '의식의 전환perelom soznania'과 '엄청난 충격

2　러시아의 록 밴드 '마시나 브레메니Mashina Vremeni'(타임머신)의 리드 보컬이다.

sil'neishii shok'을 경험한 뒤, 서둘러 이 변화에 능동적으로 기꺼이 참
가했다고 말했다. 서로 다른 사람들이 그 순간을 다르게 경험했음에
도 불구하고, 그들이 묘사하는 경험의 유형은 매우 유사하며, 많은
사람들이 그 경험을 생생하게 기억했다.

1966년 레닌그라드Leningrad에서 태어난 교사 토냐는 "불가능한
어떤 일chto-to nevozmozhnoe"이 발생했음을 최초로 감지했던 1987
년경의 순간을 이렇게 묘사한다. "그때 저는 지하철에서 책을 읽
고 있었는데, 갑자기 엄청난 충격을 경험했어요. 그 순간을 생생하
게 기억해요. 〔……〕 저는 〔문학 잡지〕『젊음Iunost'』에 실려 갓 출판
된 레프 라즈곤Lev Razgon의 「꾸며내지 않은 이야기Nepridumannoe」[3]
를 읽고 있었거든요. 그때까지 저는 이런 종류의 이야기가 감히 출
판될 수 있을 거라곤 상상해본 적이 없었어요. 그 이후 압도적인 출
판의 물결이 밀어닥쳤지요." 레닌그라드 출신 1958년생 인나[4]도
1987~1988년경에 그녀 자신이 "최초로 놀랐던 순간pervyi moment
udivleniia"의 경험을 기억하고 있다. "저에게 페레스트로이카는 니콜

---

3   그의 기억에 따르면, 라즈곤의 이야기는 1938~1955년까지 17년간 스탈린 캠프Stalinist
    camp에서 그가 겪은 일에 관한 것이다. 1987년과 1988년에 주간지『등불Ogonek』과 문
    학 잡지『젊음』에 일부가 실렸으며, 이후 단행본으로 출간되었다. 〔옮긴이〕스탈린 캠
    프는 흔히 굴라크gulag라고 불리는 강제노동수용소를 가리킨다. 굴라크는 '교정노동수
    용소관리본부Glavnoe upravlenie lagerei'의 앞 글자를 딴 것으로, 노동을 통해 범죄자
    를 교화시킬 수 있다는 믿음에 기초한다는 점에서 인종 절멸을 목표로 하는 나치의 강제
    수용소와는 차이가 있다. 이 교정 체계가 실제로는 '반혁명분자들'을 고립시키는 수단으
    로 시작됐다는 점 이외에도, 재소자의 노동력을 오지의 식민화와 그곳의 천연자원 개발
    에 이용함으로써 사실상 노예경제의 한 형태로 운용됐다는 점도 문제적이다. 북극과 시
    베리아 지역 개발(발트해와 백해를 잇는 27킬로미터의 수로인 백해 운하 건설도 그중 하
    나)에 동원된 수백만 죄수들의 강제노동은 스탈린의 5개년 계획 시기에 달성한 소비에
    트의 경제성장에 커다란 기여를 했다.
4   인나에 대한 세부적인 이야기는 4장을 참고하라.

라이 구밀료프Nikolai Gumilev의 시 몇 편이 잡지 『등불』[5]에 처음 실렸을 때 시작됐어요." 아크메이스트Akmeist 서클의 일원이었던 구밀료프의 시는 1920년대 이후로 소비에트연방에서 출판된 적이 없었다.[6] 인나는 이미 필사본으로 그 시를 읽었지만, 국영 출판물에서 읽게 되리라고는 기대해본 적이 없었다. 그녀를 놀라게 만든 것은 구밀료프의 시가 아니라 그게 정식으로 출판됐다는 사실이었다.

새 출판물의 물결은 기하급수적으로 증가했는데, 얼마 지나지 않아 어디에서나 책을 읽고, 텍스트를 친구들과 교환하고, 읽은 것에 관해 토론하는 관행이 나라 전체의 강박이 되었다. 1987~1988년 사이에 대부분의 신문과 문학 잡지의 유통이 천문학적으로 증가하여, 1년 만에 약 열 배로 늘었다.[7] 가판대에서 살 수 있는 좀더 대중적인 출판물의 경우에는 절판되는 속도가 너무 빨라서 대개 구하는 게 불

---

5 주간지 『등불』은 페레스트로이카 시기에 가장 대중적인 목소리였다.

6 시인 니콜라이 구밀료프는 안나 아흐마토바Anna Akhmatova의 첫번째 남편인데, 반反볼셰비키 음모에 가담했다는 이유로 1921년 체포된 이래로 그의 시집은 출판된 적이 없었다. 체포 이후 60년이 지난 페레스트로이카 시기에 이르러서야 혐의가 체카ChK(KGB의 전신)의 조작이었음이 밝혀졌다(Volkov 1995: 537). 1970~1980년대 구밀료프의 상징적 중요성에 대해서는 4장을 참고하라. 〔옮긴이〕 아크메이스트 서클은 20세기 초반에 러시아에서 활동했던 시 문학 사조 아크메이즘Akmeism에 속한 이들을 가리킨다. 아크메이스트 서클은 스스로를 "시인조합"이라 부르기도 했는데, 이 말에는 시적 영감과 예언의 언어를 추구하는 전前 세대 상징주의symbolism와 달리 수공업적 정교함의 언어에서 출발하겠다는 뜻이 담겨 있다. 그들의 시어는 몽환적이고 모호한 음악의 언어가 아니라, 고전적 균형의 미학을 추구하는 건축의 언어를 지향한다. 니콜라이 구밀료프를 비롯해 안나 아흐마토바, 오시프 만델스탐Osip Mandelshtam, 세르게이 고로데츠키Sergei Gorodetski 등이 주축이었다.

7 일간지의 판매 부수가 최초로 증가한 것은 1986년 제19차 전당대회 기간 중이었다. 가령 1986~1987년경 일간지 『논쟁과 사실Argumenty i fakty』의 부수는 십만 부 수준에서 수백만 부 수준으로 증가했다. 1987년 후반 많은 주간지(『등불』『모스크바 뉴스Moskovskie novosti』 등)와 이른바 '두꺼운' 월간지(『새로운 세계Novyi mir』『민족들의 우정Druzhba narodov』 등)도 부수가 증가했다.

가능했다. 주간지 『등불』의 독자들은 잡지사에 편지를 보내, 잡지를 사기 위해 개점 두 시간 전인 새벽 다섯 시부터 지역의 신문 판매처 (키오스크kiosk)에서 줄을 서야만 했다고 불평했다. 다른 모든 이들처럼 토냐 역시 가능한 한 많이 읽으려 애썼다. "제 친구 카티아와 저는 문학 관련 월간지(이른바 두꺼운 잡지tosltye zhurnaly), 예를 들면 『10월Oktiabr'』『우리 동시대인Nash Sovremennik』『새로운 세계』『깃발Znamia』『젊음』 등을 구독하기 시작했어요. 모두가 더 많은 자료를 접하기 위해 일부러 각기 다른 잡지를 구독해서 친구들과 돌려 읽곤 했지요. 우리 주변 모두가 그랬어요. 그해를 온통 이 출판물들을 읽으며 보냈다니까요."

잡지를 읽고, 텔레비전 생방송을 시청하고, 똑같이 하고 있는 다른 친구들과 이야기를 나누는 일은 급속도로 새로운 언어, 주제, 비교, 은유, 사상 들을 만들어냈고, 결국 그것은 담론과 의식의 심대한 변화로 이어졌다. 이 과정의 결과로 1980년 후반에 이르자, 그토록 영원한 것처럼 보였던 국가사회주의state socialism가 어쩌면 종말에 이를지도 모른다는 광범위한 인식이 생겨났다. 체제 이행 이전에 소비에트연방에서 오랜 시간을 보낸 이탈리아의 문학 연구자 비토리오 스트라다Vittorio Strada는 1980년대 후반에 소비에트 인민이 겪어야 했던 가속화된 역사 경험을 다음과 같이 요약한다. "아무도 혹은 거의 아무도 붕괴가 〔……〕 그렇게 일찍, 그토록 빠른 속도로 찾아오리라고는 예상치 못했다. 〔……〕 종말의 시점과 그것이 일어난 방식모두가 그저 놀라울 뿐이었다"(Strada 1998: 13).

갑작스러운 변화는 꽤 흥미로운 것이기도 했다. 언제나 소비에트 인민임을 자랑스러워했으며 단 한 번도 반체제분자와 스스로를 동일

1 후기 사회주의: 영원한 제국

시한 적이 없었던 토냐는, 놀랍게도 스스로가 매우 빠른 속도로 새로운 비평 담론에 매료됐음을 깨달았다. 그녀의 말을 빌리자면, 그녀는 주변 사람 대부분이 자기와 마찬가지라는 사실에 "고무되었다." "모든 게 갑작스럽고 예상치 못한 것이었지만, 그것들은 나를 완전히 사로잡았어요." 토냐는 당시 읽은 것들을 기억하고 있었다.

예브게니아 긴즈부르크Evgeniia Ginzburg의 『가파른 길Krutoi marshrut』,[8] 그다음엔 솔제니친Aleksandr Solzhenitsyn, 그다음엔 바실리 그로스만Vassily Grossman[9]을 읽었어요. 그로스만은 공산주의가 파시즘의 한 형태일 수도 있다는 걸 처음으로 암시해주었죠. 이전까지 그런 생각은 한 번도 해본 적이 없었어요. 그로스만은 대놓고 그렇게 말한 게 아니라, 단지 두 시스템하에서의 고문을 비교했을 뿐이에요. 제 방 소파에 누워 그 책을 읽고 있었는데, 제 주변을 감돌고 있는 혁명의 강렬한 느낌을 경험했던 걸 기억해요. 충격적이었어요. 저는 의식의 전환perelom soznania[10]을 경험했던 거예요.

---

8   "가파른 길steep route"은 예브게니아 긴즈부르크의 책 『개인숭배 시대의 연대기 Khronika vremen kul'ta lichnosti』의 부제다. 이 책은 스탈린 캠프에서 18년을 보낸 작가의 회고록이다. 1부는 1960년대 후반에 2부는 1970년대 후반에 쓰였으며, 여러 해 동안 지하 출판물samizdat로만 발간되었다. 토냐가 언급한 최초의 소비에트 공식 출판물은 긴즈부르크가 사망한 지 11년 후인 1988년에 발간되었다. 그녀는 유명 작가 바실리 악쇼노프Vassily Aksyonov의 어머니이기도 하다.

9   바실리 세묘노비치 그로스만의 소설 『삶과 운명Zhizn' i sud'ba』은 2차 세계대전 참전과 스탈린 캠프에서의 경험을 그린 것으로, 1950년대 후반에서 1960년대 초반에 집필되었으나, 책에 포함된 전쟁 묘사가 공식적인 묘사와 다르다는 이유로 KGB에 의해 모두 압수당했다. 해당 원고의 복사본이 비밀리에 서구로 넘어가 1980년에 출판되었다. 이 소설이 소비에트에 처음 소개된 건 1989년 문학 잡지 『10월』에 실린 것으로, 작가가 사망한 지 25년 만이었다.

10 〔옮긴이〕 결론을 비롯한 이 책의 여러 부분에서 등장하게 될 이 "의식의 전환"이라는 개

14

그다음 순서는 블라디미르 보이노비치Vladimir Voinovich의 책이었어요. 저는 삼촌 슬라바와 모든 걸 공유했지요.

    1980년대 후반에 관한 이와 비슷한 종류의 끝없는 다른 이야기들이 시사하고 있는 것은, 시스템의 붕괴는 그것이 발생하기 전까지는 많은 소비에트 인민에게 감히 예측할 수도 상상할 수도 없는 것이었지만, 막상 붕괴가 시작되자 곧장 완벽하게 논리적이고 흥분되는 사건으로 나타났다는 사실이다. 많은 사람들은 스스로도 의식하지 못한 채로 언제나 이미 체제 붕괴에 대비해왔으며, 사회주의 체제하의 삶이 흥미로운 역설들 가운데 형성되었음을 이미 알고 있었다는 것을 깨달았다. 즉 언제나 그 시스템은 정체된 동시에 난공불락의 것으로, 허약한 동시에 강력한 것으로, 황폐한 동시에 충만한 약속들로서 체험되었던 것이다. 이러한 경험은 소비에트 사회주의를 둘러싼 매우 중요한 일련의 질문을 암시한다. 후기 소비에트 시스템의 본질은 무엇이며, 이런 역설들을 핵심으로 하는 삶의 방식이란 무엇을 가리키는가? 담론, 이데올로기, 사회적 관계, 시간의 차원에서

넘은, 저자 유르착에 따르면 미셸 푸코Michel Foucault가 주체의 극단적인 변화나 전환을 가리키기 위해 사용했던 고대 그리스어 "메타노이아metanoia"에 대응될 수 있다. 메타노이아는 대개 회개 혹은 회심으로 번역되는데, 그 단어의 참뜻은 뉘우침의 의미와 더불어 근본적인 전향轉向, 즉 사고와 의식의 근본적인 변화에 놓여 있다. 푸코에 따르면 프랑스혁명 이후 근대에 메타노이아의 경험은 혁명적인 정치적 주체성의 형성과 직접적으로 관련되었다(미셸 푸코, 『주체의 해석학』, 심세광 옮김, 동문선, 2007 참고). 한편 보리스 그로이스Boris Groys는 "순수하게 수행적인 종결의 결단"을 가리키는 이 메타노이아의 개념을 동원하여, 소비에트의 해체가 공산당 지도부의 주도하에 평화적으로 이루어진 공산주의의 자기 폐지의 결과였다고 주장한다(보리스 그로이스, 『코뮤니스트 후기』, 김수환 옮김, 문학과지성사, 2017, 4장 참고).

발생한 시스템 내부의 어떤 변화들이 이 역설을 예견했을까? 더 나아가 이 시스템 속에서의 지식의 생산과 소통의 본질은 무엇이었으며, 그것들은 어떤 형태로 코드화되고 유통되고 수용되고 해석되었는가? 이 모든 질문들은 붕괴의 원인이 아니라 예상치 못한 붕괴를 가능하게 만든 조건에 관한 것이다.[11]

이런 질문들을 염두에 둔 채로, 이 책은 대략 1950년대 중반에서 1980년대 중반에 이르는 약 30년 동안의 후기 사회주의Late Socialism[12]

---

11 〔옮긴이〕 여기서 저자가 사용하고 있는 '(소비에트) 시스템'이라는 용어는 약간의 보충 설명이 필요하다. 2015년 본인이 직접 러시아어로 다시 써서 출간한 러시아어본에서 유르착은 이 용어 사용과 관련된 설명을 덧붙였다. 그에 따르면 우선 이 용어는 시민의 삶의 공간이 조성되는 여하한 사회문화적·정치적·경제적·법률적·이데올로기적·공식적·비공식적·공적·사적인 관계, 제도, 정체성, 의미 관계의 유형들 일체를 가리킨다. 여기서 중요한 것은 시스템이라는 이 개념이 '국가'의 프레임을 넘어서는 관계, 의미, 제도 들을 포함하기 때문에, 국가의 개념과 일치하지 않는다는 점이다. 또한 그것은 전통적으로 사회과학에서 사용되곤 하는 '사회'나 '문화'의 개념과도 다른데, 왜냐하면 시스템이라는 용어 사용의 주된 목적 중 하나가 역사나 정치적 관계의 외부에 고립된 채 존재하는 모종의 자연적 소여로서의 문화, 사회, 혹은 멘탈리티 같은 개념으로부터 벗어나는 데 있기 때문이다. 요컨대 그것은 지금껏 소비에트 분석에서 널리 원용되었던 '국가 대 사회'의 전통적인 대립을 피하는 효과도 있다. 뿐만 아니라 여기서의 시스템 개념은 그것을 억압적 국가기구와 동의어로 사용해온 반체제 담론의 용례와도 차별화된다. 시스템의 개념은 논리적으로 조직화된 모종의 닫힌 불변체가 아니다. 반대로 소비에트 시스템은 끊임없이 변화했으며 내적 전치displacement의 과정을 겪었다. 이 시스템은 엄격한 원칙, 규범, 법칙 및 공공연한 이데올로기적 가치 들을 포함하고 있었지만, 동시에 해당 규범, 법칙, 가치 들에 내적으로 모순되는 많은 것들을 포함하기도 했다. 소비에트 시스템은 일정한 조건이 도입될 경우 급속도로 붕괴될 수 있는 잠재적 가능성까지를 포함하는 수많은 내적 역설, 예측 불가능성, 예기치 못한 가능성 들로 가득 차 있었다. 유르착에 따르면, 소비에트 시스템은 그것이 존재하는 동안에는 체계의 내적 관점과 외적 관점 중 어느 하나만으로는 온전한 전체로서 완벽하게 관찰될 수 없었으며, 오직 그것이 사라지고 난 이후에야 회고적 성찰을 통해 단일체로서 관찰되고 분석될 수 있었다. 이상의 내용에 관해서는 이 책의 러시아어 판본인 Алексей Юрчак, Это было навсегда, пока не кончилось: Последнее советское поколение, Москва: Н.Л.О., 2014. pp. 36~37(이하 '러시아어본'으로 표기)을 참고하라.

12 〔옮긴이〕 '후기 사회주의'는 스탈린Joseph Stalin이 사망한 이후부터 페레스트로이카가

에 대한 탐구에 착수하고자 한다. 이 시기는 페레스트로이카로 인한 변화가 시작되기 이전, 그러니까 아직은 이 체제가 영원히 지속될 거라고 여겨졌던 시간이다. 이 책은 이 시기를 소비에트 마지막 세대의 눈으로, 그들이 이데올로기, 담론, 의례, 공동체, 정체성, 관심, 그리고 수많은 예측 불가능한 의미 들과 맺는 관계에 초점을 두고 살펴볼 것이다.

이원론적 사회주의

이 책을 쓰게 된 동기 가운데 하나는 오늘날 학술 저술 및 언론에서 암묵적으로 혹은 공공연하게 재생산되는 소비에트 사회주의에 대한 문제적 가정에 의문을 제기하기 위해서다. 이러한 일반적인 가정은 대개 다음과 같은 내용을 포함한다. 사회주의는 '나쁜 것'이고 '비도덕적'인 것이다. 또한 나아가 페레스트로이카 이전 소비에트 인민은 사회주의를 바로 그렇게 느꼈다. 소비에트 사회주의의 몰락은 바로 이런 나쁨과 비도덕성에 의해 예견되었다. 이러한 가정은 오늘날

시작되기 이전까지의 시기를 가리킨다. 사실 이 기간은 흐루쇼프Nikita Khrushchev 집권 시기('해빙기')와 브레즈네프Leonid Brezhnev 집권 시기('침체기')를 합친 것에 해당하는데, '60년대 세대'로 불리는 사람들이 첫번째 시기의 주역에 해당한다면, 이 책에서 '소비에트 마지막 세대'라고 부르는 사람들이 두번째 시기의 주역에 해당한다. 이 기간을 공유된 특징을 갖는 특정한 시기로서 주목한 유르착의 연구가 나온 이후에, 후기 사회주의라는 용어와 개념이 확연하게 학술 장에 자주 등장하기 시작했다. 가령 후기 사회주의를 단순한 역사적 단계가 아니라 제2세계 고유의 특수성과 초국가적 공통점을 공히 지니는 흥미로운 탐구의 대상으로 재형성reformation하려는 경향은 현재도 여전히 진행 중이다.

이 시스템을 묘사하기 위해 사용되는 용어—가령 무수히 많은 다른 가정들과 함께 묶여 사용되는 '소비에트 정권regime' 같은 널리 퍼진 구절들—와 소비에트의 현실을 묘사하는 데 동원되는 여러 이원론적 범주에서 명시적으로 드러난다. 억압과 저항, 탄압과 자유, 국가와 인민, 공식 경제와 2차 경제, 공식 문화와 반反문화, 전체주의 언어와 반反언어, 공적 자아와 사적 자아, 진실과 거짓, 현실과 위장 dissimilation, 도덕성과 부패 따위가 그것이다.[13] 이 용어들은 서구에서 생산되고 있는 소비에트 사회주의 관련 담론에서 지배적인 위치를 점하고 있으며, 사회주의가 종식된 이후부터는 과거 소비에트연방 지역에서도 마찬가지다.

이러한 담론의 가장 극단적인 사례들에서 소비에트 시민은 아예 행위 주체성agency을 갖지 못한 존재로 그려지곤 한다. 즉 이와 같은 초상에서는, 그들이 이른바 '공산주의적 가치들'을 지지했던 이유가 어쩔 수 없는 강요 때문이거나 그것들을 비판적으로 성찰할 수단을 갖지 못했기 때문이라고 그려진다. 1980년대 후반 프랑수와즈 톰Françoise Thom은 편재하는 이데올로기적 언어의 맥락하에서 소비에트연방의 언어적 "상징들이 온전히 작동하기를 멈추었으며," 그로 인해 소비에트는 "의미, 사건, 인간성이 부재한 세계"가 되었다고 주장했다(Thom 1989: 156). 1990년대 후반 프랭크 엘리스Frank Ellis는 다음과 같이 언급했다.

---

13 이원론에 대한 내용은 Kupina(1999); Shlapentokh(1989); Wierzbicka(1990); Zaslavsky and Fabris(1983); Zemskaia(1996); Zemtsov(1984)를 보라. 근대적 이원론 일반의 배후에 놓인 전제들에 관한 논의는 Mitchell(1999)을 보라.

이성, 상식, 예의가 충분히 자주 공격받을 때, 인격은 훼손되고 인간의 지성은 해체되거나 뒤틀린다. 진실과 거짓의 경계는 효과적으로 와해된다. [……] 지적인 주도권을 빼앗기고 겁에 질린 채 이런 환경에 길들여진 호모 소비에티쿠스Homo Sovieticus는 당의 이념과 표어의 대변자 이상이 될 수 없었다. 인간이라기보다는 지시된 당 정책이 채워 넣어질 텅 빈 용기에 불과했다(Ellis 1998: 208).

이러한 유형의 설명 중 얼마간의 능동적 주체성을 인정하는 경우조차, 주체의 목소리는 대개 탄압과 공포로 인해 여전히 들리지 않는다. 예를 들어 존 영John Young은 소비에트 시민을 '비-순응적non-conformist' 반체제분자로 묘사했는데, 이들은 "공식적인 거짓에 반하는 '사실들'을 내놓음으로써 정부의 기만에 대적했다." 이 사실들은 "좌절한 친구들과 잠긴 문 뒤에서 나누는 대화나, 비밀경찰이 아파트를 도청할까봐 가족 구성원이 고안해낸 암호 언어, 아니면 손에서 손으로 전달되는 필사 원고나 녹음테이프 속에나 존재할 뿐이다"(Young 1991: 226). 물론 이것들은 극단적인 사례에 해당하지만, 소비에트의 삶을 개념화하기 위한 특정한 경향을 대변한다.[14]

이원론적 비유는 소비에트가 '붕괴된' 이후 과거 소비에트연방이었던 지역의 내부자들이 작성한 회고적인 사회주의 분석 글에서도 널리 사용되었다. 그들의 설명에서 소비에트 문화는 '공식적인 것'과 '비공식적인 것'으로 양분되는데, 사회학자 유바로바Irina Uvarova

---

14 이런 장르의 중요한 요소 중 하나는 미첼Timothy Mitchell이 사회과학에서의 지배적인 "주인 비유master metaphor"라고 부른 것에 대한 의존인데, 그에 따르면 권력과 지형은 "설득과 강제의 구별"을 통해 인식된다(Mitchell 1990: 545).

와 로고프Kirill Rogov에 따르면 이 구분의 유래는 1970년대의 특정한 반체제 이데올로기로 거슬러 올라간다. 그 반체제 이데올로기에 따르면, "〔공식적인〕 소비에트 잡지에서는 어떤 좋은 것도 찾아볼 수 없으며, 진정한 텍스트는 오로지 지하 출판물samizdat과 국외 출판물tamizdat로만 출간될 수 있다"(Uvarova and Rogov 1998). 유바로바와 로고프는 이런 구분을 비판하면서, 그 대신에 소비에트 문화를 "검열되는 것podtsenzurnaia"과 "검열되지 않는 것nepodtsenzurnaia"으로 나눌 것을 제안했다. 이러한 용어 자체는 소비에트연방에서의 문화 생산이 갖는 양면성을 강조하는 데 도움을 준다. 하지만 이는 여전히 소비에트 현실을 국가(검열되는 것)와 그 너머의 사회(검열되지 않은 것)라는 이원론적 분할로 환원하면서, 다음의 사실을 설명해내는 데 실패한다. 즉 공식적으로 검열된 영역 내부에서 허락되고 용인되며 심지어 장려되기까지 했던 공통의 문화 현상들 중 많은 것이, 그럼에도 당의 이데올로기적 텍스트들과는 사뭇 달랐다는 사실이 바로 그것이다.

이런 이원론적 모델이 끈질기게 지속되는 이유 가운데 하나는, 소비에트 사회주의를 대상으로 하는 대부분의 비판적 지식이 특수하게 "처해 있는 입장"(Haraway 1991)이다. 그것들은 사회주의 바깥이나 그 이후의 회고적인 입장에서, 즉 반反사회주의, 비非사회주의, 혹은 포스트-사회주의적인 정치적·도덕적·문화적 의제와 진실 들이 지배하는 맥락 속에서 생산되었다. 로고프의 연구를 살펴보면, 1970년대에 작성된 브레즈네프 시기의 일기와, 1990년대에 쓰인 성찰적인 회고록은 단지 두 개의 상이한 목소리나 언어로 기록된 글만은 아니다. 그것들은 소비에트 사회주의의 일상적 현실들을 암묵적 혹은 명시적으로 상이한 두 가지 방식에 따라 평가하고 있다. 일기와 비교했을 때 회고록은 사회주의 시스템에 훨씬 더 비판적일 뿐만 아니라, 해당 체제와 그 체제 속 자신의 위치를 나중에야 회고적으로 생겨났을 뿐인 관점을 통해 개념화하고 있다(Rogov 1998).[15] 파트리크 세리오Patrick Sériot 역시 페레스트로이카가 끝날 무렵인 1980년대 후반에, 특히 인텔리겐치아 구성원들 사이에서, 사회주의 기간 동안 "권력의 언어와 그들 자신의 언어 사이에 그 어떤 섞임도" 없었으며 자신의 언어는 "투쟁 속에서 지켜낸 자유 공간"이었음을 강조하는 것이 정치적으로 매우 중요해졌다는 사실을 지적한 바 있다(Sériot 1992: 205~206). 그런데 그들이 말하는 이러한 언어의 분화는 사실 페레스트로이카 말기나 그 이후에 회고적으로 구축된 것에 불과할 가능성이 높다.

그런가 하면 브레즈네프 집권 시기를 가리키는 일종의 꼬리표가 된 '침체기zastoi'라는 용어 역시 사회주의 시스템이 급격한 변화를 겪어야 했던 고르바초프Mikhail Gorbachev 개혁기에 회고적으로 출현한 것이다.[16] 실제로 1960년대 후반에서 1970년대까지, 즉 브레즈네프가 당 서기장을 맡았던 기간을 구체적인 역사적 특징들을 지니는 특정한 '시기'로 개념화하려는 시도는 페레스트로이카 때에 이르러서야 나타났다. 로고프에 따르면 "1970년대에 [소비에트] 사람이 가질 수 있었던 자기 시대의 역사적 좌표에 관한 이해는, 훗날 1980

---

15 1980~1990년대 출판된 소비에트에 대한 기억을 다룬 연구로는 Paperno(2002)를 참고하라.
16 당시 이 용어는 공적인 담론에 먼저 도입된 바 있는 해빙thaw과 페레스트로이카라는 다른 두 용어(해빙은 1950년대, 페레스트로이카는 1985년에 도입)와의 관계 속에서 사용되었다(Rogov 1998: 7).

1 후기 사회주의: 영원한 제국

년대 후반과 1990년대의 관점을 통해 돌이켜 보면서 비로소 스스로에게 분명해진 것에 비하면, 훨씬 더 막연한 것이었다"(Rogov 1998: 7). 소비에트의 과거를 둘러싼 특정한 신화들을 낳는 데 기여한 또한 가지는, 과거에는 알려지지 않았거나 은연중에 알려졌다 하더라도 결코 발설된 적이 없었던 미지의 사실들을 폭로하는 것을 특징으로 하는 페레스트로이카식 비판 담론이었다. 이 신화들은 1980년대 후반에 등장한 새로운 혁명 사상과 정치적인 의제 들로 채색되어 있었다. 사라지는 시스템을 설명하는 다수의 이원론적 범주가 이런 혁명적 맥락 속에서 뚜렷하게 부각되었던 것이다.

동시에 이런 이원론적 범주들의 몇몇 뿌리는 더욱더 깊은 곳에서 기원한다. 그 기원은 '소비에트 블록the Soviet bloc'의 실체가 '서구'와 대립되는 동시에 '제3세계'와도 구별되었던 냉전 시기의 정치적 조건하에서 형성된 넓은 의미의 '지식 체제regimes of knowledge'다. 이원론적 범주들 자체만을 겨냥한 비판 행위는 그 너머에 있는 이런 더 깊은 심층의 전제들을 해체하는 데까지 이르지 못할 수 있다.[17] 예를 들어 수전 갈Susan Gal과 게일 클리그만Gail Kligman은 이런 사회들에서는 "'우리 대 그들' '사적인 것 대 공적인 것'과 같은 명백한 구분보다는, 이 범주들의 편재하는 상호 침투와 뒤섞임이 존재한다"[18]고 주장하면서, 국가사회주의 연구를 지배하고 있는 각종 이

---

17 〔옮긴이〕 러시아어본에서는 이렇게 다시 썼다. "깊은 역사적 뿌리에 대한 비판적 분석 없이 이원론적 범주만을 대상으로 한 고립된 비판은 단순화된 범주를 거부하는 대신, 예전의 단순화된 범주를 그것 못지않게 문제적인 고정관념에 기초한 새로운 범주들로 바꿔치기하는 것으로 이끌 수 있다"(러시아어본, p. 43).

18 사회주의를 묘사하는 데 사용되는 이원론적 범주들에 대한 비판으로 Lampland(1995: 273~75, 304)도 참고하라.

원론적 구분에 대한 결정적인 비판을 제공한다. 하지만 그들은 여전히 이런 비판을 "모든 사람이 후원, 거짓말, 절도, 매수, 표리부동 따위를 통해서 시스템과 얼마간 공모"했으며 심지어 "친지, 가족, 친구들이 서로를 밀고하기도 했다"는 또 다른 주장과 결합시킨다(Gal and Kligman 2000: 51). 표리부동, 거짓말, 다른 사람에 대한 밀고 따위의 범주들을 강조하는 것은—이는 인민 상호 간의 관계와 인민이 시스템과 맺는 관계의 중심에 도덕적 곤경이 자리하고 있음을 암시하는데—사회주의가 부도덕의 복잡한 망 위에 기초하고 있다는 근본적 가정을 은연중에 재생산한다.

일상적 현실들

소비에트 시스템은 엄청난 고통, 탄압, 공포, 부자유를 야기했으며, 이에 관한 기록들은 고스란히 남아 있다. 하지만 시스템의 이런 측면만을 강조하게 되면, 우리가 이 책에서 제기하고자 하는 사회주의하에서의 삶의 내적 역설들에 관한 물음에 온전히 답하기 어렵다. 이원론적 설명은 매우 결정적이고 외견상 역설적인 다음의 사실을 놓치곤 한다. 그것은 절대 다수의 소비에트 시민에게 사회주의적 삶의 근본적 가치, 이념, 현실 들 중 많은 것(가령 평등, 공동체, 헌신, 이타심, 우정, 윤리적 관계, 안전, 교육, 직업, 창조성, 미래에 대한 근심 등)이 진정으로 중요했다는 사실이다. 물론 그것들을 매일매일 실천하는 과정에서 사회주의국가의 공식 이데올로기 속에 그려진 법칙과 규범 들을 위반하거나 재해석하거나 거부하는 일이 다반사로 벌어졌음에도 불구하고, 그것들은 여전히 중요했다. 많은 사람들에게 '사회주의'는 인간적 가치들의 체계이자 '정상적인 삶normal'naia zhizn'[19]의 일상적 현실이었으며, 반드시 '국가'나 '이데올로기'와 대응될 필요가 없었다. 그들에게 사회주의를 살아간다는 것은 국가의 수사학이 제공하는 공식적인 해석들과 사뭇 다른 어떤 것을 뜻했다.

오늘날의 "포스트-소비에트 노스탤지어post-Soviet nostalgia" 현상은 그 자체로 포스트-소비에트의 복잡한 구축물에 해당하는데,[20] 이 현상을 구성하는 부인할 수 없는 일부분은 사회주의적 현실이—종종 국가가 공표한 목표들에 반하여—제공해줄 수 있었던 진정한 인간적 가치, 윤리, 우정, 창조적 가능성 같은 것들을 향한 갈망이다. 이것들은 무감각함이나 소외의 느낌과 마찬가지로 사회주의의 일상적 삶의 빼놓을 수 없는 일부분이었다. 1995년에 한 러시아 철학자는 [소비에트 시기를 되돌아보기에 유리한] 최초의 포스트-소비에트 시기의 관점에서 볼 때, 소비에트식 현실의 우중충함과 공포라는 것이 "잘 갖춰진 공동의 생활공간" 안에서의 "인간 행복" "편안함과 웰빙" "온정과 성공과 질서"의 형태들을 동반하는 진정한 낙관주의 및 온기와 뗄 수 없이 연결되어 있었다는 걸 깨닫게 되었다고 썼다(Savchuk 1995). 한 러시아 사진가는 이 깨달음에 응답하면서, 개인적으로 그에게 "공산주의의 몰락"은 돌이켜 생각해보면 자신의 유년기와 청소년기를 수놓았던 저 "열정적인 신실함과 진실함"으로 이

---

19 '정상적인 삶'에 대한 내용은 3장과 4장을 참고하라.

20 포스트-사회주의 세계에서의 "노스탤지어" 현상에 대한 종합적인 논의와 그 개념의 사회학적 유용성에 대한 비판은 Nadkarni and Shevchenko(2004)를 참고하라. 포스트-사회주의적 노스탤지어 현상에 관한 논의는 Boym(2001); Berdahl(1999); Bach(2002)를 참고하라.

루어진 극히 개인적이고 순수하며 희망으로 가득 찬 어떤 것의 몰락이기도 했다는 "진부한 고백"을 내놓기도 했다(Vilenskii 1995). 이와 같은 회고들에 대한 비판적인 검토는 소비에트 사회주의를 이해하는 데 본질적이다. '현존 사회주의'가 소비에트 시민의 삶 속에서 획득했던 윤리적·미학적 역설들에 대한 이해 없이는, 그리고 그들이 자신의 사회주의적 삶에—때로는 국가가 천명한 목표에 부합하여, 때로는 그에 반하여, 또 때로는 이런 양자택일에 맞지 않는 방식으로—부여했던 창조적이고 긍정적인 의미들에 대한 이해 없이는, 사회주의가 어떤 종류의 사회 시스템이었는지, 어째서 시스템의 급작스러운 변화가 그토록 예측 불가능한 동시에 놀랍지 않은 것이었는지를 결코 납득할 수 없다.

부정적 가치와 긍정적 가치, 소외와 애착의 이런 역설적인 결합을 분석하기 위해서 필요한 것은, 사회주의적 현실에 대한 묘사를 공식 대 비공식, 국가 대 인민으로 양분하거나, 냉전 이데올로기를 통해 만들어진 도덕적 판단으로 환원시키지 않을 수 있게 하는 언어다. 최근 탈식민주의 연구에서의 언어를 둘러싼 비판적 논의는 사회주의의 맥락에도 유효한 몇 가지 통찰을 제공한다.[21] 디페시 차크라바르티Dipesh Chakrabarty는 언어 사용과 관련해 몇몇 탈식민주

---

21 이와 더불어 사회주의와 식민주의를 동일 선상에 놓고 이야기하는 것이 하나의 경향처럼 자리 잡고 있는데, 이 두 가지 프로젝트 사이의 정치적·윤리적·미학적 차이를 무시한 채 그것들을 동등하게 평가하지 않도록 매우 유의해야만 한다. 티머시 브레넌Timothy Brennan이 지적했듯이, 식민주의와 사회주의의 차이점은 "제국주의적" 약탈품을 나누거나 "토지에 대한 행정, 위계, 통치권"을 조직하는 것에만 관계되는 게 아니라, 그보다 더 중요하게 "미적 취향과 사회적 가치" "지적 흥분과 도덕적 의도"와 관련되어 있다(Brennan 2001: 39). 또한 Beissinger and Young(2002)도 참고하라.

의 역사 서술을 비판하는데, 그들이 사용하는 언어의 유형이 은연중에 "유럽"을 "우리가 '인도' '중국' '케냐'의 역사라고 부르는 것들을 포함한 모든 역사들에 대한 자율적이고 이론적인 주체"로 만들어내는 동시에, 이런 다른 역사들을 "'유럽의 역사'라고 불리는 주인 내러티브master narrative의 변종들"로 환원시켜버리고 만다는 것이다 (Chakrabarty 2000: 27). 탈식민주의 역사 서술에서 유럽의 "주인 내러티브"를 탈중심화하고 그것을 "지방화provincialize"할 수 있는 언어를 찾으려는 차크라바르티의 요구는 사회주의에 대한 저술에도 유효하다. 하지만 사회주의, 특히 러시아의 경우에는 "지방화"시켜야 할 대상이 그냥 "유럽"이 아니라, 좀더 구체적으로 "서구 유럽"[22]의 주인 내러티브가 된다. 사회주의의 역사에서 '제1세계'와 '제2세계' 사이의 대립, 곧 냉전의 이원론적 범주를 암묵적으로 혹은 공공연하게 재생산하는 포스트-소비에트의 '주인 내러티브'가 바로 그것이다.

이 책은 사회주의적 삶의 윤리적이고 미학적인 복잡성과 더불어, 그것이 형성한 창조적이고 상상력 넘치며 때로는 역설적인 문화적 형식들을 재구축함으로써, [차크라바르티가 말하는] 바로 그런 [다른] 언어를 찾기 위한 시도이다. 이 작업이 내건 도전적인 목표는 사회주의를 낭만화하는 정반대의 극단에 빠지지 않으면서, 그에 대한 선험적인a priori 부정적 설명 역시 피하는 데 있다. 규제, 강압, 소외, 공포, 도덕적 진퇴양난이 이상, 집단적 윤리, 존엄, 창조성, 미래

---

22 Yurchak(2003b); Moore(2002). 또한 Lampland(1995: 336)의 사회주의 역사에 대한 논의를 참고하라.

에 대한 관심 같은 것들과 약분 불가능한 방식으로 뒤섞여 있었던, 실제로 존재했던 사회주의의 현실들을 보여줌으로써, 이 책은 소비에트 사회주의의 삶을 성찰하고 그것을 재인간화rehumanize하고자 시도할 것이다.[23]

르포르의 역설

서구 민주주의와 마찬가지로 소비에트 사회주의도 근대성의 한 부분이다. 푸코가 강조했듯이, 심지어 스탈린주의나 파시즘 같은 권력의 "병리적 형태들"조차 "그것의 역사적 특수성에도 불구하고 〔……〕 별반 독창적이지 않다. 그것은 이미 다른 사회에서 나타난 바 있는 메커니즘들 〔……〕 〔그리고〕 상당한 정도로 우리의 〔자유민주주의적인〕 정치적 합리성의 이념과 장치 들을 사용하고 확장했을 뿐이다"(Foucault 1983: 209). 근대 프로젝트의 일종으로서 소비에트 사회주의는 근대성의 핵심적 모순들을 공유한다.

사회주의의 핵심적인 모순 가운데 하나는 클로드 르포르Claude Lefort가 근대성의 이데올로기 내부의 일반적 역설이라고 부른 것이다. 그 역설은 (계몽의 이론적 이념들을 반영하는) **이데올로기적 발화**

---

23 사회주의에 대한 우리의 이해에 존재하는 기존의 이원론을 넘어서는 과제는—그 자체로 명백히 포스트-공산주의적 현상이라 할—오늘날의 글로벌 신자유주의 헤게모니를 바라보는 비판적 관점을 발전시키는 데에도 기여할 수 있다. 또한 그것은 웬디 브라운 Wendy Brown(2003)이 "인간의 표준으로서의 호모 에코노미쿠스"라고 부른 것, 그리고 그 표준이 동반하는 "경제, 사회, 국가와 (비)도덕성의 형성"을 문제 삼을 수 있도록 해준다.

ideological enunciation와 (근대국가의 정치적 권위의 실제 관심사 속에서 표명되는) **이데올로기적 통치**ideological rule[24] 사이의 균열이다. 우리가 '르포르의 역설'이라고 부를 이 역설의 요지는, 이데올로기적 통치는 "자신의 기원에 관한 어떤 물음으로부터도 추상화되어 있어야만" 하며, 바로 그렇기 때문에 이데올로기적 발화의 외부에 머물면서 그 발화를 불충분한 것으로 만들어버린다는 것이다. 다르게 말하면 권력을 재생산하는 정치적 기능을 수행하기 위해서는 이데올로기적 담론이 그 외부에 위치한 "객관적 진실"을 재현한다고 주장할 수 있어야만 하는데, 이런 "객관적 진실"의 외적 본성은 이데올로기적 담론이 그것을 총체적으로 묘사할 수 있는 수단을 결여하도록 만들며, 이는 궁극적으로 이 담론의 정당성 및 그것이 뒷받침하는 권력을 약화시키는 결과를 낳게 된다는 것이다. 르포르가 주장하기를, 모든 유형의 근대적 이데올로기에 본연적으로 내재하는 이 모순은 오로지 "주인master"의 형상을 통해서만 은폐될 수 있다. 이데올로기적 담론의 **외부에** 자리한 채 객관적 진실에 대한 **외적** 지식을 소유한다고 제시되는 이 주인의 형상은, "진실이 그를 통해 나타나도록" 허용함으로써 일시적으로 그 모순을 감춘다(Lefort 1986: 211~12).[25] 요컨대 유토피아적인 계몽의 이념에 기초한 근대의 이데올로기적 담론은 그 외부에 자리한 상상적 위치를 통해 자신의 정당성을 확보하며, 그러한 상상적 외부의 자리가 의문시되고 파괴될 때 그 정당성은 위기를 겪게 된다.

---

24 〔옮긴이〕 러시아어본에서는 '통치rule'에 해당하는 번역어가 '실천practice'을 뜻하는 'praktika'로 되어 있다.

25 Bhabha(1990: 298); Žižek(1991a: 145~47)도 참고하라.

공산주의 이념들에 기초해 건설된 사회의 경우에는, 이런 역설이 사회와 개인을 완전히 당의 통제 아래 통합시킴으로써 둘 모두의 온전한 해방(공산주의 건설과 새로운 인간New Man의 창조)을 이뤄내겠다는 공인된 목표를 통해 드러나게 된다. 소비에트 시민은 당 권력에 대한 완벽한 충성, 집단주의적 윤리, 개인주의의 억제 등을 요구받지만, 동시에 호기심이 많고 창조적이며 지식을 추구하는 독립적 사고방식을 지닌 계몽된 개인이 되어야만 했다.[26] 이러한 르포르의 역설의 소비에트식 판본은 결코 우연히 발달된 것이 아니라, 혁명적 기획 자체로부터 자라난 것이다. 정치적·지적·예술적 아방가르드의 초기 이론가로서, 마르크스Karl Marx와 레닌Vladimir Il'ich Lenin을 비롯한 러시아 혁명가들에게 사상적 영향을 끼친 생시몽Henri de Saint-Simon은, 1825년에 사회를 해방시키려는 기획은 "모든 지적인 부문들의 선두에서 행진하면서 〔……〕 사회에 긍정적인 힘을 행사하고 진정한 성직자적 기능을 행하는" 정치적·미학적 아방가르드의 구축을 필요로 한다고 썼다. 생시몽에 따르면 이 아방가르드는 "인류의 상상과 감정에 호소해야만 하며, 그럼으로써 언제나 가장 생기 넘치고 단호한 조치를 취해야만 한다." 이런 목적을 위해서 예술과 정치는 "공동의 충동과 보편적 사상" 아래 하나로 합쳐져야만 한다

---

26 르포르의 역설의 이 〔공산주의적〕 판본은 후기 자본주의 사회에서 그 역설이 스스로를 드러내는 방식과 비교될 만하다. 예를 들어 수전 보르도Susan Bordo의 주장에 따르면, 자본주의적 이데올로기의 발화와 실천은 서구의 주체를 일종의 '이중구속' 상태로 몰아넣는다. 즉 그 주체는 한편으로는 일중독자의 윤리와 소비 욕망의 억압에 매이면서도, 다른 한편으로는 욕망과 즉각적 만족의 달성에 굴복하게 된다. 보르도는 1980~1990년대에 있었던 거식증과 과식증의 전례 없는 성행을 부분적으로 이런 이승+속 현상이 심화된 결과로 보았다(Bordo 1990).

(Egbert 1967: 343에서 재인용).

사회를 선도하고 완성할 목적하에 하나의 이념으로 뭉친 창조적인 힘이라는 정치적·예술적 아방가르드의 개념은, 이 2인용 자전거를 지속적인 역설 앞에 몰아넣는다. 선도하고 완성하는 과정은 정치적 프로그램의 통제하에 복속되어야만 하지만, 동시에 더 나은 미래를 만들어가는 창조적이고 실험적이며 혁신적인 과정에 집중하기 위해 통제로부터 자유로워져야만 했던 것이다(Egbert 1967: 343~46).

러시아혁명의 맥락에서, 이러한 근대 이데올로기의 역설은 1917년 볼셰비키 혁명에 의해 제도화되었다. 새로운 문화 창조의 과정은 상대적으로 비교될 수 없는 두 가지 목표를 동시에 성취함으로써, 급진적인 사회적 이념을 고취하고 의식을 혁명적으로 바꿀 필요가 있었다. 그 두 가지 목표란 과거의 정전canon을 영원히 거부할 준비가 되어 있는 실험적이고 혁신적인 미학을 실행하는 동시에, 이런 창조적 실험과 혁신을 당의 엄격한 통제 아래 두려는 것이다.

혁명이 발발한 직후 레닌은 클라라 체트킨Klara Tzetkin에게 보낸 편지에서, 공산주의는 "문화적 과정"이 무질서하게 발전하도록 게으르게 방치해서는 안 된다고 썼다. "결과들을 형성하고 규정하기 위해 전체 과정을 통제하려는 명확한 의식을 갖고 분투해야만 합니다"(Arnol'dov et al. 1984: 176). 레닌은 제2인터내셔널의 분리주의separatism 회원들을 비판했는데, 그 이유는 그들 가운데 일부가 프롤레타리아트가 권력을 획득하고 나면 창조적인 문화 생산과 실험에 대한 개입을 중단해야 한다고 주장했기 때문이었다. 그와 반대로 레닌은 공산주의에서 문화와 의식의 궁극적 해방이라는 목표를 성취하기 위한 유일한 수단은, 문화적 삶의 모든 영역에서 당의 관리를 심화하는 것이라고 주장했다. 실제로 인간은 자발적으로 진정한 해방에 다다를 수 없다. 그는 교육받고 계발되어야만 한다. 레닌의 고집에 따라서, 볼셰비키당은 프롤레트쿨트Proletkul't(프롤레타리아문화)의 모든 조직이 스스로를 나르콤프로스Narkompros(인민계몽위원회) 조직의 "엄격한 부속 기관으로 간주해야 할 무조건적인 의무"를 지닌다는 점을 강조하는 결의안을 채택해야만 했다(Arnol'dov et al. 1984: 171).

요컨대 문화 조직(모든 종류의 지적·과학적·예술적 실천)은 교육 및 정치 조직에 복속되어야만 하며, 모든 형태의 문화 생산물은 당의 전체적인 관리를 받아야만 한다. 이 주장에 따르면, 그와 같은 보조적 위상이야말로 이러한 조직들로 하여금 새로운 사회 건설 작업에 자신의 창조적인 잠재력을 최대한 발휘할 수 있도록 해준다.

문화 생산물에 대한 국가의 통제를 공공연히 정당화하는 동시에 그것의 독립과 실험을 진작하고자 하는 소비에트 국가의 끝없는 열망 속에 이런 역설이 반영되어 있다. 심지어 이런 관점은 1984년에 모스크바 마르크스-레닌주의연구소의 문화 이론가들의 공동 저작 『마르크스-레닌주의 문화 이론Marksistsko-leninskaia teoriia kul'tury』(Arnol'dov et al.)에서도 여전히 옹호되고 있다. 혹자는―그들의 책의 서두에서―실제로 창조적이기 위해서는 학문, 과학, 예술 분야의 문화적 생산물이 절대 통제되거나 지시되어서는 안 된다고 말할지도 모른다. 이런 관점이 완전히 오류라고는 할 수 없지만, 그럼에도 모든 문화적 생산물의 불가피한 이중성을 무시한 일면적 견해에 불과하다. 실제로, 이 책은 창작 활동이란 언제나 창조적인 개인의 "엄격하게 사적인 일"인 동시에 "정신적 가치"와 "사회-도덕적 규범"

을 만드는 "사회적 유용성의 노동"이라고 주장한다. 사회주의 사회에서 문화 생산물의 이 두 가지 측면은 똑같이 중요한 것으로 인식되는데, 왜냐하면 이 사회에서 "새로운 인간의 형성은 저절로 이루어지는 것이 아니라 의식적으로, 즉 목적의식적인 교육 활동의 결과로 이루어지기" 때문이다. 따라서 사회주의적 맥락에서 창조성의 독립성과 창조적인 작업에 대한 당의 통제는 상호 모순되는 것이 아니라, 동시에 추구되어야 하는 것이다(Arnol'dov et al. 1984: 162, 163). 이 책에서 주목할 만한 것은 주장 자체가 아니라, 사회주의의 핵심에 놓인 지속적인 긴장을 환기하면서 소비에트의 전 역사를 통해 계속해서 반복적으로 제기되어온 이런 상상적 논쟁이다.

이러한 긴장은 과학과 예술 영역에만 한정된 것이 아니라, 소비에트 사회에서 생산·유통되는 모든 담론과 지식의 형태를 망라했다. 이어지는 장들에서 보게 되겠지만, 소비에트 역사 초기에는 정치적·과학적·예술적 아방가르드의 커다란 목소리가 그 역설을 감춰주었다. 그들은 스스로를 이데올로기적 담론 장의 '외부'에 위치시키고, 그 외적 위치에서 해당 담론에 대한 공식적인 논평과 조정을 행했다. 혁명 이후의 첫 시기는 창조성과 실험적 시도의 폭발로 특징지어졌지만, 결국 그것은 지적 아방가르드 및 모든 실험적 문화와 과학을 억압하고 그 자리에 당의 엄격하고 통일된 통제를 도입하는 다음 단계에 자리를 내주게 되었다.[27] 이러한 전환은 그 혁명적 기획의

---

27 그로이스는 소비에트 역사에서 "스탈린 시기"의 시작을 당 중앙위원회가 "모든 예술 단체를 해산하고 소비에트의 모든 '창조 노동자'는 직업에 따라서 예술가 및 건축가 등으로 구성된 통일된 '창작조합'에 소속되어야만 한다"는 내용의 법령을 발표한 1932년 4월 23일이라고 보고 있다(Groys 1992: 33).

이데올로기 자체에 내재된 역설로 인해 가능했고, 또 논리적으로 드러날 수 있었다.

이데올로기 담론의 외부에 서서 그에 대한 주석적 논평을 행하고, 그렇게 함으로써 그 자신을 통해 역설을 은폐하는 르포르의 '주인' 역할은 이제 스탈린에게 맡겨진다. 이 외적 위치가 모든 형태의 정치적·예술적·과학적 표현들에 대한 공적인 메타담론metadiscourse이 생산되고 널리 유통될 수 있도록 하는데, 그 메타담론은 외부의 정전, 즉 마르크스-레닌주의 교리에 비추어 그 표현의 정밀함과 정확성을 평가한다. 모든 종류의 담론과 지식에 대한 스탈린의 '외부' 주석자의 위치는 그에게 평가의 기준이 되는 외부 정전에 접속할 수 있는 특권을 제공하며, 이는 스탈린 체제의 상징적 징표가 된 일련의 현상들이 나타나는 데 결정적인 역할을 했다. 즉 그의 거대한 정치권력, 개인숭배, 정치 연설문과 학술 자료와 영화와 음악 등의 창작 과정에 대한 스탈린의 개인적 개입, 당 조직 내부에서 이루어진 숙청, 그리고 수많은 사람들을 희생시킨 궁극적인 '대大테러'까지 이르는 일련의 현상들 말이다. 스탈린 통치의 마지막 시기와 특히 1953년 그가 죽고 난 이후에 나타난 스탈린 개인숭배에 대한 격하 움직임과 더불어, 담론과 지식에 대한 외적 위치가 사라져버렸다. 이런 전개의 가장 중요한 결과는 단지 한 명의 지도자가 비판받게 된 것이 아니다. 그것은 국가사회주의의 전체 담론 체제를 중대한 재조직화로 몰고 갔다. 그로부터 메타담론을 발전시킬 수 있었던 이데올로기적(정치적·과학적·예술적) 담론의 외적 위치가 더 이상 존재하지 않게 되자, 이데올로기에 대한 메타담론이 〔담론의〕 공적 유통으로부터 자취를 감춰버린 것이다(2장에서 이 과정에 대한 논의를 구체적으로 다룬다).

소비에트 이데올로기에 대한 르포르의 역설을 감춰줄 수 있는 외적 목소리가 더 이상 존재하지 않게 되자, 이 역설을 구성하는 목표와 수단 사이의 부조화는 고삐가 풀려버렸다. 결국 이 변화는 후기 사회주의 시기 모든 종류의 소비에트 이데올로기의 담론 구조(이데올로기의 언어부터 이데올로기적 의례·실천·조직의 본성까지)에 심대한 변형을 야기했다. 이러한 변형의 결과로 이데올로기적 재현들을 '문자 그대로의'(지시적인) 의미로 읽는 것보다, 그것들의 정확한 구조적 형태들을 재생산하는 것이 더 중요해졌다. 담론 체제의 이런 변형은 후기 소비에트 시기 동안에 소비에트 문화 내의 심오한 전환을 이끌었고, 엄격하게 형식화된 이데올로기적 형태·의례·조직의 맥락 속에서 비결정성, 창조성, 예측 불가능한 의미를 위한 공간을 열게 되었다. 르포르의 역설은 이런 식으로 소비에트 시스템에 유령이 되어 되돌아왔다. 그것은 사회주의 시스템의 심오한 재해석과 내적 전치를 가능케 했으며, 그 체계의 내파를 처음 시작될 때는 예상하지 못했으나 일단 발생하고 나자 그토록 당연하고 급속한 것으로 느끼도록 만든 일련의 모순적 조건들을 만들어냈다.

행위와 의례

소비에트 체제 후반기에 이데올로기적 재현들—문서, 연설, 의례화된 실천, 표어, 포스터, 기념비, 도시의 시각적 선전물 등—의 형식은 점점 더 규범화normalize되어 어디에나 존재하는 예측 가능한 것이 되었다. 1950년대 들어 담론에 논평을 가하던 외부 주석자의 목소리가 사라지게 된 결과, 담론 형식의 이와 같은 표준화가 서서히 진행되었다. 그러한 전환과 함께 이데올로기적 재현의 형식들은 하나의 맥락에서 다른 맥락으로 이동할 때에도 변함없이 그대로 반복되었다. 거의 대부분의 맥락에서, 이러한 재현들이 헤게모니적 재현의 요소로 온전히 작동하는 데 있어서 문자 그대로의 독해가 더 이상 필요치 않게 되었다. 이처럼 고정되고 규범화된 담론의 체계는 바흐친Mikhail Bakhtin이 "권위적 담론avtoritetnoe slovo"이라 부른 바 있는 담론의 유형과 비슷했다. 바흐친에 따르면 권위적 담론은 (종교적, 정치적 혹은 다른 종류의) 엄격한 외적 이념이나 교리 주변에 응집되어 있으며, 어느 한 시기의 담론 체제 내부에서 특별한 위치를 차지한다. 권위적 담론은 두 가지 주요한 특징을 지닌다. 첫째로 그것이 코드화되는 특별한 "극본script" 덕택에, 권위적 담론은 그와 더불어 존재하는 모든 여타의 담론과 분명하게 구분된다. 이는 권위적 담론이 여타 담론에 의존하지 않을 뿐 아니라 오히려 그것들에 앞서며, 다른 담론에 의해 변경될 수 없다는 것을 의미한다. 둘째로 모든 여타의 담론은 권위적 담론 주변에 조직된다. 그것들의 존재는 권위적 담론과의 관계 속에서 주어진 위치에 달려 있으며, 권위적 담론을 참조·인용·예찬·해석·응용해야 한다. 반면에 이런 다른 종류의 담론이 권위적 담론의 코드에 간섭하거나 그것을 변경시킬 수는 없다. 이렇듯 명확하게 구획되어 고정된 권위적 담론이 그것의 저자와 청중을 얼마나 성공적으로 설득하는지와 상관없이, 그들은 권위적 남론을 불변히며 따라서 의문의 여지가 없는 것으로서 경험한다(Bakhtin 1994: 342~43).[28] 후기 사회주의 시기에 새롭게 규범화된 소비에트의 이데올로기적 담론이 의미 차원에서 더 이상 일반적으로 말하는 이데올로기로서 기능하지 않았다는 점을 강조하기 위해, 지금부터 나는 그것을 '권위적 담론'이라 부르고자 한다.

후기 사회주의 시기 동안 소비에트 이데올로기에서 발생한 기능 변화는, 여러 민족지적 서술에서 볼 수 있듯이 소비에트 시민이 각종 이데올로기적 의례와 행사 들에 참여한 방식에 반영되어 있다. 예를 들면 잘 알려져 있듯이, 1960~1980년대까지 압도적인 다수의 소비에트 인민은 각 소비에트 도시에서 열린 노동절과 혁명의 날(11월 7일) 행진에 참여했다. 각각의 도시에서 열린 이런 행진의 절정은, 당 지도자들이 높은 연단에 서서 행진하는 군중에게 손을 흔들며 지켜보고 있는 가운데 중앙 광장을 가로질러 가는 것이었다. 공식적인 표어들이 스피커에서 요란하게 울려 퍼지고, 수만 명의 우뢰와 같은 목소리가 하나가 되어 강렬한 소리를 낼 때, 사람들은 환호했다. 당시 소비에트 신문들에 따르면, 이런 대중 행사들은 "당과 인

---

28 마이클 홀퀴스트Michael Holquist의 설명에 따르면, 권위적 담론은 "외부에서 우리에게 다가오는 특권화된 언어다. 그것은 거리를 둔 터부이며, 그것의 틀이 되는 맥락(가령, 신성한 글)과 유희하는 것은 허용되지 않는다. 우리는 그것을 받아들일 뿐이다. 그것은 우리에게 엄청난 힘을 행사하는데, 단 권력이 작동하고 있는 한에 있어서다. 일단 권력이 퇴위되기만 하면 즉시 그것은 죽은 것, 즉 유물이 된다"(Bakhtin 1994: 424). 〔옮긴이〕 실제로 바흐친은 자신의 저작에서 "권위적인authoritative, avtoritetnyi 언어"라는 용어와 "권위주의적인authoritarian, avtoritarnyi 언어"라는 용어를 거의 동의어로 혼용하고 있다(전자가 훨씬 더 많이 사용되긴 한다). 유르착은 권위주의적 권력authoritarian power 이나 권위주의authoritarianism 따위의 용례가 수반하는 바람직하지 못한 함의를 피하기 위해, 의도적으로 후자의 용어 사용을 피하고 있다. 그에 따르면, 오늘날 "전체주의totalitarianism" 개념과 더불어 소비에트(와 포스트-소비에트) 현실 분석에 흔히 적용되곤 하는 "권위주의"라는 개념은, 여전히 냉전의 고정관념을 적용하는 과도하게 이데올로로 기화된 부정확한 개념이다. 그는 소비에트 권력을 권위주의로 환원하지 않기 위해, "권위적 담론"이라는 용어만을 사용하겠다고 밝힌다(러시아어본, pp. 53~54).

민의 끊어질 수 없는 일치를 확고하게 보여주었다"(『프라우다*Pravda*』, 1981년 5월 2일자). 하지만 사실 행진에 참가한 대다수는 표어에 별다른 주의를 기울이지 않았으며, 그중 많은 사람들은 심지어 자기가 들고 있는 정치국 인사들의 초상화에 정확히 누가 그려져 있는지조차 알지 못했다.

많은 소비에트 시민은 시 또는 구역 행정기관의 단체장 선출을 위한 다양한 선거에도 정기적으로 참여했다. 대개 이런 선거에서는 공식 단일 후보를 내세웠는데, 사실 투표자들은 자기가 찍는 사람이 누구인지 대체로 관심이 없거나 아예 잘 몰랐음에도 불구하고, 해당 후보에게 변함없이 다수의 지지표를 보냈다. 세르게이(1962년생)는 다음과 같이 기억한다. "저는 어떤 종류의 선거인지, 누가 후보인지도 잘 몰랐습니다. 그저 지역 투표소로 가서 후보 이름에 무기명투표를 하고 투표함에 그걸 넣었을 뿐이죠. 제겐 그냥 그 모든 게 전체 과정이었던 거예요. 몇 분이 지나면 이내 후보의 이름을 잊어버렸어요. 좀더 관심을 가져야만 할지, 혹은 이 선거가 '가짜'가 아닌지 따위를 걱정해본 기억은 단 한 번도 없어요."

또한 대부분의 젊은이는 정기적으로 학교, 대학, 공장, 그리고 다른 단위들의 콤소몰Komsomol(공산주의청년동맹)[29] 집회에 참석했다.

---

29 〔옮긴이〕 콤소몰은 "〔전 연방 레닌주의적〕 공산주의청년동맹〔Vsesoyuznyi leninskii〕 kommunisticheskii soyuz molodyozhi"의 앞 글자를 따서 부르는 명칭이다(kom+so+mol). 소비에트 시기 내내 유지되었던 연방의 청년 정치조직으로서, 1918년 10월에 처음 창설되었다. 콤소몰 가입 연령은 14~28세까지로 대개 중등학교에 다니면서 처음 가입하게 된다. 콤소몰 이전에는 10~14세까지가 가입하는 피오네르Pioner, 7~10세까지가 가입하는 10월 어린이단Oktyabryata이 있다. 대부분의 사회주의 국가늘은 이와 유사한 청년 조직을 운영했는데, 북한에도 김일성·김정일청년동맹이 존재한다.

1 후기 사회주의: 영원한 제국

각 절차의 문자 그대로의 의미에는 별로 신경 쓰지 않은 채로 그런 집회에 참석하는 것은 하등 이상할 게 없는 일이었다. 가령 무엇에 관한 것인지도 모른 채 사람들은 결의안에 찬성표를 던졌다. 모든 경우가 다 그랬던 것은 아니지만, 이는 분명 지배적인 현상이었다. 작은 집단들에서는 종종 의무적으로 개최되어야 하는 콤소몰 집회가 열리지도 않은 채 열렸다고 보고되기도 했다. 안나(1961년생)는 1980년대 초반에 대학의 학생 그룹(20~25명 정도 규모)에서 열렸던 정기 콤소몰 집회를 기억한다. "그 콤소몰 반장komsorg은 자주 이렇게 제안하곤 했어요. '우리가 실제 토론을 하지는 않았지만, 그 사안을 결정하기 위해 토론하고 투표했다고 그냥 적어서 보고해야 하지 않을까요? 각자 집에서 해야 할 일들이 있을 테니까 말이에요.'"

자기들이 참여하는 의례화된 행위 및 선언의 문자 그대로의 의미에는 별다른 주의를 기울이지 않은 채로, 정기적으로 그것에 참여하고 지지를 표명하는 이런 대중적 행위로부터 우리가 알 수 있는 것은 무엇인가? 이러한 행위들은 국가의 시선과 집단적 감시 아래 공적으로 실천된, 순전한 가장무도회나 위선으로 기술될 수 있을까? 이 책은 이러한 행위들이 그런 방식으로 환원될 수 없다고 주장하고, 그 대신 다른 해석을 제공하고자 한다. 이러한 의례화된 행사와 텍스트 들이 어떻게 작동했는지, 그리고 그것을 행한 사람들에게 어떤 의미였는지 검토하는 일은, 후기 사회주의의 내적인 역설들을 이해하는 데 매우 중요하다. 대부분의 맥락에서 이러한 만장일치의 행위, 몸짓, 지지 발언 들은 이데올로기적 진술, 결정, 형상을 문자 그대로의 의미로 가리키는 대신에 오히려 다른 역할을 수행했다. 이를 분석하기 위해서 우리는 우선 후기 사회주의 시기에 권위적 담론이 생산·유통·수용되는 담론적 조건들을 이해할 필요가 있다.

가면을 쓴 행위자들

반드시 문자 그대로 해독될 필요는 없지만 감히 그에 도전할 수는 없는 종류의 권위적 담론이 지배하는 맥락 속에서 이데올로기적 텍스트와 의례 들이 어떻게 기능했는지를 설명하는 흔한 시도는, 시민이 사적으로는 다른 것을 믿으면서 공적으로는 '마치as if' 공식 표어와 의례 들을 지지하는 것처럼 행동했다고 주장하는 것이다. 이 모델은 모방과 위선에 관한 이론에 근거를 둔다. 이러한 이론들에 대한 최근의 영향력 있는 접근으로는 페터 슬로터다이크Peter Sloterdijk의 저작이 있다. 『냉소적 이성 비판Critique of Cynical Reason』에서 슬로터다이크는 현대 서구에서 이데올로기의 승리는 이데올로기에 대한 마르크스주의의 고전적 정식이라 할 "허위의식"("그들은 그것이 무엇인지 알지 못하면서 행하고 있다")이 아니라, 그가 "계몽된 허위의식"("그들은 그들이 무엇을 하고 있는지 매우 잘 알고 있지만 여전히 행하고 있다")이라고 부르는 것에 바탕을 두고 있다고 주장했다. 슬로터다이크에 따르면, 서구의 많은 주체들은 소비사회의 이데올로기가 사회적 현실을 제대로 반영하지 못한다는 사실을 거의 완벽할 정도로 잘 알고 있지만, 그 이데올로기를 피할 수 없다는 점 역시 알고 있기 때문에 일부러 오인misrecognition의 가면을 계속 쓸 것을 주장하는 포스트모던한 냉소자가 된다(Sloterdijk 1993; Žižek 1991a: 29). '마치 그런 것처럼' 행동하는 행위의 모델은 서발턴subaltern 주체의

1 후기 사회주의: 영원한 제국

담론에 관한 제임스 스콧James Scott의 논의(Scott 1990)와 일맥상통한다. 제임스 스콧에 따르면 서발턴 주체의 담론은 "공식적인" 것과 "숨겨진" 것이라는 두 가지의 상이한 대본으로 이루어지는데, 전자가 가면을 재현한다면 후자는 가면 뒤의 진실을 재현한다. 리사 위딘Lisa Wedeen은 시리아의 아사드Bashar al-Assad 대통령이 펼친 "권위주의적" 통치에 대한 최근 분석에서 슬로터다이크와 스콧의 논의를 가져와서, 실제로는 이데올로기적 주장들을 믿지 않으면서 "마치" 그것에 동의하는 것처럼 공적으로 행동하는 기술art은 일반 시민이 "행위와 믿음 사이의 〔……〕 간격"을 유지하면서 "그들의 실제 생각을 사적으로 지켜내는" 것을 가능케 했다고 주장한다(Wedeen 1999: 82). 슬라보예 지젝Slavoj Žižek(1991a) 역시 동유럽 국가사회주의의 권력 기반을 이론화하면서, 이와 유사한 "마치 그런 것처럼"의 행동 모델을 그려낸 바 있다.[30]

1978년 바츨라프 하벨Václav Havel(1986)은 자신의 유명한 에세이 「권력 없는 자들의 권력The power of the powerless」에서 1970년대 동유럽에 존재했던 유사한 종류의 국가사회주의 모델을 제시한 바 있다. 하벨에 따르면 사회주의 체코슬로바키아의 시민은 "거짓 속에서" 살았다. 그들은 사적으로는 이데올로기적 표어와 메시지 들이 거짓이라고 생각하면서도, 공적으로는 마치 그것들을 지지하는 것처럼 행동했다. 하벨의 주장에 따르면 이러한 순응주의의 양태 덕분에 시민은 체제의 개입으로부터 자신들의 사적 삶을 보호할 수 있었고,

---

30 〔옮긴이〕 지젝은 『이데올로기의 숭고한 대상』(이수련 옮김, 새물결, 2013) 1장 「마르크스는 어떻게 증상을 고안해냈는가?」에서 사회주의국가의 공산주의적 이데올로기가 작동하는 방식을 분석하면서 이 모델을 사용한 바 있다.

그와 같은 개입이 야기할 수 있는 문제들을 피할 수 있었다. 하벨은 이런 순응주의가 도덕적으로 비난받을 만한 합리화에 불과하다고 비판한다(Havel 1986: 49~51).[31] 소비에트 러시아의 맥락에서는 올레크 하르호르딘Oleg Kharkhordin이 유사한 모델을 발전시킨 바 있다. 하르호르딘은 후기 소비에트 사회의 주체가 두 가지 영역, 즉 "공식적이고 공적인" 영역과 "숨겨진 내밀한" 영역에서 각기 다르게 행동하는 위선자라고 주장한다. 이 모델에 따르면 위선적 주체는 분열되어 있다. 그의 숨겨지고 내밀한 자아는 오직 "가까운 친구나 가족의 눈에만 포착될 수 있고, 때로는 심지어 그들에게도 비밀로 남겨진다"(Kharkhordin 1999: 357). 이런 위선자들을 알아볼 수 있는 것은, 그들이 "갑자기 자신의 엄격한 자기 제어를 놓아버리고 특급 비밀을 드러낼 때" 뿐이다(Kharkhordin 1999: 275).

이런 모델은 모두 하나의 결정적인 문제점을 공유한다. 이 모델들은 이데올로기의 인식과 오인이라는 이원론적 분할에 대한 대안을 제공한다는 장점에도 불구하고, '진실'과 '허위,' '현실'과 '가면,' '폭

---

31 〔옮긴이〕 바츨라프 하벨은 반체제 인사로서 대통령까지 지낸 체코의 작가이자 정치가로, 여러 차례 노벨상 후보에 올랐으며 지난 2004년에는 서울평화상을 수상하기도 했다. 지젝은 『전체주의가 어쨌다구?』에서 하벨의 에세이에 등장하는 유명한 채소 장수 이야기를 "이데올로기적 국가기구가 어떻게 작동하는지를 보여주는 탁월한 사례"로서 제시한 바 있다. 이 평범한 채소 장수는 근본적으로 공식 이데올로기에 무관심한 채로 사회적 의례들을 기계적으로 따라 하는 인물인데, 사적으로는 "권좌에 앉은 자들"의 무능과 부패에 대해 불평을 늘어놓곤 한다. 지젝이 보기에 하벨이 암시하고 있는 것은, 바로 이와 같은 행동 유형이야말로 공식적 이데올로기가 재생산되는 양식이라는 것이다. 소위 "'일상의 작은 기쁨들'이라 불리는 비정치적 틈새로 도피하는 일, 냉소적이고 무관심한 태도들, 공식적 의례들을 사적인 영역에서 조롱하는 등의 행위"야말로 지배 체제의 입장에서 기대할 수 있는 최상의 상태다(슬라보예 지젝, 『전체주의가 어쨌다구?』, 한보희 옮김, 새물결, 2008, pp. 142~43 참고).

1 후기 사회주의: 영원한 제국

로'와 '위선'이라는 또 다른 문제적 이원론을 만들어내면서 똑같은 잘못을 되풀이하고 있다. 이와 같은 이원론적 모델에 입각하게 되면, 공식적인 결의문에 찬성표를 던지거나 집회에서 친정부 표어를 내보이는 것 따위의 공적인 정치 행위들은 '문자 그대로' 해석되어야 한다. 즉 그것은 국가에 대한 지지 선언인데, 진실('실제' 지지) 아니면 거짓(지지의 '위장') 둘 중 하나인 것이다.[32] 이런 이해의 바탕에는 언어·지식·의미·인격에 대한 몇 가지 문제적인 가정들이 놓여 있다. 이런 관점에서라면, 언어의 유일한 기능은 세계를 지시하고 그에 관한 사실들을 진술하는 것이 전부다. 이것이 그와 같은 이해에 기초한 모델들이 언어를 "코드들"로, 다시 말해 공식적이고 공적인 대본과 숨겨지고 내밀한 대본으로 자꾸 구분하려는 이유이다.[33] 이런 관점에서는 지식이 담론 이전에 이미 존재한다. 담론은 지식을 반영할 뿐 지식을 생산하지는 못한다. 따라서 의미란 발화 행위 이전에 이미 화자의 정신 안에 온전히 형성된 채 존재하는 심리적 상태에 다름 아니다.[34] 이러한 모델들에서 말하는 자는 "스스로 구성된 독특한" 의식(Mitchell 1990: 545)과 "통합된 말하는 자아"(Hanks 2000: 182)를 갖는 뚜렷하게 구별되는 통일된 주권적 개인이며, 그와 같은 개인의 진정한 목소리는 숨겨지거나 드러내질 수 있다.[35]

---

32 이런 행위에 관한 논의는 Kharkhordin(1999)과 Wedeen(1999)을 보라.

33 스콧의 언어 모델에 대한 수전 갈의 철저한 비판(Gal 1995)을 보라. 다른 비판은 Mitchell(1990); Humphrey(1994); Oushakine(2001)을 보라.

34 비슷한 비판은 Rosaldo(1982: 212); Hill and Mannheim(1992); Duranti(1993: 25); Yurchak(2003b)을 보라.

35 아이러니하지만 이들 모델은 주체의 "쪼개짐split"을 말할 때조차 인격의 통일된 모델에 기대고 있다. "쪼개짐"은 위장 행위의 구성적 요소인데, 그 행위는 공적 견해로부터 자신을 숨기거나 친밀한 친구들에게 자신을 드러내기 위한 목적으로 사전에(즉 쪼개짐 이전

수행적인 것

만일 우리가 후기 사회주의와 그 역설들을 좀더 섬세하게 이해하기를 원한다면, 해당 시스템 안에서 살아갔던 사람들이 현실에 어떻게 관여하고 해석하며 창조했는지를 검토해야만 한다. 그러기 위해선 앞서 살펴본 문제적인 가정들을 넘어서야 한다. 이 책에서 시도하는 분석에서, 소비에트의 일상적 삶 속에서 유통되었던 지식의 형태와 담론 들은 명확하게 고정된 영역이나 코드 들로 나뉘기보다는, 결코 사전에 완벽하게 파악될 수 없는 적극적으로 생산되고 재해석되는 과정들(Haraway 1991: 190~91: Fabian 2001: 24)로 간주된다.

언어의 능동적이고 과정적인 측면에 초점을 맞추는 언어 이론은 여러 가지가 있다. 예를 들어 볼로시노프Valentin Voloshinov는 언어의 사용이란 그 속에서 의미가 단지 반영되거나 소통되는 것만이 아니라, 의미가 생산되는 맥락적 과정도 포함한다고 강조한다(Voloshinov 1986: 86).[36] 뚜렷하게 구획된 고립된 의식을 상정하는 언어 모델을 비판하면서, 바흐친 또한 그런 모델들이 사건의 구성 요소인 계속 진행되는 행위자적agentive 과정들을 간과한다고 지적했다. 바흐친의 주장에 따르면 그러한 모델들은 사건을 이미 완수된 정적인 사실로 기술할 수 있을 뿐인데, 그런 기술은 "사건이 아직 일어나는 중(아직 그것이 열려 있을 때)에 생성되는 진정한 창조적 힘들을 잃어버리는

에) 이미 존재하는 모종의 "내밀한 숨겨진 자아"에 의해 수행되는 것이다. 이렇듯 하르호르딘의 주체 모델에는 숨겨지거나 드러내질 수 있는 진짜 "내밀한 자아"를 가진 주체와, 숨김과 드러냄의 결과로서 존재하는 주체 사이의 모종의 긴장이 포함되어 있다. 쪼개진 자아에 대한 비판은 Strauss(1997)를 보라.

36 Hanks(2000: 143, 153n2): Duranti(1997: 1993): Gal(1995)을 보라.

것, 요컨대 원칙상 합쳐질 수 없는 살아 있는 사건 참여자들의 상실을 그 대가로 한다"(Bakhtin 1990: 87). 이와 달리 바흐친과 그의 동료들이 개발한 생산적이고 대화적인 언어관은 말하는 자아를 결코 구획되거나 정적일 수 없으며 항상 "대화화된dialogized" "목소리"로 이해한다. 왜냐하면 말을 한다는 것은 "자기 안에 갇혀 있거나 서로에 대해 귀가 멀어 있는" 것이 아니라, "지속적으로 서로를 듣고, 서로를 부르고, 서로 안에 반영되는" 복수의 목소리들 안에 동시적으로 존재한다는 것을 뜻하기 때문이다(Bakhtin 1984: 75).[37]

언어의 생산적 본질은 존 오스틴John Austin의 "수행적인 것performatives"의 분석 및 그와 연관된 언어 연구의 전통들에서도 마찬가지로 중심적이다(Austin 1999). 오스틴은 화행이론speech act theory을 도입하면서, 언어가 무언가를 서술하는 (가령 "날씨가 춥다" "내 이름은 조다"처럼 현실을 묘사하거나 사실을 제시하는) "진술적 발화constative utterance"뿐만 아니라, 무언가를 **행하는**do 모든 종류의 발화까지 포함한다고 주장했다. (법정에서 판사가 말한) "유죄!"라는 발화, (공식적인 진수식에서 선포된) "이 배를 퀸 엘리자베스 호라고 명명하노라"라는 발화, 혹은 "내일 비가 온다는 데 나는 6펜스를 걸겠어" 같은 발화는 사회적 현실을 묘사하는 대신에, 그 현실 속에 존재하는 어떤 것을 변화시키는 행위를 수행한다. 오스틴은 이런 종류의 발화를 "수행적 발화performative utterance" 또는 "수행적인 것"이라고 부른다. 진술적 발화는 의미를 전달하는데, 그것은 진실이거나 거짓

---

37   또한 Bakhtin(1994: 304~305; 1990: 137); Todorov(1998); Clark and Holquist(1984); Holquist(1990: 175); Gardiner(1992: 73); Hirschkop(1997: 59~60); Kristeva(1986)를 보라.

일 수 있다. 반면에 수행적 발화는 힘을 전달하는데, 이는 진실이거나 거짓일 수가 없다. 대신 그것은 적절하게 성공하거나 부적절하게 실패할 수 있을 뿐이다.[38]

오스틴은 특정 발화를 수행적인 것으로 만드는 것은 화자의 의도가 아니라, 그 발화를 둘러싸고 있는 이미 받아들여진 관례들이라는 점을 지적한다. 관례적인 결과를 얻으려면 적절한 인물이 적절한 환경에서 적절한 말을 해야만 한다. 만일 이러한 관례들을 제대로 갖추지 못하면, 화자의 의도와 관계없이 수행적인 것은 성공하지 못할 것이다(Austin 1999: 12~18). 반대로 관례들을 잘 갖추면, 화자의 의도와 무관하게 성공할 것이다. 의미를 발화 행위 이전에 이미 존재하는 심리적 상태로 간주하는 앞서 살펴본 모델을 비판적으로 재검토하는 데 있어서, 이런 의도의 문제는 핵심적이다. 예를 들어 선서와 같은 발화 행위는 수행되기 위해 심리적 상태로서 의도될 필요가 없다. 누군가 내심 진실을 감추려는 의도를 품은 채로 법정에서 진실만을 말하겠다고 선서한다고 해서, 그것이 선서라는 행위의 실행의 실재성이나 효력을 감소시키지는 못한다. 이는 그의 거짓말이 들통났을 때, 그의 의도가 그에 대한 법적 처분을 면제해주지 않는 것과 마찬가지다. 요컨대 발화 행위를 법, 규범, 관례 들의 체계 내부에 묶어두는 것(즉 그것을 특정한 결과들을 수반하는 공인된 선서로 만들어주는 것) 자체는, 화자가 선서를 하면서 내뱉은 말들을 "진정으로" 의도했는지 아니면 단지 "그런 척을 한" 것에 불과한지에 달려

---

38 〔옮긴이〕 러시아어본에서는 오스틴의 용어인 '적절하게 성공한felicitous'과 '부적절하게 실패한infelicitous'을 각각 "성공한uspeshnyi"과 "실패한niuspheshnyi"으로 옮겼다.

있지 않다.[39]

화행이론을 비판적으로 독해하면서, 데리다Jacques Derrida는 수행적인 것을 성공적으로 만들어주는 것은 화자의 의도가 아니라 발화 행위의 관례들이라는 오스틴의 주장을 더욱더 밀고 나갔다. 발화 행위의 관례적 성격이 함축하는 것은, 그것이 인정된 방식으로 "코드화"되거나 "반복될 수 있는iterable" 모델에 의거해 형성되어야만 한다는 사실이다. 즉 그것이 상이한 맥락들 속에서 무한히 반복될 수 있는 인용으로 기능해야만 하는 것이다(Derrida 1977: 191~92). 그런데 맥락에 대한 완벽한 지식을 얻는다는 것은 불가능하다. 모든 맥락은 더 넓은 묘사에 열려 있기 마련이며, 동일한 발화 행위의 새로운 인용들이 출현할 수 있는 맥락들은 잠재적으로 무한하기 때문이다(Derrida 1977: 185~86). 발화 행위의 인용[가능]성citationality과 맥락의 비결정성indeterminacy으로 인해서, 어떤 발화 행위의 의미도 결코 사전에 완벽하게 결정될 수 없다. 각각의 발화 행위는 예상치 못한 방식으로 맥락과 단절될 수 있으며, 의도치 않은 효과를 낳고 의도치 않은 것을 의미할 수 있다. 데리다의 주장에 따르면, 맥락과 단절할 수 있는 발화 행위의 이런 능력은 그것의 수행적 힘의 구성적 요소이다.[40] 예상치 못한 방식으로 사용될 수 있는 관례적 공식의 구조적 능력을 강조함으로써, 데리다는 심지어 엄격하게 통제되고

---

39 오스틴은 의도를 통째로 괄호 치지는 않지만, 그것이 반드시 수행적 힘의 구성적 부분이 되는 것은 아니라고 강조한다. 예를 들어 선서가 적절한 환경에서 그것을 따르려는 의도 없이 행해진다면, 수행적 힘은 "남용되긴" 하지만 어쨌든 성공적으로 수행된다(Austin 1999: 16).

40 이 측면에 대한 상세한 고찰은 Culler(1981: 24~25)를 참고하라. 또 데리다의 오스틴 비판에 대한 비판적 고찰로는 Cavell(1995)과 Searle(1977: 1983)을 보라.

재생산되는 규범과 관례 들에서조차 변화 가능성과 예측 불가능성을 인정한다. 하지만 동시에 데리다는 논의를 담론의 기호적 차원에 한정함으로써, 관례적 발화들의 수행적 힘을 구성하는 데 있어 외부의 사회적 관례, 제도, 권력관계 들이 행하는 중대한 역할을 과소평가하고 있다.

수행적 행위에 관한 또 다른 비판적 독해에서, 피에르 부르디외 Pierre Bourdieu(1991)는 발화 행위의 성공적인 수행에 필수적인 오스틴의 "관례들"에 대한 사회학적인 분석을 추가함으로써 바로 그런 외적인 차원에 초점을 맞췄다. 부르디외는 관례적인 발화 행위들의 권력의 원천은 "그것들이 생산되고 받아들여지는 제도적 조건들 속에 자리"(Bourdieu 1991: 111)하며, 그것들의 권력이란 곧 "대변인에게 **위임된 권력**에 다름 아니"(Bourdieu 1991: 107)라고 주장한다. 그런데 부르디외의 이런 강조가 권력의 사회적·제도적 본질 및 그 권력의 위임 과정을 바라보는 긴요한 외적 관점을 제공해주는 것은 사실이지만, 그럼에도 여전히 그의 논의는 수행적인 것의 한쪽 측면을 특권화하고 있다. 그의 주장은 수행적 힘을 구성하는 과정에서 담론의 기호적 본질이 행하는 역할을 과소평가하며, 결과적으로 제도들에 의해 사전에 예측되고 규정될 수 없는 담론 안의 변화 가능성을 과소평가한다.

오스틴의 이론을 둘러싼 데리다와 부르디외의 비판적 독해를 종합하면, 발화 행위의 수행적 힘을 구성하는 두 가지 요소를 함께 고려할 수 있게 된다. 첫번째가 외적인 사회적 맥락과 제도 들의 위임된 권력이라면, 두번째는 새로운 맥락들 속에서 예측 불가능한 의미와 효과 들을 만들어내는 담론의 기호적 힘이다. 엄격하게 통제된 제도적 맥락들 속에서조차 발화 행위가 의미를 지니며 의도치 않은 효과를 산출할 수 있는 이유는, 바로 수행적 힘의 이 두 가지—즉 사회적 그리고 기호적—요소가 동시에 작동하기 때문이다. 주디스 버틀러Judith Butler가 주장하는 것처럼, 바로 이와 같은 예측하지 못한 결과물의 가능성이야말로 "수행적인 것의 정치적 가능성, 즉 수행적인 것을 정치적 헤게모니의 중심에 자리매김할 수 있는 가능성"(Butler 1997b: 161)을 구성한다. 이데올로기적 의례와 발화 그리고 그것들이 생산하는 효과에 관해 살펴볼 이어지는 논의에서는, 바로 이 측면이 결정적이다.

발화 행위와 의례화된 행위

오스틴과 그 후학들에 의해 이루어진 발화의 수행성 연구는 지금껏 다양한 분야에 영향을 끼쳐왔다. 수행성에 관한 연구는 언어적인 것에 국한되지 않는 의례화된ritualized 실천의 다양한 형식의 분석과, 그와 같은 실천들 속에서 주체성의 양상들이 생산되는 방식의 분석에 지대한 영향을 미쳤다. 가령 주디스 버틀러는 체현된 규범들의 의례화된 반복을 일종의 수행적 행위로서 파악했다. 이런 행위들은 선험적으로 존재하는 "순수한 몸"을 지시하기만 하는 게 아니라, 그 몸을 성적인 것, 인종적인 것, 계급적인 것 등등으로 조형해낸다(Butler 1990; 1993). 수행성 이론에 대한 데리다와 부르디외의 비판적 독해를 끌어오면서, 버틀러는 주체를 사전에 미리 온전히 주어져 있어서 단지 향후에 담론을 수행할 뿐인 어떤 것으로 간주하는 [기존의] 주체와 의미의 이론들에 맞섰다. 대신에 그녀는 주체가 담론에 의해by 온전히 결정되지 않은 채로, 오히려 담론을 통해서through 가능해진다고 주장했다.

규범들의 정례화되고 강제된 반복은 주체의 **의해서** 수행되는 것이 아니다. 이런 반복은 주체를 가능하게 하고 주체를 위한 시간적 조건들을 구성한다. 이러한 반복 가능성iterability이 암시하는 바는 다음과 같다. '수행'이란 일회적인 '행위'나 사건이 아니라 의례화된 생산이다. 그것은 제약 아래에서 제약을 통해 가능해지는, 다시 말해 금지와 터부의 힘 아래에서 그 힘을 통해 가능해지는 의례적 반복ritual reiteration이다. 그것은 생산의 형태를 통제하고 강요하지만 결코 사전에 그것을 완전히 결정하지는 않는다고 내가 주장하는, 배제의 위협과 심지어 죽음의 위험까지 동반하는, 그런 반복인 것이다(Butler, Hollywood 2002: 98에서 재인용).

에이미 할리우드Amy Hollywood는 의례에 대한 버틀러의 작업과 이론을 인류학과 종교 연구로 끌어오면서, 수행적인 것에 관한 논의를 다양한 "의례화된 행위"로 넓힐 것을 제안했다. 이 의례화된 행위는 그 의미가 사전에 완전히 알려져 있거나 참여자의 의도에 의해 결정되지 않은 채로, 서로 다른 맥락들 속에서 반복된다(Hollywood 2002: 113).[41] 더 나아가 캐서린 벨Catherine Bell은 다양한 맥락 속에

---

41 리처드 셰크너Richard Schechner(1985; 1993; 2003) 또한 미학적 수행을 그 안에서 행위자가 일시적이거나 항구적인 변화를 경험하게 되는 창발적이고 생산적인 것으로 보는 견해를 제출했다. 특히 그의 "변형transformation"과 "운송transportation" 개념을 보

서 의례화된 행위를 반복하는 것을 통해 개인이 생산될 수 있다고 지적했다. 즉 그것들은 "자신의 몸 안에, 현실에 대한 감각 속에, 그리고 권력의 복잡한 미시 관계들을 유지하고 승인하는 식으로 행동하는 법에 관한 그들 자신의 이해 속에 체현된 이런 도식들에 대한 고유한 지식을 갖고 있는 [……] 의례화된 행위자ritualized agents"로 스스로를 생산해낸다(Bell 1992: 221).

의례화된 행위와 발화 행위가 개인을 구성한다고 보는 이런 견해는 이 행위들을 가면('마치 그런 것처럼' 행동하는)과 실재, 진실과 거짓 사이에서 분열된 것으로 보는 견해와 구별된다. 가면/진실 모델에서는 개인이 먼저 상정된 후에, 그 개인이 가면을 쓰거나 진실을 드러내는 행위에 관여한다. 그와 반대로 대부분의 수행성 이론은 개인을 행위 이전에 미리 완전하게 상정하지 않는다. 개인은 행위의 반복을 통해 수행적으로 가능해진다.[42] 철학자 알도 타시Aldo Tassi가 지적하듯이, 가면을 쓰는 개인에 앞서 미리 존재하는 수행적인 개인은 없다. "우리의 모든 여러 역할들 '뒤에' 자리하면서 우리가 '실제로' 누구인지를 정의하는 역할 따위는 없다. 단지 앎의 행위들(어떤 것을 아는 것) '뒤에' 서서 지식의 소유(어떻게 알 것인지)를 정의하는 하나의 앎의 행위만이 있을 뿐이다"(Tassi 1993: 207).

라(Schechner 1985). 의례에서의 의도성에 관해서는 Humphrey and Laidlaw(1994)를 보라.

42 개인에 대한 이런 견해는 아리스토텔레스까지 거슬러 올라간다.

진술적 차원과 수행적 차원

오스틴은 책의 말미에서 진술적 행위와 수행적 행위의 엄격한 구분은 추상화된 것에 불과하며, "모든 진정한 발화 행위는 둘 다이다"라고 지적했다(Austin 1999: 147). 발화 행위는 진술적이거나 수행적이기만 한 것으로 간주될 수 없다. 그보다는 상황에 따라 다소간 진술적이거나 다소간 수행적일 뿐이라고 오스틴은 결론짓는다. 이 통찰을 발전시켜, 나는 말과 담론 일반의 수행적 '차원dimension'[43]과 진술적 '차원'에 대해 말하려 한다. 이들 차원의 상대적인 중요성은 역사적으로 변화할 수 있다.[44] 더 넓은 의미에서 의례화된 행위의 경우에도 마찬가지다.

주어진 맥락 안에서 관례적인 형태대로 발언함으로써 구성되는 이와 같은 행위는, 발화의 구조나 사전에 이미 알려진 맥락의 일반적 요소들에만 주의를 기울여서는 결코 이해할 수 없다. 발생 중인 맥락, 발화가 반복되고 있는 그 맥락에 주의를 기울여야만 한다. "사건이 아직 일어나는 중(아직 그것이 열려 있을 때)에 생성되는 진정한 창조적 힘"(Bakhtin 1990: 87)에 주의를 기울여야 하는 것이다. 이 책에서 우리는 표어나 당 연설 같은 발화 행위와 투표나 집회 같은 의례화된 행위를 분석하면서, 그것들의 진술적 차원과 수행적 차

---

43 〔옮긴이〕 유르착은 러시아어본에서는 '차원dimension'이라는 용어를 '구성 요소 component'를 뜻하는 러시아어 단어 'sostavlyuschii'로 바꾸었다. 차원 대신에 구성 요소라는 개념을 사용함으로써, 진술적인 것과 수행적인 것이 별개의 단위가 아닌 서로 분리될 수 없는 상호 구성적 요소들이라는 점이 부각된다.

44 오스틴은 이렇게 적었다. "우리가 여기서 보게 되는 것은 양극단이 아니라 역사적 발전일 것이다"(Austin 1999: 145~46).

1 후기 사회주의: 영원한 제국

원이 공존하는 양상에 관해 이야기할 것이다. 이런 공존의 관점에서 보면, 집회라는 관례적 맥락에서 투표 행위는 두 가지 행위를 동시에 실행하고 있다. 하나는 의견을 표명하는 것이고(진술적 차원), 다른 하나는 그것을 합법적 투표로서 인정하는 규칙과 규범의 체계 속에 해당 투표를 묶어두는 것이다(수행적 차원). 투표를 투표로 만들어주는 것은 이런 진술적 차원과 수행적 차원의 결합이다. 즉 이를 통해 투표는 법적·행정적·제도적·문화적 측면에서 일정한 결과를 낳는다고 인정되는 모종의 의견 표명이 되는 것이다.

담론의 두 차원은 새로운 이원론을 구축하지 않는다. 이 두 차원은 이것 아니면 저것이라는 이원론적 관계에 놓여 있지 않다. (이어지는 논의에서 볼 수 있듯이) 오히려 그것들은 서로 분리되지 않으면서 상호 구성적mutual constitutive이다. 예를 들어 투표 시 참여자의 의견은 투표가 실제 법적 구속력이 있는지 여부에 영향을 받을 수 있다. 공식적 기록이 남는 분과에서 치르는 투표는 친구들 사이에서 비공식적으로 행해지는 투표와 다르다(그리고 이 차이는 투표 행위에 영향을 미칠 수 있다). 매번 새롭게 주어지는 사례들 속에서 의례화된 행위 및 발화 행위의 진술적 차원과 수행적 차원의 상대적인 중요성을 사전에 완벽하게 아는 것은 절대 불가능하기 때문에, 진술적 차원과 수행적 차원은 역사적으로 '표류'하게 된다. 이를테면 진술적 차원의 중요성은 약해지는데, 수행적 차원은 더 중요해지는 경우를 떠올릴 수 있다. 특정한 제도적 환경하에서 〔선거를 통해〕 후보자에 대한 의견을 표명하는 일은 더 이상 결정적이지 않으나, 투표 행위에 참여하는 일 자체는 여전히 매우 중요한 경우를 가정해보자. 〔투표에 참여하는〕 개인은 이 선거에 언제나 한 명의 후보(혹은 하나의 결의안)만이 있을 뿐이라는 것을 잘 알고 있다. 하지만 이와 더불어 그가 의식하고 있는 것은, 투표라는 의례의 성공적인 수행이 다른 중요한 실천과 사건 들을 가능하게 만들어줄 것이라는 점이다. 가령 제도 자체의 재생산뿐 아니라, 그 구성원으로서의 자신의 위치 (학생, 고용자, 시민), 그리고 그에 따르는 모든 가능성의 재생산 말이다. 이런 맥락에서는 투표를 한다는 사실 자체가 누구에게 투표하는지보다 더 중요하다. 달리 말해 참여자는 투표의 진술적 차원(결의안이나 후보자의 문자 그대로의 의미)에는 큰 주의를 기울일 필요가 없지만, 여전히 투표의 수행적 차원에는 긴밀한 관심을 기울일 것이다. 이는 의례의 화용론적 지표들, 가령 "찬성하십니까?" 같은 질문이나 동의한다는 뜻으로 손을 들어 적절하게 반응하는 것 따위에 마땅한 주의를 기울이는 것을 포함한다. 수행적 차원은 여전히 이 의례화된 행위의 중심에 있지만, 진술적 차원은 본래 의미로부터 이동하게 된다. 여기서 성공적인 결과의 달성(기관을 재생산하고, 그 안에서 개인의 자리를 확보하는 일)은 참여자가 후보자에 관해 어떤 의견을 갖고 있는지, 혹은 심지어 의견이 있긴 한지와도 별 관계가 없다.

수행적 전환

담론의 의례화된 형식의 차원에서 발생하는 일반적 전환, 그러니까 그 안에서 수행적 차원의 중요성이 증가하는 한편 진술적 차원이 새로운 의미들로 열리게 되는 상황은 서로 다른 역사적·문화적인 맥락들에서 발생할 수 있다. 현대 미국에서 일어난 사례를 살펴보자.

오늘날 여러 주에 있는 다수의 사립 종합대학교, 단과대학, 중고등 학교 들에서는 교사나 교수 들에게 "충성 서약loyalty oath"을 요구한 다. 이는 그들이 "바람직하지 않은 정치적 신념을 갖거나 가르치지 않을 것"을 확약하는 내용으로, "학칙은 다양하지만〔이 기관들은〕 대개 충성 서약을 맺을 수 없거나 맺지 않을 사람에게 교육할 권리 를 부여하길 거부하고 있다"(Chin and Rao 2003: 431~32). 최근 한 법사회학자가 중서부 대학의 교수로 임용되면서 충성 서약을 했다. 정치적 입장상으로 이 교수는 충성 서약의 관행에 찬성하지 않았고, 이후 법사회학 교수로서 서약에 언급된 사항들에 반대하는 정치적 입장을 표명하고 서약하는 관행 자체에도 반대했다. 그러나 그런 행 동을 하기 전에 그녀는 먼저 서약을 해야만 했는데, 왜냐하면 서약 을 하지 않을 경우 고용되지 못할 것이며, 그렇게 되면 권위가 부여 된 발언권을 가진 합법적 구성원으로 인정받지 못하리라는 것을 알 고 있었기 때문이다. 그 발언권이란 해당 기관에서 가르치고 연구하 며 정치적 과정(위원회, 모임, 선거 등등)에 참여할 수 있는 권한뿐만 아니라, 서약하는 관행 자체를 공식적으로 문제 삼을 수 있는 가능 성까지를 포함하는 권한이다. 여기서 의례화된 행위의 수행적 차원 은 고정되어 중요한 것으로 남아 있는 반면, 진술적 차원은 전환을 겪게 된다. 서약을 하는 행동은 새로운 진술적 의미들이 가능해질 수 있는 가능성의 세계를 열어주며, 여기에는 기관 내에서 직업적 지위를 통해 승인된 정치적 발언권을 획득하는 일도 포함된다. 해당 사회학자의 말을 빌리자면, "서약을 할 경우에는 그게 별다른 의미 가 없지만, 만일 하지 않으면 중요한 문제가 되죠."[45]

이 사례는 특정한 담론적 행위들이나 담론의 유형 전체가 시간이

지남에 따라 수행적 차원을 점점 더 확장하고 새롭거나 심지어 무관한 진술적 차원을 열어젖히는 방향으로 전환하는 일반적 법칙을 보여준다. 소비에트 후기 사회주의 기간에 권위적 발화 행위와 의례의 수행적 차원은 거의 모든 맥락에서, 거의 모든 사건이 진행되는 동안 유독 중요해졌다. 1970~1980년대에 대규모 콤소몰 집회에 참여했던 어떤 이는 집회 중에 자주 책을 읽었다고 회상했다. 그러나 "투표를 해야 할 때면 모두 정신을 차렸죠. 일종의 센서가 머릿속에서 작동했다고 할까요. '찬성하십니까?' 하고 물으면 자동적으로 손을 들게 되는 겁니다"(콤소몰에서의 이런 의례화된 관행에 대해서는 3장에서 논의한다). 이때 권위적 담론의 수행적 차원에 대한 강조는 규모와 실체 모두에서 독특하다. 이 시기 동안 권위적 담론의 의례화된 행위 대부분은 이런 변모를 거쳤다. 이런 행위에 참여하는 것은 그를 [사회적] 관계와 집단의, 그리고 주체가 차지하는 자리의 시스템 내에서 '정상적인' 소비에트인으로 재생산했다. 이는 그가 해당 지위가 수반하는 온갖 제약과 가능성 들, 가령 집회가 끝난 후에 방금 투표했던 결의안에 진술된 내용에 반하는 이해관계, 목적, 의미 들과 관련될 수 있는 가능성까지를 포함하는 모든 가능성을 갖게 된다는 것을 뜻한다. 이런 투표 행위를 의결안에 진실(실제 지지)이나 거짓(지지의 위장)을 표현하는 단순히 진술적인 언급으로만 여긴다면, 명백한 오독이 될 것이다. 이 행위들은 사실을 언급하거나 의견을 기술하는 것이 아니라, 무언가를 행하여 새로운 가능성을 여는 일에 관한 것이기 때문이다.

---

45 저자 인터뷰.

후기 사회주의 맥락의 독특한 점은 콤소몰이나 당의 집회와 절차를 진행했던 사람들 스스로가 대부분의 의례화된 행위와 텍스트에서 진술적 차원이 본래의 의미와 다르게 재해석된다는 사실을 완벽하게 잘 이해하고 있었다는 점에 있다. 사회적 규범, 지위, 관계, 제도 들의 재생산 과정에서 이 담론의 수행적 차원이 갖는 중요성을 그토록 강조했던 이유가 여기에 있다. 수행적 차원에 대한 이런 강조는 권위적 담론이 재생산되거나 유포되는 대부분의 맥락들, 즉 투표, 연설, 보고서, 표어, 집회, 행진, 선거와 같은 다양한 제도적 절차에서 일어났다. 시간이 지남에 따라 권위적 담론의 이런 의례화된 행위들의 진술적 의미에 관여하는 것보다, 그것들의 **형식**을 재생산하는 일이 훨씬 더 중요해졌다. 하지만 반드시 지적해야 할 것은 이것이 의례화된 행위들이 무의미해졌다거나 공허해졌다는, 혹은 공적 삶에서 다른 의미들이 퇴색했다거나 전적으로 제약되었다는 뜻은 아니라는 점이다. 그와 반대로 의례와 발화 행위의 형식의 수행적 재생산은 다양하고 복수적이며, 그래서 (권위적 담론의 진술적 의미에 부합하지 않는 것들을 포함하는) 예측 불가능한 의미들이 일상생활에서 출현하는 것을 **가능하게 만들어**주었다.

1950년대 소비에트 이데올로기에서 르포르의 역설이 다시 열리면서, 후기 사회주의 시기 동안 권위적 담론의 수행적 차원이 부상하는 전환이 초래되었다. 또한 이는 담론의 진술적 차원이 확고한 기반을 눈에 띄게 상실하고, 비결정적이며 때로는 부적절한 것이 되도록 만들었다. 다음 장에서 이러한 전환이 어떻게 일어났으며, 권위적 담론과 의례화된 실천의 구조에 어떤 영향을 미쳤는지를 살펴볼 것이다. 그리고 이어지는 장들에서는 이런 전환이 어떤 새로운 의미를 가능하게 만들었는지를 살펴본다. 지금으로서는 수행적인 것을 향한 이런 변화가 계획된 것이 아니라는 점을 지적하는 것이 중요하다. 그것은 1950년대에 시작된 변화, 즉 소비에트의 권위적 담론이 생산·유통·수용되는 조건의 변화가 야기한 부산물이었다. 진술과 재현의 문자적 정확성이 (외부 주석자의 의견을 통해 기술된) 외적 정전에 비춰 평가되던 권위적 담론 모델은, 점차로 외적 정전을 더 이상 끌어올 수 없는 모델로 바뀌어갔다. 이처럼 달라진 조건의 결과로 권위적 담론은 구조적 차원에서 중대한 내적 규범화normalization를 겪게 되었다. 이런 규범화되고 고정된 담론의 구조가 점점 더 굳어져갔고, 그 구조는 사실상 온전히 응고되어 하나의 텍스트에서 다음 텍스트로 복제되었다. 이러한 복제의 과정은 텍스트,[46] 시각적 이데올로기 담론(포스터, 영화, 기념비, 건축물), 의례화된 담론(집회, 보고서, 제도적 관행, 기념행사), 그리고 많은 일상적 실천의 중앙집권화된 "공식적 구조들"(학교 교과과정, 물건 가격, 도시 시공간의 일반적 구성 등)의 차원에서 일어났다(de Certeau 1988: xv). 종국에는 고정되고 규범화된 담론 형식의 복제 그 자체가 중요해지면서, 이런 담론 형식들의 진술적 의미는 점점 더 축소되었다. 이 책에서는 이 과정, 그러니까 의례적인 것과 발화 행위의 수행적 차원(즉 이러한 행위를 형식의 차원에서 재생산하는 일)이 더 중요해지고, 이런 행위들의 진술적 차원은 결말이 열린, 비결정적인, 혹은 그저 부적절한 것이 되는 과정을 **수행적 전환**performative shift[47]이라 부를 것이다.

---

46 그레 어번Greg Urban의 "형질도입transduction"(텍스트 형식의 복제)에 관한 논의 (Urban 1996: 30)를 보라.

47 다른 글에서 나는 이러한 담론의 전환을 **헤테로님적 전환**heteronym shift이라고 불렀다

수행적 전환은 후기 사회주의에서 권위적 담론을 작동시키고 실천을 재현·조직했던 핵심 원칙이었다.[48]

창조적 생산들

제도적인 것과 권력관계의 복잡한 체계로 인해 권위적 담론의 의례화된 행위와 발화의 복제가 만연하게 되었다. 예를 들어 당과 콤소몰 활동가들이 권위적 언어의 이런 형식들을 재생산하지 않거나, 그들이 공식적으로 이런 언어를 비판적으로 다시 쓰는 일에 개입할

(Yurchak 2001a; 2003b). "헤테로님"은 철자는 같으나 의미는 다른 단어를 의미한다(예를 들면 'bass'는 '현악기'와 '생선〔농어〕'을, 'tear'는 '찢다'와 '눈물'을 의미한다). **헤테로님적 전환**은 권위적 담론의 재생산된 형식이 예상치 못한 방향으로 미끄러질 수 있다는 의미를 강조한다. **수행적 전환**이라는 용어도 이와 관련된다. 그러나 동시에 다른 지점을 강조하고 있기도 하다. 의미의 전환은 담론의 수행적 차원과 진술적 차원이 상호 구성적 관계에 놓여 있기에 가능하다. 수행적 차원이 지배적 지위로 부상함으로써(즉 의례화된 형식이 고정되고 그것을 수행하는 일이 불가피해진다는 사실로부터), 진술적 차원의 수준에서도 전환이 일어날 수 있다.

48 사회주의의 '결핍의 경제'는 많은 경우 수행적 전환에 따라 구성되었다. 후기 사회주의 산업 생산의 중심적 상징인 '계획'의 달성을 생각해보자. 소비에트 산업의 산업 관리자들에게는 계획이 형식의 차원(수량, 수치, 통계, 보고서 등등)에서 성공적으로 달성되는 것이 아주 중요했다. 관리자들은 사회주의 경제 자체가 작동하면서 생겨난 장애물들을 피하기 위해, 무엇보다도 다양한 방식(헐값 처분, 끼워 넣기, 물물교환 등)을 고안해야 했다. 그래서 계획은 종종 계획이 원래 추구해야 할 문자적 의미(즉 사회적 요구를 충족시키는 일)를 훼손하는 방식으로 달성되었다. Nove(1977); Kornai(1980); Verdery(1996); Ledeneva(1998)를 보라. 사회주의 경제의 상징이었던 '계획'은 수행적 전환을 겪었다. 그것은 재현(보고서, 통계, 수치) 속에서 꼼꼼하게 재생산되었지만, 그 의미는 종종 비확정적이거나 예측 불가능하여 새로운 의미가 부여될 여지가 있었다. "계획 페티시"에 대한 마사 램플랜드Martha Lampland의 훌륭한 논의(Lampland 1995)도 참고하라.

경우에는 공개 비판, 실직, 혹은 그보다 더 심각한 후환을 각오해야 했다. 권위적 담론을 피할 수도 바꿀 수도 없다는 일반적 인식이 이런 담론의 의례화된 형식들의 재생산을 틀지었다. 이는 권위적 담론의 생산과 유통에 있어서, 국가가 헤게모니를 쥔 채로 현실 재현의 특정 이미지를 권위적 담론에 주입하고 널리 유통시킴으로써, 대안적 재현이나 반反재현이 '공공' 담론으로 널리 유포되고 공유되지 못하도록 만드는 [소비에트의] 특정한 조건하에서 생겨났다.[49]

그러나 권위적 담론의 의례화된 행위와 발화 행위가 복제된 이유가 단지 이런 제도적인 권력관계, 통제, 혹은 처벌의 위협 때문만은 아니다. 그것들은 수행적 차원의 중요성 때문에 복제된 것이다. 권위적 담론 형식의 재생산은 강력한 수행적 역할을 획득했다. 그것은 사람들로 하여금 예측 불가능한 새로운 의미, 일상생활의 측면, 이해관계, 활동 들에 개입할 수 있게 해주었다. 그런데 후기 사회주의 시기에 어디에서나 생겨났던 이런 의미와 활동 들이 반드시 권위적 담론의 이데올로기적인 진술적 의미에 의해 결정된 것일 필요는 없었다.

예측 불가능한 새로운 의미들은 권위적 담론에 의해 명시적으로 기술되거나 그 안에 제시되어 있는 것과 똑같지 않았다. 이 과정을 반드시 담론에 표현된 규범이나 의미에 대한 '저항'으로 볼 필요도 없다. 데리다가 주장하듯이, 맥락과 단절될 수 있는 기호의 능력

---

49 예를 들어 1968년 8월 모스크바의 붉은광장에 일곱 사람이 소비에트의 체코슬로바키아 침공을 규탄하는 표어를 진시했을 때, 이들은 몇 분 만에 체포되었고 사건은 소비에트 언론에 보도되지 않았다. 이 사건은 20년 후 페레스트로이카 시기에 공식적으로 논의되기 전까지 대부분의 소비에트 시민에게 알려지지 않았다.

1 후기 사회주의: 영원한 제국

은 새로운 의미가 부여되기 전까지는 그 자체로 정치적으로나 윤리적으로 중립적이다(Hollywood 2002: 107). 수행성에 관한 버틀러의 논의를 비판적으로 읽어내면서, 사바 마흐무드Saba Mahmood는 "규범에 저항할 가능성이 자율적 개인의 의식이 아닌 권력구조 자체의 내부에 〔존재한다〕"는 버틀러의 푸코적 지점을 끌어오면서도, 행위자agency를 저항과 동일시하는 경향에는 반대한다. "세계와 자기 자신에게 변화를 가져오는 능력이 (무엇이 '변화'를 구성하는지와 그것이 영향을 미칠 수 있는 역량의 측면에서) 역사적으로나 문화적으로 특수하다면, 그 의미와 감각은 선험적으로 고정될 수 있는 게 아니다. 〔……〕 행위자의 역량은 (진보적) 변화를 초래하는 행동뿐만 아니라 지속, 정체, 안정을 목표로 하는 행위에도 수반된다"(Mahmood 2001: 212).[50]

우리가 이 비판적 독해에 추가해야 할 것은, 변화도 지속도 추구하지 않은 채로 다만 발화된 담론적 체제 속으로 사소한 내적 전치와 돌연변이 들을 도입하려는 행위에도 행위자 역량이 수반될 수 있다는 사실이다. 이러한 행위들은 참여자 대부분에게 하찮게 여겨지고 관찰자 대다수에게 포착되지 않는다. 그것들은 시스템의 정치적·윤리적 매개변수들과 맞설 필요가 없으며, 더 중요하게는 해당 시스템이 가진 가능성, 약속, 긍정적 이상, 도덕적 가치를 그 시스템과 유기적으로 연관된 부정적이고 억압적인 측면을 피해가면서 보존할 수 있도록 허용한다. 권위적 발화 행위와 의례의 반복 속에서 어떻게 새로운 의미가 생겨나는지를 파악하고자 하는 이런 관점은 '형식

---

50 Hollywood(2002: 107n57); Morris(1995); Fraser(1995)도 참고하라.

과 내용' 내지는 '진짜 의미와 위장된 의미'라는 이원론적 분할을 거부한다.[51] 후기 소비에트의 경우에 권위적 담론의 의례와 텍스트가 수행적으로 반복되면서 진술적 차원에서는 묘사되지 않는 새로운 의미들이 부여됐다고 해서, 개인이 사회주의의 다양한 의미, 가능성, 가치, 약속에 친밀성을 느끼지 못하게 된 것은 아니다. 심지어는 당이 동원한 수사를 융통성 없이 해석하는 데에서 벗어나, 본래의 의미, 가치, 약속 들을 되찾아오는 것도 가능했다.[52]

앞으로 이어질 장들에서 나는 1950~1960년대에 일어난 권위적 담론의 수행적 전환이, 소비에트 시민으로 하여금 이데올로기적 의미, 규범, 가치와 복잡하게 분화된 관계를 발전시키도록 허용했다고 주장할 것이다. 맥락에 따라서 소비에트 시민은 특정한 의미, 규범, 가치를 거부할 수도, 무관심할 수도, 활발하게 수용할 수도, 창조적으로 재해석할 수도 있었다. 이런 식의 배치는 정적이지 않았고 매번 새롭게 만들어졌다. 소비에트 시민이 권위적 담론의 발화 행위와 의례를 수행적으로 재생산하는 일에 예외 없이 모두 참여했다는 사실은, 이 시스템의 획일적인 불변성에 관한 일반적 인식에 기여했지만, 동시에 그것은 다양하고 예측 불가능한 의미와 삶의 양식 들이 소비에트 내부 어디에서든 생겨날 수 있도록 만들었다. 외견상 역설

---

51 예컨대 들뢰즈와 가타리의 "탈영토화"(Deleuze and Guattari: 2002) 개념은 대체할 수 있는 다른 이분법을 만들지 않으면서 이항 대립(가타리는 "영토화된 쌍"[Guattari: 1995]이라고 부른다)을 탈중심화하려는 전략이다. 이 개념에 대한 논의는 4장에서도 다룬다.

52 바넷Robert Barnett은 중국 국가사회주의의 맥락에서 국가 이데올로기 담론의 불변성과 불가피성은 그럼에도 "그 자체가 수사 안에 조작할 수 있는 여지를 남겨두어," 시민이 "사회주의 담론 내부에서 상상력을 발휘하여 장래를 설명하거나 행할 수 있는 자격을 가지고 있다고" 가정하게 만든다고 지적한다(Barnett 2002a: 284).

적인 상호 엮임의 양태로서, 국가사회주의의 항구적이고 예측 가능한 측면과 그것의 창조적이고 예측 불가능한 가능성들이 서로를 구성했던 것이다.

자료와 방법

페레스트로이카와 함께 찾아온 엄청난 사회 변동 때문에 사회주의가 내부적으로 붕괴하고 1990년대의 회고적인 포스트-소비에트 담론의 목소리와 어조에서 변동이 나타나기 시작했을 때, 페레스트로이카 이전 시기 연구에서 두 종류의 자료를 함께 이용하는 것이 중요해졌다. **동시대 자료**와 **회고적 자료**가 그것이다. 여기서 동시대 자료란 후기 사회주의 시기에 생산된 당대에 관한 설명들을 가리킨다. 개인적 기록(일기, 편지, 메모, 스케치, 사진, 유머, 속어 및 다른 구어 장르, 녹음된 음악, 아마추어 영화 등)과 소비에트의 공식 발표물들(연설문과 서류, 신문 기사, 소설, 영화, 사진, 만화 등)이 여기 들어간다. 회고적 자료란 그 이후에, 그러니까 페레스트로이카와 소비에트 붕괴 이후 첫 10년 동안 생산된 소비에트의 마지막 시기에 관한 기록들이다. 저자가 진행한 인터뷰와 대화(과거 당 지도자와 콤소몰 지도자, 연설문 작가, 프로파간다 예술가, 콤소몰의 평단원, 학생, 노동자, 기술자, '아마추어' 문화단체 회원 등과 나눈 50여 번의 반쯤 정형화된 인터뷰)와 기존에 발표된 인터뷰 자료 수십 편, 회상록, 에세이, 영화, 소설 등이 여기 포함된다. 별다른 언급이 없다면 이런 자료들은 저자가 번역한 것이다. 분석에 필요한 경우에는 러시아어 원본을 라틴문자로 음역해 표기했다.

자료 대부분은 1994~1995년 상트페테르부르크St. Petersburg에서 행한 15개월간의 현장 연구를 통해 수집한 것들이다. 연구 범위를 확장하기 위해 1996년, 1997년, 1998년의 여름마다 더 광범위한 지역—상트페테르부르크를 비롯해 모스크바Moscow, 칼리닌그라드 Kaliningrad, 스몰렌스크Smolensk, 소베츠크Sovetsk, 노보시비르스크 Novosibirsk, 야쿠츠크Yakutsk, 펜자Penza를 포함한 다른 러시아 도시들—에서 인터뷰, 일기, 개인 서신을 추가로 수집했다.[53] 최초의 연구는 1994년 여름 상트페테르부르크의 여러 주간지에 두 달간 게재했던 다음 공고문에서 시작되었다.

> 우리는 1985년 이전, 그러니까 페레스트로이카의 변화가 일어나기 이전의 우리 삶을 얼마나 잘 기억하고 있을까요? 소비에트 시절에 대한 우리의 감정과 경험은 그 시기에 적은 개인적 글, 일기, 편지에 잘 기록되어 있습니다. 이런 자료들은 중요한 역사적 기록물이므로 사라져서는 안 됩니다. 저는 1960년대부터 페레스트로이카가 시작되는 시점까지의 기간을 사회학적[54]으로 연구하는 사람인데, 이 시기의 일상적 삶을 기술한 개인적 기록물을 찾고 있습니다.

---

53 대부분의 경우 정보 제공자를 보호하기 위해 성으로만 표기했다. 민감한 몇몇 사안에 대해서는 성도 바꾸었으며, 학교나 기관의 명칭처럼 그들의 지위를 드러낼 만한 정보 역시 바꾸었다. 잘 알려진 몇 사람의 경우에는 동의하에 실명을 쓰기도 했다.

54 러시아적 맥락에서는 많은 유럽에서 그렇듯 '인류학적'이라는 용어보다는 '사회학적'이라는 용어가 이런 종류의 연구를 더 정확하게 묘사한다.

1 후기 사회주의: 영원한 제국

이 광고에는 연락처가 적혀 있었다. 반응은 제법 뜨거웠다. 온갖 연령대와 직업군의 사람들 수십 명이 자기가 기록한 자료를 공유하길 원했으며, 그게 아니라도 그들 모두의 공통 관심사였던 하나의 문제를 함께 이야기하고 싶어 했다. 그것은 [그들이 겪은] 변화를 그토록 예상치 못한 것이면서 동시에 심오하고 급속한 것으로 만들었던, 1985년 이전 그들의 삶이란 대체 무엇이었나에 관한 문제였다. 나이 든 사람들도 자료를 많이 제공하긴 했지만, 대다수는 30~40대로 페레스트로이카 전 마지막 20년 사이에 성년을 맞은 사람들이었다. 상대적으로 젊은 이 집단의 구성원은 신문 광고를 읽고 답변을 할 확률이나, 일기나 편지를 간직하고 있을 확률이 더 높았다. 그러나 여러 집단과 대화를 나누다 보니 무언가 다른 사실도 명백해졌다. 사회주의의 갑작스러운 변형이 여러 세대와 사회집단에게 예측 불가능한 동시에 별로 놀랍지 않은 일로 경험된 것은 사실이다. 그러나 이 사건의 갑작스러움에 특별히 강한 충격을 받았지만, 그럼에도 스스로 놀랄 만큼 유난히 대비가 잘 되어 있었던 사람들은 바로 이 젊은이들, 즉 1970~1980년대에 중등학교를 졸업한 사람들로 보였다. 이들이야말로 이 사건과 그에 대한 자신의 경험을 이해하고자 하는 마음이 가장 컸다.

세대는 자연적으로 주어지는 것이 아니라, 공통의 경험과 그에 관한 담론을 통해 만들어지는 것이다. 적절한 조건하에서 연령대는 카를 만하임Karl Mannheim이 "사회적 과정의 역사적 차원에서의" 공통적 "위치"라고 부른 것을 제공하고, 그 과정에 대해 서로 공유하는 관점을 형성한다(Mannheim 1952: 290). 그리고 특정한 시기에 성년을 맞이한 공통된 경험은 일정한 이해와 의미, 그리고 그것들이 재생산되는 과정을 공유하는 데 기여할 수 있다(Rofel 1999: 22). 드마티니Joseph R. DeMartini(1985)는 세대에 관한 두 가지 상이한 이해를 강조했는데, **동세대 집단**과 **혈통**이 그것이다. 동세대 집단은 연령 차이를 강조하면서, 그들끼리만 공유하며 다른 연령대와는 구별되는 특징들이 동년배에게 있으리라고 가정한다. 혈통은 세대 간 관계를 강조하면서, 부모 자식 간에 강력한 유대가 존재하고 사회·정치적인 의식의 연속성이 있으리라고 가정한다. 세대에 관한 이런 두 가지 이해가 서로 대립할 필요는 없다. 양자는 공존할 수 있으며, 이 책에서도 세대를 그렇게 이해한다. 세대 경험의 중요성에 관한 담론은 러시아에서 강력하고 광범위하게 퍼져 있다. 이 책에 등장하는 많은 사람은 자신이 후기 소비에트 시기에 성장했다는 사실을 매우 중요하게 생각하고 또 그렇게 이야기한다. 러시아에서 상이한 세대들의 경험을 서로 비교하는 일이나, 세대를 구분하기 위해 특별한 명칭을 부여하는 일, 특정 세대의 공통 경험을 형성하는 데 중요했으리라 여겨지는 사건이나 문화적 현상 들을 언급하거나, 세대 간의 연속성을 기술하는 일은 드물지 않다. 이러한 담론들은 세대를 반영하기도 하지만, 세대를 형성하기도 한다.

이 책이 견지하는 관점은 권위적 담론의 수행적 전환과 뒤이은 그 담론의 규범화로 인해, 이 책에서 후기 사회주의라고 부르는 1950년대 중반에서 1980년대 중반에 이르는 포스트-스탈린 시기가 공유된 특징을 갖는 특정한 시기로 여겨지게 되었다는 것이다. 이 시기를 다루는 몇몇 문헌은 30년의 기간을 더 짧은 두 시기로 구분하기도 한다. 해빙기ottepel'라 불리는 흐루쇼프Nikita Khrushchev 개혁기와 침체기zastoi라 불리는 브레즈네프 시기가 그것이다. 1968년 여름에 소비에트연방이 체코슬로바키아에 개입한 사건이 흔히 두 시기를 상징적으로 나누는 사건으로 여겨지곤 한다(Strada 1998: 11). 이 두 시기는 대략 두 세대와 상응하는데, 때로 (그들이 형성된 시기에 따라) '60년대 세대shestidesiatniki'라고 불리는 윗세대와 이 책에서 '소비에트 마지막 세대'라고 불리게 될 아랫세대가 그들이다.

이 연구는 바로 이 아랫세대에 집중한다. 이들은 1950년대에서 1970년대 초 사이에 태어나, 1970년대에서 1980년대 중반 사이에 성년을 맞은 사람들이다(Boym 1994; Lur'e 1997; 1998도 참고하라). 1980년대 중반에 소비에트 인구의 3분의 1 가량 되는 대략 9천만 명이 15~34세의 연령대, 그러니까 내가 소비에트 마지막 세대라고 부르는 집단에 속했다.[55] 사회적 계층, 성별, 교육 수준, 민족, 직업, 지리적 위치, 언어가 이 사람들이 사회주의를 경험한 방식에 차이를 만들었음에도 불구하고, 이들은 이 시기에 대한 특정한 이해, 의미, 과정을 공유하면서 1970년대에서 1980년대 중반 사이에 성인이 되었다. 러시아 문헌학자 마리나 크냐제바Marina Kniazeva가 지적했듯이, 그녀가 "침체기의 아이들deti-zastoia"이라고 부른 이 세대의 사람들은 그 이전이나 이후 세대와 달리 세대로서 자신들을 결합할 "취임식에 해당하는 사건"을 경험하지 못했다(Kniazeva 1990). 이전 세대의 정체성은 혁명, 전쟁, 스탈린의 숙청 등의 사건으로 형성되었다. 이후 세대의 정체성은 소비에트연방의 붕괴를 둘러싸고 형성되었다. 이전 세대나 이후 세대와는 달리, 소비에트 마지막 세대의 정

---

55 당시 총인구는 대략 2억 8,100만 명이었다(1989년 총인구조사〔1989년 소비에트연방 전체 인구조사 결과〕, 1992, Moscow: Goskomstat SSSR).

체성은 브레즈네프 시기의 규범화되고 불변하며 만연한 권위주의적 담론의 경험을 공유하며 형성되었다.

이 세대 대부분의 구성원은 1970~1980년대에 콤소몰의 일원이 기도 했다. 이러한 단원 참여는 그들을 학교, 대학, 공장 등 콤소몰 조직이 운영된 국소적 맥락에서 권위적 텍스트와 의례를 재생산하고 수용하는 데 집단적으로 참여했던 가장 커다란 집단으로 만들었다. 브레즈네프 시기에 성년이 된 이 사람들은 페레스트로이카 이전 까지는 소비에트 시스템의 중대한 변형을 경험하지 못했고, 학창 시절 초반부터 권위주의적 담론의 수행적 재생산에 유독 숙달되어 있었다. 동시에 그들은 권위적 담론에 의해 가능해졌으나 그것에 의해 규정되었다고는 말하기 어려운 여러 새로운 일, 정체성, 삶의 양식을 적극적으로 만들어내는 일에 가담했다. 앞서 논했다시피 이 복잡한 관계가 그들이 사회주의의 여러 미학적 가능성과 윤리적 가치 들에 친밀감을 느끼는 동시에, 그런 것들을 국가가 예상치 못한 새로운 각도에서 재해석하고, 그렇게 함으로써 시스템의 여러 한계와 통제의 형식 들을 피할 수 있도록 해주었다.

소비에트 마지막 세대에 대한 이런 논의는 이 책에 적용된 방법론에 관한 더 폭넓은 숙고로 이어진다. 이 책은 소비에트적 삶의 표준이나 평균적 소비에트의 경험을 재현하려는 것이 아니다. 오히려 담론, 이데올로기, 지식의 차원에서 후기 사회주의 시기에 발생했으나, 한참 후 체제가 붕괴되고 나서야 비로소 명백하게 드러나게 된 소비에트 시스템의 내적 전환을 탐구하려 한다. 이 분석이 많은 중요한 역사적 사건, 정치적 전개 과정, 경제적 조건, 사회적 계층, 인종 그룹, 혹은 성차를 고려하지 않는 것은 그 때문이다. 대신 러시아의 여러 지역에서 소비에트 국가의 이데올로기적 제도, 의례, 담론에 개입하고, 과학에서 문학과 음악에 이르는 다양한 문화적 활동에 종사했던 도시의 교육받은 젊은 세대의 구성원에게 초점을 맞출 것이다. 이 동세대 집단의 담론, 활동, 관계, 가치 들이 반드시 이 시기의 사회적 경험의 평균치를 대변하지는 않는다 하더라도, 이 체계 안에서 일어난 내적 변화를 가시화하는 강력한 렌즈로 기능할 수는 있을 것이다.

이와 밀접하게 관련된 방법론상의 문제는 이 책의 저자가 이 텍스트 안에서 어떻게 형상화되고 있는가이다. 나는 이 텍스트에서 스스로를 사건, 관찰, 분석의 주체로서의 '나'로 지칭하는 법이 거의 없다. 이는 진지하게 숙고한 후 내린 의식적 결정이다. 관찰자이자 저자로서의 지위에 반성적으로 반응하는 것은 어떤 분석에서건 중요한 요소이며, 특히 인류학은 이와 관련된 오랜 전통을 가지고 있다. 그러나 이 자기반성적 지위는 텍스트 속에 언어적으로 제시되는 저자의 자아를 독자적이고 통합된 것으로 구축하는 것과 혼동되지 말아야 한다. 이 책에 영감을 준 사람 중 하나인 바흐친이 강력하게 주장한 것처럼, 저자의 목소리는 언제나 탈중심화되고 다多음성적이어야 한다. 이 책은 오직 '나'라는 저자의 자아가 시간적·공간적·문화적으로 탈중심화되어 있었기 때문에 쓰일 수 있었다. 부분적으로 이책은 후기 사회주의 시기에 소비에트에 거주한 개인적 경험을 가졌으며 소비에트연방의 해체를 목격한 사람의 목소리로 쓴 것이지만, 그만큼이나 지난 15년간 미국에서 살면서 미국 대학원에서 공부하고, 미국에서 직업 인류학자가 되고, 지난 사건의 의미와 기원을 분석하고 재고하기 위해 회고적 위치와 상이한 문화적·언어적 입지를 점하는 법을 배우게 된 사람의 목소리로 쓰인 것이기도 하다. 더욱이 이 책은 소비에트의 삶뿐만 아니라, 소비에트 이후의 변형과, 그들에 대한 서구 및 포스트-사회주의적인 사회과학 저술에 영향을 받았다. 이렇듯 앞으로 이어질 텍스트가 오직 저자인 '나'의 목소리의 다중적인 탈중심적 입지와 시간성 때문에 가능해졌음을 인식하는 일은 내가 1인칭 시점으로 기술하는 일을 주저하게 만들었고, '원주민 인류학자'라는 딱지를 불편하게 여기도록 만들었다.

장 소개

2장은 소비에트의 권위적 담론에 대한 분석을 두 차원에서 이어간다. 첫번째는 1950~1960년대에 권위적 담론의 형식을 점진적으로 규범화하고 공고화한 중요한 담론적 전환의 계보학을 재구축하는 역사적 분석이다. 두번째는 엄격하게 형식화된 새로운 권위적 담론에 대한, 특히 그것의 언어적 측면을 조직화한 원칙과 법칙 들에 대한 분석이다. 이 장에서는 당 지도자, 미래주의 시인, 언어학자, 신문 편집자에 의해 출판된 텍스트, 이데올로기적 연설, 연설문 작가나 당 중앙위원회의 자문가, 시각 선전물 예술가나 디자이너와의 인터뷰 등을 자료로 사용했다. 2장은 또 하나의 방법론적 지향점을 갖는데, 담론 분석, 언어학적 분석, 계보학적 분석의 결합이 어떻게 담론 형성체 속에서의 전환을 탐구할 수 있는 도구를 만들어내는지를 보여주려는 것이다.

3장은 소비에트 마지막 세대의 구성원 대부분이 1970년대와 1980

년대 초에 소속되어 있던 콤소몰 조직이라는 맥락하에서, 어떻게 그들이 권위적 담론의 규범을 재생산하는 데 개입했는지를 분석한다. 이 장에서는 뒤에 이어지게 될 장들에서 더 밀고 나가게 될 분석을 개시하기도 한다. 이는 권위적 형식이 텍스트와 의례 속에서 수행적으로 재생산됨으로써, 어떻게 이 젊은이들이 여러 새로운 의미, 일, 관계, 사회성, 생활양식 들을 발명하도록 허용했는지에 대한 분석이다. 이때 그들은 권위적 담론의 진술적 의미를 따르지도, 그에 반대하지도 않으면서 이를 발명해낸다. 이 장은 특히 '이데올로기적 산물'(연설·텍스트·보고서의 글쓰기, 의례의 수행)의 실천과 맥락 들, 그리고 이 실천과 맥락 들을 집행한 사람들에 집중할 것이다. 지역의 '이데올로기 생산자들'(콤소몰의 운영진, 서기, 평단원 들)이 바로 그들이다.

4장은 분석의 초점을 이데올로기적 산물의 실천과 맥락으로부터, 사회적 환경milieus[56]의 맥락들로 옮긴다. 이 사회적 환경은 친구들의 네트워크, 공통의 지적 관심사, (끝없는 대화, 상호작용, '타인들과 함께 하는' 형태들을 포함하는) **옵셰니예**obshchenie[57]의 실천에 기초한다.

---

56 여기서 '사회적 환경'이라는 용어는 문화연구에서 통용되는 의미로 사용되었다. 예를 들어 그로스버그Lawrence Grossberg(2000)는 "사회적 공간social space"이라는 은유가 두 요소, 즉 "영토"(행위가 이루어지는 역동적 공간)와 "환경"(사회적 관계와 그 장소 내부에서 행위와 사건이 일어날 가능성)을 내포한다고 주장했다. '사회적 환경'이라는 단어의 계보학에 관해서는 래비노Paul Rabinow(1989: 31~34)를 참고하라. 〔옮긴이〕 4장의 논의를 위한 중요한 개념이 되는 "milieus"는 비슷한 사회경제적 조건뿐 아니라 유사한 생활양식Lebensstile과 가치 지향을 공유하는 사회적 공간 정도로 정의될 수 있다. 즉 그것은 일반적인 계층이나 계급 개념에 비해 일상적인 문화와 생활세계에 대한 심층적인 이해를 수반하며, 행위자의 가치 지향이나 해당 집단 고유의 문화적 의미들에 보다 세밀하게 천착하려는 경향을 띤다. 학술 논문에서는 '밀류'라고 음역하는 경우도 있지만, 여기서는 '사회적 환경'이라는 보다 일반적인 용어로 풀어 번역한다.

이 장에서는 구성원들 스스로가 '평범한' 소비에트 세계와는 '다른' 현실 속에 살고 있다고 생각했던 1960~1970년대 도시 문화 환경에 집중한다. 고고학자, 이론물리학자, 문학 애호가, 등반가, 록 음악가 등으로 이루어진 이 공동체들은 정부에 동조하거나 저항한다는 이원론적 범주에 잘 들어맞지 않는 일종의 '탈영토화된deterritorialized' 현실을 창출했다. 이 장에서는 이러한 사회적 환경이 후기 소비에트 생활의 '규범'으로부터 벗어난 예외로서가 아니라, 그러한 규범이 도처에서 탈중심화되고 재해석되었음을 보여주는 전형적인 사례로서 분석되어야만 한다고 주장할 것이다. 이런 사회적 환경의 존재가 반드시 그 참여자들에게 사회주의국가에 대한 저항의 형태로 생각되었던 것은 아니지만, 그 안에서 진행된 문화적 작업은 사회주의 시스템을 극적으로 재해석하는 데, 궁극적으로는 공식 천명된 소비에트의 원칙과 목표 들을 '보이지 않는 방식으로' 약화시키는 데 기여했다.

5장은 후기 사회주의 시기의 삶에, 특히 젊은 세대의 삶에 등장한 '상상적' 세계를 분석한다. 특히 '상상의 서구Imaginary West'라고 불리는 문화적·담론적 현상, 즉 '서구'와 관련된 지식과 미학의 형식에 기초해 만들어졌으나 '실제' 서구와는 아무런 관련이 없었던, 그러면서 일상적 사회주의의 세계를 내부로부터 '탈영토화'하는 데 기여했던 독특한 지역적 문화 구성체와 상상계imaginary에 집중한다. 소비에트의 삶 내부에서 이런 문화 구성체의 생산은 앞에서 언급했던 소비에트의 권위적 담론의 수행적 전환과, 이런 전환으로 인해 더욱더

---

57 〔옮긴이〕 이 특별한 형식의 문화적 실천에 관해서는 4장에서 상세하게 다룬다.

악화되었던 소비에트 정부의 문화정치학의 모순으로 인해 가능해졌다. 이 장에서는 1950~1960년대에 시작된 상상의 서구의 계보학을 추적하고, 1970~1980년대 젊은이들의 삶에서 지배적인 역할을 맡았던 그 상상(의 세)계의 원칙과 역학을 분석한다.

6장은 일기, 회고록, 신문 기사, 특히 1970년대 말에 두 젊은이가 주고받은 개인적 서신을 자료로 끌어온다. 이 장에서 나는 이 시기 특정한 젊은이들에게는 공산주의의 의미와 관념 들이 상상의 서구로부터의 영향, 상상력, 욕망 들과 반드시 배치되는 것이 아닐 수도 있었다고 주장할 것이다. 반대로 그 두 세계는 미래 사회에 관한 하나의 담론 안에서 함께 재진술되었던 것이다.

7장에서는 1970~1980년대 일상생활에서 만연했던 아이러니의 미학, 부조리의 유머, **아넥도트**anekdoty,[58] 부조리한 장난에 초점을 맞출 것이다. 이 장에서는 이러한 유머 형식들을 시스템에 대한 저항이나 그것의 공표된 목표를 전복하는 행위로 보는 전통적인 분석을 반박한다. 오히려 나는 이런 미학적 방식들이야말로 탈영토화된 후기 소비에트 문화의 생산과 재해석을 관통하는 문화적 원칙들 중 하나라고 주장할 것이다.

결론에서는 이 책의 중심 문제들을 다시 살펴볼 것이다. 후기 소비에트 시스템의 핵심에 놓인 어떤 역설들이 시민으로 하여금 그 시스템의 붕괴를 완전히 갑작스럽고 예상 밖인 동시에 전혀 놀랍지 않은 일로 느끼도록 만들었을까? 담론, 지식, 이데올로기, 의미, 시공

---

58 〔옮긴이〕 정치적이거나 사회적인 주제에 대한 농담을 가리키는 이 개념에 관해서는 7장에서 자세히 다룬다.

간의 차원에서 어떠한 내적 전치들이 이 역설을 예견했는가? 그리고
이런 조건하에서 지식의 생산, 코드화, 유통, 수용, 해석은 어떻게
이루어졌는가?

　　　　　　　　　　　　　　　　　　1 후기 사회주의: 영원한 제국

2

형식의 헤게모니
: 스탈린의 섬뜩한*
패러다임 전환

---

* 〔옮긴이〕러시아어본에서는 영어본의 "섬뜩한uncanny"을 "예기치 못한neozhidannaya" 이라는 단어로 바꾸었다.

나 스스로의 말을 향한 탐색은 사실 내 것이 아닌, 나보다 더 큰 말을 향한 탐색이다. [……] 나 자신은 하나의 등장인물이 될 수 있을 뿐 최초의 작가가 될 수는 없다.

—미하일 바흐친[1]

유일하게 사실적인 인물들은 현실에서는 결코 존재하지 않았던 인물들이다. 만약 소설가가 삶에서 자신의 등장인물들을 빌려올 정도로 파렴치하다면, 적어도 그들이 현실의 복제물이라고 떠벌리는 대신 창작물이라고 주장해야만 한다. 소설 속 등장인물의 정당성은 다른 이들이 어떤 사람들인가가 아니라 작가가 어떤 사람인가에 달려 있다. 그렇지 않다면 소설은 예술 작품이라고 할 수 없다.

—오스카 와일드[2]

권위적 담론

1975년에 방영된 인기 있는 소비에트 텔레비전 코미디 영화「운명의 아이러니Ironiia sud'by」의 주인공은 새해 전날에 모스크바의 사우나에서 친구들과 술을 마시다가 실수로 레닌그라드행 비행기에 탑승

---

1   Bakhtin(1990: 149)〔미하일 바흐친, 『말의 미학』, 김희숙·박종소 옮김, 도서출판길, 2006, p. 502. 번역 일부 수정〕.
2   Wilde(1930: 14)〔오스카 와일드, 『거짓의 쇠락』, 박명숙 옮김, 은행나무, 2015, p. 36〕.

2 형식의 체게모니: 스탈린의 섬뜩한 패러다임 전환

하게 된다. 술에 취해 레닌그라드에 도착한 주인공은, 여전히 자기가 모스크바에 있다고 생각하고 택시 기사에게 모스크바의 자기 주소를 말한다. "건설자 2번가Vtoraia ulitsa stroitelei로 갑시다." [그런데] 똑같은 이름의 거리가 레닌그라드에도 존재했다. 그것은 모스크바에서와 마찬가지로, 1970년대에 도시 외곽 지역에 조성된 신도시에 위치한 거리였다. 이 구역의 대규모 아파트 단지는 모스크바와 똑같아 보였고, 가게나 정류장도 마찬가지였다. 심지어 계단, 아파트 호수, 현관문 열쇠까지 똑같았다. '자기' 집 주소에 도착해 레닌그라드의 아파트로 들어간 주인공은 자기가 모스크바의 제 집에 도착했다고 확신한다. 아파트 구조, 가구, 인테리어조차도 술이 덜 깬 주인공이 자기 집으로 착각할 만큼 충분히 엇비슷했다. 그는 소파에 누워 한숨 자면서 새해를 기다린다. 실수 연발의 코미디가 이어지고, 많은 재미난 사건과 낭만적인 음악 이후에, 주인공은 레닌그라드 아파트에 사는 여인과 서로 사랑에 빠진다.

이 코미디가 분명하게 보여주고 있는 것은 거리 이름, 건축양식, 현관문 열쇠, 세간살이가 전적으로 교환 가능한 것처럼 보였던 1970년대 소비에트 삶의 표준화와 예측 가능성이다. 일상적 도구, 자료, 상황 들의 이런 표준화는 소비에트 시기의 더 커다란 담론적 표준화의 일부분으로, 그것은 도시 공간을 뒤덮으면서 어디에나 편재했던 이데올로기적 표어와 포스터에서 전형적으로 드러난다. 이 기호들은 너무나 흔하고 엇비슷하며 식상한 것들이었던 나머지, 보행자가 아예 주의를 기울이지 않게 될 지경이었다. 말하자면 단지 "일상의 거대한 배경 막"으로 존재했을 뿐인 것이다(Havel 1986). 심지어 낯선 도시를 여행할 때조차, 간헐적인 지역적 변이가 더해졌을 뿐 이런 친숙하고 예측 가능한 표어는 그대로였다. 당 조직들은 이와 같은 소비에트의 권위적 담론들이 신문 기사, 연설, 선전 광고판, 학교 교재, 도시 기념비, 거리명, 뉴스영화, 회합, 행진, 선거와 같은 형태로 일상생활 속에서 유통되는 것을 지배하고 통제했다.

이 장에서 우리는 소비에트 후기 사회주의 시기를 그 역사적 맥락 속에 자리매김해보려 한다. 그리고 이를 위해 1950년대 초반 소비에트의 담론 체제가 겪은 주요한 변화를 상세히 분석할 것이다. 이 변화가 이끈 궁극적인 결과는 권위적 재현물들이 고도로 표준화되고 고착화되어 구조적 조직화의 모든 차원에서 인용 가능해진 것이다. 이 장에서 우리의 분석은 '언어'에 초점을 맞춘다. 하지만 동일한 종류의 표준화가 권위적 담론의 비언어적 영역에서도 존재했다. 권위적 언어의 경우 이와 같은 표준화는 통사론, 형태론, 의미론, 서사, 문체론, 시간을 비롯한 여러 차원에서 발생했다. 증대된 표준화와 인용성을 향한 동일한 전환이 시각적 선전물과 의례 들의 권위적 담론에서도 발생했다. 이데올로기적 재현의 진술적 의미(즉 그것이 세계를 어떻게 묘사하고 사실을 어떻게 진술하는지, 그리고 이 진술과 묘사가 진실한지 아닌지)에 매달리는 것보다, 그것의 정확한 형식을 재생산하는 것이 훨씬 더 중요해지는 경우가 흔해졌다. 다시 말해 권위적 담론의 수행적 차원이 진술적 차원에 비해 훨씬 더 중요한 역할을 담당하기 시작했던 것이다. 결국 권위적 형태의 이런 정확한 재생산은 소비에트 일상 속에서 새롭고 예측 불가능한 의미들이 생겨나도록 허용했고, 그 시스템이 획일적인 동시에 갑작스런 내파에 내적으로 취약하게 만드는 데 기여했다. 이러한 표준화된 담론이 어떻게 생겨났는지, 그리고 궁극적으로 어떤 형태를 취했는지를 이해

2 형식의 헤게모니: 스탈린의 섬뜩한 패러다임 전환

하려면, 그것의 역사적인 전개 과정에서 출발해야 한다.

혁명적 언어

프랑스혁명기에 그랬던 것처럼,[3] 러시아혁명기(1910년 무렵부터 1920년대까지)는 역동적인 언어 실험으로 특징지어진다. 각종 문화 운동, 국가기관, 정치적 개념 들을 지칭하기 위한 새로운 전신 언어 telegraphic language[단어의 앞 글자만을 따서 만든 줄임말]가 생겨났다.[4] 새로 생긴 많은 단어들이 외국어로부터 차용된 이런저런 단어들과 더불어 너무나 생경하고 "러시아어의 소리와 형식 체계에 맞지 않았던" 탓에, 당시 한 언어학자가 "외국어 발음에 익숙하지 않은 사람들이 이 신조어들에 적응하는 일에 곤란을 겪었다"고 지적했을 정도였다(Selishchev 1928: 166).[5]

눈에 띄게 혁신적인 이런 언어들이 우연히 발전한 것은 아니었다. 그것의 낯선 조음은 혁명적 의식을 위한 강력한 도구 역할을 하도록 의도된 것이었다. 볼셰비키당의 공식 기관과 정치단체부터, 국가의 통제가 상대적으로 덜했던 예술·문학·학술 단체에 이르기까지, 여

3　Guilhaumou(1989); de Certeau(1975); Frey(1925)를 참고하라.
4　다음의 예들이 대표적이다. 나르콤프로스Narkompros(인민계몽위원회Narodnyi kommisariat prosveshcheniia의 줄임말), 프롤레트쿨트Proletkul't(프롤레타리아 문화 Proletarskaia kul'tura의 줄임말), 아지트프로프Agaitprop(선전 및 선동부Agitatsiia i propaganda의 줄임말).
5　또한 신문 독자들의 새로운 언어에 대한 빈약한 이해력에 관한 내용은 Gorham(2000: 138~39); Ryazanova-Clarke and Wade(1999: 15~18)를 참고하라.

러 분야의 활동가들이 열정적으로 언어 실험에 가담했다. 희열과 실험으로 점철된 이런 혁명적 분위기는 초기 소비에트 언어학(1917년에서 1940년대까지)에 영향을 미쳤다. 고고학자 겸 민속학자였던 니콜라이 마르Nikolai Marr가 주창한 "새로운 언어 이론"은 낡은 과학은 폐기 처분되어야만 하며, 그 대신 세계를 보는 새로운 방식을 요구하는 새로운 공산주의 과학과 미학이 그 자리를 대신해야만 한다는 예술적·정치적 아방가르드의 믿음을 공유했다. 1920년대에 마르는 이렇게 적었다.

> 새로운 언어 이론은 무엇보다도 우선 새로운 언어적 사고를 [요구한다]. 인간은 언어 및 그 제반 현상들과 이제껏 맺어온 관계의 기초 자체를 잊어버리고, 새롭게 생각하는 방법을 배워야만 한다. 불운하게도 이전 시기에 언어 전문가로서 언어 과학의 오랜 전통 속에서 일해야만 했던 사람들은 완전히 새로운 추론 방식으로 옮겨갈 필요가 있다. [……] 새로운 언어 이론은 우리가 오래된 과학적 [사고]뿐만 아니라, 오래된 사회적 사고 역시 내던져버릴 것을 요구한다(Alpatov 1991: 67에서 재인용).

새로운 이론에 따르면, 언어는 순전히 마르크스주의적 용어로 분석되어야 할 사회적 현상에 해당했다. 마르는 모든 언어가 혁명적인 폭발과 뒤섞임을 통해 통합을 향해 나아가며, 계급 사회에서 계급 없는 사회로 바뀐 변화와 더불어 변화한다고 주장했다. 공산주의 사회에서는 결국 그런 식으로 모든 구어들이 단일한 공산주의적 언어로 통합될 것이다(Marr 1977: 31).

정치가와 학자 들에 뒤이어 ('실재의 예술을 위한 연합'을 뜻하는) 오베리우OBERIU[6] 시詩 운동 그룹의 구성원은 그들의 선언문에서 다음과 같이 밝혔다. "우리는 단지 새로운 시적 언어의 창조자가 아니라, 삶에 대한 새로운 감각의 창조자들이다"(Grigor'ev 1986: 243), 그런가 하면 러시아 미래주의 시인들은 새로운 어휘, 신조어, 일반적 언어의 관례를 깨는 문법적 구조를 만들어내면서, 완전히 새로운 "초超이성어transrational language" 작업을 수행 중이었다.[7] 당시 미래주의자들과 가깝게 교류했던 언어학자 로만 야콥슨Roman Jakobson은 초이성어로 쓰인 시의 의미가 "그것의 파괴적인 몸짓과 [······] 언어의 형식적 재구성에 있다"고 지적했다(Rudy 1997: xiii). 러시아 미래주의자들 스스로 설정한 과업은 미래 사회에서 모든 다른 언어들을 대체할 수 있는 인류의 새로운 단일 언어를 만들어내는 것이었다.[8]

---

6 〔옮긴이〕 "실재의 예술을 위한 연합Obyedinenie Real'novo Isskustvo"의 줄임말인 오베리우OBERIU는 다닐 하름스Daniil Kharms, 알렉산드르 베덴스키Alexander Vvedensky, 콘스탄틴 바기노프Konstantin Vaginov, 니콜라이 자볼로츠키Nikolay Zabolotsky 등이 참여하여 1926년에 결성된 문학 그룹이다. 흔히 러시아의 마지막 아방가르드 혹은 러시아 포스트모더니즘의 시작으로 일컬어지는 이들의 문학은, 재현 불가능한 초월적 실재에 대한 탐구와 더불어 보이지 않는 '다른 세계'의 논리를 텍스트 속에 재현하려는 지향 때문에 러시아의 '부조리 문학'으로 분류되기도 한다.

7 Clark(1995: 40); Rudy(1997: xiii); Jameson(1972); Lemon and Reis(1965)를 참고하라. 클락Katerina Clark은 '초이성어zaumnyi iazyk'를 '초-감각어tran-sense language'라고 번역했다. 〔옮긴이〕 '자움zaum'은 본래 벨리미르 흘레브니코프Velimir Khlebnikov나 알렉세이 크루체니흐Aleksei Kruchenykh로 대표되는 러시아 미래주의Russian Futurism 그룹의 시학에서 창안된 신조어이다. 무엇 '너머beyond'를 의미하는 러시아어 'za'와 '이성'을 뜻하는 단어 'um'을 합쳐서 만든 것으로, 이성의 경계를 넘어서는 의미의 자율성을 가진 시적 언어를 가리킨다.

8 Kruchenykh(1998a; 1998b)를 참고하라. 이와 유사한 언어적 실험이 이탈리아 미래주의자 사이에서도 있었다. F. T. Marinetti, "Destruction of syntax-imagination without strings-words-in-freedom"(1913)(Apollonio 1973: 95~106)을 보라.

동료들이 '지구 행성의 대통령predsedatel' zemnogo shara'이라고 불렀던, 러시아 미래주의를 대표하는 인물 벨리미르 흘레브니코프Velimir Khlebnikov가 1919년에 작성한 선언문 「전 세계의 예술가들!」에는 다음과 같이 적혀 있다.

> 우리의 목표는 태양의 세번째 위성에 거주하는 모든 인간이 공유할 공통 문어를 창조하고, 이 별에 거주하는 인류 전체가 이해하고 받아들일 수 있는, 지금 이 세계에서는 실종돼버린 언어적 상징들을 발명해내는 것이다. 당신은 이런 과제가 우리가 살고 있는 이 시기에 가치 있는 일이라는 것을 안다. [……] 하나의 단일한 문어가 앞으로 인류의 오랜 운명과 함께 하고 우리를 통합할 새로운 소용돌이, 인류의 새로운 통합기로 판명될 날을 기대해보자 (Khlebnikov 1987: 364~65).

스탈린, 외부의 '주인'

정치와 학문과 시에서 나타났던 아방가르드적 실험의 불협화음, 혁명의 정신에 잘 맞아 떨어졌던 이 불협화음이, 1920년대 후반에 이르자 문화와 국가 건립의 경영이라는 긴급한 과제를 앞둔 볼셰비키 지도력에 문젯거리로 대두되기 시작했다(Gorham 2000: 140, 142; Smith 1998). 이러한 과제는 정치적 담론, 그중에서도 특히 언어를 포함하는 모든 사회·문화적 삶의 영역들에서 중앙집권화된 합리적 관리를 요구했다. 이것이 바로 1920년대 후반에 혁명 담론이 점점 더 엄격하고 통일된 당의 통제 아래 놓이게 되고, 독립적인 언어 실험이 중단되게 된 이유다. 이 기획은 두 가지 혁명적 과업 중 하나였는데, 이 과업들은 앞서 1장에서 언급했던 소비에트 이데올로기의 주요한 역설인 '르포르의 역설'을 반영한다. 이것은 서로 어울리지 않는 목표와 수단 사이의 역설로서, 사회적·문화적·개인적 삶의 완벽한 해방을 사회적·문화적·개인적 삶에 대한 정부의 완벽한 통제를 통해 이뤄내고자 하는 것을 말한다. 이 역설은 정치적·지적·예술적 아방가르드에 내재했던 것이기도 한데, 그들은 서로 다른 두 가지의 모순된 에토스, 즉 실험 및 창조성의 에토스와 엄격하게 중앙집권화된 규율에 기초를 둔 전위당에 모든 것을 바치는 직업 혁명가의 에토스를 동시에 포괄했던 것이다. 1920년대 후반 보다 엄격하고 더욱 통합된 통제로의 이행은 사실 이런 내재된 역설로 인해 더 용이해졌다. 이러한 이행의 과정에서 모든 사회적 형태와 문화적 삶에 대한 통제가 더욱더 엄격해지고 중앙집권적으로 변했음에도 불구하고, 당 지도부 자신은 아방가르드의 정치적 몸체로서의 정체성과 그것이 수반하는 문화 일반에 대한 이해, 특히 궁극적으로 공산주의적 의식을 낳게 될 "발전과 투쟁의 도구"로서의 언어에 대한 이해를 그대로 보존했다. 이와 같은 언어 모델에 따르면, 해당 언어가 현실을 얼마나 정확하게 재현하는지, 그리고 그에 따라 언어가 어떻게 재조정되어야 하는지를 검증할 수 있는 언어 바깥의 외적 위치가 존재한다(Sériot 1985).

"언어는 다른 모든 도구와 마찬가지로 완벽해지고, 깨끗해지고, 모든 종류의 오염과 최소한의 타락으로부터도 세심하게 보호돼야만 한다"고 주장되었다(Kondakov 1941: 14). 이것이 마르의 새로운 이론의 핵심 전제(계급 현상으로서의 언어는 공산주의적 언어로 발전하고 향상될 수 있다)의 영향력이, 1930년대에 마르가 죽고 난 이후에도 수년 동안 소비에트 언어학에서 득세할 수 있었던 이유다. 아방가르드 정치가나 예술가와 다르지 않게, 당의 저자들은 계속해서 다음과 같이 주장했다. 볼셰비키 저서에 사용된 언어는 정확성, "과학성nanchnost"의 정도, 그리고 미래를 향한 지향에 있어서 "부르주아 및 기회주의적인 작가들"이 사용했던 언어를 능가한다. 당의 과제는 독자에게 이런 우월한 언어로 쓰인 구체적인 어휘 목록, 어법, 표어를 "주입시키는privit" 것이다(Kondakov 1941: 117, 123).

르포르에 따르면, 근대 이데올로기의 역설은 오직 외부에 위치한 "주인" 형상을 통해서만 은폐될 수 있다. 그 주인은 "법칙에 관한 지식을 소유한 자로 제시됨으로써 그 자신을 통해 모순이 드러나도록 허용"(Lefort 1986: 212~14)하는 존재이다.[9] '주인'은 이데올로기적 담론의 외부에서 그 담론을 정당화한다. 즉 그는 오직 그만이 예외적으로 접근할 수 있는 외부 정전에 비춰, 이데올로기적 진술의 정확성과 부정확성을 논평하고 그 정밀성을 평가하는 것이다. 1920년대 말에서 1930년대 초까지 당 내부의 정치적 당파와 논쟁이 진압된 이후, 이데올로기적 담론 바깥의 '주인' 자리는 스탈린에 의해 점유된 하나의 지점으로 집중되었다. 이러한 전환이 불가피한 것은 아니었지만, 그렇다고 터무니없는 것도 아니었다. 앞에서 언급한 것처럼 아방가르드의 에토스 자체가 미학적인 동시에 정치적이었기에, 그 자체가 이 변화의 길을 닦았다고 볼 수 있다.[10]

---

9   또한 Bhabha(1990: 298)를 참고하라.

담론 바깥의 이런 외적 위치에 서서, 1930~1940년대의 스탈린은 이데올로기적 재현에 관한 널리 유통되는 메타담론의 생산을 이끌었다. 그곳에서 언어 표현, 문학 텍스트, 예술적 생산물, 과학적 이론들은 세계에 대한 과학적 마르크스-레닌주의 분석의 관점에 의거해 공개적으로 옳고 그름이 평가되었고, 그에 따라 그것을 개선시킬 수 있는 방안들이 제안되었다.

예를 들어 『내전의 역사History of the Civil War』 전집을 준비할 당시,[11] 스탈린이 위원장을 맡은 편집위원회는 신중한 검토 끝에 1권에서만 700여 개의 정정 사항을 지적하고, 이 정정 사항에 관한 포괄적인 논평을 언론에서 여러 차례 제시했다. 그들의 논평에서 편집위원회는 수정이 필요한 현실 묘사에서 무엇이 잘못되었는지, 그리고 자신들이 제시한 새로운 구절들이 이 묘사를 어떻게 개선했는지를 설명했다. 이러한 정정과 논평의 공식 목표는 담론의 "개념적 명

---

10 보리스 그로이스가 지적했듯이, "자신의 삶 건설life-building 프로그램(즉 집단 예술의 진실된 완성작으로서의 '일국 사회주의')을 시행하기 위해, 모든 예술을 당의 통제 아래 두려고 했던 아방가르드의 꿈은 이제 실현되었다. 이 프로그램의 저자는, 그러나 로드첸코Alexander Rodchenko도 마야코프스키Vladimir Mayakovsky도 아닌 스탈린이었다. 스탈린이 가진 정치적 권력이 그를 예술 프로젝트의 계승자로 만들었다"(Groys 1992: 34). 그로이스는 소비에트 역사에서 "스탈린 시기의 시작"을 당 중앙위원회가 "모든 예술 단체를 해산하고 소비에트의 모든 '창조 노동자'는 직업에 따라서 예술가 및 건축가 등으로 구성된 통일된 '창작조합'에 소속되어야만 한다"는 내용의 법령을 발표한 1932년 4월 23일이라고 보고 있다(Groys 1992: 33). 이러한 주장은 정치적인 것을 압도하는 것으로서 예술적 아방가르드를 특권화한다는 점에서 상당히 문제적인 지점인 게 사실이지만, 그럼에도 이 주장은 일반적인 담론의 전환과 그 대략적인 시기를 포착하고 있다. 그로이스는 이따금 더 나아가 스탈린주의가 러시아혁명의 불가피한 결과였다고 시사하는 것처럼 보이는데, 이는 잘못된 견해이다. 그보다는 소비에트 근대성의 르포르식 역설이 스탈린주의라는 현상을 허용했다고 보는 편이 옳다.

11 막심 고리키Maxim Gorky가 준비했다. 실제로는 계획된 전집 가운데 오직 1권만 출판되었다(Gorky et al. 1937).

확성, 이론적 정확성, 정치적 경각심"을 달성하는 것이다. 위원회는 이러한 메타담론이 확실하게 널리 확산될 수 있도록 했다. 정정과 논평은 소비에트 신문들에 수록되었고 『신문의 언어*Iazyk gazety*』 같은 자습서에도 실렸다. 『신문의 언어』는 1941년에 언론업계 종사자와 더 넓은 독자층을 위해 출판된 저서로 2만 5,000부가 인쇄되었다 (Kondakov 1941: 122).

　『내전의 역사』초고는 알렉산드르 케렌스키Alexandr Kerensky(1917년 볼셰비키 혁명으로 축출된 전前 지방정부 총리)를 "부르주아와 노동자의 중재자soglashatel' 혹은 조정자primirtel'로 묘사했다. 스탈린과 편집위원회는 이 정의에 "부르주아의 이익의 편에 서 있는"이라는 하나의 구절을 덧붙였는데, 이 수정은 다음 설명을 동반했다. 이 새로운 구절은 "모든 독자가 이 조정자의 진정한 역할을 깨달을" 수 있게 돕는다. 『내전의 역사』의 또 다른 부분을 보면 "모든 권력을 소비에트로!"라는 레닌의 표어가 다음과 같이 설명되어 있다. "이 표어는 부르주아 기관의 완전한 파괴razgrom와 새로운 소비에트 권력기관의 창설을 요구한다." 이 구절을 비판하면서, 편집위원회는 마르크스가 말한 것은 "파괴"가 아니라, 부르주아 기구의 "해체slom"라고 지적했다. 그러므로 레닌의 표어는 완전한 파괴의 의미가 아니라, 낡은 시스템을 해체하고 새로운 시스템의 건설로 그것을 재가동시키는 것으로 이해되어야 한다(Kondakov 1941: 122~23).

　1930년대에 새로운 소비에트 헌법의 초안을 준비하는 과정에서, 소비에트 언론도 비슷하게 초고 텍스트에 관한 "전 인민 토의문vsenarodnoe obsuzhdenie"을 게재했다. 비록 '실제' 토론은 아니었지만, 그것은 이데올로기적 언어에 대한 광범위하게 퍼져 있는 메타담론을 구축했다. 소비에트 신문들은 스탈린의 이름으로 헌법의 구체적인 구절들에 관한 소비에트 독자들의 제안에 답하고, 이 제안을 평가하며, 어째서 그 가운데 몇몇 제안은 수용 가능한 반면에 다른 몇몇은 수용될 수 없는지 설명해주었다.[12]

다시 말하건대 이러한 평가들에서 최종적인 기준은 그것이 외부의 마르크스-레닌주의 정전에 비추어 얼마나 정확하게 현실을 묘사하고 있는가이다. 가령 『프라우다』에 실린 여러 편의 독자 편지에서, 독자들은 소비에트 사회가 변했다고 주장했다. 즉 개인 소작농이 소비에트 집단농장의 농업노동자로 바뀌었고, 소비에트 인텔리겐치아라는 완전히 새로운 계급이 출현했다는 것이다. 이런 이유로 이 편지는 "노동자와 농민의 사회주의국가sotsialisticheskoe gosudarstvo rabochikh i Krest'ian"라는 낡은 구절을 "일하는 자들의 국가gosudarstvo trudiashchikhsia"라는 새로운 구절로 대체하자고 제안했다. 스탈린은 신문에 게재된 담화를 통해 이 제안에 공개적으로 응답했다. 제안된 구절을 거부하면서, 그는 그 제안이 현실에 대한 마르스크-레닌주의 계급 분석을 무시했다고 설명했다. "소비에트 사회가 두 계급, 즉 노동자와 농민으로 구성되어 있다는 것은 잘 알려진 사실입니다. 이것은 정확히 우리 헌법의 첫 단락이 명시하는 바입니다. 〔……〕 여러분 중 누군가가 '노동하는 인텔리겐치아는 어떻습니까?'라고 물을지 모르겠습니다. 인텔리겐치아는 절대로 계급이 된 적도 될 수도 없습니다. 그것은 단지 사회적인 계층sotsial'naia prosloika일 뿐입니다."[13]

---

12 이러한 제안들이 실제 독자로부터 온 것인지 아닌지는 우리의 논의에서 중요하지 않다. 더 중요한 것은 이 제안들이 그것을 평가하고 논평하는 신문과 소책자에서 유통되고 있는 메타담론을 구성했다는 사실이다.

유사한 방식으로 스탈린은 소비에트의 새 국가國歌 가사에도 수정을 가했는데, 시인 세르게이 미할코프Sergei Mikhalkov가 쓴 이 가사는 60편이 넘는 후보작 가운데 선택된 것이었다.[14] 이 경우에도 또다시 확인되는 것은, 노래가 현실을 묘사함에 있어 이데올로기적으로 정확한지에 대한 스탈린의 관심이다. 그는 소비에트연방을 지칭하는 "고귀한 연합soyuz blagorodnyi"이라는 미할코프의 표현이 성공적이지 못하다고 지적했는데, 왜냐하면 "고귀한"이라는 단어는 "좋은"이라는 의미뿐만 아니라 "귀족계급" 또한 암시하기 때문이다. 이 구절은 "난공불락의nerushimyi"라는 표현으로 교체되었다. 또한 스탈린은 소비에트연방이 "인민의 의지volei narodnoi"에 따라 창조되었다는 표현이 19세기 후반의 테러 혁명 단체 "인민의지당Narodnaia volia"을 떠올리게 만들어 적당치 않다고 지적했다. 이 구절은 "인민들의 의지volei narodov"로 대체되었다.[15]

이러한 메타담론은 권위적 언어 바깥의 자리로부터 발원했다. 이 외적 위치로부터, 메타담론은 마르크스-레닌주의적 교리의 독립적인 외부 '정전'에 입각해 권위적 언어를 평가하고 측정했으며, 이 정전에 대한 지식(혹은 해석)은 이 담론의 외부에 자리한 '주인'(스탈린)이 소유했다.[16] 언어에 대한 스탈린의 독점적인 외적 위치를 반영

13 제8차 특별 소비에트 전체 연합 회의에서 스탈린의 연설문(1936년 11월 24일, Kondakov 1941: 126에서 재인용).
14 국가의 작곡은 알렉산드르 알렉산드로프Alexandr Alexandrov가 했다. 〔옮긴이〕 소비에트-러시아 국가의 가사를 쓴 세르게이 미할코프는 현대 러시아의 유명한 영화감독인 니키타 미할코프Nikita Mikhalkov와 안드레이 콘찰로프스키Andrei Konchalovsky 형제의 아버지이기도 하다.
15 러시아 텔레비전 방송 채널 NTV와 진행했던 세르게이 미할코프와의 인터뷰(1998년 6월 30일).

하면서, 1935년 소비에트연방 중앙위원회 의장 미하일 칼리닌Mikhail Kalinin은 신문『콤소몰스카야 프라우다Komsomol'skaia pravda』에 실린 담화문에서 다음과 같이 발표했다. "만일 당신이 '누가 러시아어를 제일 잘 알고 있느냐'고 묻는다면, 나는 '스탈린'이라고 답할 것이다. 우리는 그로부터 언어의 경제성, 명료함, 극도의 순수성을 배워야 한다."[17] 작가 막심 고리키는 스탈린에게 보내는 개인적인 편지에서 그의 글쓰기가 "올바른 글쓰기의 예"를 대표하고 있다고 말하면서,『문학 연습Literaturnaia ucheba』이라는 잡지에 게재할 글을 요청하기도 했다(Gorham 2000: 149).

스탈린의 패러다임 전환

권위적 담론의 정확성을 평가하기 위한 주요 패러다임의 전환은, 권위적 담론의 외부에 위치한 바로 이런 '주인' 자리로부터, 다시 말해 1950년에 스탈린 자신에 의해 시작되었다. 아이러니하게도 이 전환은 궁극적으로 그와 같은 외적 위치를 점할 가능성 자체와 그로부

---

16 스탈린은 또한 소비에트의 이데올로기적·과학적·예술적 담론의 여러 장르, 즉 농업, 유전학, 물리학, 화학, 음악, 영화에서 외부의 '주인'과 동일한 위치를 점했다. 예를 들어 스탈린은 세르게이 에이젠슈테인Sergei Eisenstein의 영화「폭군 이반Ivan the Terrible」의 2부가 더 정밀한 이데올로기적 용어로 역사를 해석하는 방향으로 수정되어야 한다는 내용의 비판적 논평을 한 바 있다(에이젠슈테인은 자신의 일기에서 스탈린의 지시에 대해 묘사했다. Bergan 1997을 보라).

17 「위대한 러시아어를 지키고 익히세요Beregite i izuchaite velikii russkii iazyk」(『콤소몰스카야 프라우다』, 1946년 7월 2일, p. 1). 또한 Kalinin(1935); Blinov(1948: 15)를 참고하라.

터 연유하는 공적 메타담론을 약화시키게 된다.

스탈린은 지적·과학적·정치적·미학적 담론의 여러 분야에서 이러한 개입을 개시했다. 스탈린의 개입을 보여주는 중요한 사례 가운데 하나를 언어학 분야에서 찾아볼 수 있다. 이것은 1950년 6월 『프라우다』에 실린 기사로부터 시작되었는데, 이 글에서 스탈린은 마르의 새로운 이론을 이상적이고 천박한 마르크스주의라고 비판했다. "마르는 스스로를 혼란스럽게 만들었을 뿐만 아니라, 언어학마저 어지럽게 만들었다. 부정확한 공식에 근거한 소비에트 언어학은 결코 앞으로 나아갈 수 없다"(Stalin 1950a).[18] 또한 그는 언어를 생산도구 혹은 상부구조로 상정하는 모든 여타 속류 마르크스주의 언어 모델을 공격했다. 이 최초의 기사에 뒤이은 후속 기사에서 스탈린은 독자들이 보낸 편지에 대한 답변 형식으로 자신의 입장을 보충하는 공개적인 정식화를 제공했다. 얼마 지나지 않아 이 모든 텍스트는 책으로 출간되었다(Stalin 1950d).[19] 이 책에 포함된 텍스트들 중에는

---

18 또한 Gray(1993: 27); Gorham(2000: 140, 142); Slezkine(1996: 842); Clark(1995: 201~23); Medvedev(1997)를 참고하라.

19 〔옮긴이〕 국가의 최고 지도자가 학문적 논의에 직접 개입한 이 이례적인 사건의 개요는 다음과 같다. 혁명 이후 1930년대 들어 소비에트 언어학은 일종의 '관치 언어 이론'이라고 할 수 있는 마르주의Marrism가 득세하게 되는데, 이는 언어가 상부구조의 일종이며 그 본질이 계급 관계에 의해 결정된다는 니콜라이 마르의 언어관을 계승한 것이었다. 끝날 것 같지 않던 이런 상황은 1950년 여름 누구도 예상치 못한 전환을 맞게 된다. 언어학자 치코바바Arnold Chikobava가 5월 9일 『프라우다』에 마르의 신언어 학설을 비판하는 장문의 논설을 게재한 이후 이에 대한 논쟁이 신문지상에서 격주로 이어졌는데, 1950년 6월 20일 스탈린이 글을 게재하며 전격적으로 직접 개입한 것이다. 스탈린은 가상의 독자들의 질문에 답변하는 형식의 글을 7월 4일과 8월 2일자 신문에 재차 게재함으로써 사실상 논쟁의 종지부를 찍었고, 결국 마르주의는 파산을 맞게 된다. 이 글에서 스탈린은 마르의 계급적 언어관을 선연석으로 부정하면서, 언어는 "모든 구성원 공통의 의사소통 수단"이라고 주장했다. 스탈린이 산파 역할을 했고 사실상 키워왔다고 할 수 있는 소

---

2 형식의 헤게모니: 스탈린의 섬뜩한 패러다임 전환

왜 그리고 어떻게 언어가 "상부구조"와 "토대" 모두와 구별되는지를 두고 스탈린과 독자가 의견을 교환하는 부분이 있다. 스탈린은 혁명 이후 러시아 사회에서 나타났던 상부구조의 최근 변화에도 불구하고, 러시아어는 본래 그대로 남아 있다고 주장했다. "러시아의 지난 30년을 돌아보면, 낡은 자본주의적 토대는 사라지고 새로운 사회주의적 토대가 건설되었습니다. 이에 상응하여 자본주의 토대 위의 상부구조가 사라지고, 사회주의적 토대에 걸맞은 새로운 상부구조가 창조되었습니다. 결과적으로 낡은 정치적·법적 제도를 비롯한 다른 제도들 또한 새로운 사회주의적 제도로 대체되었습니다. 하지만 그럼에도 러시아어는 근본적으로 '10월 혁명' 이전의 것과 같습니다"(Stalin 1950b). 언어는 또한 토대와도 다르다고 주장하면서 스탈린은 다음과 같이 적었다. "언어와 생산수단[토대] 사이에는 심오한 차이가 존재합니다." 왜냐하면 "생산수단이 물질적인 상품을 만들어 내는 반면, 언어는 아무것도 생산하지 않거나 혹은 단어들만을 '창조'할 뿐이기 때문입니다. 〔……〕 만일 언어가 물질적인 상품을 창조할 수 있다면, 수다쟁이가 이 세상에서 제일가는 부자가 될 것입니다"(Stalin 1950b).

이 논평들에 뒤이어 『프라우다』에 실린 독자가 보낸 편지는 이렇게 말한다. "당신의 글〔1950년 6월〕은 언어가 토대도 아니고 상부

비에트 언어학을 그 자신의 손으로 다시 깡그리 부숴버린 것과 다름없는 이 상황은, 흔히 스탈린 통치가 계급주의적 국제주의를 벗어나 러시아 민족주의의 방향으로 전환되는 신호라고 해석되어왔다. 20세기 소비에트 언어학의 결정적인 전환점을 만든 이 사건의 역사적·담론적 배경을 둘러싼 보다 상세한 내용은 보리스 그로이스의 『코뮤니스트 후기』(김수환 옮김, 문학과지성사, 2017)의 옮긴이의 글 「소비에트의 재발명: 돈이 아니라 언어가 세계를 지배했을 때」, pp. 170~72를 참조하라.

구조도 아니라는 점을 설득력 있게 보여주었습니다. 그렇다면 언어를 토대와 상부구조 모두의 특징을 갖는 현상으로 파악하는 것이 맞을까요? 아니면 언어를 중간적 현상으로 보는 것이 더 정확할까요?" 이 물음에 대해 스탈린은 공개적으로 언어는 사회적으로 존재하며 따라서 토대와 상부구조에 필수적으로 반영되지만, 그것은 "토대의 범주에도, 상부구조의 범주에도 포함될 수 없는" 독립적인 객관적 현상이라고 답한다. "그렇다고 해서 토대와 상부구조 사이의 '중간적' 현상의 범주에 포함되는 것도 아닌데, 왜냐하면 그런 '중간적' 현상이란 존재하지 않기 때문입니다"(Stalin 1950b). 스탈린의 계속되는 설명에 따르면, 언어는 토대와 상부구조의 변증법 바깥에 위치하며, 그 변증법으로는 설명할 수 없는 독특한 "특질들"을 지닌다. 바로 이런 특질들이 "언어를 사람들 간의 소통 수단, 의견 교환의 수단, 다른 이들을 이해할 수 있게 하는 수단, 인간의 모든 활동 영역에서 협업을 조직하는 수단으로 기능하게 만듭니다"(Stalin 1950b).[20]

6월 20일에 실린 원본 기사에서 스탈린이 주장하기를, 언어의 이런 "특질들"은 생물학이나 기하학과 유사한 객관적 현실의 사실들을 반영하고 있는데, 언어 문법이 토대와 상부구조의 모든 변형과 더불어 단순히 바뀌는 게 아니라 "오랜 세월 동안 인간의 정신에 의해 수행된 추상화 과정의 결과물인 이유"(Stalin 1950a)가 여기에 있다. 스탈린은 8월 2일자 기사에서 이러한 생각을 더욱 확장한다. "나는 사고는 오직 언어적 질료를 바탕으로 표현 가능하며, 언어를 알고 있

---

20 〔옮긴이〕 그로이스는 앞서 어급한 책(『코뮤니스트 후기』)에서 스탈린의 바로 이와 같은 정식화, 즉 A도 B도 아니지만 동시에 A이자 B이기도 하다는 '역설'에 집중하면서, 이를 소비에트 언어 세계의 핵심적 특징으로 확장해 분석한 바 있다.

는 사람들에게 언어적 질료에서 분리된 벌거벗은 사고란 존재할 수 없다는 사실을 강조하고자 합니다." 언어가 과학적으로 탐구될 수 있는 것은 다름 아닌 언어의 객관적인 본성 때문이다. 만일 언어가 객관적인 현실을 반영하지 않는다면, 학문으로서 "언어학은 독립적으로 존재할 명분을 잃게 됩니다"(Stalin 1950c). 스탈린의 개입에 따라 두 가지 함의가 언어학으로 흘러 들어온다. 언어는 상부구조의 일부가 아니기 때문에, 마르의 약속과 달리 혁명적 도약 속에서 자동적으로 변화되지 않는다. 또한 언어는 생산수단이 아니기 때문에, 언어의 직접적인 정치적 조작은 공산주의적 의식을 산출하는 방식이 아니다. 대신 스탈린은 소비에트의 언어학자들이 언어 구조와 진화, 인지, 심리학, 생물학 간의 훨씬 더 깊은 관계를 지배하는 "객관적인 과학 법칙들"을 연구할 필요가 있다고 주장했다.

스탈린의 개입은 과학과 예술 분야에 남아 있는 이상적인 아방가르드의 사유를 근절하고, 그것을 '리얼리즘'적인 객관적 과학 법칙으로 대신하는 더 광범위한 캠페인의 논리적 결론이었다. 이러한 캠페인으로 인한 방법론적 관점의 전환은 모든 학문적 탐구의 과학성 nauchnost'을 결정하는 새로운 방식에 반영되어 있다. 더 이른 시기인 1930년대에는 이론의 과학성이 학자의 당파성partiinost'(개인이 당의 세계관에 입각해 사유하는 것의 일관성)과 밀접하게 연관되어 있었다. 하지만 이제 과학성은 '객관적인 과학 법칙'과 연동되기 시작한다.

이 전환이 모든 과학적·미학적 분야에서 이뤄지면서 "과도한 경제결정론"(Clark 1995: 221)으로부터 그들을 해방시켰다. 가령 1948년에 유전학을 포함한 모든 과학이 계급에 기초한 본성을 갖는다고 주장하는 리센코Trofim Lyssenko의 연설문 초안을 논평하면서, 한때 그를 지지했던 스탈린은 다음과 같은 메모를 여백에 적어놓았다. "하하하!! 그렇다면 수학은 어떠한가? 다원주의는?"(Rossianov 1993: 443; Joravsky 1970). 1948년 스탈린 치하 문화부 장관 안드레이 즈다노프Andrei Zhdanov는 소비에트 작곡가 프로코피예프Sergei Prokofiev와 쇼스타코비치Dmitrii Shostakovich가 지나치게 실험적이고 "조화롭지 못한" "선율이 아름답지 않은" 음악을 작곡했다며 공격했다. 즈다노프에 따르면, 그 음악들은 "정신과 신체 기능의 균형"을 무너뜨리고 "정상적인 인간 청력의 근본적인 생리학"을 어겼다. 즈다노프는 인간 본성의 객관적인 과학 법칙에 기초한 음악을 발전시키는 것이 필수적이라고 주장했다(Zhdanov 1950: 74). 1952년 언어에 대한 스탈린의 비판을 연구를 위한 새로운 프로그램으로 받아들이면서 새롭게 창간된 잡지 『언어학의 문제들Voprosy iazykoznaniia』은, 창간호에서 객관적인 과학 법칙에 근거해서 소비에트 언어학을 철저하게 "혁신하고 재구성"할 것을 호소했다. "소비에트 언어학자들은 아직 언어학의 몇몇 결정적인 문제에 가깝게 다가가지 못했으며, 구체적이고 심오한 마르크스주의적 연구를 시작하지도 못했다. 이번 호는 언어와 사유 간의 연관성 〔……〕 언어의 문법적 질서의 완성과 사유의 발전 간의 연관성에 대한 연구를 다루고자 한다."

이와 같은 비판적 캠페인이 명시하는 바는 이전의 담론 모델, 즉 담론 외부에 자리하면서 독립적인 '정전'에 비춰 담론을 측정하는 '주인'의 주관적 지식에 기초한 모델로부터, '객관적인 과학 법칙'에 근거한 모델로 바뀌는 전환이다. 그 법칙은 사전에 알려져 있지 않으며 누구도 독점적으로 통제할 수 없기에, 그 어떤 외부의 정전도

형성하지 않는다. 이러한 전환은 더 이상 이데올로기적 정확성에 대한 메타담론이 발원할 수 있는 담론의 외적 위치가 존재하지 않는다는 것을 의미한다. 따라서 이 메타담론 역시 더 이상 존재할 수 없게 되었다.

아이러니하게도 스탈린의 개입은 그의 개입을 가능하게 만들었던 담론 바깥의 자리 자체를 약화시키는 결과를 낳았다. 스탈린이 사망한 지 3년이 흐른 뒤인 1956년에 흐루쇼프는 스탈린에 대한 개인숭배를 공개적으로 규탄함으로써 이러한 변형을 더욱더 밀어붙였고, 결국 권위적 담론에 대한 외적 위치의 파괴를 완결했다. 권위적 담론의 외부에 존재하는 르포르의 '주인'은 더 이상 존재하지 않게 되었다. 이제는 누구도 교리를 담은 외부의 정전에 대한 독점적인 접근 권한을 갖지 않는다. 이러한 전환은 소비에트 이데올로기의 심장부에 르포르의 역설을 다시 열어놓았으며, 소비에트의 담론적·문화적 체제의 주요한 변형을 야기하게 된다. 바로 이 전환과 더불어 후기 사회주의 시대가 시작된 것이다.

언어의 규범화

이데올로기에 대한 메타담론의 실종은 소비에트연방의 문화 생산의 전 영역에 영향을 끼쳤다. 특히 이데올로기적 언어와 의례의 본성에 중대한 충격을 가했다. 당의 모든 문서들을 작성·편집·논의하는 과정은 공공의 시야에서 점점 사라져갔고, 중앙위원회와 당 지방위원회의 내부에 국한되었다. 소비에트연방의 언어학자 이고르 클람킨Igor Kliamkin이 훗날 기술한 바에 따르면, "이데올로기적 언어학의 전문가들은" 1950년대 후반부터 "닫힌 문 뒤에서 그들의 전문적인 문제들을 논의하기 시작했다"(Han-Pira 1991: 21에서 재인용). 유일하게 대중에게 노출된 자리는 당이나 콤소몰의 지방 서기들 같은 권위적 담론의 발언자였는데, 그들은 이데올로기적 언어의 중심 모델을 반복하기 위해 노력했을 뿐, 결코 청중이나 독자 앞에서 그 언어에 대해 토론하거나 평가하지는 않았다.

누군가의 텍스트가 이데올로기적으로 정확한지를 가늠하기 위해 필요한 명확하면서도 유일하게 설명 가능한 외부의 정전이 더 이상 존재하지 않게 되자, 과연 무엇이 이데올로기적 언어의 '규범'을 구성하는지가 점점 더 불명확해졌고, 그 어떤 새로운 텍스트도 잠재적으로 '탈선'으로 읽힐 수 있었다. 당 서기와 중앙위원회 연설문 작가 들은 자신의 텍스트를 규범화하기 위해 서로의 텍스트들을 참고할 수 있을 뿐이었다. 결과적으로 1950년대 후반과 1960년대 초반에 이러한 담론은 꾸준히 규범화를 겪었고, 작성된 여러 텍스트들은 마치 하나의 텍스트에서 발췌한 것처럼 점점 더 비슷해졌다. 중앙위원회에서 작성된 당의 연설문과 문서 들은 저자의 주관적인 특징이 최소화된 텍스트를 생산하기 위해 굳게 닫힌 문 뒤에서 끝없는 수정을 거치게 되었고, 다른 사람이 앞서 작성한 텍스트와 문체 및 구조의 측면에서 가급적 똑같아지기를 선호했다. 이것은 결국 권위적 언어의 점진적인 단일성, 익명성, 예측 가능성을 낳았다. 이러한 생산 조건들은 당 지도부, 지방 당 서기, 신문 편집자, 그리고 권위적 텍스트를 생산하는 기타 관계자 들이 발언하는 담론의 본성에 하나의 전환을 가져왔다. 이러한 담론은 이제 하나의 암묵적인 이해에 바탕을

　　　　2 형식의 헤게모니: 스탈린의 섬뜩한 패러다임 전환

두게 되었는데, 권위적 텍스트들의 의미는 언어의 객관적·과학적 법칙에 의존하며 누군가의 주관적인 의견에 의존하지 않는다는 이해가 그것이다.

이러한 이해는 소위 언어의 "의미론적 모델semantic model"에 가까운데, 이 모델에 따르면 텍스트의 문자 그대로의 의미는 언어적 형태에 직접적으로 연관되며, 맥락으로부터 독립적이라고 간주된다. 언어의 이러한 모델이 우세한 다양한 제도적 맥락들(가령 전 세계의 많은 학교 시스템에서 이루어지는 문학 교육)에서 "글을 읽고 쓸 줄 아는 능력literacy"은 텍스트 내부에 담겨 있는 문자 그대로의 의미를 밝혀내는 기술, 즉 "맥락으로부터 독립적인 정량화의 방식"으로 측정될 수 있는 기술로 여겨진다(Mertz 1996: 232). 이러한 암묵적인 이해가 소비에트의 권위적 언어에서 지배적인 것이 되자, 당과 콤소몰 기관들에서 "이데올로기적으로 글을 읽고 쓸 줄 아는 능력ideological literacy"은 텍스트와 연설에서 권위적 언어의 구절과 구조를 정확히 재생산하는 기술로 받아들여졌다. 이제는 과거와 달리 텍스트가 서로 다른 청중과 맥락 들에 의해 어떻게 해석될지를 논의하는 대중적 토론에 참여할 필요 없이, 오직 언어적 형태에만 주의를 기울이면 되게 된 것이다.

흐루쇼프와 브레즈네프가 서기장으로 재임하던 시기에 중앙위원회에서 자문 및 연설문 작가로 일했던 표도르 부를라츠키Fyodor Burlatskii에 따르면, 1950년대 후반과 1960년대 초반 "안드로포프Yuri Andropov, 포나마료프Boris Nikolaevich Ponamaryov, 그 밖의 다른 중앙위원회 서기들이 새로운 지도자로서 안고 있던 주요 고민은 혹시라도 무언가 부적절한 것을," 그러니까 이미 존재하고 있는 모델에 적합하지 않은 것을 "써서 정치적 실수를 저지르지는 않을까 하는 것이었어요." 그들의 주요 목표는 "어떤 구절에도 질문을 할 수 없고" "규범에서 한 발짝이라도 벗어난 것nikakogo otstupleniia ot normy"은 발견할 수 없는 텍스트를 생산하는 것이었다.[21] 규범을 위반하지 않기 위해서는, 권위적 담론에서 이미 널리 사용되고 있던 언어의 형태들을 단지 반복하기만 하면 되었다. 이러한 전환은 1960년대 내내 꾸준히 이루어졌다.

> 흐루쇼프는 연설을 할 때면 항상 미리 작성한 텍스트를 읽었어요. 가끔씩 이렇게 말할 뿐이었죠. "자, 이제 잠깐 텍스트에서 벗어나서 얘기해봅시다a teper' pozvol'te mne otoiti ot teksta." 그러면서 그는 1930년대 초반 당의 토론에서 습득한 노동자계급의 언어로 이야기하기 시작했죠. [……] 그러나 그는 이것이 규범에서 벗어나는 일이라는 것을 잘 알고 있었고, 그 언어를 너무 많이 사용하지 않으려고 조심했죠. [……] 브레즈네프로 말하자면, 그는 결코 [텍스트에서] 벗어나지 않았어요. 그는 주어진 규범의 범위를 벗어나지 않으면서도, 당의 정확한 언어를 반복하지 않기를 열망했죠.[22]

당의 텍스트를 생산하던 사람들은 점점 자신의 저자적 목소리를 최소화하여, 예전에 이미 생산된 텍스트처럼 들리게 하는 데 몰두했다. 당시의 한 농담은 이러한 전환을 잘 보여준다. 당 서기장이었던

---

21 저자 인터뷰.
22 앞의 인터뷰.

2 형식의 헤게모니: 스탈린의 섬뜩한 패러다임 전환

브레즈네프가 중앙위원회의 구성원들과 함께 소비에트 예술 전시회에 간 적이 있었다. 전시를 둘러보고 난 다음, 중앙위원회의 위원들이 브레즈네프 주위로 모여 그의 생각을 듣고자 했다. 브레즈네프는 1분 정도 가만히 말이 없더니 갑자기 선언했다. "아주 흥미롭습니다. 하지만 위에서는 어떻게들 생각하는지 들어봅시다."

중앙위원회의 대부분의 텍스트들은 이제 위원회의 은밀한 공간에서 집단적으로 작성되고 편집되었다. 가장 맹렬한 편집자들 중 한 명은 이데올로기 서기관 미하일 수슬로프Mikhail Suslov였다. 그는 "마르크스-레닌주의와 프롤레타리아트 국제주의"라는 관용구에서 접속사 "와"를 하이픈(-)으로 바꾸어야 한다고 주장했다. 왜냐하면 "마르크스-레닌주의는 이미 프롤레타리아트 국제주의"이기 때문에, 접속사 "와and"를 써서 "둘을 서로 배치되게" 만드는 것은 부정확하다는 것이다(Burlatskii 1988: 188). 편집에 대한 이와 같은 언급이 공개적으로 발표되지는 않았다. 하이픈을 사용한 관용구는 확정되었고, 더 이상의 토론 없이 다양한 텍스트들에서 반복되었다. 중앙위원회의 주요 문건을 작성할 때, 바로 이런 식의 편집이 문 뒤에서 으레 진행되었다. 표준을 따르지 않는 것처럼 보일 수 있는 건 무엇이든 피하기 위해, 잡지 『공산주의자Kommunist』의 편집자들은 "독특한 단어를 평범한 것으로 대체하고, 모든 종류의 문학적인 것 literaturshchina을 제거했으며, 쉼표를 추가하고 동사를 삭제함으로써 여러 문장을 결합해 한 문단 길이 정도의 한 문장으로 만들어버렸어요."[23] 중앙위원회의 또 다른 서기였던 유리 안드로포프는 자신의 자

---

23 앞의 인터뷰.

문에게 연설문을 수없이 다시 쓰게 했고, 최종 편집 단계에서는 다음과 같이 했다.

> 그는 네 명에서 여섯 명 정도 되는 자문들과 함께 테이블 상석에 앉았어요. 그는 자문 여럿을 다 함께 모이도록 하는 걸 좋아했죠. 우리는 최종 판본을 편집해야 했어요. 그는 한 구절을 크게 소리 내 읽고는 이렇게 말했죠. "여기 뭔가 잘못된 것 같군. 우리는 다른 표현을 찾아야 할 것 같소." 그러면 누군가 한 단어를 제안하죠. 그는 받아 적고요. 그리고 다시 누군가가 다른 단어를 제안하죠. 뒤이어 다른 사람도 계속 그렇게 하는 거예요. 우리는 연설문을 집단적으로 다시 썼어요. 그런 후 텍스트는 타이피스트에게 보내졌죠. 그러면 안드로포프가 우리에게 그것을 읽고 또 읽어 줬어요. 우리는 텍스트들이 멀쩡하게 들릴 때까지 계속해서 표현을 수정했죠.[24]

집단적 글쓰기, 상호 모방, 그리고 규칙화된 편집 과정을 통해, 개인적인 문체는 평범해졌고 텍스트에 대한 개인의 책임은 최소화되었다. 구조적 수준에서 권위적 언어의 서로 다른 심급들이 더욱 비슷해지고 더욱 예측 가능해져갔다. 중앙위원회의 연설문 작가들은 이런 새로운 양식의 집필 방식을 가리켜 "블록-글쓰기blochnoe pis'mo"라고 불렀는데, 텍스트에서 텍스트로 재생산된 담론의 고정된 "블록들"이 이제는 "하나의 구절을 구성할 뿐만 아니라 아예 문단 전체를 구성"하고 있었기 때문이다. 텍스트의 서사 구조는 많은 정형화된

---

24 앞의 인터뷰.

연설과 담화 들이 "앞에서 뒤로 읽든, 뒤에서 앞으로 읽든 비슷한 결과"를 얻을 수 있을 정도로 순환적인 것이 되고 있었다.[25] 자신의 텍스트에서 그 어떤 모호함도 피하려는 지도부의 노력은 언어적 구조의 규범화를 강화했을 뿐 아니라, 이 새로운 규범을 대단히 다루기 불편한 것으로 만드는 지경까지 몰고 갔다. 문장은 점점 길어졌고, 동사 수는 줄었으며, 명사는 사슬처럼 엮여서 긴 명사구를 만들곤 했고, 수식어는 몇 개씩 중첩되면서 최상급 형식을 취했다(뒤의 내용을 참고하라). 앞으로 짧게 검토하겠지만, 동사를 피하고 길고 복잡한 형식화된 문형을 지향하는 이러한 전환은 결정적인 것이었다. 소비에트의 권위적 언어는 모든 구조적 층위(통사론, 형태론, 서사 등)와 맥락 들에서 점점 더 인용 가능하고 순환적인 것이 되었다. 이 장르에서 모든 새로운 텍스트는 이 모든 구조적 층위에서 이전 텍스트의 인용으로 기능하면서, 해당 담론 전체의 축적된 권위와 변화 불가능성을 가중시켰다.

비록 모든 종류의 권위적 언어, 가령 정치적 혹은 종교적인 언어는 많은 정형화된 구조들, 곧 상투적인 '효과적인 어구'와 의례화된 특징 들을 포함하고 있기—그래서 높은 정도로 인용 가능하기—마련이지만, 후기 사회주의의 새로운 권위적 언어는 몇 가지 독특한 특징들을 지니고 있었다. 이 언어는 내가 **초규범화된**hypernormalized 이라고 부르는 어떤 것이 되었다. 즉 규범화의 과정이 단지 언어적·텍스트적·서사적 구조의 모든 층위에 영향을 미치는 정도로 끝나는 게 아니라, 아예 그 자체가 목적이 되는 지경에 이르렀다. 그 결과로

---

25 앞의 인터뷰.

나타난 길고 복잡한 고정적인 언어 형식은 종종 진술적 의미의 차원에서는 쉽게 해석되지 않거나 아예 해석되지 않았다. 진술적 차원이 본래 의미로부터 풀려나와 점점 더 초규범화된 언어를 향해 나아가는 이 전환이야말로 후기 사회주의를 이해하기 위한 열쇠이다.

단일한 의미의 언어

1960년대부터 1980년대 초반에 걸쳐 소비에트의 언어학 연구는 이 새로운 초규범화된 언어 형태의 우월함에 과학적 기반을 제공하기 위해 애를 썼다. 1982년 학술지 『언어학의 문제들』에는 러시아의 정치 담론과 부르주아 국가의 정치 담론의 "어휘적 의미"를 비교하는 논문이 발표되었다. 전문 언어학자인 저자는 언어의 의미론적 모델의 연장선상에서 "러시아어 원어민 화자의 의식 속에서" 정치적 용어들은 다의미적인polysemic 의미들을 잃고 단의미적인monosemic 것이 되었다고 주장했다. 다시 말해 그 용어들이 소비에트 삶의 모든 맥락에서 나타나는 단일한 마르크스-레닌주의적 현실에 "이데올로기적으로 부합되는ideologicheski sviazanny" 의미를 갖게 됐다는 것이다. 하나의 미리 결정된 맥락과의 이런 연결 덕택에, 표면상 러시아의 정치적 언어는 모호함과 결정 불가능성으로부터 해방되었으며, 대신 명확한 문자 그대로의 의미를 갖추게 되었다. 반대로 부르주아 국가의 정치적 언어는 다의미적이다. 영어, 프랑스어, 독일어로 된 정치적 용어들은 복수의 고정되지 않은 의미들을 전달하며, 그것들은 현실의 어떤 단일한 형태에도 이데올로기적으로 묶여 있지 않다.

왜냐하면 부르주아적 삶은 적대적인 계급 이데올로기들이 자리하는 복수의 맥락들 사이에서 쪼개져 있기 때문이다(Kriuchkova 1982: 30~31). 저자에 따르면 소비에트 러시아어와 외국어들 간의 의미적 구조의 불일치는 소비에트 통역가들에게 두 가지 도전 과제를 안겨주었다. 바로 "이중의 과제: 용어들을 번역할 뿐 아니라 〔……〕 그것들의 이데올로기적 환경까지도 적절하게 반영"해야 하는 것이다(Kriuchkova 1982: 32). 이런 이유로 통역가들은 특별한 표지적 표식indexical marker들을 사용해야 했다. 예를 들어 인용 부호나 "소위" 같은 표식들은, 외국어 구절들의 경우에는 "우리의 문헌들에서 받아들여지는" 것과 동일한 단일 의미로 사용되지 않는다는 사실을 소비에트 독자에게 알려주는 기능을 했다(Kriuchkova 1982: 32).

"젊은 독자, 콤소몰의 선전가, 활동가, 기자, 그리고 정치적 자기교육에 몸담고 있는 모든 사람들"을 독자로 상정하는 참고서인 『정치·경제·기술 용어 소사전A Short Dictionary of Political, Economic, and Technical Terms』은 "정치, 경제, 기술" 분야에서 단일 의미를 갖는 500개의 관용구 목록을 제시하면서, 그 용어들의 이데올로기적으로 고정된 의미를 매우 상세하게 기술하고 있다. 이런 단일한 의미의 관용구들은 한 단어부터 아주 긴 단어 결합까지 다양했는데, 모두 충격적일 만큼 정확한 의미를 지니고 있었다. 러시아어 "A"로 시작하는 단어 중에 "결석주의absenteizm"는 "부르주아 국가에서 국회의원 선거나 여러 다른 선거들에 대중이 참여하기를 기피하는 현상"이라고 설명되어 있다. "공격aggressiia"은 "몇몇 제국주의 국가들이 다른 한 국가 혹은 여러 국가들을 공격하는 것"으로, "반反공산주의antikommunizm"는 "동시대 제국주의의 주요 정치적-이데올로기적 무기"로, 또 프롤레타리아의 "절대적 빈곤화absoliutnoe obnishchanie"는 자본주의국가에서 노동자계급이 겪고 있는 곤경이라고 설명되어 있다(Borodin 1962: 5, 12).[26] 이러한 학문적·교육적 교재들은 언어적 형식을 초규범화했고, 언어의 정확한 형식을 재생산하면 의미의 정확성이 보장된다는 인식을 낳았다.

화용론적 모델

이러한 조건들하에서 권위적 텍스트의 형태는 그 형태에 상응하는 의미가 무엇인지에 대한 관심보다 점점 더 중요해졌다.

소비에트의 언어학자 에릭 한-피라Eric Han-Pira의 이야기는 권위적 언어의 고정된 형태와 단일한 의미로의 전환이 어떻게 중앙위원회의 담론 관리에서 명백히 드러나는지를 잘 보여준다. 오랫동안 소비에트의 미디어는 당과 국가의 주요 인사들의 장례식을 보도할 때, "붉은광장의 크렘린 벽 앞에 묻혔다pokhoronen na Krasnoi ploshchadi u kremlëvskoi steny"라는 상투적 문구를 사용했다. 이 상투어는 자주 반복됐기 때문에, 소비에트 시민들이 외워서 알고 있을 정도였다. 그러나 1960년대에는 공간 부족으로 인해 크렘린 벽 앞에 묻히는 고위 관료의 수가 점점 줄어들었다. 즉 대부분은 화장되었고, 그들의 유

---

26 단의미적인 언어에 관한 출판된 해석집은 중국에서도 흔했다. 1992년까지도 중국공산당 중앙선전분과는 『선전 어휘들은 정확해야만 한다Propaganda Vocabulary Must Be Accurate』라는 주간회보를 출간했으며, 신新중국뉴스국은 『용어 해설집Instructions on Terminology』이라는 제목의 소책자를 출판했다(Schoenhals 1992: 8~9).

해를 담은 항아리만 벽 안쪽의 감실에 안치되었던 것이다. 당시 장례식은 텔레비전으로 생중계되었고, 수백만 소비에트 시청자들은 해당 문구가 더 이상 장례식에 대한 문자 그대로의 묘사를 제공하지 않는다는 걸 알 수 있었다. 마침내 이러한 불일치는 소비에트과학아카데미 산하 러시아어연구소에서 일하던 열다섯 명의 언어학 교수들이 그 관용구가 현실을 더 잘 반영할 수 있게 수정돼야만 한다는 편지를 중앙위원회에 보내도록 만들었다. 그들이 제안한 새로운 관용구는 다음과 같았다. "유해를 담은 항아리가 크렘린 벽 안에 안치되었다urna s prakhom byla ustanovlena v kremlëvskoi stene." 몇 주 뒤 중앙위원회의 대변인이 러시아어연구소에 전화를 걸어, 중앙위원회 지도부는 언어학자들의 제안에 관해 논의했으나 제안을 기각하고 본래 문구를 유지하기로 결정했다고 전했다. 이유는 제시되지 않았다(Han-Pira 1991: 21). 아마 중앙위원회 입장에서는 권위적 재현의 형식이 현실을 문자 그대로 반영하는지의 여부보다, 그것이 불변하는 안정적인 것으로 남아 있는 것이 더 중요했을 것이다.

당 선동가, 신문 편집자, 그리고 일반 시민을 위한 수많은 소책자들은 과거와 마찬가지로 정확한 "당파적partiinye" 의미를 전달할 수 있는 텍스트를 작성하고 그런 언어로 말하는 것이 중요하다는 점을 계속해서 강조했다(Lukashanets 1988: 171). 하지만 무엇이 그 문구들의 당파적 의미를 만들어내는지에 관한 토론은 더 이상 공적으로 이루어지지 않았다. 그 대신 이제는 정확한 의미들이 이미 존재하고 있는 당 텍스트의 **형식**을 똑같이 복제함으로써 보장된다고 주장되었다. 1969년에 발간된 『주요 당 기관 서기를 위한 안내서Spravochnik sekretaria pervichnoi partiinoi organizatsii』는 여전히 **자신의 고유한 용어**

로 이데올로기적 문제를 사유하는 서기와 선동가 들을 비판하면서, 그런 행동은 반드시 그들을 "피상적인 유사-과학적 언어"에 빠뜨리게 될 것이라고 지적했다(Kravchenko 1969: 55). 지방의 정치 강연자 politinformatory를 위한 1979년의 소책자는, 강연자가 자신의 고유한 재정식화나 사변을 피함으로써 "대중에게 당의 진실한 말"을 매개해주어야만 한다고 강조했다(Erastov 1979). 1975년에 발간된 어느 책은 강연자에게 창조적이 될 것을 주문하면서, 다만 누군가의 담론에서 창조성이란 목소리 크기, 눈 맞추기, 몸짓, 간헐적인 유머 따위의 전달의 기술적 측면에만 해당된다고 설명했다(Leont'ev 1975).

권위적 언어의 초규범화 이전에 출간된 책으로 앞에서도 언급한 『신문의 언어』(Kondakov 1941)는 지방 당 위원회의 구체적인 이데올로기적 문구들을 비판하면서, 그것들이 어떤 점에서 옳고 그른지와 어떻게 고쳐져야 하는지를 설명했다. 반면 이 책과 비교해볼 만한 책인 『신문은 어떻게 만들어지는가Kak delaetsia gazeta』(Grebnev 1967)―이 책은 이데올로기적 언어의 변화 이후 2만 부가 출간됐다―는 지방 당의 문구들을 전혀 문제 삼지 않으면서, 신문의 과제가 지방 당 서기의 담론에 대한 공적인 비판을 피하는 것이라고 사실상 명시적으로 강조하고 있다. 이 책에는 북부 지역신문 『새로운 북부를 위하여Za novyi Sever』의 편집자가 저지른 "중대한 실수"의 사례가 나온다. 이 신문의 편집자가 이데올로기적 주제를 두고 편집부와 당 주州위원회obkom 사이에서 벌어진 논쟁을 지면에 공개했던 것이다. 편집자의 실수는 그가 당 주州위원회의 의견에 동의하지 않았다는 것이 아니라, 그가 그 토론을 공적인 것으로 만들었다는 데 있었다. 책에서는 편집자가 당 주州위원회의 의견에 동의하지 않는 경우 "편집자의 의무"는 다음과 같다고 설명한다. 그는 "당 위원회 회의 자리에서 해당 비판을 제기하거나, 필요하다면 당의 상부, 심지어 소비에트연방 공산당 중앙위원회에까지 그 뜻을 전달할 수 있다." 다만 이런 비판은 언제나 신문 같은 공적인 장소로 새어 나가는 걸 피하면서, 당 위원회 내부에서 진행해야 한다(Grebnev 1967: 29).

형식의 복제를 향한 강조가 늘어남에 따라, 구체적인 텍스트와 표어가 어떤 맥락에서 어떤 의미와 기능을 갖는지를 예측하는 것이 점점 더 불가능해졌다. 의미는 예측하지 못한 방향으로 미끄러졌다. 다른 말로 하자면 이러한 담론은 내가 1장에서 설명했던 수행적 전환을 겪고 있었다. 담론의 수행적 차원(관례화되고 의례화된 형식들의 재생산)이 진술적 차원(이러한 형식들로부터 연상될 수 있는 진술적 의미들)보다 훨씬 중요한 것이 되어가고 있었다. 이제 이런 방식의 텍스트 생산에 기초를 놓는 언어의 암묵적인 모델은, 이른바 언어의 "화용론적 모델pragmatic model"에 더 가깝게 향해 가고 있었다. 이 모델에 따르면, 동일한 텍스트는 다른 맥락과 텍스트 들에 연결되는 방식에 따라 복수의 의미를 지닐 수 있다. 이러한 모델에서는 동일한 문구도 서로 다른 독해 과정 속에서 서로 다른 것을 의미할 수 있다. 가령 언어의 화용론적 모델의 한 유형을 영미권의 법적 담론에서 찾아볼 수 있다. 이런 담론에서 법적 당사자들은 재판심리의 맥락에서 종종 같은 텍스트나 문서를 과거의 다른 사례, 판례, 증거 조각 들에 연결시키면서 동일한 텍스트에 대한 상이한 해석을 주장한다(Mertz 1996: 234~35). 그러나 소비에트의 맥락에서 이 모델을 특징짓는 것은, 법정의 사례에서처럼 단지 언어가 구체적인 텍스트들에 고착되어 있지 않다는 사실이 아니다. 반대로 소비에트에서 이 모델의 특징은 언어가 소비에트 담론의 권위적 장르 전체에 걸쳐서 규범화되어 있다는 데 있다. 권위적 담론의 규범화가 증대되고 의미로부터 형식이 분리되면서, 당 정책의 전환마저 동일한 문구들로 재현될 수 있었다. 예를 들면 정치국의 이데올로기 서기였던 미하일 수슬로프는 종종 서로 다른 이데올로기적 결정들, 심지어 서로 모순되는 것처럼 보이기도 하는 결정들을 지지하기 위해 레닌의 텍스트에서 동일한 인용문들을 끌어왔다. 이를 위해 수슬로프는 모든 경우에 대비하여 수천 개의 레닌 인용문을 색인 카드에 적은 개인 모음집을 그의 사무실 서류함에 보관하고 있었다. 어떤 주장에 적합하게 보이는 인용문을 고른 후, 수슬로프는 텍스트에 그 인용문을 삽입했다. 그렇게 함으로써 그는 어떤 이데올로기적 결정을 뒷받침하는 주장을 변화가 아니라 과거와의 연속성의 관점에서 제시했다(Burlatskii 1988: 189).

이런 새로운 조건하에서, 지방의 이데올로기 텍스트 생산자들은 심지어 이데올로기적 문구들이 잘못된 것처럼 보일 때에도 그 문구들을 글자 그대로 복제하는 것을 더 선호했다. 때때로 형식과 의미의 이런 관계는 역설적이고 우스꽝스러운 상황을 낳기도 했다. 몇몇 전직 선전 예술가들이 회고하기를, 1980년대 초반에 도시 공간을 장식할 시각적 선전물 생산을 담당했던 레닌그라드 시각예술디자인작업장KZhOI은 11월 7일(혁명의 날) 기념행사를 맞아 도심부 건물 정면에 걸릴 표어 텍스트를 받았다. 그 텍스트에는 실수가 하나 있었는데, 쉼표 하나가 잘못 찍히는 바람에 표어가 허튼소리가 돼버린 것이었다. 작업상에서는 그 실수를 알았지만, 당 상부 기관의 승인을 받지 못한 채로 텍스트를 편집할 수는 없었다. 작업장의 수석

2 형식의 헤게모니: 스탈린의 섬뜩한 패러다임 전환

예술가가 당 구區위원회raikom에 가서 텍스트를 바꾸도록 허가해달라고 요구했을 때, 서기들 중 그 누구도 수정을 승인하려 하지 않았다. 그들 역시 개인적으로는 이것이 실수라는 것을 알고 있었지만, 그 문구는 당 시市위원회gorkom에서 만들어졌기 때문이었다. 소비에트 사회의 위계상 지방에 위치한 사람들에게는 전달되고 있는 문자 그대로의 의미에 대한 걱정보다, 기존 언어 형식들을 그대로 따르는 것의 중요성이 더 강력한 강제 사항이었던 것이다.[27]

시각적 선전물 및 의례의 담론

형식의 규범화는 시각적 선전물이나 정치적 의례와 같은 권위적 담론의 비언어적 장르에서도 진행되었다. 거리에서 볼 수 있는 시각적 선전물의 담론은 레닌과 마르크스의 초상화와 기념물, 정치국 위원들의 사진, 낫과 망치를 형상화한 설치물, 구역의 가장 뛰어난 노동자의 사진이 담긴 간판, 표어·포스터·탄원·맹세 등이 담긴 현수막을 포함한다. 혁명 직후 초기에 예술가 그룹과 정치 기관 들은 언어의 영역에서처럼 시각적 선전물에 대해서도 여러 실험을 했다(Bonnell 1997; Stites 1989). 1920년대 후반이 되면서 시각적 선전물은 점점 더 당의 엄격한 통제하에 놓이게 되었고, 그것은 예술가, 조각가, 건축가, 영화감독 등의 작품을 평가하고 토론하는 공적인 메

---

27 레닌그라드 시각예술디자인작업장의 전직 예술가들과의 저자 인터뷰. 많은 예술가들이 이 이야기를 기억했다. 어쩌면 그건 사실이 아닐 수도 있다. 하지만 어쨌든 이 이야기는 그들이 표어와 지침을 다시 만들어내면서 느꼈을 의심과 걱정을 잘 담아내고 있다.

타담론을 동반했다.

1950년대가 되면서 권위적 언어와 더불어 시각적 선전물의 형식과 양식도 점점 더 표준화되었고 중심화되었다. 이 과정을 보여주는 사례가 레닌의 이미지다. 1960년대 후반에 레닌 탄생 100주년이 되는 1970년을 기념하는 행사 준비 캠페인이 진행되는 동안, 레닌그라드 시각예술디자인작업장의 예술가들은 모스크바의 중앙위원회로부터 오늘날 레닌을 개인적으로 기억하고 있는 사람은 매우 적으니 그를 "보통 사람보다 영웅적 상징에 더 가깝게"[28] 묘사하라는 회보를 받았다. 그 결과 레닌은 새로운 초상화에서 더 젊고 더 키가 큰 근육질의 인물로 묘사되었다. 그리고 레닌의 새로운 초상화는 이전에 비해 더 고정되고 반복적인 양식으로 그려졌다. 즉 한정된 배경과 포즈, 더 적은 색채, 조각 기법, 재료, 색, 질감 등을 사용하면서, 매번 반복될 수 있는 시각적 구조의 고정적 요소들을 활용했던 것이다.

새로운 양식은 규범화되었고, 레닌에 대한 가능한 시각적 재현물의 수는 줄어들었다. 그리고 새롭게 형식화된 이미지들은 예술가들의 담론 속에서 공식적인 이름으로 불렸다. "우리 일리치Nash Il'ich"는 보통 사람 레닌을, "실눈을 뜬 레닌Lenin s prishchurom"은 재치 있는 레닌을, "아이들과 함께 있는 레닌Lenin i deti"은 가정적이고 친절한 레닌을, "지도자 레닌Lenin vozhd"은 초인적인 레닌을, "지하에 있는 레닌Lenin v podpol'e"은 혁명적인 레닌을 가리키는 이름이었다. 이러한 이미지들의 제한된 가짓수와 공식화된 양식 때문에, 예술가들은 그들만의 직업적 은어로 각각의 상투적인 이미지에 번

---

28 예술가들과의 저자 인터뷰.

호를 붙여 불렀다. "이렇게 말하는 걸 들을 수 있었어요. '방금 5번 piaterochku을 끝냈다네.' 집필 중인 레닌을 묘사하는 두 가지 이미지도 있었죠. 6번shestërka으로 알려진 '집무실에 있는 레닌'과 7번 semërka으로 알려진 '초록 집무실에 있는 레닌V zelenon kabinete'[29]이었어요. 6번 레닌은 의자에 앉아 있고, 7번 레닌은 나무 그루터기에 앉아 있었죠."[30]

예술가들은 '인용'을 위한 충분한 자료들을 갖고 있기 위해, 자신의 작업실에 레닌의 규범화된 이미지들을 쟁여놓았다. 이것은 예술가의 개인적인 양식의 흔적을 최소화하면서 규범이 재생산되는 것을 보장했다. 그러나 동시에 이는 그림 그리는 속도를 높여주었고, 그것은 곧 높은 보수를 의미했다. 예술가들은 연설문 작가들이 개발했던 '블록-글쓰기'와 유사한 '블록-작화'라 불릴 만한 작업 기법을 개발했는데, 이 새로운 작업 방식은 서로 다른 맥락들에 통용될 수 있는 시각적 요소, 형식, 디자인, 색채, 양식, 질감 들의 정확한 복제를 포함했다. 레닌그라드 시각예술디자인작업장의 예술가였던 미샤는 이렇게 말했다. "예술가들 사이에서 무엇보다 필요했던 것은 레닌의 데스마스크와 그의 두상 주형이었어요. 이데올로기와 어떻게든 관련이 있는 일을 하는 모든 명망 있는 예술가들은 개인적 접촉을 통해 기념물 공장skul'pturnyi kombinat에서 그걸 구하려고 애를 썼고요. 그것들은 끊임없이 복제되었죠." 레닌의 데스마스크와 두상 주형은 평범한 이데올로기적 이미지가 아니라 소비에트 이데올로기의 핵심적

---

29 차르 경찰을 피해 라즐리프Razliv 근처 숲에 은신하던 상황을 가리킨다.
30 레닌그라드 시각예술디자인작업장 소속 예술가 및 지역 예술가 들과의 저자 인터뷰.

인 조직화 개념 중 하나, 곧 그것의 주인 기표인 '레닌'을 가리키는 기호학적 '지표index'였다. 그것들은 붉은광장 한가운데 있는 영묘에서 관찰될 수 있는 레닌의 실제 물리적 신체를 가리키는 것이었다. 그러한 이데올로기적 이미지들은 소비에트의 상징적 질서 전반에 걸쳐서 레닌의 물리적 신체의 중요한 지표적 흔적을 구성했다. 이러한 흔적이 갖는 커다란 중요성은 이 장과 다음 장에서 점차 명확해질 것이다.

연설문 작성의 경우와 마찬가지로 선전물 그리기 역시 보다 집단적이고 익명적인 작업이 되었고, 점차 조립라인처럼 조직화되었다. 지역 예술가였던 유리는 다음과 같이 설명한다. "레닌의 초상화는 다양한 기관, 공장, 학교 등에 필요했기 때문에 수요가 엄청났어요. 그래서 예술가들이 대여섯 점의 레닌 초상화를 동시에 작업하는 경우가 아주 흔했죠. 우선 프레임 위에 여러 개의 캔버스를 올리고, 똑같은 연필 스케치를 그 위에 그립니다. 다음날에는 각각의 캔버스에 전체 윤곽obshchaia propiska을 그리죠. 그리고 그 다음날에는 각각에 레닌의 얼굴을 그리고, 그다음엔 정장과 넥타이를 그리는 거예요. 이런 식으로 작업을 해나가는 겁니다." 이런 작업 방식은 결국 예술가의 전문화를 촉진시켜, 특정 유형의 레닌 초상화만 그리는 전문가를 낳았을 뿐 아니라 레닌 이미지 중에서 어떤 구체적인 세부 사항만 그리는 전문가가 생겨날 지경이었다. 어떤 화가는 레닌 얼굴의 전체 윤곽을 잡는 전문가이고, 다른 화가는 레닌의 코와 귀의 대가이며, 또 다른 화가는 레닌의 정장과 넥타이를 그리는 전문가가 되는 식이었다.

레닌그라드의 수석 예술가 라스토치킨Sergei Lastochkin의 작업실에서 일하던 예술가 부대에 관한 미하일의 묘사를 보자. 그들은 "모두 최고의 전문가였고, 눈을 감고도 레닌의 모든 이미지를 그리거나 조 각할 수 있었습니다. 그들은 종종 오락 삼아서 누가 기억만으로 특 정 버전의 레닌 머리, 코, 혹은 왼쪽 귀를 여러 각도에서 제일 잘 그 리는지 내기를 하곤 했지요." 같은 조립라인 방식이 정치국 위원들 의 거대 초상화를 그리는 데도 사용되었다. 이들 초상화를 그리는 데 사용된 고정된 양식과 기법 들은 수년 동안 거의 똑같이 유지되 었으며, 변형을 한다 하더라도 양적인 측면에서의 사소한 변형일 뿐 결코 질적인 변형은 아니었다. 가령 브레즈네프의 정장에 달린 메달 의 개수나, 해가 바뀔 때마다 조금씩 늙어가는 그의 얼굴을 변형하 는 정도가 전부였다. 레닌그라드 당 구區위원회의 이데올로기 강사 였던 마르타Marta Potiphorova는 다음과 같이 설명한다. "브레즈네프 가 새 훈장을 받을 때마다, 제가 할 일은 제가 맡고 있는 구역의 화 가들에게 밤새도록 지역 내의 모든 브레즈네프의 초상화에 훈장을 새로 그려 넣도록 하는 거였어요." 하지만 브레즈네프 초상화의 양 식 자체는 그대로였다. 그의 이미지에 대한 변형은 전부 야간 작업 을 통해 이루어졌으며, 대부분의 사람들에게는 변형의 과정이 사실 상 보이지 않았다. 심지어 브레즈네프의 정장에 새 메달이 추가되었 다는 사실이 이미 모두에게 알려져 있는 경우에조차, 이 사실은 변 형보다는 불변성의 관점에서 상징적으로 재현되었다. 바로 이런 것 이 권위적 상징의 초규범화를 보여주는 사례다. 시각적 규범화는 보 다 평범한 인물들을 묘사하는 데에도 영향을 끼쳤다. 선전물 포스터 에 그려진 소비에트 인민의 특징·표정·자세, 그리고 색깔과 기법 등 은 점점 더 규범화·단순화되었으며(점점 더 적은 색깔, 명암, 얼굴 표정, 각도, 세부 사항을 통해 묘사되었으며), 이미지와 맥락 들 사이에서 인용 가능한 것이 되었다.

권위적 담론의 이런 규범화된 언어적·시각적 목록들은 여러 도시에서 "재현의 헤게모니"(Yurchak 1997a)라 부를 만한 하나의 통일된 상호 담론적 체계로서 조직화되었다. 그것들이 위치한 도시 공간과의 관계에 따라 〔이 헤게모니의〕 표어는 세 가지 범주로 분류되었다. 세 가지 범주의 표어는 구조적·주제적으로 서로 연관되었으며, 단지 그들이 지시하는 대상의 규모에서 차이가 날 뿐이었다. 첫번째 범주는 가장 일반적이고 맥락으로부터 자유로운 표어들이다. "인민과 당은 하나다!Narod i partiia ediny!" "소비에트 공산당에 영광을!Slava KPSS!" "공산주의의 승리를 향해 전진!Vperëd k pobede kommunizma!" 등이 그것이다. 두번째 범주는 시간과 맥락이 보다 구체적인 표어다. 가령 "제27차 공산당대회의 결정들을 생활 속으로!Pretvorim resheniia XXVII-go s"ezda KPSS v zhizn'!" "5월 1일이여 영원하라!Da zdravstvuet pervo-mai!" "블라디미르 일리치 레닌의 탄생 100주년을 새로운 노동의 승리로 기념하자!Otmetim stoletnii iubilei V. I. Lenina novymi trudovymi pobedami!" 같은 것들이다. 세번째 범주는 보다 더 지역적이고 맥락화된 표어로, 공장, 경기장, 학교 등에 걸렸다. 이를테면 "키로프 공장의 노동자들이여, 인민과의 우정을 견고하게 하라!Trudiashchiesia Kirovskogo zavoda, krepite druzhbu mezhdu narodami!" "레닌그라드의 운동선수들이여, 소비에트 스포츠의 깃발을 높이 들어라!Sportsmeny Leningrada, vyshe znamia sovetskogo sporta!" 등이 그러하다.

예술가 미샤에 따르면, 건물 전면에 걸렸던 첫번째 범주의 표어들은 모든 이를 호명하는 가장 공적인 것이었다. 한 구역에 몇 개를 걸어야 하는지는 해당 구역에 부여된 "이데올로기 밀도 지수koeffitsient ideologicheskoi plotnosti," 즉 한 공간 단위(예를 들면 거리 100미터) 당 설치되어야 하는 표어, 포스터, 초상화의 대략적인 수에 달려 있었다. 도시 중심부는 밀도가 가장 높았으며, 지수는 1.0을 매겼다. 다른 지역들은 이 최대치를 기준으로 지수가 부여되었다. 소비에트 정부 청사 근방 모스크바 붉은광장의 지수는 1.1이었다. 레닌그라드에서 이데올로기적으로 가장 중요한 공간은 노동절과 혁명의 날에 행진이 이루어지는 궁전광장이었다.

각 도시에 위치한 또 다른 주요한 이데올로기적 장소는 중앙광장과 관용차가 오가는 주요 도로magistrali[31]를 포함했다. 이런 장소들에는 개별적인 이데올로기 지수가 부여되었다. 각 주요 도로는 그 도로를 따라 걸려 있는 포스터와 표어 들의 밀도와 유형 면에서 다른 도로들과 비슷하게 보여야 했다. 어떤 포스터, 표어, 간판 들이 이 장소를 장식할 것인가는 당 시市위원회의 이데올로기 부서가 결정했다. 하지만 시각적 선전물의 가능한 유형과 표어의 정확한 텍스트가 담긴 목록은 당 중앙위원회에서 제공되었다. 이러한 특별한 장소들 주변의 나머지 구역은, 예술가들이 구역 "선전물 지도karta nagliadnoi agitatsii"와 중앙위원회가 보낸 정확한 표어 목록을 활용하여 직접 장식했다. 앞서 언급한 이데올로기 강사 마르타에 따르면, 도시의 모든 당 구區위원회 강사들은 가능한 표어의 목록을 잘 알고 있었고,

---

31 레닌그라드에서 이 주요 도로는 키롭스키Kirovsky 대로, 넵스키Nevsky 대로, 모스크바 대로, 모스크바 고속도로를 포함했다.

어떤 표어가 인접한 구역에 이미 걸려 있는지도 알고 있었다. 그들은 메시지가 겹치는 걸 피하면서도 연속성을 강조하는 식으로, 그들의 표어 선택을 조정했다. 가령 두 구역 간의 경계에 "소비에트 과학에 영광을!"이라는 표어가 이미 걸려 있다고 하면, 다른 구역의 예술가는 경계의 자기 구역 쪽에 "노동에 영광을!" 같은 다른 표어를 선택하는 식이었다.

　시각적 형태의 규범화와 표준화는 선전 사진과 영화에도 반영되었다. 수십 년 동안 지역의 다큐멘터리영화 스튜디오는 지역에서 발생한 사건들을 촬영한 뉴스영화Kinokhronika를 정기적으로 만들었다. 1960년대 후반부터 당 구區위원회의 지도 아래, 뉴스영화의 시각적 양식은 더욱 정식화되었고, 많은 "예사롭지 않은unusual" 이미지들이 편집되거나 통째로 잘려나갔다. 다양한 뉴스영화에서 서로 다른 사건들을 재현하는 데 같은 장면footage이 점점 더 반복적으로 사용되곤 했다. 이 장면 "블록들"은 정식화된 신scene들로 구성되어 있었다. 커다란 홀에서 박수 치는 청중이나 투표하는 사람들, 노동절 행진을 하고 있는 군중, 집단농장에서 농사짓는 장면 등이 그런 블록이었다. 상트페테르부르크 다큐멘터리영화 스튜디오의 다큐멘터리 감독이었던 유리 자닌Yurii Zanin에 따르면, 1970년대 내내 레닌그라드의 모든 겨울 뉴스영화에는 1970년 새해 축하 때 찍은 동일한 장면이 삽입되었다.[32]

　시각적·언어적 담론과 마찬가지로, 공적 의례의 담론도 중앙에 의해 통합되고 조정된 도식을 따르면서 점점 더 표준화되어갔다. 1950

32　저자 인터뷰.

년대 후반까지 이런저런 행사를 위해 다양한 장소에서 이루어진 공적 의례들은 단일한 일원적 도식을 따르지 않았으며, "결코 일관되고 일반적인 캠페인의 일부였던 적이 없었다"(Lane 1981: 3). 그러나 1950년대 후반이 되자 소비에트 국가는 전국 방방곡곡에서 의례들을 표준화하고 단순화하기 시작했다. 이전에는 지역의 사회·문화·교육 기관들에 의해 계획되고 진행되었던 시민적 의례들이, 당에 의해 운영되는 하나의 중앙화된 "의례 시스템"으로 통합된 것이다. 다양한 행사를 위한 의례들은 점차 중앙위원회가 계획한 표준화된 대본에 의거해 조직되었다. 그것들의 구조는 더욱 정식화되었고, 의례화된 실천의 "블록들" 전체는 하나의 기념일의 맥락과 유형에서 다른 맥락과 유형으로 넘어가면서 계속해서 복제되었다(Lane 1981: 46~47; Aliev 1968: 5; Glebkin 1998: 130, 137). 새롭게 표준화된 이 의례 시스템은 집회, 레닌 시험,[33] 기념행사, 노동절과 혁명의 날 행진 등을 포함했다.

행진들은 매우 세심하게 계획되었고, 일원화되고 표준화된 방식으로 승인되었다. 행진 계획은 더욱 형식화되었고 사전에 잘 준비되었다. 지역의 수석 예술가였던 유리는 다음과 같이 설명한다. "궁전 광장의 장식은 아주 작은 세부 사항까지도 계획되었습니다. 11월 7일과 5월 1일이 되면, 도시 예술위원회는 광장의 상세한 모델을 준비했는데, 거기에는 간판을 세운 트럭과 표어를 들고 행진하는 대열의 아주 작은 모형들이 있었죠. [……] 매년 광장 디자인은 사전 승

---

33 [옮긴이] '레닌 시험Leninskii zachot'은 청년의 정치적 적극성을 고취하고 정치적 식견을 점검할 목적으로 콤소몰에서 정기적으로 치러지던 행사를 말한다. 1970년 레닌 탄생 100주년에 처음 실시되었다.

인을 받아야 했는데, 먼저 레닌그라드 당 시市위원회에서, 그다음에는 모스크바 중앙위원회의 이데올로기 부서에서 승인을 받아야만 했어요."

권위적 언어, 시각적 선전물, 의례화된 실천이 한꺼번에 표준화되고 규범화됨에 따라, 당과 콤소몰의 집회 구조 역시 점점 더 정식화되고 모든 수준에서 예측 가능한 것이 되었다. 그런 집회들은 우연의 요소를 최소화하면서 사전에 치밀하게 계획되었다. 조직자들은 집회 발언자의 순서, 그들이 읽을 텍스트, 청중이 제기할 '자발적인' 논평, 상임 간부회에서 이 논평에 제시할 응답, 참여자의 움직임, 투표와 그 결과까지를 극히 세심하게 계획했다.

목소리와 시간성의 전환

앞에서 지적했다시피 권위적 담론의 모든 형식이 점점 더 규범화되면서, 그 담론의 수행적 차원은 진술적 차원보다 더 큰 역할을 하기 시작했다. 의례화된 행위를 실행하고 이 담론의 의례화된 텍스트를 재생산하는 일에 참여하는 것이, 그것의 진술적 의미에 집중하는 것보다 더 중요해진 것이다. 여기에는 두 가지 이유가 있다. 이러한 행위에 전혀 참여하지 않게 되면 문제가 발생할 수 있다는 것, 또한 그것에 참여하는 것이 그 밖의 많은 다른 행위와 [관심사를 추구하는] 활동 들을 영위하기 위한 조건을 제공했다는 것이다. 이때 이런 다른 행위와 활동 들이 반드시 이데올로기적 의례의 진술적 의미를 따라야 하는 것은 아니었다. 그 담론이 **어떻게** 재현되는지가 그것이

2 형식의 헤게모니: 스탈린의 섬뜩한 패러다임 전환

무엇을 재현하는지보다 더 중요해졌다. 이것이 뜻하는 바는 단지 의미가 중요하지 않게 되었다거나, 일상생활이 의미를 상실한 자동적 행위들의 연쇄가 되었다는 것이 아니다. 오히려 그 반대로 권위적 재현의 정확한 형식들을 수행적으로 복제하는 이런 행위는, 이 재현과 연결되었던 진술적 의미들이 정박 상태에서 풀려나와 점점 더 예측 불가능한 것이 되면서 새로운 해석에 열리도록 만들었다. 그에 따라 일상적 삶의 다양한 맥락 속에서 예측할 수 없었던 새로운 의미, 관계, 생활양식이 출현할 수 있게 되었다.

소비에트의 삶 내부에서 만들어지게 될 이런 특별한 의미들을 상세히 제시하고 분석하는 작업은 이어지는 장들에서 이루어질 것이다. 그러나 지금은 권위적 언어의 형식이 어떻게 고정되고 맥락들을 가로질러 복제되었는지를 이해하기 위해, 먼저 우리는 권위적 언어의 초규범화된 구조를 조직화하는 담론적 원칙들을 분석해야 한다. 이 원칙들은 두 가지 유형으로 분류될 수 있다. 하나는 저자의 목소리가 지식 창조자에서 지식 매개자의 목소리로 변형되었다는 것이고, 다른 하나는 담론의 시간성temporality이 과거를 향하게 되었다는 것이다. 궁극적으로 이것이 뜻하는 바는 전체로서의 담론이 지식을 새로운 주장이라기보다는 언제나 이미 알려져 있는 어떤 것으로서 매개했다는 사실이다. 이로 인해 담론의 결에서 저자의 목소리가 덜 드러날 수 있었고, 잠재적인 검열에 덜 노출될 수 있었다. 다른 식으로 말하자면 담론의 이런 규범화된 원칙들은 저자 목소리의 익명성을 증대시키는 데 기여했고, 다시 더 큰 정도로 텍스트의 규범화를 가중시켰다.[34] 이 두 가지 주요 전환들은 통사론, 의미론, 서사 구조, 수사적 조직, 상호 텍스트성, 상호 담론성interdiscursivity 등과 같은 담론과 언어의 모든 구조적 수준에 투영되었다. 이러한 언어적 형태들의 이데올로기적 효과들이 텍스트 자체로부터는 추론될 수 없다는 사실을 재차 강조하는 것이 중요하다. 이 효과들은 오직 그것이 생산되고 유통되는 소비에트적 삶의 특정한 맥락들을 통해서만 명확해질 수 있다.

인용적 시간성

권위적 언어는 후기 사회주의 시기 동안 인용구 같은 것이 되었는데, 그 원인은 그것이 이전의 구체적인 텍스트와 구조를 인용했다는 데에만 있지 않다. 더 일반적인 원인은 권위적 언어가 앞선 시간성들의 깊은 토대 위에 구축되어 있다는 데 있다. 즉 새로운 것이든 아니든 모든 종류의 정보가 이전에 주장되고 공공연하게 알려진 지식으로서 제시되었던 것이다. 시간적 조직화는 이런 언어의 수사적 구조를 고정시켰으며, 그 방식은 모든 새로운 이념과 사실 들이 오직 이전의 것에 입각해 코드화되어야만 전달될 수 있게 되는 식이었다. 바로 이런 고정을 통해 텍스트를 생산하는 저자의 목소리는 이미 확립된 지식을 매개하는 자의 목소리로 바뀌었다. 그리고 반대로 그

---

34 이와 같이 담론의 익명성과 인용 가능성이 증대되는 과정은, 재생산의 특수한 조건하에서 그렉 어번Greg Urban에 의해 정식화된 일반적 용어를 통해 기술될 수 있다. "담론이 더욱더 공공연하게 비개인적인 것으로, 다시 말해 최초의 발신자에 의해 만들어진 것이 아니라 그 혹은 그녀에 의해 전송된 것으로 코드화될수록, 그리고 그것이 현재의 맥락과 상황 들에 더욱더 적게 관련될수록, 그것을 베끼는 사람은 더 쉽게 있는 그대로 복제하기 마련이다. 그 결과 담론은 더욱더 잘 확산될 수 있게 된다"(Urban 1996: 40).

담론의 심급들을 재생산했던 이들은, 지식 매개자의 목소리를 특권화하면서 담론의 시간성을 과거로 전환시키는 데 기여했다. 초규범화된 언어의 모든 구조적 차원에 걸쳐 이런 앞선 시간성이 코드화되었다.

이러한 언어 모델은 통사론, 의미론, 형태론, 어휘, 서사 구조, 양식 등의 차원에서 작동하는 원칙들의 제한된 레퍼토리에 기반을 두었다. 우리는 대부분의 이데올로기적 정식화와 텍스트 들이 이 원칙들에 의거해 생겨난다는 점을 제안하기 위해, 이것을 권위적 언어의 발생적generative 원칙들이라 부르고자 한다(이것은 러시아 형식주의자들이 사용했던 개념인 "발생적 과정generative process"[35]과 유사하다). 이런 일련의 담론적 원칙들을 적용하여 이 언어의 모든 심급이 구조적 차원에서 단 하나의 텍스트의 인용으로 작동할 수 있게 만들면, 권위적 장르의 그 어떤 텍스트라도 얼마든지 써낼 수가 있다. 바흐친의 권위적 담론에서처럼, 이 언어 장르의 모든 발화는 대개 무인칭의 텍스트에 존재했던 그것 이전의 다른 발화의 "전송된" 버전이다(Bakhtin 1994: 342). 이 언어의 초규범화된 형태는 예상할 수 있고 인용 가능할 뿐만 아니라 점차 길고 복잡한 것이 되어, 결국은 "참나무 언어dubovyi iazyk"라는 속칭이 붙을 정도로 악명 높은 "나무처럼 딱딱한" 소리가 된다. 소비에트 마지막 세대의 구성원들은 그 시기에 성장하면서, 이 발생적 원칙들에 의거해 정식화된 텍스트를 작성하고, 의례화된 맥락에서 그것을 재생산하며, 의례화된 방식대

---

35 Bakhti and Medredev(1991)를 보라. 이 개념은 일정한 법칙들이 천부적이라고 암시하는 노엄 촘스키Noam Chomsky의 용어 "생성generative"과 다르다.

로 그것에 반응하는 것에 아주 특별히 익숙해졌다. 그런데 그 방식이 반드시 텍스트를 '문자 그대로' 진술적 차원에서 읽어냄으로써, 그것으로 되돌아가는 식이어야 할 필요는 없었다. 고도로 의례화된 이런 텍스트와 담론적 구조 들은 무엇보다 수행적 차원에서 작동했다. 즉 참여자들이 해당 담론의 진술적 언급들에서 재현했던 의미와 실천 너머에 있는 다른 의미를 만들어내고 다른 실천에 개입할 수 있도록 하는 모종의 행위로 작동했던 것이다.

이러한 텍스트 장르의 사례는 1984년 당시 거의 2억 부가량 발행되었던 소비에트 중앙 및 지역 신문들에 의해 매일같이 제공되었다.[36] 신문 『프라우다』는 이런 담론의 사례들을 제시하는 데 있어 중추적인 역할을 수행한다. 『프라우다』는 당 중앙위원회의 기관지로서, 그 수석 편집자가 중앙위원회 사무국 회의와 몇몇 정치국 회의에 매주 참석했다(Roxburgh 1987: 60). 『프라우다』의 1면에는 거의 전적으로 권위적 장르로 작성된 당의 결정, 논평, 뉴스를 게재했다. 1면을 장식한 텍스트 중 매일 실리는 사설인 **페레도비차**peredovitsa는 특별한 역할을 차지했다. 중앙위원회의 전문 기자들이 집단적으로 작성한 이 기사는 그 누구의 이름으로도 서명되지 않았고, 광범위하고 추상적인 이데올로기적 주제에 대한 매일의 논평을 제시했다. 이 사설의 제목 중에는 다음과 같은 것들이 있었다. 「5월 1일의 깃발 아래Pod znamenem pervomaia」「노동자의 단결Solidarnost' liudei truda」「소비에트적 인간의 이데올로기적 확신Ideinost' sovetskogo cheloveka」. 페

---

36 1984년 소비에트연방은 총 부수 185,275,000부에 이르는 8,327종의 일간 및 주간 신문과 1,500종의 잡지와 학술지를 발행했다(Roxburgh 1987: 55).

레도비차의 주제는 당 중앙위원회에서 적어도 2주 전에 미리 집단적으로 결정되었다(Roxburgh 1987: 80). 페레도비차의 이러한 준비 방식은, 이 텍스트들의 주요 과제가 현안들의 예측 불가능성보다는 세계에 대한 권위적 재현의 영속성을 재현하는 것이었다는 점을 잘 보여준다.

일반적으로 서사 구조의 수준에서 이 담론은 과거와 미래의 사건들에 대한 언급을 특권화했다. 즉 현재에 대한 새로운 주장이나 증인의 목소리, 다시 말해 "저자들"의 목소리를 피하는 방식을 취했다.[37] 그래서 심지어 동시대의 사건조차 이전에 확립된 사실들의 확인으로서만 묘사되었다. 이것은 앞선 시간성으로 전환하고, 다시금 저자의 목소리를 매개자의 것으로 변환하면서 언제나–이미 확립된 지식의 형태로 전환시키는 데 기여했다.

하나의 사례로 1977년 7월 1일자 『프라우다』의 사설인 「소비에트적 인간의 이데올로기적 확신」을 살펴보기로 하자(〈2.1〉 참고). 이 기사는 브레즈네프 시기의 새로운 소비에트 헌법에 대한 대중의 "반응"('토론' 대신에)을 언급한다. 이 장 앞부분에서 우리는 그 이전의 헌법, 즉 스탈린 헌법의 텍스트가 준비되고 있던 1936년에 소비에트 신문들의 지면을 차지했던 유사한 대중 토론을 살펴본 바 있다. 이 두 가지 담론적 사건의 차이점이 두 역사 시기의 권위적 언어 모델들 사이의 차이를 드러내 보여준다. 1936년의 토론 당시에는 개인 독자와 (독자 혹은 편집자로 구성된) 집단의 제안과 정식, 그리고 담

---

37 소비에트의 정치적 언어에서 직접적인 증인의 목소리의 부재에 관해서는 Pocheptsov (1997: 53~54)를 보라.

124

론의 외부적인 위치에서 그 제안들을 평가하고 그에 대해 논평하는 메타담론이 함께 출판되었다. 이와 대조적으로 1977년의 기사는 아무런 공적인 메타담론적 비판이나 평가 없이, 다만 새로운 헌법 텍스트를 소비에트 인민이 만장일치로 지지했다고만 언급하고 있다.

공공연한 상호 텍스트성

소비에트의 권위적 언어의 핵심 원칙 중 하나는 공공연한 상호 텍스트성manifest intertextuality[38]이다. 이것은 다양한 언어 '블록들'을 하나의 텍스트에서 다른 텍스트로 그대로 혹은 거의 그대로 옮겨놓는 것을 말한다. 이런 상호 텍스트적 인용의 사례는 끝도 없이 나열할 수 있다. 서로 다른 사람에 의해, 서로 다른 시기에, 서로 다른 출판물에 실렸으나, 사회주의와 자본주의 간의 적대라는 동일한 주제를 다루고 있는 두 편의 글을 무작위로 뽑아 그 일부를 비교해보자. 콤소몰에 관한 1980년도의 책에는 이런 구절이 있다.

두 세계관 사이의 투쟁에서 중립이나 타협의 여지는 존재하지 않는다. 제국주의 프로파간다가 더욱 정교해질수록, 소비에트 젊은 세대의 정치적 교육도 더욱 중요해진다. [……] 콤소몰의 중심 과제는 [……] 공산주의 이데올로기, 소비에트 애국주의, 국제주의의 정신 속에서 젊은이들을 교육하는 일이며, [……] 사회주의 체

---

38 이 용어는 Fairclough(1992)에 의해 제안되었다.

2 형식의 헤게모니: 스탈린의 섬뜩한 패러다임 전환

계의 성취와 장점에 대해 적극적으로 선전하는 것이다(Andreyev 1980: 100).[39]

이와 사실상 동일한 '블록'이 1977년 『프라우다』 기사(⟨2.1⟩)에서 발췌한 세 단락에 그대로 담겨 있다.

"두 세계관 사이의 투쟁에서 중립이나 타협의 여지는 존재하지 않는다"고 소비에트연방 공산당 중앙위원회 서기장 L. I. 브레즈네프 동무가 제25차 당대회에서 말했다. [여덟번째 단락]

제국주의 프로파간다는 더욱 정교해지고 있다. 이로 인해 소비에트 인민에게 막중한 책임감이 부과된다. [일곱번째 단락]

당 조직의 [⋯⋯] 중심 과제는 [⋯⋯] 임금노동자의 내적 성숙과 이데올로기에 대한 확신을 함양하고 [⋯⋯] 소비에트식 삶의 방식과 사회주의 체계의 장점을 선전하는 것이다. [열번째 단락]

앞에서 본 것처럼, 공공연한 상호 텍스트성은 권위적 담론의 시각적이고 의례적인 목록을 생산하는 경우에도 마찬가지로 작동했다. 더 나아가 이 담론의 시각적, 언어적, 의례적, 그리고 여타의 공공연한 상호 텍스트성을 통해 서로 연결되기도 했다. 가령 텍스트 속에서 레닌이라는 주인 기표가 모든 인용문과 발표 들을 하나로 통합하

---

39 일단의 콤소몰 중앙위원회 소속 전문 정치 작가들이 집단으로 이 책을 집필했다.

『프라우다』, 1977년 7월 1일자

[요약하고 단락 번호를 붙임]

1. 우리나라 임금노동자들이 지닌 높은 수준의 사회적 의식, 그들의 극히 풍부한 집단적 경험, 정치적 이성politicheskii razum은 소비에트사회주의공화국연방 헌법 초안proekta에 대한 전 인민vsenarodnogo 토론에서 보기 드물게 완성된 형태로 드러난다proiavliaiutsia.

2. 발전한 사회주의 사회의 전사와 창조자, 즉 시민의 위대하고 velichii 아름다운 정신적 이미지는 현대의 뛰어난 기록 속에 새겨진chekannykh 구절에서건 살아 있는 존재로서건, 공산주의 건설의 일상적 현실 속에서 그 모습을 스스로 드러낸다 raskryvaetsia.

3. 레닌주의 당에 의해 양육된 새로운 소비에트인은 우리의 역사적 성취이며, 위대한 10월 혁명의 기치 아래 걸어온 지난 60년의 긴 여정으로 얻은 가장 중대한 결과물이다. 이 새로운 인간은 자기 안에 공산주의에 대한 확신과 끝없는 삶의 에너지, 높은 수준의 교양과 지식, 그리고 그런 교양과 지식을 실천할 수 있는 능력umenie primeniat'을 조화롭게 결합시킨다 garmonicheski soediniaet.

4. 사회주의 모국의 미래를 향한 공산주의 이념에 대한 사심없는 헌신과 이러한 이념이 승리하리라는 확신은 정치−이념적 상ideino-politicheskii oblik과 도덕적 상, 그리고 소비에트 인민의 성격과 뗄 수 없이 결합되어 그 근간을 이룬다 sostavliaut. 이런 깊은 확신은 소비에트연방의 국가國歌 가사에도 분명하게 표현되어 있다. "불멸의 공산주의 이념의 승리 속에 우리나라의 운명을 보네." [⋯⋯]

5. 공산주의 건설과 새로운 인간의 형성이라는 관심사는 이데올로기적 실천이 더욱 완벽해야 한다고 요구한다trebuiut. 이것은 우선적으로 노동자의 정치적 계몽의 범위와 수준을 향상시키고, 당원, 비당원을 불문하고 소비에트의 간부와 모든 인민에게 마르크스-레닌주의를 교육하는 것과 관련된다rech' idet. 대중이 혁명 이론을 공부하도록 고무하는priobshchaia 동시에, 당 조직은 대중에게 소비에트연방 공산당CPSU의 국내외 정책, 현재의 정세, 그에 따른 구체적 과제들을 확고하게 설명할raz''iasniat' 것을 요구받는다prizvany. [……]

7. 국제정치의 긍정적 변화와 국제적 긴장 완화가 사회주의 이념을 광범위하게 확장하기에 유리한 상황을 창출했다는sozdaiut 제25차 소비에트연방 공산당대회의 결의가 실생활에서 확인되고 있으나, 다른 한편으로는 두 체계 간의 이데올로기적 반목이 더욱 격해지고 제국주의 프로파간다가 더욱 정교해지고 있다. 이로 인해 소비에트 인민에게 막중한 책임감ko mnogomu obiazyvaet이 부과된다.

8. "두 세계관 사이의 투쟁에서 중립이나 타협의 여지는 존재하지 않는다"고 소비에트연방 공산당 중앙위원회 서기장 L. I. 브레즈네프 동무가 제25차 당대회에서 말했다. "정치적 각성을 높은 수준으로 끌어올리고 선전 활동은 적극적이고 신속하며 설득력 있게 행하는 동시에, 적대적 이데올로기의 방해 행위는 때맞춰 묵살하는 일이 필요하다."

9. 부르주아 이데올로기, 정치적 부주의함, 현실 안주의 징후 일체에 대한 비타협적인 태도와 이러한 현상들에 대한 정직한 평가, 그리고 적극적 투쟁은 모든 공산주의자의 핵심 임무이자 모든 집단과 소비에트인 개개인의 의무이다.

10. 당 조직의 노력을 집중해야 할dolzhny byt' natseleny 중심 과

제는 임금노동자의 내적 성숙과 이데올로기적 확신ideinosti 을 함양하고, 그들 내면에 정치적 투사의 자질을 발달시키고 강화하는 일이다. 이런 자질을 확인하는 일은 우리의 이데올 로기 작업에 전투적이고boevoi 공격적인 성격을 부여하고, 부르주아 프로파간다의 속임수와 수단을 신속하고 예리하게 까발림으로써 가능해진다sposobstvuet. 소비에트사회주의공 화국연방 헌법의 초안이 논의되고 10월 혁명 60주년 기념 식이 다가옴에 따라, 소비에트식 삶의 방식과 자본주의 체제 를 능가하는 사회주의 체제의 우월함을 선전하는 일이 훨씬 더 큰 중요성을 획득했다priobretaet.

11. 국가의 주요 법률 초안에 눈을 돌려보면obrashchaias', 우리 의 사회질서와 발전한 사회주의가 가진 진정한 역사적 장 점——고도로 조직된 사회, 이데올로기적 확신ideinosti, 노동 자의 성실함, 애국자와 국제주의자의 사회——을 우리는 그 어느 때보다도 선명하게 보게 된다my vse iasnee vidim. 이데 올로기적 확신ideinaia ubezhdennost'은 소비에트 인민의 정 신적 에너지의 원천이자, 사회적 긍정주의와 사회주의 이상 의 승리를 위한 투쟁에서 발휘될 강력한 힘의 원천이다.

〈2.1〉
「소비에트적 인간의 이데올로기적 확신」(저자 번역).

는 이름의 역할을 한다면, 시각적 재현에서 그것은 모든 전단, 포스터, 깃발, 간판, 기념물 등을 하나로 묶는 이미지로 기능했다.

복합 수식어군

이런 언어의 또 다른 발생 원칙은 특정 개념에 대한 수식어의 레퍼토리를 제한적으로 사용하는 것이다. 특정 명사나 동사 들은 구체적인 형용사를 동반하는 경향이 있었다. 예를 들어 캐럴라인 험프리Caroline Humphrey가 관찰한 바에 따르면, 시베리아 소도시의 지역신문들은 후기 소비에트 시기에 "성공uspekh"과 "노동trud"을 "창조적tvorcheskii"인 것으로, "도움pomoshch"은 "형제애적bratskaia"인 것으로, "참여uchastie"는 "적극적인aktivnoe" 것으로 묘사하곤 했다(Humphrey 1989: 159). 여기에 덧붙여야 할 것은 이런 장르에 사용된 수식어 대부분이 흔히 비교 형식을 띠는 고정된 일련의 형용사로 이루어진 복합 수식어군이었다는 사실이다. 앞의 〈2.1〉의 첫 단락에서 가져온 아래 문단은 이런 원칙을 잘 보여준다(복합 수식어군은 밑줄로 강조했다).

> 우리나라 임금노동자들이 지닌 <u>높은 수준의</u> 사회적 의식, 그들의 <u>극히 풍부한 집단적</u> 경험, 정치적 이성은 소비에트사회주의공화국연방 헌법 초안을 위한 전 인민 토론에서 <u>보기 드물게 완성된 형태</u>로 드러난다.

밑줄 친 세 구절은 모두 명사를 수식하는 복합 수식어군이다. 여기서 '사회적 의식'은 **높은 수준**이고, '경험'은 **극히 풍부한 집단적**인 것이며, '드러나는' 것은 **보기 드물게 완성된 형태**이다. 첫눈에 알 수 있듯이 이 수식어군은 전제(내포된 가정), 즉 실재와 무관하게 명백하고 당연한 사실로 받아들여지는 이념들을 구축한다(Levinson 1983; Fairclough 1992: 120; 1989: 152~54; Austin 1999: 48). 첫 문장에서 '높은 수준'이라는 이중 수식어는 소비에트 임금노동자들의 통합된 의식의 존재에 관한 두 가지 가정을 내포한다. 두 수식어는 그 의식을 경합하는 주장이 아니라 주어진 사실로서 대한다. **높다**고 하려면 사회적 의식이 존재해야만 하며, 척도(높은 수준, 낮은 수준)에 따라 상대적으로 측정하기 위해서도 그것은 존재해야만 한다. 이 점을 명확히 드러내기 위해 '심해 낚시deep-sea fishing'와 '바다가 깊다the sea is deep'라는 두 구절을 비교해보자. 첫째 구절에서 (특정 장소의) 바다가 깊다deep는 사실은 이미 알려져 논쟁의 여지가 없는 사실이라고 전제되어 있다. 둘째 구절에서 깊이라는 사실은 새롭고 이론의 여지가 있는 정보로서 취급된다. 우리가 두번째로 밑줄 친 구절의 경우도 마찬가지다. 해당 구절은 임금노동자들에게 공유된 '경험'이 존재한다고 전제한다. 그것이 상대적 혹은 절대적인 척도(**극히 풍부한**)에서 **풍부하다**고 측정되고 **집단적**이라고 평가되려면, 우선 그것이 존재해야만 하기 때문이다. 권위적 담론에서 이런 유형의 복합 수식어군은 흔할 뿐만 아니라 거의 손상되는 법 없이 상이한 여러 맥락과 텍스트에서 인용될 수 있는 고정된 어구 블록들을 형성하는 경향이 있었다. 이와 유사한 수식어군이 해당 시기 『프라우다』 텍스트뿐 아니라 다른 온갖 권위적 텍스트에서도 발견된다.

결국 이런 텍스트에서 사용된 전제들은 본질적으로 액면가 그대로 받아들여서는 안 된다. 이러한 수식어구를 사용하더라도, 반드시 수신자에게 해당 이데올로기적 주장들이 중립적이거나 의문의 여지가 없는 것처럼 나타나는 결과를 낳은 것은 아니다. 이미 말했듯이 오히려 핵심은 저자나 발언자의 목소리들을 새로운 지식의 창조자가 아니라 선행 지식의 전달자로 바꿔놓는 데 있었다.

일반적으로 권위적 담론의 수행적 전환이 일어나면서, 그 발생 원칙들(수식어군을 비롯해 앞으로 논의될 다른 원칙들)은 전제로서 기능하기를 적극적으로 중단해버렸다. 본래의 전제들이 어떻게 다른 무엇이 되어갔는지를 이해하는 일이 이 분석 작업의 핵심이다. 초창기에 권위적 담론의 여러 발생 원칙 너머에 존재했던 목표는, 이러한 전제들을 통해 암묵적으로 소통되는 의미를 통제함으로써 이데올로기적 담론의 진술적 차원을 통제하려는 것이었다(스탈린이 역사책과 국가國歌를 꼼꼼하게 편집했던 일을 떠올려보라). 그러나 후기 사회주의 시기에 권위적 담론이 수행적 전환을 겪고 난 이후에는 그런 원래 목표가 상실되어버렸는데, 앞서 논한 것처럼 진술적 차원이 정박 상태에서 풀려나면서 새롭고 예측 불가능한 해석에 열려버린 까닭이었다. 본래는 전제들을 구성하기 위해(즉 담론의 진술적 차원을 통제하기 위해) 고안된 언어적 형식들이, 이제는 고도로 규범화되어 전혀 다른 기능을 부여받게 된 것이다. 이제 그것들은 암묵적으로 사실을 진술하는 기능 대신, 권위적 담론이 불변하고 인용 가능하며 익명성을 띠고 시간성의 측면에서 과거로 옮겨진 것이라는 이념을 전달하는 기능을 하게 되었다. 이것은 화용론에서 통용되는 의미의 그 '전제'가 아니었다(Levinson 1983).

이러한 결론은 소비에트 정치 담론의 분석뿐만 아니라, 담론 분석의 더 광범위한 이론과 방법론에서도 함의를 갖는다. 진술적 차원에서 시행되는 담론 내적 전제의 분석은, 반드시 담론의 수행적 전환이 그 담론의 진술적 차원을 불안정하게 만듦으로써, 전제를 포함한 의미의 진술적 측면을 예측 불가능한 해석들을 향해 열어놓을 수 있는 가능성을 염두에 두어야만 한다.

복합 명사구

앞서 살펴본 것처럼, 언어의 권위적 장르에서 사용되는 편집 전략 중 하나는 동사를 빼고 쉼표를 더함으로써 더 짧은 구절 몇 개를 긴 구절로 바꾸는 것이다. 이러한 기법은 길고 거추장스러운 명사구를 만들어냈다. 파트리크 세리오는 후기 사회주의 시기 러시아어 텍스트의 경우, 일반적으로 다른 장르에 비해 이데올로기적 장르의 텍스트에서 명사구가 훨씬 더 빈번히 나타난다는 사실을 발견했다(Sériot 1986: 34) 명사구의 확산은 수식어군의 확산과 동일한 일반적 경향의 결과였다. 발언자들의 목소리의 저자적 특징을 최소화하고, 그 시제를 과거로 옮겨놓으며, 여하한 종류의 새로움이나 비결정성, 모호성을 제거하려는 경향이 그것이다. 명사구는 수식어가 그렇듯이 전제를 만들어내기 위한 강력한 기법이다. 그것은 정보를 과거에 이미 확립된 바 있는, 단지 매개될 뿐인 어떤 것으로서 제시하는 데 효과적이다. ⟨2.1⟩의 두번째 문단에서 ("스스로 드러낸다"라는) 동사 앞에 나오는 밑줄 친 구절이 이런 종류의 긴 명사구에 해당한다.[40]

발전한 사회주의 사회의 전사와 창조자, 즉 시민의 위대하고 아름다운 정신적 이미지는 현대의 뛰어난 기록 속에 새겨진 구절에서건 살아 있는 존재로서건, 공산주의 건설의 일상적 현실 속에서 그 모습을 스스로 드러낸다.

이 명사구에는 몇 가지 가정들이 내포되어 있는데, 상응하는 동사구로 풀었을 때 분명하게 드러난다(Sériot 1986).

발전한 사회주의 사회의 시민은 전사이자 창조자**이다.**
전사와 창조자는 정신적 이미지를 **가진다.**
정신적 이미지는 위대하고 아름**답다. (**등등.)

이 각각의 동사구는 직접적인 질문을 던질 경우 논쟁의 여지가 있는 새로운 정보로서 제시되는 특정한 주장을 구성한다. 즉 '시민은 전사이자 창조자**인가?**' '그/녀는 정신적 이미지를 갖**는가?**' '이 이미지는 위대하고 아름**다운가?**' 그러나 동사구가 명사구로 전환되면(명사화되면), 이 주장들은 이미 알려진 기정 '사실'로서 전제된다.[41] 상응하는 동사구와 명사구는 동일한 형태의 정보를 서로 다른 시제로 표현하고 있다. 명사구로 표현된 지식은 동사구로 표현된 지식과 비

---

40 러시아어 원문에서는 밑줄 친 구절이 동사 다음에 나오지만, 어순이 달라져도 궁극적 효과는 동일하다.

41 '심해 낚시deep-see fishing'(이 명사구에서 바다의 깊이는 이미 알려진 사실로서 주장된다)와 '바다가 깊다the sea is deep'(이 동사구에서 바다의 깊이는 새로운 정보로서 제시된다)라는 구절 간의 앞선 비교를 다시 떠올려보라.

교했을 때, 논리적 시간상 과거로 '물러나' 있다. 다르게 말하면 이 명사구는 지식을 발화 행위 **이전에** 이미 확정된 '사실'로 제시하는 반면, 동사구는 그것을 발화 행위 **속에서** 새롭게 제기된 주장으로 제 시한다. 이어질 장들에서는 중요하게 다뤄질 핵심 사항이 바로 이것 이다.

사실 이렇게 명사화된 담론의 시제는 단순히 추상적 과거로 옮겨 지는 데 그치지 않고, 몇 겹의 역사적 단계에 의해 뒤로 이동된다. 이런 문장들이 명사구를 여럿 포함하는 경향이 있기 때문에, 『프라 우다』에서 발췌한 〈2.1〉에서 보듯이 몇 겹의 가정들이 겹겹이 '쌓 이고,' 각각의 전제들은 그것보다 '뒤에 있는' 전제들에 비해 더욱더 먼 과거로 이동된다. 다시 말해 각각의 전제들은 앞선 전제들('앞에 있는')이 우선적으로 확정되어야 작동한다. 〈2.1〉의 두번째 단락에서 가져온 앞의 예시에서 "정신적 이미지는 위대하고 아름**답다**"는 전제 는 "전사와 창조자는 정신적 이미지를 **가진다**"는 전제에 근거하고 있 고, 또 이 전제는 다시 "발전한 사회주의 사회의 시민은 전사이자 창 조자**이다**"라는 전제에 근거한다. 이렇게 긴 명사구로 짜인 긴 전제의 사슬을 만들어내는 것은, 동사구와 비교했을 때 권위적 담론의 시제 를 여러 겹의 과거로 옮겨놓는다. 명사구와 동사구의 이러한 차이 는 동사구로 이루어진 주장에 비해 명사구로 이루어진 주장들을 더 욱 단정적으로 느껴지게 만든다. 세리오는 상응하는 동사구와 명사 구의 이런 차이를 "주장의 시차assertion lag"라고 불렀다(Sériot 1986: 46).[42]

---

42 이런 명사들이 잠재적으로 더 '단정적'인 이유는, 이것이 지식을 보편적으로 알려진 사실

세리오는 이런 명사구의 더 큰 단정적 성격이 그들이 주장하는 바를 더 자연스럽게 보이도록 만든다고 주장하지만, 나는 반드시 그렇지만은 않다고 생각한다. 사실 앞서 논한 수식어군과 마찬가지로, 소비에트의 권위적 담론에서 복합 명사구의 연쇄가 행한 기능은 수용자에게 그 담론이 (순수한 전제의 기능이 그러하듯이) 자연스럽게 여겨지도록 만드는 것이기보다는, 해당 담론 자체의 본질에 관해 어떤 사실을 전달하는 것이었다. 즉 권위적 담론의 여타 생성 원칙들이 그러했듯이, 이와 같은 기나긴 명사구의 연쇄 역시도 진술적 표현의 시제를 과거로 이동시킴으로써 해당 권위적 담론이 완벽하게 인용 가능하고 불변하는 것이라는 점, 그리고 그러한 담론이 담고 있는 진술적 주장은 순환하는 것이므로 결과적으로 부차적이며, 각각의 저자와 발언자의 목소리는 사전에 확립된 지식의 형태를 복합적으로 중개하는 자의 목소리로 바뀐다는 사실을 전달하고 있다.

탈구된 행위자

또 다른 유형의 긴 명사구는 권위적 목소리를 중개자의 목소리로 전환시킬 때 이와는 다른 방식을 사용한다. 〈2.1〉의 다섯번째 문단에서 발췌한 다음 문장을 보라. 앞선 예시와 달리, 단순히 사건의 상태를 기술하는 것이 아니라 '요구 사항'에 관한 새로운 정보를 제공하고 있다.

처럼 제시하기 때문일 것이다.

<u>공산주의 건설과 새로운 인간의 형성이라는 관심사</u>는 이데올로기적 실천이 더욱 완벽해져야 한다고 요구한다.

(밑줄 친) 긴 명사구에서 요구 사항을 주장하는 주체는 텍스트의 저자로부터 탈구돼displaced 있다. 이러한 효과는 원래의 텍스트가 전제한 주장을 명시적으로 진술한 상응하는 동사구와 이 명사구를 비교해보면 더욱 명확해진다(각각의 주장의 주체에 밑줄을 그었다).

1. <u>저자</u>는 이데올로기적 행위가 완벽해져야 한다고 요구한다.
2. <u>공산주의 건설</u>은 이데올로기적 행위가 완벽해져야 한다고 요구한다.
3. 공산주의 건설이라는 <u>관심사</u>는 이데올로기적 행위가 완벽해져야 한다고 요구한다.

첫 문장에서 '요구' 주체는 명확하게 진술되어 있다. 바로 텍스트의 저자(예를 들어 당, 중앙위원회, 콤소몰 등)다. 두번째 문장에서는 저자가 제거되었다. "공산주의 건설"이 요구 주체로 기능한다. 하지만 여전히 간접적 질문을 던짐으로써 저자를 추론할 수 있다. "**누구의** 공산주의 건설인가?" 대답은 "저자"가 될 것이다. 세번째 문장에서 저자는 더욱 확실하게 가려져 있다. 요구 주체는 "공산주의 건설이라는 **관심사**"다. 그런데 여기서 "누구의 관심사인가?"라는 간접적인 질문을 던진다면, 이 주장의 저자는 거명되지 못한 채 그저 "공산주의 건설의 관심사"라고 답하는 수밖에 없다. 이런 식으로 더 많은 명사구들이 쌓일수록, 주장의 **주체**agent는 텍스트의 **저자**author로부터 점점 더 탈구된다. 이와 같은 행위 주체의 탈구는 모든 발언의 시제를 과거로 옮겨놓는 일(여기서 행위 주체는 이미 알려진 공유 지식만을 제시한다)과 사실상 동일하다. 명백히 이런 전환은 저자의 목소리를 지식의 창조자가 아닌 중개자의 것으로 구축함으로써, 담론의 진술적 차원이 일반적으로 순환되는 데 기여한다.

수사적 순환성

마이클 어번Michael Urban은 1970~1980년대 당 서기장들의 연설이 수사적 차원에서 볼 때 대개 "부족함lack"[이라는 개념]을 둘러싸고 조직되어 있다는 사실을 보여주었다. 가령 생산성, 식량, 규율, 당 통제 등등이 "부족"하며, 이런 실용적 문제가 극복될 필요가 있다는 식의 주장이다(Urban 1986: 140).[43] 역설적인 것은 이 담론이 부족함을 거론하면서, 과거에 이미 그 과제를 해결하는 데 불충분하거나 부적절하다고 평가받은 바 있는 수단들을 다시 사용해 문제를 해결하라고 처방하고 있다는 점이다. 요컨대 어번이 주장하기를 이런 담론의 수사적 구조는 순환적이다. 어번은 다음의 사례를 든다. 서기장 체르넨코Konstantin Chernenko는 1980년대 초반의 연설에서 "'생산, 정부, 사회의 행정에 광범위한 대중 참여'를 이끌어낼 수 있도록 소비에트 의원들(지방의회)이 지역 소비에트의 '창조적 진취성

---

43 앞선 예시에서는 이데올로기적 실천의 부족이 이에 해당한다.

을 고무하고 지도할 것'을 요구했다." 그러나 같은 연설의 앞부분에서 체르넨코는 지역 소비에트의 자발성과 창조적 진취성을 명백하게 금지하면서, 모든 행정적 업무는 중앙집중화된 엄격한 당 지도를 따라야만 한다고 말했다(Urban 1986: 141).

유사하게 체르넨코의 연설은 소비에트 시민에게 산업 생산을 그 어느 때보다도 더 효과적으로 "조직"하고 "감시"하도록 호소하면서도, 동시에 이러한 조치들("조직" "감시")이 과거에 결과를 내놓는 데 실패했다고 주장한다. 이 연설들은 또한 대중의 "창의력"과 "의식"을 높여야 한다고 주장하면서, 동시에 역설적으로 창의력과 의식을 "현존 질서 아래" 묶어두어야만 한다고 주장하고 있다(Urban 1986: 143). 이런 모든 호소들, 즉 "감시"하고 "조직"하라는 것, 창조적 진취성을 고무하라는 것, 창의력을 높이라는 것 등등이 "부족함을 극복하기 위한 행위 주체"(인민대중의 욕구 충족)이면서, 동시에 "이러한 부족함 자체를 낳은 매개자"로서 제시되고 있는 것이다(Urban 1986: 141). 궁극적으로 이런 담론의 순환적인 명령은 소비에트 시민에게 낡은 접근법과 방법론을 사용하여 일에 대한 새로운 접근법과 방법론을 개발하고, 과거에 헛된 것으로 입증된 일들을 계속해야 한다고 요구한다(Urban 1986: 140). 이러한 수사적 순환성은 현대 이데올로기에서 나타나는 르포르의 역설의 직접적인 효과다. 즉 내가 1장과 이번 장의 앞부분에서 주장했듯이, 소비에트의 맥락에서 그것은 제한이라는 수단을 통해 해방을 성취하려는 시도로 나타난 바 있다.

이 책에서 주장하는 바는 이런 종류의 수사적 순환성이 권위적 담론의 규범화로 인해 상당 부분 저절로 생겨난 것이지, 중앙으로부터의 의식적인 정치적 통제의 결과가 아니라는 점이다. 이러한 순환성은 저자의 목소리를 제거하려는 일반적 경향의 결과였으며, 그 경향은 담론에서 주인의 '외적' 목소리가 사라지고 그의 메타담론이 파괴된 이후에 나타났다. 이런 주장은 당 텍스트의 이런 순환성을 그것을 통해 당 지도부가 스스로를 정치적 담론의 유일한 통제자이자 창작자로 제시하고 재생산할 수 있도록 만드는 의식적인 조작의 결과로 보는 어번의 견해와 차별화된다.

수사적 순환성의 사례는 1977년 『프라우다』 기사에서 쉽게 발견된다(⟨2.1⟩). 열번째 단락의 문장은 이러하다. "당 조직의 [……] 중심 과제는 임금노동자의 내적 성숙과 이데올로기적 확신을 함양하"는 것이다. 여기서 "내적 성숙"과 "이데올로기적 확신"은 올바른 정도에 미치지 못해 더 키워야 하는 것으로 제시되며, 당의 중심 과제는 이러한 수준 미달lack을 극복하는 것이다. 그러나 같은 글의 앞부분(세번째 단락과 네번째 단락)에는 소비에트 노동자가 이미 "공산주의에 대한 확신"과 "공산주의 이념에 대한 사심 없는 헌신," 그리고 "이러한 이념이 승리하리라는 확신"을 가진 존재로 그려지고 있다. 이 글은 미래의 과업을 제시하기 전에 이미 그 과업이 성취되었다고 말하고 있는 셈이다.

반대로 담론이 고도로 규범화되기 이전인 소비에트 초기의 권위적 텍스트의 경우, 수사적 구조는 권위적 언어에 대한 공적 메타담론이 존재했다는 바로 그 이유로 인해 순환적이지 않았다. 앞의 예시를 비슷한 주제를 다룬 1935년 9월 21일자 『프라우다』의 사설 「소비에트 시민의 자질The qualities of the Soviet citizen」과 비교해보라.

공산당을 통해 가장 잘 드러나는 혁명적 노동계급의 성실성, 승리를 향한 억누를 수 없는 의지, 타협을 모르는 단호함은 소비에트 국가의 모든 노동자의 기본적 특징이 **되어야만 한다**(강조는 추가).

1935년 기사는 노동계급의 특징을 나열하고 새로운 지식을 도입하면서, 이 특징들이 비노동계급을 포함한 모든 소비에트인의 특징이 되어야만 한다고 말한다. 이 수사적 구조는 순환적이지 않다. 수사적 구조에서 드러나는 이러한 차이는 서로 다른 담론의 체제에 각각 상응한다. 초창기에는 '주인'의 외적 목소리가 이러한 담론이 '열린 채 끝날' 수 있게 허용했다. 명시적으로 잘 알려진 객관적 정전을 그 담론 외부에 둠으로써, 그 정전에 비춰 담론을 비판적으로 평가하고 개선시킬 수 있는 가능성을 제공했던 것이다. 이러한 외적 위치가 소멸하자, 언어의 이런 장르에 해당하는 형식적 구조는 닫힌 채 순환하게 되었고, 모든 새로운 주장과 지식의 형식은 이전에 이미 표현된 지식들로 한정되었다.

서사의 순환성

모든 이데올로기적 담론의 조직화 원리 중 하나는 "이질적인 상징적 재료를 하나의 통합된 이데올로기 장field으로" 꿰매주는 일종의 "봉합 지점〔누빔점〕"으로 기능할 수 있는 한정된 수의 주인 기표를 사용하는 것이다(Žižek 1991b: 8; Lacan 1988). 예를 들면 가치 담론의 주인 기표는 돈이다. 하나의 상품이 다른 상품의 가치를 결정하

2 형식의 헤게모니: 스탈린의 섬뜩한 패러다임 전환

던 자본주의 이전 교환[경제]의 맥락에서는 어떤 상품들이 다른 상품들의 기표로 기능했다. 그러나 하나의 기표(돈)에 다른 모든 기표들(상품들)을 대표하는 기능이 부여되자, 상품들은 그 하나의 기표를 통해서, 즉 전체화되고 통일된 의미망을 구성하는 그 하나의 기표에 대한 관계에 의거하여 의미의 사슬 속으로 들어가게 되었다. 이러한 전도('일대일'에서 '일대다'로의)가 돈을 가치의 주인 기표로 만들어낸다. 자본주의 경제에서는 이러한 전도가 보이지 않는 채로 남아 있으면서(돈은 중립화된 가치이다), 마르크스가 말한 상품 물신의 원칙으로 이끌어간다(Žižek 1991a: 16~26).

소비에트의 권위적 담론은 레닌, 당, 공산주의라는 세 가지 주인 기표를 둘러싼 통일된 의미 장으로 "봉합"되었다.[44] 이 세 가지 주인 기표들은 불가분하고 상호 구성적이었다. 마르크스-레닌주의(레닌)가 현실을 기술하고 개선하는 방법이라면, 당은 이러한 과학적 방법을 현실을 기술하고 개선하는 데 사용하는 주체였으며, 공산주의는 그와 같은 개선이 지향하는 목표였다.

결국 이 세 가지 주인 기표는 '레닌-당-공산주의'가 삼위일체를 이루는 하나의 주인 기표로 볼 수 있다. 권위적 담론이 이 주인 기표에 의해 하나의 이데올로기 의미 장으로 봉합되었다는 것은 (앞서 기술한 대로) 이 주인 기표가 권위적 담론의 외부에서 그것을 지탱하고 있는 객관적이고 과학적인 **정전**을 대변했다는 말과 다르지 않다.

---

44 이들 각각의 주인 기표는 의미의 넓은 공간을 차지하고 다양한 동의어로 대체될 수 있었다. "공산주의"는 **사회주의, 밝은 미래, 진보, 계급 없는 사회**로, "레닌"은 **마르크스-레닌주의, 과학적 가르침, 과학적 방법**으로, "당"은 **소비에트 사회의 지도력**과 **소비에트 정부**로 대체될 수 있었다(Sériot 1985: 96, 120; Lefort 1986: 297; Stump 1998: 12, 92를 보라).

권위적 담론을 말할 수 있는 능력 자체가 항상 그 담론이 외부 정전에 근거할 수 있다는 사실, 그러니까 사실상 이 정전이 재현하고 있는 외적인 현실을 상당히 정확하게 가리킬 수 있다는 사실에 기초해 있다. 정확한 레닌의 인용문이나 그의 초상화와의 연결을 확보하는 일이 그토록 중요했던 이유가 여기에 있다(앞에 제시했던 당 정치국의 이데올로기 서기관 수슬로프의 레닌 인용과 예술가들의 레닌 데스마스크 사용 사례를 상기하라). 다음에 이어질 장들에서 레닌을 인용하거나 묘사하거나 들먹이는 더 많은 사례들이 제시될 것이다. 스탈린을 포함한 모든 지도자는 레닌과의 관계를 통해서만 정당성을 확보할 수 있었다("레닌의 제자" "레닌이 선택한 후계자" "신실한 마르크스-레닌주의자" 등등). 이런 정당화를 위한 연결 고리를 얻기 위해, 스탈린은 (1924년 임종 직전 레닌이 스탈린을 서기장으로 뽑지 말라고 경고한 「당대회에 보내는 편지Letter to congress」를 숨기면서) 자신을 레닌이 선택한 후계자로 내세웠다. 흐루쇼프는 진정한 레닌의 가르침으로 "되돌아간다"는 명분을 내세워 스탈린 개인숭배를 격하했는데, 이것이 실제로 의미하는 바는 '스탈린'이라는 기표와 '레닌'이라는 주인 기표 사이의 연결 고리를 끊겠다는 것이었다. 스탈린의 이름을 단 도시, 거리, 기관 들이 개칭되고, 스탈린 동상은 철거되었으며, 스탈린의 시신은 레닌이 안장된 영묘에서 옮겨져 땅속에 묻혔다. 스탈린이라는 인물은 대부분의 책, 연극, 영화에서 사라졌다.[45] 스탈린 개

---

45 볼셰비키 혁명기에 대한 미하일 롬Mikhail Romm의 영화 「10월의 레닌Lenin in October」(1937)과 「1918년의 레닌Lenin in 1918」(1939)에서 스탈린이 레닌의 가장 가까운 동지로 묘사된 장면들은 잘려나가고 새로운 등장인물로 재촬영되었다(Bulgakowa 1994).

인숭배와 막강한 개인 권력에도 불구하고, 스탈린 역시 다른 방식이
아니라 오직 레닌과 당을 통해 규정됨으로써만 지도자가 될 수 있었
다.[46] 때문에 권위적 담론의 외부 주석자라는 지위가 궁극적으로 사
라졌다 해도, 소비에트 이데올로기의 서사까지 동시에 약화되지는
않았다. 오히려 이런 사태는 서사 구조가 완전한 순환성을 띠도록
밀어붙였다. 레닌이 주인 기표로서 힘을 잃은 1980년대 후반이 되어
서야 소비에트 사회주의 체계는 빠르게 붕괴했다.

수행적 차원

이 장은 후기 사회주의의 권위적 담론이 어떤 역사적 조건들하에
서 발달했는지를 논하며 시작했다. 권위적 언어(당 텍스트, 연설, 신
문 기사 등)에 특히 초점을 맞추었고, 권위적 담론의 다른 형식들(특

---

46 켄 조윗Ken Jowitt이 쓴 소비에트 공산당의 "카리스마적 비인격주의charismatic
impersonalism" 원칙에 관한 글도 보라. 이는 살아 있는 어떤 지도자의 역할도 넘어서
는 초월적인 것이다(Jowitt 1993: 3~10). 이데올로기 체제에서 당 지도자의 지위는 소
비에트 공산주의 체계와 독일 나치 체계를 구별해주기도 한다. 후자의 이데올로기는 '지
도자 원칙Führerprinzip'에 근거한다. 이에 따르면 지도자가 나치 담론의 주인 기표 역
할을 하며, 나치 체계를 잠재적으로 소비에트 체계보다 단명하게 만들었다(Žižek 1982;
Nyomarkey 1965: 45). [옮긴이] 잘 알려져 있듯이, 지젝은 바로 이 측면을 "두 개의 전
체주의"를 구분하는 핵심적인 잣대 중 하나로 자주 기술하곤 한다. "스탈린주의 이데올
로기의 상상계에서 보편이성은 역사 발전의 가차 없는 법칙으로 가장하여 객관화되고,
리더를 포함한 우리는 모두 그 하인들이다. 그래서 나치 리더가 연설을 마치면 군중이
박수를 치는데, 그는, 자신을 수신인으로 간주하고, 단지 일어서서 조용히 박수를 받는
다; 반면 스탈린주의에서는 리더의 연설 마지막에 의무적인 박수가 터지면 리더는 일어
나서 박수를 치는 다른 사람들에 합류한다"(슬라보예 지젝, 『시차적 관점』, 김서영 옮김,
마티, 2009, p. 572).

히 시각과 의례)에서 나타난 유사한 발달 양상도 다뤘다. 1950년대 이후 메타논의를 제공하고 권위적 언어를 평가하던 '외적' 목소리가 사라지면서, 언어 구조는 점차 규범화되고 복잡하고 느려졌으며 인용문 같은 순환적 특성을 띠게 되었다. 그리하여 언어는 내가 **초규범화**되었다고 부르는 상태에 이르렀다. 이러한 발달 양상은 권위적 언어로 된 텍스트를 생산하는 데 관여한 수많은 사람들이 자신의 저자로서의 목소리를 최소화하기 위해 애쓰는 과정에서 의도치 않게 얻어진 결과였다. 그렇게 함으로써 그들은 자기 목소리를 새로운 지식을 제공하는 목소리에서 이미 존재하는 지식을 전달하는 목소리로 바꾸었다.

언어 구조, 서사 구조, 수사적 구조는 대부분의 소비에트 인민에게 세계에 대한 진술적 묘사(참 혹은 거짓)로서 문자 그대로 읽히지 않았다. 사실 이런 언어의 진술적 차원은 열려 있었고 예측 불가능했으며, 권위적 언어는 강력한 수행적 기능을 획득했다. 텍스트 형식과 언어 구조를 복제하고, 연설을 하고 그에 관한 보고서를 작성하며, 투표에 참여하는 것 같은 일련의 행위들은 중대한 영향을 끼쳤다. 즉 권위적 언어의 진술적 묘사가 제공하는 것에 의해 제한되지도 전적으로 결정되지도 않는, 현실과 삶의 방식에 대한 새로운 의미와 묘사를 가능하게 만들었던 것이다.

참 대 거짓 혹은 공식적 지식 대 비공식적 지식으로 사회주의를 설명하는 이원론적 해석은, 권위적 언어가 가진 바로 이런 수행적 차원을 간과하면서 그것을 진술적 차원으로 환원해버린다. 권위적 담론이 현실에 대한 정확한 진술적 묘사를 제공하지 않았다는 사실에 입각해서, 그리고 이와 경쟁할 만한 다른 현실 묘사가 폭넓게 퍼져 있지 않았다는 사실에 근거해서, 후기 소비에트 세계가 실제 세계에 발을 딛고 서는 게 더 이상 불가능했던, 말하자면 현실이 담론적 시뮬라크르simulacra〔복제품〕로 전락해버린 일종의 "포스트모던"한 우주였다고 결론내리는 일도 가능할지 모른다(Baudrillard 1988). 가령 미하일 엡슈테인Mikhail Epstein은 이렇게 주장한다.

> 스탈린이나 브레즈네프 시기에 보고된 수확량이 실제로 추수되었는지 여부를 아무도 모름에도 불구하고, 경작된 땅이 몇 헥타르이며 제분된 곡식이 몇 톤인지가 언제나 소수점 첫째 자리까지 보고되었다는 사실은, 이 시뮬라크르에 초현실hyperreality의 성격을 부여한다. [……] 이데올로기에 부합하지 않는 다른 현실은 그저 존재하지 않는 것으로 치부되었다. 그것은 초현실로 대체되었는데, 이쪽이야말로 그 무엇보다 실감 나고 믿음직했다. 실제 그 자체가 "상상력의 땅"으로 고안된 미국식 초현실의 귀감인 디즈니랜드에서처럼, 소비에트 땅에서 "동화는 현실이 되었다"[47](Epstein 2000: 5~6; 1995; 1991).

엡슈테인에 따르면, 소비에트연방은 완벽한 포스트모던 사회가 되었다.

그의 주장은 세 가지 전제에 기초한다. 첫째로 소비에트의 권위

---

47 소비에트의 인기곡에 나오는 가사 "우리는 동화를 사실로 만들기 위해 태어났네my rozhdeny, chtob skazku sdelat' byl'iu"에서 인용한 구절이다. 〔옮긴이〕 1923년에 만들어진 소비에트의 「항공행진곡Aviamarsh」(흔히 「비행사들의 행진곡Marsh aviatorov」으로 불린다)으로, 붉은군대의 공식 공군 군가로 사용되었다.

적 언어가 모든 소비에트 인민이 공유하던 현실에 대한 유일한 재현을 구성하는 헤게모니적 언어였다는 것이다. 둘째로 청중의 관점에서 봤을 때 언어에는 하나의 기능, 즉 현실을 기술하고 세계에 관한 사실을 진술하는 기능밖에는 없다는 것(즉 진술적 차원에서만 작동한다는 것)이다. 셋째로 언어가 현실을 얼마나 적절하게 기술하는지는 시험대에 오르거나 입증될 필요가 없었다는 것이다. 엡슈테인은 이러한 세 가지 전제로부터, 첫째로 소비에트 인민은 권위적 담론을 자신이 사는 세계를 진술적으로 재현하는 것으로 읽었고, 둘째로 이러한 헤게모니를 쥔 재현 방식은 결코 입증되거나 시험대에 오르지 않았으며, 셋째로 소비에트 인민은 무엇이 실재이고 무엇이 가짜인지를 절대 알 수 없었다고 주장한다. 세계의 재현에 관해 그 무엇도 참인지 거짓인지를 실증할 수 없으므로, 실재 전체가 기반을 잃은 채 시뮬라크르로 변모한다.

비록 권위적 담론이 헤게모니적이고 일원화된 특성을 지녔다는 엡슈테인의 지적은 옳지만, 소비에트 인민이 권위적 언어를 일련의 진술적인 표현으로만 읽었다는 그의 주장은 틀렸다. 실상은 권위적 언어가 헤게모니를 쥐고 있고 피해갈 수 없으며 고도로 규범화되었다는 바로 그 이유 때문에, 청중은 그것을 진술적 의미로서 문자 그대로 읽지 않았던 것이다. 그러므로 어떤 진술이 '사실'을 재현하는지 혹은 그렇지 않은지는 상대적으로 덜 중요했다. 그 대신에 소비에트 인민은 권위적 언어를 엡슈테인이 무시했던 수행적 차원에서 받아들였다. 당이나 콤소몰 집회의 결의안에 대한 찬성투표의 경우를 상기해보라. 그것은 의미의 두 가지 차원, 즉 (결의안에 대한 의견 표명이라는) 진술적 차원과 (부수 효과를 낳게 될 '투표'라는 행위 자체의 수행을 뜻하는) 수행적 차원을 가졌다. 이 행위의 수행적 차원은 실제 현실을 **묘사**하는 게 아니기 때문에 참이나 거짓으로 분석될 수 없다. 대신 그것은 효과들을 창출하고 그 현실 안에서 사실들을 만들어낸다.[48]

정확한 언어 형식을 반복하는 일, 의례에 참여하는 일, 찬성표를 던지는 일 같은 행위들이 중요하고 의미심장한 이유는, 그것이 중대한 효과들을 창출하기 때문이다. 이 행위들은 소비에트 인민으로 하여금 현실의 새로운 형식과 의미 들을 생산하는 데 관여할 수 있도록 해주었다. 그리고 바로 그것들이야말로 '실제 세계'에 근거를 둔 구체적으로 손에 잡히는 복합적인 현실이었다. 바로 이런 복합적인 현실의 형식들이 권위적 담론에 의해 수행적으로 가능해졌지만, 그럼에도 그것들이 권위적 담론의 진술적 묘사에 국한되거나 제한된 것은 아니었다. "이데올로기에 부합하지 않는 다른 현실은 그저 존재하지 않는 것으로 치부되었다"는 엡슈테인의 주장과는 반대로, 실상 그 다른 현실은 예기치 못했던 강력하고 복합적인 형식들을 통해 소비에트 세계 내부에서 폭발적으로 발흥했다. 이데올로기 담론의 이런 예기치 못한 효과들이 우리가 다음 장에서 살펴볼 주제다.

---

48 〔옮긴이〕 러시아어본에는 이 부분에 다음 내용이 추가되어 있다. "앞서 이야기한 모든 것은 다음과 같은 테제를 다시금 확인시켜준다. 권위적 언어의 표준적 형식을 복제하는 것은 반드시 청중에게 현실에 대한 묘사(진실한, 가짜의, 불가해한 등등)로 받아들여질 필요가 없었다. 그 반대로 그것은 꼭 이데올로기적인 기술과 연관시키지 않아도 되는, 완전히 정상적이고 복잡하며 다차원적인 현실을 자신 너머에 존재하도록 만드는 일종의 수행적 의례로서 받아들여졌다. 다름 아닌 권위적 형식의 이런 반복이 소비에트 인민으로 하여금 소비에트의 공간 내부에서 엄청난 수의 새롭고 예기치 않은 존재의 형식과 의미 들, 비록 완전히 구체적이고 생생하지만 그럼에도 소비에트의 이데올로기적 언어로는 기술되지 않았던 그런 현실의 의미와 형식 들을 만들어낼 수 있도록 해주었다"(러시아어본, p. 167).

3

뒤집힌 이데올로기
: 윤리학과 시학

모든 예술은 정치적 조작manipulation의 대상이 되기 마련인데, 다만 이 조작의 언어 자체로 말하는 경우만은 예외다.

—라이바흐Laibach[1]

이데올로기적 시학詩學

포스트-소비에트 시기 첫 10년을 배경으로 한 빅토르 펠레빈Victor Pelevin의 소설 『P세대*Generation P*』(1990)에는 얼마 전 막을 내린 사회주의와 새로운 포스트-소비에트 자본주의 모두를 향한 노스탤지어와 냉소주의가 흥미롭게 뒤섞여 있다. 책 제목은 1962년생인 저자 자신이 속한 소비에트 마지막 세대를 가리킨다. 이 세대의 일원인 주인공 타타르스키는 당 간부였던 과거의 상관과 술을 마시면서, 예전 소비에트 시절에 강렬한 수사적 형식과 불명료한 의미가 합쳐진 이데올로기적 텍스트들을 기가 막히게 적어낼 줄 알았던 그의 능력

---

1 「서약의 열 가지 항목Ten items of the covenant」 중에서 세번째 항목(Laibach 1983). 라이바흐는 슬로베니아의 록그룹인데, 이들은 지난 20여 년간 이데올로기와 예술의 개념에 관련된 실험을 해오고 있다. 라이바흐에 관해서는 다음을 참조하라. 본서 7장; Žižek(1993b); Gržinić(2000); Erjavec(2003); Djurić and Suvaković(2003); NSK(1991).

에 자신이 얼마나 강한 인상을 받곤 했는지를 이야기한다.

"정말이지 대단한 연설이었어요." 타타르스키가 계속했다. "전 그때 문학대학Litiastitut에 들어가려고 준비 중이었는데, 크게 좌절하고 말았습니다. 질투를 느끼기도 했고요. 그런 식으로 단어를 능숙하게 다루는 법을 결코 배우지 못하리라는 걸 깨달았기 때문이에요. 별다른 의미는 없는데도 내게 스며들어서probiraet 단번에 모든걸 이해하도록 만든달까요. 그러니까 연사가 말하고자 하는 게 뭔지 이해한다는 뜻이 아닙니다. 그는 사실 아무것도 말하고 싶어하지 않으니까요. 하지만 삶에 관해서는 몽땅 이해하게 되는 것이지요. 제 생각엔 악티프Activ[지역 콤소몰 지도부] 같은 그런 활동분자 모임이 조직된 것도 이런 이유 때문인 것 같아요. 그날 밤 저는소네트를 쓰려고 앉아 있었는데, 대신에 엄청 취해버렸습니다."
"내가 무슨 이야기를 했는지 기억나나?" 하닌이 물었다. 이런 기억덕분에 기분이 좋았던 모양이다.
"네, 아마 27차 전당대회와 그것의 의미였을 겁니다."
하닌은 기침을 하고 목을 가다듬었다.
"여러분과 같은 청년공산동맹 당원에게는," 그는 잘 훈련된 큰 목소리khorosho postavlennym golosom로 말했다. "제27차 우리 당대회의 결정이 얼마나 중요하고znachimye 또한 획기적etapnye인지 설명할 필요가 없다고 생각합니다. 더욱이 이 두 개념 사이 방법론의차이는 종종 선전원과 선동가 사이에서도 오해nedoponimanie를 불러일으키고 있습니다. 그러나 선전원과 선동가는 미래의 건설자이니, 그들이 건설해야 할 미래와 관련해서는 어떠한 불명확함도 있어서는 안 됩니다."

그는 심하게 딸꾹질을 한 뒤 이야기의 끈을 놓쳤다.

"바로 그거였어요." 타타르스키가 말했다. "이제 정확히 알겠습니다. 정말 놀라운 건 사장님께서 사실 중요성znachimost'과 획기성 etapnost' 간의 방법론의 차이에 대해 한 시간 내내 설명했고, 저는 각각의 개별 문장들은 아주 잘 이해했다는 사실입니다. 그런데 아무 문장이나 두 개를 함께 이해하려고 하는 순간 마치 어떤 벽이 생긴 것 같았고…… 이해가 불가능해졌습니다. 그 내용을 제 말로 옮기는 일도 불가능했고요."[2]

펠레빈의 풍자적인 설명은 후기 사회주의 시기 권위적 언어에 발생한 전환을 포착하고 있다. 그 언어가 가진 힘의 상당 부분은 외국어의 경우가 그렇듯이, 인상적으로 느껴지는 리듬, 소리, 어법으로부터 나온다. 그 언어는 제대로 이해되지 않을 때조차 청중에게 영향을 미친다. 그것은 로만 야콥슨이 언어의 **시적 기능**poetic function이라고 부른 차원에서 작동한다. 이 기능은 언어의 미학적 형식, 즉 "그 자체로서의" 메시지에 집중한다. 무엇을 말하는지가 아니라 어떻게 말하는지에 집중하는 것이다. 야콥슨은 다음 예를 들어 이를 설명한다.

---

2   러시아어본(Pelevin 1999: 140~41)에서 저자가 직접 번역했다. 나는 중요성 znachimost'과 단계성etapnost'을 뜻하는 러시아 어휘의 본 뜻을 강조하기 위해서 흔히 접하는 영어본(Pelevin 2002: 106~107) 대신에 식접 번역을 택했다[빅도르 펠레빈, 『П 세대』, 박혜경 옮김, 문학동네, 2012, pp. 180~81. 번역 일부 수정].

"어째서 당신은 항상 **조앤과 마저리**라고만 말하고, 절대 **마저리와 조앤**이라고는 말하지 않는 거죠? 쌍둥이 중 마저리보다 조앤을 더 좋아하시는 건가요?" "전혀 그렇지 않아요, 단지 더 부드럽게 들려서 그런 거예요." 연관된 이름 두 개가 연속해 나올 때, 위계의 문제가 개입하지 않은 한, 무의식적으로라도 말하는 사람에게 짧은 이름이 먼저 나오는 것이 메시지의 올바른 순서로 여겨진다 (Jakobson 1960: 357).

언어의 시적 기능은 지시적 기능과 다르다. "조앤과 마저리"와 "마저리와 조앤"은 비록 지시적 기능의 차원에서는 동일하지만(즉 동일한 사실을 가리키지만), 시적으로는 같지 않다. 시적 기능에서 우선적 역할을 수행하는 것은 언어 기호의 기표, 즉 소리, 리듬 구조, 강세, 휴지, 통사론적 형태, 언어와 구절의 경계 등등이다. 이 차원에서는 언어의 단위들이 서로 대응될 수도 있고 그렇지 않을 수도 있다. 가령 두 개의 단어는 그 음성적 형태가 대응될 경우 압운rhyme을 이룬다. 특정한 대응들을 선택함으로써 시나 재치 있는 말장난, 혹은 정치적 표어를 지을 수 있다. 야콥슨은 "I like Ike〔아이 라이크 아이크〕"라는 아이젠하워Dwight Eisenhower의 대통령 선거 캠페인 표어의 예를 통해 이 과정을 보여주었다. 이 구절에 들어 있는 음성적 대응들——3개의 단음절어, 3개의 이중모음 ay〔아이〕, 3개의 자음 l〔ㄹ〕, k〔ㅋ〕, k〔ㅋ〕 간의 대칭성, ayk〔아이크〕와 layk〔라이크〕 간의 압운——이 시적 기능의 기법에 해당한다. 이것들이 감정적으로 영향을 미치는 하나의 시적인 상相을 그려내는데, 여기서 "사랑의 주체는 사랑의 대상 속에 녹아들어 있다." 이것은 메시지의 지시적 기능과는 상당히 독립적으로 이루어지는 이 표어의 "강한 인상과 효율성"을 설명해주며, 심지어 Ike〔아이크〕에 관해 들어본 적이 없는 청중에게조차 감정적인 영향을 미친다(Jakobson 1960: 357).

어떤 맥락들에서는 시적 기능이 언어의 다른 기능들에 우선시될 수 있다. 가령 광고의 언어가 그러한데, "Just do it〔저스트 두 잇〕"이나 "Just be〔저스트 비〕" 같은 표어가 이에 해당한다. 또 다른 예로 앞선 장에서 이미 논의했던 러시아혁명 초기의 언어가 있다. 후기 사회주의 시기에 시적 기능은 또다시 권위적 언어의 중심적 위치를 차지하게 되었다. 하지만 혁명기의 경우에서처럼 이미 확립된 언어의 관례들과 결별하는 대신에, 후기 사회주의 시기의 시적 기능은 정반대의 몸짓을 수행했다. 언어의 관례적 형식들을 증대시키고 고착시키면서, 그것을 불가피한 것으로 만든 것이다. 이 장르로 작성된 텍스트들은 오해의 여지가 없는 단 하나의 메시지를 전달했다. 의미의 명확성과는 별개로 언어 형식은 그 자체로 심오한 의미를 지녔다. 권위적 의미화의 다른 장르들, 예컨대 의례의 구조, 시각적 재현물, 공적 행사, 공간 디자인 등에서도 동일한 전환이 발생했다.

공적 담론의 두 가지 특징이 그와 같은 전환을 가능하게 했다. 첫째, 1950년대 이후 진행된 이 담론의 초규범화가 그것을 점점 더 고착시켰고, 모든 구조적 층위와 맥락 들에서 인용 가능한 것으로 만들었다(2장을 보라). 이 담론은 수행적 전환을 경험했으며, 그에 따라 의미의 수행적 차원이 우선시되고 진술적 차원은 정박에서 풀려나 개방되었다.

둘째, 상부에서 하부로 이어지는 (당이나 콤소몰 같은) 국가 제도의 엄격한 위계질서, 권위적 담론을 통제·재생산·분배하는 각종 결정·위임·보고의 중앙집권적 시스템, 이런 제도·의례·텍스트가 대다수 인민의 삶 속 어디에나 편재하는 상황, 이 모든 것들이 합쳐져 부르디외가 권력의 "위임delegation"이라고 부른 과정이 가능해졌다. 이는 이데올로기의 행위와 진술을 올바른 형식으로 재생산한 모든 개별적인 행위자에게 권력이 위임되는 과정을 가리킨다.[3] 이 전환은 최소한 이데올로기가 순환하는 대부분의 경우에서, 이데올로기적 텍스트·의례·시각물 들의 수행적 차원이 갖는 중요성을 증대시키는 동시에 그것의 진술적 차원은 점점 더 풀어놓는 결과를 낳았다. 다르게 말해서 의례화된 행위나 발언 들을 반복하는 행위가 중요해졌다. 그 이유는 첫째로 이 반복이 불가피한 것처럼 보였기 때문이고, 둘째로 그것이 사람들로 하여금 일상생활의 다른 예기치 못한 창조적 의미와 형식 들에 관여할 수 있게 해주었기 때문이다. 의례화된 행위와 발언 들은 후자를 가능하게 만들었지만, 결코 그것을 전적으로 결정하지는 못했다.

2장에서는 내가 권위적 담론의 초규범화라고 부른 것의 역사적 조건과 결과 들을 분석했다. 이번 장에서는 초규범화된 담론의 다양한 차원의 수행적 재생산이 어떻게 해서 예측하지 못했던 새로운 의미, 관계, 정체성, 사회성의 형식들을 만들어내기 위한 시간, 공간, 조건 들을 가능케 하는지를 분석할 것이다.

이 장은 소비에트의 평범한 사람들, 그중에서도 젊은 세대가 권위적 텍스트와 의례의 규범화된 형식들을 저자이자 청중으로서 일상적으로 대면하고 재생산하고 재해석했던 맥락들, 특히 당시 대부분의

---

3   이 과정에 대한 논의는 1장을 보라.

청년이 소속돼 있었던 콤소몰 조직의 지역적 맥락에 집중할 것이다. 나는 먼저 권위적 형식을 재생산하기 위해 평범한 콤소몰 구성원이 배우고 전수하고 새롭게 발명하고 일상적으로 실행해나간 특별한 기술들을 분석해볼 것이다. 그런 다음 그와 같은 형식의 수행적 재생산을 통해 어떤 예측할 수 없었던 의미들이 가능해졌는지를 논할 것이다. 4~6장에서는 그 밖의 다른 맥락들에서 어떤 종류의 삶의 의미와 형식 들이 출현했는지, 그리고 그 출현이 사회주의적 체제에 어떤 반향을 일으켰는지를 살펴볼 것이다.

지역 콤소몰 간부들

1970년대에서 1980년대 중반에 이르기까지, 대부분의 젊은이는 중등학교,[4] 대학교,[5] 공장 및 그 밖의 기관에서 각종 청년 조직, 특히 콤소몰이라는 조직을 통해 권위적 담론과 관련을 맺었다. 콤소몰 조직은 이 세대의 청년 활동 대부분——가령 당 문서 낭독, 여러 정치적 임무의 수행, 회합·행진·선거 참여 등과 관련된 엄격한 이데올로기적 활동부터 각종 문화적·사회적·음악적 행사 및 스포츠 행사와 여타 활동에 이르기까지——을 조직화하는 책임을 맡고 있었다. 재학

---

4 나는 러시아연방의 학교 체제를 가리키기 위해 '중등학교sredniaia shkola'라는 소비에트 용어를 사용한다. 12세 이후부터 (17세에 졸업할 때까지) 중등학교에 속하게 되며, 이는 미국의 중학교junior high school와 고등학교high school를 합친 것과 같다.

5 나는 대학교라는 용어로 러시아의 '대학교universitet'와 '단과대학institut'을 동시에 가리키는데(둘 다 고등교육기관이다), 이는 교육기관이 아니라 연구기관인 '연구소issledovatel'skii institut'와의 혼동을 피하기 위해서다.

중인 대다수는 열네 살이나 열다섯 살이 되면 (콤소몰 회원 자격은 14~28세로 제한된다) 나이에 의거해 콤소몰 단원이 되었다. 가입이 의무는 아니었지만 기대되고 장려되었으며, (대학 입학 지원 같은) 특정한 활동들을 위해서는 암묵적인 필수 조건으로 간주되었다.

1980년대 전반기에 중등학교 졸업생의 90퍼센트가 콤소몰 회원 이었으며, 총 단원 수는 4천만 명 이상으로 불어났다(Riordan 1989: 22). 이 장에서는 지역 콤소몰 조직들, 특히 지역 콤소몰 지도자들의 활동에 초점을 맞추고자 한다. 이들 수십만의 **서기**와 콤소몰 반장 **콤소르그**komsorg 들이야말로 조직의 위계상 하부에 위치하면서 콤소몰 활동에서 대다수 젊은이의 참여를 조율했던 사람들이었다. 콤소몰 조직 위계의 간단한 도표인 〈3.1〉이 이 장의 논의를 명확하게 하는 데 도움을 줄 것이다. 각각의 상자에 해당하는 콤소몰 조직은 그 아래 조직을 관장하면서 그 위 조직의 명령을 따랐다.[6]

이 장에 등장하는 인물들은 직업적 배경과 출신 도시가 제각기 다르지만, 그들 모두 한때 콤소몰 조직에서 이런저런 위계적 직책을 맡은 적이 있는 사람들이다. 그들의 직책은 콤소몰 반의 일반 콤소몰 평단원부터 콤소몰 반을 이끄는 반장, 나아가 콤소몰 위원회 위원 및 서기에서 구區위원회 서기에 이르기까지, 폭넓게 걸쳐 있다.

대부분의 일반 콤소몰 단원은 초급 콤소몰 조직과 콤소몰 반의 단계에서 "임무porucheniia"의 체계를 통해 콤소몰 활동에 관여했다. 임무는 중앙화되고 위계화된 방식으로 기획되고 조율되고 배분되고 점검되었다. 즉 상부 콤소몰 조직이 하부 조직에 임무를 할당하고 그

---

6   Hough(1979); Riordan(1989); Solnick(1998); Brovkin(1998)을 보라.

콤소몰 중앙위원회CC
장長: 제1서기

↓

공화국·변강邊疆 중앙위원회
장: 제1서기

↓

주州위원회Obkom
장: 제1서기

↓

시市위원회Gorkom
장: 제1서기

↓

구區위원회Raikom
장: 제1서기

↓

초급初級 콤소몰 조직
(공장, 연구소, 대학, 중등학교 등의 콤소몰 위원회)
장: 제1서기
구성원: 5~10명의 위원

↓

콤소몰 반班(초급 콤소몰 조직)
장: 반장(콤소르그)
구성원: 콤소몰 평단원

(3.1)

콤소몰의 위계.

것의 실행을 점검하는 식이다. 이런 임무는 정치적 강의, 이데올로기 점검, 콤소몰 회합에서의 발언, 집단농장 활동, 국경일 준비, 행진 참여, 참전 퇴역 군인 돕기, 다른 이들의 활동을 점검하기 위한 각종 위원회 참여 등등을 포함했다. 콤소몰 문건들에 등장하는 해석에 따르면, 이 임무들은 언제나 잘 조직되고 명확했다. 그것들의 수행은 인센티브 체계를 통해 독려되었고, 초급 단계에서 적극적이고 진취적인 참여가 이루어진다고 선전되었다(Andreyev 1980: 46, 48). 하지만 앞으로 보게 되겠지만, 이런 묘사는 이 활동의 진짜 결과를 제대로 읽어내지 못하고 있다. 구區콤소몰 지도부와 평단원 사이에 형성되었던 대개는 의도치 않았던 정교한 관계의 유형, 콤소몰 임무 수행을 둘러싼 기술들, 그리고 궁극적으로는 이런 콤소몰 활동을 통해 출현했던 예기치 못한 복잡하고 복합적인 의미들이 바로 그 결과이다.[7]

이어지는 절들의 분석은—콤소몰 회원의 절대 다수를 차지했던—위계상 중간층과 하위층에 속한 콤소몰 단원들이 권위적 텍스트, 연설, 보고서 등등을 재생산하는 과정에서 동원했던 전략에 초점을 맞춘다. 이 분석은 앞선 장에서 논의했던 권위적 언어의 생성 원칙에 대한 분석과 궤를 같이 하며, 이를 통해 권위적 형식의 꼼꼼한 복제가 그것의 진술적 의미에 야기한 심오한 전치를 드러낼 수 있을 것이다.

---

7 1920년대 콤소몰 단원들 사이에 존재했던 냉소주의의 형식들과 이 초창기에 콤소몰 활동이 재규정된 다양한 방식들에 관해서는 Brovkin(1998)을 보라.

전문[8] 서기

콤소몰 지도자들을 위한 이데올로기적 생산물의 제작 기술 교육은 그들이 속한 조직의 위계에 따라 달랐다. 위계상 높은 조직일수록 더욱 정밀한 교육을 받았다. 공산당의 경우도 마찬가지였다. 교육에서의 이런 차이가 뜻하는 바는, 조직의 위계상 하부를 이루는 절대 다수의 사람들은 이데올로기적 텍스트를 구성하는 방식에 대한 명시적 교육을 받지 못했다는 것이다.[9] 하지만 상급 간부들에게는 텍스트를 재생산하고 의례화된 행사와 임무를 수행하기 위한 기술을 습득시키기 위한 특별한 교육이 필요했다.

사샤(1950년대 초반 출생)는 연구소의 화학 기술자로 일했고 수년간 연구소 콤소몰 조직의 서기로 복무했다. 1981년에 그는 레닌그라드의 그가 속한 구역의 콤소몰 구區위원회 간부가 되어 연구소를 떠났다. 이는 그가 산업계에서의 경력을 버리고 콤소몰의 선도적 기관에서, 나중에는 당에서 일하게 될 '전문 이데올로기 노동자'의 경력으로 옮겨갔다는 것을 의미한다. 그가 콤소몰 구區위원회로 옮겼을 때, 그는 수학을 위해 1년간 당학교Vysshaia partiinaia shkola, VPSh로 파견되었다. 고등 당학교는 이미 학사 학위를 소지한 다양한 전문 이데올로기 노동자들을 위한 대학원 수준의 교육 시설이다(사샤가 속한 반의 학생들은 북동러시아 지역 전체에서 온 구區위원회 근무

---

8 [옮긴이] 러시아어본에서는 '전문professional' 대신에 '자유롭게 된osvobozhdennye'이라는 표현이 사용된다. 또한 '비전문unprofessional'도 '자유롭게 되지 못한neosvobozhdennye'이라고 쓴다. 자유롭게 됐다는 건 본래 직업에서 벗어나 조직 책임자로만 일한다는 의미이다.

9 이데올로기에 관한 메타담론의 소멸에 관해서는 2장을 참조하라.

자들이었다). "마르크스-레닌주의 수사학의 기초Osnovy marksistsko-leninskoi retoriki"라는 제목의 한 과목은 권위적 언어 장르로 쓰고 말하는 기술을 가르쳤다. 사샤는 이를 다음과 같이 설명한다.

> 우리에겐 구체적인 키워드들kliuchevye slova이 주어졌는데, 우린 그것들을 연설문에 사용해서 임의의 주제에 연결시켜야 했어요. 예컨대 영화나 정치적 사건을 현재 국내의 정치적 상황과 연결시켜야 했죠. 생각할 시간 20분을 준 뒤, 교수님이 누가 먼저 발표해보겠느냐고 물었죠. 그녀는 우리의 잘못을 지적하면서, 어떻게 하면 우리의 주장을 더 낫게 만들 수 있는지, 주어진 단어들을 가지고 어떻게 더 좋은 구절을 만들 수 있는지에 관해 조언하시곤 했어요. [······] 우리가 꼭 사용해야만 하는 핵심 문구들도 있었어요. 모두가 수천 번도 더 들었을 판에 박힌 문구들izbitye frazy이죠. 머릿속에 금방 떠올랐기 때문에 다시 가져다 쓰는 건 어렵지 않았어요.

이 교육 과정 동안 콤소몰 구區위원회의 신입 근무자들은 어떤 구성 형식이 옳으며 어떤 것이 잘못됐는지, 또 왜 그런지에 관해 배워 나갔다. 예를 들어 사샤는 초급 콤소몰 조직의 대규모 회합에서 사용되는 전형적인 이데올로기적 연설에 관해 배웠다. 가령 모든 연설은 "정치적인 부분politicheskaia chast"으로 시작되어야만 했다. 이 부분에서는 가장 최근 총회에서 당 간부들이 제시한 문구와 수치 들을 인용해야만 했고, 소비에트 인민의 집단적 성취와 성공이 담겨야 했으며, 특별한 형식적 어법으로 구성되어야 했다. 사샤가 설명하기를 "가령 브레즈네프가 연설에서 지난 시기 동안 노동생산성이 0.5퍼센트 증대되고 또 다른 뭔가는 1퍼센트 증대되었다고 말했다고 쳐봐요. 그럼 우린 이 수치들을 연설문에 집어넣어야 하는 거예요. 뭘 말하던 간에 상관없이 그걸 이용해야 한다는 거죠. 그래서 우린 이 구절들을 신문에서 그대로 베끼곤 했어요." 이데올로기에 관한 이와 같은 명시적인 토의는 고등 당학교의 내부에서 이루어졌을 뿐 대부분의 사람들에게는 알려지지 않았다. 학생들이 전공 교과서나 인쇄물을 학교 밖으로 반출하는 일은 허용되지 않았다. 고등 당학교를 졸업하고 나서 사샤는 구區위원회에서 일하기 시작했고, 텍스트에 삽입해야 할 수치, 사실, 인용문, 키워드 들의 목록을 받았다. 목록의 대부분은 콤소몰 시市위원회로부터 왔고, 일부는 모스크바 중앙위원회로부터 직접 왔다. 사샤의 설명에 따르면, "이 구절과 문구 들은 당의 영도 아래 놓인 소비에트연방의 전반적 활동에 관한 것들이었어요. [……] 대개 너무나 균형 잡힌 문장으로 잘 쓴 것들이라, 우리는 해당 부분 전체를 통째로 베낀 다음, 지역의 다른 문제를 다루는 우리 텍스트 속에 끼워 넣을 수 있었죠."

비전문 서기

초급 조직의 더 낮은 등급은 수십만 명의 '비전문' 서기와 콤소몰 반장 들로 채워졌다. 이들은 학생 혹은 공장이나 기관에서 정규 직업을 가진 사람들인데, 콤소몰의 선출직을 겸직했다. 사샤와 달리 이들은 권위적 텍스트를 만들어내거나 제의를 진행하기 위한 직업적 훈련을 받지 않았다. 하지만 이들은 권위적 형식의 정확한 복제

3 뒤집힌 이데올로기: 윤리학과 시학

가 콤소몰의 맥락 내에서 그들에게 여러 다른 활동을 추구할 시간을 제공해준다는 것을 경험을 통해 알고 있었다. 이 다른 활동들은 반드시 형식에 구애받지는 않으며 그들이 의미 있거나 유용하다고 여기는 것들이었고, 때로는 공표된 조직 활동과 맥을 달리하는 경우도 있었다. 바로 이들이 조직해낸 콤소몰 텍스트, 의례, 임무 들을 통해서 수백만 명의 콤소몰 평단원과 비단원 들이 가장 흔하게 이데올로기적 활동을 접할 수 있었다.

안드레이(1954년생)는 사샤가 근무했던 연구소의 엔지니어면서 사샤의 콤소몰 위원회 구성원이기도 했다. 1981년에 사샤가 콤소몰 구區위원회로 옮겨가게 되자, 안드레이가 사샤를 대신할 새로운 콤소몰 위원회 서기로 선출되었다. 이제는 상급 기관인 콤소몰 구區위원회에서 연구소를 지휘하게 된 경험 많은 사샤가 이따금 안드레이에게 보고서나 연설문을 작성하는 법에 관해 조언을 하곤 했다. 안드레이는 이렇게 설명한다.

> 사샤에게 뭔가 이데올로기적인 걸 작성하는 데 도움을 요청하면, 그는 항상 몇 분 동안 이런저런 농담을 하곤 했어요. 그러다가 예의 그 잘 훈련된 목소리Khorosho-postavlennym golosum로 "좋아, 그럼 이제 시작해볼까"라고 말하고선, 저 닳아빠진 구절들kazënnye frazy을 불러주곤 했지요. 그게 무슨 톨스토이 같은 거라고 생각하면 오산이에요. 그건 그저 사샤가 잘 알고 있는 콤소몰-당의 언어Komsomol'sko-partiinyi iazyk였을 뿐이에요.

1982년 11월 안드레이는 처음으로 400명의 평단원이 모인 대규모

연례행사에서 연구소 콤소몰 서기로서 연설을 해야만 했다. 그 연설에서는 최근 당의 결정, 연구소 콤소몰 조직의 성과와 오류, 그리고 이듬해의 계획 따위가 언급돼야만 했다. 또한 사회주의, 당의 역할, 콤소몰 회원의 의무에 관해서도 대략적인 언급이 있어야 했다. 그렇게 형식을 갖춘 긴 텍스트를 써본 경험이 없었던 안드레이는 사샤에게 전화를 걸어 도움을 청했고, 다음과 같은 간단한 조언을 받았다. "이봐, 공연히 사서 고생하지 말게. 위원회의 서류함에 있는 내 예전 연설문을 가져다 그걸 원형으로 삼도록 하게. 그냥 거기서 대부분을 베끼면 되는 거야." 안드레이가 말하길 "바로 이게 이후로 제가 모든 텍스트를 썼던 방식, 그리고 그 이전과 이후의 모든 사람들이 텍스트를 작성했던 방식이었어요."

안드레이는 (2장에서 논의된 바 있는) 담론의 심오하고 '공공연한 상호 텍스트성' 덕택에 사샤의 과거 연설문을 원형으로 사용하면서도 이상하게 보이지 않을 수 있었다. 그렇지만 안드레이는 그것을 단지 글자 그대로 베낄 수는 없었다. 그는 몇몇 어구와 구절 들, 새로운 사실을 다루는 조금 더 긴 부분들(가령 새로운 당 총회, 캠페인, 그의 연구소 행사 들)을 덧붙여야만 했다. 하지만 해당 텍스트가 권위적 형식에 충실해야만 했기 때문에, 안드레이가 직접 쓴 부분들은 그 형식에서 빌려온 익숙한 인용으로 기능해야만 했다. 안드레이가 이 과제를 달성해낸 방식을 보면, 이런 담론의 형식을 불변하는 것으로 남겨두면서도 그것이 평범한 서기와 콤소몰 반장 들 사이에서 널리 유통되도록 하는 다수의 기술을 확인할 수 있다. 지면 관계상 안드레이의 연설문 중에서 전형적인 발췌문 한 개만을 택해, 그것을 사샤 연설문의 해당 부분과 비교해보기로 하자.

사샤의 1978년 연설문[10]

콤소몰의 핵심 과제 중 하나는 젊은이들을 정치적-이데올로기적으로 교육시키는 일이다. 이를 실현하기 위한 주요 수단은 전국적인 레닌 시험과 콤소몰의 정치-계몽 체계이다.

안드레이의 1982년 연설문[11]

콤소몰의 활동에서 핵심 방향 중 하나는 젊은이들을 정치적-이데올로기적으로 교육시키는 일이다. 마르크스-레닌주의적 세계관의 형성, 부르주아 이데올로기와 도덕관에 대한 비타협적 태도, 소비에트식 애국심과 사회주의적 국제주의의 정신으로 젊은 남녀를 교육하는 일—바로 이것들이 우리 콤소몰 조직의 이데올로기적 지도부가 직면한 주요 과제들이다. 젊은이들을 정치적-이데올로기적으로 교육시키는 이 과제를 실현하기 위한 주요 수단은 전국적인 레닌 시험과 콤소몰의 정치적 계몽 체계이다.

---

10 Odna iz glavnykh zadach komsomola—ideino-politicheskoe vospitanie molodezhi. Osnovnym sredstvom ee resheniia iavliaetsia vsesoiuznyi Leninskii zachet i sistema komsomol'skogo politprosveshcheniia.

11 Odnim iz vazhneishikh napravlenii raboty komsomola iavliaetsia ideino-politicheskoe vospitanie molodëzhi. Formirovanie marksistsko-leninskogo mirovozreniia, neprimirimogo otnosheniia k burzhuaznoi ideologii i morali, vospitanie iunoshei i devushek v dukhe sovetskogo patriotizma i sotsialisticheskogo internatsionalizma—vot perveishie zadachi stoiashchie pered ideologicheskim aktivom nashei komsomol'skoi organizatsii. Osnovnymi sredstvami resheniia zadach ideino-politicheskogo vospitaniia molodëzhi iavliaiutsia vsesoiuznyi Leninskii zachet i sistema komsomol'skogo politicheskogo prosveshcheniia.

이 전형적인 발췌문에서 안드레이는 연설의 다른 부분에서와 마찬가지로 사샤의 일부 문장을 베끼면서, 동시에 몇몇 새로운 문장을 삽입했다. 그는 사샤 연설문의 발췌문으로부터 두 문장을 베꼈는데, 그의 설명에 따르면 "아무 생각 없이 베낀 것 같은 느낌을 주지 않으려고" 문장에 최소한의 변화를 주었다. 그는 사샤의 "과제zadach"를 "방향napravlenii"으로 바꾸고, 의미에는 영향을 끼치지 않는 명사의 격만 변화시켰다.[12] 그는 사샤가 쓴 복합명사 "정치-계몽politprosveshcheniia"을 풀어서 "정치적 계몽politicheskogo prosveshcheniia"으로 바꾸었다. 또한 그는 앞서 어떤 과제가 언급되었는지 청중에게 상기시키기 위해 새로운 구절—"젊은이들을 정치적-이데올로기적으로 교육시키는zadach ideno-politicheskogo vospitaniia molodëzhi"—을 첨가하기도 했다. 그가 이렇게 했어야만 하는 이유는 두 구절 사이에 새로운 문장을 집어넣었기 때문이다.

안드레이는 사샤의 텍스트에 그 자신의 취향을 더하면서, 이런 식으로 연설문에 많은 새로운 문장들을 삽입했다. 그는 어떻게 그 문장들을 작성했을까? 사실 그가 쓴 모든 새로운 문장은 그 시기의 무수히 많은 텍스트에서 발견되는 것으로, 이는 그가 이 문장들을 이미 출판된 텍스트에서 베껴왔다는 사실을 시사한다. 어쩌면 안드레이는 그중 몇몇 문장을 그가 경험을 통해 알게 된 원칙, 그러니까 2장에서 우리가 권위적 언어의 '생성 원칙'이라고 부른 방법을 적용해 스스로 작성했을 수도 있다. 가령 앞의 예에서 안드레이의 새로운 문장들 중 한 구절—"부르주아 이데올로기와 도덕관에 대한 비타

---

12 (주격, 여성형, 단수인) 'odna'를 (조격, 남성형, 단수인) 'odnim'으로 바꾸었다.

협적 태도"—은 앞선 장의 〈2.1〉에서 살펴보았던 『프라우다』 사설에 나왔던 다음 구절과 사실상 일치한다. "부르주아 이데올로기, 정치적 부주의함, 현실 안주의 징후 일체에 대한 비타협적 태도"(9번 문단). "소비에트식 애국심과 사회주의적 국제주의의 정신으로 젊은 남녀를 교육하는 일"이라는 구절과 유사한 문장은 앞선 장에서 인용한 콤소몰 관련 책에 실려 있다. "공산주의 이데올로기, 소비에트 애국주의, 국제주의의 정신 속에서 젊은이들을 교육하는 일"이 그것이다(Andreyev 1980). 연설문을 작성할 때 안드레이는 사샤의 옛 텍스트의 일부분을 그대로 옮기면서, 신문과 당 출판물 들에서 일부를 덧붙였다. 그는 언제나 권위적 형식에 충실한 채로 남아 있으면서 자기 부분을 작성했던 것이다.

학교 콤소몰 반장과 위원회 서기

(중등학교와 같은) 소규모 조직의 콤소몰 반장과 위원회 서기 들은 콤소몰 간부 중 가장 낮은 두 등급에 해당한다. 대개 학교에서 콤소몰 반장이 되는 것은 특별한 이데올로기적 적극성이나 충성도를 보여서가 아니라, 단지 그들이 사람들을 조직하고 사회 활동을 조율하는 일을 즐긴다는 이유로 교사나 다른 학생 들에게 책임감 있는 사람으로 보였기 때문이거나, 그게 아니라면 그저 그들이 거절하는 법을 잘 몰랐기 때문이었다. 이런 사람들은 몇 년에 걸쳐 계속해서 재선출되곤 했다. 마리나(1968년생)는 어린이 조직(7~10세 어린이를 위한 "10월 어린이단Oktyabryata"과 10~14세 어린이를 위한 "피오네르

Pioner")[13]의 지도부로 출발했다. 같은 반 친구 대부분이 콤소몰에 가입했던 열다섯 살 때, 그녀는 학년 대표로 선출되었다. 이 직책은 나름의 보상이 주어지기는 했지만,[14] 그와 더불어 대부분의 학생이 내켜 하지 않는 책임져야 할 귀찮은 일들을 동반했다. 마리나는 자기가 이 일에 적합해 보인 이유를 나름대로 이렇게 표현했다. "전 사교적인 성격을 타고났어요sushchestvo obshchestvennoe." "전 혼자 있는 걸 즐기지 않아요." "제 생각엔 제가 뭔가 믿을 만하고nadëzhnaia, 분명 이런 사회적 활동을 수행하는 것zanimat'sia obshchestvennoi zhizn'iu을 즐기는 성향이라는 인상을 준 것 같아요." 중등학교에서 콤소몰 반장으로 일했던 사람들은 대개 졸업 후에도 그 일을 이어갔다. 반드시 그래야만 하는 것은 아니었지만, 이런 이동은 거의 자동적으로 이뤄졌다. 중등학교 학급에서 콤소몰 반장이었던 류바(1958년생)는 대학에서도 임원이 되었다. 그녀가 설명하길, "전직 콤소몰 반장에겐 특정한 방식으로 성장했다는 딱지가 붙어서u tebia kleimo, 내부 사정을 잘 아는vkhozh vo vse dela 사람, 일이 어떻게 돌아가는지 이해하는ponimaet chto k chemu 사람으로 간주되는 거예요." 그녀가 대학 생활을 시작했을 때, 그녀의 파일에서 콤소몰 경험이 있음을 발견한 그룹의 지도자(그녀의 교수 중 한 명)가 그녀에게 "콤소몰 활동에 참여해주면 좋겠다고 말했어요. 학생 그룹이 모이는 첫번째 회의에서 그는 저를 콤소몰 반장으로 지명했고, 당연히 저는 즉각 선출됐죠."

칼리닌그라드에서 온 중등학교 콤소몰 위원회 위원 마샤(1970년

---

13 Riordan(1989)를 참고하라.
14 가령 그녀는 다른 학생들에 비해, 선생님과 더 친밀한 관계를 맺고 그들의 존경을 받는 것을 즐겼다.

생)는 권위적 담론의 정확한 형식을 복제하는 일의 중요성을 일찍이 깨우쳤다. 마샤와 그녀의 학급 친구 대부분이 피오네르 입단을 앞두고 있을 때, 그들은 피오네르 공책pionerskaia knizhka을 준비해야 했다. 그 공책에 피오네르 서약pionerskaia kliatva를 옮겨 적고, 적당한 그림들(붉은 깃발, 붉은 별, 낫과 망치 따위의 소비에트 상징물)로 그걸 장식해야 했다. 그녀의 학급 친구 중 한 명의 어머니가 직업 예술가였는데, 그녀는 아들의 공책에다가 밀 이삭 모양의 황금색 테두리와 붉은색 휘장으로 장식된 아름다운 레닌 초상화를 그려주었다. 마샤는 회고한다.

전 그 그림이 어찌나 좋았던지, 그 친구에게 그림을 베낄 수 있게 좀 빌려달라고 했어요. 집에 가져와 온종일 그림을 베꼈죠. 제일 힘든 부분은 레닌의 얼굴을 그리는 거였어요. 전 그렸다 지웠다를 수없이 반복했지요. [……] 마침내 색칠을 했고 아주 아름답게 잘 됐다고 생각했어요. 다음 날 모든 학생이 행사를 위해 자기 공책을 학교에 가져왔어요. 선생님이 제 공책을 보시더니, 모두 다 있는 데서 이렇게 말씀하셨죠. "마샤야, 만일 네가 얼굴을 잘 그릴 자신이 없다면, 레닌을 건드려서는 안 된다. 다른 사람의 초상화를 가지고는 실험해볼 수 있지만, 레닌은 안 된다." 전 아주 당황스러웠어요.

(앞서 언급했던) 류바는 마샤보다 열두 살이 많았고 다른 도시에 살았는데, 레닌그라드의 중등학교에서 미술 선생님으로부터 깜짝 놀랄 정도로 비슷한 경험을 했다.

학교에서 전 그림을 곧잘 그렸고 미술 수업에서 항상 좋은 점수를 받곤 했어요. 언젠가 피오네르 기념일에 맞춘 미술 전시회에서 저는 붉은 피오네르 스카프에 레닌의 초상을 그린 적이 있어요. 전제 그림을 전시하고 싶었는데, 놀랍게도 미술 선생님이 말했어요. "너에게 좋은 점수를 주도록 할게. 하지만 네 그림을 전시할 수는 없단다. 그리고 아무에게도 그걸 보여주지 말거라. 오직 최고의 예술가만이 레닌을 그릴 수 있단다. 레닌은 아주 잘 그려져야만 해."

마샤와 류바에게 이 경험은 매우 놀라웠기에 아주 생생하게 기억하고 있다. 그들은 자기가 그린 초상화가 피오네르를 향한 그들의 충성심을 보여준다고 생각했다. 하지만 레닌의 재현물에 나타난 뚜렷한 왜곡 탓에, 두 선생님 모두 그것을 전시해서는 안 된다고 생각했다. 그들의 지적은 문제가 어린아이가 그린 그림의 미숙한 기술이 아니었다는 점을 여실히 보여준다. 문제는 그것이 레닌에게 적용되었다는 데 있었다. 선생님을 걱정시킨 것은 학생이 그린 그림이 그 자신의 이데올로기적 부주의함을 가리키게 될 가능성이었다. 이 경험을 통해 학생들이 깨닫게 된 것은 '레닌'이 단지 수많은 소비에트 상징 중 하나가 아니라는 사실이었다. '레닌'은 권위적 담론의 중심적인 조직화 원칙, 곧 주인 기표로서, 모든 여타의 상징과 개념 들이 그것을 통해 적법성을 얻게 되는 외부 정전이었던 것이다. 이 기표는 권위적 담론 전체의 토대가 되는 '원본'과 직접적으로 연결된다. 오직 특별히 지정된 선전 예술가들만이 레닌을 그릴 수 있었던 이유가 여기에 있으며, 그들은 레닌의 이미지를 그의 실제 육신과 연결

　　　　　　　　　3 뒤집힌 이데올로기: 윤리학과 시학

시키고 원본의 흔적을 보장하는 데스마스크와 두상 주형을 작업에 사용했다.[15]

중등학교 고학년(14~17세) 때 마샤는 콤소몰 반장이 되었고, 마침내 학교 콤소몰 위원회 위원으로 선출되었다. 콤소몰 회합을 위한 연설문을 작성해야만 하는 상황이 되자, 그녀는 권위적 장르에서 인용 형식이 지니는 중요성을 더욱 잘 알게 되었다. 마샤는 이 언어의 시적 기능이 중요시되는 반면, 지시적 기능이 점점 더 부적합해지는 상황을 보여주는 언급을 한다. "종종 저는 제가 쓴 걸 제 말로 다시 설명할 수가 없었어요. 누가 봐도 이 텍스트는 정확하고chëtko 인상적으로vpechatliaiushche 들릴 거란 느낌이 있었음에도 말이에요. 어린 시절부터 저는 심각하면서도 뭔가 불분명한 그런 구절들에 강한 인상을 받곤 했어요." 부정확한 레닌 초상화에 얽힌 일화와 유사한 경험들을 거치면서, 그녀는 연설문을 위해서는 다른 곳에서 출판된 텍스트에서 정확한 구절들을 가져와 베낄 필요가 있다는 걸 점차 깨닫게 되었다. "때로 저는 [……] 신문 사설란에서 문장들을 베끼곤 했어요. [……] 일단 유용할 것 같은 핵심 구절들을 베낀 다음에, 그 주변에 제가 쓴 텍스트를 덧붙이는 거죠." 그녀는 공공연한 상호 텍스트성의 중요성과 더불어, 그것의 한계도 깨닫게 되었다.

마침내 마샤는 수많은 구문을 외웠고 정교한 구성의 원칙도 이해하게 되었다. 그녀의 말에 따르면, 어떻게 하면 일상 언어에서 쓰는 평범한obychnye 구성 대신에 특별한osobye 구성을 만들어낼 수 있는지를 알게 되었다. 이 언어 형식들을 분석해보면, 마샤가 단지 특

---

15 주인 기표로서의 레닌의 역할과 그것을 재현하는 과정에 관한 논의는 2장을 보라.

정한 구문과 용어 들을 배운 것이 아니라, 실제로 권위적 언어의 복잡한 언어적·양식적 원칙을 이해했다는 사실을 알 수 있다. 그것은 지난 장에서 논의했던 목소리, 저자성, 지식, 시간성을 재현하는 특정한 원칙들을 말한다. 마샤는 자기가 적용한 원칙들이 낳을 결과에 관한 명쾌한 숙고 없이도, 지극히 정확한 방식으로 그것을 직관적으로 사용했다. 예를 들어 그녀는 어째서 **완수된 혁명**sovershënnaia revoliutsiia이라는 일반적인 표현 대신 **완결된 혁명**svershivshaiasia revoliutsiia이라는 특별한 구성을 사용했는지를 이렇게 설명했다. 그녀에 따르면, 두번째 구절이 "그냥 더 낫게 들렸어요." 사실 이 두번째 구절은 시간성과 저자적 목소리를 전환시켜놓고 있다. **완수된**과 달리 재귀 형태인 **완결된**은 혁명이란 것을 구체적인 행위자에 의해 고안되고 수행된 어떤 것이 아니라, 역사의 객관적 법칙을 따라 자연히 발생한 사건으로서 재현한다. 여기서 혁명을 이끄는 행위자들은 암묵적으로 자의적인 역사적 상황의 창조자가 아니라, 피할 수 없는 역사적 필연성의 중개자로 그려진다. 마샤는 사건을 이와 같은 객관적인 역사법칙의 견지에서 묘사한다. 즉 그녀의 저자적 목소리는 새로운 지식의 창조자가 아니라 누구나 인정하는 객관적인 선행 지식의 중개자로서 제시되는 것이다.

마샤는 또한 비교급을 사용한 복합 수식어를 도입함으로써 담론의 시간성을 전환시킨다. 가령 그녀가 깨우친 특별한 구성 중 하나는, 일반적으로 사용하는 **깊은 의미**glubokii smysl라는 표현 대신에 **심층의 의미**glubinnyi smysl라는 표현을 쓰고, 그냥 **커다란 중요성**bol'shoe znachenie이라고 쓰지 않고 **불멸의 중요성**neprekhodiashchee znachenie이라는 표현을 쓰는 것이다. **깊은**이라는 말과 달리 **심층의**라는 수식어는 그저 깊다는 사실만이 아니라 상대적인 정도를 강조한다. **심층의**라는 말은 대개 무언가의 가장 깊은 층(가령 바다의 심층)을 가리킨다.[16] 마찬가지로 그냥 **커다란**이라는 말과 달리 **불멸의**라는 수식어는 중요성만이 아니라 그것의 상대적인 시간적 차원(즉 끝이 있는 것과 대비되는)을 강조한다. 이런 이중적인 〔전환의〕 움직임이 '깊이'와 '중요성'을 일반적으로 알려진 기존 지식의 형태로 만드는 전제들의 구축에 기여하게 된다. 마샤 또한 동사구를 명사구로 바꾸고 그것을 긴 사슬로 엮었는데, 이는 다시 다수의 전제들을 만들어 내고, 그녀의 담론을 과거의 시간성 및 중개자의 목소리 쪽으로 옮겨놓는 데 기여하게 된다. 예를 들어 그녀는 아래와 같은 문장들을 썼다.

위대한 10월의 사회주의 혁명에서 노동자계급 승리의 불멸의 중요성〔은〕 과대평가될 수 없다.

이 문장에서 **은**의 앞부분은 다수의 전제를 전달하는 명사구의 사슬인데, 각각의 전제는 다음과 같은 명확한 동사구들에 대응된다. '노동자계급은 승리했다' '승리는 중요하다' '중요성은 불멸의 것이다' 등등. 2장에서 살펴봤듯이, 이 전제들을 사슬로 늘어놓음으로써 서로가 서로를 예견하도록 만드는 것은 어떤 주장을 하려는 목적이 아니라, 담론의 시간성을 과거의 다중적인 층위로 전환시키고 지식을 이미 알려져 공유된 것처럼 전달하기 위한 것이다. 또한 그것은

---

16 이와 유사한 비교급 한정사에 대한 분석으로 2장의 "복합 수식어군" 부분을 보라.

저자적 목소리를 새로운 지식의 창조자가 아니라, 기존 지식의 중개자의 것으로 변환시키려는 것이기도 하다.

또한 마샤는 국경일을 위한 연설문을 작성할 때는, 국가가 "경축"하는 일련의 표준화된 업적들을 나열한 목록에서 출발해야 한다는 것을 알게 되었다. 그녀는 이 목록의 마지막 단어 앞에 '그리고'를 붙여서는 안 된다는 사실을 깨달았는데, 그녀가 말하길 '그리고'를 빼버리면 "이 목록이 끝이 없다는 인상을 줘서 업적의 규모를 증대시키는 효과가 있기" 때문이다(앞서 언급한 사샤가 국경일을 다루는 훈련에서 받은 내용과 놀랄 정도로 유사하다). 마샤는 이런 식으로 썼다.

> 소비에트 인민은 한줄기로 폭발하는 노동의 증대 속에서, 산업, 농업, 과학, 문화, 교육에서의 새로운 업적들과 함께 위대한 10월 혁명[혹은 다른 사건]의 기념일을 경축한다.

구체적인 문구와 단어에서 시작해 구조적 원칙, 시간적 양태, 목소리에 이르기까지, 마샤는 권위적 형식의 이런 다중적 차원들을 꼼꼼하게 인용하면서 부르디외가 말한 "대변인에게 위임된 권력"을 획득해갔다. 그녀의 연설문과 보고서의 언어가 권위적 형식에 충실하면 할수록, 그녀는 이데올로기적 제도(콤소몰)의 "공인된 대변인"의 자리를 더 확고히 했고, 그에 따라 그것에 "위임된" 권력을 더 많이 부여받게 되었다(Bourdieu 1991: 107). 이런 식으로 형식은 마샤가 선생들의 통제로부터 벗어날 수 있는 독립성의 정도를 높이는 데 기여했다. 마샤가 직접 말한 바에 따르면, "저는 판에 박힌 문구들

izbitye frazy을 될 수 있는 한 많이 사용하려고 애를 썼는데, 〔그렇게 하면〕 제가 하는 다른 일들에 대한 선생님들의 비판이 줄어들곤 했어요."

마샤는 권위적 언어의 초규범화된 형식을 대단히 정확하게 복제했다. 예기치 못한 방식으로 맥락으로부터 '절연'될 수 있는 이런 초규범화된 언어의 특별히 잘 발달된 능력은 새로운 의미들, 나아가 창조와 상상을 위한 공간을 열어주었고, 이는 마샤로 하여금 정형화된 성명이나 콤소몰 규율 들에 의해 전적으로 통제되거나 예견될 수 없는 방식으로 콤소몰 활동에 참여할 수 있게 해주었다. 그와 동시에 창조적이고 상상력 넘치는 방식으로 예기치 못한 활동들에 관여한다는 것이 반드시 공산주의적 가치에 위배된다는 걸 의미하지도 않았다. 콤소몰 위원회에서 마샤가 맡은 임무는 학생들의 성적 uspevaemost' 통계를 항시적으로 추적해 교육 과정의 문제점을 찾아내는 일이었다. 마샤는 특정 과목에 어려움을 겪는 학생들의 공부를 해당 과목에 뛰어난 학생들이 도와주도록 하는 방안을 추진했다. 그뿐만 아니라 그녀는 학교 전체의 성적 통계를 학급과 과목에 따라 여러 학기에 걸쳐 축적함으로써, 마침내 학급과 과목과 교사 간에 유의미한 비교 수치를 뽑아낼 수 있었다.

> 매학기가 끝날 무렵 저는 [한 학급[17]의 성적이 담겨 있는] '학급 일지'를 앞에 두고 앉아서, 평균 성적을 내고 비율을 계산한 다음, 학교 전체의 학생 성취도의 추이를 분석하는 리포트를 작성했어요.

---

17   소비에트에서 '학급'이란 10년 내내 함께 공부하는 30~40명의 그룹을 가리킨다.

저는 이 일을 정말 즐겼고 제 작업은 좋은 평가를 받았어요. 제 보고서 사본이 교장에게까지 전달됐지요. [……] 저는 선생님들과 좋은 관계를 맺고 있었고, 그분들은 제가 보관하고 있는 자료 가운데 이런저런 결과들을 보여달라고 부탁하곤 했어요. [……] 이것은 교육 과정에서 몇몇 성과를 내는 데 도움이 되기도 했지요.

그녀는 이것이 의미 있는 중요한 일이라고 생각했으며, 또 그 일 안에서 교사들로부터의 일정한 독립성을 누릴 수 있었다.

'순전한 형식'을 통한 '의미 있는 일'

앞서 언급한 콤소몰 서기 안드레이는 다음과 같은 사실을 믿게 되었다. 그가 중요하다고 생각하는 사회주의의 여러 기본 가치들, 가령 교육, 전문적인 일, 사회복지, 집단적 윤리 등은 관료주의적 법칙들에 의해서 가능해지며, 따라서 콤소몰 활동의 몇몇 형식들은 순전히 의례의 차원에서 반복될 필요가 있고, 또 다른 것들은 특별히 의미에 중점을 둔 채 수행될 필요가 있다. 요컨대 그는 콤소몰 활동을 두 가지 유형으로 구분했다. 그가 "순전한 형식chistaia proforma"(즉 문자 그대로 형식의 문제) 혹은 "이데올로기적 껍데기ideologicheskaia shelukha"라고 부르는 몇몇 활동에 임할 때, 그는 그것의 진술적 의미가 부적절해지거나 재해석될 수 있도록(가령 그 활동들을 실제로 수행하지는 않은 채 서류상으로만 보고하는 식으로) 내버려둔 채로 수행적 차원에서만 관여했다. 반면 그가 "의미 있는 일robota so smyslom"

3 뒤집힌 이데올로기: 윤리학과 시학

이라고 부르는 다른 활동들—다시 말해 본래의 진술적 의미가 여전히 적절한 일들—의 경우에는, 그것을 중요하고 즐거운 활동이라 여겼고 종종 주도적으로 임했다. 이 두 유형은 대립되지도, 손쉽게 구별되지도 않았다. 오히려 마샤의 경우처럼, 안드레이는 의미 있는 일을 수행하기 위해서는—틀에 박힌 연설문과 보고서를 작성하고 천편일률적인 의례를 수행하는 것 따위의—형식뿐인 의례와 활동 들을 실행할 필요가 있다는 사실을 알게 되었다. 다르게 말해 순전한 형식을 수행하는 일이 안드레이로 하여금 다른 유형의 일과 의미에 관여할 수 있도록 허용했다. 그 다른 일과 의미 중에는 콤소몰 조직의 이데올로기적 계획에 부합하는 것도 있었고, 그렇지 않은 것도 있었다. 안드레이는 또한 의미 있는 일을 가능하게 만드는 이런 순전히 형식적인 일이 시간과 에너지를 너무 많이 잡아먹지 않도록, 그것을 가급적 최소화하는 방법도 익혔다.

이는 콤소몰이 일상적 삶에서 뜻하는 바의 상당 부분을 안드레이가 자기 자신을 위해 재해석했다는 것을 의미한다. 하지만 '이데올로기적' 활동의 그와 같은 적극적인 전치가, 안드레이가 넓은 의미의 이데올로기적 목표에 반해 행동했다거나 광의의 공산주의적 이상에 저항했다는 뜻은 아니다. 오히려 반대로 순전한 형식인 콤소몰 활동의 진술적 의미들을 무시한 채로 콤소몰 내의 의미 있는 다른 활동에 충심을 다해 관여하는 것은, 그에게 자신이 이해한 바대로의 공산주의적 정체성·목표·윤리의 요체에 다름 아닌 것으로 여겨졌다.

안드레이의 경우에 의미 있는 활동은 다양한 직업적·사회적 활동들, 가령 그의 위원회가 조직한 연구소의 "도제 시스템sistema nastavnichestva" 같은 것을 포함했다. "신참 연구원이 들어오면, 우리는 전문적 지식과 기술을 나눠줄 수 있는 경험이 풍부한 선임 중 한 명을 멘토로 배정했어요. 〔……〕〔그렇게 해서〕 신참이 홀로 방치되거나 제멋대로 일하지 않도록 하는 거죠. 이 시스템은 아주 인기 있었어요." 그 밖의 의미 있는 일로 서로 다른 범주에 속하는 젊은 직원들(디자이너, 기술 엔지니어, 연구원, 노무자) 중에서 최고의 전문 기술자를 뽑는 정기 경연대회konkurs profmasterstva도 있었다. 이 경연대회는 "많은 흥미를 끌었고 〔……〕 유용하고 딱 들어맞는po delu 거였어요."

그중에서도 안드레이가 특별히 의미 있게 여긴 일은 2차 세계대전 기간 중 연구소가 행한 역할을 보여주는 전시관을 만드는 것이었다. 이 일과 관련된 작업 중에는 전시관 자료를 수집하는 젊은 직원들을 관리하는 일, 연구소 원로들을 초빙해 전장에서의 경험을 발표하도록 하는 일 등이 있었다. 또한 안드레이는 그가 "정상적인 삶 normal'naia zhizn"이라고 부르는 것을 조직해서 직원들 사이의 문젯거리를 해결하는 일을 즐겼다. 가령 다음과 같은 것들이다. 젊은 부부 가족이 유치원에 자녀를 등록하는 것을 돕는 일, 연구소 부지 청소를 위한 토요작업반subbotnik[18]을 조직하는 일, 주말 동안 건설 노동을 하기 위해 연구소 산하 피오네르 캠프[19]에 갈 콤소몰 회원을 모집하는 일, 연구소가 후원하는 집단농장에서 일할 사람을 모집하는 일,[20] 스포츠 경연 행사 조직, 기념일과 연구소 지정 휴일 기념식, 아

---

18 토요일에 하는 자발적 노동 행사로, 가령 4월의 레닌 생일에 실시됐다. 구체적인 날짜는 국가가 선택해 공표했다.

19 10~14세 어린이를 위한 여름 캠프이다.

마추어 록그룹 콘서트, 시 낭독, 춤, 매년 하는 신년 파티 등등.

젊은 직원들 사이에서 이와 같은 다양한 사회·문화적 활동을 조직해낸 공로로, 안드레이는 상부의 콤소몰 구區위원회로부터 "성공적인 콤소몰-청년 활동za uspekhi v komsomol'sho-molodëzhnoi rabote"과 "청년의 공산주의적 교육에 대한 적극적인 활동za aktivhuiu raboty po kommunisticheskomu vospitaniiu molodëzhi"을 치하하는 다수의 표창장 gramota을 받았다. 이 표창장들의 형식적 성격에도 불구하고, 그것을 자랑스러워했던 안드레이는 사무실 벽에 (나중에는 집 벽에) 그것들을 걸어놓았다. 그에게 이 표창장들은 그저 텅 빈 상징이 아니라, 그의 조직화하는 재능, 창의성, 그리고 공공선을 향한 진정한 노고를 인정해주는 기호였다.

의미 있는 활동과 순전히 형식적인 활동을 구별하는 안드레이의 능력은 더욱 심오해졌다. 전체적으로 그는 "[공산주의] 이념 자체를 믿고 있었지만veril v samu ideiu," 그 이념이 현실화될 때 나타나곤 하는 "무의미한bessmyslennyi" 형식주의에는 점점 더 거리감을 느끼게 되었다.

> 우리는 레닌이 신성하다는 생각과 더불어 성장했어요. 레닌은 순수함, 질서, 지혜의 상징이었죠. 절대적으로요. 저는 모든 문제가 스탈린의 잔혹하고 삐뚤어진 정책들과 저 정신병자 같은 umalishënnyi 브레즈네프로 인해 레닌의 본래 정책들이 왜곡됐기

---

20 소비에트 농업 진작을 위해 대부분의 소비에트 기업은 해당 지역에 위치한 집단농장을 후원하도록 지정되었는데, 추수와 기타 작업들을 돕기 위해 기업에서 직원을 파견했다.

때문에 생겨난 거라고 보았어요. 저는 우리가 레닌의 본래 생각으로 되돌아가야만 한다고,[21] 그러면 모든 게 괜찮아질 거라고 생각했죠. 그 당시 [1970년대]엔 레닌이 아직 살아 있었다면 현재 일어나는 모든 안 좋은 일들vsë to plokhoe을 해결했을 거라는 생각이 흔했어요.

2장에서 이미 논의했듯이, 이것은 외부에서 담론을 근거 지으면서 모든 여타의 상징과 개념 들을 적법한 것으로 만드는 권위적 담론의 주인 기표로서의 '레닌'을 보여주는 또 하나의 사례이다.

훗날 최종적으로 공산당에 가입하게 되는 안드레이는, 그가 콤소몰에서 의미 있는 활동과 순전히 형식적인 활동을 구분했던 것과 마찬가지 방식으로 "당"의 두 가지 의미를 구별했다. "물론 저는 당이야말로 진정으로 성취해야 할 것이 무엇인지 알고 있는 유일한 기관이라는 것에 동의했지만, 그럼에도 저는 평범한 인민prostye liudi의 당과 소위 당 기구apparat라는 것을 구별했어요." 전자는 "열심히 일하는 선량하고 지적이며 자애로운khoroshie, umnye i dushevnye" 사람들의 커다란 공동체이다. 반면에 후자는 "내부에서 썩어 들어가 prognivshie 좋은 이념과 정책 들을 왜곡시켜iskazhali"버리는, "당의 구區위원회와 시市위원회 층위에 속하는 아파라치키apparatchiki[당 기구apparat의 구성원인 중급 관료들]"라는 정체된 관료주의적 그룹을 포함하고 있었다. 안드레이는 우리가 "이들 아파라치키를 제거하

---

21 당시 많은 소비에트 사람들이 그랬듯이, 고르바초프는 페레스트로이카가 개혁을 도입했을 때 바로 이렇게 생각했다.

거나 그들의 영향력을 최소화시킬 수만 있다면, 자연스럽게 당이 일을 훨씬 더 잘할 수 있게 될 거라고" 믿었다. 안드레이의 사례는 따분한 활동, 무의미한 수사, 부패한 관료주의에 거리를 두는 것이 반드시 공산주의 이념에 윤리적으로 헌신하는 일, 공산주의적 목표에 도달하려는 목적으로 고안된 활동에 참여하는 일과 모순되는 것은 아니라는 점을 보여준다. 그에게는 이 두 유형의 감정이 상호 모순되기보다는 오히려 상호 구성적인 것으로 여겨졌다. 그리고 분명 이렇게 느끼는 사람은 안드레이 혼자가 아니었다.

1970년대 후반 지방도시 소베츠크Sovetsk[22]의 중등학교 콤소몰 반장이었던 1960년생 이고리 역시 자신의 콤소몰 임무 가운데서 의미 있는 측면과 지겨운 측면을 구분했다. 그는 콤소몰 활동에 아주 심오한 양가적 태도를 갖고 있었는데, 그것의 따분한 형식주의를 경멸하면서도, 그가 콤소몰의 집단적 에토스와 공공선에 대한 관심이라고 보는 것에는 개인적으로 헌신하고 있다고 느끼고 있었다. 다른 수많은 사람들과 함께 관객으로서 참여했던 전국 대학 콤소몰 회합에 대해 이고리는 이렇게 말했다. "오, 제가 끝없는 형식주의와 따분함 때문에 그 콤소몰 회합을 얼마나 증오했던지요!kak ia nenavidel eti komsomol'skie sobraniia za beskonechnyi formalizm I skukatu!" 관객석에 앉아 있던 다른 동료들이 그랬던 것처럼, 그는 종종 앞에서 벌어지는 일에는 주의를 기울이지 않으려고 애쓰면서 다른 일들에 몰두했다.

---

22 칼리닌그라드 주에 있다.

만일 100명 이상이 모이는 회합이라면 [……] 저는 반드시 책을 갖고 갔어요. 교과서나 뭐 그 비슷한 걸로요. 거기 앉아서 책을 읽으며 공부를 한 거죠. 어떤 결정이 내려질 것인지에 관해선 관심이 하나도 없었는데, 왜냐하면 다른 사람들도 다 그랬겠지만 그 결정이 사전에 이미 다 내려져 있다는 걸zagotovleny zaranee 너무 잘 알고 있었기 때문이에요.[23] 회의엔 끝까지 앉아 있어야만otsidet' 했어요. [……] 사실 말을 많이 할 수도 없었기 때문에, 독서엔 안성맞춤이었죠. 모두 다 책을 읽었어요. 전부 다요. 재미있었던 건 회의가 시작되자마자 모두의 고개가 한꺼번에 푹 숙여지면서 다들 책을 읽기 시작하는 거예요. 몇몇은 심지어 졸기까지 했죠. 하지만 막상 투표가 시작되면 일제히 고개를 들었어요. "동의하십니까?"라는 말이 들리자마자, 마치 머릿속에서 센서 같은 게 작동하는 것처럼 자동적으로 손을 드는 거죠.

이고리를 콤소몰의 판에 박힌 의례로부터 소외시킨 이런 대규모 회합과 연설과 투표의 형식주의는, 그러나 여전히 콤소몰이 대변하고 있는 사회주의의 근본적인 윤리적 이념과 약속으로부터 그를 떼어놓는 것에는 실패했다. 안드레이처럼 이고리 또한 사회주의적 삶의 창조적이고 훌륭한 측면들이 가능해지기 위해서는, 이런 식의 의례의 순전한 형식주의가 수행될 필요가 있다는 사실을 알고 있었다. 하지만 안드레이가 그랬듯이 그는 무의미한 형식주의를 가급적 최

---

23 이런 식으로 사전 조율된 회의 시스템은 콤소몰 중앙위원회 총회를 포함한 콤소몰 위계의 밑바닥부터 최상층부에 이르기까지 반복되었다(이에 관한 논의는 Solnick 1998: 85를 보라).

소화하는 것이 중요하며, 궁극적으로는 사회주의의 좋은 측면들을 보존하는 가운데 그것들을 모조리 없애버리려 노력해야 한다고 믿고 있었다. 이고리에게 "의미 있는 일"이란 전 세계의 정치적 사건들에 관한 강연회 조직, 참전 퇴역 군인들과의 만남, 노인 돕기 프로그램, 문학 논쟁 등등을 포함했다. 그는 중등학교에서 수년간 줄기차게 콤소몰 반장 직책을 자원했고, 심지어 이후에 대학에서도 그렇게 했다. 그는 자신의 믿음과 이상 들을 그와 그의 가족이 사회주의 국가의 훌륭하고 인간적인 측면이라고 느끼는 것들과 관련시켜 설명했다.

> 제가 콤소몰에 속하길 원했던 것은 삶을 더 낫게 만드는 일을 하는 젊은 아방가르드들과 함께하길 바랐기 때문이에요. [……] 저는 만일 올바른 계획—학교, 연구소, 일—에 따라 살아간다면, 삶의 모든 것이 좋을 거라고 느꼈어요. [……] 적어도 제가 보기엔 국가의 정책은 기본적으로 옳았어요. 그건 간단해요. 인민을 보살피는 일, 무상 의료와 교육을 제공하는 일로 이루어져 있지요. 제 아버지가 이런 정책의 사례예요. 아버진 우리 지역을 책임지는 의사였는데, 인민을 위한 의료 서비스를 향상시키기 위해 열심히 일했어요. 저희 어머니도 의사로서 열심히 일했구요. 우리 가족은 국가로부터 괜찮은 아파트를 받았죠.

미하일(1958년생) 역시 콤소몰의 적극적인 참여자였으며, 중등학교 마지막 2년과 이후 대학교 재학 4년 동안 콤소몰 반장으로서 일했다. 1990년대 포스트-소비에트 시기의 회고적인 관점에 입각해서,

그는 소비에트 현실에 대한 그의 양가적인 관계를 성찰했다.

[페레스트로이카의 결과로] 저는 스스로에 대한 믿을 수 없는 자각에 이르게 됐어요. 원론적으로 당의 지도부 일부가 썩어 있다는 사실을 제가 언제나 알고 있었다는 사실이 갑자기 너무나 선명하게 다가왔던 거예요. 콤소몰 반장이었는데도 불구하고, 저는 학교 내의 콤소몰에 그다지 열정적이진 않았어요. 브레즈네프가 텔레비전에서 연설하는 걸 보면 욕지거리가 나오곤 했죠. 그리고 다른 사람들처럼 저도 정치적 아넥도트anekdoty[24]를 말하고 다녔어요. 스탈린이 나쁘다는 것도 이해하고 있었고요. 그런데 이 모든 것에도 불구하고, 제겐 항상 강한 확신 같은 것이 있었어요. 아마 유치원 다닐 나이쯤부터였던 것 같은데, 사회주의와 공산주의는 좋은 것이고 올바른 것khorosho i pravil'no이라는 확신이었죠. [……] 저는 언제나 실제 이념 자체는 심오한 진실이라고sama ideia gluboko verna, 꼭 그렇게 되어야만 한다고 생각했어요. [……] 물론 [본래 이념의] 왜곡과 수정iskazheniia i nasloeniia이 있었다는 것도 깨달았죠. 하지만 저는 만일 우리가 그것들을 제거할 수만 있다면 모든 게 좋아질 거라고 생각했어요. [……] 어느 시점[1985년 이전]엔가 저는 제가 삶에 관한 모든 것을 이해했으며, 제 견해가 더는 바뀌지 않을 거라고 확신했어요.

---

24 상이한 맥락에서 서로 다른 사람들에 의해 일상적으로 반복되었던 인기 있는 농담을 말하는데, 주로 정치적이거나 사회적인 주제를 다루었다(아넥도트에 관한 더 상세한 내용은 7장을 보라).

　　　　　　　　　3 뒤집힌 이데올로기: 윤리학과 시학

콤소몰 평단원이었던 토냐(1966년생)[25]도 페레스트로이카 이전까지, 그녀가 중요하게 여겼던 사회주의 속 일상적 삶의 윤리적 가치들을, 그녀가 거리를 두었던 현실의 많은 형식주의적 측면으로부터 구별하곤 했다. 이런 거리 두기에도 불구하고, 그녀에게는 언제나 "우리가 세계 최고의 나라에 살고 있다는 깊은 감정"이 존재했다. 다른 이들처럼 그녀도 정치적 농담을 했지만, 그녀에게는 농담을 말하는 올바른 방식과 그릇된 방식에 대한 구분이 존재했다. 농담을 할 만한 적절한 시간과 공간이라는 것이 있는데, 이를테면 어떤 정치인에 대해서는 농담을 하는 것이 적절하지만 다른 정치인은 그렇지 않았다. 마찬가지로 그녀가 농담을 한다는 사실이 곧 공산주의의 윤리적 원칙들을 전부 거부한다는 사실을 뜻하는 것도 아니었다. 예를 들어 "제가 [중등]학교를 마칠 무렵[열일곱 살 때]에 제 동생은 아직 어려서 많은 것을 이해하지 못했어요. 언젠가 동생이 저에게 레닌에 관한 농담을 한 일이 있어요. 그때 제가 이렇게 말한 기억이 나요. '브레즈네프에 관해선 농담해도 괜찮은데, 레닌은 하지 말기로 하자.'"

이 마지막 말은 (앞에서 본) 마샤의 미술 선생님이 그녀가 그린 레닌 초상화를 두고 했던 언급을 놀랍도록 상기시킨다. "다른 사람의 초상화를 가지고는 실험해볼 수 있지만, 레닌은 안 된다." 레닌에 관한 '정치적' 아넥도트들이 소비에트의 담론에서 유통됐던 것은 사실이지만, 다른 정치인들처럼 일반적인 경우는 아니었다. 레닌을 향한 토냐의 이런 태도는 그녀가 학교생활 중에 갖게 된 감정, 그러니까

---

25 1장에서 언급했던 토냐와 동일인물이다.

당의 수사학 속에서 형성된 이념들이 "모종의 거짓nekuiu lzhivost"을 담고 있다는 감정을 배제하지는 않았다. 가령 그녀는 역사 선생님을 아주 싫어했는데, 그녀가 "공산주의 도덕"법칙에 지나치게 열정적인 태도를 보이면서 당의 표어를 진심으로 되뇌었기 때문이었다.

콤소몰 하급 단원들이 행했던, 한편에 사회주의의 윤리적 가치들을 두고 다른 한편에 이 가치들의 왜곡을 두는 식의 구별은, 많은 청년이 소비에트 사회주의와 맺고 있던 관계의 복잡성과 모순을 반영한다. 이 관계는 '우리'(보통 사람) 대 '그들'(당, 국가)이라는 이원론으로 특징지어지지 않는다. 이 관계를 특징짓는 것은 친근감과 이탈, 소속감과 이물감, 의미 있는 일과 순전한 형식 사이의 언뜻 보기에는 역설적인 공존이다. 그것은 '정상적인' 삶, 창조적이고 윤리적인 삶, 개입되고 연루될 만한 가치가 있는 삶의 형식과 따로 떼어놓고 생각할 수 없는, 그것의 구성적 요소였던 특정한 가치, 태도, 정체성 들이다.

'사소한 책략들'

담론의 서로 다른 차원들 사이에서의 이런 복잡한 역학은 콤소몰 활동의 조율을 매우 특수한 도전거리로 만들었다. 순전한 형식의 차원에서 할당된 임무를 수행하는 동시에 의미 있는 일을 시행하기 위해, 콤소몰 반장과 서기 들은 평단원들로부터 아주 특수한 참여를 확보해야만 했다. 이런 역학은 그들을 끊임없이 실질적-윤리적 딜레마 상태로 몰아넣었다.

　　　　　　　　3 뒤집힌 이데올로기: 윤리학과 시학

중등학교 콤소몰 위원회의 구성원으로서 학생들의 교육 과정을 추적 조사하는 임무를 맡았던 마샤의 사례를 다시 검토해보자. 콤소몰 회의에서 마샤가 하게 될 연설의 형식적 구조는 연설 중에 낮은 등급을 받은 "불량 학생들"의 이름을 거명할 것을 요구했다. 다른 콤소몰 조직가들과 마찬가지로, 마샤는 딜레마에 직면했다. 그녀는 사회적으로 의미가 있다고 생각하고 또 자신이 보람을 느끼는 이 일을 계속하길 원했지만, 동시에 그녀가 거명한 학생에게 부정적인 결과가 미치게 되거나 다른 사람을 희생시켜 자신의 경력을 진전시키는 사람으로 비춰지는 것을 피하고 싶었다. 마샤는 "학생들과의 관계를 망치는 것, 특히 그런 〔형식적인〕 이유 때문에na takoi pochve 그렇게 되는 걸 피하는 것이" 중요했다고 설명한다. 이 딜레마를 처리하기 위해서는 그녀가 다음을 명확히 해둘 필요가 있었다. 즉 학생들이 구체적인 이름을 거명하는 이 행위를 순전히 형식적인 일에 불과하다고 여겨야만 하며, 그녀의 목소리를 책망의 원천이 아니라 다만 필요한 권위적 형식을 전달하는 자의 것일 따름이라고 인식해야만 한다. 그녀의 이런 전략은 앞선 장에서 살펴본 권위적 텍스트 안에서 저자로서의 책임을 회피하는 전략과 유사하다.

마샤는 필요하기 때문에 불량 학생들의 이름을 거명했지만, 그럼에도 이 목록을 수년 동안 "응당 불량하다고" 간주되어온 학생들, 그러니까 다른 이들에게 이미 비판받은 적이 있는 학생들로 한정하려 노력했다. 하지만 자기 일이 진지하게 받아들여지도록 하기 위해서는, 그녀도 "아직 닳고 닳지는 않은nezataskannye" 몇몇 새 이름을 거론할 필요가 있었다. 피해를 최소화하기 위해 그녀는 가능한 한 이 이름들을 돌려 막기로 사용하는 한편, 당사자들이 그것을 개인적 공격으로 해석하지 않도록 각별히 주의했다. "저는 그 학생들과 사전에 얘길 나눴어요. '들어봐, 나에게 화내지 말고. 내 왕좌 연설tronnaia rech'〔서기의 연례 연설을 가리키는 은어〕에서 난 너에 관해 별로 좋지 않은 이야기를 해야만 해. 너한테 유감은 전혀 없어. 난 너란 사람을 좋아해. 내 말 이해하지?' 그들은 대개 동의했어요. 이런 식으로 저는 필요한 수만큼 이름을 모을 수가nabirala 있었던 거죠." 이런 개인적 대화, 친근한 언급, 그리고 "내 왕좌 연설"이라는 아이러니란 지칭은 학생들에게 다음과 같은 메시지를 전달한다. 즉 마샤가 하게 될 연설의 해당 부분은 '문자 그대로'가 아니라 일종의 수행적 의례로 읽혀야만 한다. 이를 통해 마샤는 많은 의미 있는 관심사들에 개입할 수 있게 된다. 가령 사회적으로 중요하고 의미 있는 활동을 수행하거나, 평단원들과 친근한 관계를 유지하거나, 우수한 성적으로 학교를 졸업한 후 레닌그라드의 대학을 진학하려는 자신의 개인적 열망을 추구할 수 있었다. 콤소몰 지도부 활동은 이 열망에 기여했다.

마샤와 마찬가지로 (앞에서 본) 안드레이도 딜레마에 직면했다. 그는 따분하고 무의미한 일들을 시켜서 동료들의 존경을 잃어버리길 원하지 않았지만, 동시에 자기 의무를 다하지 못해 상부의 징계를 받는 것도 원치 않았다. 그는 또한 콤소몰 활동을 단지 형식주의적 절차에 불과한 것으로 축소시켜서 결국 그것이 갖는 의미 있고 윤리적인 잠재성을 상실해버리는 것, 요컨대 콤소몰 활동 전체를 사소하게 만들어버리는 것을 원하지 않았다. 이런 곤경을 해결하기 위해 안드레이는 그가 "사소한 책략들malen'kie khitrosti"이라고 부르는 기술을 개발했다. 마샤의 경우처럼, 이 기술은 그로 하여금 콤소몰 위계의 상부와 하부 모두와 관계를 잘 이끌어나갈 수 있게 도왔다. 즉 그것을 통해 순전히 형식적인 임무를 완수하는 동시에, 그에게 의미를 지니는 다른 활동들을 지속할 수가 있었다. 예를 들어 그는 인기 없는 일상적 임무를 평단원들에게 배분하는 기술을 고안했다.

> 제가 깨달은 게, 만일 누군가에게 다가가 "이봐, 다음번 회합에서 자네가 나서서 몇 마디 좀 해줘야겠네"라고 말하면, 그 사람은 분명 오만 가지 이유를 다 대면서 자기는 못하니까 좀 빼달라고 애원을 한다는 거예요. [……] 그럼 저는 꽤 강하게 주장하다가, 돌연 포기한 듯 이렇게 말하는 거죠. "좋아, 알겠네. 그럼 다른 사람을 찾아보도록 하지. 대신 자네가 사소한 다른 일 하나만 해준다면 말이야." 전 그에게 그리 어렵진 않지만 여러 사람을 만나 정보를 수집하고 옮겨 적고 하느라 귀찮고 시간 걸리는 다른 일, 예컨대 보고서 초안 작성 따위의 일을 [대신] 제안하는 거죠. [……] 사람들은 행복해하면서 연설을 하지 않는 대신에 그걸 하겠다고 했어요.

안드레이는 또한 콤소몰 구區위원회에서 그의 조직에 부과한 비현실적인 임무들을 단지 형식 차원에서 수행할 수 있도록 하는 복잡한 시스템을 개발했다. 언젠가 한 번은 콤소몰 구區위원회가 그의 연구소에 "강좌 그룹lektorskaia gruppa"을 조직하라는 과업을 내렸다. 1년 내내 동료 연구원들을 대상으로 한 "정치 정보 강좌politinformatsiia"를 진행할 평단원 열 명을 모집하라는 것이었다. 이런 강의들은 대개 "정치 교육"의 형태로 진행되었는데, 주제로는 "최근 당 대회의 결정들"이나 "헝가리에서의 콤소몰 활동" 따위가 할당되었다. 연설의 경우가 그랬듯이, 정기적인 강의는 그리 달갑지 않는 의무였기에 사람들은 피해 갈 핑곗거리를 찾고 있었다. 안드레이는 이 문제를 해결하는 방법을 다음과 같이 설명한다.

> 우리 위원회는 문서상으로 강좌 그룹을 만들기로 결정했어요. [……] 우린 심지어 대여섯 명의 명단을 짜기까지 했지요. [……] 콤소몰 평단원인 제 친구에게 말했어요. "니가 지도자가 될 거야." 그는 강좌에 관한 보고서otchëtnost' 시스템을 잘 유지해야 했는데, 콤소몰 구區위원회가 보고서를 검사하게 되면 그럴듯하게 보여야 s gramotnym vidom 하기 때문이었죠. 또 가급적 1년에 두세 번 정도는 실제로 강좌를 조직했는데, 이건 만일의 경우 진짜 했다고 제시할 게 있어야 했기 때문이에요. 그 외의 모든 강좌는 순전히 서류상으로만 존재했죠.

안드레이는 이와 같은 서류상의 "강연자"인 단원들에게, 상부 조직의 어떤 위원회에서 뜻밖의 검열을 하게 될 경우 어떻게 대처해야 하는지를 요약해 설명했다. 이런 식의 일 처리는 너무나 일반적인 것이었기에, 그로 인해 위원회도 그의 콤소몰 단원도 놀랄 일이 전혀 없었다. 사실 그와 접촉하는 콤소몰 구區위원회 담당자도 약간의 조정이 필요하다는 걸 알고 있었다. 안드레이는 그들에게 "동료로서 친근하게po-druzheski" 말했다.

> "보세요, 당신 자신도 요청받은 걸 전부 달성해낼 수 없다는 사실을 잘 알고 계시잖아요. 강좌 수 자체가 물리적으로 불가능해요."

그럼 그들이 말을 했어요. "그래요, 우리가 보기에도 그렇죠. 그런데 우리도 상부의 압박을 받고 있는걸요." 그럼 우리는 정확히 어떻게 할 건지는 말하지 않은 채로, 다만 요청된 강좌의 최소한을 달성해보겠다고 말하는 거예요.

　콤소몰 구區위원회의 대표자들이 평단원들에게 직접 어떤 강좌가 실제로 열렸는지를 묻는 일은 발생하지 않았다. 안드레이가 말하길 "모든 것이 정확하게 이 사실에 기반해 있어요. 우리는 아무도 그들에게 묻지 않으리란 걸 알고 있었던 거죠. 콤소몰 구區위원회는 현실의 인간에게 직접 이야기하는 법이 없어요. 우리의 주요 임무는 보고서를 작성하는 거예요." 콤소몰 위계의 여러 단계가 순전히 형식적인 차원에서 이 조정에 가담했는데, 즉 그들은 강좌에 대한 보고서를 작성하면서 사실상 동의와 암묵적인 이해로 이루어진 복잡한 시스템을 유지했던 것이다. 어쩌면 이는 강의 자체보다 더 중요했다. 지역의 여러 조직들에서 작성한 보고서를 검토하고 나면, 콤소몰 구區위원회는 콤소몰 시市위원회로 보낼 그들 자신의 "검토 증명서"를 만들었다. 안드레이가 속한 연구소의 강좌 그룹은 "국제정치 및 사회문제에 관한 월례 강연"을 "모범적으로" 실시한 사례로 인정되었다. 특히 보고서에는 "레닌그라드 지역의 농업 발전 및 인구통계학적 이슈를 다룬 연구원 N 동무의 강좌가 커다란 성공을 거두었다"라고 언급되고 있다.[26]

26　이 증명서의 이름은 "전 연방 학술 및 디자인 OO연구소 콤소몰 조직의 검토 증명서 Spravka po proverke komsomol'skoi organizatsii Vsesoiuznogo nauchno-issledovatel'skogo i proektnogo instituta〔Name〕"였다. 안드레이의 개인 보관 자료에서 인용했다.

안드레이는 상급 조직들이 순전히 보고를 목적으로 부과하는 임무들을 알아보는 방법과, 그런 임무를 피하거나 최소화하는 요령 또한 알게 되었다.

콤소몰 시市위원회의 상관들은 자신의 보고서를 작성할 때 언제나 해당 도시의 초급 조직들에서 벌어지는 콤소몰 활동들을 기술해야만 했어요. 그래서 그들은 여러 기관에 전화를 걸어 유선상으로 콤소몰 서기들에게 "삶에서 건진 사례들primery iz zhizni"을 수집해 오라는 임무를 할당하곤 했죠. 이건 실명과 인물과 사실 들로 이루어진 이야기로 작성해야 하는 거예요. 전화로 할당하는 것은 3분이면 충분하지만, 막상 명령을 받게 되면 3일 내내 돌아다니면서 그걸 작성해야 하는 거죠. 당연히 저는 피하려고 애를 썼어요. 우리 콤소몰 위원회 전화벨이 울리면 저는 제 이름을 말하지 않은 채로 아주 조심스럽게 전화를 받았어요. "여보세요?"

상대편 전화 목소리가 익숙지 않거나 공식적이면 저는 즉각 긴장했어요. 그리고 만일 "안녕하십니까, 저는 콤소몰 시市위원회의 아무개 강사입니다. 위원회 서기 좀 바꿔주시겠습니까?"라고 말하면, 저는 "지금 자리에 없습니다"라고 대답하곤 했습니다.

만일 그들이 "전화 받으신 분은 누구시죠?"라고 물으면 제겐 언제나 준비된 답변이 있었어요. "저는 콤소몰 단원 세묘노프[만들어낸 이름]라고 합니다. 제 콤소몰 카드를 반납하러 위원회에 들렀는데, 전화벨이 울려서 그냥 받은 겁니다."

"서기는 언제 돌아옵니까?"

"글쎄요. [……] 아무래도 2~3일 후에나 올 것 같습니다. 지금 출장 중입니다."

"그가 복귀하거든 콤소몰 시市위원회에서 이런저런 일에 관한 보고서를 준비하고 있는데, 당신들의 연구소 사례가 필요하다고 전해주시길 바랍니다. 아주 급한 겁니다! 돌아오자마자 제게 전화하라고 해주세요."

"반드시 전하겠습니다."

안드레이는 [방금 전화를 건] 콤소몰 시市위원회 서기가 도시 내 콤소몰 활동의 관리 감독 현황을 파악해 상부기관에 보내는 보고서를 작성하기 위해 "아주 급하게" 사례들을 필요로 한다는 것, 그래서 안드레이를 내버려두고 얼른 다른 조직들에 전화를 할 거라는 사실을 잘 알고 있었다. 또한 이 사례들이 상급 기관들에서는 순전한 형식으로 보여질 뿐이란 것도 알고 있었다.

상부 기관의 담당자들 역시 할당량을 채우고 보고서를 작성해야만 했기 때문에, 그들을 어떻게든 피하려고 하는 콤소몰 반장과 서기들을 상대할 때 사용하는—안드레이의 '사소한 책략'과 비슷한—나름의 전략들을 개발해냈다. 예를 들어 콤소몰 구區위원회는 해당 지역의 콤소몰 조직 대표자들이 함께 모여 각자의 활동 경험을 나누는 정기적인 회합을 조직하곤 했다. 이 회합에서 여러 지역 서기들은 자신의 활동을 담은 연설을 해야만 했다. 콤소몰 구區위원회는 이 회합의 높은 출석률을 확보해야만 했다. 앞서 언급했던 중등학교 콤소몰 반장이었던 류바는 정기적으로 학교 대표로 출석하곤 했다. 그녀는 회의실에 입장하기 전에 출석자 명단에 서명을 한 후, 첫번째 휴식 시간까지 기다렸다가 곧바로 나오곤 했다. 하지만 다른 사람들도 다들 그렇게 했고, 끝날 때쯤이면 인원이 투표 정족수를 채우지 못하는 일이 빈번해졌다. 그러자 투표 결과를 보고해야만 했던 콤소몰 구區위원회 활동가들은 통제 시스템을 변경했다. 류바의 설명에 따르면, 그들은 "출석부를 회합이 끝날 때 작성하기 시작했고, 그래서 강의실을 떠날 때 이름을 적게 되었어요. 결국 네 시간 내내 끝까지 앉아 있을 otsidet' 수밖에 없게 된거죠." 이 새로운 조치에 대응해서, 류바는 홀의 맨 뒷자리에 앉아 그 시간 동안 학교 숙제를 했다.

열성분자, 반체제분자, 그리고 스보이

이 장의 앞선 절들에서, 우리는 다양한 콤소몰의 맥락하에서 권위적 텍스트 및 의례를 비롯한 여러 형식을 생산하기 위해 어떤 기술이 사용되었는지, 그리고 어떤 조건하에서 이런 생산이 이루어졌는지를 살펴보았다. 이제 이런 기술, 조건, 텍스트, 의례 들이 어떻게 해서 예상치 못한 방식으로 젊은 소비에트 사람들이 일상 속에서 **스보이**svoi[27]라고 부르곤 했던 특별한 공통적 사회성을 만들어내는 데 기여했는지를 살펴보기로 하자. '우리' '우리 것' 혹은 '우리 동아리에 속한 자들'을 의미하는 스보이라는 용어는 정확하게 대응되는 영어 번역어가 없다. 그것이 재현하는 개념을 이해하기 위해서 그것을

---

27 'svah-EE'라고 발음된다. 〔옮긴이〕 유르착이 영어본에서 러시아 단어 'свой'의 알파벳 전사 형태인 'svoi'를 사용하고 있다는 점을 고려해, 우리말 번역에서도 '스보이'라고 그대로 표기하기로 한다. 참고로 2017년 출간된 일본어 번역본(アレクセイ ユルチャク, 『最後のソ連世代: ブレジネフからペレストロイカまで』, 半谷史郎 訳, 東京: みすず書房, 2017)에서도 해당 단어를 '스보이スボイ'라고 그대로 음역해 쓰고 있다.

민족지학적으로 고찰해보자. 스보이는 '소비에트 인민' '소비에트 노동자' 같은 권위적 담론에서 재현되는 것들과는 다른 종류의 사회성이다.

스보이의 사회성이 가지는 의미는 '우리 대 그들' 혹은 '보통 사람 대 국가' 같은 이원론적 도식으로 환원될 수 없다. 후자는 소비에트 사회에 관한 많은 분석에서 일반적으로 사용되는 구별이다. 예를 들어 워너Catherine Wanner는 "우리svoi, nashi"라는 소비에트 공통의 정체성이 "억압적인 국가기구를 상대하는 공유된 경험"에서 만들어진다고 기술하면서, 그 안에서 "'그들' 곧 적과 국가 및 그 제도들에 반하는 '우리'가 하나로 결속된다"고 적었다(Wanner 1998: 9).[28] 연대의 형식인 '우리/우리 것'이라는 개념이 국가기구들에 의해 결정되지 않는다는 중요한 지적을 담고 있음에도 불구하고, 이런 기술에 담긴 이원론적 체계는 이 공통의 정체성을 국가에 대립하는 논리로 환원시켜버리는 바람직하지 않은 결과를 낳을 수 있다. 이런 방식은 '우리/우리 것' '우리/우리 것에 속하지 않는 것nenashi' '국가' '국가의 대표자들' '인민' 같은 개념들 사이의 상호 착근mutually embedded의 양상과 유동하는 경계선의 문제를 포착하지 못한다. 이런 식의 이원론적 구분을 비판하면서, 캐럴라인 험프리(Humphrey 1994)는 사회주의에서 국가와 국가기구들은 인민이나 공적 영역에 대한 반대항으로 정의되지 않는다고 지적했다. 그것은 복잡하고 중층적이며 유동하는 "내포적nesting" 위계를 통해 (마치 마트료시카 인형처럼 연

---

28 워너는 자신의 논의에서 '우리 것nashi'이라는 개념을 'svoi'와 매우 유사한 것으로 이야기한다.

쇄적으로 착근되면서) 위부터 아래까지 모두에게 스며들어 있다.[29] 스보이가 가리키는 공통의 정체성이 무엇인지를 이해하기 위해, 이 용어가 이데올로기적 텍스트와 의례의 생산이 이루어졌던 콤소몰의 맥락에서 어떻게 사용되었는지 살펴보기로 하자.

콤소몰 현실의 맥락에서 앞서 언급한 두 개의 공통 용어가 핵심적인 역할을 했다. (우리/우리 것을 뜻하는) 스보이와 (정상적인 사람들을 뜻하는) 노르말니예 류디normal'nye liudi 혹은 (정상적인 사람을 뜻하는) 노르말니 첼로베크normal'nyi chelovek라는 표현[30]이 그것이다. 대부분의 평단원과 서기 들은 자신과 동료를 가리킬 때, 특히 그들이 열성분자aktivisty와 반체제분자dissidenty라고 부르는 두 가지 또 다른 유형으로부터 스스로를 구별짓고자 할 때 이 표현을 사용했다. 열성분자와 반체제분자라는 두 유형은 권위적 담론을 대하는 상반된 태도에도 불구하고, 그에 대한 일반적 접근을 공유한다. 담론의 진술적 차원을 특권화함으로써, 그것을 현실 묘사로서 읽고 진실에 대한 묘사로 간주한다는 특징이 그것이다. 열성분자에게 이 묘사가 "참"으로 여겨진다면, 반체제분자에게 그것은 "거짓"이 된다.[31] 현실 속에서 열성분자와 반체제분자라는 용어는 '이상적인 유형ideal type'을 뜻했다. 실제로는 권위적 담론에 대한 관계가 다소간 열성적이거

---

29 또한 Dunham(1976); Kotkin(1995); Humphrey(1983; 2001); Ledeneva(1998); Kharkhordin(1999); Nafus(2003a)도 참조하라.

30 〔옮긴이〕 러시아어 '노르말니normal'nyi'라는 형용사는 영어 표현 'normal'에 해당하는 말인데, '정상적인' 혹은 '보통의'라는 말로 옮겨질 수 있다. 그런데 일상적인 표현에서 그 뒤에 (사람이나 삶 같은) 명사가 붙을 경우 "(꽤) 괜찮은"이라는 의미로 확장되어 쓰일 수 있다. 이 책에서도 "정상적인 사람"이나 "정상적인 삶"이라는 표현이 사용될 때 이런 무가석인 뉘앙스를 염두에 둘 필요가 있다.

31 Yurchak(1997a)을 참고하라.

3 뒤집힌 이데올로기: 윤리학과 시학

나 다소간 반체제적으로 나타날 수 있었다. 하지만 이상적인 유형은 분석적 측면에서 유용했는데, 왜냐하면 대부분의 사람들이 이를 그로부터 '정상적인' 사람을 구별해내기 위한 일종의 기준점으로 삼았기 때문이다.

열성분자들은 사람들이 좀더 성심성의를 다하고 일에 대한 열정과 열의를 진작시킬 것을 호소하는가 하면, 뇌물을 받은 당 간부를 폭로하고 법을 어긴 지방 관료에 대해 언론이나 상급 기관에 편지를 보내기도 했다. 젊은 세대 가운데는 이런 열성분자가 너무 드물었기 때문에, 실제로 마주치게 되면 동료들을 당황시키곤 했다. 이들은 진정한 원칙주의자였을까, 아니면 멍청한 자동인형, 혹은 지위와 특권을 얻으려고 옳은 것만 말하는 냉소적인 출세주의자였을까?[32] 1970년대 후반과 1980년대 초반에 레닌그라드 대학 역사학부에서 공부했던 교사 인나(1958년생)는 그곳 학생들 중에서 열성분자를 만난 적이 있다. 그는 이상주의적인 젊은 학생이었는데, 역사학부의 콤소몰 조직이 모든 당과 콤소몰 조직이 기초해야만 하는 레닌의 "민주집중제"[33] 원칙을 따르지 않았다고 주장하면서, 그것을 개혁

---

32 마지막 유형에 관한 분석은 Humphrey(2001: 5)를 보라.

33 '민주집중제Democratic Centralism'는 1902년 레닌의『무엇을 할 것인가?*What is to be Done?*』에서 비롯된 레닌주의 혁명당의 조직화 원칙이다(이 용어 자체를 레닌이 발명한 것은 아니다). 이 원칙에 따르면 모든 결정은 집단적이고 민주적으로 내려져야만(즉 소수파가 다수파에 복종해야) 하지만, 그것의 시행은 엄격한 규율과 당의 통제라는 중앙집중화된 수직적 메커니즘을 통해 보장되어야만 한다. 레닌은 이런 원칙이 민주주의의 최상의 형식을 보장하며, 그것은 개인적인 자발성과 비판적 개입, 그리고 집단적 규율을 고취하게 된다는 입장을 견지했다. 실제로는 이런 중앙집권화된 통제와 수직적인 복종이 현존하는 정책에 대한 그 어떤 비판도 무효화해버렸고, 결국에는 모든 민주주의적 토론을 말살해버렸다(Jowitt 1993을 보라).

하기를 원했다. 이런 불필요한 오지랖 덕분에 그는 여러 차례 공식적인 징계를 받았고, 결국에는 대학에서 쫓겨났다. 대부분의 학생은 그가 순진하거나 멍청하다고 생각했다. 사람들은 지방 콤소몰 활동이 굴러가는 방식이 글로 써진 원칙을 그대로 따를 것이라 기대하지 않았으며, 창조적인 에너지를 뭔가 다른 곳에 쓰는 것이 더 사리에 맞는 일이라고 생각했다.

학술도서관 산하 두 부서의 콤소몰 반장이었던 (1958년생 동갑내기) 이리나와 나탈리아는 더욱 당황스러운 열성분자를 만났다. 도서관 콤소몰 위원회의 서기이면서 그들의 상급자이기도 했던 레오니드 (1960년생)였다. 나탈리아에 따르면 콤소몰 회합에서 하는 그의 말은 마치 "신문 사설처럼kak gazetnaia peredovitsa" 들렸는데, 만일 그가 다른 모든 사람이 하듯이 건조한 어조로 글로 쓰인 쪽지를 읽으면서 말을 했다면 그 자체로 별로 이상할 게 없었을지도 모른다. 그런데 그는 쪽지도 없이 즉흥적으로 꽤 오랫동안 이런 식으로 말을 계속할 수가 있었다. 극도로 형식화된 언어로 말을 하면서, 레오니드는 열정적으로 서구 부르주아 문화를 비하하고, 그들의 콤소몰 조직의 결점을 비판하고, 젊은이들에게 호소하고, 나이 든 사람들에게 맹세를 했다. 이리나는 킥킥거리면서 그의 목소리를 흉내 내기도 했다. "우리, 콤소몰의 젊은 세대는, 이러저러한 명예를 더럽히지 않을 것을 우리의 선배 동지들에게 맹세합니다."[34]

그 무엇보다 충격적인 것은 레오니드가 회합에서뿐 아니라 도서관

---

34 *My, molodoe pokolenie komsomol'tsev, zaveriaem nashikh starshikh tovarishchei, chto my ne uronem chesti chego-to tam.*

동료들과의 일상적인 맥락에서도 이런 형식화된 양식으로 말을 했다는 사실이다. 그 연령대에서 권위적 언어와 그토록 극단적으로 자신을 동일시하는 경우는 너무나 이례적인 것이었기에, 이리나에 따르면 "그가 말을 할 때면 〔……〕 그가 결코 진지하게 저럴 리가 없으며 단지 모두를 놀리고 있는izdevalsia 거라는 이상한 느낌이 들곤" 했다.[35] 다른 사람들은 아마도 레오니드가 출세를 목적으로 나이 든 열성분자와 당 간부 들 앞에서 이런 이미지를 연출해내고 있는 것이라고 생각했을지도 모른다. 나탈리아가 설명하기를, 어쨌든 그의 경력은 매우 잘나갔다. "결과는 그리 나쁘지 않았어요. 그는 〔레닌그라드 대학의 저명한〕 역사학부에서 학위를 받았고, 도서관 콤소몰 위원회 서기가 됐고, 그다음엔 콤소몰 구區위원회로 옮겨갔고, 공산당에도 가입했고, 결국엔 관장이 되어 도서관으로 돌아왔으니까요. 젊은 나이에 인상적인 경력을 쌓은 거죠." 콤소몰 구區위원회에 있을 때 그를 잘 알았던 한 동료는 그를 "해당 단어의 좋은 의미와 나쁜 의미 모두에서 출세주의자kar'erist, 즉 자기가 원하는 것을 확실히 알고 그 목적을 의식적으로 추구하는 사람"으로 묘사했다. 하지만 레오니드는 다시 한 번 모두를 어김없이 놀라게 했다. 1992년 소비에트 국가가 무너지고 나서, 공산당 가입 사실이 아무런 영예도 가져다주지 않을 뿐 아니라 대부분의 경우에 도덕적 이미지나 직업적 경력에 부담으로 작용하게 된 이후에도, 다른 사람들과 달리 레오니드는 공산주의적 활동(가)주의를 고수하면서 당을 떠나기를 거부했

---

35 우리가 7장에서 살펴보게 될 후기 사회주의의 특별한 아이러니 형식인 스툐프Stiob라는 현상도 사실상 권위적 담론과의 "과잉동일시"에 기반을 두고 있다.

던 것이다.

위계상 하부에 속하는 대부분의 콤소몰 반장과 서기 들은 진정한 열성분자보다는 '정상적인 사람'에 더 가까웠다. (앞서 언급했던) 류바는 처음으로 "진짜 열성분자nastoiashchii aktivist"와 만나기 전에도 수년 동안 중등학교와 대학교에서 콤소몰 반장으로 일했다. 류바가 다니던 대학에서 온 학생인 이 젊은 여성은 콤소몰 위원회의 구성원이었으며 류바의 상관이었다. 다른 대부분의 위원회 위원들과 달리 그녀는 콤소몰의 임무에 과도하게 열성적이었으며, 류바에게 모든 일을 콤소몰 규정에 따라 정확하게 수행할 것을 요구했다. 그로 인해 류바의 일은 견디기 힘들게 되어버렸다. "그녀는 중요한 정치적 사건이 있을 때나 당 총회가 있을 때 회합을 소집하게 했고, 끊임없이 정치 강연politinformatsii을 조직하게 하고, 평단원들에게 임무를 할당하게 시켰어요. 그러고는 제가 어떻게 하는지를 계속해서 체크했죠. 거의 미칠 지경이었어요. 그녀 때문에 결국엔 저를 콤소몰 반장 임무에서 면직해달라고 요청하기에 이르렀다니까요."

열성분자처럼 반체제분자들 역시 권위적 담론을 액면 그대로 받아들이는 것처럼 보였다. 가장 노골적인 경우라 할 유명한 반체제 작가들은 동료 시민에게 공식적인 거짓을 거부할 것을 요청했다. 알렉산드르 솔제니친은 "거짓되지 않게 사는 것"(Solzhenitsyn 1974)이 얼마나 중요한지에 대해 썼고, 사회주의 체코슬로바키아의 바츨라프 하벨은 동료 애국자들에게 "진실 속에 살아갈 것"을 요청했다(Havel 1986). 하지만 대부분의 사람들은 반체제분자가 부적절하다고 여겼다. 페레스트로이카 이전의 반체제 담론에 대한 보통 사람들의 태도를 묘사하면서, 낸시 리스Nancy Ries는 (페레스트로이카 이전인) 1985

년에 진정성과 열의를 갖고 사하로프[36]는 "우리를 위해 존재하는 것이 아니다"라고 선언했던 한 여인을 인용한 적이 있다(Ries 1997: 182). 다른 대부분의 사람들처럼 이 여인은 페레스트로이카 이전까지 사하로프를 읽은 적이 없을 가능성이 높지만, 그래도 여전히 사하로프의 부적절함을 주장했다. 그녀의 언급은 사하로프 자체에 관한 것이라기보다는 오히려 어떤 상상의 이상적인 반체제적 입장을 향한 태도를 반영하는 것이다. 몇 년이 흐른 후 페레스트로이카 기간 동안 담론 체제가 극적으로 바뀌었을 때, 사하로프의 도덕적 입장은 갑자기 폭넓게 존경받는 의미 있는 것이 되었고, 사하로프의 이미지는 문화적으로 부적절한 것에서 거대한 문화적 의미를 갖는 것으로 뒤바뀌었다.[37]

반체제분자가 여전히 일반적으로 부적절하거나 잠재적으로 위험한 것으로 여겨졌던 페레스트로카 이전 시기를 상기하면서, 시인 이오시프 브로드스키[38]는 반체제분자 앞에 서면 대부분의 사람이 두려움을 느꼈거나, 혹은 두려움을 느낀다는 사실이 민망했기 때문에 반체제분자를 피한 거라고 말한 하벨에 반박했다. 브로드스키의 의견

---

36 안드레이 사하로프Andrei Sakharov는 물리학 석학이자 공공연한 반체제분자로서, 소비에트 시기에 외국인 출입이 차단된 고리키 시로 추방되었다.

37 1989년 12월 사하로프가 사망했을 때, 수만 명의 사람들이 모스크바에서 열린 그의 장례식에 모여들었다. Ries(1997: 182)를 보라.

38 [옮긴이] '이오시프 브로드스키Iosif Brodsky'(1940~1996)는 레닌그라드(현 상트페테르부르크) 출신의 소비에트 시인이다. 소비에트의 당대 현실과 동떨어진 보편적 주제들을 사색적으로 다룬 시편들로 명성을 얻었지만, 1964년 "사회주의의 기생충"이라는 죄목으로 중노동형을 선고받는다. 해빙기의 종말을 알린 이 사건 이후 결국 그는 1972년에 미국으로 망명(사실상 추방)했고, 그곳에서 유배의 시학을 담은 뛰어난 작품들을 계속 발표했다. 1987년에 노벨문학상을 수상했고, 1991년에는 미국 계관시인으로 지명되었다.

에 따르면, 이 회피의 가장 주요한 이유는 다르다는 것이었다. "체제의 외견상의 공고함을 감안했을 때" 반체제분자는 대부분의 사람들에게 한마디로 "논외의" 존재, 즉 "잘못된 처신의 유용한 사례"로 여겨졌고, 그렇기에 "건강한 다수"가 "병자"를 보는 것과 비슷한 형태의 "상당한 도덕적 위안의 원천"이었다는 것이다(Brodsky and Havel: 1994).[39] 브로드스키는 하벨과 마찬가지로 소비에트 시절 사실상 출판을 할 수 없었고 소비에트 국가에 의해 박해를 받다가 결국에는 추방당하고 말았지만, 그럼에도 여전히 반체제적 입장과는 거리를 두었다.[40] 여기서 브로드스키의 "건강한 다수"란 곧 "정상적인 사람"을 가리키며, 그들은 거짓을 드러내려는 정신이상자 같은 도덕적 기질을 가진 "병자"를 회피했던 것이다.[41]

젊은 세대 사이에서는 진짜 열성분자를 아는 것만큼이나 공공연한 반체제분자를 아는 것도 일반적이지 않은 일이었다. 하지만 가끔씩 이른바 반체제스러운 사람dissidentstvuiushchie을 만날 수 있었는데,

---

39 또한 Havel(1993)도 참고하라.

40 브로드스키에 관한 더 상세한 내용과 이런 거리 두기의 원인에 관해서는 4장을 보라.

41 [옮긴이] 러시아어본에는 후기 소비에트와 포스트-소비에트 시기에 총체적 설치total installation 장르로 세계적인 명성을 얻은 바 있는 또 한 명의 예술가 일리야 카바코프 Ilya Kabakov의 일화가 덧붙여져 있다. 1987년에 소비에트연방을 떠나 오스트리아에 정착했고 이후 뉴욕을 중심으로 예술 활동을 이어간 카바코프는, 소비에트의 공동주택(코뮤날카communalka)이나 화장실을 재현한 설치 작품들을 통해 소비에트식 일상의 전형적인 소외와 권태의 감각을 탐구했는데, 이 작품들이 소비에트 체제에 대한 비판으로 여겨지면서 서구 예술계의 비상한 주목을 받았다. 유르착에 따르면, 카바코프는 스스로를 반체제 예술가로 간주하는 것을 거부했다. 그는 1980년대 후반 뉴욕에서 『소비에트의 반체제 예술가Soviet Dissident Artist』(Renee Baigell and Matthew Baigell, Cloth, 1995)라는 제목의 책을 위한 인터뷰를 했는데, 반체제 예술가로서의 과거 행적을 묻는 편집자의 질문에 이렇게 대답했다. 나는 반체제분사가 아니었습니다. 나는 누구하고도 싸우지 않았어요. 반체제는 나에게 맞지 않는 용어입니다"(pp. 220~21).

이들은 소비에트 체제에 대해 날카로운 비판적 견해를 견지하면서 자주 그런 견해를 표명하기도 하지만, 실제로 반체제분자로서 행동 하지는 않는 자들을 말한다. 대다수의 관점에서 이들 '반체제스러운' 자들은 단지 이상할 뿐만 아니라 잠재적으로 위험하다. 그들은 정상 적 삶의 안정성을 위협하는 존재들이다.

1980년대에 출판사에서 일했던 알렉세이(1958년생)는 같은 부서 에서 일했던 반체제스러운 동료를 이렇게 묘사한다. "그는 자기 말 에 따르면 '도덕적 원칙에 입각해iz moral'nogo printsipa' 콤소몰 회 비 내기를 거부했어요. 그는 조용했지만 반체제스러운tikhii, no dissidentstvuiushchii 사람이었죠. 우리 대부분은 그를 싫어했어요. 그 의 방식은 단지 무용하고 바보스러울 뿐만 아니라, 실제로 다른 이 들에게 문제를 일으킬 수 있는 것이었어요." 그 문제들이란 해당 부 서 콤소몰 반장에게 가해질 수 있는 공식적인 징계부터 회합에서 동 료들에게 장시간의 토론이 강제되는 상황에 이르기까지 다양했다. 앞선 브로드스키의 언급에 나온 것처럼, 이런 유형의 인간 중에서 특히 집요한 경우는 어떤 식으로든 "비정상nenormal'nye"이라고 의심 받곤 했다. 에두아르드(1960년생)는 1980년대에 아프가니스탄 전 쟁에 항의하는 반체제 논설의 복사본을 소지했다가 발각된 라디오 공장의 젊은 기술자를 동료 노동자들이 어떻게 대했는지 회상했다. "많은 사람들이 사석에서 그 친구가 어딘가 정상이 아니라고byl togo 했어요. 포르노를 돌린다는 소문도 있었는데, 제가 보기에 그건 사 실이 아니었어요."[42] 이 이야기에서 정치적 항의와 도덕적 타락이 공

---

42 1960년대부터 소비에트 정부 역시 반체제분자들을 정신병 환자로 대했다. 라디오 모스

히 건강하지 못한 것으로 간주되고 있음을 확인할 수 있다. 올레샤 (1961년생)는 1980년대 초반에 다녔던 대학의 학생 중에서 반체제스러운 사람을 만났다.

> 그는 언제나 당과 사회주의 같은 것들에 관해 회의적인 말들을 늘어놓곤 했어요. 당시에는 모두가 당연하게 브레즈네프에 대한 아넥도트를 말하곤 했는데, 그건 아주 정상적인normal'no 거였어요.[43] 그런데 그 사람은 그저 아넥도트를 말하기만 하는 게 아니라, 끊임없이 모종의 심오한 결론들glubokie vyvody을 도출해서는 그걸 함께 나누고 싶어 했어요. [……] 우린 모두 그가 바보라고 생각했죠. 왜 그런 구절 있잖아요? "신에게 바보 같은 기도를 올리면, 신이 네 이마를 때리실 거다zastav' duraka bogu molit'sia, on i lob rasshibet." 그는 스스로의 진실에다가 기도를 한 거예요molilsia svoei pravde. [……] 그의 말을 듣는 건 강렬한 경험이었어요. 그건 공포가 아니라 불쾌함ne strakh, a otvrashchenie을 불러일으켰거든요. 도스토옙스키Fyodor Dostoevsky를 읽는 일과 그의 주인공들을 만나 사귀는 일은 전혀 다른 문제지요. 얼마든지 즐겁게 그들에 대해 읽을 수는 있지만, 그들과 만나는 걸 즐기긴 어려울 거예요. 살아 있는 사람이 당신 앞에서 시종일관 회의적인 이야기만을 늘어놓는다면, 그

크바의 국제방송 아나운서였던 블라디미르 단체프Vladimir Danchev가 생방송에서 아프가니스탄 전쟁을 비난한 후, 그는 정신병동에 갇혔다. 서구의 언론이 그의 박해에 관해 물었을 때, 소비에트 관리는 이렇게 대답했다. "그는 처벌받지 않았습니다. 왜냐하면 아픈 사람들은 처벌될 수 없기 때문입니다"(Chomsky 1986: 276에서 인용). 7장도 참고하라.

43 아넥도트에 관해서는 7장과 Yurchak(1997a)를 보라.

3 뒤집힌 이데올로기: 윤리학과 시학

건 불쾌한 일이 되겠죠. 그 사람은 당신에게 무언가 반응이 나오길 기대하지만, 당신은 그에게 할 말이 아무것도 없어요. 그 사람처럼 분석할 줄 몰라서가 아니에요. 그냥 그러고 싶지 않기 때문이죠.

낙담한 왕따이자 이상적인 진리 추구자인 도스토옙스키의 인물들에 대한 올레샤의 지적은 앞서 말한 정신이상자와 병자를 떠올리게 한다.

스보이를 수행하기[44]

이른바 '정상적인 사람' 혹은 스보이(우리/우리 것)의 사회성은 권위적 텍스트와 행위를 독해함에 있어서, 그리고 서로 간의 관계에 있어서 이상적인 유형으로서의 열성분자나 반체제분자와는 달랐다. 이런 예상치 못한 사회성을 가능하게 만든 기술과 조건 들에 관해 살펴보기로 하자. 도서관 콤소몰 반장 이리나가 담당했던 콤소몰 의례 가운데 하나는 그녀 조직의 단원들에게 콤소몰 회비를 걷는 일이었다.[45] 그녀는 걷은 회비를 도서관 콤소몰 위원회에 보내야 했고, 위원회는 다시 그것을 콤소몰 구區위원회로 보냈다. 만일 회비가 제때에 온전히 걷히지 않으면, 이리나는 도서관 콤소몰 위원회로부터 공식적인 징계를 받을 수도 있었다. 그와 같은 징계는 나쁜 영향이

---

44 〔옮긴이〕 러시아어본에서는 이 절의 소제목이 "이데올로기적 의례들의 수행성 Performativnosti ideologicheskihx ritualov"으로 바뀌었다.

45 콤소몰 회비는 월급이나 장학금의 약 1퍼센트에 해당하는 금액이었다.

없지 않았는데, 받은 사람의 직업적 승진, 금전적 상여, 외국 여행 허가 따위에 걸림돌이 될 수 있었다. 하지만 단원들 가운데는 회비 내기를 질질 끌면서 미루는 경우가 없지 않았다. 회비라는 것은 대체로 달갑지 않은 겉치레이자 돈 낭비로 여겨졌다. 이리나가 회비를 걷을 때 사람들은 약간의 짜증과 함께 그녀를 "세금 징수원sborshchik podati"이라고 농담 섞어 부르곤 했다. 이 말에는 이런 징수 관례의 내키진 않지만 어쩔 수 없는 성격, 이런 불가항력에 대한 모종의 억울함, 그리고 콤소몰 반장으로서 이리나는 그저 상부에서 할당한 임무를 수행하고 있을 뿐이라는 사실에 대한 공동의 인정 등이 모두 담겨 있다. 대부분은 회비를 잘 냈는데, 이리나는 그 이유를 이렇게 설명한다. "우리 모두 스보이였기 때문이에요. 〔……〕〔대부분의 콤소몰 반장은〕 누구에게도 억지로 회비를 내도록 만들지 않았어요ne zastavliali siloi. 〔……〕 전 사람들에게 다가가서 동료로서 친근하게 po-druzheski 말을 하곤 했어요. '이것 봐요. 구區위원회가 우리보고 이 회비 걷으라고 한 거 아시죠? 제발, 우리를 곤란하게 만들진 마세요.'"

이런 상황에서 회비를 걷고 또 내는 것은 복종의 이데올로기적 진술을 뜻하지 않는다. 다른 의례화된 권위적 행위들과 마찬가지로, 이 행위는 해당 의례가 산출하려고 사전에 의도하지 않았던 어떤 것을 만들어내는 데 기여한다. 그것이 만들어내는 것은 양심적인 콤소몰 회원 집단이 아니라, 타인을 향한 책임감의 특정한 윤리학을 동반하는 스보이(우리/우리 것)의 사회성이다. "원칙에 입각해" 회비 내기를 거부했던 앞선 사례의 반체제스러운 사람은 회비를 걷는 이리나보다 동료들 사이에서 훨씬 더 큰 짜증을 야기할 수 있다. 이리

3 뒤집힌 이데올로기: 윤리학과 시학

나는 스보이에 속하지만, 그는 아니다.

다른 의례들도 이런 예기치 못한 문화적 생산에 기여했다. 그것들 가운데는 정례 콤소몰 회합이 있었다. 자기 부서에서 이 회합을 책임지고 있던 이리나에 따르면, 콤소몰 구區위원회는 가까운 시일 내에 개최될 회합의 주제 목록을 지역의 콤소몰 반장들에게 제공했다. 이리나에 따르면 이런 위계적 관계와 권위적 담론 형태의 재생산이 갖는 중요성은 다음을 의미한다. "그 누구도 회합에 특별한 관심이 없었지만 [……] 이 행사가 치러져야만 하는 이유가 단지 저의 바보 같은 충동 때문이 아니라는 것쯤은 모두가 이해하고 있었어요. 정말 왜 그게 필요한지에 관해선 아무도 숙고하지 않았죠." 컴퓨터 프로그래머였던 1959년생 니콜라이에게 콤소몰 회합에 참석하는 것은 스보이에 속하는 경험, 그리고 그와 관련된 도덕적 책임감을 포함하는 일이었다. 그 책임감이란 스보이에 속하는 다른 누군가에게, 가령 해당 회합을 책임지고 있는 콤소몰 반장에게 해를 끼치지 않으려는 것이다. "무엇이 저로 하여금 이 회합들에 참석하게 만드는지를 설명하기는 어렵습니다. 아마도 집단 본능stadnyi instinkt 같은 거겠죠. 제가 만나는 사람들 대부분이 거길 가니까요. [……] [이건 또한] 이 회합을 책임지고 있는 사람과 우리 그룹의 관계에 달려 있기도 해요. [……] 만일 그가 정상적인 사람normal'nyi chelovek[46]이라면, 그에게 문제가 생기지 않도록 당연히 모임에 참석하는 거예요." (앞서 소개했던) 올레샤 역시 비슷한 역학 관계를 언급했다.

---

46 [옮긴이] 여기서 "정상적인 사람normal'nyi chelovek"은 우리말 표현 "멀쩡한 사람" 혹은 "괜찮은 사람" 정도의 뉘앙스를 갖는다.

콤소몰 회합에 가야만 한다는 걸 알고 있어요. 그들을 그냥 무시해선 안 된다는 걸요. [⋯⋯] 거기엔 '상호부조krugovaia poruka'[47]의 시스템, 모종의 도덕적 책임moral'noe obiazatel'stvo의 시스템이 있어요. 만일 당신이 콤소몰 회비를 내지 않거나 회합에 참석하지 않으면, 다른 누군가가 징계를 받을 수도 있어요. 우리 콤소몰 반장은 아주 괜찮은 아가씨ochen' priiatnaia devushka였지요. 만일 당신이 집회에 불참하고, 그래서 [투표를 위한] 정족수를 채우지 못하게 되면, 콤소몰 구區위원회의 어떤 멍청한 자식이 그녀를 날려버릴dast ei po golove[48] 수도 있단 말이죠. 당신이 친구로 지내면서 s kotoroi ty druzhil 매일 커피를 함께 마시던 그 괜찮은 아가씨를 말이에요.

그 아가씨는 스보이 중 한 명, 즉 정상적인 사람이었다. 이런 맥락에서는 스보이의 의미가 다른 경우보다 훨씬 넓다. 예를 들어 데일 페스먼Dale Pesmen이 관찰한 바에 따르면, 우리 사람Svoi chelovek이라는 말이 뜻하는 것은 "자기가 말한 것이 나중에 해가 될 것을 두려워하지 않고 솔직하게 말을 건넬 수 있는 사람"(Pesmen 2000: 165)이

---

47 "상호부조Circle binding"는 소비에트연방의 지역 자치 시스템이 기초했던 "국가에 대한 집단적 책임"의 원칙을 가리킨다(Ssorin-Chaikov 2003: 53을 보라) 알레나 레데네바 Alena Ledeneva는 다른 맥락에서 이 용어를 "연대보증collective guarantee"이라고 번역했는데, 이는 이 단어가 "(농민 공동체를 뜻하는) 크루크krug라는 말에서 나왔음"을 지적한 것이다. "크루크는 모두가 서로 의존하는 사람들의 무리 안에서 상호적 지원과 통제, 즉 집단적 책임과 보증을 제공한다"(Ledeneva 1998: 81n2).

48 문자 그대로 "그녀의 머리를 때리다"라는 뜻이다.

다. 콤소몰 임무의 맥락에서 스보이와 '정상적인 사람'이라는 용어는 뭔가 더 큰 것, 가령 다음과 같은 것들을 이해하고 있는 사람을 의미할 수 있다. 즉 법칙들은 의례적인 차원에서 따라야 할 필요가 있고, 이건 그 누구의 개인적 잘못도 아니며, 각자는 혹여 콤소몰 반장에게 문제가 생기지 않도록 이런 일상적 의례에 참여해야 하고, 콤소몰 반장은 또 나름대로 평단원들에게 할당될 귀찮은 콤소몰 임무의 양을 최소화할 수 있도록 해야만 한다. 하지만 만일 누군가가 다르게 행동한다면, 즉 스보이의 일원답지 않게 다른 사람을 잠재적으로 불쾌하거나 위험한 상황 속으로 몰아넣는다면, 콤소몰 반장은 콤소몰의 할당된 임무를 문자 그대로(즉 진술적으로) 읽을 것을 고집함으로써 그 사람에게 벌을 내릴 수 있었다.

이리나와 다른 콤소몰 반장들은 매년 단원들을 대상으로 하는 "레닌 시험leninskii zachët"을 치러야만 했다. 이 시험에서는 콤소몰 활동에 그 혹은 그녀가 어떻게 관여했는지, 소비에트 헌법이나 최근 당의 결의안 혹은 국가 행사 따위에 관해 얼마나 알고 있는지를 질문했다.[49] 하지만 다른 의례들이 그랬듯이, 실제로 레닌 시험은 내가 수행적 전환이라고 부른 바 있는 전치를 경험했다. (질문, 대답, 보고서 등의) 형식의 차원에서는 이 의례들이 나무랄 데 없이 수행되었지만, 그것들의 진술적 의미는 현저히 자유롭게 되어 잠재적으로 예측 불가능하고 부적절한 것이 되어버렸다. 이리나가 설명하기를, 도서관 위원회에서 시험을 치러야 할 때가 되면 "우리는 대개 함께 모여

---

49 이 시험은 한 번에 한 명씩 인터뷰 방식으로 지방의 콤소몰 위원회에 의해 진행되었다. 시험 문제는 콤소몰 구區위원회에서 보내왔고, 다시 결과가 콤소몰 구區위원회로 제출되었다.

서 우리끼리 한 사람 한 사람에 대해 논의를 하곤 했어요. 이렇게 말이에요. '누가 이 사람 아는 분 있어요?' '네, 저요.' '좋은 사람이지요?' '그럼요.' '좋아요, 그럼 이 사람은 통과시킵시다.'" 그러고 나서 그들은 그 사람을 불러 짧은 면담을 하면서, 그 혹은 그녀가 이 시험이라는 의례적 행위를 잘 수행할 필요가 있으며, 위원회를 스보이로서 대할 필요가 있다는 사실을 잘 이해하고 있는지를 확실히 했다. 대부분은 이를 잘 이해했고 그에 따라 잘 처신했다. 하지만 만일 어떤 사람이 "원칙에 입각해" 혹은 그저 책임감이 없어서 권위적 담론에 이런 방식으로 관여하기를 거부하거나 실패하게 되면, 위원회는 이데올로기적 형식들을 문자 그대로 받아들이면서 해당 의례가 제대로 수행되고 보고되는지, 그 인물이 처벌을 받았는지, 더 이상의 일탈이 저지될 수 있는지를 꼼꼼하게 확인할 수 있었다. 요컨대 이런 식으로 위원회는 [콤소몰 구區위원회가] 위임한 권력에 의지하면서, 대개는 무시되곤 했던 권위적 재현과 의례 들의 진술적 의미를 전략적으로 고수하게 되는 것이다. 흔히 궁극적인 처벌은 그 처벌이 국가가 제공한 힘에 의해 행정적으로 집행되었음에도 불구하고, 국가 기관으로부터의 추방이기보다는 오히려 스보이로부터의 추방이었다. 하지만 이는 국가권력이 탈영토화되고 예측하지 못한 방식으로 전개되는 또 하나의 방식이었다. 안드레이에 따르면 "우리 연구소의 모든 젊은 사람들은 스보이였어요. [……] [그리고] 시스템이 전적으로 쓸데없는 수많은 것들을 수반한다는 것을 이해하고 있었죠. 그래서 우리 위원회는 불필요한 임무들로 자신과 다른 이들을 괴롭히지 않도록 애를 썼어요. 하지만 만일 어떤 사람이 정도 이상으로 게으르거나 엇나가게 되면, 우리는 의례에 따라 그에게 달리 행동하기를 요구했어요. 극단적인 경우에는 공식적인 징계를 내리기도 하고요." 이리나의 도서관에서도 이와 유사하게, "위원회가 어떻게 평단원을 다루는지는 그 사람이 우리[위원회]를 어떻게 대하는지에 달려있었어요." 문제는 그 사람의 행동이 위원회 구성원들에게 문제를야기하고, 그에 더해 위원회를 스보이로서 대하기를 거부했을 때 발생했다.

> 가령 어떤 사람이 새로 고용됐는데, 우리 도서관 조직의 콤소몰 단원으로 등록하는 것을 미루거나 아예 잊어버리는 바람에 위원회에소환되었다고 해봐요.[50] 만일 그가 우리에게 무례하게 굴거나 하면, 우리는 간단히 공식적인 징계를 내리거나 심지어는 더한 조치가 내려지도록 콤소몰 구區위원회에 그의 서류를 보낼 수도 있었죠. 하지만 그가 "이것 보세요, 제가 다른 일들로 너무 바빠서 등록할 시간을 못 냈어요"라는 식으로 우리에게 동료로서 친근하게po-druzheski 설명을 한다면, 우리는 이해를 하고 그를 덮어줄ponimali i prikryvali 수 있는 거지요.[51]

"동료로서 친근하게po-druzheski" 말하는 것——가령 다른 사람들이

---

50 콤소몰 단원은 콤소몰 조직에 단원으로 직접 '등록'을 해야만 했다. 그래서 직장이나 학업 장소를 옮기게 되면, 예전 조직의 "등록 명부에서 빠져나와sniat'sia s ucheta" 새로운 곳에 "등록vstat' na uchet"하는 절차를 밟았다.
51 이와 같은 방식의 역학 관계가 서구식 관료제하에서의 관계와 모종의 유사성을 띠는 것은 사실이지만, 소비에트의 맥락에서는 임무, 의례, 텍스트의 의미를 재해석하는 것이 규범으로부터의 일탈이기보다는 실천의 규범 자체였다는 점에 차이가 있다. 바로 이 점이 이런 재해석을 어떻게 실천할 것인지에 대한 지도부와 평단원들 사이의 상당히 열린 합의를 가능하게 했다.

곤경에 빠질 수 있으며 그들의 상황을 악화시키길 원치 않는다는 것을 인정하는 것—이야말로 스보이에 속할 수 있는 열쇠가 된다. 이런 식의 담론적 관계가 서기와 평단원 들 사이, 그리고 콤소몰 구區위원회와 서기들 사이에서 실행되었다. 앞선 안드레이의 경우를 떠올려보라. 그 역시 콤소몰 구區위원회가 그의 연구소에 할당한 정치적 강연의 수가 비현실적으로 많기 때문에 보고된 강연들이 실제로 개최되었는지 너무 꼼꼼하게 확인하지 말아줄 것을 요청할 때, 콤소몰 구區위원회 서기에게 "동료로서 친근하게po-druzheski" 말한 바 있다.

어떤 사람이 구체적인 맥락 속에서 스보이의 일원으로 판명될 것인지 아닌지는 대개 미리 확실하게 알 수 없었고, 교제 과정 중에서 드러나곤 했다. 흔히 그러하듯이 담론적 사건의 의미는 맥락 바깥에서 이해될 수 없으며, 그 맥락 자체도 단지 그 속에서 담론이 발생하는 앞서 존재하는 정적인 배경이 아니다. 맥락은 담론 속에서 생성되는 것이다(Voloshinov 1986).[52] 모든 콤소몰 조직의 판에 박힌 활동을 구성하는 권위적 담론의 의례화된 행위들—회합, 연설, 투표, 시험, 보고서—은 단지 고정된 의미를 옳거나 그른 방식으로 소통시키는 것이 아니다. 이 행위들은 그 안에서 후기 사회주의 일상의 의미들이 조형되고, 무엇인가 다른 것으로 전치되는, 그 자체로 역동적이고 갈등적이며 다多음성적인multivocal 과정들이었다. 1980년대 초반 도서관에서 발생한 전형적인 한 사건은 권위적 담론의 의례화

---

52 예를 들어 "정복"의 의미를 끊임없이 조형해나가는 과정에서, 마야 엘리트들의 문자가 스페인 왕권에 행한 역할을 분석한 윌리엄 헹크스William Hanks의 분석을 보라(Hanks 2000: 104).

된 행위들의 비결정적이고 창발적인 성격을 잘 보여준다. 당시 도서관에 근무하던 젊은 직원 한 명이 종교-신학대학의 라틴어 강사 자리를 제안받았다. 소비에트인의 경우에 종교 기관에서 근무한다는 것은 삶의 이데올로기적 차원과 절연된 채로, 국가가 용인은 하지만 의심과 적의를 갖고 지켜보는 세계로 들어간다는 것을 의미했다. 그 직원은 콤소몰 회원이었기 때문에, 콤소몰 구區위원회는 도서관 위원회로 하여금 공식적인 만남의 자리를 마련해 그의 이데올로기적 충성심을 점검하고 그의 콤소몰 자격 박탈 여부에 관한 추천서를 작성하도록 시켰다.[53]

처음에 위원회 위원들은 그를 도와주려고 했다. 그는 사제가 아니라 정상적인 사람처럼 보였고,[54] 특히 그가 고전문학 학위를 갖고 있다는 사실을 고려해보면 라틴어를 가르치는 데도 아무 문제될 게 없었다. 하지만 그들의 의견은 대화를 나누는 과정에서 예기치 못하게 바뀌어버렸다. 이리나는 이렇게 회상한다.

처음에 우리 위원회는 그 양반을 축출하는 데 반대했어요. 개인적으로 저는 그의 지식과 관심에 존경의 마음도 품고 있었고요. 그의 학위를 보건대, 재미없는 도서관 업무보단 라틴어를 가르치는

---

53 콤소몰에서 쫓겨나는 것이 아무것도 아닐 수도 있지만, 실질적인 결과를 낳을 수도 있다. 그 사람은 종교적이지 않은 좋은 직업으로 '되돌아오는 데' 문제가 생길 수도 있고, 외국 여행 허가를 받지 못할 수도 있다.

54 공산주의의 이념 및 담론과 종교의 그것 사이에 가로놓인 심오한 불일치 때문에 사제나 신학대학교 학생이 되는 것은 (반드시 반체제분자가 아니더라도) '정상적인 사람'의 범주 바깥에 자리하게 된다는 것을 의미했다. 실제로 종교는 국가에 의해 용인되었지만, 국가 제도들(교육, 매체, 산업, 공적 조합, 군대, 관료행정 등)로부터는 절연되어 있었다.

게 그 사람에게 더 어울리고 또 흥미로울 거라는 것도 당연했고요. 그런데 문제는 그가 정상적인 사람처럼 우리를 대하길 거부했다 ne zakhotel razgovarivat' kak s normal'nymi liud'mi는 데 있어요. 그는 거만한 데다 예의가 없었고, 그저 자기가 해야 할 일을 게을리했을 리가 없다는 것만 보여주려고 했어요. 그러자 예기치 않게 우리 위원회 위원 몇몇이 "조국의 배반자"라면서 그를 공격하기 시작했어요. 심지어 한 위원은 "당신에게 CIA가 일을 제안한다면 어떻게 할 겁니까?"라고 묻기까지 했어요. 당연히 그건 말도 안 되는 소리였지만, 그 순간에는 우리 모두가 이 불쌍한 양반을 공격하기 시작한 거예요. 우린 그에게 그다지 친절하지 않았어요.

비록 의례는 불가피하고 그 주제는 정해진 것이었지만, 그것이 무엇을 뜻하게 될 것인지는 사전에 완전히 결정된 것이 아니었다. 실제로 사태는 면담을 소집한 사람이 피하고 싶었던 결론을 향해 나아갔다. 애초의 의향에 반하여 그 사람을 공격하면서, 위원회 위원들은 그의 이데올로기적 충성도가 아니라 스보이의 일원이 되는 것에 대한 그의 거부를 시험하기 위해 권위적 형식의 진술적 의미에 의거했다. "조국의 배신자"니 "CIA에 취직하는 것" 따위의 비난의 형식적 문구들은 그들 대부분에게 얼토당토않은 것이었다(이 문구들의 진술적 의미는 대개 부적절했다). 하지만 이 문구들을 심각한 목소리로 콤소몰 면담에서 그대로 재생산함으로써, 그들 스스로가 놀랍게도 이형식적 문구들의 진술적 의미에 과잉동일시했던 것이다. 무엇보다도 그 사람을 기관의 직책으로부터가 아니라 스보이의 자리에서 끌어내리기 위해서 말이다. 그를 콤소몰에서 제명하라는 그들의 추천서는 바로 이 결정에 의거한 것이었다.

요컨대 여기서 중요한 것은 권위적 담론과 스보이 양자 모두에 연결될 필요가 있다는 것이다. 중등학교 서기였던 마샤가 자신의 연설 중에 불량 학생들을 거명하는 행위가 문자 그대로 받아들여져서는 안 된다는 점을 확인했던 것을 떠올려보라. 그녀는 스보이의 정체성에 기대어 사전에 해당 학생들에게 접촉해 설명을 해두었다. 그와 동시에 마샤는 그녀의 연설이 정확한 권위적 언어로 쓰였으며, 콤소몰 활동이 그녀에게 의미 있고 콤소몰 의장과 선생님 들에게도 그녀가 그 활동을 중요하게 여기는 것으로 보인다는 점을 확실하게 해둘 필요가 있었다. 그렇게 함으로써 그녀는 두 가지 유형의 수행적 권력에 동시에 의거했다. 첫째로 그녀에게 위임된 권위적 담론의 "공인된 대변인"(Bourdieu 1991: 106)으로서, 둘째로 스보이의 일원이자 권위적 담론의 진술적 의미를 개방하고 이동시킴으로써 삶의 새로운 형식과 의미들을 가능하게 만드는 스보이의 공인된 대변인으로서 말이다. 그녀의 정체성은 이들 중 단지 어느 하나로서만이 아니라, 둘 모두에 의해 구성되고 뒷받침된다. 이 장의 서두에서 콤소몰 구區위원회 서기 사샤가 그의 친구가 콤소몰 연설문 쓰는 것을 도와줬던 사례를 떠올려보라. 그때 사샤는 처음엔 이런저런 농담을 하다가 목소리를 가다듬고는 "좋아, 그럼 이제 시작해볼까"라고 말한 후에 "잘 훈련된 목소리"로 연설문을 불러주기 시작했다. 온통 베낀 연설을 시작하기 전에 마찬가지로 "기침을 하고" "잘 훈련된 목소리"로 말을 하곤 했던 펠레빈의 소설(Pelevin 2002) 속의 전직 당 간부 역시 떠올려보라. 마치 상상 속의 무대에 놓인 마이크와도 같은 이런 담론적 표지들(농담, 기침, 잘 훈련된 목소리로 바꾸기)의 사용은, 일상적 담론에서 권위적 담론으로 장르가 변경되는 것만을 뜻하지 않는다. 오히려 그것은 그 둘의 공존과 상호 생산성을 보여주는 신호에 해당한다. 이 담론적 표지들은 그것을 사용하는 사람이 두 가지 지지층의 '공인된 대변인' 자격으로, 그들에게 위임된 두 가지 유형의 권력에 기댈 수 있게 허용한다. 국가 제도로서의 콤소몰과 스보이가 그것이다. 동시에 이 두 지지층의 '공인된 대변인'이 된다는 것은, 이 서기들로 하여금 콤소몰 활동의 진술적 의미에 대해 전적으로 '진지하지도' 그렇다고 전적으로 무관심하거나 냉소적이지도 않을 수 있도록 만들어준다. 한마디로 그들 자신의 모습대로 지낼 수 있게 허용해주었다.

이와 같은 역학 관계가 재차 보여주는 것은 콤소몰, 혹은 최소한 그것의 하부 단위가 콤소몰 활동과 스보이의 사회성이 동시에 생산되는 장소로 분명하게 표명되었다는 사실이다. 이런 사회성의 의미와 본질이 무엇이었는지, 그리고 그 안에서 어떤 의미, 정체성, 관계와 삶의 형식 들이 만들어지게 되었는지를 살펴보기에 앞서, 이제까지의 논의를 좀더 이론적인 층위에서 요약해보기로 하자.

탈영토화

지금까지 이 장에서 만나본 이데올로기적 생산 기술의 논리는 수행적 전환과 관련이 있다. 이 전환은 권위적 담론의 기표(어떻게 재현되는가)는 철저하게 재생되는 반면, 그것의 기의(무엇을 재현하는가)는 상대적으로 중요하지 않게 되는 상황 변화를 가리킨다. 이는

3 뒤집힌 이데올로기: 윤리학과 시학

투표를 하고, 레닌 시험을 치르고, 보고서를 채우고, 정확한 텍스트 형식을 반복하고, 행진에 참석하곤 하지만, 그럼에도 이런 의례적 행위와 언술 행위에 담긴 진술적 의미들에는 딱히 특별한 주의를 기울이지 않는 상황이다. 동시에 권위적인 상징체계의 이런 일상적인 복제는 의미 영역의 가능성을 제한하지 않았다. 반대로 그것은 문자 그대로 전달되고 있는 것을 넘어서는 새롭고 예측 불가능한 의미를 가능하게 만들었다. 예를 들어 이 장에서 우리는 권위적 담론의 일상적 복제가 어떻게 새로운 정체성과 사회성, 그리고 지식의 형태들을 가능하게 만들었는지를 살펴보았다. 그것들은 권위적 수사학에 의해 가능해졌지만, 그것에 의해 결정되는 것은 아니다(뒤에서 그리고 이어지는 장들에서, 우리는 더 많은 예를 보게 될 것이다). 시스템의 지배적 담론의 이와 같은 내적 전치는 반체제 유형의 대립과 다르며, 이원론의 용어를 통해 표현되지 않는다. 실제로 그것은 사회주의 시스템의 암묵적·명시적인 핵심을 이루었던 가치들을 향한 개인적인 애착의 감정을 배제하지 않는다. 오히려 이런 전치의 움직임은 들뢰즈와 가타리가 탈영토화deterritorialization의 전략이라고 부른 것과 매우 가깝다.

들뢰즈와 가타리는 이 과정을 보여주는 일화를 제시했다. 난초와 꿀벌의 공생 관계가 그것이다.[55] 꿀벌은 난초의 꽃씨를 옮긴다. 난초

---

55 서로 다른 "혼종적 요소들" 간의 그와 같은 공생 관계가 들뢰즈와 가타리가 말하는 "리좀 rhizome"을 형성한다. 이 용어는 식물학에서 나온 것인데, 자신의 재생산 기구로서 뿌리와 싹을 뻗치는 땅속줄기 식물(아스파라거스나 감자 같은)을 가리킨다. 들뢰즈와 가타리는 여러 문화, 언어, 정치, 생물학, 혹은 기타 지식 체계들의 상호 연결성을 가리키는 은유로 이 용어를 사용한다. 이 개념을 사용하면서, 그들은 서로 다른 본성의 데이터들 사이의 다중적이고 비위계적인 아상블라주assemblage를 단일한 분석에서 고려할 수 있도

는 꿀벌을 먹인다. 이 두 과정은 상호 구성적인 것으로서 두 시스템 모두를 변화시킨다. "꿀벌은 〔……〕 난초의 재생산 기구의 일부분이 되면서 탈영토화된다. 하지만 꿀벌은 난초의 꽃씨를 옮김으로써 난초를 재영토화한다"(Deleuze and Guattari 2002: 10). 이 전략은 단지 모방과 흉내 내기에만 기초해 있는 것이 아니다. 난초가 꿀벌을 모방하지 않듯이, 꿀벌도 난초를 모방하지 않는다. 오히려 이 과정은 "코드의 포획, 코드의 잉여가치, 역량의 증가, 진정한 되기, 곧 난초의 꿀벌-되기와 꿀벌의 난초-되기에 해당하는 것이다." 난초는 모종의 꿀벌성을 획득하고, 꿀벌은 모종의 난초성을 얻게 된다. 이것이 뜻하는 것은, 관점에 따라서 하나의 체계가 **탈영토화**되면 다른 체계는 재영토화된다는 (그리고 그 반대도 가능하다는) 것이다.

이 장의 여러 예들에서 살펴보았듯이, 콤소몰의 임무 수행에 관한 보고서를 작성하고 권위적 장르의 텍스트를 쓰고 이데올로기적 행위들에 참여해야만 하는 상황에서, 서기와 콤소몰 반장, 그리고 평단원 들은 이들 보고서, 텍스트, 의례, 임무 들의 의미를 재기호화하는 여러 실천과 전략 들에 관여하게 되었다. 이 행위자들은 이런 보고서, 텍스트, 의례, 임무, 그리고 콤소몰의 국가기관들이 구성하는 권위적 담론의 장을 탈영토화했다. 이 담론의 진술적 의미를 풀어놓거나 무시하는 가운데 그것의 형식들을 재생산하는 것은, 삶의 새로운 의미와 형식 들의 창조적인 생산을 가능하게 했다. 그것의 고정된 권위적 형식들 사이에서, 이 시스템에는 권위적 담론의 수행적 재생산에 의해 가능해지기는 했지만 결코 그것의 진술적 의미에 국한될

록 해주는 접근법을 발전시켰다. Deleuze and Guattari(2002: 3~25)를 보라.

수 없는, 새롭고 예측 불가능하며 창조적이고 상상력 풍부한 '정상적인 삶'[56]의 요소들이 '주입'되었다. 비록 권위적 재현의 차원에서는 이 전환이 상대적으로 눈에 띄지 않았음에도 불구하고, 소비에트 시스템은 내적인 탈영토화를 겪으면서 무언가 상당히 다른 것이 되어 갔다. 시스템의 지배적인 의미화 양태와 대립하는 반체제의 전략[57]과 다르게, 탈영토화의 전략은 그 양태를 재생산하는 동시에 그것을 이동시키고 구축하며 새로운 의미를 보탰다.

스보이의 공중

스보이의 사회성은 후기 사회주의 문화 내부의 탈영토화 움직임이 낳은 예기치 못한 주요 산물 중 하나가 되었다. 이런 사회성은 근대적 맥락(가령 서구 자본주의)에서의 다른 '공중publics'의 형식들과 모종의 공통점을 갖지만, 그와 더불어 자신에게만 고유한 차별적 특징들을 갖는다. 스보이는 어떤 종류의 '공중'이며, 그 안에서 생산된 담론과 문화적 산물, 지식과 상상의 형태들은 어떠했을까? 근대 서구의 맥락을 논의하면서, 마이클 워너Michael Warner는 "공중"을 담론 안에서 부름을 받은 대상으로서 존재하게 된 자기-조직화하는 사회성으로 정의했다. 즉 공중은 "국가 제도, 법, 시민권의 형식적 틀과 독립적으로" 존재하며, 따라서 국가와의 관계에서 주권적일 수

---

56 〔옮긴이〕 앞에 등장한 "정상적인 사람"의 경우와 마찬가지로, 여기서 "정상적인 삶 normal life"은 "괜찮은 삶"의 뉘앙스를 갖는다.

57 이런 전략은 외적인 관찰자, 무엇보다 서구의 눈에 훨씬 더 잘 보인다.

있다(Warner 2002a: 51). 이 마지막 주장은 문제가 있다. 우리는 국가와의 관계에서 공중의 상대적인 독립성과 주권을 말하는 대신에, 그것이 국가와 그 법, 담론, 제도 들에 의해 가능해지며, 또 그것들 없이는 불가능하다고 말해야 한다. 워너에 따르면 공적 담론에서 부름을 받은 대상이 되는 것들의 정확한 구성을 결코 사전에 정확하게 다 알 수 없기 때문에, 공중은 알려진 사람과 낯선 이를 포괄하는 열린 사회성이 된다(Warner 2002a: 55~56).[58]

워너는 공적 담론과의 관계에서 자기-조직화하는 이런 공중의 원칙을 알튀세르Louis Althusser의 호명interpellation(Althusser 1971)과 대비시켰다. 알튀세르에게는 누군가가 스스로를 국가기관이나 경찰 혹은 그 밖의 권위적 형상의 부름을 받은 사람으로 인식하는 순간—그래서 돌아보는 순간—이야말로 그가 국가의 주체로서 호명되는 순간이다. 하지만 고립된 사건에 한정된 알튀세르의 모델은 공적 발화의 작동을 설명하지 못한다. 워너가 주장하기를, 공적 발화의 경우에는 우리가 스스로를 수신자로 인식하는 와중에도 이 담론이 "수많은 다른 미지의 사람들을 향해 있다는 것을" 함께 인식한다. 또한 우리는 그 담론이 "우리의 독특하고 구체적인 정체성에 의거해 우리를 지목하는 것이 아니라, 우리가 다른 사람들과 더불어 이 공적인 담론에 속해 있다는 바로 그 사실 때문에" 그렇게 한다는 것을 알고 있다. 더 나아가 알튀세르의 개인적 부름에 대한 설명과 달리, 공적인 부름의 결과는 언제나 "부름의 대상과의 부분적인 **불일치**"를 수반하게 된다(Warner 2002a: 58).[59]

---

58 Calhoun(2002); Warner(2002b)도 참고하라.

후기 사회주의의 맥락에서는 스보이의 사회적 총체성을 만들어내는 핵심적인 공적 부름이 권위적 담론 안에서 만들어진 것들이었다. 예컨대 회합과 행진에서 사용되기 위해 건물 전면에 걸려 있는, 언제 어디서든 현실 속을 파고드는 저 끝도 없는 텍스트와 표어 들이 그것이다. "동의하십니까?" 같은 공적인 물음이나, "우리의 목표는 공산주의다" 같은 공적 표어, 청중을 앞에 둔 회합에서의 연설이나 위원회의 위원들 앞에서 치르는 레닌 시험 따위가 바로 이런 부름이 택한 형식이었다. 하지만 이런 식의 공적 부름의 모든 경우들이 수행적 전환이라 불리는 과정, 즉 그것의 의례화된 형식들이 재생산되고 이 수행적인 재생산이 새로운 의미의 창조를 가능하게 만드는 과정에 처해지게 되었기 때문에, 이런 식의 부름이 만들어내는 공중의 유형은 공식적 담론에서 호명된 공중이 표현되는 방식, 가령 "소비에트 인민"이나 "소비에트 노동자"와 **불일치**했다.

(앞서 본) 이상하리만치 열성분자 같은 목소리로 말을 하는 콤소몰 서기 레오니드가 동료들의 이름으로 어떤 주장을 했을 때("우리,

---

59 아마도 이 부분적 불일치를 호명이 주체를 온전히 구성하는 데 실패한다는 점을 보여주는 공적 표명으로서 공식화해볼 수도 있을 것이다. 〔옮긴이〕러시아어본에는 이에 대한 좀더 상세한 설명이 부가되어 있다. "공중Publika은 그를 향해 무엇인가가 말해진다는 점 때문에 존재한다. 공중에 속하는 사람은 모종의 담론적 발화를 다름 아닌 자기를 향한 발화로서 받아들이는 사람이다. 공중이란 그를 위해서 책이 출판되고 라디오방송이 송출되고 인터넷 사이트가 개설되며 발언이 이루어지고 의견이 형성된 결과이다. 공중의 중요한 특징은 그것의 개방성(그것에는 이미 알고 있는 지인뿐만 아니라 낯선 타인도 포함될 수 있다)과 복수성(어떤 시기, 어떤 사회에나 복수의 공중이 존재할 수 있다)이다. 이 모든 것을 통해 공중의 개념은 공적 공간의 개념과 구별된다. 비록 공중이 국가 제도나 법률, 시민성의 형태들의 도움을 받아 존재하는 것은 사실이지만, 그럼에도 그것들에 의해 완전히 통제되는 것은 아니다. 그것은 국가권력과의 관계에서 일정한 독립성을 지닐 수 있다"(러시아어본, p. 249).

콤소몰의 젊은 세대는……"), 그의 동료 대부분은 스스로를 "우리"와 동일시했다. 하지만 그들은 그것을 레오니드의 말 속에 담긴 문자 그대로의 재현과는 다른 식으로 이해했다. 자신을 발화의 수신자로 인식하면서, 그들은 그가 요청한 투표에 아주 인상적인 만장일치의 의사 표시로 반응했다. 하지만 그들의 집단적인 반응은 "당신은 이 결의안을 지지합니까?"라는 질문의 진술적 의미를 향해 있지 않다. 그들의 반응은 "당신은 지금 행해지고 있는 의례의 규범과 법칙 들이 수행적으로 재생산될 필요가 있으며 진술적 의미가 반드시 그에 부합할 필요는 없다는 점을 이해하고 있는 사람, 그럼으로써 그에 맞게 행동할 줄 알며, 그렇게 함으로써 다른 의미들에도 관여할 수 있는 그런 종류의 사람입니까?"라고 묻는 그것의 수행적 의미를 향한 것이다. 청중이 회합 장소에서 긍정의 의사 표시와 함께 인정했던 것, 그럼으로써 결국 일종의 **탈영토화된 공중**이라 할 스보이의 공중을 만들어냈던 것이 바로 저 후자의 부름이었다.

이 공중은 낸시 프레이저Nancy Fraser가 서구의 맥락에서 정의했던 "대항 공중counterpublic"과도 구별되어야 한다. 대항 공중은 "피지배 사회 그룹의 구성원들이 자신의 정체성, 관심, 필요에 대한 대항적 해석을 정식화하기 위해 대항 담론을 발명하고 유통시키는 병렬적인 담론의 장"(Fraser 1992: 123)을 가리킨다. 분명히 대항 공중과는 다르게, 스보이의 공중은 "관심과 필요"의 대항적인 담론을 통해서가 아니라, 권위적 담론의 수행적 전환을 통해서 자기-조직화되었다. 노골적인 찬성이 그렇듯이, 노골적인 반대는 회피되었다.

러시아의 사회학자 올레크 비테Oleg Vite는 1950년대 후반부터 소비에트의 일상적 삶의 공적 영역이 점차 두 개의 공적 영역으로 갈라져 재조직되었다고 주장했다. 첫번째가 공적publichnaia 영역이라면, 두번째는 사적인 공적privatno-publichnaia 영역이다(Vite 1996). 비테에 따르면 이 두 개의 공적 영역은 실천과 관계 들을 구조화하는 서로 다른 규범과 법칙 들로 뚜렷하게 구별된다. 전자는 비테가 "성문법"에 비유하는 국가의 기록된 법률과 법칙 들에 의해 작동되는 반면, 후자는 그가 "불문법"에 비유하는 기록되지 않은 문화적 이해와 합의 들에 의거해 작동된다.

이런 식의 논의는 단일한 '공식' 소비에트 공적 영역의 상을 정당하게 해체한다. 하지만 그 두 개의 공적 영역을 서로 다른 일련의 법칙과 코드 들에 의해 지배되는 독자적으로 고착된 별개의 영역처럼 묘사함으로써, 그것은 이 두 가지 법칙, 코드, 영역, 공중 들 사이에 존재하는 서로 떼어낼 수 없는 상호 구성적 관계를 간과하는 새로운 이분법을 만들어낸다. 보다 적절한 방식은 이를 정적으로 고정된 공적 영역이 아니라, 다수의 탈영토화된 공중들이 끊임없이 생성되는 탈영토화의 과정으로 바라보는 것이다.[60] 이 과정을 통해 소비에트인은 서로 다른 맥락과 그룹 들 안에서, 하지만 언제나 권위적 담론과의 관계를 유지한 채로, 그 정체성에 영원히 못 박히지 않으면서 스보이에 포함되거나 배제되게 되었다.

---

60 **공식화된**officialized 공적 영역과 **개인화된**personalized 공적 영역이 소비에트부터 포스트-소비에트의 맥락에 이르기까지 어떻게 재생산되었는지에 관한 논의는 Yurchak (2001a)을 보라.

'정상적인 삶'

1970~1980년대에 학생이었던 올레크는 그 시절의 삶에 대해 이렇게 회상한다. "우리에겐 정상적인 삶이 있었어요u nas byla normal'naia zhizn'. 우리에겐 친구가 있었고, 공부를 하고 책을 읽고 토론을 했죠. 우린 전시회에 갔고, 여행을 했고, 관심과 목표가 있었어요. 우린 정상적인 삶을 살았던 거예요zhili norma'noi zhizn'iu." 하지만 올레크는 이데올로기적 활동과 조직에 그리 열성적이지 않았으며, 콤소몰로부터 거리를 두었다. 올레크가 말하는 "우리"는 그의 동료들, 정상적인 사람들, 스보이를 포함했다. '정상적인 사람'의 개념이 그렇듯이, '정상적인 삶'이라는 개념 역시 너무 열성분자 같지 않고 그렇다고 너무 반체제적이지도 않은 삶을 의미했다. 대신에 그것은 이 삶이 흥미롭고 상대적으로 자유로우며 충만하고 창조적이라는, 그러니까 억압된 실존이나 이데올로기적인 자동화 혹은 이상주의적인 활동(가)주의 따위로 환원될 수 없다는 생각을 표현했다. 권위적 언술 행위나 의례의 집단적인 수행은 앞서 기술했던 '의미 있는 일'만을 생산했던 것이 아니라, 더 넓게는 의미 있는 삶, 곧 '정상적인 삶'을 만들어냈다. 이 정상적인 삶은 이데올로기적 메시지의 진술적 독해를 넘어섰고 당의 독재에 의해 결정되지 않았다.

공인된 대변인들에게 위임된 콤소몰의 제도적 힘은 '정상적인 삶'의 창조를 위해 도처에서 재배치되었다. 콤소몰 위원회는 이런 창조를 위한 장소가 되었다. 위원회의 위원은 날이 갈수록 스보이에 해딩하는 원칙에 의거해 선출되기 시작했다. 이리나는 1980년대 초반 그녀가 속한 위원회의 구성을 다음과 같이 묘사했다.

3 뒤집힌 이데올로기: 윤리학과 시학

제 가까운 친구 아나스타샤하고 아주 활동적이고 똑똑한 또 한 명이 콤소몰 위원회에 선출됐어요. 얼마 지나지 않아 그녀는 제가 없어서 외로워했고 절 끌어들이기로 결정했지요. 말하자면 저는 '우정 때문에po druzhbe' 콤소몰 멤버가 된 거예요. 결과적으론 아나스타샤가 공산당에 가입하려고 위원회를 떠났고 [……] 이제는 제가 그녀 없이 외롭게 돼버렸죠. 그래서 제 다른 친구 나탈리아가 선출되도록 판을 짰어요. 그런 다음에 저희는 또 다른 친구 한 명을 끌어들였고, 결국 거의 친구들만으로 구성된 환상적인 콤소몰 위원회를 만든 거예요. 저는 그 위원회에 대해 아주 좋은 기억을 갖고 있어요.

이런 원칙에 따라 위원회를 구성한다는 것은 그 구성원들이 다음과 같은 이해를 공유하고 있다는 것을 뜻한다. 우선 많은 텍스트와 임무 들이 그것의 진술적 의미가 간과된 채로 오직 형식의 차원에서 수행될 것이다. 그리고 만일 위원회에 열성분자가 포함되어 있을 경우에는 제대로 유지되기 어려울 법한 실천들에 대한 비판적 토론은 대개 회피될 것이다. 이런 식으로 콤소몰 위원회는 탈영토화의 장소가 되어갔다. 나탈리아가 회상하기를, "우리는 모임을 위해 위원회 회의실에 모이는 걸 좋아했어요. 당연히 그건 일과 시간에 이루어졌죠. 먼저 신속하게 콤소몰 관련 안건 토의를 마친 후에, 각자 자기 일을 하고 잡담도 하고 차도 마시고 하면서 몇 시간이고 보내는 거죠. 그렇게 일상obychnuiu 업무[도서관 일]를 땡땡이치는 거예요."

콤소몰 위계 조직의 다른 직책과 장소 들 역시 위원회 회의실과 마찬가지로 다중적 기능을 수행했다. 그중 하나가 초급 조직 위원회 구성원들이 정기적으로 방문하는 콤소몰 구區위원회였다. 초급 조직 위원회 구성원들은 그곳에서 자신의 상급자와 토의를 하고, 회원 회비를 내고, 문서를 수거하고, 임무를 할당받는 등의 일을 했다. 근무시간에 자기가 일하는 연구소나 공장을 빠져나온 위원회 구성원들은 콤소몰 구區위원회에서 업무를 빠른 시간 안에 끝내버리고, 남는 시간에는 이 방문을 핑계로 업무에서 벗어나 친구들과 쏘다니거나 박물관에 가거나 쇼핑을 하는 등의 일이 드물지 않았다. 전문적인 이데올로기 기관들이 국가에서 분리된 상황이 이런 전략을 가능하게 만들었다. 직장의 상관들은 [하급자들이] 콤소몰 구區위원회에서 시간을 얼마나 보내는지 알아보려 하지 않았다.

심지어 나탈리아와 이리나는 오직 스보이만 이해할 수 있는 약속된 문장인 "콤소몰 구區위원회 가기uiti v Raikom"를 만들어 사용하기도 했다. "근무시간에 미술 전시회나 카페에 가고 싶으면 우린 부서장에게 '콤소몰 구區위원회에 가야 해요'라고 말하곤 했어요." 권위적 형식들을 인용함으로써 시간, 공간, 제도, 그리고 국가의 담론을 길들이고 개인화하는 이런 기술은 콤소몰 위원회의 상급 기관인 공산당 위원회를 포함한 이데올로기적 위계의 전 층위에서 활용되었다. 때때로 그것은 희극적인 상황으로 이끌기도 했다. 언젠가 나탈리아와 이리나가 도서관 부서장에게 콤소몰 구區위원회에 가야 한다고 말했다. 그리고 대신에 그들은 근처에 새로 문을 연 피자 가게에 갔다. 한 시간 후에 부서장이 또 다른 상급자와 함께 그 피자 가게에 나타났다. 그들은 둘 다 당 위원회 구성원이었고, 마찬가지로 당 구區위원회에 급한 일이 생겨 방문해야 한다고 말하고선 땡땡이를 친

3 뒤집힌 이데올로기: 윤리학과 시학

것이었다. 자리에 앉고 나서 그들은 이리나와 나탈리아를 알아보았다. "아주 곤혹스러웠죠." 나탈리아가 회상했다. "웃음을 참느라 숨이 막힐 지경이었어요. 서로 다른 테이블에 앉아서는 마치 아무 일도 없는 듯 행동했어요."

레닌그라드 대학 언론학과 학생이었던 레나(1963년생)는 1983년 일기에, 대학생들이 무단결석을 위해 가짜로 만들어낸 권위적 임무를 이용하는 방법을 적어놓았다. 1983년 6월 4일 레나와 그녀의 친구인 대학생 밀라는 대학 세미나실 앞에서 이야기를 나누었다.

> 밀라가 말했다. "레나야, 우리 이리나 파블로브나 교수님 [러시아 문학] 세미나에 가지 말자."
>
> "어떻게 할 생각인데?"
>
> "코지츠키 텔레비전 공장 콤소몰 위원회 서기하고 우리 보고서와 관련된 인터뷰가 잡혀 있다고 하는 거야."
>
> 난 대답 대신 웃었다. 이건 우리가 항상 대는 핑계였다. 왜냐하면 다른 새 핑계를 생각해내기가 귀찮았기 때문이다. 밀라는 이리나 파블로브나에게 다가가서, 아주 걱정스러운 듯이 말을 했다. "이리나 파블로브나 교수님! 저희는 20분 안에……"
>
> 나는 유감스럽고 약간은 절박한 표정을 지으며, 마치 이렇게 말하려는 듯이 그 옆에 서 있었다. 이 세상 그 무엇과도 바꿀 수 없는 제가 가장 좋아하는 러시아 문학 세미나를 빼먹어야 하다니 현실은 고달프군요…… 리얼리즘이란 우리에게 얼마나 끔찍한 짓을 하는 건지! 이리나 파블로브나는 감동했다(혹은 그런 척했다).
>
> 그녀가 말했다. "물론이에요. 가보도록 하세요."

그리고 슬픔에 차서 우리는 천천히 떠났다. 다른 학생들이 부러움에 차서 우리 뒷모습을 바라봤다. 건물 밖에 나가자 우리는 기뻐서 방방 뛰었다.

"자, 어디 가서 먹을까?" 밀라가 말했다.

우리는 8번가 중앙거리 구석에 있는 카페로 갔다.[61]

"리얼리즘이란 우리에게 얼마나 끔찍한 짓을 하는 건지"라는 레나의 말이 상황을 요약한다. 도서관의 상급자처럼, 교수 또한 〔결석의〕 이유가 권위적 상징의 언어—콤소몰 구區위원회, 공장의 콤소몰 서기 등등—로 기술되었을 경우 그것을 문제 삼고 싶어 하지 않았다. 이 상징들을 사용하는 것은 사소한 무단결석이나 일을 회피하는 것 이상이었다. 순간적으로 권위적 상징들에 의거함으로써(즉 진술적 의미 차원에서 그것을 문자 그대로 제시함으로써), 이들은 콤소몰의 공인된 대변인들에게 위임된 제도적 힘에 의지할 수 있었다. 그리고 그렇게 함으로써 그들은 도서관 상급자, 대학교수, 콤소몰 구區위원회 자체, 그리고 이 권력을 공인한 바로 그 국가기관들(콤소몰을 포함한)로부터 상대적인 자유를 획득할 수 있었다. 간단히 말해 그들은 시간, 공간, 관계, 그리고 사회주의 시스템의 의미를 탈영토화할 수 있었다. 그 시스템의 원칙들에 기댐으로써 말이다.

---

61 레나의 개인 보관 자료에서, 그녀의 허가를 받아 인용했다.

행진

5월과 11월에 열리는 행진은 어느 정도까지는 별로 달갑지 않은 의무로 보일 수도 있지만, 동시에 축제로 받아들여지기도 했다. 엄청난 규모를 자랑하는 행진은 스보이의 공중을 문화적으로 생산하기 위한 강력한 기제였다. 그것은 친구들뿐 아니라 함께 거리를 행진하는 낯선 사람들, 그러니까 똑같은 초상화와 표어를 든 채로 스피커에서 들리는 똑같은 선동 문구에 "만세!"라고 한목소리로 대답하면서 똑같이 축제 기분을 내보였던 이들로 이루어진 한시적인 공동체를 만들어냈다. 이런 행사들에 참여하는 것은 바로 이런 표어와 초상화 들로 인해 가능해졌지만, 더 이상 그것들의 문자 그대로의 의미에는 매여 있지 않은 소속감의 집단을 창출했다. 나탈리아는 "콤소몰 서기들이 '제발 오세요'라고 부탁했기 때문에" 행진에 참여했다. 부탁한 사람들이 친구였기 때문에 당연히 매번 간 것이다. "하지만 사실 전 거기 가는 게 싫지 않았어요. 모두가 함께 '만세'라고 소리지르는 게 재미있었거든요." 연구소 서기였던 안드레이는 이렇게 회상한다.

행진은 단지 친구와 친지 들을 만나 즐거운 시간을 갖는 또 하나의 축제일이었을 뿐이에요. 그건 이데올로기적 행사로 체험되지 않았어요. [⋯⋯] 노동절 행진은 드디어 날씨가 봄을 향해 가는 시점에 열리곤 했어요. 따뜻하고 화창했죠. 모두가 좋은 기분이었어요. 다들 즐기러 왔죠. 아이들이 많았어요. 애들은 행진을 아주 좋아했죠. 아이가 풍선 세 개를 받거나 잠깐 깃발을 들 수 있게 해준다고 상상해보세요. 아이들에겐 최고의 재미죠. 그 깃발에 적힌 문구들에 대해서는, 제 생각엔 아마 대부분 별로 신경 안 썼을걸요.

혁명의 날, 노동절, 그 밖의 많은 기념일들은 스보이의 대규모 공동체에 속한다는 느낌을 만들어내는 의례로서 중요했다. 이런 기회에 사람들은 집에서 저녁 파티를 열어서 동료, 친구, 친척 들과 다함께 먹고 마시고 노래를 불렀다. 이런 국경일에는 수백만의 사람들이 축하 카드를 보냈다. 엽서에는 소비에트의 상징들이 그려져 있었다. 별, 현수막, 낫과 망치, 표어, 그리고 레닌의 초상화까지. 사람들은 엽서에 각자의 건강, 행복, 일에서의 성공 따위의 전형적인 기원을 담았다. 또한 그것은 친구, 동료, 친지 들 사이에 소식을 나누는 기회이기도 했다. 1년에 몇 차례씩 반복되었던 이런 대규모의 담론적 의례들은 권위적 메시지의 진술적 차원을 변경함으로써, 스보이의 공중을 상상하고 만들어내는 데 기여했다.

소비에트 신문들

1983년 가을에 레나는 언론학과 대학생으로서 '현장 실습uchebnaia praktika'을 위해 지역 공장 신문사에서 일하고 있었다. 어느 날 신문사 편집장이 그녀에게 그 지역의 대규모 채소 농장ovoshchnaia baza의 성과를 다룬 기사를 작성하는 임무를 할당했다. 표준적인 절차에 따라, 레나는 직접 현장을 방문하지 않은 채로 전반적으로 긍정적인 논조의 기사를 쓰려고 했다.[62] 편집장과 기자 둘 다 이런 일의 의미는 '문자 그대로'일 필요가 없으며, 그들이 시간과 에너지를 절약하고 형식뿐인 활동을 최소화해줄 수 있는 생산의 기술에 참여하고 있다는 사실을 잘 이해하고 있었다. 하지만 레나가 책상에 앉아 쓰기 시작했을 때, 그녀는 벽에 걸린 레닌의 초상화가 그녀를 내려다보고 있다는 걸 의식하기 시작했고, 상황의 아이러니함에 갑자기 곤혹스러움을 느꼈다. 여기서 또다시 우리는 '레닌'의 이미지가 주인 기표로서 행하는 역할을 확인할 수 있다. 권위적 담론의 여타 재현들과 달리, 레닌의 이미지는 손쉽게 수행적 차원으로 환원될 수가 없었다. 그것의 강력한 진술적 의미 대부분이 권위적 담론의 장 바깥에 근거를 두고 있었기에, 삭제되지 않은 채로 여전히 공산주의적 이상의 본래적 순수성과 도덕적 약속을 가리키고 있었다. 레닌의 시선 밑에서 이 이념들을 순전한 "형식"으로 바꿔놓는 일에 참여하고 있던 레나가 곤혹스럽고 아이러니한 감정을 느낀 이유가 여기에 있다. 레나는 1983년 9월 19일에 편집장과 나눈 대화를 이렇게 기록해놓았다. "볼로댜, 저는 이렇게는 일을 못하겠어요. 그가 제 눈을 똑바로 쳐다보고 있는걸요." 볼로댜의 이해에 용기를 얻은 레나는, 이런 식의 형식적인 보고서를 또 다른 한 사람의 시선 아래서 썼다면 똑같이 곤혹스러웠을 거라고 덧붙였다. "있잖아요, 제 친구 중에 비소츠키Vladimir Vysotskii 초상화를 책상 위에 놓아둔 애가 있어요. 그가 기타를 안은 채 특유의 증오로 가득 찬s nenavist'iu 시선으로 바라보는 거죠. 저는 그 친구 책상에 앉아 그의 시선을 받으면서 바보 같

---

62 이와 비슷한 식으로 소비에트 신문의 편집자들은 정기적으로 "독자 기고 편지"를 직접 써서 그들의 신문에 게재하곤 했다. 이에 관해서는 Humphrey(1989: 159)와 Losev(1978: 242)를 보라.

은 보고서를 쓸 수가 없었어요. 사진을 돌려놔야만 했죠."[63]

블라디미르 비소츠키는 이른바 작가주의 노래[64]가 소비에트 문화에서 양가적인 위치를 점하고 있던 1970~1980년대에 커다란 인기를 누렸던 연극배우이자 영화배우였다. 소비에트 현실의 비인간적이고 소외감 느끼게 하는 측면을 드러낸다는 이유로 국가는 이 작가주의 노래 대부분을 못마땅해했지만, 그럼에도 그것들이 대놓고 반체제적인 것은 아니었기에 명시적으로 금지시키지는 않았다. 소비에트 시기 동안 비소츠키의 거의 모든 노래는 국가가 운영하는 음반사 멜로디야Melodiia에서 출시된 적이 없고 소비에트 라디오에 방송된 적도 없었다. 그럼에도 그 노래들은 사적으로 만들어진 수백만 개의 테이프 녹음본을 통해 전국에 유통되면서 커다란 인기를 누렸다. 테이프로 녹음된 그의 노래들은 소비에트 사회의 전 계층에게 인기가 있었는데, 국가 관료층을 포함하는 인텔리겐치아 사이에선 특히 그러했다.

레나가 자신의 편집장에게 비소츠키를 언급했을 때, 스보이의 상호 인정이 발생했다. 그들은 비록 형식적인 텍스트를 쓰고 있지만 비소츠키를 좋아했고, 사회주의적 이상과 윤리에 완전히 냉소적인

---

63 레나의 개인 보관 자료에서, 그녀의 허가를 받아 인용했다.

64 [옮긴이] '작가주의 노래avtorskaya pesnia'는 1950년대 말 소비에트의 변화된 정치적 상황 속에서 등장한 독특한 음악 장르를 가리킨다. 당대 소비에트의 공식 대중음악 장르였던 '에스트라다estrada'와 구별하여 '작가주의 노래'로 불렸으며, '아마추어 노래'나 음유시인을 뜻하는 '바르드bard'라 불리기도 했다. 이 장르는 시에 선율을 붙인 것으로, 작가가 어쿠스틱 기타를 연주하면서 직접 노래를 부른다. 주로 작은 연극 공연처럼 진행되었던 작가주의 노래는 녹음을 통해 입에서 입으로 대중 사이에 널리 퍼져갔다. 비소츠키를 비롯해 오쿠자바Bulat Okudzhava, 갈리치Alexandr Galich, 율리 킴Yuliy Kim 등이 유명하다.

것은 아니었으며, 또 정기적으로 콤소몰과 당 회합에 참석해야만
했다.

편집장이 나를 빤히 쳐다보더니 물었다.
"자네 친구가 비소츠키를 좋아했나?"
"네, 그런 것 같아요."
"그럼 자네도 그런가?"
"네, 그렇다고 말할 수 있어요."
그는 잠시 침묵하더니 이렇게 말했다. "좋아, 나는 이제 당 위원회
에 가야 하네. 그동안 자네는 이걸 듣고 있어도 좋아."
그는 카세트테이프를 틀었다. 비소츠키였다. 그가 덧붙였다. "듣다
가 지겨워지면 꺼도 되네."
내가 대체 어떻게 비소츠키를 지겨워할 수가 있겠어?!!! (강조는
원문)

레나는 편집장이 당 위원회 모임에 간 동안에 레닌의 초상화 아래
에서, 소비에트 신문 편집 사무실에 앉아, 이데올로기 생산의 맥락
에서 권위적 장르의 기사를 썼다. 하지만 그와 동시에 그녀가 편집
장과 나눈 대화, 그리고 그들이 들었던 노래는 서로를 스보이로 알
아볼 수 있게 했다. 또다시 권위적인 형식의 의례가 예측 불가능한
창조적 세계, 의미, 공중의 생산을 가능케 만든 것이다.

중앙위원회 분석가들

권위적 담론과의 이런 역동적인 관계는 이데올로기적 위계를 따라 최상부까지 이어졌다. 중앙위원회의 몇몇 젊은 근무자들—그중에서도 특히 특권적 위치를 차지했던 정치 분석가와 연설문 작가들—역시 비소츠키의 팬이었다. 그들은 1970년대에 자신들의 사적인 모임에 이따금 비소츠키를 초빙하곤 했다. 비소츠키는 그들을 위해 전설적인 노래 「늑대 사냥Okhota na volkov」을 불렀다(Burlatskii 1997: 261). 이 노래는 자신을 가두고 죽이려는 추적자를 피해 달아난 젊은 늑대에 관한 이야기인데, 소비에트 역사의 억압적 일화들을 겨냥한 명백한 은유였다. "모든 힘과 힘줄로 내달린다. 하지만 오늘도 역시 어제처럼, 나를 에워싸고 또 에워싼다. 신나게 감방으로 몰아넣는다."[65]

호루쇼프와 브레즈네프 치하 공산당 중앙위원회 연설문 작가였던 표도르 부를라츠키에 따르면,

> 당 중앙위원회 중국 문제 전문가였던 레프 델류신Lev Deliusin 은 극장 감독 유리 류비모프Yurii Liubimov, 불라트 오쿠자바Bulat Okudzhava, 블라디미르 비소츠키와 아주 잘 아는 사이였다. 그는 이들을 [중앙위원회 분석가들의] 또 다른 그룹 구성원들에게 소개했다. 비소츠키는 그들에게 「늑대 사냥」을 불러줬다. 훗날 그는

---

65 비소츠키 새난 공식 웹사이트 http://vv.kulichki.net/vv/eng/songs/hamilton. html#wolf_hunt. 영어 번역은 캐서린Kathryn과 브루스 해밀턴Bruce Hamilton.

이 사건을 다룬 다른 노래도 불렀다. "거물들이 나를 불렀다네. 내게 「늑대 사냥」을 불러달라고 했지Menia zovut k sebe bul'shie liudi, chtob ia im pel 'Okhotu na volkov'"(Burlatskii 1997: 261).

또 다른 당 중앙위원회 분석가이자 연설문 작가였던 게오르기 샤흐나자로프Georgii Shakhnazarov 역시 비소츠키를 알고 있었는데, 당 중앙위원회의 그의 친구들에게 노래를 불러달라고 그를 모스크바 대학가 당 중앙위원회 주거 지구에 있는 자신의 아파트로 초대했다.[66] 중앙위원회 유리 안드로포프 국제 분과 소속의 젊은 연설문 작가들이 모스크바 교외에 있는 부를라츠키의 중앙위원회 별장에서 당 문서와 연설문 작업을 할 때, 그들은 자주 비소츠키 노래가 녹음된 테이프를 듣곤 했다.[67]

소비에트 삶의 새로운 의미, 공중, 시간성, 공간성은 수행적 전환의 원칙을 중심으로 전개되었다. 체계가 의미화되는 방식(형식)은 철저하게 재생산되었지만, 〔그 과정에서〕 실제로 의미하는 바는 고삐가 풀린 채 새로운 해석에 개방되었다. 후기 사회주의 시스템은 탈영토화되었다. 이 과정은 시스템의 진술적 의미들의 모방이나 위장에 뿌리를 둔 것이 아니었다. 대신에 그것은 체계 속으로 새로운 의미와 가능성들을 도입했다. 시스템은 그 내부에서 아무도 예측하

---

66 Vandenco Andrei, "luckydog〔Vezynchik〕"(interview with film director Karen Shakhnazarov), *Itogi*, 2012, no. 27(http://www.itogi.ru/arts-spetzproekt/2012/27/179643.html).

67 저자 인터뷰.

지 못했던 "정상적인 삶"의 창조적이고 다중적인 예측 불가능한 형식들로 변형되어갔다. 이런 탈영토화하는 움직임은 분명 더 큰 자유를 향한 운동이었지만, 거대 서사의 해방적 수사학(가령 "진실 속에 살기" 같은) 안에서 코드화된 움직임은 아니었다.

3 뒤집힌 이데올로기: 윤리학과 시학

4

'브네'에서 살기
: 탈영토화된
사회적 환경*

---

*   〔옮긴이〕 여기서 '사회적 환경'은 '밀류milieu'라는 단어를 번역한 것이다. 이 개념에 대
한 설명은 1장 주석 56번을 보라. 한편 유르착은 러시아어본에서 4장의 제목을 "삶의 방
식으로서의 외재성vnenakhodimost' kak obraz zhizni"으로 바꾸었는데, 이 개념에 관
해 설명이 필요하다. 러시아어본에 나오는 '외재성vnenakhodimosti'이라는 단어는 바흐
친이 만든 신조어로 '바깥/외부'를 뜻하는 러시아어 접두사 '브네vnye-'와 '위치함/자리
함'을 의미하는 '나호디모스티nakhodimosti'를 결합한 합성어이다. 하지만 바흐친의 이
론적 맥락(자아와 타자 혹은 작가와 주인공의 관계) 속에서 이 개념은 단지 '외부에 자
리함'을 뜻하는 것이 아니라 두 공간 혹은 두 정신 사이의 특별한 관계, 이를테면 그것들
사이의 '대화적 동시성'을 겨냥하고 있다. 유르착은 이 장에서 외재성의 영어 번역에 해
당하는 "브네에 존재하기/살기Being vnye"라는 표현을 사용하여, 내부와 외부에서의 동
시적인 실존, 즉 안쪽의 바깥쪽에 자리하는 역설적 상황을 기술하고 있다. 가령 'Being
vnye to the authoritative system/discourse'라고 하면 '권위적 체계/담론'의 안쪽에 머
물면서 동시에 바깥쪽에서 살아가는 것'을 의미하게 된다. 참고로 일본어 번역본에서도
이 단어는 번역을 하지 않은 채 원어 그대로 "브네에서 살기ヴニェで生きる"로 표기하고
있다.

다른 사람들처럼 내겐 천사가 있다네.

그녀는 내 등 뒤에서 춤을 추고 있지.

사이공에서 그녀는 내게 커피를 시켜줬다네.

사실 내게 무슨 일이 일어나건, 그녀는 관심 없지.

— 보리스 그레벤시코프[1]

브로드스키의 모델

작가 세르게이 도블라토프[2]는 '60년대 세대shestidesiatniki'[3]의 열정

---

1   보리스 그레벤시코프Boris Grebenshikov와 그가 속한 록그룹 아크바리움Akvarium〔수족
    관〕이 1981년에 발표한 앨범 『전기Elektrichestvo』에 수록된 노래 「영웅Geroi」 중 일부(멜
    라니 피킨Melanie Feakins과 알렉세이 유르착이 영어로 번역)이다. 러시아어 원문은 아래
    와 같다.

    I kak u vsekh u menia est' angel

    Ona tantsuet za moei spinoi

    Ona beret mne kofe v Saigone

    I ei vse ravno chto budet so mnoi.

2   〔옮긴이〕 세르게이 도블라토프Sergei Dovlatov(1941~1990)는 소비에트의 체호프라는
    별명을 얻은 20세기 산문작가로, 1979년 미국으로 망명하여 뉴욕에서 활동하다가 1990
    년에 사망했다. 재기 어린 풍자와 웃음을 소비에트의 현실과 맞물린 특유의 우수와 결합
    시킨 독특한 문체의 뛰어난 단편들로, 1989년 이후 러시아에서 신드롬에 가까운 인기를
    누렸다. 같은 레닌그라드 출신으로 1972년에 먼저 미국으로 망명했던 시인 브로드스키
    와 가까운 사이였다. 2018년 알렉세이 게르만 주니어Aleksei German Jr. 감독이 그의 삶
    을 그린 영화 「도블라토프Dovlatov」를 만들기도 했다.

에 관해 이렇게 쓴 적이 있다. "닐스 보어Neils bohr는 이렇게 말하곤
했다. '진실에는 명백한 것과 심오한 것이 있지. 명백한 진실에 대립
하는 건 거짓이야. 그리고 심오한 진실에 대립하는 건 또 다른 심오
한 진실이지.' […] 나의 친구들은 명백한 진실에 몰두해 있었다.
우리는 예술의 자유, 정보를 얻을 자유, 인간 존엄에 대한 존중을 이
야기했다"(Dovlatov 1993: 23). 명백한 진실을 향한 이런 집착은 또
한 "진실 집착증" "정직한 것과 그렇지 않은 것으로 삶의 선택을 범
주화하려는 자발적 강박 상태" 등으로 불렸다(Gessen 1997: 114). 도
블라토프는 명백한 진실을 향한 이런 관심을 그가 1960년대 중반에
처음으로 대면하게 된 [또 다른] 태도와 비교한다. 이런 태도를 취하
는 사람들은 소비에트의 삶을 도덕적인지 아니면 비도덕적인지로 평
가하지 않았다. 왜냐하면 그들은 자신 주변의 소비에트 삶의 사건과
사실 들이 '심오한 진실'과 비교하기에는 적절하지 않다고 보았기 때
문이다. 바로 이런 태도의 극단적인 표명에 해당하는 것이 레닌그라
드의 시인 이오시프 브로드스키의 경우다.

브로드스키 주변의 젊은 비非순응주의자들은 마치 다른 직업을 가
진 사람들처럼 보였다. 브로드스키는 전례 없는 행위의 모델을 창

---

3   '60년대 세대'는 [이 책의 주제인] 소비에트 마지막 세대보다 나이가 열 살에서 스무 살
    정도 많다. 그들은 흐루쇼프의 해방적 개혁기에 출현했으며, 스스로를 이 개혁들과 동일
    시했다. 그들은 스탈린 시기에 왜곡되어버린 공산주의적 이상의 본래적 순수성을 회복
    하기 위해 당이 진정한 시도를 하고 있다고 보았고, 그들 중 상당수는 당의 젊은 지지자
    가 되었다. 브레즈네프 집권 시기에 개혁이 후퇴하면서 그들은 환멸을 경험했다. 그 결
    과로 그들은 공산주의적 이상에 대한 애착과 소비에트 체계의 결함에 대한 비판적 관점
    이 혼합된 견해를 발전시켰다.

조했다. 그는 프롤레타리아 국가가 아니라 자기 영혼의 수도원에서 살았다. 그는 체제와 싸우지 않았다. 그는 그저 체제를 인지하지 않았을 뿐이다. 그는 정말로 그것의 존재를 제대로 몰랐다. 소비에트 삶의 영역 내에서 그의 지식 부족은 꾸며낸 것처럼 보일 수도 있었다. 예를 들어 그는 제르진스키[4]가 아직 살아 있다고 확신했다. 그리고 코민테른[5]이 음악 그룹 이름이라고 믿었다. 그는 중앙위원회 정치국 구성원을 알아보지 못했다. 그가 살고 있던 건물 외벽에 6미터짜리 므자바나제[6]의 초상화가 걸려 있었는데, 건물 앞에 서서 이렇게 물었다. "이게 누구죠? 윌리엄 블레이크를 닮았네요"(Dovlatov 1993: 23).

어쩌면 브로드스키의 시적 직감은 소비에트의 권위적 담론이 이미 야콥슨의 "언어의 시적 기능"(Jakobson 1960) 같은 것으로 증류되어 버렸다는 사실을 날카롭게 감지했고, 이것이 그로 하여금 자신만의 의미의 우주를 통해 권위적 기표들을 읽어낼 수 있도록 허용했을지도 모를 일이다. 일상생활의 권위적 형태들과 무관하게 지내는 정도가 어찌나 심했는지, 소비에트 정부가 '백수'라는 이유로 그를 박해했을 정도였다. 그러나 이어지는 10년 동안 브로드스키의 삶의 방식은 그보다 열 살가량 어린 도시 거주민, 곧 소비에트 마지막 세대 사이에서 점점 더 널리 퍼지기 시작했다.

---

4 제르진스키Feliks Dzerzhinskii는 볼셰비키의 수장으로서, 레닌의 동지이자 체카(비밀경찰, KGB의 전신)의 창시자이다. 그는 소비에트 역사에서 신화적인 인물로 잘 알려져 있다. 그에 관한 또 다른 내용은 5장을 참고하라.
5 코민테른Comintern은 공산주의 인터내셔널Communist International을 가리킨다.
6 므자바나제Vasily Pavlovich Mzhavanadze는 1960년대 중반 정치국 멤버였다.

앞선 장들은 콤소몰 내부에서의 이데올로기적 생산의 맥락과 과정에 초점을 맞추었는데, 그것이 권위적 텍스트, 보고서, 의례 들뿐만 아니라 시간성, 공간성, 관계, 담론, 공중의 새로운 의미와 형식들 또한 만들어냈다고 주장했다. 이 장에서는 이 논의를 이데올로기적 생산의 맥락 바깥으로 가져가, 권위적 담론 체제와 특별한 관계를 맺는 일련의 맥락들에 집중하기로 한다. 그것들은 이쪽과 저쪽 사이의 경계 지대를 점유하면서, 안쪽과 바깥쪽에서 동시에 '유예'되었다. 앞서 묘사한 소비에트 현실의 사실과 사건 들에 대한 브로드스키의 심오한 몰이해와 무관심은 이러한 특별한 관계를 잘 보여준다. 나는 현실과의 이런 관계를 **브녜**vnye라는 용어를 통해 표현하고자 한다. 대개 브녜는 '바깥outside'으로 번역된다. 하지만 이 단어의 의미는 대부분의 경우 어떤 맥락의 내부와 외부에 동시에 자리하는 상태에 더 가깝다. 가령 맥락 안에 존재하지만 그것을 깨닫지 못하거나, 스스로를 다른 곳에 있다고 상상하거나, 혹은 자신의 생각 속에 머물러 있거나 하는 식이다. 또한 그것은 체계의 일부를 이루는 동시에 그 체계의 일정한 매개변수parameter들을 따르지 않는 상태를 의미할 수 있다. 예컨대 '시야 바깥에vnye polia zreniia'(즉 시야 내부에 있지 않은)라는 표현은 무언가가 **여기** 있다는 사실이 알려져 있지만, 그것이 보이지 않거나 다른 사물로 인해 시야가 가려졌을 때 사용된다. 이 장에서는 후기 사회주의가 체계의 안쪽과 바깥쪽에서 동시에 살아가는 삶의 다양한 양식들의 폭발을 그 특징으로 하며, 이를 '**브녜**에 살기being vnye'로 규정할 수 있다고 주장할 것이다. 이와 같은 삶의 양식들은 온전히 국가에 의해 가능해졌음에도 불구하고, 반드시 국가에 의해 예견되거나 통제되지는 않았던 갖가지 새로운

244

시간성, 공간성, 사회적 관계, 의미 들을 생산해냈다.

나는 젊은이들이 소비에트 시스템과 이런 방식으로 관련을 맺고 살았던 1960~1980년대 초 레닌그라드의 몇몇 사회적 환경을 그려내면서, 그와 같은 삶의 보다 '극단적인' 사례들에 집중하는 것으로 논의를 시작하겠다. 조금 더 널리 퍼진 사례들 또한 살펴보면서, 궁극적으로 이 장은 브녜에 살기가 후기 사회주의 시기의 지배적인 삶의 양식으로부터의 예외가 아니라, 반대로 그 체계에 널리 퍼진 중추적인 삶의 원칙이었다고 주장할 것이다. 그것은 후기 소비에트 문화의 주요한 **탈영토화**를 창출했는데, 시스템과 대립하는 형식은 아니었다. 그것은 소비에트 국가 자체에 의해 가능해졌지만, 소비에트 국가는 그것을 결정하지도 않았고 심지어 보지도 못했다.

인나와 그의 친구들

인나(1958년생)는 레닌그라드 대학 역사학부 학생이었다. 1970년대 중반에 중등학교 졸업과 대학 입학은 그녀에게 엄청난 전환이었다.

[중등]학교 시절엔 아직 모든 게 분명했어요, 당연히 [……] 저는 8학년 때 넘치는 열정으로 콤소몰에 가입했지요[당시 14세, 1972~1973년]. 저는 공동의 일에 기여하길 원했어요. 우리 반 학생 중에서 제가 처음으로 가입을 했으니까요. [……] 하지만 그때 이미 집에서는 갈리치와 비소츠키를 조금씩 듣곤 했지요.[7] [……]

9학년인가 10학년이 될 무렵[16~17세]에는 전 이미 과거의 열정을 잃어버린 상태였지만, […] 그래도 여전히 규칙 준수자로 남아 있었어요. 왜냐하면 그래야 한다는 걸 알고 있었으니까요. 하지만 학교를 마치자마자, 저는 그런 삶에 참여하는 걸 그만둬버렸어요. 다시는 콤소몰 회의에 가지 않았죠. 커다란 파문 없이도 그냥 그걸 피할 수 있다는 걸 알게 된 거예요.

대학교에서 인나는 자기처럼 시스템의 이데올로기적 상징주의를 회피하면서 살아가고 있는 또래 친구들을 만났다. "우리는 투표하러 간 적이 없어요. 선거와 행진도 그냥 무시했지요. […] 소비에트 생활과의 유일한 연결이라면 직장, 그리고 시간이 없었기 때문에 거의 출석하지 못했던 대학을 통한 것이 전부였어요." 인나가 강조하기를, 그럼에도 그들의 삶은 그 어떤 반체제적 담론에도 물들어 있지 않았다. 그들은 소비에트 시스템을 향한 공공연한 지지와 그에 대한 공공연한 저항 양쪽 모두에 관심이 없었다. "제 친구들 중에는 **반反소비에트주의자**antisovetchik〔적극적인 반소비에트 의제를 지닌 사람〕 같은 사람은 없었어요." "우린 그저 일, 학업, 정치에 관한 이야기를 서로 하지 않았을 뿐이에요. 전혀요. 그건 확실한 것이, 왜

---

7   인나는 알렉산드르 갈리치Alexandr Galich와 블라디미르 비소츠키를 언급했다. 알렉산드르 갈리치(1918~1977)는 극작가, 작곡가, 음악가이자 소비에트 **"작가주의 노래** avtorskaya pesnia"를 창시한 사람 중 하나다. 이 장르는 시에 선율을 붙인 것으로, 작가가 어쿠스틱 기타를 연주하면서 직접 노래를 부른다. 그의 노래는 소비에트 정부로부터 양면적이라는 평가를 받았다. 그는 1968년 노래 「파르테르나크」를 추억하며In memory of Pasternak를 발표한 이후 직업 협회에서 제명되었고, 더 이상 작품을 발표하지 못했다. 1974년 소비에트에서 추방됐고, 1977년 파리에서 사망하여 그곳에 묻혔다. 블라디미르 비소츠키에 대한 자세한 내용은 3장 마지막 부분을 참고하라.

냐하면 우린 [페레스트로이카가 시작된] 1986년 무렵까지 텔레비전도 보지 않았고, 라디오도 듣지 않았고, 신문도 읽지 않았으니까요."

(1986년 이전까지의) 반체제 담론 역시 그들에겐 딴 세상 이야기였다. "우린 단 한 번도 반체제분자에 관해 이야기한 적이 없어요. 누구나 다 뻔히 알고 있는데, 무엇하러 그런 이야기를 하겠어요. 그건 **재미가 없었어요**neinteresno."[8] 이런 언급은 권위적 담론의 수행적 전환을 가리키고 있는데, 즉 권위적 상징, 행동, 제의가 문자 그대로, 즉 진술적인 표명으로 받아들여져서는 안 된다는 점을 시사한다. 그러므로 그에 관해 논의하는 것은 의미가 없으며, 실수 또는 시간 낭비로 간주된다. 대신 그들은 자신만의 의미를 만들거나 다른 의미들을 끌어들이는 방식으로, 그것들의 수행적 재생산이 제공해준 가능성을 이용할 수 있었다. 그런 식으로 인나와 그녀의 친구들은 말없이 스스로를 반체제분자나 열성분자로부터 구별지었다.

> 우리가 그들을 어떻게 생각했냐고요? 별로 특별한 생각이 없었어요. 우리는 그들oni과는 달랐어요. 우리는 여기에 있고, 그들은 저기에 있었던 거죠. 우리는 그들과 달랐는데, 왜냐하면 우리가 보기엔 단지 플러스 기호가 마이너스 기호—친親체제와 반反체제—로 바뀌었을znaki meniaiutsia 뿐, 그들은 모두 같은 소비에트 인민이었기 때문이에요. 저는 단 한 번도 스스로를 소비에트인이라고

---

8 강조는 저자가 추가했다. 3장에서 소개한 올레샤의 말을 떠올려보라. 그는 반체제스러운 사람의 담론에 '무관심했는데'(즉 재미를 느끼지 못했는데), 왜냐하면 "그 사람은 당신에게 무언가 반응이 나오길 기대하지만, 당신은 그에게 할 말이 아무것도 없어요. 그 사람처럼 분석할 줄 몰라서가 아니에요. 그저 그러고 싶지 않기 때문이죠."

생각해본 적이 없어요. 우리는 **종적으로** 달랐어요my organicheski otlichalis'. 이게 진실이에요. 우리는 그저 브녜에 있었을 뿐이에요.

인나가 사용하는 언어는 그녀의 입장을 잘 드러낸다. 그녀가 대명사 그들oni을 사용했을 때, 그녀는 이를 당 또는 정부 관료로 제한하지 않고 스스로를 당의 반대자로 칭하는 사람들까지 확장시켰다. 인나의 입장은 소비에트 사회를 우리-그들 구도로 이분법적으로 그리는 사람들과 다르다. 인나와 그녀 친구들의 관점으로 보면, 반체제분자의 목소리 또한 같은 권위적 담론 체제의 일부분인데, 이는 그들이 그 담론과 맞서고 있을 때도 마찬가지다. 세르게이 우샤킨Sergei Oushakine은 반체제 담론이 국가의 권위적 담론과 맺는 관계가 "간間담론적interdiscursively이기보다는 담론 내적intradiscursively이었다"고 주장하면서, 이러한 형태의 반체제 저항을 "모방 저항mimetic resistance"이라 불렀다. 담론 장 내에서 지배하는 것과 지배받는 것이 서로 다른 위치를 점하고 있음에도 불구하고, 그것들은 동일한 어휘집에 근거해 "상징적 수단과 수사적 기법을 구사한다. 지배하는 것과 지배받는 것 둘 중 어느 것도 이 어휘집의 바깥에 스스로를 위치시키지 못했다"(Oushakine 2001: 207~208).

대부분의 반체제 담론과 체제 옹호적인 담론이 동일한 담론의 영역과 수사적 기법을 공유하고 있으며, 그들의 관계가 담론 내적이라는 부분에 대해서는 우샤킨의 주장이 옳았다. 하지만 "'진실의 체제' 안에서 지배 담론을 모방적으로 복제했던 반체제 담론만이 〔……〕 아마도 그 사회에서 진실하다고 받아들여질 수 있는 유일한 것이었다"는 그의 결론은 정확하지 않다(Oushakine 2001: 207~8). '진실'

에 관한 주장을 전체로서의 소비에트 담론 체제로 확장하는 것은 오류인데, 왜냐하면 정확히 우리가 살펴본 것처럼 진실의 개념이 탈중심화되었고 권위적 담론 영역의 진술적 의미에 못 박히지 않았기 때문이다. 인나와 그녀의 친구들 같은 사람들에게는 '진실'의 위치가 '담론 내적인' 것도 아니고, 그렇다고 '간間담론적인' 것도 아닌 영역으로 바뀌었다. 차라리 그것은 둘 사이의 특수한 자리를 점유한다. 진실의 두 유형에 관한 도블라토프의 앞선 구별을 떠올려보자. '명백한 진실'이 권위적 담론의 체제 안에서 구성된다면(그리고 그것의 진술적 의미와 관련된다면), 브로드스키나 인나와 그녀의 많은 친구들 같은 사람들이 점점 더 집착하기 시작한 '심오한 진실'은 그와는 다른 어휘 목록, 그와는 다른 담론적·윤리적 '차원'(즉 그 담론의 진술적 차원이 **아닌** 곳)에서 표현된다.

이러한 차원과 언어 목록은 권위적 체제의 '내부'와 '외부' 그 어디에도 속하지 않으면서, 권위적 담론과 특정한 방식으로 탈영토화된 관계를 맺고 있었다. 그러니까 권위적 담론의 형식, 행위, 의례 들이 불변하고 편재하는 것이었던 반면, 그 형식의 진술적 의미는 인나와 그녀의 친구들에게 부적절했다. 그 대신에 그들은 "코드의 잉여가치"를 더하고 그것들을 탈영토화해 뭔가 다른 것으로 만들면서(Deleuze and Guattari 2002: 10), 자기 삶에 새로운 의미, 사회성의 형식, 관계를 주입했다. 인나와 그녀의 친구들이 소비에트의 다른 인민과 자기들이 "종적으로" 달랐다고 말한 것은 우연이 아니다. 들뢰즈와 가타리의 앞선 논의에서 난초의 말벌처럼-되기처럼, 그들은 달라-**지기**becoming-different를 행하고 있었다.

인나는 이런 입장에 관해 좀더 자세히 상술했다. "우리는 모든 사회적 지위의 브녜에 존재했어요." 그녀는 소비에트 옹호자건 반反소비에트주의자건 관계없이 권위적 담론 영역을 "종적"으로 고수하는 입장을 경멸적으로 가리키기 위해서 "소비에트인sovetskii chelovek"이나 "소비에트 사람들sovetskie liudi"이라는 용어를 사용했다. 자신과 친구들을 체제 옹호와 반대 입장 모두로부터 구별짓고자 하는 이런 태도는, 앞선 3장에서 살펴보았던 대로 많은 콤소몰 서기와 구성원들이 열성분자와 반체제분자에게 느꼈던 반감에 대응되는 것이다. 콤소몰 구성원처럼 인나 또한 스보이라는 단어를 사용한다. 예를 들어 그녀는 다음과 같이 설명했다. "우리는 솔제니친을 스보이로 여기지 않았어요ne schitali ego svoim. 이건 중요한 점이에요. 아니요, 우리는 솔제니친 같은 시스템의 반대자가 아니었어요." 인나의 스보이에는 반체제분자도 체제 옹호자도 포함되지 않는다. 인나와 그녀의 친구들이 반체제 담론에 관심을 기울였을 때에도(예를 들어 그녀는 지하 출판된 책과 국외 출판된 솔제니친의 책을 읽었다), 이 작품들은 그들이 반체제 담론 및 권위적 담론과의 관계에서 스스로의 위치를 잡는 데 도움을 주었다. 그녀 자신의 말을 빌리자면, 이 출판물들은 그녀로 하여금 "우리가 실제로 어디에 서 있는지—**권력에 대해서가 아니라 전체적으로**—이해하는 데 도움을 주었어요Vazhno bylo poniat' gde my na samom dele nakhodimsia—ne otnositel'no vlasti, a voobshche."[9]

---

9 강조는 저자가 추가했다.

브녜에 존재하기

인나와 그녀의 친구들은 뒤에서 묘사될 다른 그룹이나 사회적 환경과 마찬가지로, 그들의 그룹에 속한 모든 이를 스보이라고 생각하고 말했다. 앞선 장에서 살펴본 것처럼, 스보이는 "우리"(보통 사람들)와 "저들"(국가)을 나누는 이분법에 속한 개념이 아니다. 이 스보이라는 공중은 지지와 반대, 그 어느 쪽으로도 권위적 담론과 관련을 맺지 않는다. 그 담론과 관련한 그들의 위치는 탈영토화되었다. 그 공간은 소비에트 마지막 세대가 만들어낸 것이 아니다. 그것은 1장에서 소비에트 이데올로기의 르포르식 역설이라고 불렀던 것 안에 내재되어 있었다. 그렇지만 이것은 이 젊은 사람들의 주체성을 형성하는 구성적 일부가 되었다.

스보이의 공중은 대개 모종의 관심이나 직업 혹은 담론을 공유하는 친구와 외부인 들로 구성된 단단히 짜인 네트워크로서 조직된다. 이러한 네트워크는 긴밀한 사회적 환경[10]으로 묘사될 수 있다. 그것은 결코 완전히 매여 있지도 고립되지도 않은 채 언제나 생성과 변화의 과정 중에 놓여 있는, 그래서 개방형의 움직이는 회원 자격을 갖는 사회적 환경이다. 이런 사회적 환경들 안에서 개인적 정체성, 집단성, 관계, 관심사 들이 형성되고 규범화된다. 이러한 사회적 환경의 본성을 이해하기 위해서는 인나의 말을 다시 곱씹어볼 필요가 있다. "우리는 모든 사회적 지위의 브녜에 존재했어요." 소비에트 인

---

10 여기에서 '사회적 환경milieu'이라는 용어는 문화 연구에서 통용되는 의미로 사용되었다 (1장 수석 56번을 참고하라). 이 상에서 해명 용어의 사용은 글라다레프Boris Gladarev에 빚지고 있다(Gladarev 2000).

민과 "[우리는] 종적으로 달랐어요." "우리는 단지 브녜에 있었을 뿐이에요." 인나가 사용하는 브녜라는 개념은 시스템과의 특정한 관계를 시사하는데, 여기서 사람들은 시스템 안에서 살지만 상대적으로 '보이지 않는다.' 그들은 권위적 담론에 대한 옹호/반대의 이분법에는 잘 들어맞지 않는 담론적 수단들을 이용하는데, 그래서 권위적 담론의 매개변수들 내에서는 잘 표현되지 않는다.

3장에서 살펴본 콤소몰 서기와 반장 들처럼 권위적 의례와 텍스트들에 공공연하게 관여되는 대신에, 인나와 그의 친구들은 그 담론들과 엮이는 게 재미없다neinteresno고 여겼다. 어떤 것을 **재미없다**고 생각하는 것과 브녜에 존재하기는 상호 관련된 범주들이다. 둘 모두는 무언가 적절하지 않은 상황을 가리키고 있는데, 왜냐하면 체계 안에서 살아가고 있음에도 불구하고 그가 특정한 의미론적 장과 잘 어울리지 못하고 있기 때문이다. 이를테면 그것은 다음 상황에서의 '재미없다'와 비슷하다. 때때로 텔레비전 방송에서 중계를 하긴 했지만 당신은 유럽 축구에 단 한 번도 관심을 기울여본 적이 없는데, 그럼에도 유벤투스와 아약스 간의 경기에서 어느 한쪽을 지지해야만 하는 상황 말이다. 담론 장 내부의 일정한 매개변수들에 대한 이런 몰두의 부족이 의미하는 바는 다음과 같다. '진실 안에서 살기'라는 하벨의 요청과 '거짓에 따라 살지 않기zhit' ne po lzhi'를 향한 솔제니친의 호소 대신에, 인나와 그녀의 친구들은 '가볍게 살기zhili legko' '아주 재밌는 삶을 영위하기veli ochen' veseluiu zhizn'' '언제나 즐겁게 놀기voobshche veselilis''에 관해 이야기했다. 이러한 표현은 실존의 진지함을 저버린 것이 아니라, 소비에트의 정치적·사회적 관심을 그와는 사뭇 다른 것, 즉 인간이 창조적이고 상상적인 삶을 살 수 있게 허용하는 또 다른 관심사들의 묶음으로 대체하는 일에 관한 것이다.

러시아에서 이러한 삶의 유형을 보여주는 보다 극단적인 사례는 때로 "내적 망명vnutrenniaia emigratsiia"으로 묘사되는 경우다.[11] 하지만 이 강력한 비유는 소비에트 현실에서 완전히 물러나서, 고립되고 자족적인 자유와 진정성의 공간으로 들어감을 시사하는 것으로 읽혀서는 안 된다. 실제 망명과 달리 **내적 망명**이 포착하는 것은 정확히 안쪽과 바깥쪽에 동시에 존재하는 상황, 이렇게 진동하는 입지에 내재하는 양가성이다. 소비에트 시스템에 흥미가 없었음에도 불구하고, 이러한 사회적 환경들은 그 시스템이 제공하는 가능성, 재정 보조금, 문화적 가치, 집단적 윤리, 명망의 형식 등에 강하게 의존해 있었다. 동시에 그들은 그 세계의 문화적 매개변수들을 적극적으로 재해석했다. 내적 망명의 비유는 덜 극단적이지만 여전히 이런 삶과 관련된 다른 삶의 양식의 사례들에도 적용될 수 있다. 가령 3장에서 묘사한 콤소몰의 구성원처럼, 사실상 시스템의 많은 활동들에 상당 부분 관련되어 있지만, 그럼에도 여전히 그것의 많은 진술적 의미들에 대해서는 불충분한 채로 남아 있는 경우들이 그것이다. 보다 널리 퍼진 이런 경우들에서 내적 망명의 비유는 아마도 몇몇 배치와 관계 들, 이를테면 사회주의적 삶의 모든 의미와 현실을 떠나는 게 아니라 권위적 담론의 진술적 차원으로부터 망명하는 것을 가리키는 데 적용될 수 있을 것이다.

---

11 Gudkov and Dubin(1994: 170)의 예를 참고하라.

일상적 사회주의의 작가-주인공

권위적 담론과의 관계에서 '브녜에 살기'의 존재론은 미하일 바흐친의 초기 저작에서 이론화되었다. 바흐친의 논의는 이 관계가 뜻하는 바를 명확히 하는 데 도움을 준다. 하지만 먼저 우리는 우리 논의의 목적에서의 핵심 사항을 모호하게 만들어버리는 영어 번역본의 부정확한 부분을 명확히 해둘 필요가 있다. 바흐친 텍스트의 번역본에 따르면, 문학작품의 경우에 작가와 주인공 사이의 "미학적으로 생산적인 근본적 관계" 속에서 "작가는 주인공의 모든 구성적 특성의 **바깥**outside 위치, 즉 공간, 시간, 가치, 의미와 관련해 의도적으로 유지되는 주인공의 **바깥** 위치만을 차지한다"(Bakhtin 1990: 14).[12] 영어 번역본에서 '바깥'이라는 용어는 러시아어 원문에 나오는 바흐친의 신조어 '외재성vnyenakhodimost'의 의미를 정확히 담아내지 못한다. '외재성'이란 '브녜vnye(내/외부)'와 '위치함nakhodimost'이 결합된 합성어다. '바깥'이 경계 너머의 공간적 위치를 가리키는 반면에, 바흐친의 용어는 외부와 내부 사이의 관계를 강조한다. 따라서 바흐친의 원문은 다음과 같이 보다 정확하게 옮겨질 수 있다. "이 태도는 주인공의 모든 요소들에 대한 작가의 긴장된 외재성을, 공간적·시간적·가치적·의미적인 외재성을 말한다"(Bakhtin 2000: 40).[13] [이 말

---

12 바흐친의 초기 에세이 가운데 하나인 「미적 활동에서 작가와 주인공Avtor i geroi esteticheshoi deiatel'nosti」은 1920년과 1924년 사이에 집필되었으며(Clark and Holquist 1984: 353의 논의를 참고하라), 영어 번역본은 1990년에 출판되었다. 〔옮긴이〕「미적 활동에서의 작가와 주인공」, 『말의 미학』, 김희숙·박종소 옮김, 도서출판 길, 2006, pp. 27~275.

13 러시아어 원문은 다음과 같다. "Otnoshenie napriazhennoi vnenakhodimosti avtora

은] 작가와 주인공 사이의 강력한 대화적 상호작용과 더불어, 그들을 두 개의 분리된 자아로 구분하거나 분열시키는 것이 불가능하다는 점을 강조한다.

이것은 경계 지어진 두 공간 혹은 두 정신 사이의 관계가 아니라, 복수의 목소리들의 대화적 동시성을 말한다. 여기서 각자는 서로를 지속적으로 탈중심화한다. 바흐친에게 모든 주체는 서술을 창조하는 작가의 목소리와 그를 따르는 주인공을 함께 담아내는데, 어느 한쪽이 다른 쪽을 시간·공간·주제적 측면에서 선점하지 않는다. 이 개념은 주체에 대한 특별한 이해를 요구하는데, 그것은 전통적인 '주체-대상'의 이원적 관계가 아니라 **삼원적**tripartite 관계에 기반을 두어야한다. 주체는 "자아와 타자" 혹은 "작가와 주인공"으로 갈라진 두 항의 이원-일체성dvuedinost' 속에서 나타나며, 오직 그런 식으로만 대상(텍스트)과 관계한다.[14] 이어지는 분석에서, 나는 외재성의 관계를 브녜에 존재하기라는 의미로 사용할 것이다.

이 논의는 인나가 묘사하고 있는 소비에트 현실에 대한 관계와 직접적인 관련성을 지닌다. 1장과 2장에서 보았듯이, 권위적 담론은 후기 사회주의 시기에 수행적 전환을 경험했는데, 이는 외부 '주석자'의 자리가 사라지고 담론이 초규범화되었다는 것을 뜻한다. 그에 따라 이런 고정된 담론적 형식들의 수행적 재생산 과정에 참여하는 일이 매우 중요해졌는데, 대신 그것의 진술적 의미 차원에는 반드시 집중할 필요가 없어졌다. 그런데 이런 수행적 재생산은 전부 국가의

---

vsem momentam geroiia, prostranstvennoi, vrememmoi, tsennostnoi i smyslovoi vnenakhodimosti."

14 Mikeshina(1999)를 보라.

담론적 장 내부에서 이루어지지만 그럼에도 그것에 의해 완전히 결정되거나 통제되지는 않는, 많은 새로운 의미와 생활양식, 공동체와 관심사를 가능하도록 만드는 중요한 기능을 했다. 후기 소비에트 삶의 담론적 영역의 브녜에 존재하는 인나의 관계는, 바흐친이 말하는 소설 속의 작가-주인공 관계와 유사하다. 인나의 경우 이러한 브녜의 관계를 갖는다는 것의 의미는, 한편으로는 형식의 차원에서 권위적 담론의 대본을 따르는 '주인공'처럼 행동하면서, 다른 한편으로는 동시에 그 대본에 새로운 의미들을 불어넣는 담론의 '작가'처럼 행동한다는 것이다. 다르게 말해서 작가가 새로운 의미들을 창조적으로 구성하는 것은 권위적 형식을 재생산하는 주인공의 수행적 행동으로 인해 가능해지며, 그 반대 역시 마찬가지다. 이러한 복잡한 관계는 분명 대립의 형식이 아니다. 오히려 그것은 내부에서 진행된 소비에트식 삶의 탈영토화다. 권위적 목소리를 주인공의 목소리로 전환시킨 것은 권위적 담론에 대한 외부 주석자 목소리의 사라짐이었다.

피오네르 궁전

인나의 대학 시절 친구들은 이미 중등학교 시절 레닌그라드의 '피오네르 궁전Palace of Pioneers'[15]의 각기 다른 동아리kruzhok에 참여했

---

15 〔옮긴이〕'피오네르 궁전Dvorets Pionerov'은 소비에트연방에 있던 10~14세 아이들을 대상으로 하는 어린이 조직 피오네르Pioner의 활동을 위한 건물인데, 1920년대 초반 '피오네르의 집Dom Pionerov'이라는 명칭으로 처음 세워졌다. 소비에트연방 어린이의 다

을 때부터 서로 알고 있었다. 그들이 궁전에서 보내는 시간은 그들의 인격, 우정, 흥미를 형성하는 데 있어서 중요했다. 레닌그라드의 피오네르 궁전은 콤소몰의 후원 아래 소비에트 정부가 운영했다. 그곳은 1937년 스탈린주의가 극에 달했을 당시, 레닌그라드 중심가 넵스키 대로Nevsky Prospekt의 장엄한 아니치코프Anichkov 궁전에 문을 열었다. 유명한 시인 사무일 마르샤크Samuil Marshak가 개막식에서 이런 연설을 했다. "이곳은 그저 아름답고 고급스러운 공간이 아닙니다. 무엇보다도 똑똑한 궁전입니다. 〔……〕 이곳에서 아이들은 거대과학과 기술, 그리고 예술로 가는 열쇠를 찾게 될 겁니다. 〔……〕 이곳에서 그들은 일을 잘하는 방법, 집단적으로 친구들과 협력하여 일하는 법을 배우게 될 겁니다"(Marshak 1937). 마르샤크의 말은 직접적인 의미와 아이러니한 의미 모두에서 예언적인 것으로 판명되었다. 소비에트 시기에 이 궁전은 정부의 지원을 받아 방과 후에 합창, 교향악단, 재즈밴드, 무용단부터 문학, 수학, 체스, 고고학 동아리까지 다양한 동아리와 행사를 운영했다. 수천 명의 청소년이 이 활동에 참여했으며, 그들 중에는 미래의 유명 인사도 포함돼 있었다.[16]

양한 방과 후 활동의 의의와 중요성이 강조되면서, 1930년대 중반 이후 '피오네르 궁전'이라는 이름으로 전국 각지에 세워지기 시작해, 1950년대 말에 이르면 2천 개, 1980년대 말에는 3만 8천 개가 넘었다. 여름방학 기간 동안 피오네르에서 운영하는 일종의 여름 캠프인 라게리Lageri에서의 기억과 더불어 구 소비에트연방에서 어린 시절을 보낸 세대들의 대표적인 추억거리다. 동유럽을 비롯한 구 사회주의 국가들에서는 거의 예외 없이 '피오네르'류의 어린이 조직과 '피오네르 궁전'과 유사한 전용 건물을 운영했다. 북한에도 1989년 평양에 건설된 '만경대 학생소년궁전'을 비롯한 궁전들이 각지에 있다.

16 예를 들어 오페라 가수 레나 오브라스초바Lena Obraztsova, 발레리나 나탈리아 마카로바Natalia Makarova, 세계 체스 챔피언 보리스 스파스키Boris Spassky가 있다. 포스트-소비에트 시기에 이데올로기적 피오네르 소식이 사라지게 되자, '상트페테르부르크 젊은 창조의 궁전Sankt-Peterburgskii gorodskoi dvorets tvorchestva iunykh'이라고 이름을 바

이 궁전은 익숙한 소비에트 사회주의의 문화적 역설을 보여주는 완벽한 사례이다. 그것은 시市 피오네르 조직 본부에 자리 잡고 있었는데, 그들이 내건 목표는 "소비에트연방 공산당의 과업을 위한 투쟁"에 "항시 나설 준비가 되어 있는" 젊은 피오네르를 양성하는 것, 그리고 아이들에게 "사회적으로 유용한 활동obshchestvenno-poleznaia aktivnost"에 대한 흥미를 심어주는 일, 그러니까 본질적으로는 그 아이들을 잘 교육받은 당의 헌신적 추종자로 키워내는 일이었다.[17] 하지만 그와 동시에 궁전의 몇몇 동아리는 사회주의적 가치들에 완벽하게 부합하면서도, 아이들이 권위나 이데올로기적 선언들에 의문을 제기할 수 있도록 하는 지식의 유형과 비판적 판단 그리고 자율적 사고를 적극적으로 장려했다.

청소년을 위한 이런 방과 후 동아리와 모임은 후기 사회주의 시기에 전국적으로 확산되었다. 학교, 음악학교, 문화 궁전, 피오네르 궁전, 체육학교, 아마추어 극장, 주거위원회 동아리 등이 그것이다. 이러한 교육 형태의 대부분이 교사에 의존하고 있었다. 예를 들어 레닌그라드의 피오네르 궁전은 평범하지 않은 교사들의 관심을 끌었다. 그들 가운데에는 최고의 작가, 음악가, 역사학자 들이 포함되어 있었는데, 그들은 반드시 금전적인 이유 때문이 아니라(그곳의 임금은 평균보다 적었다), 교육을 향한 그들의 헌신이나 교육과정에 묶인 경직되고 위계적인 일반 학교와 비교해 이런 '전문화된' 동아리에서 상대적으로 누릴 수 있는 〔교육〕 실험의 자유 때문에 그곳에서 일했

꾸었다.

17 '피오네르 서약The Pioneers' Oath'에서 인용했다.

다. 인나의 친구들 가운데 상당수는 학창 시절에 문학 동아리나 고고학 동아리, 둘 중 하나에 속해 있었다.

문학 동아리 '모험'

피오네르 궁전의 문학 동아리 '모험Derzanie'은 창작과 시에 관심 있는 학생들을 위해 1937년에 문을 열었다. 이 동아리는 1960~1970년대에 특히 활발하고 유명했다. 그곳에서는 문화, 문학, 사회에 대한 열린 비판적 논의를 장려했다. 동아리의 과거 구성원들은 그곳의 자유로운 분위기를 "문학 살롱"에, 그리고 동아리의 수업을 대부분의 주제로 토론이 가능하고 모든 입장이 자유롭게 의문시되는 체계화되지 않은 "즉흥 수업"에 비유했다(Pudovkina 2000). 한 과거 구성원은 그 분위기를 이렇게 묘사했다.

> 우리는 모든 것에 관해서 허술하지만 자유롭게 토론했습니다. 우리는 학교 선생님을 초빙해서 문학 교육에 관해 토론하는 자리를 마련했지요. 우리는 [스탈린] 개인숭배와 고매한 이상들, 그리고 시와 과학소설에 관해서도 논의했습니다. 선생님과 학생 모두 동등하게 토론에 참여했습니다. 누구도 발언자 간의 차이를 두지 않았습니다. 진실을 알고 있는 유일한 존재이기 때문에 선생님들이 권위를 가진다는 생각은 통용되지 **않았**습니다. 우리 모두는 그런 생각을 의심했고, 진실이 다른 누구도 아닌 오직 자신에게만 속한다고 믿고 있었습니다(Mark Maz'ia, Pudovkina 2000에서 재인용).

소비에트 당대의 맥락과 관련된 정치적 주제를 토론하는 것은 부적절하다고 여겨졌지만, 과거 스탈린에 관한 토론은 전혀 부적절하지 않았다. 이 주제는 현재와 연결되기는 하지만 이미 현재와는 다른 '역사'로 보였다.[18] 만일 진지하고 신실한 주장이라면 소비에트 문학의 미학적 정전들을 의문시하는 것 또한 가능했다. 또 다른 참가자는 다음과 같이 기억한다. "소비에트 미학의 몇몇 요소는 그곳에도 존재했다. 그러나 가장 약화된 형식으로 나타났다. 중요한 것은 심지어 당신이 계몽된 소비에트 자유주의[19]를 넘어선 경우에도, 다른 사람들이 당신을 반대하지 않는다는 점이다. 동아리는 재능을 평가하고 지적 성실함을 고무했다"(Lena Dunaevskaia, Pudovkina 2000에서 재인용). 과거 동아리에 참여했던 또 다른 학생은 1970년대 소비에트연방에서 솔제니친의 저서가 금지되었던 시기에 그의 작품을 소개해준 사람이 다름 아닌 동아리의 시時 담당 선생님이었다고 회고했다(Nina Kniazeva, Pudovkina 2000에서 재인용). 이 학생은 또한 선생님이 기획한 고대 러시아 도시 문화 탐방

---

18 〔옮긴이〕 러시아어본에는 다음과 같은 부가 설명이 붙어 있다. "아무도 소비에트 시스템 자체를 비판하지는 않았는데, 이는 이데올로기적 이유로 그래서는 안 되기 때문만이 아니라, 그것이 재미없게 여겨졌기 때문이기도 했다. 하지만 소비에트 역사의 특정 시기, 회원들의 회상에 따르면 가령 스탈린 대숙청이나 개인숭배에 관한 비판적 언급들은 문제가 되지 않았다. 스탈린 시기가 이미 먼 역사적 과거이기도 했고, 해빙 초기에 널리 퍼졌던 생각, 즉 스탈린주의가 공산주의 이념의 구현이 아니라 그것으로부터의 일탈이라는 생각이 그와 같은 주제에 대한 논의를 가능하고 흥미로운 것으로 만들어주었다"(러시아어본, p. 272).

19 이 말은 60년대 세대 사이에서 일반적이었던 '인간의 얼굴을 한 사회주의'에 대한 믿음을 보여준다. 이 입장을 '넘어서는' 것은 사회주의에 대한 '흥미를 상실했다'(즉 브녜에 존재한다)는 것을 의미했다.

을 묘사하면서, 그곳에서 동아리의 젊은 학생들이 이제까지 정규 과정에서 배울 수 없었던 소비에트의 역사와 문화의 세부 사항을 배웠다고 증언했다. "타루사[20]에서 우리는 마리나 츠베타예바Marina Tsvetaeva의 딸 에프론Ariadna Efron을 만났고, 콘스탄틴 파우스톱스키Konstantin Paustovsky의 집에 방문했다. 우리 중 몇몇은 나데즈다 만델스탐Nadezhda Yakovlevna Mandelshtam[21]과도 이야기를 나눌 수 있었다"(Pudovkina 2000).

문화에 대한 비판적 분석, 주장의 신실함, 비非정전적인 입장에 대한 존중을 이처럼 강조했던 것, 그리고 상대적으로 대다수가 여전히 접하기 어려웠던 지식의 형태들에 집단적으로 접속할 수 있었던 것이, 동아리의 구성원 사이에서 친밀한 우정의 감정과 함께 자기가 소비에트의 '보통' 사람과 다르다는 인식에 기초하여 긴밀하게 짜인 사회적 환경을 만들어냈다. 동아리의 과거 구성원은 동아리 안의 문화를 "인공적으로 만들어진 미세기후microclimate"로 묘사했는데, 즉 "밖에서 다른 삶이 펼쳐지는 동안 그들은 [그곳에서] 신선한 공기를 호흡했다"(Nikolai Gol', Pudovkina 2000에서 재인용)는 뜻이다. 비록

---

20 타루사Tarusa는 모스크바 서쪽에 위치한 칼루가Kaluga 근처 오카Oka 강 유역의 작은 마을이다. 모스크바 인텔리겐치아 사이에서 여름휴가지로 각광받았다. 소비에트 시기 몇몇 예술가와 작가, 소비에트 중앙당의 눈 밖에 난 사람들은 그곳에 영구 이주했다. 콘스탄틴 파우스톱스키, 이오시프 브로드스키, 알렉산드르 긴즈부르크Alexander Ginzburg와 라리사 보고라스Larissa Bogoras 같은 인사들이 타루사에 거주했다.

21 [옮긴이] 나데즈다 만델스탐은 20세기 러시아의 모더니즘 시인 오시프 만델스탐Osip Madelshtam의 부인이다. 그녀는 스탈린 풍자시를 썼다는 이유로 수용소에서 사망한 남편의 삶과 그의 시대에 관한 회고록 『회상Vospominanie』을 썼는데, 시인 브로드스키는 이를 가리켜 "20세기의 가장 위대한 작품 중 하나"라고 말하기도 했다. 한국어 번역본으로 『회상』(홍지인 옮김, 한길사, 2009)이 출간되었다.

이 문화가 소비에트 권위적 담론이 천명한 목표와 반드시 어긋나는 것은 아니었지만, 그렇다고 그 노선에 부합한다고 보기도 어려웠다. 동아리의 이름이 아이러니하게도 들어맞았던 것이다.

고고학 서클

인나의 새로운 친구들 중 몇몇은 1972년에 개설된 고고학 동아리 arkheologicheskii kruzhok로 알려진 피오네르 궁전의 다른 동아리에 속해 있었다. 1980년대 말에는 수백 명의 학생들이 아마추어 고고학자로서 이 동아리에서 훈련받았다. 이 아이들은 서로 다른 사회적 배경을 갖고 있었는데, 인텔리겐치아와 노동자 가정 출신이 섞여 있었다(Gladarev 2000). 그들 대부분은 모험과 여행이라는 낭만적 생각에서 이 동아리에 처음 관심을 가졌다. 그러나 동아리 교사인 역사학자 비노그라도프Alexei Vinogradov 덕분에 이 아이들은 문학, 시, 역사, 종교에 관한 토론에 참여하게 되었다. 동아리 회원들은 레닌그라드에서 투바Tuva, 시베리아, 캅카스Kovkaz에 이르는 소비에트연방 각지의 고고학 탐사에 참여했다. 모닥불 주위에 둘러 앉아 동아리 아이들은 만델스탐, 아흐마토바, 구밀료프 등 (소비에트 정부가 오랫동안 이데올로기적 이유로 출판을 금지했던)[22] 은세기Serebianyi vek 시

---

22 오시프 만델스탐, 안나 아흐마토바, 니콜라이 구밀료프는 세 명의 위대한 아크메이즘〔러시아 시문학의 反상징주의적 유파〕시인들로 적극적 반체제분자가 아니었음에도 소비에트 정부에 의해 반혁명분자로 비난받았다. 오시프 만델스탐(1891~1938)은 1930년대에 체포되어 강제노동수용소에서 사망했다. 안나 아흐마토바(1889~1966)는 박해를 받아 출판을 금지당했다. 니콜라이 구밀료프(1886~1921)는 아흐마토바의 첫 남편이었는

인들의 시를 낭송하고, 갈리치와 비소츠키(두 사람 다 정부의 관점에서는 '문제적' 가수 겸 작곡가로서 양가적 지위를 누렸다)의 노래를 불렀다. 문학 동아리 '모험'에서처럼 이 경험들은 우정과 정신적 독립, 다양한 의견에 대한 관용, 적극적으로 정치화된 입장들에 대한 회의가 뒤섞여 있는 긴밀한 사회적 환경을 조성했고, 소속원들에게 자신이 일반적인 소비에트의 속물들sovetskii obyvatel'과 다르다는 느낌을 부여했다. 과거 이 동아리의 일원이었던 한 사람은 이렇게 설명했다. "〔동아리에〕 입회를 허락받은 사람은 단순한 소비에트 속물이 아닐 뿐만 아니라 그들과 다르다는 게 중요했어요. 맞아요, 의식적으로 달랐어요."(Vasia, Gladarev 2000에서 재인용). 그들은 스스로를 반소비에트로도 친소비에트로도 여기지 않았고, 대신 비非소비에트 asovetskie라고, 즉 정치적이고 이데올로기적인 주제에 무관심한 사람들이라고 생각했다(Gladarev 2000).[23]

대부분의 과거 구성원들은 동아리를 떠난 이후에도 몇 년씩 고고학 탐사를 계속 다니곤 했다. 인나에 따르면 이 탐사는 고고학만 하는 것이 아니라, 독립적으로 사고하는 문화를 발달시킬 수 있는 행

데, 1921년 볼셰비키들에게 체포되어 처형당했다. 이른바 반볼셰비키 음모에 가담했다는 혐의였는데, 나중에 KGB의 조작임이 알려졌다(Volkov 1995: 537). 페레스트로이카 이전까지 거의 출판되지 못했음에도 불구하고, 이들의 시는 소비에트 시기 내내 인텔리겐치아 집단 사이에서 대단히 인기가 있었다.

23 "정치적 활동"이 고고학 동아리 회원들에게 중요해진 것은 훗날, 그러니까 페레스트로이카 개혁이 시작되고 담론적 체제가 변화된 이후였다. 1986년 동아리 멤버들은 레닌그라드에서 콤소몰이나 당의 후원 없이 '아래로부터' 조직된 최초의 사회적 기구인 "역사문화기념비보존그룹Gruppa po spaceniiu pamiatnikov istorii i kul'tury"을 만들었다. 이들의 유명한 첫번째 활동은 안톤 델비크Aaton Del'vig(시인 알렉산드르 푸시킨의 가까운 친구였다)의 집과 호텔 안글레테레Angleterre를 보존하자는 캠페인이었다.

사였다. "이런 탐사에서는 모두가 각자의 방향을 정하는 것, 다른 사람들의 사고나 감정을 따라가지 않고 자기 나름의 방식을 찾는 것이 가장 중요했어요. 정말 중요했죠. [……] 그건 명상과도 같은 거였어요."[24] 명상에의 비유는 자연, 모닥불, 하이킹 따위의 환경 속에서 우정, 시, 끝없는 토론으로 이루어진 탈영토화된 세계의 경험을 잘 표현해준다. 명상 역시 세계와 관계를 맺는 특정한 방식을 의미하는데, 이를테면 세계 속에 의식을 날카롭게 세운 채로 존재하면서도 세속의 문제에는 개입하지 않는 방식, 곧 브녜에 존재하기의 동의어에 해당했다.

배움, 문화적 지식, 집단주의, 비물질적 가치nematerial'nye tsennosti 같은 것을 강조하는 교육 시스템을 통해서 이런 삶의 방식, 공유된 가치, 집단적 관심사를 가능하게 만든 것은 소비에트 국가였다. 다른 많은 사람들처럼 이 동아리의 구성원들도 돈에 대한 관심을 수치스럽게 여겼으며, 돈을 경멸적으로 "비열한 금속prezrennyi metal"이라 불렀다(Gladarev 2000). 상당히 광범위하게 퍼져 있던 이런 태도는 60년대 세대나 더 윗세대에 속한 인텔리겐치아인 그들의 스승과 영웅 들에 의해 더욱 강화되었다. 마찬가지로 돈에 대한 불편한 태도가 파르촙시키fartsovshchiki(서구 물품 암거래상들)를 대하는 양가적 태도에도 전이되었다. 이데올로기적 수사를 통해서뿐만 아니라 경제적으로도 이러한 공유된 도덕적 가치가 발달하는 걸 가능하게 했던 것은 다시 한 번 소비에트 국가였다. 즉 대부분의 사회적·문화적 관심사와 조직 들에 보조금을 지급하고 기본적인 생활의 필

---

24 저자 인터뷰.

요를 충족시켜주었던 것이다. 고고학 동아리의 구성원 중 하나는 이렇게 설명했다. "솔직히 말해 동아리에 속한 그 누구도 돈을 버는 일에 집중하지 않았어요. 그 시절에는 그럴 필요가 없었죠. 어느 직장에 다니건 일정한 봉급을 받았고, 그걸로 굶어죽지 않고 상대적으로 잘 차려입고 다니기엔 충분했으니까요"(Tamara, Gladarev 2000에서 재인용). 대신 고고학 동아리에서 기본이 되는 윤리적·미학적 가치는 지속적인 교제와 대화에 기반해 있었다.

이론물리학자들

다소간 탈영토화된 현실 속에서 만들어진 삶의 서로 다른 형식들은 후기 사회주의의 모든 맥락에 존재하면서, 그 문화의 중심 원칙들 중 하나를 구성했다. 앞선 사례들에서 브녜에 존재하기는 국가가 제공한 맥락들 속에서 아이들에게 학습되었다. 시스템의 안쪽과 바깥쪽에 동시에 머물면서 그 시스템의 담론과 관계하는 이런 형식은 국가에서 특권적 지위를 차지하는 그룹과 집단 들, 예를 들어 기술자와 대학생, 영화감독과 과학자 들 사이에서도 생겨났다. 국가에 의해 제도화되고 재정적 지원을 받으며 국가가 제공하는 특권과 높은 상징적 자본을 소유하는 엘리트 소비에트 시민의 사회적 환경에서조차, 시스템이 가능하게 만든 이와 같은 브녜에서 살기 양식이 창조되었던 것이다. 전형적인 사례는 이론과학자, 특히 이론물리학자의 사회적 환경이었다. 이들이 발전시킨 브녜에서 살기 문화는 과학과 지식의 가치를 승격시킨 국가에 의해 가능해졌다. 많은 물리학자들이 일류 연구기관에서 일했고, 높은 봉급과 상여금을 받았으며, 상당한 사회적 위신을 누렸다. 그들은 이데올로기적·재정적·행정적 제약으로부터 상대적으로 자유로운 조건하에서 물리학 연구를 수행하고 자기 연구를 설계할 수 있었다. 니리Paul Nyíri와 브라이덴바흐 Joana Breidenbach가 지적하기를, "〔소비에트 이론〕물리학자들은 물리학의 발전이 종종 예기치 않은 발견들에 기대고 있다고 주장하면서, 대체로 자기가 원하는 방식대로 연구를 수행할 수 있도록 지도부를 설득하는 데 성공했다"(Nyíri and Breidenbach 2002: 45). 지금은 미국에서 살며 일하고 있는 물리학자 보리스 알트슐러Boris Altshuler는 최근 몇 년간 근무해온 미국 대학들의 연구 환경을 1978~1989년에 그가 근무했던 가치나Gatchina의 레닌그라드 핵물리학연구소LNPI와 비교하면서, 당시 이론가들에게 주어진 연구 조건을 이렇게 묘사한다. "특별히 정해진 의무는 없었습니다. 가르칠 필요도 없었고, 무엇을 연구할지 결정하는 데 기본적으로 자유로웠어요. 미국 사람들은 그런 종류의 자유를 상상하지 못할 겁니다. 여기서는 받을지 못 받을지도 모를 지원 신청서를 작성하느라 막대한 시간을 허비하곤 하지요. 레닌그라드에서는 고체물리학에서 입자물리학으로 연구를 바꾸고 싶으면 그냥 그렇게 하면 됩니다. 그냥 다른 그룹으로 옮겨가기만 하면 그만이지요"(Nyíri and Breidenbach 2002: 45).

앞서 논한 사회적 환경들과 마찬가지로, 이론물리학자의 환경 또한 밀도 높은 지적·문화적 교제, 우정, 공유된 과학적 이념들, 물리학 외의 문화적 관심사들을 통해 만들어졌다. 모든 것이 이 장 서두에서 본 '명백한 진실'에 대립되는 '심오한 진실'을 집단적으로 탐색하는 일종의 철학으로서 조직되었다. 이론물리학을 연구하는 일은

"밀도 높은 사고와 [……] 동료들과의 지속적인 대화를 수반했다. [……] 세미나에서 제기된 문제들은 가능한 모든 측면에서 공동으로 꼼꼼하게 점검되었다. 그랬기 때문에 '뜨거운' 주제들에 대한 아이디어들은 신속하게 공유되고, 각자의 사고는 많은 사람들의 사고에 기초해 형성되었다"(Nyíri and Breidenbach 2002: 47).

이런 담론적 장르들은 주제적·시간적·공간적으로 권위적 담론의 브녜에 존재하는 집단적 세계를 생산했다. 앞에서 논의된 사회적 환경들과 마찬가지로, 이 사회적 환경의 내적 이데올로기는 자신의 독특함을 강조했다. 그리고 다른 사회적 환경들이 그러했듯, 이 구성원들 사이에서의 과학적 토론은 "완전히 평등하고 공산주의적인 정신에 입각해, 모두가 비판할 수 있는 분위기에서 이루어졌다"(Nyíri and Breidenbach 2002: 47). 다른 사회적 환경들처럼, 이런 의미에서 집단 연구, 지적 열광, 문화적 탐구, 그리고 여름휴가가 하나로 연결돼 있었다. 탐사를 가거나 노래를 부르거나 시를 낭송하거나 고고학 공부를 하거나 작곡을 하거나 지속적으로 교제하는 일은, 이러한 사회적 환경들 내부에서 따로 떼어낼 수 있는 영역이 아니라 그 안에서 동시적으로 생산되는 것이었으며, 공히 국가에 의해 가능해진 것이었다.

이론물리학 여름학교나 겨울학교는 순수한 물리학-만들기의 난장이었어요. 레닌그라드 물리기술연구소(후에 LNPI가 된)의 행사들은 학술원의 휴가용 교외 별장들에서 진행됐지요. 아버지가 엄격한 음악 교육을 받게 한 유리 독시체르Yuri Dokshitzer는 오쿠자바,[25] 비소츠키, 갈리치의 곡들을 기타로 연주했어요. 모스크바 이론실험물리학연구소ITEP 소속의 알렉세이 카이달로프Alexei Kaidalov는 노래를 불렀고요. 물리학-만들기의 생활양식은 등산과 카약 여행으로 간간이 중단됐고, 만델스탐의 시, 솔제니친 산문의 지하 출판물 사본이나, 서유럽 여행을 갔을 때 사온 애거사 크리스티Agatha Christie와 어빙 스톤Irving Stone의 소설로 양념이 쳐지기도 했지요. 물리학자들의 아파트에서는 배우의 낭독회나 불라트 오쿠자바, 블라디미르 비소츠키 같은 바르드 시인의 콘서트가 벌어지곤 했어요. 그들은 전체주의 문화의 획일성에 대한 떠오르는 대안을 구성하는 일원들이었죠(Nyíri and Breidenbach 2002: 47~48).

이 묘사는 창조적이고, 상상력 넘치며, 집단적이고, 상대적으로 독립적인 직업적·문화적 관심사의 탐구가 이 사회적 환경에서 얼마나 중요했는지를 잘 보여준다. 그러나 "전체주의 문화의 획일성"과 "대안 문화"를 나누는 익숙한 이분법을 드러내는 묘사의 마지막 부분은 이원론적 구분이 가진 문제적 효과를 재생산하면서, 이론과학자들을 비롯한 다른 문화적 생산자들[26]의 창조적이고 역동적이며 상대적으로 독립적인 사회적 환경의 존재 자체가, 다소간 역설적이게도 소비에트 국가의 문화적 기획의 뗄 수 없는 일부분(그 반대가 아니라)이었다는 사실을 무시한다(3장에 나온 비소츠키의 테이프를 들었던 당 중앙위원회 연설문 작가를 떠올려보라). 물리학자의 사회적

---

25 오쿠자바Bulat Okudzhava는 "작가주의 노래" 장르의 저명한 구성원 중 한 명이었다.

26 소비에트 영화감독들의 긴밀하게 얽힌 사회적 환경이 만들어낸 문화적 생산물에 대한 논의는 Faraday(2000)를 참고하라.

환경이 생겨나고 번성할 수 있도록 만들고, 그들이 브녜에 사는 생활양식을 발달시킬 수 있게 만든 조건들(소비에트 사회에서 과학자들이 누리던 엄청난 특권에서부터, 수업 의무를 면제받고 재정적·정치적으로 상대적인 독립성을 누리면서 연구 주제를 자유롭게 선택할 수 있었던 국가 지원 학술기관들, 과학적·문화적 지식과 창조적 예술, 그리고 음악과 문학 등의 가치를 중시하는 국가가 고취시킨 담론에 이르기까지)은 여기서도 역시 국가 자체가 제공한 것이었다. 실제로 소비에트 국가 프로젝트 외부에서 이러한 사회적 환경은 별다른 의미를 갖지도 번성하지도 못했을 것이다.

사이공

앞선 사례들에서는 권위적 담론의 브녜에 사는 생활양식이 국가기관과 강력하게 연계된 맥락에서 나타난 경우만을 보여주었다. 그러나 이것만이 유일한 가능성은 아니었다. 국가기관과 훨씬 느슨하게 연계된 다양한 맥락에서도 많은 유사한 집단들이 나타났다. 이런 사례들은 다양한 **투소프카**tusovki[27]에서 찾을 수 있는데, 이 말은 공통 관심사를 바탕으로 '함께 어울리며' 상호작용하던 사람들의 비제도

27　'Tusovki'(tusovka의 복수형)는 동사 'tosovat'(섞다)에서 파생했다. 〔옮긴이〕 현대 러시아어 사전에서 단어 'tusovka'의 의미는 '모임, 교제 그룹, (대개 관심사에 따른) 격식 없는 회합' 등으로 적혀 있다. 애초에는 소비에트 시기에 공통 관심사로 묶인 비제도적인 사회적 환경을 일컬었던 이 속어가, 포스트-소비에트 시기에 오면 '노비 루스키Novyi Russkiy'라고 불리는 신흥 부유층이나 연예계 종사자끼리 어울리는 폐쇄적인 모임을 가리키는 용어로 변해 사용되기도 했다.

적인 사회적 환경을 의미하는 속어이다. 이것은 1960~1970년대에 도시 지역에서 갑자기 생겨났다.

1960년대 초반 흐루쇼프의 해방적 개혁기에 레닌그라드를 포함한 많은 소비에트 대도시에서 양적 측면에서는 보잘 것 없지만 문화적 의미에서는 중대한 하나의 문화적 변형이 일어났다. 시인 빅토르 크리불린Viktor Krivulin은 이것을 "위대한 커피 혁명velikaia kofeinaia revoliutsiia"이라고 불렀다.[28] 이 혁명의 내용은 진한 커피와 패스트리를 파는 몇몇 소박한 카페가 시내 중심가에 생겨나서, 많은 청년 집단이 교제할 수 있는 새로운 시공간적 맥락이 가능해졌다는 것이다. 이 교제는 앞서 논한 동아리들에서 가능했던 교제와 유사했으나, 다만 동아리에서와 같은 한정된 주제, 국가의 제도적 조직, 제한된 구성원 따위가 없었다는 점이 다르다.

비록 이런 카페 대부분이 공식 명칭이 없었지만(문에 붙은 간판에는 그저 '카페Kafe'라고만 써 있었다), 많은 카페들이 곧 별칭을 얻었다(별칭은 흔히 '서구의' 지명에서 따왔는데, 예브로파Evropa[유럽], 런던, 리베르풀Liverpul'[리버풀], 텔아비브, 림Rim[로마], 올스테르 Ol'ster[얼스터] 등이었다). 1960년대 후반에 사이공[29]으로 알려진 한 카페가 특별히 중요한 교제의 맥락으로 출현했다. 사이공은 1964년 9월 18일(예전 단골들은 지금도 이 날짜를 기념한다) 레닌그라드 시내

---

28 소비에트 시기 흔히 볼 수 있었던 권위적 기표에 해당했던, 1917년 볼셰비키 혁명을 의미하는 "위대한 10월 사회주의 혁명"에 빗댄 말장난이다(Krivulin 1996).

29 오늘날 사이공에 대한 회고록과 이야기 들이 상트페테르부르크의 잡지와 신문에 주기적으로 발표되며, 이에 관한 연구물도 발간되었다(Zdravomyslova 1996; Boym 2001). 원래의 카페는 없어졌지만, 같은 이름의 카페들이 상트페테르부르크와 다른 러시아 도시들에 여전히 존재한다.

의 이상적인 위치[30]에 개업했다. 사이공이라는 별칭은 담론의 다른 차원이 존재함을, 위치상으로 브녜가 존재함을 상징한다. 이 이름의 강력함은 그것의 편재성과 익숙함에 있었는데, 이는 베트남에서 벌어진 미국의 '제국주의 전쟁'에 반대하는 소비에트 미디어의 담론에 의해 만들어진 상황이었다. 새로운 맥락에서 이 명칭은 전혀 다르게 재해석되어, '서구' 지역의 퇴폐적이고 이국적인 뉘앙스는 그대로 보존하면서도 부정적인 정치적 함의는 사라졌다. 어쩌면 이름을 둘러싼 소비에트 언론의 부정적 태도가 카페 단골들에게 이 이름을 유머러스한 반항의 표현으로서 특별히 매력적이라고 여기게 만들었을 수도 있겠지만, 카페 단골들이 정치적 주제에 한결같이 '무관심'했기 때문에 이런 잠재적 의미는 단 한 번도 드러내놓고 논의된 적이 없었다.

얼마 지나지 않아서 사이공에는 지인들과 대화를 나누거나, 진한 커피를 마시러, 혹은 가끔 밖에서 몰래 가지고 들어온 포트와인을 마시러 들르는 단골들이 생겨났다(Krivulin 1996: 4~5). 이 단골들은 지나는 길에 어쩌다 들른 일반 손님과는 달랐다. 사이공은 그들에게 단순한 카페가 아니라 "정보와 책과 아이디어의 원천이었다. 이성 친구를 만드는 장소이자 부모님의 설교로부터 도망치는 은신처였고, 레닌그라드의 심술궂은 날씨를 막아주는 지붕이었다"(Zaitsev 1996). 단골들은 서로 뒤섞이지 않는 그룹을 형성하는 경향이 있었다. 이런 다양성 덕분에 단골 하나는 "사이공은 알코올중독자들이 돌아다니는 영국의 귀족 클럽 같은 인상을 주었다"고 말하기도 했다

---

30 넵스키 대로와 블라디미르스키Vladimirsky 대로가 만나는 모퉁이다.

(Grebenshikov 1996: 38). 시인 빅토르 토포로프Viktor Toporov는 '모험' 동아리의 졸업생이자 사이공 카페의 단골이었는데, 카페 손님들을 다음과 같이 묘사했다. "여기에는 우리 시인 그룹이, 저기에는 우리랑 아는 예술가 그룹이, 저쪽에는 마약중독자들이, 또 저기에는 암거래상과 신발 파는 파르촙시키fartsovshchiki[서구 관광객에게 옷을 사 소비에트 시민에게 되파는 암거래상] 들이 있었다"(Toporov 1996: 50). 근처의 피오네르 궁전이 사이공의 문학 애호가 그룹들을 길러냈다. 그들에게 [사이공의] 주된 매력은 피오네르 궁전과 비슷한 분위기이지만, 훨씬 다양하고 개방되어 있으며 예측 불가능한 환경에서 사교 활동을 할 수 있다는 것이었다.

> 저는 아직도 개인이 주최한 저녁식사 파티에 가거나 우리 집에 사람들을 초대하는 걸 별로 안 좋아합니다. 다른 게 아니라 모든 상황이 너무 뻔해서predskazuemost' 싫어요. 하지만 사이공에서는 상황이 어떻게 돌아갈지가 열려 있었죠otkrytaia situatsiia. 거기 갈 때는 저녁이 엄청나게 지루할지 아니면 상당히 재미있어질지, 누구를 만나게 될지, 내가 경찰서로 끌려갈지 아니면 예브로파 호텔 바에 가게 될지 전혀 알 수 없거든요. 사이공에 오후 2시쯤 가면 찾는 사람을 반드시 만날 수 있다는 사실도 아주 잘 알고 있었죠. 그 사람도 분명히 들를 테니까 말입니다. 이들은 술을 마시고 대화를 나누는 자유로운 사람들이었습니다. 그들 중 몇몇은 시를 썼고, 몇몇은 그림을 그렸죠(Toporov 1996: 50).

개방성과 시간적 제약이 없는 대화, 참여자들이 관여하는 예측

〈4.1〉
레닌그라드 카페 사이공. 카페의 단골 중 한 명이었던 미하일 페트렌코Mikhail Petrenko가 1979년에 그렸다
(오른쪽에 콧수염을 기르고 베레모를 쓴 인물이 페트렌코). 작가의 허락하에 수록했다.

불가능하고 변화하는 사회적 환경의 중요성은 그들끼리 사용하던 표현에도 반영되었다. 사이공에서 만나자고 할 때 '사이공 안에서 v Saigone'라고 하면 물리적 공간을 의미하는 것이었고, '사이공에서 na Saigone'라고 하면 그 단골들의 사회적 환경을 가리켰다(Fain and Lur'e 1991: 171). 인나의 친구들처럼 토포로프의 모임도 정치를 논하는 일보다는, 대화를 나누고 사람을 사귀고 술을 마시고 20세기 초반의 시를 읽는 일에 더 관심이 많았다. 반체제분자에 대한 이들의 태도 역시 적당한 거리 두기였다. 토포로프에 따르면, "종종 거기에 반체제분자들이 나타나기도 했어요. 〔……〕 하지만 우린 별 관심이 없었죠neinteresno. 〔……〕 우리 모임에 반체제 활동에 연루된 친구는 없었어요"(Zaitsev 1996: 51에서 재인용).

　'반체제분자들'이 사이공에서 큰 집단을 이루지는 않았지만 그들이 카페에 자주 나타났고, 다른 사람들도 오래 대화를 나누거나 책을 교환했기 때문에, 카페는 KGB 요원들이 도시 안의 그와 유사한 다른 사회적 환경들의 일반적 분위기를 살펴볼 수 있는 이상적인 장소가 되었다. 부분적으로는 이 카페가 KGB 감찰 활동에 유용했기 때문에 이 장소는 폐쇄되는 법 없이 상대적으로 경찰 간섭에서 자유로운 채 남아 있을 수 있었고, 이는 그 사회적 환경이 번성하고 성장할 수 있도록 했다. 빅토르 크리불린은 사이공에 오는 사람들 대부분이 정치적인 일에 별반 관심을 기울이지 않았기 때문에, KGB 요원들에 대해 별로 신경 쓰지 않았다고 주장했다. 동시에 크리불린과 그의 친구들은 때때로 심문을 위해 "조직에" 소환되기도 했다. 크리불린은 1960년대 후반에 사이공에서 자기 옆에 앉아 커피를 마시던 남자가 KGB라는 걸 알아차렸던 일을 회고했다. 비밀 요원이 있다는 널리 퍼진 인식과 잠재적 위협은 "일종의 낭만주의적이고 모험적인 감정을 더했다"(Krivulin 1996: 7~8). 그곳의 사회적 환경과 국가 '비밀 조직' 사이의 이와 같은 관계는 국가가 어떻게 이런 사회적 환경들을 가능하게 만들었는지를 잘 보여주는데, 바로 이 때문에 이 사회적 환경에 속한 사람들 대부분은 KGB 요원에 대해 심각하게 걱정하지 않았던 것이다.

우리가 앞에서 만나본 인나는 1970년대 후반에 사이공에 드나들기 시작했다. 인나와 그 친구들은 "창턱에 앉아 커피를 마시며 다양한 주제에 관해 이야기를 나눴어요. [……] 여기선 언제나 얘기할 사람을 찾을 수 있었죠. 사이공에 오면 누군가는 확실히 만날 수 있었어요. **옵셰니예**Obshchenie[상호작용, 수다, 함께 있기]가 제일 중요했지요." 그들은 "어디에서도 살 수 없는 다양한 책들을" 읽었다. "세기 전환기의 시를 많이 읽었고 [……] 프랑스 시도 읽었고 [……] 고전 물리학 연구물[역학이나 열역학의 기초 서적들]도 읽었지요. 우리는 베케트와 이오네스코를 읽었어요"(〈4.1〉을 보라).[31] 이런 독서 목록이 일관성 없이 뒤범벅된 것처럼 보일지라도, 이 텍스트들은 사실 중요한 특징을 공유한다. 시간적·공간적·주제적으로 소비에트 담론의 '재미없는' 사회정치적 이슈들의 브녜에 있다는 사실이다.

1980년대 초반에 이런 사람들이 읽은 많은 시와 소설 작품은 이미 수십 년간 출판되지 못했던 것들이었고, 그들 중 일부 작가는 탄압받거나 당의 눈 밖에 난 사람들이었다. 그러나 사회주의의 문화적 역설에 발맞춰 이 작품들 중 상당수는 완전히 '불법화'된 적은 없었

---

31 저자 인터뷰.

고, 대학생이나 연줄이 있는 사람들은 이를테면 연구용 도서관 같은 곳에서 이전에 발행된 러시아어본이나 소비에트 한정판을 구해 볼 수 있었다. 인나는 대학 도서관에서 아르바이트를 하면서 이런 기회를 얻었다. "우리는 열람실에 가서 다른 어디서도 구할 수 없는 종류의 책들을 읽을 수 있었어요. 예를 들면 〔구 러시아판〕 구밀료프를 읽었는데, 더 이상 발행이 되지도 가게에서 팔지도 않는 작가였죠." 이런 책들을 읽고 토론하고 교환하면서도, 인나와 그녀의 친구들은 KGB에 대해 특별히 걱정하지 않았다.

> 항상 책이 가득 찬 가방을 들고 다녔어요. 그러니 위험을 약간 감수했다고도 할 수 있겠죠. 하지만 우리한테 대단한 관심을 기울일 사람이 하나도 없다는 사실도 너무 잘 알고 있었어요. 그 사람들이 뭐하러 그러겠어요? 우리는 기껏해야 갈리치의 노래 가사나 브로드스키의 시를 타자로 쳐서 들고 다닌걸요. 그리고 당연히 우린 이런 것들을 서로 돌려보곤 했죠. 하지만 이걸로 우리를 체포할 것까지는…… 누가 그러겠어요? 이건 별로 심각한 물건들이 아니었어요. 반체제적 편지에 사인하거나 다른 [반체제] 활동에 가담하는 일이라면, 우린 그런 걸 믿어본 적이 없어요.

한때 몇몇 문학적인 사회적 환경과 사이공 카페에 드나들었다는 상트페테르부르크의 문화사가 레프 루리예Lev Lur'e에 따르면, 그들이 돌려보던 작가들로는 안드레이 플라토노프Andrei Platonov, 미하일 불가코프Mikhail Bulgakov, 마르셀 프루스트Marcel Proust, 제임스 조이스James Joyce, 아서 밀러Arthur Miller 등이 있었다(Lur'e 2003). 그 결과 "1970년대에는 레닌그라드 대학의 어문학부나 역사학부보다도 사이공에서 더 나은 문학과 철학 교육을 받을 수 있었고," 그래서 카페의 사회적 환경은 차후 소비에트에서 개인 출판사를 설립한 사람들이나 편집자, 번역가, 독자 들을 양성하고 교육하는 데 중요한 역할을 했다(Lur'e 2003).

카페라는 장소는 자연스럽게 하버마스Jürgen Habermas가 말한 "공론장public sphere"과 비교하게 된다. "공론장"은 초기 자본주의 시기의 개인들이 부르주아 카페와 살롱에서 정치·사회적 주제들을 비판적이고 이성적으로 논하며 스스로를 "공중public"으로 구성했을 때 생겨났다(Habermas 1991). 러시아 사회학자 엘레나 즈드라보미슬로바Elena Zdravomyslova는 부르주아 맥락에서의 "공론장"에 관한 이런 논의와 비교하면서, 사이공 현상이 "집단적 저항의 특정한 형식으로 해석될 수 있으며 〔……〕 젊은 소비에트 인텔리겐치아가 체제에 대항하여 벌인 끝없는 파업 〔……〕 정치적 파업으로 읽을 수 있다"고 주장한다(Zdravomyslova 1996: 39~40). 그러나 '공론장' 개념을 사용하는 것의 문제점은 무엇보다도 그로부터 끌어낸 부적절한 이원론적 모델들과, 저항 및 정치적 이견의 비유에 있다. 사회적 환경들의 문화적 논리를 이런 방식으로 기술하게 되면, 당사자들이 명시적으로 반체제 담론이나 정치적 저항과 거리를 두었다는 결정적인 사실을 가리게 된다. 1960~1970년대의 다른 많은 사회적 환경들처럼, 사이공도 나름의 스보이의 공중을 만들어낸 것은 사실이다. 그러나 우리가 앞선 장에서 살펴보았듯이, 이런 대중 사이에서 소비에트의 현실은 저항의 대상이 아니라 탈영토화의 대상이었다. 당연히 이런 사회적 환경의 구성원들에게는 소비에트의 정치·사회적 주제를 둘러쌘 비판적 토론이 '재미없는' 것으로 여겨졌다. 이들 공중이 권위적 담론에 보인 태도는 반대도 지지도 아닌 브녜에 있기였다. 이런 태도를 통해 그들은 시스템의 권위적 의례와 텍스트 들을 피하면서도, 그 시스템의 문화적 이상이나 관심사를 계속 좇을 수 있었다. 후자의 측면은 사회주의의 약속에 대해 더욱더 이상주의적인 태도를 가졌던 60년대 세대(시인, 문학 동아리 교사 등등)의 사회적 환경이 생겨나면서 한층 강화되었다. '재밌게 살기'의 담론이 그 모임에서 지배적인 역할을 했던 것은 우연이 아니다. 시인 크리불린은 사이공에서의 분위기를 이렇게 요약했다. "우리는 재밌게 살았다my veselo zhili"(Krivulin 1996: 7~8). '재밌게 살기'라는 말은 앞서 인용한 인나의 '가볍게 살기zhili legko'나 "아주 재밌는 삶을 영위하기veli ochen' veseluiu zhizn'"라는 표현이 그런 것처럼, 일상적 사회주의하에서의 일종의 '정상적인[괜찮은] 삶'을 의미한다. 이 삶은 체계가 가능하게 만들었지만, 그럼에도 완전히 결정하지는 못했던 삶의 창조적 형식들을 부여받았다.

음악 투소프카

1970년대 후반에서 1980년대 초반에 투소프카를 만들었던 레닌그라드의 아마추어 록 음악가들도 비슷한 주장을 했다. 그들 역시 정치에는 '무관심'했으며, 록 음악을 비판할 목적으로 시행된 국가 캠페인을 특별히 위험한 것으로 보지 않았다. 사회학자 토머스 쿠시먼 Thomas Cushman은 1980년대 레닌그라드 록 음악가들의 투소프카에서 다음과 같은 것들을 발견했다.

[녹음된] 음악을 구해 서로 공유하고 궁극적으로는 연주하는 행위
는 그런 행동이 정치적 일탈로 여겨질지의 여부를 거의 의식하지
않은 채로 이루어졌다. [정부가] 록 음악을 정치적으로 강력하게
규제했음에도 불구하고, 음악가들은 그런 규제 조치를 자주 무시
하거나 불편한 것쯤으로 치부했다. [……] 사실 정말로 충격적인
것은, [……] 단지 정치 자체에 대한 논의가 없었다는 점이 아니
라 록 음악가들 쪽에서 전혀 두려워하는 기색이 없었다는 점이다.
추상적 의미의 정부든, 아니면 실제로 자기 삶에 직접적으로 침범
할 잠재적 위험을 지닌 정부든 관계없이 말이다(Cushman 1995:
93~94).

쿠시먼에 따르면 예술적 관심사를 논할 때 록 음악가들은 '진리'
를 가리키는 두 개의 러시아어 개념, 즉 프라우다pravda와 이스티나
istina(이번 장 초입에 나온 도블라토프의 "명백한 진실"과 "심오한 진실"
의 구별과 유사하다)를 구별했다. 록 음악가들은 음악적 관심사의 추
구를 "이스티나의 표현, 즉 인간 조건에 대한 근본적 진리의 구현으
로" 보았고, 프라우다에 대한 추구를 함의하는 정치적 입장에는 극
히 무관심했다(Cushman 1995: 107~8). 한 음악가는 이렇게 설명했
다. "우리는 이 시스템이든 저 시스템이든 상관없는, 혹은 특정한 시
간대에 속하지 않는 보편적인 문제에 관심을 두었죠. 다르게 말하면
천 년 전에도 있었고 여전히 존재하는 문제들, 사람 사이의 관계, 인
간과 자연의 연결 같은 것들 말입니다"(Cushman 1995: 95). 그럼에

4 '브네'에서 살기: 탈영토화된 사회적 환경

도 쿠시먼은 앞서 즈드라보미슬로바가 그랬듯이, 하버마스를 끌어다가 이런 비정치적 입장이 "사회의 지배적인 지식의 축적과는 문자 그대로 반대 방향으로 돌아가는 지식의 축적"에 기반하는, 록 투소프카의 "반문화" 형식이라고 기술한다(Cushman 1995: 8). 이원론적 구도에 천착하면서 또다시 반대와 브녜에 있기 사이의 중요한 차이점을 간과하고 있는 것이다.

투소프카 구성원들을 사로잡았던 세월이 흘러도 변하지 않는 보편적 문제들에 관한 토론은 (인나와 그녀의 친구들의 고대 철학, 20세기 초반의 시, 이론물리학을 향한 관심이 그랬던 것처럼) 권위적 담론과의 관계에서 이 사회적 환경 속의 삶이 가질 수 있는 시간적·공간적·주제적 매개변수들을 끊임없이 탈영토화했다. 이것은 음악가들이 정치적 시스템에 의해서 가능해졌지만 그 시스템에 의해서 제약되지는 않은 창조적 삶을 이끌 수 있게 해주었다. 정치적 주제들의 심오한 부적절성은 사실 이런 사회적 환경들의 문화적 현실이었을 뿐만 아니라, 그들의 공공연한 이데올로기였다. 정치적 주제들은 재미없고 속된 것으로 여겨지는 데서 더 나아가, 그런 주제를 꺼내려는 낌새만 보여도 대놓고 빈정거림을 받았다. 음악평론가이면서 록과 재즈 투소프카의 여러 구성원들과 가깝게 교제했던 알리크 칸Alik Kan은 이를 잘 보여주는 일화를 들려주었다. 1982년 레닌그라드 호텔 로비에 보리스 그레벤시코프, 세르게이 쿠료힌,[32] 그리고 얼마 후 런던에 며칠 다녀올 예정인 레닌그라드에 사는 영국 친구가 앉아 있었

---

32 소비에트 '아마추어' 록 음악계의 두 유명 인물이다. 보리스 그레벤시코프는 예나 지금이나 록그룹 '아크바리움'의 리더다. 세르게이 쿠료힌Sergei Kuryokhin은 재즈 피아니스트이자 그룹 '포풀랴르나야 메하니카Populiarnaia Mekhanika'[대중 역학]의 리더다.

다. 알리크는 이렇게 말했다. "제가 영국 친구한테 영국 신문하고 잡지 좀 가져다 달라고 했죠. 〔……〕 쿠료힌과 그레벤시코프가 비아냥거리며 외치더군요. '알리크, 아직도 신문을 읽어? 너 뭐야, 〔정치적 이슈에〕 아직도 흥미를 가진단 말이야!?Alik, ty eschë chitaesh' gazety? Tebe chto, eshchë interesno?"[33]

비록 신문이 외국 것이었음에도 불구하고, 소비에트 상황을 외국에서 정치적으로 어떻게 분석하고 있는지에 대해 알리크가 흥미를 갖는 일은 그들의 사회적 환경에서는 부적절했다. 친구들의 말에 섞인 비아냥대는 어조는 음악과 문화를 포함한 다른 주제들에 관한 투소프카 내부 대화의 일반적 방식이었다. 알리크는 이렇게 설명했다. "농담을 많이 했죠. 비아냥대는 방식iazvitel'no으로요. 마치 그런 비꼬는 기술을 서로서로 더 날카롭게 만들기라도 하려는 것처럼 말이죠. 끝이 없었어요. 록 투소프카에서 의사소통의 기본적 질감은 비꼼과 정치적 주제의 부재였죠."[34] 이런 의례화된 담론적 장르가 수행적으로 투소프카를 긴밀하게 짜인 스보이의 사회적 환경으로 만들었는데, 여기서 권위적 담론의 브녜에 자리하는 그 환경의 애매모호한 관계는 구성원들 사이에 오가는 이런 공공연한 비아냥을 통해서 엄격하게 점검되었던 것이다. 이와 같은 사회적 환경에 직접적으로 연결되지 않는 다른 맥락들에서는, 몇몇 사람들이 정치적이거나 그와 더 관련된 다른 주제들에 관해 숙고하는 일이 가능했던 이유가 여기에 있다. 알리크는 "정치적이거나 사회적인 주제를 투소프카에서 떠

---

33 저자 인터뷰.
34 저자 인터뷰. 이 시기의 아이러니에 관한 논의는 7장을 참고하라.

드는 것은 나쁜 형식plokhoi ton으로 여겨졌지만," 그럼에도 쿠료힌과 일대일로 이야기할 때면 소비에트 시스템, 서구 등등에 대해 "아주 길고 진지한 토론을 벌였습니다"라고 증언한다.

옵셰니예

국가에 의해 제도화된 것에서부터 자발적인 것에 이르기까지, 이러한 모든 사회적 환경들은 정적인 사회적 공간이 아니었다. 그것들은 **옵셰니예**obshchenie의 실천이라고 알려진 반복되는 수행적 장르들을 통해 지속적으로 재생산되었다. 옵셰니예라는 용어에 정확히 대응되는 영어 번역은 존재하지 않는다.[35] 이 용어는 "의사소통"과 "대화"를 가리킨다고 볼 수 있지만, 여기에 더해 비언어적 상호작용과 함께 시간을 보내거나 그저 함께 있는 것도 포함한다. 이 말은 미국에서 흔히 쓰이는 말인 친구들과 "어울려 놀다hang out"와도 다르다. 옵셰니예는 그저 다른 사람들과 함께 시간을 보내는 것이 아니라, 진하고 내밀한 공통성commonality 및 상호주관성intersubjectivity을 항상 포함하고 있기 때문이다. 명사 '옵셰니예obshchenie'는 '공통적인obshchii'과 '코뮨/공동체obshchina'라는 말과 동일한 어근을 갖고 있다. 그것은 개인들 간의 교제에서 일어나는 상호작용이 아니라, 모든 개인이 공통적인 상호주관적 사회성을 생산하기 위해 대화에 참

---

35 옵-셰-니-예ob-SHEH-nee-yeh라고 발음한다. 마찬가지로 이 단어의 반대말에 가까운 영어 단어 "프라이버시privacy"는 러시아어에 정확한 대응어가 없다(Boym 1994: 3). 옵셰니예에 관한 논의는 Pesmen(2000)과 Nafus(2003a)를 보라.

여하는 공동체적 공간에서 이루어지는 상호작용의 과정을 강조한
다. 따라서 옵셰니예는 그 과정과 그로부터 생겨나는 사회성 둘 다,
그리고 생각과 정보의 교환이자 감응affect과 함께 있음togetherness의
공간 둘 다라고 말할 수 있다. 옵셰니예는 러시아의 오랜 문화적 실
천으로 여겨져오긴 했지만, 후기 사회주의 시기에 이르러 특히 강도
높게 어느 곳에서나 이루어졌으며, 소비에트 사회의 모든 계층과 모
든 직업적·이데올로기적·공적·개인적 맥락에서 지배적인 소일거리
가 되면서 새로운 형식들을 획득했다(Vail' and Genis 1996: 69).[36] 문
화평론가 표트르 바일Pyotr Vail'과 알렉산드르 게니스Alexandr Genis
에 따르면, 1960~1970년대에 옵셰니예는 새로운 "컬트"(Vail' and
Genis 1991: 242)로 부상했으며, 철학자인 야코프 크로토프Iakov
Krotov는 이것을 "새로운 물신"(Krotov 1992: 247)이라고 부르기까지
했다.

옵셰니예는 권위적 담론 안에서는 진행될 수 없었지만, 권위적 담
론이 생산되는 맥락들(예컨대 콤소몰 위원회들)에서는 다른 곳에서
와 마찬가지로 흔하게 볼 수 있었다. 그것은 친구와 지인 들에만 한
정되지 않았고, 완전히 모르는 사람들까지 포함할 수 있었다. 그
것은 하룻저녁 또는 기차 여행 정도의 짧은 시간 동안에도 이루어
질 수 있었다. 그 사람이 또다시 반복될 수 있는 옵셰니예의 형태라
고 인식할 수 있는 모종의 상호작용에 참여하고 있기만 하다면 말이
다. 누구라도 옵셰니예를 통해 스보이가 될 수 있었고, 반대로 누군

---

36 포스트-소비에트 시기에는 옵셰니예를 위한 시간과 공간들이 축소되었고 더 이상 옵셰
    니예가 충분하지 않다는 푸념을 자주 들을 수 있다.

가 옵셰니예에 참여하기를 거부한다면 스보이가 아니었다. 크로토프가 언급하기를, "언제라도 친구들과 수다를 떨고poboltat' 한잔할 수 있는razdavit' butylochku 사람은 사회에서 그에 대해 어떻게 생각하든 상관없이 결코 범죄자나 악한으로 여겨질 수 없다. 하지만 누군가 속을 잘 드러내지 않고, '자신을 너무 고귀하게 생각한 나머지' 옵셰니예를 피한다면, 그가 반체제분자이든 KGB 요원gebist이든 상관없이 미심쩍고 악한 사람이라고, 거의 유대인처럼 취급받기도 했다"(Krotov 1992: 249).

특히 후기 사회주의 시기 동안 옵셰니예의 실천은 모든 곳에서 이루어졌고 제약이 없었다. 이러한 실천들을 통해 국가사회주의의 시간성, 공간성, 그리고 사회적 관계와 개인의 정체성이 재형성되고 재해석되었다. 크로토프는 이러한 실천들을 다음과 같이 묘사한다. "술상에 둘러앉아 끊임없이 먹고 마시며 이야기하기zastol'ia, 그저 앉아서 정해진 주제 없이 대화 과정 그 자체를 중요하게 여기면서 이야기 나누기posidelki, 수다 떨기trepy, 친구나 모르는 사람 들과 술 마시며 이야기하기vypivony, 〔……〕 그리고 가정과 직장에서 반복되는 기념일과 생일 파티"(Krotov 1992: 248).[37] 많은 사람들은 자신이 옵셰니예가 이루어지는 친밀한 스보이의 사회적 환경에 속한다는 사실을, 다른 형태의 상호작용, 사회성, 목표, 성취 들보다(그것들이 직업과 관련된 것이라 하더라도) 언제나 훨씬 더 의미 있고 가치 있는 것으로 여겼다. 앞서 살펴본 이론물리학자의 사회적 환경이 물리학과 연구소를 훌쩍 넘어서는 원칙들에 따라 조직되었던 것처럼, 많은 경

---

37 또 다른 옵셰니예의 실천들에 관한 논의로는 Pesmen(2000: 165)을 참고하라.

우들에서 직업적 유형의 옵셰니예와 비직업적인 유형의 옵셰니예는 긴밀하게 겹쳐져 있었다. 바일과 게니스에 따르면, 1960년대에는 "옵셰니예의 가볍고 덧없는 즐거움이 경력 및 봉급과 관련된 더욱 실제적이지만 까다로운 성취들보다 훨씬 더 높은 가치를 지녔다. 스보이의 일원이 된다는 것byt' svoim은 공식적으로 얻는 다른 모든 이득보다 훨씬 중요한 것으로 보였고 실제로도 그랬다. 〔……〕 1960년대를 지배했던 감정인 우정은 독립적인 사회적 의견의 원천이 되었다. 〔……〕 스보이로부터의 배척은 직장에서의 문제보다 훨씬 더 위협적인 힘으로 여겨졌다"(Vail' and Genis 1991: 242).

누가 스보이에 속하는지 판단하고 조정하는 것을 포함하는 옵셰니예의 다양한 형태들 속에서 이런 사회적 환경들이 만들어졌다. 낸시 리스는 러시아에서 "대화"가 지니는 수행적 본질을 이렇게 포착한다. 대화는 "단지 가치 창조가 묘사되는 활동이 아니라, 그것 안에서 그리고 그것을 통해 가치를 실제로 생산하는 활동이다"(Ries 1997: 20~21). 이 설명은 대화가 수반되지 않는 경우 그리고 비공식적이거나 개인적인 상호작용에 국한되지 않는 경우를 포함한 옵셰니예의 모든 형태와 실천 들에 확장 적용될 수 있다. 이 장에서 논의된 모든 사회적 환경들에서, 특정한 책을 읽고 특정한 사상에 관해 토론하고 특정한 음악을 듣는 것만이 중요한 게 아니다. 보다 중요한 것은 그런 책이나 사상을 염두에 두건 그렇지 않건 간에, 어쨌든 결코 끝나지 않고 제약 없는 옵셰니예에 소속된 채 남아 있는 것이다. 그 어떤 구체적인 토론보다 중요한 것은, 함께 보내는 시간이 미리 계획되지 않은 제약 없는 성격을 지닌다는 사실이다. 고고학 동아리 구성원들에게, "다양한 형태의 옵셰니예는 목적 자체가 되었다." 그들은 "자

신의 모든 자유 시간을 그것에 바쳤다"(Gladarev 2000). 카페 사이공
에서도 마찬가지였다. 카페 사이공은 그 자체로 가치를 지닌 추상적
인 전체로서의 옵셰니예를 제공했다. 여기서 옵셰니예는 특히 주제,
참여자, 들인 시간, 달성한 결과에 얽매이지 않고 열려 있었다. 문학
동아리 '모험'에서도, 이론물리학자들 사이에서도, 그리고 록 음악
투소프카에서도 옵셰니예의 이러한 성격은 똑같이 중요했다.

    그러한 실천들에서 생산된 '가치'는 친구들의 사회적 환경을 넘
어 널리 퍼졌다. 그것은 공간적·시간적·주제적·의미적으로 소비에
트의 권위적 담론의 브녜에 있는 특별한 세계들의 생산을 포함했다.
이러한 모임의 구성원들이 고대사, 외국 문학, 소비에트 이전 시기
건축, 러시아의 은세기(20세기 초반) 시, 이론물리학, 식물학, 고고
학, 서구 록 음악, 불교 철학, 종교 따위에 탐닉했던 것은 우연이 아
니었다. 카페 사이공의 단골들이 정치적인 이슈들을 피하면서 고전
물리학과 프랑스 시에 관심을 쏟았던 것을 기억해보자. 인나는 자신
이 친구들과 옵셰니예를 실천한 방식을 이렇게 묘사한다.

        우리는 미학, 톨스토이, 푸시킨, 시, 브로드스키, 소스노라[38]에 관해
        대화했어요. [……] 우리는 대화도 많이 했고, 산책도 많이 했지요.
        우리는 도시를 걸어 다녔고 건축양식과 모던[39] 양식에 관해 이야기

---

38 빅토르 소스노라Viktor Sosnora는 일반 대중보다는 시 감식가들 사이에서 더 잘 알
    려졌던 상트페테르부르크의 시인이다. 그의 시들은 소비에트 시대에는 사실상 출판
    되지 않았다. 그의 시 양식은 세심한 우아함과 정전을 따르지 않는 것으로 유명했다.
    1960~1970년대에 소스노라는 젊은 시인들을 위한 문학 모임 리토LITO를 이끌었다.
39 모던Moderne은 상트페테르부르크에 잘 구현된 20세기 문턱의 프랑스 건축양식인 아르
    누보Art Nouveau 양식을 부르는 다른 명칭이었다.

했어요. 우리는 건물의 마당을 돌아다녔고, 지붕에 기어 올라가기도 했고, 모든 것에 대해 토론했어요. [……] 1981~1982년 즈음 종교적인 주제들에 관심을 갖게 되어 그에 관해서도 토론했어요. 우리 중 몇몇은 점차 세례를 받기 시작했죠. 또 우리는 온갖 역사-철학적 주제와 종교적 주제 들에 관해서도 토론했고 논쟁도 많이 했어요. [……] 우리는 베르댜예프Nikolai Berdyaev의 『도스토옙스키의 세계관The world view of Dostoyevsky』[1923]도 읽었어요. [이런 책들이 귀했기 때문에] 예전에 나온 판본을 손으로 전부 베껴 쓰는 일도 아주 중요했어요. 그럴 때면 우린 옛날 알파벳, 철자법, 구두법을 지켰지요. [……] 또 가령 우리는 식물과 꽃에 대해서도 이야기했어요. 삶에서 벗어나 숨어버리려고 그랬던 게 아니라, 단지 다른 것들이 우리에겐 중요치 않았기 때문에 그랬던 거예요.

현실에서 동떨어진 이런 주제들에 개인적으로 관여하는 것은 중요했다. 이를테면 손으로 오래된 텍스트를 베껴 쓴다거나 옛날 판본을 이용하는 것, 그리고 고대 러시아어나 외국어의 알파벳과 철자법으로 글을 쓰는 것 따위가 그것이다. 먼 시대의 역사, 외국어, 고대 알파벳, 자연과 물리 세계에 관한 다양한 주제와 재현 들은 그 자체로 흥미 있고 의미 있는 일일 뿐만 아니라, 그것들이 다양한 시간적·공간적·의미적·언어적·과학적·생물학적 등등의 '저편elsewhere'을 개인적 삶의 여기-지금 속에 '주입'하기 때문에 중요했다. 이를 통해 그것들은 소비에트적 우주의 '브녜에 존재하기'라는 강렬한 관계를 만들어낼 수 있었다. 이러한 행동과 과정 들은 특별한 과정을 통해 저 세계의 현실을 이 세계에 덧붙이는 샤머니즘 의례에 비유할 수 있다. 윌리엄 행크스William Hanks는 이러한 과정들을 "치환 transpositon"이라고 불렀는데, 이것은 한 지역의 세계와 사람들을 머나먼 상상의 세계들과 복합적으로 연결하는 것을 가리킨다(Hanks 2000: 237).

옵셰니예는 독립된 개인들 사이의 의사소통보다 훨씬 더 큰 어떤 것이었다. 그것은 개인적인 것과 사회적인 것을 넘어서는 개인성과 사회성의 형태를 만들어냈다(Rosaldo 1982; Strathern 1988). 이 과정에서 그 자체로 중심적 가치였던 함께 있음을 통해 참여자들의 삶이 긴밀하게 엮임에 따라, 스보이는 분산된 인격의 자질들을 획득했다. 이것은 단순히 끈끈한 우정이 아니라 친족에 가까운 내밀성이다. 고고학 동아리의 구성원이었던 어떤 이는 그런 사회적 환경과 자신의 관계를 다음과 같이 묘사한다. "거의 가족적인 분위기였고, 마치 친척들rodnye liudi이 모여 있는 것 같았어요. 간단히 말하자면 스보이 사람들인 거죠. 〔……〕 그냥 친척이 아니라 아주 가깝고 소중한 사람들 말이에요. 그들 모두는 다른 사람들을 위해 무엇이라도 할 준비가 돼 있었어요"(Yana, Gladarev 2000에서 재인용). 이 동아리의 다른 구성원은 다음과 같이 기억한다. "제게 동아리 구성원들은 아주 가까운 사람처럼 여겨졌어요. 저는 심지어 가족관계보다 더 가깝게 느꼈어요. 제겐 친형제와 친자매가 있었지만 오랫동안 보지도 못했고, 그들이 어디 사는지도 몰라요"(Tatyana, Gladarev 2000에서 재인용). 또 다른 이는 다음과 같이 설명한다. "우리는 거의 친척이나 다름없었어요. 〔……〕 그들은 그저 네 편tvoi 사람들이었고, 이건 굉장히 다른 수준의 관계였어요(Stas, Gladarev 2000에서 재인용).

보일러실

후기 사회주의 시기 특히 1970년대와 1980년대 초반에, 소비에트 마지막 세대의 몇몇은 집단—대개는 인텔리겐치아 집안 자제들이 었지만, 심지어 몇몇은 노동자계급 출신이었다—에서 더 많은 자유 시간을 가질 수 있는 직업을 가지기 위해, 보다 세련된 전문직 경력 을 포기하는 것이 점차 일반적인 현상이 되어갔다. 그런 직업 중에 가장 극명한 사례들로 보일러실 기술자kochegar, 창고 경비storozh, 화물 노동자gruzchik, 거리 미화원dvornik 등이 있다.[40] 이런 직업들은 일주일에 두세 번 야간근무를 할 때만 바빴고, 덕분에 이런 직업을 가진 사람들은 주어진 많은 자유 시간에 옵셰니예와 다른 관심사들 에 집중할 수 있었다. 이러한 직업들은 그 자체가 별로 힘들지 않았 고, 교대 사이에 휴식 시간이 많은 교대근무제로 조직되었으며, 집 회, 행진, 기타 공적인 행사들에 참석하지 않아도 됐기 때문에(직업 상 그런 행사들에 참석할 것을 요구받는 경우는 제도권과 강하게 연관되 어 있는 사람들뿐이었다) 직장에 대한 의무는 최소화되었다.

"보일러실kochegarka, kotel'naia"은 구역의 중앙화된 난방 시스템에 서 한 지역의 기술적 문제를 담당하는 허브였다. 보일러실은 구역의 온수 파이프를 관리하는 제어장치와 밸브 들이 있는 방이었다. 보일 러실 기술자들이 하는 일은 파이프 압력을 확인하고 온수와 냉수를 켜고 끄며, 어쩌다 문제가 생기면 수리공을 부르는 일 따위가 고작

---

40 하벨은 체코슬로바키아에 있었던 이와 유사한 경향을 기술한다(Brodsky and Havel 1994).

⟨4.2⟩

1980년대 초반 보일러실(알렉산드르 플로렌스키, 1990).

이었다. 보일러실 기술자들은 근무시간 내내 보일러실에 있어야 했지만, 그 안에서 그들이 할 일은 거의 없었다. 그들은 4일에 한 번씩 24시간 교대제sutki cherez troe로 일했다. 봉급은 매우 낮았지만(한 달에 60~70루블로 공공기관 임금 중 가장 낮았다), 대신 이 직업은 엄청나게 많은 자유 시간을 제공했다.

몇몇 사람들에게 이러한 직업들은 권위적 담론의 수행적 전환이라는 측면에서 매우 매력적인 것이 되었다. 의무적인 고용과 관련된 국가의 법은 형식 차원에서 순전히 수행적으로 재생산되었고(직업을 갖는다는 것의 진술적 의미는 인식 너머로 거의 사라졌다), 이러한 수행적 재생산은 새로운 의미, 시간성, 공동체, 활동, 관심, 미적 형식, 전문 지식, 즉 새로운 의미의 우주 전체를 가능하게 만들었다. 또다시 국가는 이러한 새로운 의미를 가능하게 했지만, 그것을 통제할 수도 설명할 수도 없었다. 이런 직업들 덕분에, 고대 언어학자부터 록 음악가에 이르는 수많은 사람들이 다양한 관심사와 아마추어 활동에 전념할 수 있었다. 출간한 작품이 하나도 없고 국가의 작가조합에서 작가로 인정받지도 못했기 때문에, 공식적으로 어딘가에 '고용'되어야만 하는 처지에 놓여 있는 작가는 널려 있었다(브로드스키가 대표적인 사례다). 많은 '아마추어' 록 음악가들이 이런 직업을 가졌고, 그들은 은어로 "보일러실 로커kochegary-rokery"[41]라고 불렸다.

---

41 Cushman(1995: 57~58). 〔옮긴이〕 우리에게 잘 알려진 소비에트의 록가수 빅토르 최 Victor Tsoy(러시아어 발음으로는 빅토르 초이)는 실제 보일러공으로 일하면서 활발한 음악 활동을 한 적이 있다. 그는 이 일자리를 오랫동안 고대했는데, 아무도 없는 보일러실에서 홀로 일한다는 점 외에도, 쉬는 날을 이용해 지방 순회공연을 마음껏 다닐 수 있다는 게 가장 큰 장점이있다. 그는 「나는 보일러공이 되고 싶어Ya hachu byit kachegarom」라는 노래를 직접 만들기도 했는데, 가사는 아래와 같다.

음악가로서의 전문적 지위가 없었기 때문에 음악으로 돈을 벌 수 없었던 그들은, 얼마간의 돈을 벌면서 의무 고용법도 만족시키고 더불어 음악에 쓸 최대한 많은 시간을 허용하는 직업을 찾고자 했다.

당시 이러한 직업은 아주 흔해져서 유명한 록그룹 아크바리움이 "거리 미화원과 야간 경비원 들의 세대"[42]인 자기 동료들에 관한 노래를 불렀을 정도였다. 그런데 1980년대 초반에 이르면 이런 직업을 구하기가 매우 어려워졌다. 이러한 맥락들에서 생겨난 **스보이**의 사회적 환경이 같은 사회적 환경에 속하는 사람만을 자기 직장에 고용하려 했기 때문이다. 그 덕분에 같은 직장에 있는 사람들은 예술과 철학 분야에서의 공통 관심사를 추구하는 일에 집중할 수 있었고,[43] 다른 동료들이 직장 바깥의 다른 소명들로 바쁠 때 근무일을

한잔하러 뒷골목을 쏘다녔지
매일 저녁 아홉 시쯤이면,
그러다 출구를 찾은 거야.
보일러공이 되고 싶어.
이틀 건너 하루만 일하거든.

이 노래는 보일러공의 록.
이 노래는 보일러공의 록.
이 노래는 보일러공의 록.
이 노래는 보일러공의 록.
(이대우, 『태양이라는 이름의 별: 빅또르 최의 삶과 음악』, 뿌쉬낀하우스, 2012, p. 198에서 인용).

42 〔록 밴드 아크바리움의 리더인〕 보리스 그레벤시코프의 노래 「거리 미화원과 야간 경비원 들의 세대Pokolenie dvornikov i storozhei」. Yurchak(1997a)을 보라. 〔옮긴이〕 블라디미르 니키포르프의 단편소설 「어느 야간 경비원의 일기」에는 파울 첼란에 관한 박사학위 논문을 준비하면서 모스크바에서 건물 관리인으로 일했던, 그리고 현재는 오스트리아에서 야간 경비원으로 일하는 주인공이 나온다(라르스 바리외 엮음, 『유럽 소설에 빠지다 2』, 이현경 옮김, 민음사, 2009).
43 예를 들어 1970년대와 1980년대 초반 레닌그라드의 한 보일러실에서 보리스 오스타닌을

교대해줄 수도 있었다. 1980년대 초반 레닌그라드에서 그런 직장에
고용되기 위해서는 흔히 사회적 환경 내부의 연줄이 필요했다. 인
나의 친구는 보일러실에 취직하려고 했는데, 면접관들은 그녀가 어
떤 "또 다른" 일을 하는지 물어보았다. 그녀가 자신은 중세사 연구
자라고 말하자, 그들은 이렇게 대답했다. "뭐라구요? 중세 연구자라
구요? 오, 안 됩니다. 여기서 일하는 사람들은 다 법학자들이거든
요. 두 명은 이미 박사 학위를 받았고, 나머지 한 사람은 이제 곧 박
사 논문 심사를 받습니다."[44] 이 법학자들은 법학연구소 업무와 관계
없는 별도의 연구를 할 수 있는 자유 시간이 필요했고, 그 여분의 시
간에 소비에트 출판 규정에서 벗어난 주제들에 대해서도 읽고 쓸 수
있었다. 그들이 보일러실에서 일한 대가로 받는 봉급은 사실상 그들
의 학문적 활동을 가능하게 만드는 동시에 탐구 주제에 제약을 두지
않을 수 있게 해주는 연구 지원금으로 기능했던 것이다. 그런데 그
들의 이런 작업은 무엇보다 브녜의 세계에서 이루어졌다(반드시 국
가 소유의 학술지에 글을 출판하지 않아도 되었다). 강의 의무를 부과
하지 않는 연구의 맥락이라는 점에서(앞서 살펴본 이론물리학자들의
경우에서처럼), 이런 방식의 고용은 학술 기관에서의 고용을 브녜식
으로 모방한 것에 해당했다.

이런 방식의 고용은 또한 사람들로 하여금 불교, 서구 재즈, 실존
주의 철학 등 소비에트 기관들에서 다룰 수 없었던 문화적·철학적·

Boris Ostanin과 보리스 이바노프Boris Ivanov는 상트페테르부르크에 있는 묘지와 성당
들의 역사에 관한 여러 권짜리 책을 완성했다. 이 책은 포스트-소비에트 시기에 마침내
출간되었다(Lur'e 2003).

44 저자 인터뷰.

종교적 주제들에 천착할 수 있도록 해주었다. 보일러실에서 받는 봉급은 다른 대다수 직업보다 훨씬 낮았지만, 소비에트연방에서 기본적인 욕구들을 해결하는 데에는 별로 돈이 들지 않았기 때문에 생활하는 데 어려움은 없었다. 한 록 음악가에 따르면, "글라스노스트와 페레스트로이카 이전만 하더라도, 일주일에 3루블, 그러니까 대략 당시 환율로 치자면 1.8달러면 살 수 있었다"(Cushman 1995: 57). 집세, 식품, 교통, 의복, 책, 극장, 영화관, 박물관 등은 매우 저렴했고, 의료와 교육은 무상이었다. 나아가 사회주의국가는 모든 직업에 보조금을 지급했다. 이렇듯 예술과 철학과 관련된 사회적 환경의 활기찬 문화는 국가의 지원을 통해 생겨날 수 있었고, 동시에 국가가 결코 기대하지 않았던 많은 지식의 형태들을 낳았다. 보일러실은 말 그대로 브녜에, 즉 체계의 안쪽과 바깥쪽에 동시에 존재했다. 보일러실의 밸브와 온수 파이프 들은 동맥처럼 구역의 수많은 아파트 속으로 들어가면서, 보일러실을 시스템의 가장 깊숙한 곳, 즉 시스템의 내장 entrails에 착근embed시켰다. 동시에 그것은 제한에서 풀려난 거의 유토피아적인 분량의 시간적·공간적·지적 자유를 제공했다. 이것들이야말로 탁월한 브녜의 시간적·공간적·주제적 영역들이었다.

전문직을 포기하고 이런 한직을 택한 사람들이 비록 소수였다 하더라도, 분명 이 사례들은 시스템을 탈영토화하는 공통적인 경향을 명백히 보여준다. 1980년대 초반이 되면 공장, 연구소, 도서관, 콤소몰 위원회 등 모든 직장에서 공식적 활동들, 이를테면 토요작업반 subbotnik('자발적인' 무급 토요 노동일)[45]에 가거나, 교외 집단농장에

---

45 3장의 주석 18번을 보라.

서의 '농업 지원,' 11월과 5월의 행진 등에 참여한 대가로 포상 휴가 otgul를 기대하는 것이 흔한 일이 되었다. 보고서와 언론에서는 이 모든 활동들이 자발적인 무급 활동으로 보고되었지만, 지역 주요 기관장과 당 서기 들은 공식적 활동의 참가 인원수를 책임져야 했기 때문에 참여 독려를 위해 포상 시스템을 활용했다. 모든 직장과 부서 들이 같은 이유로 그렇게 한 것은 아니었다 할지라도, 적어도 대부분은 이런 이유로 포상을 제공했다. 그보다 더 중요한 것은 모두 이 사실을 잘 알고 있었다는 사실이다. 1970년대 내내 그리고 1980년대 초반까지, 특정한 날이 되면 많은 수의 상점과 서비스 기관들이 "기술적 이유po tekhnicheskim prichinam" "위생 관리na sanitarnyi den" "수리na remont" 또는 "재고 조사na pereuchët"의 명목으로 문을 닫았다. 사람들은 대개 상점, 카페, 공공기관 등이 열려 있기보다는 닫혀 있을 걸로 예상했다. 관료, 행정 직원, 서기 들은 도시 민담에서 언제나 자리를 비우는 전설적인 인물들로 그려졌다. 어느 소비에트식 농담은 이런 상황을 놓치지 않고 포착한다. "어느 관리의 묘비명에는 〔사무실 문에 적힌 친숙한 상투적인 문구처럼〕 다음과 같이 쓰여 있었다. '부재중, 그리고 돌아오지도 않을 것임menia net i ne budet.'"

공간성과 시간성

이러한 복합적인 전략과 실천 들은 국가사회주의의 시간성에 전환을 가져왔다. 사회주의국가는 시민의 시간을 독점했고(버더리

Katherine Verdery는 이를 "시간의 국가화etatization of time"[46]라고 칭한다),
시민은 이에 저항해 시간을 느리게 만드는 다양한 대항 수단들을 활
용했다는 주장이 제기되어왔다(Borneman 1998: 100). 우리가 여기
에 덧붙여야 할 것은 시간을 '느리게 만드는 것'의 개념 안에 함축된
반항의 방식이 시간에 대한 재해석의 핵심적 과정이 아니라, 단지
여러 과정 중 하나라는 것이다. 소비에트 시민은 **블라트**blat[47]라는 네
트워크를 개발해서 시간의 속도를 빠르게 만들기도 했다. 또한 줄을
서고 대기 명단에서 기다리는 시간을 아끼기 위해서, 혹은 '형식뿐

---

46 Verdery(1996: 39~57)를 보라. 사회주의국가의 시간 통제에 관한 또 다른 논의로
    Hanson(1997)과 Buck-Morss(2000)를 참고하라.

47 [소비에트에서] 물건을 구하고, 자원을 찾아내고, 도움을 제공하기 위한 비공식적인 네
    트워크를 말한다. Ledeneva(1998)를 보라. [옮긴이] 소비에트 계획경제 시스템하의 소
    비재 부족 현상 탓에 나타난 '연줄을 통한 청탁 방식' 정도로 흔히 알려져 있는 블라트
    는 일종의 '비공식적 교환'의 네트워크로서 소비에트 시스템 내에서 생각보다 훨씬 복
    잡하고 중요한 역할을 담당했다. 알레나 레데네바의 저서 『러시아의 호의의 경제: 블라
    트, 네트워킹 그리고 비공식적 교환Russian's Economy of Favors: Blat, Networking and
    Informal Exchange』(Cambridge University Press, 1998)에 따르면, 블라트는 "물자 부족
    과 이권을 둘러싼 국가 시스템의 조건에서 실행되는 호의들의 교환 혹은 공적 자원에의
    접근"을 뜻한다. 공적 자원을 사적 용도를 위해 배분하는 이 시스템은, 흔히 친구나 지
    인에게 '도움'을 제공한다는 우정의 수사학으로 포장되곤 한다. 소비에트연방에서 일상
    의 거의 모든 측면들, 예컨대 음식이나 기차표를 구하는 일, 의료 서비스를 (빨리) 받는
    일, 진학이나 구직, 아파트나 자동차 구입 등등에서 블라트가 긴요했다. 블라트가 생활
    화되어 있는 이른바 전문가들과 나름의 소신 때문에 블라트를 거부하는 소수의 사람들
    을 제외한, 절대 다수의 소비에트 시민은 물자 부족 현상이 너무 심했기 때문에 어쩔 수
    없이 블라트에 얼마간 의존할 수밖에 없었다. 이 시스템의 가장 중요한 특징은 블라트식
    교환의 상호적reciprocal 성격에 대한 오인misrecognition에 있는데, 즉 다른 사람이 이
    런 교환 행위를 한 경우에는 블라트로 보지만, 자신이 했을 경우에는 이타적인 도움으로
    간주하려는 경향이 강하다. 가령 블라트는 뇌물과는 상당히 다른데, 지속적인 인간적 관
    계를 전제할 뿐 아니라 흔히 우정에 기초한 도움으로 포장되는 블라트는 뇌물과 달리 결
    코 즉각적인 보상을 요구하지 않으며 금전적 거래를 동반하지도 않는다. 요컨대 그것은
    특정한 윤리적·문화적 코드들에 기반하는 특별한 사회적 관계의 형식이라고 보아야만
    한다.

인' 필수적 활동들을 건너뛰기 위해서, 3장에서 논의했던 콤소몰 위원회의 경우에서처럼 연줄을 활용하기도 했다. 그들은 시간을 확장 가능하고 교환 가능한 자원으로 전환시키기도 했다. 콤소몰 위원회 사무실과 물리학 실험실을 스보이의 사회적 환경으로 만들었듯이, 모든 직업적 맥락에서 옵셰니예에 참여함으로써 시간을 불확정적인 상태로 만들어버리기도 했다. 또한 그들은 병가, 포상 휴가 등이 많은 한가로운 직업을 선택함으로써 자유 시간을 만들어내기도 했다. 무엇보다도 그들은 고대사를 연구하거나, 고고학 발굴 또는 '시대를 초월한' 지대같은 먼 곳으로 떠나는 여행에 참여함으로써, 시간성의 기준들을 바꾸어놓았다. 진정으로 이런 다양한 활동과 직업 들은 '자유 시간'을 제공한 것을 넘어, 바쁜 생활 방식, 강렬한 상호작용, '범상치 않은' 관심사의 추구 등을 시간에 채워 넣어 시간성을 탈영토화했다. 이러한 시간성은 대개 소비에트의 '정규적인' 관심사를 위한 시간은 포함하고 있지 않았다. "시간이 없었기 때문에" 대학 수업에 거의 안 나갔다는 인나의 회상을 떠올려보자. 우리가 보았듯이, 시간성을 탈영토화하는 이러한 대다수의 실천은 소비에트 국가 자체가 가능하게 만든 것들이었다. 사회적 삶과 서비스에 막대한 지원을 하는 것 이외에도, 국가는 그 이데올로기 안에서 교육의 가치와 지식·과학·예술·창조성·공동체에 대한 추구 등을 강조하면서도, 보통은 그 목표와 기준의 달성을 오직 형식 차원에서만 요구했던 것이다.

앞에서 지적했듯 다양한 사회적 환경들 속에서 펼쳐진 옵셰니예 및 브녜에 살기의 시간과 활동 들을, 국가가 부여한 공간적·시간적 체제로부터 비밀스럽게 "떨어져 나온" 자유와 진정성의 공간으로 보아서는 안 된다. 그것들은 체계의 지배적인 공간적·시간적 체제로부터의 예외가 아니라, 오히려 그 반대로 후기 사회주의 시기 동안 이 체제가 어떻게 기능했는지를 보여주는 전형적인 표현들이다. 앞에서 언급한 가장 비밀스러운 사회적 환경들의 존재 형식마저도, 후기 소비에트 체계의 기능에서 중심이 되었던 원칙들을 보여주는 것이지 결코 그 반대가 아니다.

브녜의 시공간과 국가의 권위적인 시공간 사이의 관계의 존재론은 소비에트 현실의 지배적인 모델들이 이 관계를 묘사하는 방식과 반대로 뒤집혀 있다. 이러한 뒤집힘을 파악하기 위해서는 메릴린 스트라던Marilyn Strathern이 장소와 공간의 관계를 논하면서, 특수한 것과 일반적인 것 사이의 "현상학적 전도phenomenological reversal"라고 불렀던 것을 고려해볼 필요가 있다. 스트라던이 주장하기를 "우리가 보도록 초대되는 개별적인 장소들에 앞서서, 그것들을 '포함'하는 배경으로서 공간이 존재한다"는 널리 퍼져 있는 "자연스러운 공간관"에도 불구하고, 공간에 대한 우리의 실제 경험은 언제나 이미 특정한 방식으로 장소화emplace되어 있다. 실제로는 "장소가 공간 속에서 유예되어 있기는커녕 〔……〕 오히려 장소가 시간, 여행, 역사 등을 포함하듯이 공간을 자신 안에 담고 있"는 이유가 여기에 있다 (Strathern 2002: 92~92). 다른 말로 하자면, 장소는 일반화된 공간의 부분이 아니라 오히려 공간을 가능하게 만드는 조건이다. 시간에 대해서도 같은 방식으로 말할 수 있다. 시간의 간격들을 마치 어떤 무한한 것으로부터 떨어져 나온 것인 양 개념화하는 것은, 국민국가의 시간적 이데올로기 내부에서 역사적으로 형성된 선형적 시간이라는 특정한(구미적인) 개념일 뿐이다(Strathern 2002: 91).[48] 사실 시간에 대한 우리의 경험 속에서 선형적인 시간은 특정한 '단편, 간격, 순간 들'에 질서를 부여함으로써 생겨나는 것이지, 이 질서가 선형적인 시간에서 비롯되는 것은 아니다.

스보이의 다양한 지역적인 사회적 환경들을 국가사회주의의 바깥에 유예되어 있는, 즉 그것으로부터 '떨어져 나온' 진정성과 자유의 시공간, 국가사회주의에 저항하고 반항하는 시공간으로 생각하는 대신에, 사회주의국가가 변화하는 데 활발하게 참여하는 현상인 동시에 그 변화로부터 생산된 현상으로서 파악해야 한다. 이러한 사회적 환경과 실천 들은 후기 사회주의에서 전제된 시공간적 연속성과 총체성이 모든 곳에서 다양성, 복수성, 결정 불가능성의 새로운 형식들로 충전되고 있다는 사실을 보여준다. 후기 사회주의의 시간적·공간적·의미적 체제들은 시스템의 존재 논리 자체로부터 탈영토화되었다. 이런 사회적 환경들 전부에서 계속적으로 확인되는 거리 두기의 태도, 정치와 관련된 것이라면 한결같이 내보이는 심오한 무관심의 태도는, 당연히 허무주의적 입장이 아니라 영웅적인 '명백한 진실들'을 거부하는 일종의 정치학이었다. 이것은 탈영토화된 시공간에 근거를 둔 '심오한 진실들'의 정치학이었던 것이다.

---

48 스트라던의 이 주장은 Casey(1996)와 Greenhouse(1996)에 의거한다.

4 '브녜'에서 살기: 탈영토화된 사회적 환경

5

상상의 서구
: 후기 사회주의의
저편

나는 자주 이런 질문을 받곤 한다. 지대Zone라는 것이 무엇을 상징하나요? 가능한 대답은 하나뿐이다. 지대는 존재하지 않는다. 잠입자Stalker 스스로 그 지대를 발명했다. 그는 그곳에 불행한 사람들을 데려가 희망이 존재한다는 확신을 불어넣을 요량으로 지대를 만들어냈다. 소망의 방 역시 잠입자의 창조물이다. 그것은 물질세계를 향한 또 하나의 도발이다.[1]

—안드레이 타르콥스키[2]

해외

1970년대 소비에트연방에서 이런 유머가 유행했다.

A: (B를 향해) 파리에 또 가고 싶다!

B: (믿을 수 없다는 듯이) 뭐라고!? 너 파리에 다녀온 적 있어?

A: 아니, 가고 싶었던 적이 있었지.

---

1 〔옮긴이〕 러시아어본에는 마지막에 다음의 한 문장이 더 인용되어 있다. "잠입자의 머릿속에서 만들어진 이 도발은 믿음의 행위가 된다."

2 1979년 영화 『잠입자Stalker』에 대한 안드레이 타르콥스키Andrei Tarkovsky의 논평 (Žižek 1999에서 재인용).

5 상상의 서구: 후기 사회주의의 저편

이 유머는 **해외**zagranitsa의 개념 안에 담긴 심오한 역설을 이용했다. 해외는 문자 그대로 국경 너머를 의미하기도 하지만, 실제로는 '외국의 것'을 가리킨다. 이 해외는 소비에트 문화 내부의 고립성과 세계성의 이상한 결합을 반영한다. 대부분의 소비에트 인민들은 그들이 재현하는 공산주의적 이상과 가치가 '국제주의적'이고 외부 지향적이라 믿고 있었지만,[3] 동시에 국경을 넘어 그 세계로 여행하는 것이 사실상 불가능하다는 것 또한 인식하고 있었다.

해외는 더 넓은 세계에 대한 이런 두 가지 태도가 교차하는 지점에 놓여 있다. 그것은 인식 가능하면서 획득 불가능한, 실재하면서 추상적인, 익숙하면서 이국적인 상상의 장소를 의미한다. 이 개념은

---

3   소비에트 문화의 내적 세계성과 국제주의는 소비에트 인민에 대한 빅토르 크리불린의 설명에 반영되어 있다. "소비에트 인민이란 단순히 하나의 국가에 살고 있는 것이 아니라 '국제적인 역사적 과정' 속에 살고 있는, 그래서 세계 속의 사건들을 실존적인 차원에서 그/그녀의 개인적 삶의 일부분으로 경험하고 있는 '심오하게 역사적인 존재 sushchetsvo gluboko istoricheskoe'다"(저자 인터뷰). 소비에트 정체성의 고유한 세계성은 소비에트 되기being Soviet의 엄청난 다문화적 경험에 의해 한층 강화되었다. 캐럴라인 험프리의 지적에 따르면, 집단주의적 이데올로기와 상이한 인종 그룹 간의 평등성과 결부되어 있는, 소비에트의 다문화적 삶의 실제 경험은 지극히 "세계시민적 cosmopolitan" 정체성을 제공하는 특정한 종류의 욕망과 유혹을 만들어냈다(Humphrey 2002a). 〔옮긴이〕 약간 다른 맥락이지만 보리스 그로이스 또한 『코뮤니스트 후기』(김수환 옮김, 문학과지성사, 2017)에서 소비에트 삶의 특별한 '국제주의(적)' 감각을 지적한 바 있다. 그에 따르면 소비에트 시민의 경우 "전 지구를 아우르는 감수성"을 갖는 일이 필수적이었는데, 가령 "오늘 칠레 공산당에 무슨 일이 있었는지, 이 순간 미국 제국주의에 의해 어떤 새롭고 파괴적인 모험이 수행되고 있는지를 알지 못하는 사람은 새 집으로 이사하지 못하거나 〔……〕 해외여행을 가지 못하는 등의 문제를 감수해야 했다"(앞의 책, p. 91). 또한 민족들의 연합, 국가들의 결합체로 이해됐던 소비에트연방의 경우, "한 나라의 국내적인 일상이 마치 국제 무대에서와 같은 형식을 취했다." 가령 "각 공화국은 각자 자신들의 정부, 의회, 행정부, 언어를 지녔다. 한 공화국에서 다른 공화국으로 관료나 당직자 들의 공식적인 방문이 이루어졌고, 작가들의 만남, 각종 문화 행사와 전문가들의 교류 등이 이루어졌다"(앞의 책, p. 148).

여하한 '실제' 해외와 분리된 채로, 특정할 수 없는 어떤 장소에 자리한다. 그곳은 우리u nas와는 다른 반대되는 그들u nikh이 사는 저곳tam에 존재한다. 그곳을 가리키는 언급이 도처에 편재했음에도 불구하고, 그것의 실제 존재는 의심스러운 것이 되었다. 1980년대의 유명 공연단인 '리체데이Litsedei'의 어릿광대는 사실 해외는 존재하지 않으며, 소비에트 도시 거리의 해외 관광객은 실은 변장한 전문 배우에 불과하고, 해외 영화는 카자흐스탄의 어느 스튜디오에서 촬영된 것이라고 말해 관객을 포복절도하게 만들었다. 미하일 벨레르Mikhail Veller의 단편소설에 등장하는 주인공은 1970년대 우랄의 작은 도시 출신으로, 단 한 번이라도 파리를 잠시나마 구경하는 실현 불가능한 꿈을 꾸고 있는 인물이다. 주인공은 해외여행 허가를 받기 위해 계속 시도하지만 번번이 실패한다. 은퇴할 나이가 되었을 무렵에 드디어 프랑스로 여행을 떠나는 공장 노동자 그룹에 동행할 수 있는 허가를 받게 된다. 프랑스에서 꿈 같은 나날을 보내던 그에게 문득 의심이 생겨난다.

에펠탑은 도저히 300미터라고 볼 수 없었다. 아마도 그들의 고향에 있는 텔레비전 송신탑보다 낮았으며, 기껏해야 140미터 정도로 보였다. 그리고 탑의 철제 구조물 다리에서 코렌코프는 자포로제 철강 공장 상표를 발견했다. 그는 걷고 또 걸었다. 그러다 갑자기 사방을 막아서는 방해물로 인해 멈춰야만 했다. 끝이 안 보이는 엄청난 크기의 무대 배경, 페인트칠 된 캔버스였다. 타일로 장식된 지붕의 집과 밤나무가 늘어선 골목길은 캔버스 위의 그림이었다. 그는 라이터 불을 켜서 기만적인 풍경을 따라 불빛을 비추었다. 파

5 상상의 서구: 후기 사회주의의 저편

리는 이 세상에 존재한 적이 없다. 단 한 번도(Veller 2002: 291).

소비에트 후기에 등장한 이런 서사와 유머 들은 해외를 소비에트의 상상의 "저편elsewhere"으로 묘사한다. 그곳은 반드시 실제 장소일 필요가 없었다. "서구zapad"는 이 저편의 원형적 표현이다. 그것은 〔소비에트라는〕 특정 지역에서 만들어진 것으로, 오직 실제 서구를 만나지 못하는 한에서만 존재한다. 우리는 저편의 이러한 버전을 상상의 서구Imaginary West라고 부를 것이다(Yurchak 2002b).

이 장에서는 후기 사회주의 시기 소비에트 문화의 내적 탈영토화에 대한 논의를 이어갈 것이다. 이것은 앞선 두 장의 논의를 바탕으로 한다. 3장에서는 후기 사회주의의 탈영토화된 사회성으로 인해 출현한 스보이의 공중들에 관해 분석했다. 4장에서는 소비에트 시스템 내부에서 시공간적으로 브녜(안쪽-바깥쪽)에 거주하는 긴밀한 사회적 환경들에 집중했다. 이번 장에서는 상상계의 더 넓은 영역으로 들어가보려고 하는데, 우리는 소비에트 문화에 내재하는 동시에 외재했던 수많은 상상의 세계들 가운데 상상의 서구가 가장 중요한 의미를 갖는다고 주장할 것이다. 상상의 서구의 출현은 사회주의의 윤리와 미학에 모순되지 않았다. 그 반대로 다소 역설적이지만 상상의 서구에 바탕을 둔 문화적 생산물과 지식의 형태 들은 사회주의 프로젝트 그 자체에 의해 공공연히 생산되고 암묵적으로 가능해졌다.

지대

소비에트식 우주 내에서 시공간적으로 멀리 떨어진 세계의 존재는 다양한 문화적·지적 관심사의 추구를 향한 흥미가 폭발했던 1960년 대에 명백하게 표현되었다. 이 추구는 멀리 떨어진 '저편'의 경험에 바탕을 둔 것이었다. 이 경험에는 외국어, 아시아 철학, 중세 시, 헤밍웨이Ernest Hemingway 소설, 천문학, 과학소설, 아방가르드 재즈, 해적 발매된 음악, 하이킹, 등산, 그리고 시베리아, 극동, 북극의 자연보호 구역 탐험 따위가 포함된다. 바일과 게니스는 1960년대의 이런 소비에트식 세계들을 마치 "아름다운 미지의 돌고래 나라strana Del'finiia[4] 같은, 〔……〕 어디에나 존재할 수 있는, 이를테면 과학소설에서처럼 다른 은하계에 존재할 수도 있고, 혹은 주변 세계로부터 동떨어져 있는 무언가 사적인 자신의 방에, 대개는 전형적인 러시아식대로 책으로 가득한 방에 존재할 수도 있는 그런 세계"라고 불렀다(Vail' and Genis 1988: 137~38).

소비에트 삶에서 이런 상상의 세계의 출현은 당대 소비에트 문학과 영화에서 탐색되었다. 작가 보리스와 아르카디 스트루가츠키Boris and Arkadii Strugatsky 형제가 쓴 유명한 소비에트 과학소설 『노변의 피크닉Piknik na obochine』(1972)과, 1979년 안드레이 타르콥스키가 감독한 마찬가지로 유명한 영화 버전 「잠입자Stalker」는 '지대Zona'라고 불리는 미스터리한 세계를 다루고 있다. 이 영화는 20년 전에 외

---

4 〔옮긴이〕 러시아의 바르드 시인이자 드라마 작가였던 노벨라 마트베예바Novella Matveyeva가 부른 유명한 노래 제목으로, 노랫말에 "저곳 어딘가에 돌고래와 캥거루의 땅이 있어"라는 구절이 나온다.

5 상상의 서구: 후기 사회주의외 저편

계의 우주선이 잠시 들렀던 어떤 이름 모를 국가에서 벌어지는 이야
기다. 우주선은 지대 주변에 모종의 잔해를 남겨둔 채 떠났다. 이 지
대는 위험했고, 그곳에 침투한 자는 죽을 수도 있다. 정부는 그곳을
출입 금지 지역으로 선포하고, 특별한 보호 시설을 설치했다. 하지
만 동시에 지대는 알 수 없는 신비한 힘이 깃든 장소였다. 잠입자라
고 불리는 모험심 강한 개인들이 돈을 받고 사람들을 그 지대로 데
려가는데, 잠입자는 그들을 인간의 가장 내밀한 욕망이 허락되는 장
소인 지대의 중심부에 자리한 방으로 인도한다. 러시아에서 잘 알려
진 것처럼, 스트루가츠키 형제는 자신의 작품으로 후기 사회주의 현
실을 은유하고자 했다. 지대는 어떤 구체적인 '실제' 영토를 암시하
지 않는다. 그곳은 후기 사회주의 현실의 내부와 외부에 동시에 존
재하는 모종의 상상의 공간을 가리킨다. 그것의 역설적인 지위는 매
우 중요하다. 그것은 손에 닿을 듯 가까운 곳에 자리한 친밀한 것인
동시에, 여전히 도달 불가능한 어떤 것이다. 지대는 현실에서는 절
대 마주칠 수 없으며, 오직 상상의 세계에만 존재한다. 스트루가츠
키의 소설에서 등장인물들이 중심부에 다다랐을 때, 그들은 아무런
특별한 것도 발견하지 못했다. 하지만 그들을 그곳까지 이끈 잠입자
는 다른 사람들의 희망을 파괴하지 않기 위해서 이 사실을 비밀에
부쳐야 한다고 주장한다. 왜냐하면 지대는 그들의 현실을 구성하는
하나의 요소였기 때문이다.[5]

---

5 타르콥스키의 「잠입자」에 대한 지젝의 논의를 보라(Žižek 1999). 아감벤Giorgio
   Agamben은 근대적 주권sovereignty을 구성하는 데 있어, 이러한 가상의 장소화되지 않
   는unlocalizable 공간(즉 "식별 불가능성의 지대")이 필수적인 역할을 수행한다고 주장했
   다. 이 공간은 언제나 법의 내부와 외부, 카오스와 정상상태를 나누는 경계 위에 존재한
   다(Agamben 1998: 18, 19). 주권에 관한 칼 슈미트Carl schmitt의 논의 또한 참고하라.

이 장에서 내가 '상상의 서구'라고 부르는 것은 스트루가츠키의 '지대'처럼, 소비에트 현실의 내부와 외부에 동시에 존재하는 공간을 가리킨다. 이 공간은 소비에트연방 내에서 명확한 '영토'나 '대상'으로 명시적으로 그려지거나 묘사된 바 없으며, 상상의 서구라는 말로 칭해진 적도 없다. 그러나 주제 면에서 혹은 기원이나 참조의 측면에서 서구와 연관된 일련의 담론, 진술, 생산물, 대상, 시각 이미지, 음악적 표현, 언어 구조물 들이 후기 사회주의 시기에 널리 퍼져나갔고, 점차 일관성이 있는 공유된 상상의 대상을 형성하기 시작했다. 바로 이것이 상상의 서구다. 이 실체가 후기 사회주의 현실에서 어떻게 출현했고 또 어떻게 기능했는지를 분석하는 일은, 그 현실의 역설과 내적 전치를 바라보는 또 다른 관점을 제공한다.

이 분석은 상상의 서구에 관한 계보학(Foucault 1972)으로 논의를 시작하려고 하는데, 이때 특정한 담론 구성체의 자격으로 등장하는 후기 사회주의는 소비에트 현실의 필수 불가결한 구성 요소로서 상상의 서구를 포함한다. 푸코의 "담론 구성체discursive formation" 개념은 역사의 특정 시기에 공존하면서 구체적인 주제들(가령 광기, 섹슈

에세이 「다른 공간들」에서 푸코 또한 이와 유사하게 "거울 공간space of the mirror"으로서의 이런 상상의 공간이 주권의 주체를 구성하는 데 매우 중요하다고 주장했다. 거울은 "거울 속에서 내가 점유하고 스스로를 바라볼 수 있는 공간을, 그것을 둘러싼 전체 공간과 연결된 완전히 실재하는 공간인 동시에 완전히 실재하지 않는 공간으로 만든다. 때문에 인지되기 위해서는 저 너머에 존재하는 가상의 지점이 필요하다"(Foucault 1998c: 179[한국어판:『헤테로토피아』, 이상길 옮김, 문학과지성사, 2014, p. 48. 번역 일부 수정]). 실재적인 동시에 비실재적인, 내적인 동시에 외적인 자신의 상태를 인지하는 것은 자아가 구성되도록 허용한다. 이와 비슷하게 사회주의 일상의 특정한 탈영토화된 공간 구성을 허용했던 것은, 브녜의 세계와 상상의 서구로 첨유된 내적인 외부성의 지대zones of internal exteriority였다.

얼리티)을 다루지만, 그럼에도 해당 주제에 관한 단일한 통일된 담론으로 조직화되지도, 그에 관한 합의된 상식적 이해로 한정되지도 않는 수많은 언급, 개념, 진술적 양태, 주제적 선택 들로 이루어진 분산된 사회적 환경을 가리킨다. 이 언급, 진술, 주제적 선택 들은 다양한 저자들의 상이한 목소리를 통해 만들어지며, 말해진 것과 말해지지 않은 것, 지지되는 것과 거부되는 것, 양립 가능한 것과 모순되는 것들을 포함할 수 있다. 하지만 이 담론적 환경은 일관된 규칙성과 조직화의 원리들을 포함하며, 그 결과로 특정한 개념과 이해 들이 그 안에서 점차 형태를 갖춰가게 된다. 푸코의 예를 보자면, 17~18세기 서구 유럽에서 이런 방식으로 나타난 개념 중 하나가 바로 "광기"를 "정신적 질병"의 한 형태로 간주하는 근대적 이해였다. 광기를 병으로 생각하는 것은 그 어떤 담론에서도 상식으로 간주되거나 명시적으로 표명된 적이 없었다. 오히려 이 개념은 의학, 종교, 법리학, 시민권 등에 관한 담론에서 광기의 주제에 관한 다양하지만 반드시 일관될 필요는 없는 갖가지 언급, 진술, 목소리, 가정 들의 결과로서 구성된 것이다.[6]

후기 사회주의는 모종의 암묵적 원칙과 규칙 들을 둘러싸고 조직된 특정한 담론 구성체로 간주될 수 있다. 이런 원칙과 규칙 들 중에는 앞선 장들에서 분석한 바 있는 이데올로기에 대한 메타담론의 부재, 권위적 형식의 초규범화, 그리고 그에 따른 일상생활에서의 권위적 담론의 역할 변화 같은 것들이 포함된다. 후기 사회주의의 이

---

6 Foucault(1998b: 312). 또한 Foucault(1972: 109); Dreyfus and Rabinow(1983: 181); Hall(1988: 51)도 참고하라.

런 담론 형태 안에서, 어쩌면 상호 모순적으로 보일 수도 있는 다양한 공적 진술들이 실제로는 논리적으로 연결된 채 상호 생산적으로 공존했다. 가령 서구의 문화적 영향은 부르주아적 가치라는 이유로 비판받는 동시에 국제주의로서 칭송되었다. 그것은 비공식 네트워크와 국가의 공식 경로로 유통되면서, 외국에서 유입되어 현지 방식대로 창안되었다. 상상의 서구라는 실체가 후기 소비에트 문화와 상상속에서 내부의 '저편'으로 등장한 것은 바로 1950~1980년대 사이의이런 분산된 담론적 사회 환경 안에서였다.

세계시민주의와 국제주의

상상의 서구가 형성되도록 만든 조건 중 하나는, 소비에트 국가가 집요하면서도 양가적으로 국제적 문화의 좋은 형태와 나쁜 형태를 구별하려 했다는 사실이다. 2장에서 지적했듯이, 1940년대에 정치적·학문적·미학적 영역에 대한 스탈린의 개입은 소비에트 이데올로기 담론의 내적 역설을 개시했다. 예를 들어 언어학에 대한 비판에서 스탈린은 언어를 사회계급의 산물로 간주하는 마르크스주의 언어이론의 '천박함'을 공격했다. 그 대신에 스탈린은 언어학은 인간의 언어를 지배하는 '객관적인 과학 법칙'(심리학 법칙, 생리학 법칙, 인지 법칙 등)을 연구해야 하며, 이는 사회계급이 아닌 언어의 본성에 근거를 두고 있다고 주장했다. 이 법칙에 대한 이해가 아직까지 충분치 못하며, 따라서 객관적인 과학 법칙으로의 전환이 필요하다는 주장은 다른 학문 영역까지 확장되었다. 이 전환이 미친 궁극적인 영향은 담론의 외부에 존재하면서, 그에 입각해 정치적인 옳고 그름을 평가할 수 있게 해주었던 마르크스-레닌주의 '정전'의 비결정성을 증대시킨 것이었다. 이 전환은 소비에트의 권위적 담론에 심오한 양가성을 들여오면서, 주어진 형태의 옳고 그름에 대한 명확한 판단을 불가능하게 만들어버렸다. 결국 2장에서 논증한 것처럼, 궁극적으로는 바로 이와 같은 양가성이 권위적 담론의 내적 초규범화로 이끌었던 것이다.

이와 나란히 문화적 생산의 영역에서도 변형이 발생했다. 그것은 정치적 관점에서 문화적·예술적 형태의 옳고 그름을 평가하는 문제와 관련돼 있었다. 이 전환은 예술과 문화 영역에서 외국의 영향을 바라보는 관점에 영향을 미쳤는데, 1948년의 '세계시민주의 kosmopolitizm' 반대 캠페인에서 명시적으로 표현되었다. 소비에트식 개념 규정하에서, 세계시민주의는 서구 제국주의의 산물로 묘사되었다. 즉 서구 제국주의의 목적을 위해 세계 인민 사이에서 지역적 애국주의의 가치를 침식하고, 그럼으로써 그들의 민족적 주권을 약화시키려고 노력한다는 것이다.[7] 세계시민주의의 반대는 민족주의 nationalism가 아닌데, 왜냐하면 후자는 전자 못지않게 위험한 적이기 때문이다. 세계시민주의의 반대는 국제주의internationalism다. 민족 예술과 문화에 미친 세계시민주의의 영향은 해로운데, 왜냐하면 후자가 전자를 침식하기 때문이다. 반대로 국제주의의 영향은 민족 예술과 문화를 풍요롭게 만드는 긍정적인 것이다.

이 캠페인은 소비에트의 모든 문화적·예술적 생산에 직접적인 영

---

7   Dunayeva(1950: 18)를 보라.

향을 끼쳤다. 1948년 소비에트 음악 노동자들의 컨퍼런스에서 문화부 장관 안드레이 즈다노프는 소비에트 음악에서 국제주의의 사례를 상찬했다. "음악 분야에서 우리의 국제주의와 타 국가의 창조적 천재성에 대한 존경은 〔……〕 우리 국가의 음악 문화의 풍부함과 발전에 근거하고 있으며, 우리는 이를 다른 국가와 공유할 수 있다"(Zhdanov 1950: 62~63). 음악에서 국제주의의 긍정적인 영향은 "소비에트 사회의 인민이 노동, 학문, 문화에서 좋은 성과를 얻을 수 있도록 고무시킨다"(Zhdanov 1950: 74). 동시에 즈다노프는 소비에트 삶에 파고든 나쁜 세계시민주의 음악의 사례를 공격했다. 그는 세르게이 프로코피예프와 드미트리 쇼스타코비치의 작품을 지목하면서, 세계시민주의의 영향은 그들이 "조화롭지 못한" "선율이 아름답지 않은" 흠이 있는 음악, "정상적인 인간 청력의 근본적인 생리학"을 위반하고 "정신과 신체 기능의 균형"을 방해하는 음악을 작곡하도록 만들었다고 주장했다(Zhdanov 1950: 72, 74). 즈다노프의 담론은 "객관적인 과학적" 입장 혹은 사회주의 리얼리즘적 입장에 서서, 음악과 예술 분야에서의 혁명적 아방가르드의 자취를 공격하는 모습을 보여준다.[8] 즈다노프에 따르면 "뿌리 없는" 세계시민주의의 영향을 받아 부자연스러운 음악을 작곡하는 것은, 소비에트 과학 및 예술 분야 전문가들이 음악적 지각에 관한 객관적 과학 법칙을 무시

---

8 이러한 '비현실적인' 노래는 알렉산드르 스크랴빈Alexandr Scriabin, 이고르 스트라빈스키Igor Stravinsky, 미하일 마튜신Mikhail Matiushin의 초창기 아방가르드 실험과 관련되어 있다. 마튜신의 카오스적인 미래주의 오페라 「태양에 대한 승리Victory over the Sun」(1913)는 1913년 상트페테르부르크에서 공연되었는데, 알렉세이 크루체니흐가 자움식nonsensical 가사를 썼고, 카지미르 말레비치Kazimir Malevich가 아방가르드 의상을 디자인했다(Hunter 1999; Fauchereau 1992).

했기 때문에 가능했던 것이다. 이것은 "인간의 신체에 미치는 음악의 생리학적 영향에 대한 과학적 이론"의 전반적인 부족으로 인해 발생했다. 그런 이론은 "안타깝게도 [……] 아직까지 충분히 발전되지 못했다"(Zhdanov 1950: 72, 74).

즈다노프의 주장은 다음과 같이 요약될 수 있다. 외국 음악의 영향은 유해한 세계시민주의를 반영할 수도, 유익한 국제주의를 반영할 수도 있다. 전자는 제국주의의 부르주아적 산물이지만, 후자는 진보적인 인간 문화의 산물이다. 또한 전자는 인간의 생리 기능에 해를 입히기 때문에 자연스럽지 않은 것이지만, 후자는 실제적이고 자연스럽다. 문화적 형식이 진보적인지 아니면 부르주아적인지에 대한 판단은 모종의 외적 결정자의 주관적 견해가 아니라, 인간의 음악적 인지에 관한 생리학의 객관적 과학 법칙에 의거해야 한다. 그러나 이 객관적 과학 법칙은 아직 충분한 발전을 이루지 못했다. 스탈린이 언어학 및 여타 학문 분야에서 주장한 것과 비슷한 이런 주장은 역설적인 효과를 낳는다. 비교 대상이 되는 객관적인 정전이 알려져 있지 않기 때문에, 가령 음악에서 특정한 외국의 영향이 유익한 국제주의의 발현인지 아니면 유해한 세계시민주의의 발현인지를 확신할 수 없게 되며, 따라서 각각의 구체적인 경우는 잠재적으로 해석에 열려 있게 되는 것이다.

음악, 예술, 문화 전반에서의 외국의 영향을 판단하는 데 있어, 이와 같은 양가성은 외국의 문화 형식이 서로 다른 맥락들에서 구체적으로 무엇을 뜻하는지에 관한 해석의 공간을 열어놓았고, 후기 소비에트 시기 동안 상상의 서구의 출현에 기여했다. 동일한 외국의 문화적 영향을 어떤 맥락에서는 나쁜 세계시민주의의 표현이자 부르주아 계급의 가치로 해석하고, 다른 맥락에서는 좋은 국제주의와 보통 사람들의 리얼리즘의 표현으로 해석하는 게 가능해졌다.[9] 이런 양가성은 후기 사회주의 문화와 분리될 수 없는 요소가 되었으며, 문화적 생산의 모든 영역에서 동일한 미학적 현상을 두고 서로 다른 해석들 사이에서 끊임없이 진동하게끔 이끌었다. 파블로 피카소Pablo Picasso와 소비에트 국가 사이의 관계를 예로 들어보자. 1961년 9월 서기장 니키타 흐루쇼프는 모스크바 소콜니키Sokolniki 공원에서 개최된 전시회에 걸린 피카소의 추상화를 보면서, 리얼리즘이 결여된 부르주아적인 것이라 비웃었다. 그러나 1962년 5월 피카소는 공산주의 예술가로서 그의 진보적인 국제주의적 작품의 가치를 인정받아 레닌평화상을 수상했다(Egbert 1967: 361). 또 다른 사례로 미국 재즈에 대한 공식 담론을 들 수 있다. 1940~1970년대 사이 재즈는 노예와 노동자의 천재적인 창조성에 기초하고 있다는 이유로 꾸준히 높은 평가를 받았지만, 그와 **나란히** 인민 문화의 리얼리즘과의 모든 연결을 상실해버린 부르주아적인 허위-예술이라는 비난을 받아야 했다. 소비에트 영화 산업을 둘러싼 문화 정책 또한 마찬가지다. 소비에트 영화를 담당하는 국가 관료는 공식 석상, 시상식장, 발표 자리에서 끊임없이 "자율적인 예술가를 향한 숭배를 그 이데올로기적 가치를 추켜세우며 촉진시켰다." 하지만 그와 동시에 실제로 그들은 진정으로 자율적이 되어 개인으로서 인정받게 된 예술가들의 작품을

---

9 '서구'에 대한 이런 역설적 관계의 몇몇 측면은 러시아 문화에서 깊은 뿌리를 갖는다. 그것들은 최소한 지난 3세기 동안 슬라브주의와 서구주의의 쪼개짐을 통해 스스로를 명백하게 드러내왔다. 하지만 여기서 나의 초점은 이런 양가적 관계의 오래된 측면과 새로운 측면 들이 사회주의 프로젝트의 역설들을 드러내면서, 어떻게 후기 사회주의 시기 동안 새로운 형식을 얻게 되었는지에 있다.

금지하기 위해 애를 썼던 것이다(Faraday 2000: 12).[10]

문화적 형식의 진정한 의미를 해석하는 데 있어서 이와 같은 양가성은 1장에서 살펴본 '르포르의 역설'을 다시금 떠올리게 한다. 문화의 총체적인 해방을 향한 목표와, 그것을 이루기 위한 수단으로서 문화를 당의 완벽한 통제하에 둔다는 기획 사이의 역설이 그것이다. 문화적 형식의 옳고 그름을 판단하는 마르크스-레닌주의의 외부 정전이 더 이상 결정적인 것이 아니게 되었고, 권위적 담론은 수행적 전환을 겪었다. 즉 권위적 담론에서 그려지던 문화적 형식들의 진술적 의미가 형식으로부터 풀려나 달라질 수 있게 된 것이다. 이것이 궁극적으로 뜻하는 바는 '사회주의적' 문화 형식과 '부르주아적' 문화 형식을 본질상 양립 불가능한 것으로 생각할 필요가 없다는 것이다. 왜냐하면 그것의 의미는 이 형식들이 어떤 곳에서 어떻게 사용되느냐에 따라 전환될 수 있기 때문이다. 또한 그것은 스스로를 사회주의의 일반적 가치들과 조화를 이루며 살아가는 훌륭한 소비에트 시민으로 인식하며 살아간다고 해서, 그것이 꼭 소비에트 언론에 자주 등장하곤 하는 구체적인 문화적 형식들에 대한 권위적 비판 전부에 동의한다는 뜻은 아니라는 의미이기도 하다. 후기 사회주의 문화의 의미를 둘러싼 이와 같은 개방성의 궁극적 효과를 분석하기 위해서, 우리는 1950~1980년대에 이르는 상이한 역사 시기 동안, 서로 다른 문화적 생산의 형식들 속에서 후기 사회주의 문화가 발전하는 양상을 추적해볼 것이다. 이 과정에서 우리는 재즈, 라디오방송, 패션, 영화, 언어, 록 음악 따위의 외국 문화 형식들이 소비에트 정

---

10 특히 안드레이 타르콥스키에 관한 페러데이George Faraday의 논의를 보라.

부에 의해 비판받는 동시에 장려되고, 공격받는 동시에 발전이 허용되었다는 사실을 보여줄 것이다. 이런 양가적인 역동성 덕분에, 1970~1980년대에 이르면 상상의 서구는 후기 사회주의 문화의 보이지 않는 구성적 요소가 되었으며, 결국 그것은 더 확장된 내적 탈영토화, 즉 그 체계 안에서 살아갔던 사람들에게는 막상 그것이 '붕괴되기' 전까지는 상대적으로 보이지 않은 채 남아 있었던 내적 탈영토화에 기여하게 되었다.

모순적인 서구

2차 세계대전 기간 중의 소비에트의 경험은 상상의 서구의 발전에 중대한 함의를 갖는 새로운 세속적 차원을 획득했다. 전쟁 당시와 전쟁 이후 한동안 미국의 지배적인 이미지는 1941년 시작된 렌드-리스lend-lease[무기 지원] 프로그램을 통해 소비에트 인민을 지원한 동맹국이라는 것이었다.[11] 1944년 미국과 영국에 의한 '제2전선second front' 개시[12]와 더불어, 그리고 소비에트와 미국 군대가 독일에서 만

---

11 Turovskaya(1993a). 소비에트연방에 대한 미국의 식량, 장비, 기타 물품 지원이 1941년 3월의 무기 지원 법 이후 시작되었다. 이 '무기 지원' 프로그램에 관한 논의는 Munting (1984)을 보라. [옮긴이] '렌드-리스 프로그램'은 2차 세계대전 중인 1941~1945년에 미국이 영국, 소련, 프랑스 등으로 구성된 연합군에 막대한 양의 군수물자를 제공한 프로그램을 말한다. 전쟁 기간 중에 소련에 제공된 군수품은 전체 소련 군수품의 약 4퍼센트에 불과했지만, 전쟁 승리에 핵심적인 역할을 했다고 평가될 만큼 중요한 물자들이었다. 제공된 물자 중에는 무기에 더해 타이어, 구화, 의복, 음식 등도 포함되어 있어서 미국 제품에 대한 인상을 만들어냈다.

12 [옮긴이] 프랑스 북부 지역 노르망디에서 상륙작전(1944년 6월 6일)을 펼쳐 제2전선을

난 이후, 미국의 재즈는 나치에 대항한 임박한 승리와 연동되기 시작됐다. 해방된 크라쿠프Krakow와 프라하Prague의 거리에서는 붉은 군대 오케스트라가 미국 곡 「차타누가 열차Chattanooga Choo Choo」와 「인 더 무드In the Mood」를 연주하여 현지인을 즐겁게 해주었다.[13] 전쟁이 끝난 후, 군대 음악가들은 이 음악을 소비에트 도시의 댄스홀과 레스토랑으로 가져갔다. 가령 요시프 바인시테인Yosif Vainshtein 오케스트라는 레닌그라드의 예브로파 호텔 꼭대기 층에 위치한 레스토랑 '크리샤Krysha'에서 전선의 동맹국에게 배워온 미국의 스윙 곡들을 연주했다.[14]

전후의 이런 일시적인 개방에도 불구하고, 얼마 지나지 않아 재즈는 반反세계시민주의 캠페인 기간 동안 공격 대상이 되었다. 오케스트라 상임 감독 보리스 하이킨Boris Khaikin은 공산당 중앙위원회 소속 음악 노동자들의 회합에서, 노동 인민 사이에서 재즈의 본래적 뿌리는 "상실된 지 이미 오래이며, 쓰레기 같은 속물적 모티프들로 교체되어" 더 이상 "소비에트 인민의 마음과 정신에 그 어떤 것도 주지 못한다"고 공언했다"(Feiertag 1999: 66에서 재인용).[15] 이 주장은 문자 그대로의 의미를 넘어, 다음의 사실 또한 내포한다. 즉 문화적 형식이란 어떤 경우에는 프롤레타리아적인 것으로, 또 다른 경우에는 부르주아적인 것으로 여겨질 수 있기에, 반드시 계급에 따라 정의될 필요가 없다(이 관점은 2장에서 과학과 언어의 본성이 무계급

형성한 것을 말한다.

13 Starr(1994: 205); Chernov(1997a: 32).

14 Chernov(1997a: 32); Feiertag(1999: 65).

15 서구의 록 음악에 대한 동일한 비판이 1970~1980년대에 있었다(6장을 참고하라).

적인 것이라고 주장했던 스탈린의 입장과 유사하다). 이에 따르자면 문화적 형식의 의미는 누가, 어떻게, 어떤 맥락에서 그것을 실행하는지에 달려 있다.[16] 따라서 특정 맥락에서 재즈가 명백하게 부르주아 문화의 사례였다 할지라도, 그것이 모든 맥락에 반드시 적용될 필요는 없다. 재즈가 비판받았지만 동시에 용인되었던 이유가 여기에 있다. 그것은 소비에트의 맥락에 창조적으로 적응함으로써 언론의 맹렬한 비난 속에서 살아남았다. 심지어 재즈가 극심한 비난에 처했던 시기에도, 소비에트 오케스트라는 이따금 제목을 바꾸고 소비에트식 '경음악'으로 편곡된 재즈 곡들을 소비에트 연주곡 목록에 포함시켰다. 이렇게 재해석된 형식의 재즈를 레스토랑과 댄스홀에서 계속 들을 수 있었고, 가끔은 심지어 국립 필하모니 오케스트라 공연장에서도 연주되었다.[17]

재즈는 대학생 문화 활동의 일환으로 대학 콤소몰 위원회가 개최하는 '학생 레크레이션의 밤'에서도 들을 수 있었다. 학생 밴드는 '아마추어' 신분이었기 때문에 국가의 필하모니 협회에 등록된 상태가 아니었다. 이는 그들이 공연을 통해 수익을 얻을 수 없을 뿐만 아니라, 그들의 레퍼토리가 국가 관리로부터 자유로웠다는 것을 의미한다. 이 점은 그들로 하여금 이따금 재즈 곡을 연주할 수 있게 만들었

---

16 부유한 미국인의 문화와 보통 미국인의 문화를 구별하는 것이 적절한 사례에 해당한다. 알렉산드로프Grigori Alexandrov의 영화 「엘베에서의 만남Vstrecha na El'be」(1949)에서 독일 주둔 미국 장군은 패배한 독일 인민에게 식량과 담배를 비싼 값으로 팔아 자본주의적으로 폭리를 취하는 인물로 그려진다. 하지만 낮은 계급의 미국 장교와 병사 들은 근방에 주둔했던 소비에트 병사들과 마찬가지로 지휘관의 이런 식민주의적 태도에 경악하는 것으로 그려지고 있다.

17 Kaplan(1997a: 46), Feiertag(1999).

지만, 동시에 그들을 양가적인 상황 속으로 몰아넣기도 했다. 레닌 드라드 대학교 학생 재즈밴드의 리더였던 블라디미르 페이에르타크 Vladimir Feiertag는 1950년대 학생 댄스파티에서 있었던 일화를 이렇게 회고한다. "「인 더 무드」를 세 번씩이나 연달아 연주했죠. 〔……〕흥이 난 콤소몰 구성원들이 요청해서 그렇게 한 거예요. 모두들 자제력을 잃고 흥분한 상태였던 거죠"(Feiertag 1999: 69~70). 비록 대학교 당 위원회는 대개 이런 밴드의 공연을 용인하곤 했지만, 이번에는 해당 음악에 대한 학생들의 흥분이 노골적으로 표현됐다는 이유로 그 댄스파티를 고발하기로 결정했다. 밴드는 다음과 같은 공식적인 경고 조치를 받았다. 만일 "소비에트 청년에게 저속한 미국의 이상한 음악"을 계속해서 연주해 들려줄 경우, 콤소몰과 대학에서 제명될 것이다. 여기서 보건대 문제는 밴드가 그러한 음악을 연주했다는 데 있는 것이 아니라, 학생들이 그것에 과도하게 열광적인 반응을 보였다는 데 있다. 즉 문제는 형식이 아니라 그에 대한 해석인 것이다.

영화의 상황도 음악의 경우와 마찬가지로 양가적이었다. 전쟁 이후 미국과 독일의 영화는 새로운 음악, 패션, 언어, 행위의 양식을 소비에트 삶 속으로 들여오면서, 소비에트에서 대성공했다.[18] 미국 영화 「타잔의 모험The Adventures of Tarzan」에 빗대 유행을 좇는 젊

---

18 독일 영화는 소비에트연방에서 독일이 지불하는 배상금의 일부로 상영되었다. 1948년 8월 31일 중앙위원회는 미국 영화와 독일 영화가 시중에서 상영될 수 있도록 허가했다. 상영된 많은 영화들 가운데 가장 인기 있던 독일 영화는 헝가리 가수이자 배우인 마리카 뢰크Marika Rökk가 주연한 「내 꿈의 여인The Girl of My Dream」(원제는 "Die Frau meiner Träume")이었다. Turovskaya(1993a: 104), Stites(1993: 125), Graffy(1998: 181), Bulgakowa(1995)를 참고하라.

은 마초 남자를 타자네츠tarzanets라는 속어로 불렀다.[19] 재즈를 좋아하는 사람들은 미국 영화에 나오는 보디랭귀지를 따라했다. 레닌그라드 재즈 클럽의 창립자 에핌 바르반Efim Barban은 미국 재즈를 들을 때 미국 배우를 흉내 내면서 앞에 놓인 의자에 다리를 올려놓곤 했다. 누군가 그의 교양 없는 태도를 꾸짖을 때면, 그는 이렇게 대답했다. "미국 노래는 이렇게 미국에서 듣는 식으로 들어야 하는 겁니다"(Feiertag 1999: 81).

처음에 널리 상영되던 외국 영화는 얼마 지나지 않아 비판받고 금지됐지만, 이내 다시 상영되었다(Turovskaya 1993a; 1993b). 물론 이런 변동을 촉발시킨 것은 그때그때의 구체적인 역사적 사건들이었지만, 문화 정책 자체의 이런 변동을 가능하게 한 것은 사회주의 시스템의 더 깊은 역설이었다. 몇몇 영화는 어떤 맥락에서는 장려되면서, 다른 맥락에서는 비판되었다. 1947년 정부에서 발행하는 예술 문학 주간지 『문학 신문Literaturnaia gazeta』이 "영화에 대한 소비에트 인민의 관심에 투기하는" 소비에트의 사진작가를 비난했다. 그가 웃고 있는 미국 배우 초상 사진 "수천수만 장을 엽서에 인쇄하여 신문 가판대와 키오스크, 서점에 쌓아놓고" 팔았던 것이다. 당시 트레티야코프Tretiakov 미술관에 소장된 위대한 러시아 화가 작품이 컬러로 인쇄된 커다란 엽서가 50코페이카에 불과했는데, 조그만 흑백 복사본에 3~5루블의 값을 매겼다는 사실도 비판을 받았다.[20] 이 비판은 소비에트 관객들 사이에서 [미국] 영화가 누린 인기가 아니라, 인

---

19   Stites(1993: 125)
20   "Doloi poshlost'!"[속물성 물러가라!], *Literaturnaia gazeta*, 1947년 11월 19일.

기를 이용한 사진작가의 투기 행위에 집중되어 있다. 하지만 이 역시 양가적이기는 마찬가지다. 이 기사에서 미국 영화를 질 낮은 저급문화로 표현하고 그 반대편에 고급문화의 정전인 트레티야코프 미술관을 놓았음에도 불구하고, 같은 신문사의 기자인 일리야 에렌부르크Ilya Erenburg가 작성한 또 다른 기사는 미국 영화를 다음과 같이 설명하고 있기 때문이다. 미국 영화는 "세계적인 걸출한 예술가들을 배출했다. 〔……〕 찰리 채플린Charlie Chaplin은 전 세계 5대륙 모두에서 사랑받고 있다. 나는 존 포드John Ford, 루이스 마일스톤Lewis Milestone, 루벤 마물리언Rouben Mamoulian이 연출한 훌륭한 영화를 모두 보았다. 막스 형제Marx brothers의 영화는 단순하지만 멋진 유머로 가득 차 있었다. 디즈니 애니메이션은 인생이 메마른 사람에게 감동을 줄 수 있는 한 편의 시와 같다."[21]

문화적 형식의 의미를 해석하는 데 있어서의 역설은, 다음과 같은 일반적 경향으로 번역되었다. 즉 국가가 서구 문화의 영향이 '극단적으로' 표출된 것을 부르주아적인 것으로 간주해 집중적으로 공격하는 한편, '보통' 시민의 더 넓은 그룹들에서 나타나는 평범하고 덜 의심스러운 경향은 유익한 국제주의 혹은 미학적 관심사의 추구로 보아 용인하는 것이다. 가령 이런 경향은 물질적 상품의 표상 자체에서 명백하게 표출되었다. 베라 던햄Vera Dunham의 저명한 분석이 보여준 것처럼, 심지어 스탈린 집권 시기에조차 소비에트 인민은 개인적인 '부르주아적' 즐거움(의복, 손목시계, 립스틱)의 소비를 즐기

---

21 Ilya Erenburg, "Amerikanskie vstrechi"〔미국식 만남〕, *Literaturnaia gazeta*, 1947년 11월 16일, 2.

라고 권장받았는데, 이는 사회적 명망과 출세 제일주의 따위의 이기적 목표를 위해서가 아니라, '문화적 삶'의 구성 요소이자 고된 노동의 응당한 대가로서였다.[22] 특히 스탈린 사망 이후 흐루쇼프의 해빙기간 동안 권위적 담론에서 새로운 초규범화된 형식으로의 전환이 발생하자, 물질적이고 문화적인 생산물을 즐기는 데 있어서 용인될수 있는 방식과 용인될 수 없는 방식을 구분하는 담론이 한층 더 발전되었다. 가령 서구적 삶의 부르주아적 호화로움에 경탄하는 것은, 그 경탄이 미학적인 아름다움이나 기술적 성취, 그리고 그것을 창조해낸 노동자들의 천재성에 집중되는 한 아무런 문제가 없다는 것이 명백해졌다. 『문학 신문』은 공공연히 장인들을 찬양하면서, 호화로운 파리의 상점들에 대해 경탄을 숨기지 않고 묘사했다.

> 방돔Vendome 궁전은 호화스러운 사치품 거래의 중심이다. 파리 근교의 생토노레Saint Honore 거리가 그런 것처럼, 그곳은 (값비싼 귀금속과 금은 세공품뿐 아니라) 패션이란 무엇인가에 대해서도 확실한 인상을 심어준다. 그것은 다름 아닌 취향의 끊임없는 혁신과 활기찬 상상력이다. [……] 오늘날 이 거리는 가구장인, 재단사, 보석세공사, 그리고 모든 쇼윈도를 화려한 화폭으로 바꿔놓는 장식가 같은 파리 장인들의 숙련된 솜씨를 고스란히 보여준다.[23]

서구에 관한 이런 지식을 제공하는 것에서 더 나아가, 신문 기사

---

22 Dunham(1976).
23 Dominika Dezanti, "Parizh i parizhane"[파리와 파리지앵], *Literaturnaia gazeta*, 1947년 4월 28일.

들은 "교양 있는 사람이" 되길 원하는 소비에트 인민이라면 "하나 이상의 외국어를 자유자재로 구사해야만 한다"는 점을 독자에게 주지시켰다.[24] 언어 지식에 대한 이런 언급이 시사하는 것은, 만일 비판적인 눈으로 올바른 정보를 알 수만 있다면 언어 지식을 통해 서구에 관한 더 많은 정보를 알게 되길 열망하는 것은 건전한 소비에트의 정체성에 완벽하게 부합된다는 점이다. 여기서 좋은 정보란 과학적이고 기술적인 사례들, 그리고 이른바 고급문화의 사례들을 포함할 수 있다. 기술연구소 소속의 한 기술자는 『문학 신문』의 지면에서 다음과 같이 설명했다. "나는 영어, 독일어, 프랑스어 지식이 기술적으로 창의적이 되려는 모든 사람에게 필수적이라는 결론에 도달했다. 이 언어들을 배우고 나서 나는 외국 잡지와 신문, 광고 소책자를 정기적으로 읽게 되었다."[25] 학술원 회원이 덧붙이기를, 외국어는 "경제적 소통뿐 아니라 문화적 지평을 넓히는 데 필수적이다. […] 번스Robert Burns의 시의 광휘를 […] 원문으로 감상할 때 느끼는 황홀한 기쁨이란 얼마나 대단한 것인가? 하이네Heinrich Heine의 시에 나타나는 풍자의 힘과 리듬의 유연성은 최상의 번역일지라도 불가피하게 얼마간 상실되기 마련이다."[26]

이 모든 기사, 이야기, 의견 표명 들은 소비에트 독자의 상상력을 충족시키는 동시에, 다음을 시사했다. 서구의 문화적 형식들을 비판

---

24 A. Chakovskii, "Ot slov k delu"〔단어에서 행동으로〕, *Literaturnaia gazeta*, 1956년 3월 22일.

25 E. Kazakovskii, "Dlia tekhnicheskogo progressa"〔기술적 발전을 위하여〕, *Literaturnaia gazeta*, 1956년 3월 22일.

26 V. Engelgardt, "Pod gipnozom grammatiki"〔문법의 최면 아래서〕, *Literaturnaia gazeta*, 1956년 3월 22일.

적으로 바라볼 줄 알고, 노동 인민의 창조성과 상상력을 부르주아 계급의 물질주의 및 속물주의로부터 구별할 줄 아는 균형 잡힌 소비에트인이라면 모름지기 서구의 문화적 형식들에 경의를 보낼 줄도 알아야 한다. 궁극적으로 그가 소비에트 애국자이기만 하다면, 서구 재즈 팬, 서구 패션의 추종자, 혹은 외국 언론에 관심을 둔 사람이 되는 게 근본적으로 하등의 잘못이 없다는 사실이 명확해졌다. 레닌그라드 재즈 클럽 '크바드라트Kvadrat'를 만든 나탄 레이테스Natan Leites는 1960년대 초반에 이 모호성을 완벽하게 포착했다. 미국 재즈 음악의 열성적인 추종자였던 그는 동시에 스스로를 "완전한 붉은 〔공산주의적〕 인간, 적어도 사회주의를 믿는" 인간으로 여겼다. 그에 따르면 그 주변의 음악 하는 친구와 재즈 애호가 들 대부분이 그와 같았다.[27] 서구에서는 재즈가 정말로 부르주아적 취향을 반영하고 있다고 믿었던 재즈 〔공연〕기획자 페이에르타크는, 동시에 소비에트의 맥락에서는 재즈가 그와 다르며 "나의 무적의 조국에 그 어떤 해도 끼칠 수 없다"고 확신했다(Feiertag 1999: 81).

스타일(화)

패션과 스타일은 영화나 음악만큼이나 새롭고 세속적인 정체성과 상상력 들이 겨루는 중요한 현장으로 부상하면서, 상상의 서구의 출

---

27 나탄 사모비치 레이테스Natan Shamovich Leites와의 인터뷰. "Klub 'Kvadrat': Dzhaz-shmaz i normal'nye liudi"〔클럽 '크바드라트': 재즈-슈마즈와 평범한 사람들〕, *Pchela* 11(1997): 37.

현에 기여했다. 여기서도 국가의 양가적인 문화 정책은 동일한 경향을 따랐다. '부르주아'적 영향이 극단적으로 표출되는 경우를 비판하면서도, 보다 많은 젊은이들 사이에서 나타난 더 흔하면서도 덜 튀는 경향들은 용인해주거나 간과했던 것이다. 그 한 사례가 유행 패션을 따르는 젊은이들의 하위문화에 대한 정부의 태도였다. **스틸랴기** stilyagi(stil', 즉 스타일에서 파생했다)라 불리는 이 젊은이들은 1940년대에 등장했다.[28] 스틸랴기는 상대적으로 작은 규모의 하위문화였지만, 그들은 수백만 명의 평범한 소비에트 청년들(그들은 대체로 스틸랴기를 깔보았다) 사이에서 서구화된 상상력이 지니는 중요성이 훨씬 더 커지고 있음을 보여주는 징후였다.

스틸랴기의 미학은 소비에트 영화관에서 상영되던 미국 영화의 영향을 받았다. 레닌그라드의 스틸랴기 중 하나였던 발렌틴 티호넨코는 1940년대에 영화 「비밀첩보원Secret Agent」의 주인공(전쟁 중에 독일 게슈타포에 침투한 미국 첩보원으로 소비에트 맥락에서는 긍정적인 인물로 여겨졌다)을 따라 하고 다녔다. 그 주인공처럼 티호넨코도 긴 구레나룻과 가는 콧수염을 기르고 머리를 올백으로 넘겼다. 옷장에

---

28 Troitsky(1988); Stites and von Geldern(1995); Edele(2003). 〔옮긴이〕 스틸랴기stilyagi는 스틸랴가stilyaga의 복수형으로, 스타일을 좇는 무리들(폼쟁이들) 정도의 의미를 지닌다. 소비에트식 반문화 혹은 하위문화라고 볼 수 있는 스틸랴기 현상이 대중적으로 널리 알려지게 된 것은, 지난 2008년에 발레리 토도롭스키Valery Todorovsky 감독이 만든 뮤지컬 영화 「스틸랴기Stilyagi」가 큰 흥행을 거두면서부터였다(당시 해외 배급용 영어 제목은 "힙스터들Hipsters"이었다). 영화는 스탈린 사망 직후인 1955~1956년 소비에트를 배경으로, 멜스라는 한 청년이 서구식 스타일(패션, 음악, 춤 등)을 접한 후 겪게 되는 사랑과 좌절과 모험을 그리고 있는데, 당대의 현실을 너무 단순하고 순진하게 그렸다는 비판도 있긴 하지만, 소비에트의 내적 상상계로서 '서구'의 문제를 대중적 색채를 담아 흥미롭게 드러내고 있다.

는 "연한 회색-은색-하얀색 줄무늬의 스타일리시한 바지," 영국제 양모 정장, 흰 셔츠, 흰 스웨터, 나비넥타이, 커다란 양모 모자 등 국영 중고 가게에서 구입한 미국제 렌드-리스 의복을 채워 넣었다(Cuk 1997: 24~25). 전국에 퍼진 스틸랴기는 색색의 니트 스웨터, 맞춤 바지와 다양한 그림("은색 거미줄 디자인, 〔……〕 야자나무, 원숭이, 수영복을 입은 여자들")으로 화려하게 장식한 수제 넥타이 등 직접 옷을 만들어 입기도 했다(Troitsky 1988: 2~3).[29]

이런 스타일 실험이 모스크바와 레닌그라드에 사는 일부 특권층에게만 한정된 것은 아니었다. 1950년대에 모스크바에서 남동쪽으로 400마일 떨어진 펜자에서는 대다수가 지역 공장 노동자나 집단농장원의 자녀였던 한 무리의 스타일리시한 청년들이 자신만의 최신 유행 옷을 만들기도 하고, 모스크바의 지인에게서 사들인 '진짜' 서구 제품을 판매하는 지역 암시장에서 옷을 사 입기도 하면서, 국영 문화센터에서 트위스트나 부기우기를 추었다. 펜자의 청년 중 한 명이었던 비탈리 시니치킨은 1950년대에 "금발의 곱슬머리를 엘비스 프레슬리풍 올백으로 넘기고" 다녔는데, "소비에트연방에서는 헤어스프레이나 무스를 구할 수 없었기 때문"에 "긴 앞머리를 이마 뒤로 넘겨서" 설탕 시럽으로 "고정시켜야" 했다. 그는 "밝은 코코아색 바탕에 진홍색 가로 줄무늬의 스타일리시한 재킷(프랑스제)을 입고, 아주 두꺼운 흰색 밑창과 무거운 버클이 달린 노란색 구두(역시 프랑스제)를 신었으며, 녹색 바지를 입고, 허리 아래까지 내려오는 폭이 넓은 넥타이를 맸다." 수많은 젊은이들이 소비에트연방 방방곡곡에서

---

29 또한 Aksyonov(1987: 13).

Достиг
Ведущей
Роли,
Но
    только

        в... рок-н-ролле.

⟨5.1⟩
"선도하는 백수. 그는 주도적인 역할을 얻었다. 하지만 오직 로큰롤에서만"
(S. 스미르노프 S. Smirnov, 『크로코딜 *Krokodil*』 35, 1958, p. 3).

휴가를 보내러 모여드는 흑해 연안의 여름 리조트에 여행을 갔던 몇몇 펜자 청년은 이런 최신 유행을 고향으로 가져왔다. 1960년대 초에 흑해의 소치Sochi 시에 있는 휴양지의 공원에서 열린 트위스트 경연 대회에서, 펜자에서 온 휴양객은 스틸랴기라 불리는 소규모 집단만이 아니라 트위스트에 "전국이 감염"되었음을 자기 눈으로 목격했다. '여름휴가'의 맥락에서 이 춤은 훨씬 공공연하게 용인되었을 뿐 아니라 대놓고 교육되기도 했다. 가령 리비에라Riviera 공원의 댄스홀에서 열린 트위스트 경연 대회에서처럼, "7~10초간 한쪽 다리로 뛰면서 다른 다리로는 다섯 가지의 독특하고 겹치지 않는 움직임을 보여야 한다"는 식이었다.[30]

소비에트 언론은 스틸랴기를 일탈을 일삼는 대수롭지 않은 소규모 집단, 부르주아의 동조자, 못 배운 백수 따위로 묘사하며 공격했다(〈5.1〉을 보라). 새로 설립된 "콤소몰 순찰대"[31]는 거리를 돌며 "도발적인 외양vyzyvaiushchii vid"을 한 젊은이들을 집중 단속했다. 레닌그라드의 스틸랴기 한 명은 "밝은 노란색과 빨간색이 뒤섞인 호랑이들이 새까만 타이어를 뛰어넘는" 그림 위에 "던롭Dunrop" 로고가 커다랗게 박힌 "요란한" 미국제 재킷을 입었다는 이유로 구금되었다(Kaplan 1997b: 30). 다른 사람은 밝은 색상의 옷을 입은 "앵무새

---

30 Rita Mohel', "Konfetnyi mal'chik"〔캔디 소년〕, *Moskovskii Komsomolets*, 1999년 8월 23일.

31 이들은 콤소몰 당원인 젊은이들로 구성되었는데, 거리의 "질서를 유지"하도록 해당 지역의 사업단이나 경찰에 의해 임명되었다. 〔옮긴이〕 앞서 소개한 영화 「스틸랴기」(2008)는 바로 이 콤소몰 순찰대의 단속 장면으로 시작된다. 주인공 멜스는 동료 카챠와 함께 스틸랴기 모임 현장을 급습하는 단속반 활동을 하다가, 그곳에서 처음 본 여주인공 폴자에게 반하게 된다.

popugaiskii" 스타일과 과장된 헤어스타일 때문에 구금되었다(『스메나 *Smena*』, 1954년 5월 29일자, Lur'e 1997: 19에서 재인용). 스틸랴기는 또한 카나리아나 원숭이로 지칭되기도 했다(〈5.2〉와 〈5.3〉을 보라).

미디어에서는 이런 비정상적인 외양을 교육 부족 탓으로 돌렸다. 국영 풍자 잡지 『크로코딜*Krokodil*』[악어]에는 이런 글이 실렸다. "스틸랴기는 전 세계의 패션은 알아도 그리보예도프는 모른다. 〔……〕 폭스트롯, 탱고, 룸바, 지르박은 자세히 연구해도 미추린과 멘델레예프를 구분하지 못하고, 천문학astronomy과 미식gastronomy을 헷갈린다. 그는 「실비아」와 「마리차」에 나오는 모든 아리아를 외우지만, 오페라 「이반 수사닌」과 「이고리 대공」을 누가 작곡했는지는 모른다"(1949년 3월 10일, Stites and von Geldern 1995: 452에서 재인용).[32]

이런 묘사들은 스틸랴기를 훌륭한 소비에트 청년 대중과는 아무런 공통점이 없는 일탈자들의 작고 고립된 무리로 그려냈다. 그 결과 서구 패션, 음악, 영화에 관심을 두지만, **또한 그와 더불어** 고급문화, 문학, 고전음악, 과학에도 흥미가 있는 젊은이들은 자신이 그런 비판의 대상에 속한다고 생각할 필요가 없었고, 실제로 대개 스틸랴기를 마음에 들어 하지 않았다. 예를 들어 레닌그라드의 젊은 엔지니

---

32 알렉산드르 그리보예도프Alexander Griboyedov는 19세기 초의 러시아 고전 작가이자 시인으로, 그의 작품은 학교 교과과정에 포함되었다. 이반 미추린Ivan Michurin은 소비에트 식물학자이자 농학자로 그의 연구 역시 학교 교과과정에 포함되어 있었다. 드미트리 멘델레예프Dmitrii Mendeleev는 러시아 화학자로 주기율표를 만든 사람이고 역시 학교 교과과정에 들어 있었다. 「실비아Sylvia」와 「마리차Maritza」는 임레 칼만Imre Kalman이 창작한 '가벼운 장르'의 외국 오페레타이다. 「이반 수사닌Ivan Susanin」과 「이고리 대공Prince Igor」은 각각 글린카Mikhail Glinka와 보로딘Alexander Borodin이 작곡한 러시아의 애국적 오페라로 나폴레옹과 타타르의 침략에 러시아인이 저항한 내용을 담고 있다.

Художник Л. ХУДЯКОВ.

⟨5.2⟩
"원숭이들"(L. 후댜코프L. Khudiakov, 『크로코딜』 7, 1957, p. 7).

Боже, какая ерунда! Ну что тебе понравилось!

〈5.3〉
"세상에, 터무니없군!" "어때, 이제 맘에 들어?"(A. 바제노프 A. Bazhenov, 『크로코딜』 7, 1957, p. 14).

어였던 블라디미르는 1950년대 중반 무도회장에 자주 가곤 했는데, 그곳에서는 파나롭스키Panarovsky 오케스트라가 많은 소비에트 곡들 사이에 미국 곡도 자주 끼워 넣어 연주하고는 했다. 그곳의 단골이 었던 그의 동료와 친구들은 이 미국 음악을 좋아했다. 그 시기에 듀크 엘링턴Duke Ellington의 「캐러밴Caravan」이 특히 인기가 좋았다. "이 음악을 연주할 때면 모두들 댄스플로어로 뛰쳐나갔지요. 파나롭스키는 레닌그라드 청년들 사이에서 우상과도 같은 존재였어요." 그러나 블라디미르와 친구들은 과학과 직업상의 경력에 몰두했기 때문에 스틸랴기와 자신들이 다르다고 생각했고, "그런 무리와는 조금도 엮이고 싶은 마음이 없었"다(저자 인터뷰).

발레리 포포프Valerii Popov과 그의 친구 무리도 1950년대 미국 재즈에 맞춰 춤을 추었고, 대부분의 스틸랴기처럼 암시장에서 산 서양 의복에 관심이 많았다. 그러나 소비에트 미디어에서 말하는 "교육받지 못한" 스틸랴기와 달리, 그들은 진지한 문학작품을 읽고 연극과 시를 논했다. 그들은 정기적으로 예브로파 호텔 옥상에 있는 크리샤 라는 (스틸랴기 사이에 제일 인기가 좋았던) 레스토랑에 가서 음악을 듣고, 문학을 논하고, 자신들의 첫 문학적 실험들을 공유했다(Popov 1996: 25). 포포프의 말에 따르면, 스스로를 새로운 소비에트 청년층 으로 여겼던 그들에게 1950년대는 "행복으로 가득 찬" 시기였다. 그 시기에 소비에트는 서구와 소비에트의 상상력이 결합된 혼종을 만들 어내면서, 문학, 시, 서구 음악, 외국 의상을 대상으로 한 창조적 실험들로 가득 찬 미래를 꿈꾸었다(Popov 1996: 26). 궁극적으로 교양 없는 일탈이라는 정부의 권위적 비판은 교육받은 소비에트 청년 대중 사이에서 서구의 영향을 정상적인 것으로 만드는 데 기여했을 뿐

5 상상의 서구: 후기 사회주의의 저편

이다. 공격의 대상을 고립된 현상에 한정함으로써, 정부는 보다 흔하면서 덜 극단적인 서구적 상징 및 취향의 표현을 훨씬 더 자연스럽게, 좋은 소비에트인이라는 정체성에 부합하도록 만들었던 것이다.[33]

단파 라디오

서구화된 문화 형식과 이념 들에 대한 국가 정책의 내적인 역설 (국제주의적 관점과 문화 교육을 장려하는 동시에, 부르주아 속물근성과 교양 없음을 공격하는 식)은, 국가가 이러한 문화 형식과 이념 들을 생산하고 퍼뜨리는 여러 새로운 기술을 도입하는 동시에 그것의 부정적인 효과들을 억누르려 했다는 데에도 있었다. 이런 기술 중하나가 단파 라디오였다. 소비에트의 맥락에서 단파 라디오가 어떤역할을 했는지는 잘 알려져 있지만, 그것의 특별함은 때로 오독되곤 한다. 오랫동안 서구에서는 텔레비전과 FM·AM(중파·장파) 라디오가 방송 미디어의 지배적인 유형으로서, 해당 지역에서 생산되고방영되는 정보에 대한 접근을 거의 독점적으로 제공했다.[34] 반면 단파 라디오의 경우에는 신호가 수천 마일 밖에서 오는 경우도 있었기에, 이를 통해 해외에서 제작된 프로그램이 그 지역에서 소비될 수

---

33 '극단적인 것'과 '정상적인 것' 사이의 이러한 구분은 영국 미디어가 1970년대에 펑크를 다른 청년 문화 형식들에 대립하는 것으로 다루었던 것을 연상시킨다(Hebdige 1988: 97).

34 이 상황은 오늘날 위성 텔레비전과 인터넷이 등장하며 바뀌었지만, 이런 경우에도 지역위성과 인터넷 공급자가 접속을 통제한다.

있었다. 이런 이유로 소비에트의 맥락에서는 문화 생산 기술로서 단파 라디오가 갖는 의미가 서구와는 비교할 수 없을 만큼 중요했다.[35] 앞서 말한 정보나 문화의 형식들과 마찬가지로, 단파 라디오에 대한 소비에트 정부의 태도도 애매했다. 세계 탐험의 도구로서의 단파 라디오는 교육받은 국제주의적 소비에트인의 육성을 추구하는 국가 프로젝트를 위해 중시되었다. 부르주아적이거나 반소비에트적인 프로파간다가 아니고 우수한 문화적 정보라고 인정되기만 하면, 외국 방송을 듣는 일은 용인되는 것을 넘어 장려되었다. 그러나 두 극단 사이의 회색 지대는 앞서 논한 것과 같은 이유로 매우 넓었다. 라디오에서 방송되는 대부분의 문화 정보(대중음악, 국제 뉴스, 외국에 대한 이야기들, 언어 강좌 등)는 나쁜 의미인지 좋은 의미인지 불명확했다. 이런 양면적 특성 때문에 대부분의 단파 방송을 청취하는 일은 (적어도 후기 사회주의 시기에는) 전적으로 용인될 만한 행동이 되었다.

트랜지스터의 발명으로 소비에트 산업은 더 작고 저렴한 휴대용 수신기를 대량생산하기 시작했다.[36] 단파 수신기를 점점 더 많은 사람들이 사용할 수 있게 되었다. 1950년대 말부터 1980년대 중반까지 휴대용 단파 수신기의 생산은 꾸준히 증가했다. 이 기술 도구는 벽촌을 포함한 소비에트 전역의 청취자들이 다양한 소비에트 방송국에 채널을 맞출 수 있게 해주었다. 그러나 단파 수신기는 그 이상을 충족시키도록 설계되었다. 단파 라디오는 국제주의적 세계관의 문화

---

35 미국에서 대부분의 사람들은 단파 라디오를 직접 경험해본 적이 없어서, 이것이 정확히 무엇인지 잘 알지 못한다. BBC 국제방송조차도 미국에서는 지역의 공영 라디오FM 기지들을 통해 거의 독점적으로 재송출되었다.

36 대량생산된 최초의 휴대용 단파 라디오 수신기는 리가Riga 근처의 VEF 라디오공장에서 1960년경에 만든 스피돌라Spidola였다.

적 도구로 홍보되기 시작했고, 이는 디자인에도 반영되었다. 서구에서도 그렇지만, 많은 소비에트 수신기의 채널 다이얼은 주파수 대역 눈금뿐만 아니라, 로마, 파리, 스톡홀름, 런던, 프라하, 도쿄 등 외국 도시의 이름이 나란히 적혀 있어서 청취와 상상의 특정한 형식을 자극했다.

단파 라디오에 대한 국가의 양면적 관계는 소비에트산 단파 수신기를 위해 통신부가 고안한 기술 설명서에도 반영되었다. 소비에트 연방 내에서 사용할 수 있는 소비에트산 수신기의 주파수 대역은 25미터에서 시작해 더 길게(31, 41, 49 등등) 올라갔고, 그보다 짧은 네 개 주파수(11, 13, 16, 19)는 수신할 수 없었다.[37] 이 특정 기준에는 정치적 이유가 있었다. 낮 시간 동안 장거리 방송국 수신에 사용되는 몇몇 주파수를 잘라내버리면, 남은 주파수들에서 정부가 원치 않는 외국 방송을 감시하거나 전파를 방해하기가 더 수월했기 때문이다. 그러면서도 남은 주파수들을 통해 장거리 방송을 수신하는 일은 여전히 허용되었다. 사실 소비에트 단파 수신기의 25미터와 31미터는 외국 방송을 위해 가장 빈번히 이용되는 주파수들이었다. 다르게 말하면 단파 수신은 완전히 금지된 것이 아니라, 라디오 수신기의 생산과 홍보가 꾸준히 증가하는 가운데 부분적으로 제한되었을 뿐이다. 이런 양면적 특성은 정부 문화 정책의 다른 양면적 방식들처럼, 이번에도 또다시 국제적 문화 지식을 지지하는 동시에 원치 않는 효

---

37 1980년대에 나는 레닌그라드의 포포프 라디오수신 및 음향 연구소에서 과학자로 근무했기 때문에, 이 산업의 기준과 사양 들을 잘 알고 있다. 11, 13, 16, 19미터 주파수는 낮 시간대에 장거리 방송을 수신하기에 특히 적합했다. 이 시간대에는 단파가 반사되는 이온층 아래쪽이 더 이온화되어 땅 위로 더 높게 상승한다.

과는 제한하려는 국가의 바람에 기초했다.

당연히 이러한 양면적 목표는 뒤섞인 결과를 낳았다. 첫째로 이 충돌하는 조치들은 대부분의 단파 청취를 용인 가능한 것으로 만들었다. 둘째로 라디오 기술에 관한 정부의 끊임없는 홍보 덕분에, 정부가 바람직하지 않다고 여기는 방식으로 이 기술을 사용하지 못하도록 하려는 노력의 상당 부분이 수포로 돌아갔다. 예를 들어 1950년대부터 정부가 소비에트 기술학교, 전문대학, 종합대학 등에서 라디오와 전파통신 학과의 수를 극적으로 늘리는 바람에, 이들 학과에서 훈련받은 라디오 기술자와 엔지니어 들의 수 역시 급격히 증가했다. 수천 개의 아마추어 라디오 동아리가 전국적으로 나타났다. 1940년대에 정부는 라디오 기술 애호가를 염두에 둔 『라디오_Radio』라는 월간지를 창간하여, 자기만의 단파 수신기를 만드는 법을 설명한 논문과 전기 회로도를 정기적으로 발행했다.

여러 도시에서 라디오 아마추어를 위한 전자부품을 파는 특별한 상점들이 문을 열었다. 이런 가게들 앞에는 (대부분은 공영 공장에서 흘러나온) 부품이나 회로도를 파는 암시장이 성행했다. 레닌그라드의 단파 수신기 애호가들은 '젊은 기술자_Iunyi Tekhnik'라는 가게 앞이나 아프락신 드보르_Apraksin Dvor의 상가에 있는 중고 라디오 가게 앞에서 모이곤 했다. 소도시에서 올라온 사람들이 고향으로 돌아가 되팔 라디오 부품들을 사러 왔다. 라디오 엔지니어들은 웃돈을 받고, 수신기에 누락된 11, 13, 16, 19미터 주파수들을 설정하는 법 등 국가가 제한해놓은 기능을 우회하는 방법들을 알려주었다.

양면성은 외국 방송들의 "전파를 방해하는" 악명 높은 방식에도 반영되었는데, 이것 역시 흔히 오독되는 소비에트 정부의 조치이다.[38] 소비에트 정부는 러시아어, 혹은 여타 소비에트 및 동유럽 언어로 방송하는 것들 중에서 (반反소비에트적으로 기획된) 몇몇 주파수만을 금지시켰다. 가령 CIA가 자금을 대는 방송이었던 라디오 자유Radio Liberty는 언제나 금지 대상이었다.[39] [반면에] 미국의 소리 Voice Of America[이하 VOA], BBC, 도이치 벨레의 러시아어 방송은 일정 기간 전파방해의 대상이었다.[40] 라디오 스웨덴 및 기타 방송국의 러시아어 방송은 전혀 방해받지 않았다. 더 중요한 것은 소비에

---

38 라디오방송 및 라디오 전파방해의 적법성은 국제법에서 열띤 논쟁을 불러일으키는 주제다. 미국은 최근까지도 "객관적이라고 추정되는 라디오방송을 해외에 송출할 권리가 있으며, 이 전파에 간섭하는 것은 국제법 위반이다"라는 입장을 고수해왔다. 1950~1980년대 사이의 소비에트연방 및 사회주의 진영과 또 다른 여러 시기의 포스트 식민주의 국가들은, 그들 국가에 반하는 도발적인 전파를 내보내는 것이 "국가 주권"을 보호하는 국제법에 위반되는 행위이며, 따라서 "전파방해는 정당한 〔……〕 보호조치"라는 입장을 견지했다. 동일한 법적 근거를 들어 미국은 세계의 특정 지역에서 국익 보호를 위한 전파방해를 "전투 및 심리전"의 일부로 사용한다. Jamie Frederic Metzl, "Rwandan genocide and the international law of radio jamming" *American Journal of International Law* 91, No.4(October 1997), p. 628.

39 라디오 자유는 전적으로 소비에트연방을 겨냥해 소비에트〔연방에 속한 공화국들의〕 언어로 송출된 라디오방송으로, 서방의 방송 중에서 가장 공공연하게 반反소비에트적이었다. 독일 뮌헨 지역에 위치한 본부로부터 1953년 3월 1일에 소비에트연방을 향해 러시아어 방송을 시작했고, 이후 개별 〔공화국들의〕 언어로 된 방송이 뒤를 이었다. 라디오 자유의 지부에 해당하는 라디오 자유유럽방송Radio Free Europe은 소비에트 블록에 속한 사회주의 국가들을 겨냥해 동유럽의 언어들로 송출되었다. 둘 다 "프로파간다 방송국"으로 설립되었으며 부분적으로 CIA의 자금 지원을 받았는데, 이 점에서 미국 정부의 공식 방송국인 미국의 소리Voice of America와 구별된다. 〔옮긴이〕 라디오 자유와 자유유럽방송이 소비에트 시기 내내 극도로 비판적인 입장을 견지할 수 있었던 것은, 그것들이 정부의 공식 방송국이 아니었기 때문이었다. 공식 방송국인 미국의 소리는 정치적·외교적 상황에 따라 논조를 달리했다.

40 이 방송들의 전파방해는 1956년 제20차 당대회 이후 중단되었다가 1968년 소비에트의 체코슬로바키아 침공 때 재개되었고(Friedberg 1985: 18), 1988년에야 완전히 사라졌다. 소비에트 에스토니아에서 전파방해 기지국이 어떻게 일했는지에 관한 회고는 「라디오 전파방해Radio Jamming」를 보라. http://www.cvni.net/radio/nsnl/nsnl096/nsnl96jam.html.

트연방이나 동유럽에서 사용되지 않는 언어로 방송되는 경우에는 **절대로** 전파방해의 대상이 되지 않았다는 점이다. 결코 전파방해의 대상이 되지 않았던 방송 중에는 BBC 국제방송, VOA 영어방송, 라디오 프랑스 국제 프랑스어 방송 등 세계 각국의 언어로 끝없이 송신되는 방송국들이 포함돼 있었다. 이런 방송들은 소비에트 청취자에게 재즈와 록을 접하고 외국어를 공부할 기회를 주었다. 앞서 언급했던 것처럼, 교양 있는 사람이라면 복수의 외국어를 구사해야 한다는 소비에트 신문들의 호소에 따라, 수천 명이 그렇게 했던 것이다.

단파 라디오를 듣는 일은 전국적으로 여가 시간을 보내는 흔한 방법이 되었고, 외국어 방송의 경우에도 상당히 공공연하게 듣곤 했다. 여름이면 사람들은 흑해 리조트의 해변가나 공원 들에서 작은 트랜지스터를 통해 흘러나오는 외국 음악이나 연설을 들었다. 언론에 등장하는 이에 대한 비판은 번지수를 잘못 맞춘 것처럼 들렸다. 풍자 잡지 『크로코딜』에 실린 만화는 세 젊은이들이 해변가에 나란히 서서 각자의 개인용 라디오 수신기로 방송을 듣고 있는 모습을 보여준다(튀어나온 안테나들은 단파 라디오임을 암시한다. 〈5.4〉를 보라). "그들은 공통의 언어를 찾았다"라는 풍자적 설명은 하나의 공통어로 대화하는 대신에 라디오를 듣는 일, 더군다나 그것을 외국어로 듣는 개별화된 행동을 비꼬는 말장난이다. 최신 유행 패션 추종자나 재즈 애호가들의 경우와 마찬가지로, 외국 방송을 듣는 대부분의 청취자들은 이런 비판받는 이미지에서 자기 자신을 발견하지 못했을 것이다.

외국 라디오방송들은 지방의 소비에트 재즈와 록 음악계의 발전에 큰 영향을 미쳤다.[41] 1950년대 초 학생이었고 이후 재즈 음악가가

〈5.4〉
"그들은 공통의 언어를 찾았다"(L. 소이페르티스L. Soifertis, 『크로코딜』 14, 1970, p. 7).

된 유리 브도빈Yurii Vdovin은 전전戰前 시대의 소비에트 진공관 수신기 SVD-9를 BBC와 VOA 영어 프로그램에 맞춰놓았다. "저는 학교 오후반이었기 때문에 아침이면 언제나 BBC를 들었어요. 재즈를 끝없이 틀어주었죠. 〔……〕 그러다 1950년대 중반 윌리스 코노버Willis Conover가 방송에 등장한 거예요. VOA는 그의 프로인 「타임 포 재즈 Time for Jazz」[42]를 밤 열 시부터 자정까지 방송했어요. 처음 한 시간은 스윙이었고, 그다음 한 시간은 비밥이었죠. 물론 당시 우리는 그게 뭔지도 몰랐어요"(Kaplan 1997a: 46). VOA 영어 방송에서 코노버가 진행한 프로그램은 거의 40년간 지속되면서 전 세계에 재즈 팬을 양산했다(그는 미국에서는 사실상 거의 알려지지 않았는데, 이는 VOA가 단파를 제외하고는 미국 내에서 방송되지 않았기 때문이다).[43] 코노버의 느린 말투와 "특별 영어"[44]로 쓰인 대본은 그의 방송이 더 널리

---

41 이 영향력에 비견해볼 만한 것은 1950년대 영국 록 음악계의 발전에 미군 방송 네트워크AFN가 미친 영향이다. 영국에서 AFN은 미국의 군 기지에서 미군이 흔히 듣는 음악(블루스, 알앤비, 로큰롤, 재즈 등등)을 내보내는 작은 AM 방송국들로 이루어졌다. 미군 기지에 위치한 이 방송국들은 영국의 문화적 맥락 바깥에서 "떠다녔으며," 그 청중들을 겨냥하지도 않았다. 하지만 영국에서 다른 방식으로는 들을 수 없었던 음악적 정보에 접근할 수 있게 해주었던 이 방송은 군 기지 근처에 사는 영국 청취자들에게 수용되었다. 1950년대 말 이 방송들은 향후 영국 록 음악가가 된 세대 전체를 길러냈다. David Bowie, "Stardust memories," New York Times Magazine, 2000년 3월 19일, p. 38을 보라.

42 사실 코노버의 프로그램명은 「재즈의 시간Jazz Hour」이었지만, 코노버는 항상 "타임 포 재즈"라는 말로 방송을 시작했다.

43 1996년 코노버가 사망한 후 남아프리카, 일본, 폴란드, 라틴아메리카 각지의 청취자들이 증언들을 보내왔다. "Some testimonies to Willis Conover," part of the University of Maryland project, "The beat begins: America in the 1950s," www.plosin.com/beatbegins/를 보라.

44 VOA는 1959년에 영어가 모국어가 아닌 전 세계의 청취자들이 듣기 편하도록, 일부 프로그램에서 훨씬 난순한 어휘와 문법을 사용하여 느리게 말하는 "특별 영어" 방송을 시작했다. "VOA History," www.voa.gov/index.cfm을 보라.

청취될 수 있게 하는 토대가 되었고, 재즈와 미국 영어를 젊은이들에게 널리 홍보했다. 페이에르타크는 다음과 같이 회고한다. 1953년에 "내 첫 영어 단어와 구문은 코노버에게 배운 것이다. 그는 천천히 그리고 명확하게 말했고, 매일 같은 표현을 되풀이했다. 아마도 코노버가 전 세대 재즈 애호가들을 위한 영어 선생님 역할을 했을 것이다"(Feiertag 1999: 69). 그 자신이 코노버의 애청자였던 작가 바실리 악쇼노프Vassily Aksyonov도 향수에 젖어 이렇게 말했다. "얼마나 많은 꿈에 부푼 러시아 소년들이 엘링턴의 「테이크 더 "에이" 트레인Take the "A" Train」과 VOA의 재즈 아저씨 윌리스 코노버의 감미로운 목소리의 영향 아래서 사춘기를 맞이했던가"(Aksyonov 1987: 18).[45]

소비에트 재즈 팬들 사이에서 코노버의 인기는 믿기 어려울 정도였는데, 이는 영어로 단파 라디오를 듣는 일이 얼마나 널리 퍼져 있었는지를 보여준다. 1967년 찰스 로이드Charles Lloyd 재즈 콰르텟이 소비에트연방 에스토니아의 수도 탈린Tallinn에서 열린 재즈 페스티벌에서 공연을 했다. 윌리스 코노버는 이 투어에 콰르텟과 동행했다. 보통 여행객처럼 그들도 레닌그라드 근처를 방문했고, 레닌그라드 음악가들의 초대로 레닌그라드 재즈 클럽에서 열린 바인시테인 오케스트라의 콘서트에 갔다. 홀은 가득 차 있었지만, 청중은 코노버가 와 있다는 사실은 알지 못했다. 기획자 중 한 사람이 코노버가

---

45 유리 안드로포프를 그의 여름 별장dacha에서 여러 차례 인터뷰했던 1980년대 『뉴욕 타임스』 모스크바 특파원 해리슨 솔즈버리Harrison Salisbury에 따르면, 안드로포프도 코노버의 프로그램을 애청했다고 한다. Edward Jay Epstein, "The Andropov hoax," *New Republic*, February 7, 1983.

다음 곡을 소개해주면 어떻겠냐고 제안했다. 유리 브도빈은 이렇게 회상한다. "아무도 코노버의 얼굴을 몰랐지만, 그의 목소리는 확실히 청중 모두에게 익숙했죠. 그가 마이크 앞으로 나와 다음 곡을 소개했을 때 믿기 어려운 일이 일어났어요. 관객 전체가 그를 향해 돌격한 겁니다. 바로 앞에 혼자서 러시아 재즈 청중 전체를 교육한 남자가 서 있었으니까요"(Kaplan 1997a: 46~47에서 재인용).

라디오에 대한 정부의 각종 양면적 정책들—단파 기술 홍보, 특정 언어로 된 외국 프로파간다 방송에만 집중되는 비판, 소비에트 단파 수신기 생산 증가, 전파방해나 기술적 제한 조치에 있어서 양가적 정책들—은 결국 소비에트 인민 사이에서 단파 수신을 정상적인 행위로 만들었다. 온갖 종류의 외국 방송을 정기적으로 듣는 일이 반드시 좋은 소비에트 인민이 되는 일과 대립되는 것으로 받아들여지진 않았다.[46] 이로 인해 단파 라디오는 후기 소비에트 맥락에서 문화 생산을 위한 가장 중요한 도구로 떠오르게 되었다. 이 도구는 국가에 의해 전적으로 허용되었으나, 그 의미는 국가가 예측할 수 있는 방식으로 결정되지 않았다. 이 도구의 영향을 받은 문화 생산 방식 중에는 서구 재즈, 로큰롤, 외국어, 세계에 관한 상식 따위의 인기가 폭발적으로 증대한 것도 포함되었다.

---

46 문학평론가 예브게니 도브렌코Evgenii Dobrenko의 아버지는 2차 세계대전 당시 전선에서 당에 가입했고 평생 열렬한 공산주의자였는데, 동시에 VOA 러시아어 방송의 애청자이기도 했다(저자 인터뷰). 반체제 가정에서 관찰되는 이와 비슷한 혼합의 사례에 대해서는 Smith(1976)를 보라.

뼈에 새긴 록

1950년대에 단파 라디오와 영화로 인해 서구 재즈와 로큰롤에 대한 수요가 급증했지만, 소비에트 국영 레코드점에서는 이런 음악을 찾을 수 없었다. 이는 자가 레코드판이라는 독립적인 음악 복제 기술의 발명으로 이어졌다. 재즈와 로큰롤(그리고 삼바, 탱고, 스피리추얼Spiritual 등)[47]이 담긴 원본 서구 레코드판을 중고 플라스틱 엑스레이 판에 복제했는데, 이 때문에 "뼈에 새긴 록rok na kostiakh"이라는 아주 흥미로운 속칭이 붙었다.[48] 음악 기자 겸 프로듀서인 아르테미 트로이츠키Artemii Troitsky는 이렇게 설명한다. "이것들은 흉강, 척수, 부러진 뼈 따위가 찍힌 진짜 엑스레이 판의 가장자리를 가위로 둥글게 자르고 한가운데에 작은 구멍을 뚫은 후 표면에 거의 보이지 않는 홈이 파이게 만든 것이었죠. '플렉시디스크Flexidisc'를 만들기 위해 이런 사치스러운 재료를 선택한 이유는 쉽게 설명할 수 있습니다. 엑스레이 판이 가장 싸고 쉽게 구할 수 있는 플라스틱이었거든요."(Troitsky 1988: 7~8).

엑스레이 레코드판 기술의 발명가들 일부는 기술공과대학의 학생들이었다. 과학, 기술적 독창성, 실험 등을 장려했던 국가는 이런 식

---

47 *Pchela*(1996년 10월): 22.

48 뢴트게니즈다트roentgenizdat라고도 알려져 있었는데, 이는 엑스레이를 가리키는 러시아어 용어(엑스레이를 발견한 독일 물리학자 빌헬름 콘라드 뢴트겐Wilhelm Conrad Roentgen의 이름을 딴)에서 기원한 것이다. Starr(1994: 241); Troitsky(1988); Aksyonov(1987)를 보라. 스타Frederick Starr에 따르면 비슷한 해적판 기술이 다른 국가에도 존재했다. "Disc bootleggers are waxing fat on stolen goods," *Down Beat*, 1950년 6월 16일, p. 10을 보라.

의 발명을 소비에트의 대학생 문화와 완벽하게 양립할 수 있도록 만들었다. 레닌그라드 조선造船대학의 학생들은 학교 실험실에서 전자 및 라디오 디자인 실습의 일환으로 이 기술을 고안했다. 우선 두 개의 턴테이블을 연결한다. 원본 레코드를 한쪽 턴테이블에 틀어놓고 전기신호를 증폭하여, 가열한 사파이어 바늘의 움직임을 조절해서 다른 쪽 턴테이블에 놓인 단단하고 윤이 나는 플라스틱판의 표면에 홈을 파는 것이다. 이것들은 레닌그라드의 중앙 음반 가게인 멜로디야 앞이나 시내 시장, 라디오 가게 근처에서 몰래 팔렸다. 1961년 재정 개혁 이전까지 레코드판 한 장은 10루블 정도였다. 질이 나쁘고 상대적으로 비쌌음에도 불구하고 레코드판의 인기는 높았다. 이 기술을 처음 사용했던 사람들 중 하나인 루돌프 푸크스Rudolf Fuks에 따르면 "1950년대 말에서 1960년대 초에 엘비스Elvis Presley, 리틀 리처드Little Richard, 록과 트위스트의 수요는 광적일 정도여서, 자가 레코드판은 푸는 족족 품절되었어요"(〈5.5〉와 〈5.6〉을 보라).[49]

'뼈에 새긴 록'의 기이한 물질성과 이 엑스레이 판들이 상기시키는 명백한 은유는 소비에트 팬들에게 제법 효과가 있었다. 이 레코드판들은 서구에 대한 상상력을 두 가지 방향으로 조성하는 익살스러운 논의를 촉발시켰다. 특별한 기술 수단(엑스레이 사진, 기발한 복사 장치)을 통하지 않고서는 정상적인 인간 감각으로 접근할 수 없는 이미지와 사운드를 제공함으로써, 레코드판은 보이면서 보이지 않는 어떤 것, 실재이면서 가상인 어떤 것을 표상했다. 그리고 이 실재이자 가상인 서구 사운드를 명백하게 보이는 소비에트의 내장 기관들

---

49 엑스레이 디스크 생산자 중 하나인 루돌프 푸크스와의 인터뷰(Fedotov 2001).

〈5.5〉
빌 헤일리Bill Haley의 「록 어라운드 더 클럭Rock around the Clock」 엑스레이 레코드(1954년경 저자 촬영).

⟨5.6⟩
리틀 리처드Little Richard의 「투티 프루티Tutti Frutti」 엑스레이 레코드(1955년경 저자 촬영).

과 뒤섞음으로써, 그들은 섬뜩한uncanny 종류의 친밀함을 창조해냈다. 즉 사람들은 만질 수 있는 친밀한 것이면서도 여전히 상상적인 어떤 것을 보고 들었던 것이다.[50] 이 이미지 속에서 소비에트적 신체의 뼈와 동맥 들이 저편에서 들려오는 사운드에 제공한 내밀한 공간은, 시스템의 내장들 속에 있는 보일러실의 파이프와 밸브 들이 제공해주었던 마찬가지로, 저편에서 온 새로운 의미, 관심사, 지식 형태 들의 내밀한 공간과 나란히 가는 것이었다. 엑스레이 레코드판과 보일러실은 상상의 저편에 대한 탁월한 은유였다. 그것은 소비에트 국가의 신체에 내재적이면서 동시에 외재적인, 브녜의 지대들에 자리한 기발한 실험적 문화였다.

녹음테이프화

국가에 의해 도입되어 단파 라디오와 유사한 효과를 가져온 또 다른 기술은 테이프 녹음기였다. 소비에트 산업은 최초의 소비자용 오픈릴식reel-to-reel 테이프 녹음기katushechnye magnitofony를 전후 초기에 처음 생산하기 시작했지만, 대규모 생산이 이뤄진 것은 1960년대

---

50 엑스레이 이미지의 이런 잠재적으로 강력한 친밀감은 토마스 만Thomas Mann의 『마의 산』에서 잘 묘사되었다. 어느 장면에서인가 이 책의 주인공은 "의자에 몸을 던지고 기념품, 보물을 꺼냈다. [……] 얇은 유리판으로, 거기 뭐가 있는지를 보려면 빛에 가져다 대어야만 했다. 클라우디아 소샤Claudia Chauchat의 엑스레이 초상으로, 얼굴이 아니라 상체의 섬세한 골격을, 창백하고 유령 같은 살의 봉투에 감싸인 흉곽의 장기들을 보여줬다. 그가 그걸 어찌나 자주 들여다봤던지, 얼마나 자주 거기에 입을 맞추었던지"(Mann 1980: 348~49).

에 이르러서였다. 엑스레이 판보다 더 싸고, 더 효율적이며, 품질도 더 좋은 음악 복제 기술을 가능하게 해준 테이프 녹음은 재빠르게 엑스레이 판을 대체했다. 라디오의 경우처럼 정부는 (일부 외국 음악도 포함하여) '좋은' 음악을 듣는 목적으로 테이프 녹음기를 사용하도록 장려하면서도, 바람직하지 못한 음악적 영향에 노출되는 것을 막으려 애를 썼다. 하지만 예상할 수 있듯이, 실제로는 소비에트 내에서 서구 음악의 유통이 기하급수적으로 증가했다.

앞선 경우들과 마찬가지로, 좋은 음악과 나쁜 음악의 기준은 모호했고 개인적 해석에 열려 있었다. 좋은 음악은 보통 사람들의 건강한 문화에 속한 것이었고, 나쁜 음악은 인간에게 해로운 부르주아적 본성을 유발하는 것이었다. 1961년에 작곡가 칸토르P. Kantor는 널리 보급되던 달력에 이렇게 썼다. "우리는 경쾌하고 우아하며 선율이 아름다운, 〔그에 더해〕 아름다운 민속 가락을 연주하는 진정한 경음악"이나 "좋은 외국 노래에 반대하지 않는다." 그러나 나쁜 외국 음악들, 예를 들면 "인간의 극단적으로 경박한 품성과 우울한 무관심을 일깨울" 뿐인 "거친 사운드, 발작적인 리듬, 혐오스러운 신음으로 가득 찬 불쾌한 노래들"을 들려주는 "거친 로큰롤 음악이나 여타 부르주아식 '예술' 작품들"과 이런 좋은 음악을 구분해야 한다.[51] 1965년에 『문학 신문』에서 또 다른 작곡가 이반 제르진스키 Ivan Dzerzhinskii는 녹음테이프의 잠재적 위험을 한탄하면서, 이번에는 테이프 형태로 음악을 유통시키는 아마추어 소비에트 작곡가들을

---

51 P. Kantor, "O legkoi muzyke"〔경음악에 관하여〕, 찢어내는 일력, 1961년 10월 30일, Ptiuch, 1998년 12월 21일에서 재인용.

겨냥했다. "1960년대의 바르드[52]들은 자기 테이프로 무장했다. 이것은 [······] 배포가 대단히 용이해진 만큼 특정한 위험을 안고 있다. [······] 이런 노래들 중 상당수는 우리 내면에서 수치심과 격렬한 모욕감을 유발하며, 젊은이의 교육에 대단히 유해하다"(Vail' and Genis 1988: 114에서 재인용).

앞서 스틸랴기의 경우와 마찬가지로, 정부가 비판을 한 몇몇 사례에서 서구의 록 음악을 테이프에 녹음해 듣는 팬들은 게으르고 이기적이며 부도덕한 존재로 그려졌다. 1970년대 중반 『크로코딜』의 만화는 젊은 여성이 최신 서구식 패션에 따라 나팔바지에 통굽 구두를 신고 담배를 피우며 녹음테이프를 듣는 모습을 보여준다. 그녀 뒤의 벽에는 록스타들의 사진이 붙어 있다. 늙은 농부 여인이 그녀에게 "손녀야, 순무 뽑는 것 좀 도와주겠니?" 하고 묻는 동안, 바깥의 들판에서는 늙은 남자가 거대한 순무를 잡아당기고 있다. 손녀는 건방지게 대답한다. "쥐가 있잖아요. 안 그래요?" 이 만화는 러시아 동화에서 착안한 것이다. 할머니, 할아버지, 손녀, 개, 고양이가 거대한 순무를 땅에서 뽑으려고 헛되이 애를 쓰다가, 조그만 생쥐 한 마리의 도움으로 마침내 성공하는 이야기다. 패션과 라디오 청취를 겨냥한 비판과 마찬가지로, 녹음테이프 음악 팬들 다수는 늙어가는 부모와 조부모의 희생으로 살아가는 이런 게으르고 부도덕한 건방진 손주의 이미지와 자신을 동일시하지 않았다.

이런 비판에도 불구하고, 국가의 테이프 녹음기 생산과 홍보는 꾸

---

52 바르드는 어쿠스틱 기타 반주에 맞춰 노래하는 아마추어 시인들이다. [옮긴이] 3장 주석 64번을 참고하라.

⟨5.7⟩
"손녀야, 순무 뽑는 것 좀 도와주겠니?" "하지만 쥐가 있잖아요, 안 그래요?"
(G. 안드랴노프G. Andrianov, 『크로코딜』 34, 1977, 표지).

준히 증가했다. 1960년에 소비에트 산업은 12만 8천 대의 녹음기를 생산했다. 1969년에는 연간 100만 대 이상을 생산했다. 1985년 무렵에는 연간 470만 대로 늘었다. 1960~1985년 사이에 소비에트 인민은 대략 5천만 대의 녹음기를 구입했다.[53] 1985년에 (테이프 녹음기의 주사용자였던) 15~34세 청년은 9천만 명 정도였다.[54] 분명 1960년대에서 1980년대 초 사이에 성장한 대부분의 소비에트 젊은이는 개인적으로 테이프 녹음기를 갖고 있지 않았더라도, 사적인 파티, 생일, 결혼식, 댄스파티, 여름 캠프 등에서 정기적으로 녹음테이프 음악에 노출됐을 것이다. 그 15년 동안 소비에트연방은 주요한 문화적 변형을 겪었는데, 바일과 게니스는 적절하게도 이를 "국가 전체의 녹음테이프화magnitofikatsia"라고 불렀다(Vail' and Genis 1988: 114).[55]

이런 변형의 주된 결과는 소비에트 마지막 세대가 서구 재즈와 록을 자신의 고유한 문화적 형식으로 전유하게 된 것이었다. 이 음악은 도처에서 쉽게 접할 수 있었을 뿐만 아니라, 대단히 개인적이었고, 지역 고유의 의미나 문화적 가치를 띠었으며, 세대 전체의 정체성을 형성하는 데 기여했다. 문화평론가 타티야나 체레드니첸코

---

53 *Narodnoe Khoziaistvo SSSR v 1985g. Statisticheskii Ezhegodnik*〔1985년 소비에트연방 인민 경제: 연간 통계〕, Moscow: Central Statistical Department of the Council of Ministers, p. 169; *Narodnoe Khoziaistvo SSSR v 1970g. Statisticheskii Ezhegodnik* 〔1970년 소비에트연방 인민 경제: 연간 통계〕, Moscow: Central Statisti-cal Department of the Council of Ministers, p. 251.

54 "Vsesoiuznaia perepis' naseleniia 1989-go goda"〔1989년의 전 연방 인구조사〕. *Vestnik statistiki*〔통계 리뷰〕, 9(1990), pp. 75~79.

55 이들은 레닌의 유명한 표어를 암시하고 있다. "공산주의는 소비에트 권력 더하기 국가 전체의 **전력화**electrification를 뜻한다."

Tatyana Cherednichenko는 1960~1970년대에 성장한 이 세대가 이전의 소비에트 세대와는 달리, "시대적 성취를 기반으로 결속한 것이 아니라" "서구 음반들의 테이프 녹음"을 정체성의 구성적 요소로 만든 "그 시대 자체를 기반으로 결속했다"고 주장했다(Cherednichenko 1994: 225). 복제된 외국 음반들은 선원이나 외교관 들에 의해 항구 도시로 유입되어, 음악 애호가들의 네트워크를 통해 팔리고 테이프로 수천 번 녹음되며 전국으로 퍼져나갔다. 빅토르(1959년생)는 스몰렌스크의 열세 살짜리 학생이었던 1972년에 서구 록 음악을 처음 접했다. 빅토르는 이렇게 기억한다. 일요일마다 "저는 제 거대한 '코메타Kometa' 오픈릴식 녹음기를 들고 항상 새 음반을 갖고 있던 도시 반대편의 형네 아파트로 갔지요. 블랙 사바스Black Sabbath, 앨리스 쿠퍼Alice Cooper, 브라이언 페리Bryan Ferry 등을 녹음했고, 형에게 녹음당 2.5루블을 줬어요. 그 시기에 다른 사람들은 대부분 비틀스The Beatles를 좋아했지만, 저는 관심 없었습니다. 대체 누가 그들을 오지Ozzy Osburne과 비교한단 말입니까?!" 대부분의 음반은 발트해의 소비에트 항구인 리가에서 스몰렌스크로 왔다. 열다섯 살이었던 1974년 빅토르는 리가로 직접 다니기 시작했다. "스몰렌스크에서 리가까지는 기차로 꼬박 하루가 걸렸어요. 리가에서 저는 음반 벼룩시장tolchok으로 갔지요. 〔······〕 제가 산 첫 음반은 크리던스 클리어워터 리바이벌Creedence Clearwater Revival이었는데 50루블을 줬어요."[56] 그는 음반을 스몰렌스크로 가져와서 자기 몫으로 복사해놓고 비슷

---

56 저자 인터뷰. 비룩시장을 뜻하는 '톨초크tolchok'에 관한 일만석 논의는 Humphrey (1995: 62~63)를 보라.

5 상상의 서구: 후기 사회주의의 저편

한 가격대나 때로는 조금 더 싸게 되팔았는데, 그 이유는 "중요한 건 [너무 많은] 돈을 잃지 않으면서 음반을 계속 모으는 것이었기 때문"이다.

이런 벼룩시장을 향한 정부의 비판은 드물었고, 마찬가지로 애매했다. 음반 거래상을 보여주는 전형적인 만평은 음반을 재킷 안쪽의 특별한 주머니에 숨긴 모습이다. 그는 재킷을 펼쳐 고객에게 음반들을 보여준다(이는 거래 과정이 경찰 눈에 덜 띄도록 하기 위해 실제로 사용되던 기술이다). 음반에는 서양 밴드의 이름이 붙어 있다. 키스Kiss, 아바Abba, 이글스Eagles, BM(보니 엠Boney M), 비틀스. 그림 설명에는 "원반 던지는 사람Discobolus"이라고 적혀 있는데, '디스크 Disk'라는 단어의 두 의미, 즉 스포츠의 원반과 음악 레코드라는 두 가지 뜻을 가지고 만든 말장난이다(〈5.8〉을 보라). 만평은 서구 음악 자체에 관심을 갖는 일과 관련된 특정한 문제를 명료하게 표현하지는 못했다. 대신 그것은 서구 음악에 매혹된 어리숙한 고객과 그런 매혹을 자본화하는 거래상을 모호하게 조롱하고 있을 뿐이다.

실제로 이런 시장 및 음반 수집가들에 대한 정부의 제재 조치는 대체로 그다지 강력하지 않았다. 빅토르에 따르면 "경찰은 [스몰렌스크에서] 원칙적으로는 음반 매매를 적극적으로 제재해야 했지만, 실제로는 대체로 별로 신경 쓰지 않았"다. 레닌그라드의 한 음악가도 비슷한 이야기를 들려준다. "그걸 허락한 사람도 없었지만 금지한 사람도 없었죠." 또 다른 음악가에 따르면, 이런 음악의 제한적인 통제가 음반 부족 사태를 낳았지만 그 외에는 위험하지 않았다 (Cushman 1995: 97, 208). 이런 무성의한 통제는 서구 음악이 전국적으로 구석구석 퍼지게 만들었을 뿐 아니라, 그것을 경험하는 것이

ДИСКОБОЛ   Рисунок Е. ШАБЕЛЬНИКА

⟨5.8⟩
"원반 던지는 사람"(E. 샤벨니크E. Shabel'nik, 『크로코딜』 26, 1981, p. 13).

소비에트 현실의 정상적인 요소가 되도록 만들었다.

　서로 다른 도시에 사는 젊은 음악 애호가들은 소비에트 우편으로 테이프를 서로에게 보내거나 각자의 취미에 관한 편지를 주고받았다. 1976년 멀리 떨어진 중심 도시로부터 비행기를 통해서만 음반이 들어갈 수 있었던 시베리아의 외딴 야쿠츠크Yakutsk[57] 시에서조차, 학생들은 서구에서 같은 해나 최근 몇 년 사이에 발매된 음반을 녹음했다. 오래된 음반들은 인기가 덜해서 골동품Starina 딱지가 붙었다. 1976년 3월 11일 야쿠츠크에 사는 17세 소년 레오니드는 레닌그라드에 사는 친구 니콜라이가 보내온 음악에 관한 편지에 답장을 하면서, 자기 학교 친구들이 야쿠츠크에서 무엇을 듣는지 다음과 같이 묘사한다.

　　겨울 실습[학교의 직업훈련의 일부]을 하고 128루블을 받았다니까. 끝내주지! 그래서 두번째 테이프 녹음기 '주피터 1201'을 샀어. 꽤 괜찮은 물건이야. 작동도 잘 되고! [……] 모으기 시작한 지는 얼마 안 됐지만, 최신 음반을 구하는 데는 빠삭해. 그래서 이미 앨리스 쿠퍼의 1975년과 1976년 앨범, 비지스the Bee Gees, 딥 퍼플 Deep Purple의 『메이드 인 재팬Made in Japan』 앨범[1972]이랑 그들의 노래 「스모크 온 더 워터Smoke on the Water」[1972]하고 「차일드 인 타임Child in Time」[1970], 딥 퍼플의 『24캐럿 퍼플24 Carat Purple』 앨범[1975]을 모았어. 그리고 '골동품'도 좀 갖고 있어. 비

57　〔옮긴이〕야쿠츠크는 모스크바에서 동쪽으로 약 4500마일 떨어진 북시베리아 사하공화국의 수도이다.

틀스, 매카트니Paul McCartney, 윙스Wings의『밴드 온 더 런Band on the Run』 앨범[1973] 같은 것들. 유라이어 히프Uriah Heep의 앨범도 두 장 있다. 유라이어 히프의 노래「줄라이 모닝July Morning」[1971]은 여기서는 벌써 '골동품'이야. J. S. 바흐Johann Sebastian Bach에 관해서라면, 바흐는 정말 훌륭해. 여기서도 아주 인기가 많아. 특히 오르간 음악이. 크리던스[클리어워터 리바이벌]를 비공식적인 통로로 구해주면dostart 좋겠고, 거기서 돌아다니는 새로운 음악 있으면 또 보내줘. 돈은 나중에 보내줄게.[58]

이 젊은 록 음악 애호가들에게 1970년대 영국 밴드들의 심포닉한 음악들과 J. S. 바흐의 고전음악이 가진 유기적인 흐름은 동일한 수준으로 흥미로웠다. 분명 그들은 교육도 못 받고 고급문화에도 관심이 없는 서구 록 음악 팬들에 대한 비판적 초상과 자기 자신을 연결시키지 못했을 것이다.

번역

국가는 서구의 록 음악이 해로운 부르주아적 영향을 불러온다고 종종 비난하면서도, 국가 미디어를 통해 록 음악에 접근할 수 있는 길을 제한적으로 열어두었다. 관영 음반사 멜로디야는『세계 곳곳

---

58 편지 쓴 사람의 친구 중 하나인 인드레이A. Andrei의 개인 소장인 편지 모음에서, 허락하에 인용한다.

Vokrug sveta』이라는 제목의 모음집 시리즈로 서구의 록과 팝 곡들을 가끔 발매했다.[59] 이 모음집이 가리키는 '세계'는 주로 동유럽의 사회주의 국가들로, 음악가 안드레이 마카레비치의 기억에 따르면 음반에는 보통 다음과 같은 국가 순서로 곡들이 수록되어 있었다. "불가리아, 폴란드, 체코슬로바키아, 다시 폴란드, 다시 불가리아, 가끔은 프랑스, 그리고 마지막에는 미국이나 영국의 곡 하나." 이 "부르주아적인" 한 곡은 소비에트 청취자에게 더 적합하게 보이도록 흔히 제목을 바꾸거나 분류를 달리했다. 예를 들면 1950년대 멜로디야는 "아메리칸American"[60]이라는 단어를 피하기 위해 미국의 재즈 곡 「아메리칸 패트롤American Patrol」을 「초소에서Na zastave」라는 이름으로 바꿨다. 1960~1970년대의 팝 모음집 음반에서 많은 서구 곡들은 "민중가요narodnaia pesnia" 또는 "저항노래pesnia protesta"로 인식되기도 했다. 1968년의 어느 음반은 비틀스의 「소녀Girl」를 "영국 민중가요"로 분류했다.[61]

'저항노래'라는 범주 덕분에 서구 음악들이 소비에트 음반으로로 발표될 수 있었다. 멜로디야가 멀 트래비스Merle Travis의 「16톤 Sixteen Tons」을 발매했을 때, 이 노래는 '저항노래'로 분류되었다. 1940년대 후반 매카시즘의 맥락에서, 이 노래는 실제로 하나의 저항으로 기능했다. FBI는 라디오방송국들에 이 노래를 틀지 말 것을 권고했고, 트래비스는 "공산주의 동조자communist sympathizer"로 불렸

59 1970년대 음악 잡지 『쿠루고조르Krugozor』에 부록으로 실린 플렉시디스크 『세계 곳곳』에 대해서는 McMichael(2005a; 2005b)을 보라.
60 Freietag(1997: 35). 1950년대에 소비에트 오케스트라들이 재즈 곡들에 다른 제목을 붙였던 유사한 기술을 떠올려보라.
61 Makarevich(2002: 53~54).

다.[62] 소비에트에서 이 노래가 발표될 수 있었던 것은 바로 이 사건 때문이다. 그러나 젊은 소비에트 애청자들은 이 정보를 무시했다. 그들에게 중요했던 것은 이 노래의 춤추기 좋은 리듬, 소비에트적이지 않은 사운드, 그리고 미국식 영어였다. 이 음반은 "모든 댄스홀에서 닳아서 구멍 날 정도로 틀었을" 뿐 아니라, 〔본래 가사의〕 저항과는 아무런 상관도 없는 "믿지 못할 몇몇 러시아어 단어들로 바꿔 불리기도 했다"(Makarevich 2002: 54).

이러한 노래들의 문자 그대로의 의미는 상관없었다. 중요한 것은 그것이 서구에서 왔다는 것, 외국풍 사운드, 그리고 미지의 출처들이었다. 이것들 덕분에 소비에트의 팬들은 소비에트도 아니고 서구도 아닌 곳, 그러니까 그 어떤 '실재'하는 장소나 환경과도 전혀 연관될 필요가 없는 세계들을 상상할 수 있었다. 1970년대 초반 중부 러시아의 작은 마을에서 학교를 다녔던 미래의 영화배우 알렉산드르 압둘로프Alexandr Abdulov와 그의 친구들은 비틀스의 테이프를 계속 들으면서, 자신들이 만든 고유한 번역을 붙이고 노래에 얽힌 이야기들을 창작했다. 1990년대 포스트-소비에트 공간에서 이 노래들의 번역이 발행되어 나오자, 압둘로프는 "그들이 우리가 상상하던 것과는 전혀 다른 것에 관해 노래했다"[63]는 사실을 깨달았다. 서구의 음

---

62 이 노래는 트래비스의 아버지가 일했던 켄터키 주 탄광 노동자들의 비참한 이야기를 들려준다. 광부들은 배당어음으로 임금을 받았고, 이 어음은 엄청 부풀려진 가격으로 물건을 파는 공장 내부 상점에서만 사용할 수 있었다. 대부분의 노동자들은 공장에 큰 빚을 지고 살았다. 가사는 이렇게 말한다. "너는 16톤을 캐고 무엇을 얻었나?/하루 더 늙고 빚은 더 늘었지/성 피터여, 저를 부르지 마세요. 저는 못 갑니다/저는 공장 상점에 제 영혼을 빚졌어요." 트래비스의 프로듀서 넬슨Ken Nelson과의 인터뷰를 보라. "Sixteen Tons: The Story behind the Legend," www.ernieford.com/sixteen-tons.

63 알렉산드르 압둘로프와의 저자 인터뷰. Vladimir Kozhemiakov, "Uzhe ne trubadur,

악을 그들의 방식으로 재구성하면서, 후기 소비에트 세대는 문화적 번역의 복잡한 과정에 참여했다.[64] 화가 드미트리 샤긴Dmitry Shagin 은 이 세대의 집단적 정체성을 반영하는 그림을 그렸는데, 그는 캔 버스에 단 두 단어만 그렸다. ТХЕ ВЕАТЛЕЗ. 이는 영어 단어 "the Beatles"[비틀스]를 외국어 표기법에 따르지 않고 익살스럽게 키릴 문자로 옮긴 것으로, 러시아적 억양을 전달하려는 의도를 담고 있 다.[65]

서구 록의 문화적 번역과 전유의 과정들은 후기 소비에트 세대 의 지역적 록 문화가 발전하는 데 영향을 끼쳤다. 1960년대 후반 과 1970년대에 걸쳐 록그룹들이 학교, 주민회관, 피오네르 궁전, 여 름 캠프, 대학, 연구소 등에서 전국에 걸쳐 생겨났다. 이러한 밴드들 은 '아마추어'였는데, 이는 그들이 국가에 의해 음악가 그룹, 곧 '전 문 밴드'와 오케스트라 등으로 등록되지 않았기 때문에, 연주를 통 해 돈을 벌거나 커다란 콘서트홀에서 연주할 수도 없었다는 뜻이다. 유사한 '아마추어' 밴드들이 앞에서 보았듯이 1950년대 재즈 분야에 도 존재했다. 프레더릭 스타Frederick Starr에 따르면, 1970년대 초반 에는 "모스크바에 록그룹이 하나도 없는 중등학교, 연구소, 공장은

---

eshche ne korol"[더 이상 음유시인은 아니고, 아직 왕은 아닌], *Moskovskii komsomolets*, 1999년 8월 28일을 보라.

64 음반의 이와 같은 전유와 재해석 행위는 힙합 양식에서 사용된 문화적 기술에 비견될 수 있다. 힙합 양식은 본래 악기가 너무 비싸 구할 수 없었던 가난한 도시 인근에서 생겨났 다(Gilroy 1984). 그 양식에서 "음반은 최종적으로 확정된 예술적 진술에 부합하는 권위 및 숭배적 지위를 상실한다. 그것은 창조적인 즉흥연주의 복잡한 과정에서의 기초적인 도구 정도에 불과하다"(Gilroy 1991: 211).

65 드리트리 샤긴은 미트키Mit'ki라는 예술가 그룹의 일원이다. 이 그룹에 대한 더 자세한 내용은 7장을 참조하라.

없었으며, 이러한 록그룹의 수를 다 합치면 수천 개가 되었다. 이는 수천 명의 개인 독립[즉 '아마추어'] 프로듀서들이 대중문화의 현장에서 활동하고 있었음을 의미한다"(Starr 1994: 301). 이들 가운데 좀더 진지하게 음악 활동을 했던 밴드들은 전문적인 스튜디오에 접근할 수 없었기 때문에, 직접 오픈릴식 녹음기에 음악을 녹음해 '테이프 앨범kassetnyi al'bom'을 제작했다. 이 테이프 앨범들은 전국 각 지역에 퍼졌다. 그들의 앨범 생산방식은 '마그니티즈다트magnitizdat'[66]라는 은어로 알려졌다.

창조성, 국제주의, 높은 수준의 문화적 교양, 과학과 기술의 가치를 강조하는 국가 차원의 캠페인, 국가에 의한 라디오와 테이프 녹음기 생산 증가, 그리고 이런 가치와 기술이 수반하는 원치 않았던 효과들을 제어하려는 국가의 애매한 시도들, 이 모든 것들이 예기치 못한 결과를 낳았다. 그중 하나는 록 음악을 감상하는 일을 재즈와 마찬가지로 사회주의와 양립 가능한 것으로 만든 것이었다. 이러한 애매한 정책들은 1981년 레닌그라드 록 클럽의 창설로 이어졌는데, 이 클럽은 콤소몰의 후원하에 공식적으로 운영되는 '아마추어' 밴드들의 연합이었다. 동시에 이 연합은 KGB로부터 무언의 감시를 받고 있었다.[67] 한 음악평론가에 따르면, 이러한 상황은 "상대적

---

66 마그네틱 테이프 녹음기를 뜻하는 러시아어 단어 마그니토폰magnitofon에서 유래한 말로, (지하) 자가 출판을 의미하는 사미즈다트samizdat와 (앞서 주석 48번에서 설명한) 엑스레이 판을 가리키는 룐트게니즈다트roentgenizdat와의 유비를 통해 만든 신조어이다.
67 록 클럽의 통제를 위해 KGB가 동원되었다는 사실은 1980년대 페레스트로이카 기간에 알려졌다. 이후 1995년 1월 14일 전직 KGB 간부였던 올레크 칼루긴Oleg Kalugin은 RTR 텔레비전 방송 인터뷰에서 이에 관해 더 자세한 사항을 밝혔다. 이런 식의 KGB 통제 방식(세한된 허용)은 레닌그라드 문학 잡지 『시계Chasy』 같은 다른 아마추어 출판물들에까지 확장되었다.

인 자유(예를 들면 인쇄물을 만들거나 전시회, 콘서트, 모임을 조직하는 것 등)를 허락받았던" 아마추어 록 음악가들과, 증가하는 아마추어 록 커뮤니티를 감시할 수 있었던 국가 "양쪽 모두에게 이득이 됐"다(Chernov 1997c: 12~13). 클럽에 등록된 밴드라는 이 특별한 지위는 그들에게 새로운 형태의 통제를 부여하는 동시에 새로운 형태의 자유를 제공하기도 했다. 한편으로 클럽의 콘서트들은 언론을 통해 대대적으로 광고되지 않았기 때문에 잠재적인 청중의 수는 줄어들 수밖에 없었지만, 다른 한편으로 이것은 진지하면서 상대적으로 독립적인 록 음악 투소프카의 사회적 환경을 생산하는 데 도움이 되었다('투소프카'에 대해서는 4장을 참고하라). 비록 모든 노래 가사는 국가가 지정한 클럽 검열관의 승인을 받아야 했지만, 클럽 공연장은 어느 정도 독립적이어서 밴드들은 미리 승인받은 가사를 공연 도중에 바꿔 부르기도 했다(Chernov 1997c: 12~13; Cushman 1995: 207).[68] 밴드들을 한곳으로 집중시켜 준準합법화시킴으로써 그들의 발전을 통제하려 했던 국가의 시도는, 결과적으로 1980년대 레닌그라드의 활기찬 지역적 록 하위문화가 발전할 수 있게 해주었다. 이런 효과는 4장에서 살펴본 카페 사이공의 사회적 환경에서 일어난 일의 한층 강화된 판본이라 하겠는데, 그들이 발전하고 성장할 수

---

68 〔옮긴이〕 2018년에 키릴 세레브렌니코프Kiril Serebrennikov 감독에 의해 러시아에서 제작되어 2019년 초 한국에서 개봉했던 영화 「레토Leto」에는 이와 관련된 장면이 나온다. 영화는 1980년대 초반 레닌그라드의 록 문화를 배경으로 록그룹 키노Kino의 리더였던 빅토르 최(러시아어 발음으로는 빅토르 초이)의 초창기 시절을 그리고 있는데, 중반쯤에 동료 '마이크Mike'(그룹 주파르크Zoopark〔동물원〕의 리더였던 미하일 나우멘코Mikhail Naumenko)의 도움을 받아 처음으로 대형 무대에 서게 된 빅토르가 레닌그라드 록 클럽의 검열관에게 노래 가사 내용을 일일이 지적받는 장면이 나온다. 실제로 이 영화는 제작 단계에서부터 유르착의 책 내용을 상당 부분 참고한 것으로 알려져 있다.

있을 정도로 상대적으로 자유를 누릴 수 있었던 것은 부분적으로, 그곳에서 KGB가 몇몇 인물들을 편리하게 감시할 수 있었기 때문이었다.

이런 부분적인 국가 통제의 맥락으로부터 〔모든 것에 대해서〕 비판적으로 조소하는 듯한 태도가 생겨날 수 있었고, 소비에트 일상의 다양한 부조리들에 대한 투명한 아이러니가 흔한 일이 되었다.[69] 1980년대 초반 클럽의 단골이었던 드미트리는 콘서트들이 "어릿광대skomoroshestvo 같은 이상한 분위기 속에서" 열렸던 것을 기억한다. 그중 좋은 예는 '스트란녜 이그리Strannye Igry'〔이상한 게임〕라는 밴드였다. "그들은 모든 것에 대해 빈정댔다. 어떻게 그들이 첫 순서로 무대에 오를 수 있었는지는 여전히 내게 미스터리다. 그들이 가끔 당국과 마찰을 빚는다는 얘기를 듣기도 했지만, 그들의 콘서트는 계속 열렸다."

이름 붙이기

상상의 서구의 상징들은 언어 영역, 특히 구어적인 이름 붙이기에서도 널리 퍼졌다. 1950년대 스틸랴기는 소비에트 도시의 주요 거리들을 '브로드Brod' 또는 '브로드베이Brodvei'[70]라고 불렀고, 서로를

---

69 스탸프stiob라고 불리는 아이러니와 그 밖의 빈정거림의 장르에 관해서는 7장을 보라. 또한 4장에서 살펴본 록 음악 투소프카들에게서 나타나는 신랄한 행동과도 비교할 수 있다.

70 레닌그라드에서는 파사주 백화점에서 리테이니 대로까지 펼쳐진 넵스키 대로를 브로드라고 불렀다(Krivulin 1996: 6). 모스크바에서는 푸시킨 광장에서 모스크바 호텔까지 이

존, 짐, 메리 같은 영어식 별명으로 불렸다.[71] 1970년대와 1980년대에 그런 별명들은 중등학교와 대학에서 흔한 것이 되었고, 학생들은 서로를 마이크(미하일), 알렉스(알렉세이), 봅(보리스), 마들렌(엘레나), 마르고(마르가리타)라고 불렀다. 이런 별명들은 러시아에서 표준적이지 않았고 눈에 띄게 서구적이었다. 많은 '아마추어' 록그룹들은 1960~1970년대에 그런 식으로 그룹 이름을 지었다.[72] 유명한 밴드 '마시나 브레메니Mashina Vremeni'[타임머신]는 1960년대 중반 '키즈The Kids'라는 영어 이름의 '아마추어' 학교 밴드로 시작됐다(Makarevich 2002: 109). 서구 록 음반 수집가인 빅토르는 1970년대 중반 스몰렌스크에서 '매드 독스Mad Dogs'라는 영어 이름의 학교 밴드에서 활동한 바 있다.

1970년대 소비에트의 도시 공간은 활기찬 상상의 서구를 가리키는 은어들로 넘쳐났다. 레닌그라드의 카페들은 국가 소유였다. 이 카페들은 단순히 '카페'라고 이름 붙여지거나, 아니면 특정 장소나 사건을 가리키지 않는 뻔히 예상할 수 있는 몇몇 '좋은' 이름, 가령 '미소Ulybka' '민담Skazka' '무지개Raduga' 따위로 불렸다. 하지만 꽤 많은 카페들은 은어로 알려지기도 했는데, 예를 들어 사이공, 올스

어진 고리키 거리[현 트베르스카야]의 오른편을 브로드베이라고 불렀다(Troitsky 1988: 3). 동일한 현상이 많은 다른 도시들에서도 나타났다(Skvortsov 1964; Fain and Lur'e 1991: 172). [옮긴이] 이 이름들은 미국의 '브로드웨이Broadway'에서 따왔다.

71 Rita Mohel, "Konfetnyi Mal'chik"[캔디 소년], Moskovskii Komsomolets, 1999년 8월 23일.

72 1980년대에 유명 레닌그라드 록그룹 주파르크를 만든 미하일 나우멘코Mikhail Naumenko는 영어식 무대용 이름인 마이크Mike로 더 잘 알려져 있었고, 전설적인 레닌그라드 그룹 아크바리움을 만든 보리스 그레벤시코프Boris Grebenshikov는 수백만의 팬들에게 봅Bob이라는 닉네임으로 알려져 있었다.

테르[얼스터], 리베르풀[리버풀], 런던, 림[로마], 베나Vena[비엔나], 텔아비브 등등이 그것이다.[73] 이 이름들은 해외에서 일어난 몇몇 문화적·정치적 사건들과의 연관하에서, 소비에트 언론에서도 공식적으로 인정받기도 했다. 가령 베트남전쟁, 북아일랜드의 분쟁, 비틀스 등이 그랬다. 하지만 이 이름들은 구체적인 사건들을 가리키는 것이 아니라, 분명한 정치적 언급 없이도 곧장 서구로 식별될 수 있는 기호들로서 기능했다.[74]

1970년대 후반에서 1980년대 초반 사이에 레닌그라드 대학교와 다른 대학들의 기숙사에 살던 대다수의 학생들은 자신의 방을 외국의 명소와 음악가들의 사진, 그리고 가끔은 "소비에트 박물관에서는 볼 수 없는 아방가르드 예술가들의 작품 프린트"(드미트리, 1964년생)로 장식했다. 미국 학생 앤드리아 리Andrea Lee는 1978년 모스크바 대학교 기숙사 거주 당시에 적은 일기에, 심지어 열렬한 콤소몰 활동가였던 그리고리조차 당대 소비에트 맥락에서는 존재하지 않았던 서구적 상품들의 이미지로 방을 장식한 것을 보고 너무나 놀랐다고 적었다. "그의 조그만 녹색 방 벽들은 [……] 그리고리가 외국인 친구들에게서 선물받은 미국 잡지에서 세심하게 오려낸 술과 자동차 광고들로 거의 도배되다시피 했다"(Lee 1984: 12). 소비에트 모든 지역의 젊은이들은 서구에서 만들어진 빈 술병, 맥주 캔, 담배 상자를 활용해 방의 책장과 선반에 일종의 '정물' 설치 작품을 창조했다.

이런 포장과 병은 대부분 빈 것이었다. 이것들은 보통 소비에트

---

73 Fain and Lur'e(1991: 170); Krivulin(1996); Yurchak(2000a).
74 "Nevskii do I posle velikoi kofeinoi revolutsii"[위대한 커피 혁명 이전과 이후의 넵스키] (Kirivulin 1996: 7).

상점들에서 살 수 없었고, 종종 내용물 없이 포장만 유통되기도 했다. 하지만 그것들이 비어 있다는 사실은 문제가 되지 않았는데, 왜냐하면 그 소비재(실제 술, 맥주, 담배 등)로서의 원래 의미는 상관없었기 때문이다. 그것들은 상품이 아니라 상품의 껍데기였으며, 여기와 지금을 '저편'으로 연결하는 일이 그것들의 역할이었다. 이런 사물들의 물질성과 그것들이 의심의 여지없이 '서구'에서 왔다는 사실은, 이런 연결의 작업을 위해 필요한 강력한 힘을 그것들에게 부여했다. 그 사물들이 확립하는 연결은 실제적(사물이 바로 여기 있다)인 동시에 추상적(그것이 연결하는 '저편'은 상상적이다)이었다. 이런 방식으로 그것들은 누군가의 방이라는 공간에 상상적인 차원을 도입했고, 그 공간의 의미를 재해석하고 탈영토화했다.

잘 알려지지도 않고 철자도 틀리고 심지어 발명된 '영어' 단어 같은 상징은, 그 문자 그대로의 의미가 이해되는 것과 상관없이 완벽하게 작동했다. 1980년대 초반 레닌그라드 기술대학의 한 학생은 암시장에서 구입한 미국 비닐봉지를 들고 다녔다. 그것의 문자 그대로의 의미, 즉 맨해튼의 동전 세탁소의 이름과 주소는 학생들에게 중요하지 않았다. 그들은 영어를 알고 있었지만, 거리의 동전 세탁소라는 개념 자체를 잘 몰랐다. 그럼에도 그런 비닐봉지들은 매우 인기 있었고 의미심장했으며 강력했다. 손으로 만질 수 있는 외국풍의 물질성, 질감, 색깔, 영어 글자가 있는 이 봉지는 상상의 서구와의 연결을 제공했다. 1980년대 소비에트 도시들을 방문하는 외국 관광객들은 아주 특별한 광경을 종종 맞닥뜨릴 수 있었다. 소비에트의 보행자들이 젊은이들뿐만 아니라 나이가 지긋하고 심지어 보수적인 옷차림을 한 사람들까지도, 윗옷을 벗은 채로 딱 달라붙는 청바지를 입은 모델들의 경박한 사진이 인쇄된 외국 비닐봉지를 가지고 다녔던 것이다. 외부자의 시선에서 보았을 때 어울리지 않아 보이는 것이, 소비에트의 맥락에 참여하고 있는 사람들에게는 완벽히 정상적인 것처럼 보였다. 이 봉지들에 무엇이 그려져 있는가는 중요하지 않았다. 그 이미지들은 '투명'했다. 그러나 그 봉지, 이미지, 질감은 그것들이 확립한 상상의 서구와의 연결에서 매우 중요한 역할을 했다.

진품 인증

앞선 사례들은 모두 국가의 모호한 문화 정책이 어떻게 특정한 상상력의 형식들이 만들어지는 데—특히 소비에트 청년들 사이에서—기여했는지를 보여준다. 이러한 상상의 형태들은 그들의 사회주의적 현실을 상상의 서구의 세계와 연결시켰다. 즉 그들은 외국의 상징, 알파벳, 이미지를 가져오고, 그것들을 특정한 과정 속에서 재해석하면서 상상의 서구를 지역적으로 생산했다. 1960~1980년대까지 이런 창조적 상상의 형식들과 관련해 어디서든 볼 수 있었던 또다른 상징이 존재한다. 바로 옷과 개인 소지품에 덧씌워진 물리적 표지, 청년들 사이에서 '레이블leibl'이라는 은어로 알려진 것으로, 이 말은 꼬리표와 브랜드 이름을 뜻하는 영어 단어 'label'에서 유래했다. 레이블은 서구의 진품 라벨에서 모조품, 순전한 지역적 발명품에 이르기까지 다양한 형태로 나타났다. 1985년 『문학 신문』은 수비에트 학교에서 일어난 패션 논쟁을 기사화했다. 이 논쟁에서 어느 학생은 옷을 ('유행하는' 혹은 '서구의' 것을 뜻하는 은어인) **피르멘니** firmennyi로 만들어주는 것이 바로 레이블의 유무라고 주장했다. 그 학생이 설명하기를, "레이블은 모든 피르멘니 물건에 붙어 있는 작은 꼬리표예요. 올해 그녀는 선물로 외국에서 만든 코트를 선물받았는데, 그 코트에는 레이블이 있었어요"(Kostomarov 1994: 94에서 재인용).

어떤 옷이 피르멘니가 되는 이유는 그것이 잘 알려진 서구 브랜드에서 만들었기 때문이 아니라, 단지 '서구에서 만든 것'이기 때문이었다. 1970년대 암시장에서 살 수 있는 미국 유명 브랜드 청바지(리Lee, 슈퍼 라이플Super Rifle, 랭글러Wrangler)와, 소비에트의 보통 상점에서 살 수 있었던 소비에트 바지나 폴란드 오드라Odra 청바지의 가격 차이는 엄청났다. 미국 청바지는 100~180루블 정도 했고, 소비에트와 폴란드에서 만든 바지는 20루블이면 살 수 있었다.[75] 그런데 서구 유명 브랜드 청바지와 전혀 알려지지 않은 브랜드지만 분명히 서구에서 만들어진 청바지(이런 경우가 알려진 브랜드보다 훨씬 많았다)의 가격 차이는 크지 않았다. 구체적인 브랜드 때문이 아니라, 그것이 어떤 브랜드이든지 진짜로 서구에서 만들어졌다는 특성 때문에 비싼 가격이 매겨진 것이다. 재킷, 코트, 여성 부츠의 경우도 마찬가지였다.

높은 가격 때문에 서구 청바지의 모조품이 지하에서 몰래 생산되기도 했다. 류바에 따르면, 리와 랭글러 청바지의 훌륭한 모조품과 진품은 거의 구별하기 힘들었다. 이 모조품들은 이탈리아에서 사온

---

75 당시 평균 월급은 150루블 정도였고, 학생 장학금은 대략 40~75루블 정도였다.

데님 원단에, 진짜 디자이너 라벨, 단추, 지퍼 등으로 제작되었고, "진품 재단에 따라 전체가 오버로크로 재봉되었다." 류바 자신도 실수를 한 적이 있다고 했다. "저는 남편과 피르멘니라는 드레스를 산 적이 있었어요. 정말 완벽했고 랭글러 라벨도 달려 있었죠. 그런데 이게 잘 만들어진 모조품이라는 사실을 알고 정말 실망했어요." 어떤 옷이 진짜 서구에서 만든 것인지 확인하기 위해, 매우 세련된 진품 인증 기술들이 동원되었다. 류바가 말하길 "사람들은 솔기 하나하나 아주 꼼꼼하게 살펴보았고, 바지 속을 밖으로 까보기도 하고, 염색을 체크해보려고 젖은 성냥을 원단에 문질러보기도 했어요. 또 단추, 라벨, 지퍼도 하나하나씩 점검했지요. 그 청바지가 아무리 완벽하게 만들어지고 진품과 구별이 안 된다고 해도, 그게 진짜 피르멘니가 아니라면 뭣 때문에 180루블씩이나 지불을 하겠어요." 무언가가 피르멘니라는 것은, 그것이 다른 곳에서 만들어졌기 때문에 상상의 서구와 진정한 연결을 확립하는 것을 의미했다.

데님 드레스를 점검하면서 류바는 브랜드의 진품성이 아니라 그것의 서구적 기원 자체의 진품성을 확인했던 것이다. 지방에 사는 청소년들이 큰 도시에 사는 친구들에게 청바지를 보내달라고 부탁할 때도(이 청바지도 테이프에 녹음된 음악처럼 전국에 퍼졌다), 브랜드는 중요하지 않았다. 청바지는 피르멘니라면 유명하지 않은 브랜드여도 상관없었다. 1975년 5월 12일 야쿠츠크에 살던 열여섯 살 소년 알렉세이는 얼마 전에 레닌그라드로 이사한 친구 니콜라이에게 레닌그라드에서 훨씬 더 쉽게 구할 수 있는 서구 청바지를 보내달라고 편지로 부탁했다.

콜카[니콜라이의 애칭인 콜랴를 더욱 친근하게 부른 이름], 어떻게 지내? 거기서 사는 건 어때? 레닌그라드 날씨는 어떻고? 서구 음악이 들어 있는 새 음반은 구했니? 콜랴, 내가 귀찮게 해서 미안한데 청바지 좀 한 번 더 부탁하려고. 거기서 청바지 살 수 있는 거지? 콜카, 너도 알다시피 여름이 다가오고 있잖아. 여름에 청바지 없이는 살 수가 없어. 혹시 청바지를 구할 수 있으면, 나한테 하나 사서 보내줄 수 있니? 바로 돈 보내줄게. 혹시 몰라서 내 사이즈 다시 알려줄게. 사이즈는 48이고, 길이는 4나 5면 돼.

2년 뒤 1977년 7월 10일 노보시비르스크에 사는 다른 친구인 알렉산드르도 니콜라이에게 편지를 보냈다. 그도 역시 피르멘니 청바지를 구해달라고 부탁한다.

니콜라이, 지난번 편지에서 네가 청바지가 그냥 '18'이라고 얘기했잖아. 근데 잘 이해를 못하겠어. 18루블이라면 그건 너무 싼 거고, 180루블이면 너무 비싼 거라서. 그 정도 가격이면 여기서도 살 수 있을 것 같거든. 내 기억으로는 네가 더 싼 청바지를 구해줄 수 있다고 했던 것 같은데, 좀더 자세하게 알려줄래? 답장 기다릴게![76]

이 모든 라벨, 상징, 옷, 이미지, 이름, 음반, 언어 표현 등은 내가 상상의 서구라고 부르는 추상적·상상적 차원을 소비에트 현실에 가져왔던 표식들이었다. 이런 상징과 공산품의 어떤 기호적인 '비어

---

76 A. 안드레이의 개인적인 편지 모음에서, 편지 저자의 허락하에 인용한다.

있음'(빈 맥주 캔, '투명한' 이미지, 해석될 수 없는 가사, 존재하지 않는 상품, 알려지지 않은 브랜드 들)은 상상적 세계를 창조적으로 생산하는 과정에서 그 사물들을 더욱 강력한 것으로 만들었다. 소비에트 청년들이 그 물건들에게서 느꼈던 가장 큰 매력은 바로 이 개인적 창조성의 약속과 활기찬 공유 세계를 창조할 수 있는 가능성이었다. 그 세계는 소비에트도 실제 외국도 아니었지만, 그들의 소비에트 현실과 밀접하게 엮여 있었다.

서구의 맥락 안에서 그 사물들이 가졌던 본래 의미와의 심오한 분리 덕택에, 이런 상징들은 러시아 고급문화의 상징(체호프의 흉상, 차이콥스키의 초상화 등) 및 소비에트 이데올로기(레닌의 책, 혁명영웅들의 초상화 등)와 나란히 한 공간에 공존할 수 있었다. 드미트리와 같은 기숙사에 살았던 한 젊은이는 그의 방 벽에 볼셰비키 지도자이자 체카의 첫 수장이었던 펠릭스 제르진스키의 초상화와, 영국의 록 밴드인 폴리스Police와 매드니스Madness의 사진들을 함께 붙여놓았다. 드미트리보다 몇 살 많았던 그는 대학에 들어가기 전에 소비에트 군대에 들어가 아프가니스탄에서 싸우기도 했다. 그는 제르진스키를 향한 존경심을 설명하면서 이 참전 경험을 이야기했다.

윤리적 딜레마

앞선 음악과 패션 스타일의 사례들에서와 마찬가지로, 소비에트 언론은 서방의 상징, 라벨, 브랜드를 향한 1970~1980년대 소비에트 청년들의 일반적인 관심 자체를 비난하지는 않았다. 다만 서방에 대한 그런 관심의 극단적인 표출을 도덕적 가치의 타락, 이기주의, 나태와 동일시하며 비판했을 뿐이다. 앞에서 보았듯이 이러한 모호한 비판은 혼합된 결과들을 낳았다. 1974년 풍자 잡지 『크로코딜』의 만평에는 장발에 나팔바지를 입고 담배를 피면서 기타를 잡고 있는 두 젊은이가 나온다(이것들은 모두 목표의식 없는 비사회적인 행동의 상징이었다). 둘 중 한 명이 다른 한 명의 바지를 가리키며 묻는다. "이렇게 멋있는 패치는 어디서 났어?" 그 패치에는 "카우보이cowboy"라고 쓰여 있는데, 이는 그 바지를 입고 있는 소년이 자기 바지를 '서구화'하기 위해 직접 그것을 붙였을 거라는 사실을 시사한다. 이런 만평들은 청년들을 가리켜 맹목적으로 부르주아적 영향에 휩쓸리는 목표의식 없는 백수라고 비웃는다(〈5.9〉).

『크로코딜』에 실린 다른 만평에는 나이 든 어머니에게 눈물을 흘리면서 대드는 연극적인 청년이 나온다. "슈퍼 라이플 청바지를 안 사주면 단식투쟁할 거야"(〈5.10〉). 다른 만평에서는 다 큰 아들이 노모에게 버릇없이 대든다. "엄마는 나한테 돈도 못 줄 거면서 왜 나를 낳은 거예요?"(〈5.11〉). 그가 입고 있는 옷이나 그를 둘러싼 상징들은 모두 보통 소비에트 상점에서 살 수 있는 것들이 아니다. 리 청바지, 외국 술병, 펩시콜라 광고 로고, "마셔요drink"라는 문구와 함께 비키니 차림의 여성이 그려진 경박한 서구의 포스터 등등. 침대 옆에는 단파 수신기도 있는데, 이 젊은이는 외국 방송도 듣는 것으로 보인다.

이 만평들은 맹목적으로 부르주아적 영향을 따르는 버릇없는 청년들을 묘사한다. 이 청년들은 힘들게 일하는 부모와 나이 든 세대를 착취한다. 앞에서 보았듯이 이러한 비판은 오히려 소비에트 젊은

— И где ты такую заплатку оторвал?!.

⟨5.9⟩
"이렇게 멋있는 패치는 어디서 났어?"
(В. 스타르치코프B. Starchikov, 『크로코딜』 28, 1978, p. 9).

—Или джинсы «Супер-Райфл», или объявляю голодовку...

Рисунок Е. ГОРОХОВА

⟨5.10⟩
"슈퍼 라이플 청바지 안 사주면 단식투쟁할 거야"
(『크로코딜』 23, 1978, p. 4).

〈5.11〉
"엄마는 나한테 돈도 못 줄 거면서 왜 나를 낳은 거예요?"
(I. 세메노프I. Semenov, 『크로코딜』 13, 1981, p. 5).

이들 사이에서 서구적 상징들의 사용을 표준화하는 데 도움을 주었다. 소비에트의 청년들은 서구의 음악과 옷을 가지는 것, **그리고** 일, 학업, 그 밖의 다른 활동들 모두에 관심을 갖고 있었다. 그들은 결코 스스로를 버릇없는 백수의 이미지로 인식하지 않았다. 사실 많은 청년들에게 서구의 옷과 음악은 다른 윤리의 일부였다. 서구의 옷과 음악이 자본주의적인 것만큼이나, 그 새로운 윤리의 기원은 사회주의적이었다. 그리고 이러한 사실은 독특한 윤리적 딜레마를 야기했다. 서구의 물품을 사면서 동시에 암시장을 통해 그런 물품을 공급하는 부류의 사람들을 싫어하는 일이 드물지 않았고, 또 그런 부류와 흥정해야 한다는 걸 수치스러워하는 일도 흔했다. 남부 우크라이나 자포로제Zaporozh'e 출신 드미트리(1964년생)는 1980년대에 레닌그라드 대학교에서 공부했는데, 이러한 애매한 상황을 다음과 같이 묘사했다.

> 외국 옷을 공급받는 여러 경로가 있었지만, 저 같은 사람에게는 그런 경로에 접근하는 게 어려웠어요. 돈이 있다손 치더라도 수완이 좋아야 했죠pronyrlivyi. 전 [대학 기숙사에서] 청바지 파는 자들에겐 아무런 관심도 없었고, 심지어 불쾌하기까지 했어요. 저는 그런 부류의 사람들과 어울리고 싶지 않았어요. 저는 패션에 있어서 저만의 취향이 있었고, 구하기 힘든 물건, 가령 청바지 같은 걸 원했던 거예요. 하지만 그 욕망을 위해서 제 길에서 벗어나고 싶지는 않았죠. 제 주변의 대다수 사람들도 그렇게 느꼈어요. 아주 소수의 사람들만이 파르촙시키[외국 옷과 물품을 파는 밀수업자들]를 개인적으로 알았고, 그들과 교류하길 원했어요.

암거래상들은 아주 소규모 집단이었고 돈이나 물질적 소유를 향한 적극적인 관심을 가졌다는 점에서 대다수 사람들과 다른 존재로 인식되었다. 이 점이 그들을 『크로코딜』 만평의 이미지들에 더욱 가까운 사람들로, 즉 대다수 젊은이와는 전혀 다른 사람들처럼 여겨지게 만들었다. 앤드리아 리는 1978년 모스크바 대학교에서 암거래상을 만난 경험에 대해 설명한다. 그녀는 올가라는 이름의 여성과 만나 자신의 미제 옷을 러시아 이콘, 골동품 옻칠 상자와 맞바꾸려 했다.

몇 분 동안 올가는 분홍색 매니큐어를 바른 그 작고 하얀 손으로 내 청바지와 드레스를 세심하게 살폈다. 그녀는 재봉과 원단 질을 체크하면서, 암시장에 대해 내가 알고 싶었던 것보다 훨씬 더 많은 것을 알려주었다. [……] 그녀는 데님 블레이저를 쥐면서 "오친 크라시바Ochen Krasiva"[정말 예뻐요]라고 말했다. 이 정도면 아마 당신은 200 아니면 250 정도 받을 수 있을 거예요. [……] 이것들은 뭐죠? 속옷인가요? 이런 건 각각 20~30씩은 족히 받겠네요. 러시아 소녀들은 예쁜 속옷이라면 사족을 못 쓰거든요. 그리고 혹시 당신 안경테나 저 작은 우산을 팔 생각은 없나요?" [……] 그녀는 톰의 옷장, 내 화장품, 내 책과 레코드도 다 살펴보았다. 모든 물건에 다 터무니없이 비싼 가격이 매겨졌다(레코드들은 50~75루블씩 했다). 그리고 그것들 전부가 분명 올가 안의 무언가를, 비즈니스적 관심을 훌쩍 넘어서는 욕망 같은 것을 일깨운 것처럼 보였다. 세련된 향수 냄새가 나는 그녀 옆에 서서 그 분주한 손길과 반짝이는 눈을 지켜보고 있자니 복잡한 감정이 들었다. 그녀의 희생

5 상상의 서구: 후기 사회주의외 저편

물이 되었다는 것에 약간의 짜증이 나기도 했고, 나 자신이 그렇게 부자라는 것에 죄책감과 자부심이 동시에 느껴졌다. 나는 올가가 보인 강박적인 물질주의에 강한 역겨움도 느꼈다(Lee 1984: 24~25).

이와 같은 물질주의와 탐욕의 결합 때문에 드미트리 또래들은 파르춉시키를 만날 때 강한 거부감을 느꼈고, 그런 만남을 아예 피하거나 최소화하려고 했다. 드미트리도 미제 청바지를 원했지만, 그런 "강박적인 물질주의"는 피하고 싶었다. 그는 마침내 친구를 통해 청바지를 구했는데, 친구 덕분에 수완 좋은 암거래상과의 꺼림칙한 만남을 피할 수 있었고, 다른 사람들의 눈에 암거래상과 같은 부류의 사람처럼 보일 위험도 피할 수 있었다. 가끔씩 암시장의 물건을 사지만 동시에 암시장의 에토스를 피하려는 것은 이 시대의 공통적인 특징이었는데, 이는 상상의 서구의 지역적 의미에 대해 많은 것을 알려준다.[77]

---

77 이런 윤리적 긴장은 (호의의 형태로 이루어지는 소비에트의 비공식 경제를 뜻하는) 블라트blat에서 핵심적 기능을 수행하는 독특한 "오인misrecognition"의 형식에도 반영되어 있다. "거절의 시스템으로서의 오인"에 관해서는 Ledeneva(1998: 60~63)를 보라. 〔옮긴이〕 블라트에 관해서는 4장 주석 47번을 보라. "오인"은 피에르 부르디외Pierre Bourdieu가 문화적으로 위임된 도움을 주는 행위나 선물 증여 같은 현상을 설명하는 데 사용했던 개념이다. 선물의 경우에 교환이 수반하는 상호성reciprocity이 흐려질 수 있는데, 왜냐하면 교환이 시간적 격차를 두고 이루어지기 때문에 증여가 마치 온전히 선의에서 비롯된 독립적인 행위처럼 보일 수 있기 때문이다. 즉 양측이 그 어떤 교환(이나 거래)도 부정하면서, '객관적으로' 일어난 일에 대한 '오인'을 허용하는 것이다. 블라트를 통한 교환의 경우도 이와 매우 유사한데, 상호적 행위가 시간적 격차를 두고 이루어지거나 아예 네트워크상의 여러 사람을 거치며 이루어지기 때문에(즉 내가 도움을 제공한 사람이 아닌 다른 사람에게 대가를 받을 수도 있다), 이 행위가 단지 이타적인 도움의 행위일 뿐이라고 '오인'할 수 있도록 허용하는 것이다. 다른 사람의 행위는 블라트라고 비

실제적 접촉

서구의 문화적 상징들과 다양한 형태의 상상들이 후기 사회주의 시기에 매우 풍부하게 유통되었다는 사실은 종종 소비에트 국가에 대한 저항의 기호, 즉 서구로 도망치고 싶다는 열망으로 해석되거나, 소비에트 젊은이들의 소비주의와 물질주의를 드러내는 명백한 표현으로 읽히기도 했다.[78] 사실 이러한 해석들은 조금 더 광범위한 시각과 연결되는데, 그에 따르면 지구화라는 오늘날의 맥락에서 볼 때 초국가적인 문화적 메시지들을 지역적 차원에서 전유한 자들의 의제는 국민-국가의 헤게모니에 도전하면서 그것의 의제와 충돌하고 그 기반을 약화시키게 된다(Appadurai 1990). 하지만 이런 시각은 두 가지 문제점을 지닌다. 첫째, 이 시각은 초국가주의와 국민-국가를 서로 배제하며 경쟁하는 실체로 상정한다. 둘째, 이런 시각은 문화적 영역에서 사람들이 갖는 행위 주체성과 저항을 국민-국가의 외부에서 부유하는 무언가로 파악한다.[79]

이 장에서 주장했듯이, 후기 사회주의 시기 소비에트에서 유통되었던 '서구'의 문화적 기호들과 상상의 형태들은 소비에트 국가의 의제 바깥에 있는 것도 아니었고, 사회주의의 가치들과 양립 불가능한 것도 아니었다. 아마도 이런 상징들과 관련된 가장 흥미로운 측면은, 그 상징들이 형성하는 부르주아적 영향에 대한 소비에트 국가

난하면서 스스로의 행위는 도덕적인 것으로 여길 수 있게 만든 요인이 바로 이런 오인의 메커니즘이었다.

78   예를 들어 Borneman(1998: 101); Cushman(1995: 7~8).

79   Cheah(1998: 296·97); Schein(1998), Gupta(1995), Taussig(1992); Clifford(1992); Bhaba(1984: 1997)를 보라.

의 정기적인 비난에도 불구하고, 국가는 이러한 상징들의 확산을 장려하고 가능케 했다는 것이다. 이 때문에 소비에트의 삶에서 서구의 영향은 사회주의적 문화에 대한 소비에트 국가의 비전과 완전히 양립 가능했을 뿐 아니라, 지역적 차원에서 심오하게 재해석될 수 있었고 후기 소비에트 문화를 구성하는 일부분이 되었던 것이다. 상상의 서구의 상징들은 '실제의' 서구와 그것의 '부르주아적' 가치를 표상하는 것이 아니었다. 오히려 그것들은 '서구'도 '소비에트'도 아닌 새로운 상상적 차원을 소비에트 현실에 도입했다.

로즈메리 쿰Rosemary Coombe은 상품의 브랜드가 두 가지 의미를 갖는다고 주장했다. 그것은 생산품의 진품성을 보여주는 증거가 되기도 하고(이때 브랜드는 그 물건이 진짜인지 정교한 모조품인지를 보여준다), 일종의 "지문"처럼 기능하면서 생산의 특정한 순간, 장소, 인물과의 실제적 접촉의 증언이 되기도 한다(Coombe 1998: 169).[80] 이를테면 이 차이는 동일한 두 권의 책이 있는데, 그중 한 권은 저자의 사인을 받은 것이고 다른 한 권은 그렇지 않을 때 명확히 드러난다. 두 책은 모두 정확한 진품 인쇄본이지만, 실제적 접촉에 대해 서로 다른 것을 증언한다(예컨대 그것은 그 안에 투자된 욕망의 가격차로 번역될 수 있다). 브랜드의 두번째 의미, 즉 '멀리 있는' 순간, 장소, 인물과의 실제적 접촉에 대한 증언으로서의 역할은 후기 사회주의에서 나타난 상상의 서구의 상징들에서 핵심적이었다. 다른 무엇보다도 이러한 상징들은 유명한 진짜 브랜드, 진짜 술, 서구에서 온 문자 그대로의 가치로서가 아니라, 공간적·시간적·의미적으로 '멀

---

80 쿰은 Taussig(1993: 220)과 Benjamin(1969b)에 기대고 있다.

리 있는' 상상적 세계들과의 연결로서 욕망되었다. 요컨대 그것은 소비에트 삶의 표면에 남겨진 상상적 세계들의 '지문'이었던 것이다. 그렇기 때문에 서구에서 만들어진 유명하지 않은 브랜드의 청바지는 '정확한 진품'으로 작동하지는 못했지만(즉 '진짜' 리바이스의 정확한 진품이 아니라 싸구려 모조품이었지만), 그럼에도 여전히 '실제적 접촉'으로 기능할 수 있었다.

실제로 그런 상징 중 많은 것들은 '진짜' 상품이 아니라 상품의 남은 골조, 알맹이가 비어버린 껍데기였고, 따라서 원래 의미들은 빠져나가고 없었다. 이러한 상품들의 '비어 있음'은 앞에서 본 빈 맥주 캔, 빈 담배 상자, 재해석된 '저항노래들,' 새롭게 창조된 가사들, 비닐봉지에 그려진 '투명한' 그림들에서 명백하게 볼 수 있었다. 후기 소비에트 세대 대다수는 그들의 삶에서 서구의 라벨들이 보이도록 대단히 신경을 썼다. 그들은 외국 라벨들을 재킷과 바지에 바느질해 붙였고, 스웨터와 스키 모자를 뜨개질하면서 영어 단어를 넣었으며, 외국에서 들어온 옷의 라벨, 단추, 재봉, 질감을 면밀히 체크했고, 장소와 사람에 외국식 별명을 만들어 붙였다. 이러한 상징, 표지, 이름을 옷, 가방, 그림, 언어, 음반 등에 인용해 넣는 행위는 모두가 공유하는 상상적 세계를 계속해서 소비에트 현실에 주입했고, 현실을 소비에트도 서구도 아닌 것으로 만들며 탈영토화했다. 이러한 모든 상징들의 문자 그대로의 의미는 중요하지 않았고, 오로지 여기와 지금을 상상적인 '저편'에 연결시키는 그 상징들의 역할만이 중요했을 뿐이다.

분명히 말하건대 상상의 서구의 상징들은 소비에트 젊은이들의 소비주의와 물질주의를 드러내는 명백한 표현이 아니었다. 사실 그것들은 서구의 '반反소비주의적' 실천과 비교될 수 있다. 예를 들어 1980년대에 미국 학생들 사이에서는 유명 브랜드 청바지와 운동복 상의에서 눈에 보이는 라벨들을 잘라내는 것이 유행이었다. 이렇게 라벨들을 삭제하는 것은 모든 것을 동일화하는 소비주의와 자본주의의 브랜드 마케팅에 대한 저항으로 기술되었다. 그러한 행동들은 벗어날 수 없는 브랜드 헤게모니가 팽배한 "행위 주체가 없는" 맥락 속에 개인적 행위 주체성의 요소들을 기입하는 것이기도 했다(Willis 1990을 보라). 그러나 그들은 욕망을 형성하는 데 있어 브랜드가 수행하는 역할 자체를 파괴하지는 않았다(이 젊은이들은 유명 브랜드 청바지를 입지 않는 대신, 그 청바지의 라벨을 잘라내기만 했다). 라벨들을 발명하고 추가하는 소비에트적 행동은 권위적 담론의 헤게모니라는 맥락 내부에서 수행되었다. 소비에트의 맥락에서 서구의 브랜드와 라벨을 활용함으로써 그들 역시 그 맥락에 행위 주체성을 주입했고, 권위적 담론에 대한 문자 그대로의 독해를 거부할 수 있었다. 그렇다고 해서 그들이 사회주의와 그 현실, 가능성, 가치가 지녔던 문화적 맥락 자체를 거부한 것은 아니었다.

다음 장에서 살펴보게 되겠지만, 서구의 청바지를 입고 서구의 음악을 연주하고 서구식 별명을 가지면서, 동시에 권위적 담론의 형태들을 재생산하는 것(연설문을 작성하거나, 투표를 하거나, 콤소몰 집회에 참여하는 것)은 아주 자연스러운 일이 되었다. 두 가지 의미화 체계는 서로 모순되지 않았고, 사실상 상호 구성적이었다. 권위적 수사의 헤게모니가 없었다면 상상의 서구는 존재하지 않았을 것이고, 그 반대로 상상적 세계들이 없었다면 초규범화된 권위적 담론 역시 재생산될 수 없었을 것이다. 그러나 이 과정은 순환적인 것도, 순진

무구한 것도 아니었다. 사회주의적 사회성의 기본 구조 내부에서 이루어진 상상적 세계들의 발전과 확산은 소비에트 시스템의 문화적 논리 자체를 점차 변화시켰고, 탈영토화했으며, 그 논리가 자신을 묘사했던 것과 불일치하게 만들었다.

1980년대 후반 페레스트로이카 개혁이 진행되고 있을 때, 성스럽게 여겨졌던 소비에트의 그라니차granitsa(국경)는 갑자기 횡단 가능해졌고, 사실은 상상의 서구가 '실제의' 서구와 아주 다른 것이었다는 점이 분명해졌다. 후기 소비에트 현실 속에 내재하면서 그것을 구성할 수 있었던, 소비에트의 내적 생산물로서의 상상의 서구는 급속히 그 지위를 상실했다. 그 결과 상상의 서구는 그것이 그 안에서 발전했던 더 큰 체계와 더불어 갑자기 붕괴했다. 후기 소비에트 세대 사람들이 그들의 붕괴하는 국가와 그들의 상상적 세계 사이의 연결고리를 발견했을 때, 그것은 그들에게 커다란 충격으로 다가왔다. 서구인이 기대했던 바와 달리, 많은 사람들이 1988~1990년 사이에 서구를 처음 여행했을 때, 그들은 번쩍이는 서구 자동차와 가게에 진열된 다양한 음식들에는 별반 특별한 인상을 받지 못했다. 그들은 실제 서구가 왠지 모르게 '평범'하다는 사실을 갑작스럽게 깨닫고 큰 인상을 받았다. 마라트(1956년생)는 1989년에 런던을 방문했을 때 거리의 먼지, 뒷마당에 널려 있는 빨래, 창가에 앉아 있는 고양이들에 매료되었다. 예카테리나는 서독에서 끝없이 늘어선 자작나무들을 보고 깜짝 놀랐다. 자작나무는 소비에트의 맥락에서 러시아성의 원형적 상징으로 구축되었기 때문이다.[81]

---

81 저자 인터뷰. 또한 러시아 예술에 관한 학회(White Chapel Art Gallery, London, 2003

바실리 악쇼노프는 그가 속한 소비에트 망명자 세대들이 10년 전에 "진짜" 미국을 마주했던 놀라운 경험에 대해 썼다. 소비에트연방에서 그들이 함께 살고 있었던 상상적 미국은 무언가 기발하고 모험적인 공간이었으며, 공상적인 이름, 소리, 이미지, 지식으로 가득한 곳이었다. 미국은 "보편적 세계시민주의가 교차하는 정점"으로서 "텔레비전의 일기예보가 니스의 바닷물 온도와 킬리만자로 만년설의 깊이를 언급하고, 뉴스는 스페인 왕의 새로운 신발과 중국공산당 중앙위원회의 내부 음모, 그리고 뉴기니 사회의 깊숙한 곳에서 일어나는 마르크스주의 운동을 논의하는 곳으로 여겨졌다. 〔······〕 지루함은 그들이 두려워할 가장 마지막 것이었다. 지루함이란 단어를 떠올릴 수나 있다면 말이다." 그보다는 "순은이 짤랑거리는 소리를 내는" 신비로운 이름들이 머릿속에 떠올랐다. 모험을 희망하는 노래를 부르는 인디애나폴리스 마을이나 미네소타 주州에서 어떻게 지루해 할 수 있을까? 피자헛, 버거킹, 케이-마트, 그랜드 유니언 따위가 한밤을 불사르는 서비스의 섬들에서 말이다." 그러나 "진짜" 세계를 만나자 "이 모든 것들이 사실은 벽촌이었고 지루한 일상이었으며 고

년 3월) 원탁 토론에서 미술 큐레이터 예카테리나 됴고트Ekaterina Degot'의 회상. 그 밖에도 이런 '만남'에 관한 많은 이야기들이 있다. 가령 소비에트 시기에 서구 음료들이 구축했던 상상적 차원은, 그것을 쉽게 구할 수 있게 된 포스트-소비에트 초기에 곧장 폭로되었다. 1990년대에 러시아에서 서구 맥주는 아주 짧은 시기 동안 많이 팔렸지만 금세 기호에서 멀어졌다. 새롭게 퍼진 담론은 '현실'이 '상상'했던 것보다 재미있지 않다고 이야기했다. 대부분의 사람들은 금세 지역 맥주로 옮겨갔다. 오늘날 러시아에서 외국 브랜드는 겨우 1퍼센트의 점유율을 기록하고 있을 뿐이다("Beer is booming in Russia," *Alfalaval International Customer Magazine*, March 2003). 서구 음식들에 대한 기대를 충족시키는 데 "실패"한 후 그에 대해 환멸을 느끼는 것은 러시아에서 널리 퍼진 현상이다(Humphrey 1995; 2002b를 보라).

독"일 뿐이었다는 것을 예기치 않게 깨닫게 되었다(Aksyonov 1987: 35~36).

시간이 좀더 지나자 그러한 발견들은 더욱 심오한 것이 되었다. 상상의 서구는 더 이상 어느 곳에서도 찾을 수 없는 상실된 공간이 되었다. 그리고 그와 더불어 사회주의 현실의 뗄 수 없는 일부분으로서 사회주의의 '정상적' 삶의 형태를 구성했던 의미와 창조성의 친밀한 세계들도 함께 상실되었다. 가장 커다란 발견은 이제는 똑같이 놀라운 시선으로 소비에트의 과거를 돌아볼 수 있게 되었다는 것이다. 빅토르 펠레빈의 소설 『P세대』의 주인공은 1990년대 포스트-소비에트의 시각에서 소비에트의 가까운 과거를 회상하면서, 그가 "평행 우주"라고 부르는 소비에트 현실 내부의 상상적 세계들이 지나가 버렸음에 유감을 느낀다. 그는 갑자기 깨닫는다. "그가 좋아하고 감동받았던 많은 것들은 그 어떤 위기도 맞지 않을 것이라고 모두가 확신했던 그 평행 우주에서 온 것들이었다. 하지만 그것은 소비에트의 영원성과 동일한 운명에 의해, 그저 어느샌가, 전복되고 말았다"(Pelevin 2002: 29~30).[82]

---

82 〔옮긴이〕 빅토르 펠레빈, 『P세대』, 박혜경 옮김, 문학동네, 2012. p. 48. 번역 일부 수정.

6

공산주의의
진짜 색깔들*
: 킹 크림슨, 딥 퍼플,
핑크 플로이드

그러나 그 시절에는 언어에도 삶에도 대체로 미심쩍거나 이상한 일이 아주 많았다. 자신의 영혼 속에서 공산주의에 대한 신념과 60년대 세대의 이상을 결합시켰던 타타르스키의 아버지가 그에게 지어준 '바빌렌Babylen'이라는 이름만 봐도 그렇다. 그 이름은 '바실리 악쇼노프'와 '블라디미르 일리치 레닌'이라는 단어의 조합이었다. 타타르스키의 아버지는 아들의 이름을 지으면서 자유분방한 악쇼노프의 소설을 통해 마르크시즘은 처음부터 자유연애를 지지했다고 감사한 마음으로 이해한 충실한 레닌주의자를 상상했을 수도 있고, 혹은 유달리 늘어지는 색소폰 반복악절을 통해 갑자기 공산주의의 승리를 확신하게 된 재즈에 열광하는 유미주의자를 상상했을 수도 있다. 타타르스키의 아버지만 그런 것이 아니었다. 세상에 '아마추어' 노래[1]를 선사했고, 결코 오지 않을 미래의 꼬리 넷 달린 정자처럼 첫 스푸트니크 위성이 되어 우주의 검은 공허 속으로 사라져버린 소비에트연방의 1950년대, 60년대 세대가 모두 그러했다.

—빅토르 펠레빈[2]

---

1 〔옮긴이〕펠레빈의 원문에는 "독립적인 노래samostoyatel'naia pesnia"라고 되어 있는데, 3장과 4장에 등장했던 "작가주의 노래avtorskaia pesnia"를 가리킨다.

2 Pelevin(2002: 2). 〔옮긴이〕『P세대』, 박혜경 옮김, 문학동네, 2012. pp. 14~15. 번역 일부 수정.

이데올로기적인 무기

서구 로큰롤은 1970년대에 성인이 된 소비에트 청년들에게 엄청난 매력을 불러일으켰다. 이 음악이 소비에트 청년 문화 어디에서나 찾아볼 수 있는 생동하는 일부분이 된 나머지, 당은 음악이 이데올로기적 신념에 미치는 영향의 미묘한 맥락을 더 잘 이해하고자 했다. 1980년대 초반, 열렬한 당원이면서 청년 연구자였던 유명한 윗세대 사회학자 두 명이 소비에트 젊은이들의 삶에 미국 대중문화가 미치는 영향력의 범위를 탐구하고자, 전국의 젊은 소비에트 청중과 토론하는 자리를 마련했다. 이 토론에서 두 사회학자는 현대 사회에서 자본주의와 사회주의 사이의 이데올로기적 갈등이 절정에 달했으며, 록 음악이 자본주의가 이 투쟁에서 사용하는 이데올로기적 수단으로 변모했다고 주장함으로써 청중을 도발했다. 이러한 상황 전개의 증거로 그들은 과거에 진보적이었던 서구 예술가들이 보수적인 부르주아적 가치로 '전향'한 사례들을 제시했다. 가령 그들이 주장하기를, 이전에 베트남전쟁에 반대하는 진보적인 '저항노래'와 연관되었던 포크 가수 존 바에즈Joan Baez는 현재 반反공산주의 진영으로 넘어갔다. 하지만 사회학자들의 기대와 달리 소비에트의 젊은 청중은 이런 주장에 전혀 감흥을 보이지 않았으며, 다음과 같은 전형적인 발언으로 반응했다. "우리가 왜 음악과 정치의 연관성에 신경을 써야 하나요?"(Ikonnikova and Lisovskii 1982: 96~97). 실제로 앞선 3~5장에서 살펴본 것처럼, 소비에트 젊은이들은 어떤 공공연한 정치적 연관성도 부적절하고 재미없다며 무시하는 경향이 있었고, 더욱이 서구 음악의 문자 그대로의 의미에는 특별한 관심을 갖지 않았다. 두 사회학자는 소비에트 젊은이들은 위태로울 만큼 순진해져서, 부르주아 대중문화와 반공산주의 정치 사이의 직접적인 관련을 알아차리지 못하고 있다고 비관적인 결론을 내렸다.

어떤 차원에서 이런 비관적인 결론은 서구 문화의 영향을 비교적 작고 고립된 일탈 그룹에 집중시켰던 이전의 비판들로부터 방향을 선회한 것이라 할 수 있다. 예를 들어 앞서 보았듯이 스틸랴기라 불리는 최신 유행 패션을 즐기는 젊은이들의 하위문화는 풍자 기사 및 만화 들에서 비도덕적이고 못 배운 백수로 그려지곤 했다. 새로운 비판 캠페인은 서구의 영향력이 평범한 소비에트 젊은이 사이에 널리 퍼져 보편적인 것이 되었다는 사실을 인정하는 것처럼 보였다. 비판의 초점이 명백히 달라지면서, 비판이 그 대상을 그려내는 방식 또한 달라진 것처럼 보였다. 이제 그것은 서구의 '대중문화'를 단지 퇴폐적인 부르주아 취향의 표현으로서가 아니라, 사회주의와의 광범위한 투쟁에서 부르주아가 사용하는 음흉한 이데올로기적 무기로서 비판했다.

당시 소비에트 언론의 비판적인 기사는 이와 같은 뚜렷한 초점 변화를 반영하고 있다. 1981년 일간지 『콤소몰스카야 프라우다』는 「서구 대중음악이 장벽을 강타했다」라는 제목의 기사를 게재하면서, 새롭게 유행하는 서구 팝스타의 음악이 "부르주아적 세계의 악덕과 타협하지 않는 태도를 거의 완전히 잃어버렸다"고 설명했다. 이런 음악은 부르주아 이데올로기의 무기가 되었고, "듣는 이를 실현 불가능한 환영의 세계로 인도"하면서 마치 "음악-마약muzyka-narkotik, 음악 수면제muzyka-snotvornoe, 음아-속임수muzyka obman"처럼 작용한다. 기사가 결론내리길 이는 서구 대중문화의 필연적인 발전인데,

왜냐하면 그것은 예술과 비즈니스의 불공평한 결혼이 낳은 "기형아"
와 다름 없기 때문이다.[3]

하지만 다른 차원에서 볼 때, 이런 비판 캠페인은 앞선 5장에서
이미 언급한 과거의 비판과 크게 다르지 않았다. 이전과 마찬가지로
이 비판은 개인적인 성격과 도덕(성)의 이슈에 집중했다. 또한 이전
처럼 소비에트 젊은이 사이에서 서구 문화의 영향력이 갖는 '문제'가
도덕적 타락이나 위험한 정치적 순진함naïveté의 측면에서 제시되었
던 것이다.[4] 다만 차이는 일부 일탈자에게 집중되었던 비판적 담론
이 콤소몰 구성원 전체로 확산되었다는 것뿐이다.

이전 장들에서는 전후 시기부터 1980년대까지 상상의 서구라는
구성체가 출현하는 모습을, 후기 소비에트 시스템의 내적 조건 및
역설 들이 그와 같은 발전을 가능하게 만든 방식을 분석하면서 살펴
보았다. 이 분석에 기초하여 이번 장에서는 다음과 같은 사실을 보
여주려고 한다. 가장 적극적인 콤소몰 서기들과 신실한 젊은 공산
주의자들조차도 상상의 서구에 관한 미학의 문화적 상징과 형식 들
을 공산주의의 가치, 이념, 수사학과 통합시킬 수 있었다는 것, 그
리고 그렇게 함으로써 당의 권위적 수사학이 묘사하는 것과 차별화
되는 공산주의적 미래를 상상해낼 수 있었다는 것이다. 이 장은 당
대의 공식 비판 캠페인이 단지 상황을 호도했을 뿐만 아니라 실제로
자기 파괴적이었다는 점, 그러니까 소비에트 사회 내에서의 문화적

---

3   V. Barko, "Pered stenoi okazalas' segodnia populiarnaia muzyka na zapade"[서구 대중
     음악이 장벽을 강타했다], *Komsomol'skaia Pravda*, 1981년 3월 19일.

4   이러한 결과의 연장선에서, 1960년대 후반부터 소비에트의 청년을 다루는 사회학에서
     젊은이들 사이의 점증하는 문제로 간주된 '일탈적 행동deviantnoe povedenie'에 관한 진
     지한 연구가 시작되었다. Ikonnikova and Lisovskii(1969); Lisovskii et al.(1978)을 보라.

변화의 본질을 인식하는 데 실패함으로써 그들이 이 변화를 더욱 강화시켰다는 사실을 보여주는 것에서 출발한다. 이 장의 시작 부분은 공산주의 이데올로기와 '부르주아' 문화에 공히 깊게 연루되었고, 스스로를 공산주의적인 이상과 공통선에 기여하는 양심적이고 윤리적인 창조적 소비에트 시민이라고 여겼던, 적극적이고 성실한 콤소몰 서기에게 초점을 맞춘다. 이 장의 두번째 부분에서는 우리가 보기에 소비에트 시스템과 그것의 담론과 메시지의 역설이 만들어낸 완벽한 산물이라고 할 수 있는 알렉산드르[5]라는 한 청년에 집중한다. 그는 훌륭한 교육을 받았고, 독립적인 사유를 중시했으며, 다양한 문화적 관심사들을 추구했고, 공산주의의 윤리적이고 도덕적 원칙 및 가치들에 헌신했다. 이 모든 것들은 서구 '암시장'의 록 음악을 향한 그의 열정적인 흥미를 완벽하게 논리적인 것으로 만들었다. 알렉산드르와 같은 사람들의 활동은 소비에트 시스템의 또 다른 종류의 심오한 탈영토화, 그러니까 역설적이게도 공산주의라는 이름하에 수행된 탈영토화라는 결과를 가져왔다.

기회주의자

개인의 도덕적 타락에 집중하는 비판적 담론은 '겉과 속이 다른'

---

5   〔옮긴이〕 1959년생인 알렉산드르는 6장의 주인공이다. 그는 야쿠츠크에서 1976년에 고등학교를 졸업한 후, 노보시비르스크 대학에 진학해 수학을 전공했다. 1974~1987년까지 레닌그라드로 이주한 친구 니콜라이와 편지를 주고받았는데, 이 편지들이 6장의 주요 내용을 이룬다.

특정한 콤소몰 구성원을 핵심 문제로 지목했다. 그들은 이런 개인들이 부르주아적인 서구의 가치와 상품 추종자로서의 본심을 헌신적인 공산주의자의 가면 뒤로 숨겼다고 주장했다. 이 문제의 핵심에는 이와 같은 부도덕한 개인들이 놓여 있다는 것이다. 부르주아 문화의 위험을 이런 개인들의 표리부동한 심리 안에 위치시킴으로써, (5장에서 논의했던 것과 같이) 이 담론은 과거의 비판적 캠페인이 그랬던 것처럼 '문제'를 잘못 제시했다. 그것이 알아채지 못한 것은 소비에트의 맥락에서는 서구 문화의 영향력이 국가의 문화 정책의 모순으로 인해 가능해졌다는 점, 그리고 그것들이 사회주의 현실의 핵심적인 일부분을 이루었다는 점, 더 나아가 '부르주아' 미학은 소비에트의 맥락에서 특별한 의미를 획득할 수 있었고 반드시 사회주의의 가치 및 현실에 모순될 필요가 없었다는 사실이었다. 이런 비판은 부르주아적 대중문화의 상징들을 문자 그대로 읽음으로써, 소비에트 젊은이들에 의해 축자적인 독해와는 본질적으로 차별화되는 방식으로 읽힌 그 문화의 복잡한 번역과 전유를 고려하는 데 실패했다.

이러한 비판의 오독을 보여주는 사례로, 1980년대 중반 대학과 사무실에 게시할 목적으로 콤소몰이 발행한 포스터를 들 수 있다. 포스터의 문구는 다음과 같다. "기회주의자는 얼굴을 바꾼다—그를 폭로하라!"(《6.1》).[6] 밝은 색의 사각형(원본에서는 붉은색)은 권위적 담론의 맥락을 재현하는데, 그 맥락하에서 이 인물은 훌륭한 콤소몰 서기의 가면을 쓰고 있다. 그는 관중을 향해 열정적으로 연설을 한다. 그는 격식을 차린 콤소몰 정장을 갖춰 입었으며, 왼쪽 옷깃에

---

6   Prisposoblenets meniaet lichinu—razoblachi!

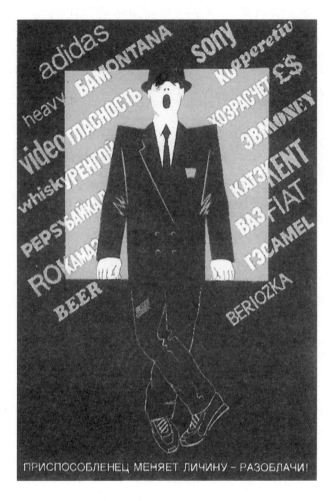

⟨6.1⟩
정치 포스터 「기회주의자는 얼굴을 바꾼다―그를 폭로하라!」(A. 우트킨A. Utkin).

는 콤소몰 배지를 달고 있다. 그의 자세는 바르고 자신감 넘친다. 그의 연설은 '영웅적인' 건설 프로젝트(BAM, VAZ, Urengoi, KAMAZ, KATEK),[7] 정치적 캠페인(글라스노스트, 독립채산제khozraschet, 협동조합kooperativ)[8]과 학문적 성취(EVM, GES)[9]의 이름으로 재현되는 공산주의적 어법의 양념이 발려 있다.

권위적 담론의 바깥, 즉 사각형을 둘러싸고 있는 검은색 프레임 안에서 이 기회주의자는 자신의 '진짜 얼굴'을 드러내고 있는데, 그것은 앞선 5장의 만평에서 보았던 이미지를 연상시키는 부르주아 물질만능주의의 동조자이다. 그는 오른쪽 무릎 위쪽에 미국 국기가 박음질된 미국제 청바지를 입고 있다. 또한 그는 서구 스타일의 스니커즈를 신고 있고 편안하게 다리를 꼰 '방종한' 자세를 취한 채 서 있다. 붉은 사각형 안의 키릴문자와 대조적으로, 검은 공간은 로마자로 표기된 서구의 상품과 브랜드 이름으로 재현된 부르주아적 담론으로 가득 차 있다.

이 부르주아적 담론은 문자 그대로 소비에트적 담론이 기저를 이루면서, 그것의 숨겨진 '진짜' 본성을 드러낸다. 즉 붉은 사각형 안의 단어가 검은 사각형 안의 글자로 바뀌면서 이어지고 있는 것이다. '바이칼-아무르 철도BAM'는 (소비에트 젊은이 사이에서 인기

---

7 콤소몰은 '바이칼-아무르 철도Baikal-Amur Railroad(BAM)' '볼가 자동차 공장the Volga Automobile Plant(VAZ)' '카마 자동차 공장Kama Automobile Factory(KAMAZ)' '칸스코-아친스크 원유 에너지 단지Kansko-Achinsk Fuel and Evergy Complex(KATEK)' '시베리아 북서부 가스 파이프 라인gas pipeline in northwest of Siberia(Urengoi)' 건설 및 설립에 참여했다.

8 각각 개방성, 산업적 자율 책임, 협력을 의미하는 공산당의 정치 캠페인이다.

9 컴퓨터EVM와 수력발전소GES.

를 누렸던 서구의 청바지 브랜드인) '몬타나Montana'로, '협동조합 Kooperativ'은 (서구 술인) '아페리티프aperitive'[식전주]로, '컴퓨터 EVM'는 '돈Money'으로, '수력발전소GES'는 카멜Camel로, '볼가 자동차 공장VAZ'은 '피아트FIAT'로, '시베리아 북서부 가스 파이프 라인Urengoi'은 위스키whisky로 변한다. 부르주아의 상징들로는 펩시 Pepsi, 맥주beer, 아디다스Adidas, 비디오video, 켄트Kent, 소니Sony, 헤비메탈heavy metal, (자본주의의 원형적인 기표라 할) 달러($)와 파운드(£) 기호, (외화 확보를 위해 서구 여행객을 대상으로 서구 상품을 판매하던 소비에트의 소매점 체인인) 베료즈카Beriozka 등이 포함된다. 이 포스터의 메시지는 간단하다. 이 콤소몰 활동가가 자신의 부르주아적인 부패한 얼굴을 숨긴 채로 훌륭한 공산주의자의 공적 가면을 쓰고 있는 부도덕한 기회주의자라는 것이다. 이런 재현은 스틸랴기 같은 문화적 일탈자들을 콤소몰 행동가와는 아무 관계 없게 그리는 식의 재현 방식에서 분명 벗어나 있다.

이런 메시지와는 반대로, 서구 록 음악 및 여타 '부르주아' 문화 형식들은 반드시 지배적인 사회주의 문화에 대립될 필요도 그와 분리될 필요도 없었으며, 오히려 그에 철저하게 통합되었다. 공산주의 프로젝트의 가장 활동적이고 이상적인 참여자들의 차원에서 이루어진 이런 통합의 양상은, 후기 사회주의에 대한 우리의 탐구에서 특히 많은 것을 밝혀줄 것이다.

예시 목록

페레스트로이카 개혁이 시작될 무렵, 콤소몰 지도자들은 소비에 트 청년 사이에서의 부르주아 문화의 영향력을 억제하는 데 실패했음을 인정하고, 이 문제를 해결하기 위한 새로운 방법을 제안하고자 했다. 지방 콤소몰 지도부와 활동가를 위해 발간된 『젊은 공산주의자*Molodoi Kommunist*』라는 잡지는, 테이프로 녹음된 음악이 전국적으로 얼마나 널리 퍼져 유통되고 있는지를 조직이 파악하지 못하고 있다고 썼다. 기사는 이 현상이 흥미, 활동, 정보를 공유하는 전국적 규모의 하위문화의 출현에 기여했으며, 국가 내의 청년 문화를 조직하고 선도해야 할 의무를 지닌 콤소몰 지도부는 이에 거의 전적으로 무지한 상황에 놓여 있다고 지적한다. 기사는 "오늘날 우리는 녹음된 음악의 실제 유통 규모를 알지 못한다. 현재 테이프 교환은 매우 활발하며 광범위하다. 자발적인 비공식 모임이 출현했으며, 그곳에서 정보, 광고, 교환이 젊은 노동자와 학생 들을 연결시키고 있다"고 적고 있다(Makarevich 1987: 21).[10] 또한 기사는 록 음악 팬 커뮤니티에서 이런 식의 비공식적 연결 관계가 너무나 잘 발달되어 있는 나머지, 타자기로 작성된 잘 정리된 독립 잡지(『귀*Ukho*』 『로크시*Roksi*』 『고양이*Kot*』와 같은)가 등장했을 정도였다고 주장했다. 그들은 테이프로 녹음된 음악에 관해 쓰고, 서구 음악 매체의 기사를 번역하고, 지역 밴드들에 대한 정보를 제공하는 '아마추어' 저널리스트들을 만들어냈다. 이런 잡지들은 베끼거나 재촬영(당시 복사 장비는 국가의

---

10 5장에서 인용한 작곡가 안드레이 마카레비치Andrei Makarevich와 무관하다.

엄격한 통제를 받았으며, 대개 사용이 불가능했다)되는 방식으로 계속해서 복제되었으며, 이 복제본들은 테이프로 녹음된 음악이 그랬듯이 전국에 유통되었다. 『젊은 공산주의자』는 콤소몰 지도부가 전국적으로 퍼진 록 음악 녹음테이프에 대한 통제를 개선할 것을 주문했다. "우리는 사태를 한참 전부터 미리 예측해야만 합니다. 실수를 되풀이하지 않도록 해야만 합니다"(Makarevich 1987: 21).

서구 음악의 확산을 억제하는 데 실패했음을 인정했지만, 콤소몰은 그럼에도 어째서 서구 음악이 그토록 인기를 끌었으며 소비에트 청년의 삶에서 그 음악이 무엇을 의미하는지는 분석하지 않았다. 그 대신 그들은 이 음악은 담론의 진술적 차원에서 해석되어야만 한다고, 즉 순진하거나 도덕적으로 타락한 청년 그룹에 퍼진 "부르주아적 가치"를 문자 그대로 표현하는 것일 따름이라고 계속해서 주장했다. 권위적 담론의 원칙들이 비판적 담론에서의 이와 같은 유연성 부족을 결정지었다. 콤소몰의 저자들이 권위적 장르들에서 그들 마음대로 사용할 수 있는 수사는, 앞서 2장에서 살펴본 것처럼 오직 하나뿐이었다. 콤소몰의 연설은 해당 담론의 수사적 순환성에 의해 제약을 받았다. 문제를 해결하기 위해 지방 콤소몰의 수장은 과거에 이미 실패한 적이 있는 방법을 더욱더 적극적으로 적용할 필요가 있었다. 해당 담론의 수사적 가능성은 오직 사회주의의 담론 체제 전체가 순환성에서 떨어져 나와 파열을 경험하고 나서야 변화될 수 있었다. 이와 같은 파열은 1980년대 후반에 이르러서야 비로소 발생했으며, 그것은 사회주의 시스템의 개선을 넘어 그 토대를 급속하게 허물어뜨렸다.

하지만 그 이전까지는 콤소몰이 똑같은 담론적 매개변수들 내에

머문 채로 서구 록 음악의 확산을 저지하려 시도했고, 이를테면 그것은 지역의 디스코텍 레퍼토리에 대한 감시를 강화할 것을 요구하는 당 중앙위원회 지시를 콤소몰의 지방 시市위원회와 구區위원회에 보내는 조치를 포함했다. 그중 「유해한 이데올로기적 구성 요소를 포함한 레퍼토리를 연주하는 외국 음악가 및 그룹의 대략적인 목록」[11]이라고 이름 붙여진 지시가, 1985년 1월 우크라이나 니콜라예프Nikolayev 주州위원회 명의로 지방 시市위원회 및 구區위원회에 보내졌다(⟨6.2⟩와 ⟨6.3⟩을 참고하라). 이 지시는 다른 문건들과 마찬가지로 상부로부터 지방의 콤소몰 구區위원회에 보내진 것으로, 일반 대중에게는 공개를 불허하는 "대외비dlia sluzhebnogo pol'zovaniia"라는 표시를 달고 있었다. 실제로 대중에게는 콤소몰이 이런 지시문을 보냈다는 사실 자체가 1990년대에 이르러서야 알려졌다. 이 문서는 소비에트 젊은이 사이에서 녹음테이프의 형식으로 퍼지고 있던 문제적인 서구 밴드와 팝 아티스트 서른여덟 팀을 명시하고 있다.

이 목록은 각각의 밴드와 음악가에 관련된 구체적인 이데올로기적 문제를 기술하고 있다. 하지만 우리에게 이미 익숙한 소비에트 문화 정책의 두 가지 과제를 한 번에 해결하려는 역설—즉 문화적 혁신과 창조성을 허용하는 동시에 그것의 원치 않는 결과가 발생하는 것을 제한하려는(5장을 보라)—과 더불어, 이 목록은 디스코텍 레퍼토리에 대한 통제를 대단히 비효율적일 뿐 아니라 순환적인 것으로 만들어버렸다. 서구 음악의 확산을 억제하기 위해 제안된 방법은 오히

---

11 "Primernyi perechen' zarubezhnykh muzykal'nykh grup i ispolnitelei, v repertuare kotorykh soderzhatsia ideino vrednye proizvedeniia," *Novaia gazeta*, no. 45, 2003년 7월 26일에 재수록.

려 이후 그것의 확대를 가능케 하는 조건을 만드는 데 기여했다. 외국 밴드 이름이 나열된 제한적인 목록이 존재했다는 사실 자체가, 단지 일부 서구 밴드만이 문제일 뿐이라는 것, 즉 해당 목록에 올라 있지는 않지만 테이프로 녹음되어 유통되고 있는 수십 개의 밴드를 포함한 다른 것들은 문제가 되지 않는다는 점을 암시했다. 나아가 서구 음악과 관련된 '유해한 사상들'이 매우 한정되고 명료한 용어들로 기술되어 있다는 사실이, 이런 사상을 재현하고 있지 않은 것처럼 보이는 서구 음악의 경우는 이데올로기적으로 수용될 수 있다는 점을 콤소몰 활동가들에게 시사해주었다.

목록에 포함된 각각의 밴드는 다음에 나열되는 유해한 사상 중 적어도 한두 가지에 해당되었다. 펑크, 폭력, 반달리즘, 선정성, 종교적 신비주의, 인종주의, 네오파시즘, 개인숭배, 섹스, 동성애, 민족주의, 반공산주의, 반소비에트주의 프로파간다, 소비에트의 군사적 위협에 대한 근거 없는 이야기 등이 그것이다. 또한 이 목록은 콤소몰 중앙위원회의 전문가들이 최소한 산발적으로라도 몇몇 서구 밴드의 가사를 추적하고 있다는 사실을 명확히 보여준다. 가령 영국 밴드 핑크 플로이드의 한 음반(단순하게 "1983"으로 표시된)은 "소비에트 대외 정책에 대한 왜곡"이라는 딱지가 붙었는데, 그것이 소비에트의 아프가니스탄 개입을 "소비에트의 아프가니스탄 침공"으로 잘못 묘사하고 있다는 게 그 이유였다.

핑크 플로이드의 1983년 앨범 『더 파이널 컷The Final Cut』에는 「내 사막에서 더러운 네 손을 치워Get Your Filthy Hands off My Desert」라는 제목의 곡이 수록되어 있는데, 그 노래의 가사는 다음과 같다.

6 공산주의의 진짜 색깔들: 킹 크림슨, 딥 퍼플, 핑크 플로이드

КОПИЯ ВЕРНА...

Приложение к письму
от 10 января 1985 года

Пролетарии всех стран, соединяйтесь!
**ВСЕСОЮЗНЫЙ ЛЕНИНСКИЙ КОМ-
МУНИСТИЧЕСКИЙ СОЮЗ МОЛОДЕ-
ЖИ
НИКОЛАЕВСКИЙ ОБЛАСТНОЙ КО-
МИТЕТ ЛКСМ УКРАИНЫ**

Для служебного пользования
Секретарям ГК, РК ЛКСМ Украины

Направляем примерный перечень зару-
бежных музыкальных групп и исполните-
лей, в репертуаре которых содержатся
идейно вредные произведения, а также
список тарифицированных вокально-инст-
рументальных ансамблей СССР.

Рекомендуем использовать эти сведе-
ния для усиления контроля за деятель-
ностью дискотек.

Данной информацией необходимо
обеспечить все ВИА и молодежные диско-
теки района.

Секретарь обкома
комсомола   П. Гришин

Примерный перечень зарубежных
музыкальных групп и исполнителей, в
репертуаре которых содержатся идейно
вредные произведения

Название коллектива   Что пропагандирует
...

№	Название коллектива	Что пропагандирует
1.	Секс Пистолз	— панк, насилие
2.	Б-52	— панк, насилие
3.	Меднесс	— панк, насилие
4.	КЛЭШ	— панк, насилие
5.	Стрэнглэрс	— панк, насилие
6.	Кисс	— неофашизм, панк, насилие
7.	Крокус	— насилие, культ сильной личности
8.	Стикс	— насилие, вандализм
9.	Айрон Мейден	— насилие, религиозное мракобесие
10.	Джудас Прист	— антикоммунизм, расизм
11.	Ай Си Ди Си	— неофашизм, насилие
12.	Спаркс Спаркс	— неофашизм, расизм

№	Название	Что пропагандирует
13.	Блек Сабат	— насилие, религиозное мракобесие
14.	Элис Купер	— насилие, вандализм
15.	Назарет	— насилие, религиозный мистицизм, садизм
16.	Скорпион	— насилие
17.	Чингиз Хан	— антикоммунизм, национализм
18.	Уфо	— насилие
19.	Пинк Флойд (1983)	— извращение внешней политики СССР («Агрессия СССР в Афганистане»)
20.	Толкинхедз	— миф о советской военной угрозе
21.	Перрон	— эротизм
22.	Боханнон	— эротизм
23.	Ориннджинелз	— секс
24.	Донна Саммер	— эротизм
25.	Тина Тернер	— секс
26.	Джаниор Энглиш (Регги)	— секс
27.	Кенед Хит	— гомосексуализм
28.	Манич Мешин	— эротизм
29.	Рамонэ	— панк
30.	Бан Хейлен	— антисоветская пропаганда
31.	Хулио Иглесиос	— неофашизм
32.	Язоо	— панк, насилие
33.	Данич Мод	— панк, насилие
34.	Вилидж Пипл	— насилие
35.	Тен Си Си (10сс)	— неофашизм
36.	Стоджис	— насилие
37.	Бойз	— панк, насилие
38.	Блонди	— панк, насилие

«ВЕРНО»

зав. общим отделом
обкома комсомола   Е. Пряжинская

⟨6.2⟩

「유해한 이데올로기적 구성 요소를 포함한 레퍼토리를 연주하는 외국 음악가 및 그룹의 대략적인 목록」(1985),
『노바야 가제타Novaia Gazeta』 2003년 6월 26일자에서 재인용.

승인된 복사본

만국의 프롤레타리아여 단결하라!

우크라이나 니콜라예프의 청년 콤소몰 구區위원회의 레닌 공산주의자 연합

대외비

수신자: 우크라이나 콤소몰 시市위원회 및 구區위원회 서기

다음은 유해한 이데올로기적 구성 요소를 포함한 레퍼토리를 연주하는 외국 음악가 및 그룹의 대략적인 목록이다.

이는 디스코텍에서의 활동에 대한 감시 강화 목적을 달성하기 위한 추천 정보이다.

또한 이 정보는 해당 지역의 모든 형태의 중창단VIA과 젊은이들이 자주 가는 디스코텍에 대한 내용도 제공한다.

콤소몰 주州위원회 서기 P. 그리신

유해한 이데올로기적 구성 요소를 포함한 레퍼토리를 연주하는 외국 음악가 및 그룹의 대략적인 목록

그룹명	프로파간다 유형
1. 섹스 피스톨스	펑크, 폭력
2. B-52s	펑크, 폭력
3. 매드니스	펑크, 폭력
4. 클래시	펑크, 폭력
5. 스트랭글러스	펑크, 폭력
6. 키스	네오파시즘, 펑크, 폭력
7. 크로커스	폭력, 개인숭배
8. 스틱스	폭력, 반달리즘
9. 아이언 메이든	폭력, 종교적 반反계몽주의
10. 주다스 프리스트	반反공산주의, 인종주의
11. AC/DC	네오파시즘, 폭력
12. 스파크스	네오파시즘, 인종주의

13. 블랙 사바스	폭력, 종교적 몽매주의	23. 오리지널스	섹스
14. 앨리스 쿠퍼	폭력, 반달리즘	24. 도나 서머	선정성
15. 나자레스	폭력, 종교적 신비주의	25. 티나 터너	섹스
		26. 주니어 잉글리시 (레게)	섹스
16. 스콜피온스	폭력	27. 캔드 히트	동성애
17. 징기스칸	반공산주의 민족주의	28. 믿헨 머신	선정성
		29. 라몬스	펑크
18. UFO	폭력	30. 밴 헤일런	반反소비에트주의 프로파간다
19. 핑크 플로이드 (1983)	소비에트의 대외 정책 왜곡(소비에트의 아프가니스탄 침공)	31. 훌리오 이글레시아스	네오파시즘
20. 토킹 헤즈	소비에트의 군사적 위협에 대한 근거 없는 이야기	32. 야주	펑크, 폭력
		33. 디페시 모드	펑크, 폭력
		34. 빌리지 피플	폭력
21. 패론	선정성	35. 10CC	네오파시즘
22. 보하논	선정성	36. 스투지스	폭력
		37. 보이스	펑크, 폭력
		38. 블론디	펑크, 폭력

승인자: 콤소몰 주州위원회 일반관리국장 E. 프라진스카야

〈6.3〉
왼쪽 목록 〈6.2〉의 번역.

브레즈네프가 아프가니스탄을 먹어버렸지.

베긴은 베이루트를 먹어버렸어.

갈티에리는 유니언 잭을 먹었지.

그리고 매기가 어느 날 점심 먹으면서

그의 순양함과 병사들을 몽땅 잡아버렸어.

분명히, 그에게 다시 되돌려놓으라고.[12]

이 앨범은 "이데올로기적으로 유해"하다는 판정을 받았는데, 그 이유는 "브레즈네프가 아프가니스탄을 먹어버렸지"라는 짧은 언급이 점령과 공격을 시사하고 있으며, 소비에트 언론에서 '제국주의적'인 것으로 규정하고 있는 다른 전쟁들과 이 전쟁을 나란히 놓고 있기 때문이었다. 구체적인 하나의 앨범과 구체적인 하나의 유해한 사상에 집중된 이런 비판은 또다시 문화 정책의 역설을 반영한다. 첫번째로 그것은 핑크 플로이드의 다른 앨범들의 경우에는 전적으로 수용 가능하다는 사실을 암시하고 있다(실제로 1980년과 1981년에 소비에트 월간 음악 잡지 『크루고조르*Krugozor*』〔시야 혹은 세계관이라는 뜻〕는 핑크 플로이드 관련 기사를 게재했으며, 그들의 많은 초기 노래들을 발매했다).[13] 두번째로 그것은 노래의 의미를 문자 그대로 받아들이

---

12 언급된 것은 다음의 전쟁들에 대한 내용이다. 1979년 브레즈네프 집권 시기에 시작된 소비에트의 아프가니스탄 전쟁, 메나헴 베긴Menachem Begin〔이스라엘 총리〕 재임 당시 1982년 레바논에서 시작된 이스라엘 전쟁, 1982년 포클랜드에서 발발된 아르헨티나와 영국의 전쟁이 그것이다. 마지막은 아르헨티나의 대통령 레오폴도 갈티에리Leopoldo Galtieri가 영국이 자신의 영토라고 주장하는 포클랜드의 섬을 점령한 이후, 영국의 수상 마거릿 대처Margaret Thatcher가 그들을 쫓아내기 위해 영국 해군을 파병한 사건을 가리킨다.

13 『크루고조르』는 「타임Time」 「온 더 런On the Run」 「머니Money」(1973년 앨범 『더 다크

고 있는데, 사실 그 텍스트들은 대개 정확한 외국어 가사를 신경 쓰지도 않고 알아듣지도 못했던 대다수 소비에트 젊은이들에게는 문자 그대로 읽히지 않았던 것이다.

콤소몰의 헤테로글로시아

우리가 3장에서 처음 만난 콤소몰 서기 안드레이는 다른 수많은 1960년대 동시대인처럼 영미권 록을 좋아하는 학생이었다. 일찍이 시작된 록을 향한 그의 열정은 1968년 15세였던 그가 그린 "영안실의 소년들"(〈6.4〉)이라는 상상의 밴드에서 잘 확인할 수 있다. 안드레이는 레닌그라드 대학에서 지질학을 공부했다. 대학에서 그는 더 많은 음악 수집가와 아마추어 밴드를 만났고, 서구 밴드의 테이프를 교환했으며, 음악에 대해 더 많은 것을 알게 되었다. 그는 다음과 같이 설명한다. "우리는 진정한 음악 투소프카를 가졌었어요. 〔……〕 당시는 레드 제플린Led Zeppelin의 시대였죠. 환상적이었어요! 딥 퍼플은 음악 활동을 막 시작했던 때죠. 애니멀스The Animals도 있었고요. 운이 좋게도 우리는 진정한 음악이 시작되는 시대에 살고 있었

사이드 오브 더 문The Dark Side of the Moon』 수록곡들)를 두 장의 '플렉시디스크'에 포함시켰다. 또 1981년 「어너더 브릭 인 더 월—파트 1Another Brick in the Wall—Part 1」과 「더 트라이얼The Trial」(1979년 앨범 『더 월The Wall』의 수록곡들)을 출시했다. 이 노래들은 모두 완벽히 반反부르주아적인 내용을 묘사하고 있다고 볼 수 있으며, 바로 그것이 이 음악이 출시될 수 있도록 만들었다. 『크루고조르』의 매호에는 다른 장르의 국제(주의)섹션 음악에 내한 글과 인터뷰, 식섭 블어볼 수 있는 부독 플렉시니스크가 포함뇌어 있었다. 『크루고조르』에 대한 논의는 McMichael(2005a; 2005b)을 참조하라.

⟨6.4⟩
안드레이가 그린 그의 상상의 록그룹 "영안실의 소년들"(1968).

던 거예요." 또한 대학에서 안드레이는 학생 "레크레이션의 밤vechera otdykha"과 댄스파티를 기획하는 팀에 관여하게 되었다. 이러한 행사들은 콤소몰 위원회 후원으로 개최되었다. 위원회는 청년들 사이에서 문화적 활동을 조직하는 계획의 실현을 요구받았고, 안드레이의 음악적 인맥은 여기에 도움이 됐다. 안드레이는 콤소몰 위원회가 "제가 여러 음악가와 음악 수집가 들을 친구로 두고 있다는 걸 알고 있었기에, 행사 음악을 담당하라고 선뜻 제게 일을 맡겼어요"라고 말했다.[14]

안드레이는 다른 대학의 음악 행사 조직자들도 만났는데, 그들 역시 인맥으로 도움을 주었다. 그는 대학 행사에 아르고나프티 Argonafty〔아르곤호 승무원들〕, 지믈랴네Zemlyane〔지구인들〕[15] 같은 '아마추어' 록그룹들을 섭외했다. 안드레이는 콤소몰 인맥을 통해서 이 밴드들이 에스토니아에서 열리는 아마추어 음악 페스티벌에 초청될 수 있도록 도왔다. 이 밴드들은 아마추어였기 때문에 프로 음악가들이 국가에서 개최한 콘서트에서 공연할 수 없었던 곡들을 자신의 레퍼토리에 포함시킬 수 있었다. 게다가 안드레이의 콤소몰 위원회 인맥과 그가 주관한 레크레이션 행사들(주로 혁명의 날, 노동절, 승전기념일, 소비에트 지질학자의 날 같은 기념일의 축하 공연)의 공산주의적 주제 덕분에, 콘서트의 레퍼토리는 콤소몰이나 당 간부의 검열에서 비교적 자유로웠다. 안드레이는 위원회의 콤소몰 활동의 다

---

14 5장에서 살펴보았던, 1950년대 재즈 콘서트 기획자들과 콤소몰 위원회 사이의 관계와 비교해보라.

15 두 밴드 모두 최초의 유명한 레닌그라드 밴드들에 속했다. 1970년대 초까지 많은 아마추어 밴드들은 러시아 밴드명을 가지고 러시아어로 노래했다.

른 측면들에도 적극적으로 참여했다. 3장에서 보았듯이, 그는 헌신적인 콤소몰 단원이었고 공산주의 이념들에 열정적이었다.

대학을 졸업하고 안드레이는 레닌그라드 연구소에서 지질학자로 일하게 되었다. 그리고 곧 연구소의 콤소몰 위원회에 가입했다. 그가 콤소몰에 가입한 이유 중 하나는 록 콘서트와 댄스파티를 계속 기획하길 원했기 때문이었다. 콤소몰의 중요한 자리에 있게 되면 이데올로기적·물질적 지원을 받기가 용이했다(이러한 행사들에 필요한 콤소몰이라는 배경을 얻는 것부터 예산, 장비, 콘서트홀, 교통 따위를 활용할 수 있는 권한에 이르기까지). 안드레이가 위원회에 가입한 또 다른 이유는 다양한 콤소몰 활동에 참여하고, 사회적 캠페인을 조직하고, 사회적 문제들을 해결하고 싶다는 열망 때문이었다. 분명히 안드레이에게 레닌과 레드 제플린 양쪽에 열광하는 일은 모순되는 것이 아니었다.

3장에서 보았듯이, 연구소의 콤소몰 위원회 서기 사샤가 그 자리를 떠난 후 안드레이가 후임으로 선출되었다. 1982년 11월 안드레이는 신임 서기로서 평단원들이 모이는 대규모 집회에서 첫 연설을 하게 되었다. 그 연설의 일부를 3장에서 이미 분석한 바 있다. 여기서 우리는 현재 논의하고 있는 또 다른 측면을 살펴보려 하는데, 소비에트 청년 사이에서 부르주아 문화의 영향들이 확산되는 현상이 그것이다. 점증하는 부르주아 문화의 영향을 겨냥한 당의 캠페인에 반응하면서, 안드레이는 다음과 같이 선언했다.

콤소몰의 활동에서 가장 중요한 방향 중 하나는 젊은이들을 정치적-이데올로기적으로 교육시키는 일이다. 마르크스-레닌주의 세

계관의 형성, **부르주아 이데올로기와 도덕과 타협하지 않는 태도**, 소
비에트식 애국심과 사회주의적 국제주의의 정신으로 젊은 남녀를
교육하는 일―바로 이것들이 우리 콤소몰 조직의 이데올로기적 지
도부가 직면한 주요 과제들이다.[16]

인용문에서 강조된 구절은 이전에 살펴본 비판적 텍스트들에 직접
적으로 연결되어 있다. 예를 들어 이 구절을 앞서 인용한 적이 있는
1981년 『콤소몰스카야 프라우다』에 실린 서구 부르주아 음악을 공격
하는 기사의 한 구절과 비교해보자. 이 기사는 동시대 서구의 록스
타들이 "부르주아적 세계의 악덕과 타협하지 않는 태도nepremirimoe
otnoshenie"를 결여하고 있다며, 유사한 권위적 구절을 사용했다. 이
미 보았듯이 이러한 수사는 1970년대와 1980년대 초반 언론, 당 문
서, 사회학 연구 텍스트 들에서 널리 활용되고 있었으며, 분명 안드
레이도 이 수사를 잘 알고 있었다.[17] 안드레이는 연설에서 "부르주아
이데올로기와 도덕과 타협하지 않는 태도"를 달성하는 것이 콤소몰
위원회의 "주요 과제" 중 하나가 되어야 한다고 선언했다. 그러니까
그의 위원회는 "부르주아 이데올로기와 도덕"의 모든 징후들에 맞서
싸워야 하는데, 언론의 비판적 담론에 따르면 서구 록 음악의 증대

---

16 "Odnim iz vazhneishikh napravlenii raboty komsomola iavliaetsia ideino-politicheskoe
vospitanie molodezhi. Formirovanie marksistsko-leninskogo mirovozreniia,
neprimirimogo otnosheniia [genitive case] k burzhuaznoi ideologii i morali,
vospitanie iunoshei i devushek v dukhe sovetskogo patriotizma i sotsialisticheskogo
internatsializma―vot perveishie zadachi stoiashchie pered ideologicheskim aktivom
nashei komsomol'skoi organizatsii"(강조는 원문에서).
17 또 다른 출처들에서 이와 같은 언급이 남겨 있는 사례들은, 이 책의 2장(특히 〈2.1〉 문단
9번)을 참고하라.

되는 영향 또한 그중 하나였던 것이다.

　그런데 동시에 집회에서 안드레이의 연설을 들었던 젊은이들은 안드레이가 기획한 "레크레이션의 밤"과 무도회에 참석해 그곳에서 춤을 추고, 안드레이가 틀어준 서구 록 밴드의 음반들을 들었던 장본인이기도 했다. 이 청중 사이에서 안드레이는 록 음악 전문가로 명성이 높았다. 레크레이션의 밤 행사들에서 그는 직접 마이크를 잡고 서구 록그룹과 노래 들을 소개했다. 그는 종종 수집가 사이에 돌아다니던 외국의 음악 잡지로부터 알게 된 여러 그룹과 그들의 스타일에 관한 상세한 정보를 제공했다. 1982년 첫 연설 즈음 안드레이는 친구에게서 영국 음악 잡지 『뉴 뮤지컬 익스프레스New Musical Express』를 빌렸는데, 친구가 서구에서 온 어느 선원에게서 입수한 것이었다. 안드레이는 독일의 헤비메탈 밴드 스콜피온스Scolpions에 관한 네 쪽짜리 기사를 공들여 번역했고, 그것을 콤소몰 위원회의 타자기로 깨끗하게 타이핑했다. 스콜피온스는 "이데올로기적으로 유해한" 집단들에 대한 콤소몰의 내부 문서, 즉 〈6.2〉와 〈6.3〉 같은 문서들에서 블랙리스트에 올라 있었다.[18] 안드레이는 스콜피온스를 비롯한 몇몇 유사한 밴드들이 이데올로기적으로 유해하다는 생각에 전혀 동의하지 않았다. 자신이 기획한 댄스파티에서 안드레이는 직접 번역한 기사의 일부를 읽었는데, 그 기사에는 그룹의 기타리스트 마이클 솅커Michael Schenker가 처한 문제를 지적하는 구절이 들어 있었다. "이제 마이클의 마약중독은 정말 '심각'해졌다 〔……〕 그는 알

18　〈6.2〉와 〈6.3〉은 안드레이가 스콜피온스에 관한 기사를 번역한 지 3년이 지난 1985년에 작성되었다. 하지만 이 표들에 담긴 이런저런 그룹들을 대상으로 한 유사한 캠페인은 1970년대와 1980년대 초반까지 내내 지속되었다.

약과 코카인을 술에 섞어 마신다." 음반을 틀기 전에 안드레이는 팬들에게 보내는 기사의 활기찬 호소를 인용하면서 말을 마치게 된다. "그렇습니다. 마이클을 살아 있게 만드는 것은 무엇입니까? 당신과 내가 그러하듯이, 물론 그것은 헤비메탈입니다!"

3장에서 보았듯, 많은 콤소몰 서기들에게 사회주의적 일상의 윤리와 미학은 상위 콤소몰 기관에서 보낸 규칙과 강령의 문자 그대로의 의미로 환원되지 않았다. 서기들은 이데올로기적 과제들을 '순전한 형식'으로 여기는 데 어떤 어려움도 겪지 않았고, 바로 이것이 그들로 하여금 관심과 신념이 담긴 '의미 있는' 다양한 형태의 일들을 추구할 수 있게 해준다는 것을 잘 알고 있었다. 안드레이에게는 록 음악 콘서트와 댄스파티, 그리고 기타 여러 가지 미학적으로 흥미 있고 창조적인 문화 활동들을 조직하는 것이 바로 그런 '의미 있는' 일의 일부였다.

어떻게 보면 안드레이는 이 장의 시작 부분에서 두 명의 사회학자가 묘사한 대로, 순진하고 무비판적인 젊은이의 초상을 완벽히 보여주는 것 같기도 하다. 그들이 묘사한 다른 젊은이들과 마찬가지로, 안드레이는 서구 음악과 반공주의의 정치학 사이에서 그 어떤 관련성도 찾지 않았다. 그러나 다른 한편으로 보면 그는 절대 순진하지도 정치에 무관심하지도 않았으며, 중등학교, 대학교, 연구소의 콤소몰 활동에 적극적으로 참여해왔다. 그는 앞서 소개한 포스터의 주인공처럼 출세를 위해 콤소몰 활동을 도구로 삼는 기회주의자도 아니었다. 안드레이는 자신의 신념 때문에 콤소몰 서기가 되고자 했다. 그는 이후 공산당에도 가입했으며, 언제나 스스로를 훌륭한 공산주의자라고 여겼다. 실제로 몇 년이 지나고 페레스트로이카가 진행되었을 때(1980년대 후반) 공산주의적 이념과 레닌의 권위를 공격하는 새로운 비판적 담론들은 안드레이에게 받아들이기 어려운 것이었다. 그는 이 시기 동안 이념의 점차적인 상실을 "개인적인 비극"이라고 묘사한다.

상상의 서구가 형성되고 유통되었던 후기 사회주의의 담론 형성은 다양한 언술 및 선언 들로 구성되었다. 그중 많은 것들은 서로 일치하지 않았고 심지어 모순적이기까지 했다. 안드레이의 담론 역시 다양한 메시지들의 복합적인 공존을 보여준다. 콤소몰 서기로서 그가 했던 비판적 연설들, 서구 록그룹들에 관한 기사들을 열정적으로 번역한 일, 그리고 그가 진행했던 음악 행사들은 1970년대 후반과 1980년대 초반 안드레이 세대가 경험했던 풍부한 헤테로글로시아heteroglossia[19]를 반영한다. 담론의 정적인 진술적 차원에서는 이러한 다양한 메시지들이 서로 모순되는 것으로 보일 수도 있다. 하지만 안드레이는 부르주아 문화에 대한 많은 비판적인 연설들을 순수하게 수행적이고 의례화된 형태의 권위적 담론으로 다루었다. 그리고 그 권위적 담론의 본래의 진술적 의미는 상관없었고, 바로 그 수행적 재생산이야말로 다른 중요한 활동, 의미, 실험적 미학 들이 떠오를 수 있게 해주었다.

안드레이의 연설 레퍼토리에서 나오는 권위적 텍스트들은 권위적 담론의 '발생적' 원칙들에 따라 쓰인 것이었다. 예를 들면 이 모든

---

19 Bakhtin(1994). 〔옮긴이〕 하나의 언어 내부에 복수의 서로 다른 말들이 공존하는 현상을 가리키는 바흐친의 개념이다. 1934년에 쓴 에세이 「소설 속의 말Slovo v romane」에서 처음 등장하는데, 러시아어 원어는 "разноречие(raznorechie)"이다. 각기 다른 말들이 공존하는 소설적 세계를 묘사하기 위해 고안한 이 개념을, 저자는 안드레이 세대의 독특한 이질언어성에 적용하고 있다.

텍스트들은 "비타협적 태도" "부르주아 도덕" "소비에트식 애국심과 사회주의적 국제주의의 정신" "이데올로기적으로 유해한" 등의 유사한 관용구들을 담고 있었다. 이러한 텍스트들의 순환적인 수사 구조와 그 텍스트들이 유통되는 의례화된 맥락들(콤소몰 집회, 중앙위원회의 강령, 선전 포스터, 신문 1면 기사 등) 때문에, 안드레이와 그의 젊은 청중은 그 텍스트들을 결코 오해의 여지가 없는 권위적 담론의 예로 인지했다. 또한 안드레이와 그의 세대는 이러한 텍스트들을 현실에 대한 문자 그대로의 진술이 아니라, 새롭고 흥미로우며 실험적인 의미, 활동, 관심 들을 가능케 하는 수행적 행위로 해석했다. 이는 권위적 텍스트들이 완전히 의미를 결여하고 있었다는 뜻이 아니다. 오히려 이러한 역학 관계가 안드레이와 그의 청중으로 하여금 부르주아 대중문화에 대한 몇몇 비판(예를 들면 자본주의는 예술을 상품화한다거나, 자본주의 국가는 제국주의적이고 신식민주의적인 전쟁을 벌인다는 비판)을 의미 있고 정확한 것으로 받아들이게 하는 동시에, 그 밖의 다른 비판적 주장들(가령 서구 록 음악의 미학은 결함투성이며 사악하고 반소비에트적이라는 주장)을 '순전한 형식'으로 읽도록 허용했다.

외견상 모순적으로 보이는 안드레이의 담론들을 단순히 그의 이중성을 드러내는 표지로만 보아서는 안 되는 이유가 여기에 있다. 사실 안드레이가 훗날 이야기하듯이 두 가지 유형의 텍스트, 즉 그의 반부르주아적인 연설들과 서구 밴드에 관한 기사 번역들은 1980년대 후반의 그에게 똑같이 중요했다. 왜냐하면 그 두 가지는 결정적인 관심사와 이념, 그리고 당대의 사회적 삶 속으로의 적극적이고 창조적이며 책임감 있는 관여를 보여주고 있기 때문이다. 안드레이는 개인 문서고에 두 유형의 텍스트들을 "1982"라고 표시한 하나의 서류첩에 함께 보관하고 있었다.

게다가 서구의 록 음악과 그에 관한 정보는 안드레이와 그의 청중에게는 머나먼 외국의 '실제' 세계가 아니라 상상의 서구 세계를 구성하는 것들이었다. 후자는 지역적으로 존재했으며, 그곳에서 그들은 적극적인 저자였다. 바로 이 때문에 서구 록스타의 마약중독 이야기에 대한 안드레이의 매혹은, 그가 콤소몰 회원들의 과음을 막기 위한 열렬한 캠페인을 추진하는 데 방해가 되지 않았다. 마찬가지로 '이데올로기적으로 유해한' 음악에 대한 안드레이의 활발한 홍보에도 불구하고, 콤소몰 구區위원회는 그를 흥미롭고 창조적인 콤소몰 활동을 수행하는 매우 뛰어난 서기로 인정했고, 그의 위원회는 "공산주의 청년 교육 분야에서의 적극적 과업 수행"을 치하하는 상을 받기도 했다.

시베리아에서 온 편지

우리는 1950년대에서 1980년대 초반에 이르는 기간 동안 상상의 서구의 상징과 사물 들이 젊은 세대 사이에서 어떻게 나타나고 유통되었는지를 살펴보았다. 그러나 이제는 그 세대의 구성원들이 자신의 삶 속에서 서구의 문화적 영향과 공산주의적 가치가 맺는 관계를 어떻게 사유하고 토론했는지를 살펴볼 필요가 있다. 이어지는 논의에서는, 공산주의적 미래에 관한 언급들이 모든 곳에 편재했던 후기 소비에트 사회의 문화가, 사실은 실험적 사운드와 즉흥성 그리고 기꺼이 모든 정전과 단절하려는 태도 등을 강조하는 록과 재즈 음악의 형식의 미학과 완벽하게 양립 가능했다는 사실을 확인하게 될 것이다. 즉흥적이고 사운드 중심적이며, 가사가 별로 중요하지 않은 록과 재즈의 특성은(5장에서 보았듯이, 대부분의 서구 밴드들의 노래 가사는 이해되지 못했거나 당시 맥락에서 중요하지 않았다) 의미 있는 삶의 창조적인 생산에 특히 적절히 부합했다. 이러한 의미 있는 삶은 4장과 5장에서 보았듯이 상상의 세계와 브녜의 세계에 위치할 수 있었다. 하지만 그것은 또한 이후 논의에서 보게 되듯이, 공산주의적 미래를 포함하는 미래에도 위치할 수 있었다. 이런 식으로 1970년대 서구 하드록 밴드들의 가장 소비에트적이지 않은 사운드는, 몇몇 소비에트 청년들에게 공산주의적 기획의 이념들과 특별히 양립 가능한 것이 되었다. 이러한 미학 때문에 가장 헌신적인 소비에트의 젊은 공산주의자들은 당의 권위적 수사가 제공한 이념들보다 더욱 세계시민주의적이고 창조적으로 공산주의적 이념들을 해석할 수 있었다.

이러한 사유와 재해석의 창조적 과정의 일면을 엿볼 수 있는 사례로, 후기 사회주의 세대의 친구들끼리 주고받는 개인 서신 대화가 있다. 우선은 알렉산드르(1959년생)가 1970년대 중반 모스크바에서 동쪽으로 4,500마일 떨어진 북시베리아의 야쿠츠크에서 보낸 편지들이고, 다음은 그가 노보시비르스크에서 보낸 편지들로, 모두다 레닌그라드에 살고 있는 친구 니콜라이(1959년생)에게 보낸 것이다. 우리는 이미 두 사람을 5장에서 만나본 바 있다. 알렉산드르와 니콜라이는 학교 친구였다. 1974년 열다섯 살 때 니콜라이는 부모님과 함께 레닌그라드로 이사했다. 1976년 알렉산드르는 중등학교를 졸업하고 야쿠츠크에서 노보시비르스크로 가서 노보시비르스크 대학교에서 수학을 전공했다. 1974~1978년까지 두 친구는 정기적으로 편지를 주고받았다. 그들은 편지에서 다양한 주제들에 관해 이야기를 나눴다. 공산주의, 철학, 예술, 수학, 과학, 시, 서구의 록 음악, 우정, 도덕, 사랑 등등이 그것이다.[20]

콤소몰 서기

알렉산드르의 아버지는 공장 기술자였고 어머니는 의사였다. 그는 어려서부터 공산주의적 이념과 가치에 매우 강한 신념을 느끼며 자랐고, 종종 편지에 이런 신념을 드러내기도 한다. 그의 몇몇 열정적인 진술들은 그 세대에서 전형적이지 않게 들렸을 수 있다. 그의 세대 대부분은 그런 공산주의적 언어를 사용해 말하는 것, 특히 친구들과 이야기하는 것을 이상하다고 느꼈을 것이다. 외딴 지방 마을에서 자랐기 때문에 알렉산드르는 대도시에서 볼 수 있는 (우리가 4장에서 보았던 것과 같은) 사회주의적 현실에 대한 무관심한 태도를 덜 접했을 수도 있다. 하지만 동시에 그는 분명 당의 수사를 아무런 의심이나 비판 없이 그대로 반복하는 '열성분자'도 아니었다. 사실 알

---

20 이 편지들은 저자의 허락하에 인용되었다. 뒤에 이어지는 논의는 알렉산드르의 편지와 그가 되풀이했던 몇몇 눈에 띄는 주제에 국한된다. 이 주제들의 연속성을 강조하기 위해서 때로 편지들은 시간 순서대로 인용되지 않는다. 이는 이 주제들을 단일하고 일관된 담론의 요소로 간주하는 것을 용이하게 해준다. 이는 알렉산드르가 1975~1978년이라는 비교적 짧은 기간 동안 열아홉 통의 편지를 썼고 니콜라이에게 거의 같은 수의 답장을 받았다는 사실을 고려하면 특히 중요하다. 즉 그들은 3년 반 동안 평균 한 달에 한 통의 편지를 주고받은 것이다.

렉산드르는 스스로를 매우 원칙주의적이고 독립적인 사람으로 여겼으며, 종종 당의 관료나 소비에트 언론 기사가 내놓는 의견들에 동의하지 않기도 했다. 중등학교와 대학교에서 알렉산드르는 계속 자원해서 콤소몰 임원으로 일했고, 다양한 정치 활동에 언제나 적극적이었다. 그런가 하면 같은 기간 동안 그는 서구 밴드들의 열렬한 팬이었고, 비공식 경로(즉 '암시장')를 통해 음반들을 거래했으며, 서구 록의 전문가가 되었다. 알렉산드르의 사례가 특히 흥미로운 것은 그가 공산주의와 서구 록에 똑같은 열정을 보였을 뿐 아니라, 그 둘을 어떻게 관련지을 것인지에 대해 명시적인 성찰을 보여주고 있다는 점이다.

1973년 알렉산드르는 야쿠츠크의 학교 콤소몰에 가입했고, 곧 여러 활동들에 참여하기 시작했다. 9학년이 되자 그는 학교 콤소몰 서기로 재선출되었는데, 1975년 4월 25일자 편지에서 니콜라이에게 이에 대해 자랑스럽게 쓰고 있다.

> 내가 학교[번호 생략] 콤소몰 위원회 서기로 다시 뽑혔어. 나는 이제 콤소몰 일에 완전히 푹 빠지게 v"elsia i vgryzsia 되었어. 나는 여기저기 뛰어다니면서 무언가를 요구하고, 확신시키고, 모으고, 조정하고, 질책하고, 조직하는 등 여러 가지 일을 해. 그러니까 나는 완전히 일에 내 정신을 모조리 쏟아붓고 있어.

콤소몰과 이데올로기적 활동들은 두 친구가 자주 토론하는 주제였고, 그들은 종종 그 중요성에 대한 서로의 의견에 동의하지 않았다. 니콜라이가 자기 학교에서의 콤소몰 의례들은 아무런 의미도 없는 지루한 일일 뿐이라며 알렉산드르의 편지에 답장하자, 알렉산드르는 1975년 5월 13일 편지에 다음과 같이 썼다. "네 말을 그대로 인용하자면, '이 [콤소몰] 집회들은 시간 낭비일 뿐이야.' 하지만 너희 학교의 콤소몰 활동은 일반 회원들에게 달려 있지 않니? 위원회 집회에 가서 그들에게 학교의 콤소몰 일은 재미없고 지루한 의무 사항 obiazalovka일 뿐이라고 말해봐."

콤소몰 서기 안드레이처럼 알렉산드르도 콤소몰 일은 그 형식주의와 의미 없는 의례들에도 불구하고 중요한 '의미 있는 일'을 포함할 수 있다고, 누군가의 활동적이고 도덕적인 위치는 권위적 의례들의 지루함을 바꿀 수 있다고 확신했다. 이러한 신념은 3장에서 보았던 인나와 그녀의 친구들의 입장과 확연히 다르다. 인나와 그녀의 친구들은 브녜에 살기를 주장하면서 콤소몰이 어떤 의미를 지니는지 생각해보는 것조차도 거부했으며, 콤소몰 자체를 피하려고 했다. 알렉산드르에게 콤소몰 회원이 된다는 것은 콤소몰 활동에 적극적으로 참여한다는 것을 의미했다. 게다가 그의 생각에 따르면 정직한 입장이라는 것은 비판적이어야 했다. 같은 편지에서 그는 이렇게 썼다. "이름만 올려놓고 있는 콤소몰 회원들[즉 이름만 콤소몰 회원이지 사실상 아무 일도 하지 않는 회원들]에 관해 말하자면, 나는 그들을 다른 누구보다도 증오해."

이듬해 두 친구는 공산주의적 이념들과 그들이 학교에서 접하는 판에 박힌 이데올로기적 실천들의 차이에 관한 토론으로 다시 되돌아왔다. 1976년 8월 15일 알렉산드르는 공산주의적 이념과 그 어떤 어려움에도 그것을 실천하여 달성하려는 목적에 자신이 완전히 헌신하고 있다고 강조하면서, 콤소몰에 적극적으로 참여하기로 한 자신의 결정을 정당화한다.

나는 공산주의를 믿고, 나의 믿음은 흔들리지 않아. 그 믿음이 어찌나 큰지 여러 사람 몫으로도 남아돌 지경이야. 하지만 이건 아무 생각 없는 맹목적인 믿음이 아니야. 나는 요란한 말들을 좋아하지 않아. 하지만 단 한 가지만 말하겠어. 공산주의의 건설은 내 생의 과업이야. 공산주의를 건설하기 위해서는 그것[공산주의]에 대해 알아야 하고, 또 단지 그 이론만 아는 게 아니라 이론을 삶에 접목시키는 방법을 알아야 해. 이게 바로 내가 콤소몰에 가입한 이유고, 내가 콤소몰과 관련된 것이라면 모두 소중하게 여기는dlia menia dorogo 이유야.

학교 콤소몰 서기 활동 이외에도 알렉산드르는 아주 다양한 관심사를 갖고 있었고, 대부분의 분야에서 성공을 거두었다. 그는 과학과 인문학에서 뛰어났다. 사실 그는 수학을 아주 잘해서 야쿠티아 Yakutia 공화국의 모든 고등학교 팀이 참가하는 수학 올림피아드의 학교 대표팀에 선발되기도 했다. 그는 이 성공에 대해 1975년 4월 5일자 편지에서 이렇게 썼다. "수학 올림피아드에 출전했는데 수학·물리학 특목고와 일반 학교를 통틀어서 4위를 했어.[21] 우리 시 대표팀은 [야쿠티아 공화국 단위에서 열리는] 세 차례의 수학 올림피아드에서 모두 1위를 했고. 이건 정말 처음 있는 일이야." 수학 말고

---

21 '수학·물리학' 특목고에서는 이 과목들을 일반 학교에서보다 훨씬 더 높은 수준으로 교육했다. 알렉산드르는 일반 학교에 다녔지만 방과 후 수학 동아리에 참석했는데, 특목고의 우수 학생들과 경쟁할 수 있을 만큼 실력이 뛰어났다.

도 알렉산드르는 문학작품을 많이 읽었고, 시를 쓰면서 언젠가는 시집을 내기를 바랐다.[22] 그리고 영어를 완벽하게 숙달하기 위한 공부에 많은 시간을 썼다. 1975년 4월 25일에 쓴 편지에서 그는 이렇게 적었다. "최근 우리는 야쿠츠크 시내 학교들이 모인 영어 올림피아드에 참가했어. 나는 10학년 등급으로 출전했고,[23] [······] 그리고 두 과목에서 1위를 차지했고, 세번째 과목에서는 2위를 했어. 그래서 전체 성적으로는 내가 1위를 했지."

1976년 여름 알렉산드르는 노보시비르스크 대학교 수학과에 입학했고 노보시비르스크로 이주했다. 그동안 레닌그라드에 살던 그의 친구 니콜라이는 레닌그라드 대학교 입학시험에 불합격했고, 이듬해 여름에 다시 도전하기 위해 준비하고 있었다. 두 친구는 니콜라이의 시험 준비를 어떻게 하면 가장 잘 계획할 수 있을지 논의한다. 1976년 12월 4일 알렉산드르는 니콜라이에게 계획표를 보내면서, 선형대수학, 미분, 물리학, 문학, 철학 관련 필독서 목록과 생각해봐야 할 질문들을 제안한다.

> 일요일만 빼고, 매일 8시간 동안 공부할 것. 이렇게 시간을 나눠봐.
> 첫번째, 수학 공부 4시간 [필독서 목록]
> 그리고 물리학 공부 2시간 [필독서 목록]
> 그리고 철학과 문학 공부 2시간. 다음 책들을 읽어봐.
> 　　레닌 『유물론과 경험비판론』

---

22 몇 년 후에 그의 시들 중 일부가 유명한 노보시비르스크 문학 잡지에 실렸다.
23 10학년은 고등학교 3학년에 해당한다. 당시 그는 고등학교 2학년에 해당하는 9학년이었다.

고대 그리스 철학(소크라테스, 디오판토스 등)

헤겔과 포이어바흐

물론 마르크스와 엥겔스—아무거나 읽고 싶은 것.

정치적으로 문제가 될 만하다고 생각되는 질문들에 대해 생각하는 것을 두려워하지 마. 물론 너 스스로에게 질문하고zadavai ikh naedine 스스로 답해보려고 해봐. 예를 들면 왜 마르크스가 옳고 서구 이데올로그들이 틀린지 생각해봐. 혹은 그 반대일까?

아무튼 한 가지 토론해볼 만한 질문을 줄게. 예술은 무엇이고 그 목적은 무엇인가?

알렉산드르가 여러 과목들에 걸쳐 있는 광범위한 목록을 제시하고 마르크스, 엥겔스, 레닌의 철학적·정치경제학적 저작들뿐 아니라 고대 그리스 철학자와 독일 관념론자까지 강조하는 것은, 비판적으로 사유할 줄 아는 잘 교육받은 개인에 대한 소비에트적 이상을 그가 충실히 따르고 있음을 보여준다. 게다가 그는 공산주의적 이념이 궁극적으로 옳다는 점을 확신하고 있음에도 불구하고, 당의 노선을 단순히 반복하지 말고 독서와 비판적 질문을 통해 그러한 공산주의적 신념에 도달해야 한다고 생각했다. 동시에 그는 니콜라이에게 비판적 질문을 너무 드러내놓고 하지는 말라고 충고한다. 알렉산드르는 소비에트의 권위적 담론이 어떻게 작동하고 있는지 완벽히 이해하고 있었고, 앞에서 언급된 다른 동시대인과 마찬가지로 으레 반복해야만 할 형식적인 권위적 의례들과, 누구나 반드시 가져야만 한다고 그가 믿고 있는 이념들의 의미를 구별했다. 알렉산드르에게 권위적 담론의 형식적 구조들을 반복하는 것과 공산주의적 이념들의 의미에 대해 비판적으로 사유하는 데 참여하는 것은, 분명히 구별되는 활동이기는 했지만 서로 모순되지는 않는 것들이었다. 왜냐하면 전자야말로 후자를 가능케 했기 때문이다. 사유하는 도덕적 개인은 두 가지를 할 수 있어야만 했다. 이것이야말로 당의 선언들을 입으로만 외우고 그 선언들에 대해 비판적으로 평가하지 않는 말뿐인 열성분자의 상태에서 벗어나는 첫걸음이었다.

편지에 나오는 마지막 질문, 즉 "예술은 무엇이고 그 목적은 무엇인가?"는 미학, 비판적 사유, 공산주의적 이념 들의 관계에 대한 알렉산드르의 관심을 반영하고 있다. 앞으로 보게 되겠지만, 이 주제들의 접점은 알렉산드르와 그의 또래들이 소비에트 사회의 현실과 가치 들과 관련해 그들의 삶에서 증대되고 있는 서구 록 음악의 중요성을 어떻게 해석했는지와 직접적인 연관이 있다.

록의 비판적 독해

다른 여러 친구들처럼 알렉산드르와 니콜라이도 서구 록그룹의 음반을 중등학교에 다니던 1970년대 초부터 모으기 시작했다. 두 친구는 편지에서 자주 록 음악을 논했다. 록 음악이라는 문화적 형식에 대한 알렉산드르의 태도는 복잡하고 모순투성이였다. 그는 록 음악을 수동적으로 청취하기만 한 것이 아니라, 미학적이고 심리적인 차원에서 그것이 어떻게 '작동하는지,' 청취자에게 어떻게 영향을 미치는지, 또 그로 인해 미래 사회에서 록 음악이 어떤 위치를 점하게 될 것인지에도 관심을 기울였다.

5장에서 논의된 바와 같이, 소비에트 문화 정책의 모순들은 서구 음악에 대한 정부의 양가적 태도에도 전이되었다. 언론에서는 이런 음악들의 서로 다른 사례들이 국제주의나 민중 문화의 본보기(재즈, 블루스)라고 칭송되는 동시에, 여러 이유로 공격의 대상이 되기도 했다. 부르주아 미학의 결함을 안고 있으며 리얼리즘이 부족하다, 조화롭지 못한 귀에 거슬리는 소리를 낸다, "정신과 신체 기능의 균형"을 무너뜨리는 "음악-마약, 음악-수면제, 음악-속임수"다 따위의 비판이 그것이다. 1970년대에는 유사한 수사법에 기대어 서구 록그룹들의 저주파, 시끄러운 음향, 왜곡된 소리가 인간 정신에 미치는 점진적 영향을 묘사하는 비판적인 시리즈 기사가 청년 언론에 실리기도 했다. 5장에서 살펴보았듯이, 정부의 수사법은 부르주아 로큰롤의 "거친 사운드, 발작적 리듬, 혐오스러운 신음"을 훌륭한 "경쾌하고 우아하며 선율이 아름다운, [그에 더해] 아름다운 민속 가락을 연주하는 진정한 경음악"[24]에 대립시켰다. 새로운 서구 록 음악의 사운드, 왜곡, 발작적 리듬, 신음, 저주파, 그리고 다른 아우라적 특징들과, 심리 및 생리에 그것들이 미치는 영향이야말로 알렉산드르의 관심을 끌었다. 그는 이러한 비판적 해석의 언어를 끌어다가, 그들이 묘사한 효과를 전혀 새로운 방식으로 재해석했다. 알렉산드르에게 록 음악이 청취자에게 미치는 감정적이거나 심리적인 효과는, 이 음악 장르가 가진 문제점이라기보다는 외려 잠재적인 역량이었다. 기분 좋은 경음악의 미개한 리얼리즘을 넘어, 새로운 미래주의 미학을

---

24 P. Kantor, "O legkoi muzyke"[경음악에 관하여], 찢어내는 일력, 1961년 10월 30일, *Ptiuch* 1998년 12월 21일에서 재인용.

실험할 수 있는 가능성을 열어주었기 때문이다. 1975년 8월 13일에 그는 소비에트 언론의 비판에서 사용된 바 있는 권위적 담론에 기댄 것이 분명해 보이는 다음과 같은 편지를 썼다.

> 나는 로큰롤이 좋아. 맞아, 이건 대체로 후유증이 불분명한 음악적 마약muzykal'nyi narkotik이지(비록 때론 그렇게 무해하진 않지만 말야). 너도 알다시피 문제는 현대의 밴드들은 앰프를 안 쓸 수가 없고, 종종 베이스의 소리가 우리가 들을 수 있는 주파수대(낮은 한계치)를 넘어서서 소위 '초저음'이라는 것을 만들어내는데, 그게 확실히 우리 정신에 영향을 미친다는 거지. 음이 낮을수록 효과도 커. 아주 낮은 주파수의 음향은 우리를 억누르고 심지어 죽일 수도 있지. 하지만 물론 로큰롤은 절대 그 정도까지 가지는 않아.

소비에트의 권위적 담론은 과학적 지식에 강하게 의존했다. 이 경우에는 신체적 과정(초저주파대, 가청 한계)와 심리적 효과(정신에 미치는 영향, 감정을 억누르는 효과) 등의 지식이 동원되었는데, 이는 물론 비판을 위한 것이었다. 이 장르는 이런 비판적 목적을 달성하는 대신에, 실상 알렉산드르에게 서구 음악에 대해 논하면서도 그 것을 완벽하게 소비에트적이라고 할 수 있는 과학에 대한 관심과 결합할 어휘를 제공했다. 이렇게 과학적 사실들을 논함으로써 그는 록음악에 대한 그의 관심을, 권위적 담론의 외부에 존재하긴 하지만 권위적 담론이 지지하는 객관적 과학 법칙으로 '뒷받침'할 수 있게 되었다. 이 외부적 근거는 알렉산드르가 이 서구 예술에 대한 자기 태도를 공산주의 이상이나 미학에 배치되지도 않고, 그렇다고 이 이상과 미학을 권위적 수사법에 반드시 일치하는 방식으로 해석할 필요도 없이, 재해석할 수 있게 해주었다. 인용할 나머지 부분에서, 알렉산드르는 사실 바로 그 심리적 효과야말로 록 음악을 그토록 좋아하는 이유라고 설명한다. "이 음악을 들을 때면 춤을 추고 싶은, 즉 흥적이고도 거칠게 춤을 추고 싶은, 내 남는 에너지를 모두 발산하고 나 자신을 최대한 잊고 싶은 마음이 들어. 나는 조용한 음악은 별로야. 느린 음악 말고, 조용한 음악 말이야. 로큰롤이라면 마땅히 요란해야지. 내가 아주 좋아하는 '소리 지르는orushchie' 곡들이 엄청 많아." 공산주의와 서구 록 음악에 대한 알렉산드르의 관심은 그가 두 가지를 새롭게 연결했음을 보여준다. 학창 시절 막바지에 야쿠츠크의 친구들 사이에서 유통되던 대부분의 음반을 듣고 난 이후, 알렉산드르는 록 음악이 더 이상 충분히 혁신적이지 않다는 결론을 내렸다. 록 음악이 다른 더 긴급한 과제들에 뒤처졌기 때문에, 이제는 그런 음악에 시간과 에너지를 다 쏟아붓는 게 의미가 없다는 결론이었다. 1976년 3월 11일자 편지에서 알렉산드르는 록 음악과 과학을 재차 비교하는데, 이번에는 록 음악이 긴급성을 상실하고 있다고 주장한다.

오늘날 록 음악은 위기를 맞은 듯하고, 차차 중요성을 잃고서 뒤로 물러나고 있다고 말해도 좋을 것 같다. 록의 정점은 1967년과 1968년이었는데, 그때는 소위 젊은이들, 다양한 히피, 비트족 등등의 저항의 시기였지. 이제 다 사라졌어. 아직 몇몇 집단이 남아 있긴 하지. 그래도 더 이상 그 사람들 작품을 연구하거나 깊이 몰두하는 건 의미가 없는 것 같아. 내가 틀렸을지도 모르지만, 1970년대 세대는 단백질 생명체의 합성, 열핵반응의 통제, 인공두뇌학의 개화 같은 원대한 과제를 마주해야 해. 그리고 결실 없는 활동에 시간을 낭비하는 건, 더군다나 거기에 열정을 쏟는 건 범죄야. 이제는 일분일초가 중요해na schetu. 막대한 양의 지식을 습득하고, 최소한 우리 문명이 마주한 주요 과업을 이해할 필요가 있어.

이 비판적 진술조차도 알렉산드르가 서구 록 음악을 처음부터 얼마나 진지하게 대했는지를 보여준다. 록 음악이 소비에트 문명이 마주한 과학적 과제들과 동등하다는 그의 논의는, 알렉산드르가 록 음악을 본질적으로 대수롭지 않으며 부르주아적이고 결함이 있는 것으로 보지 않았기 때문에 나올 수 있는 이야기이다. 그는 록 음악을 심각하게 다뤘고, 그것의 중요성이 상실되는 과정과 "뒤로 물러나는" 현상에 대해 미학적 가치라는 측면에서 반박하기보다는 윤리적 차원의 주장을 펼치고 있다. 이는 만일 알렉산드르가 자신이 가치를 부여하는 미래 과업에 기여할 만한 서구 록 음악의 새로운 사례들을 접한다면 마음을 바꿀 수도 있다는 이야기가 된다. 이런 일이 실제로 노보시비르스크 대학 1학년에 다니는 중에 일어났다. 이전처럼 알렉산드르는 콤소몰 활동이나 수학, 문학, 음악 공부에 대단히 적극적으로 참여했다. 1977년 1월 2일 2학기가 시작되었을 때, 그는 니콜라이에게 이렇게 썼다. "여전히 두 극단 사이에 있어. 수학과 시지. [……] 내 시는 수학에서 많은 것을 끌어오는데, 안타깝게도 시가 수학에 영향을 주진 않네." 대학에서 그는 서구 음악을 진지하게 수집하는 학생들을 만나 비공식 경로를 통해 유통되던 더 많은 새로운 밴드들의 음반을 접하게 되었다. 2학년이 시작되었던 1977년 8

월 24일에 알렉산드르는 다양한 새 관심사들에 대해 썼다.

> 내가 열정을 쏟는 것들에 대해 좀 말해볼게. 여전히 문학을 계속
> 하고 있어. 음악적 흥미에는 변화가 좀 있었어. '엄격한' 클래식 음
> 악(바흐, 모차르트Wolfgang Amadeus Mozart)와 록 클래식(비틀스) 외
> 에도, 이제 문자 그대로 나 자신을 록에 내던졌다고 할까. 특히 유
> 라이어 히프[25]에 말야. 이 밴드를 숭배해. 콘서트 앨범인『솔즈베
> 리Salisbury』[1971]는 의심할 바 없이 진정한 걸작이야. [……] 수
> 학에서는 내 전공 분야를 고른 것 같아. 대수학의 일부로 '환론ring
> theory'이라는 거야[두 쪽에 걸쳐 그래프와 공식을 동원해 환론을
> 설명하는 부분이 이어진다].

1977년 10월 7일자 다음 편지에서 알렉산드르는 그가 적극적으로
참여하고 있는 학생들 사이의 음악 교환 시스템과 수집가들을 위한
대학 암시장에서의 서구 음반 가격에 대해 썼다(비교를 위해 말하자
면, 대학생이 매달 받는 장학금은 40루블이었다).

> 우리 암시장barakholka에서 음반은 상당히 비싸. 예를 들면 봉인되
> 어 있는 경우zapechatany[원래의 셀로판 포장을 뜯지 않은 경우]
> 『솔즈베리』는 70루블쯤 하고,『램Ram』[폴 매카트니, 1971]은 50
> 루블이야. 뜯었으면 40~45루블 정도하고, 가끔 30루블까지 떨어

---

25 1970년대 영국 밴드로, 음악 스타일은 아트록과 하드록에 걸쳐 있으며 풍부한 합창과 오
케스트라 만구와 모킬이 특성이나. 19/0년내 숭반 소비에트연방에서 몇 년 농안 엄청난
인기를 끌었다.

지기도 해. 너희[레닌그라드에서] 가격은 얼마야? 그런데 아무튼 여기 음악 교환 시스템sistema obmena은 상당히 잘 발달해 있어. 너희도 이런 게 있어?

니콜라이는 열렬한 비틀스 팬이었지만, 알렉산드르는 새로운 영국 아트록과 하드록 밴드들의 실험적 사운드에 비하면 비틀스는 이미 한물갔다고 생각했다. 이어지는 편지는 1977년 12월 14일자인데, 여기서 알렉산드르는 자기와 자기 친구들이 노보시비르스크 대학에서 수집하는 음악의 종류에 대해 쓰고 있다.

학생들 중 많은 애들이 최고 록그룹들의 스테레오 레코드를 개인 소장하고 있어. 비틀스에 대해 말하자면, 아주 가끔만 들을 수 있어. 여기서 더 자주 듣는 건 딥 퍼플, 레드 제플린, 핑크 플로이드, 예스Yes, 퀸Queen, 윙스, 킹 크림슨King Crimson, 앨리스 쿠퍼, 유라이어 히프, 나머진 별로 안 듣고. 내가 제일 좋아하는 밴드에 밑줄 그었어.

알렉산드르는 단순하거나 예쁜 음악보다 "멜로디적이지 않은 복잡한" 음악들을 연주하는 밴드들이 특히 좋다고 설명했다. 그는 이런 특징들 때문에 영국 밴드 유라이어 히프가 좋다고 했다. "어떤 곡들은 마치 내 영혼의 울부짖음같이 들려서 히스테리 상태가 되곤 하지." 알렉산드르에게는 정부가 승인한 전문 소비에트 대중음악 팀들의 현실적이고 예쁘고 너무 쉬워서 재미가 없는 음악보다, 이 밴드들의 실험적이고 평범하지 않고 즉흥적인 미학이 그의 미래 지향적인 미학의 비전에 훨씬 더 잘 부합하는 것처럼 여겨졌다.[26] 다시 말해 그는 서구 록 음악이 부르주아적이고 반反소비에트적이라는 주장에 동의하지 않았을 뿐만 아니라, 사실 이런 음악의 뿌리에 있는 아방가르드 미학이 공산주의 이상과 완벽하게 공존할 수 있다고 생각했다.

알렉산드르는 1977년 9월 8일에 새로 발견하여 좋아하게 된 밴드에 대해 썼다.

> 전반적으로 사운드 사이의 어떤 조화도 거부하지만, 인간의 마음이나 정신과 조화를 이루며 포용하는 경향을 음악에서 발견하곤 해. 우리의 청력에 어떤 식으로든 영향을 미치는 일련의 음향신호가 있다고 했을 때, 이 일련의 음향신호가 음악이 되려면 그것이 미학적으로 작용하든지(즉 듣는 사람이 미적 즐거움을 얻든지) 아니면 심리-미학적으로 작용해야(즉 듣는 사람의 도덕이나 신념, 다시 말해 지적 능력을 넘어서는 심리-미학적 쾌락을 얻든지) 하지. 고전음악 전체 혹은 적어도 대부분이 미학적 효과를 창출하는 반면, 가장 훌륭한 록 음악은 심리-미학적 효과를 창출하지.

알렉산드르에게 최고의 음악의 중요성은 현실적인 아름다움이나 문자 그대로의 의미(그가 "지적 능력"의 차원이라고 부른)에 있는 것이 아니라, 현실적 아름다움, 지적 능력, 도덕, 신념을 넘어서는 의

---

26 앞선 세대에게 미국 재즈를 그토록 중요하게 만든 것도 이와 마찬가지의 창조적이고 즉흥적이며 미래 지향적인 미학이었다.

미와 상상력을 가능케 하는 심리-미학적 차원에 있었다. 이 논의를 더 발전시키면서, 알렉산드르는 다음 1977년 11월 23일자 편지에서 서구 록 음악의 최고의 사례들의 경우에 다른 모든 음악이 그렇듯이 인간에게 심리적·미학적·영적으로 영향을 미치며, 그런 음악들이 미래를 가능하게 하고 인류 최고의 미학적 성취들과 나란히 이미 미래에 위치하고 있다고 주장한다.

> 니콜라이, 네가 킹 크림슨과 그들의 콘서트 앨범 『리저드Lizard』[1970]를 모른다니 놀랍다. 록 음악은 크게 앞으로 한 발 내디뎠어. 이건 더 이상 팝 음악estrada이라고 할 수 없어. 팝 음악보다 더 고상하고, 심오하고, 더 강력해. 예를 들면 밴드 예스의 앨범 『릴레이어Relayer』[1974]에 실린 한 곡은 불후의v vekakh 명곡이라 불릴 만해.

공산주의의 궁극적인 미학적·과학적·사회적 인간 해방과 그것이 가져올 미래에 대한 알렉산드르의 이해는, 당의 수사학이 '부르주아' 서구 대중문화를 잘 알지도 못하고 그것이 알렉산드르 같은 사람들에게 무엇을 뜻하는지도 모른 채로 비판하며 묘사하는 미래와 유사하면서도 아주 달랐다. 알렉산드르에게 공산주의의 이상과 영국 아트록의 실험음악은 동일한 미래에 속했다.

정치노래 축제

1977~1978년 학기 중에 알렉산드르는 테이프로 녹음한 음반을 열심히 모으며 서구 록에 대해 더 배우고 생각하게 되었다. 같은 시기에 그는 계속해서 대학 콤소몰 위원회에 적극적으로 참여하면서, 바로 그 능력을 통해 중요한 문화 이데올로기 행사인 제5회 국제 정치노래 축제(1978년 5월에 대학에서 열렸다)의 운영위원으로 선출되었다. 알렉산드르는 그 학기를 꼬박 이 행사를 준비하면서 보냈다. 이 행사에는 수십 곳의 사회주의 국가와 탈식민 국가의 예술 및 정치 대표단과 몇몇 서구권 국가의 공산주의자 대표단이 참석했다. 대표단 중에는 칠레, 볼리비아, 에콰도르, 짐바브웨, 토고, 방글라데시, 팔레스타인, 동독, 폴란드, 쿠바, 포르투갈, 그리스가 포함되었다. 축제의 주제는 전 세계에서 벌어지는 반反서구 부르주아 제국주의 노동자 운동과 공산당의 국제적 연대였다. 축제는 당 담론에서 바람직하고 진보적인 것으로 묘사된 이런 국제적인 대중 저항음악을 장려했다. 동시에 축제는 명시적으로 인기 서구 록스타들을 비롯한 부르주아 대중문화의 음악을 비판했다. 5월 초에 축제가 치러지고 난 후, 알렉산드르는 수천 명이 참가한 음악 콘서트와 노래 경연대회를 열정적으로 묘사했다. 1978년 5월 8일에 알렉산드르는 축제의 콘서트가 자발적으로 "수천 명이 한 목소리로 '함께 있을 때 우리는 무적이다!Kogda my ediny, my nepobedimy!'를 외쳐대는" 활력 넘치는 반反제국주의, 반反부르주아 정치 집회로 변해갔던 모습에 관해 썼다. "제국주의자 우상 수십 개를 3층으로 쌓은 모닥불에서 태우면서" "우렁차게 한 목소리로 '만세!' '잘한다!'고 외쳤던" 축제의 마지

6 공산주의의 진짜 색깔들: 킹 크림슨, 딥 퍼플, 핑크 플로이드

막 행사도 묘사했다.

알렉산드르는 축제의 반제국주의적 메시지와 국제적 반부르주아의 결속력을 보여주는 시위에 대단히 흥분했다. 축제를 길게 묘사하고 난 끝에 그는 이렇게 썼다. "말로는 다 표현할 수가 없어. 네가 직접 봤어야 했는데!" 그러나 축제의 정치적 메시지에 적극적이고 열정적으로 동조했음에도 불구하고, 알렉산드르는 축제가 만든 대립, 즉 반제국주의적 결속을 담은 진보적이고 국제적인 음악 대 서구 록의 부르주아적 음악이라는 대립에 동조하지 않았다. 전자는 그에게 공산주의 정치 행사라는 맥락에서 중요했지만, 그렇다고 이 정치노래들을 개인적으로 소장하기 위해 녹음하지는 않을 노릇이었다. 그가 암시장에서 찾아내어 친구들과 교환하고, 축제 조직위원으로 지칠 줄 모르고 일하던 이 기간 동안에 집에 돌아와 끊임없이 들었던 것은 후자(서구 록)였다. 알렉산드르에게 서로 다른 음악 형식이라고 가정되는 이 두 범주는 대립하지 않았고, 서구 '부르주아' 음반을 암시장에서 사는 행동이 자신의 공산주의적 확신이나 국제적인 축제의 반부르주아적 메시지에 반한다고도 생각하지 않았다. 알렉산드르의 편지는 반제국주의적 정치 축제를 흥분에 차서 상세히 묘사한 뒤에, 아이러니하게도 가끔씩 부탁하던 대로 청바지를 구해줄 수 있겠냐는 요청으로 끝난다.

이제 청바지jeans[영어로 씀] 말인데. 만일 네가 구할 수 있다면, 얼마 정도 할까? 가격이 맞으면 내가 우편환을 보낼게. 오케이 O'Key[영어로 씀]. 내 사이즈는 전에 알려줬는데, 혹시 잊어버렸을까봐 다시 적는다. 길이는 5나 6(엉덩이에서부터 약 110~12센티미터), 사이즈는 46이나 48이야.

반부르주아 연대를 위한 축제에 관한 자기 편지에 외견상 역설적으로 보이는 이런 차원을 들여옴으로써, 알렉산드르는 소비주의의 욕망과 암시장의 도덕성을 도입하고 있는 것일까? 그렇지 않다. 여기서 그가 도입하고 있는 것은 청바지와 서구 록 음악, 영어 단어들과 속어 표현인 '도스타트dostat'(암시장을 통해 구하다) 따위가 집합적으로 가리키고 있는 차원, 곧 상상의 서구라는 담론적 차원이다. 이 상상적 세계는 반제국주의적 축제에도 혹은 알렉산드르의 공산주의적 가치에도 위배되지 않았다. 오히려 그 반대로 그것들과 완벽하게 공존했다. 공산주의적 가치, 소비에트 표어와 정치적 연대에 관한 반식민주의적 노래는 명시적·지적·도덕적으로 공산주의 프로젝트의 일부를 이루었다. 미국 청바지, 서구 아트록, 음악 애호가들의 암시장 네트워크, 여기에 더해 이론 수학과 시까지, 이것들은 미학적으로 그리고 심지어 "심리-미학적"으로 인류의 동일한 미래에 연결되었다.

미래의 메아리

알렉산드르의 편지들에 담긴 공산주의적 수사법은 아무 생각 없는 열성분자가 당의 모든 선언을 되뇌이는 것과는 다르다. 그와는 반대로 알렉산드르의 관점에서 공산주의 이념을 향한 신념은, 몇몇 당 관료와 선생 들이 이 이념을 해석하는 보수적인 방식에 동의하지 않을 도덕적 근거를 마련해준다. 알렉산드르는 부르주아 문화의 요소와 소비에트적 가치가 완벽하게 공존할 수 있는, 더욱 세계시민주의적이고 행위 주체적이며 미학적으로 실험적인 공산주의에 대한 이해를 주창한다. 그는 편지에서 자주 나이 든 교수나 당 관료의 보수적인 입장에 반대되는 비전을 개진했다. 대학에서 그는 종종 이들에게 공공연히 맞섰다. 앞서 논했다시피 이러한 도덕적 입장을 견지할 자격을 갖고 있다는 느낌은 소비에트 체계가 정형화된 수사학 및 정치적 통제와 더불어 비판적 판단, 독립적 사고, 미학적 실험, 국제주의적 정체성을 장려하고 가치를 부여했기에 가능해진 것이었다.

아직 중등학교에 다니던 시절 니콜라이는 알렉산드르에게 어떤 선생이 특정한 외양을 금지하는 엄격한 캠페인을 시작했다고 쓴 적이 있었다. 남학생은 머리를 길게 기르는 것을 금지당했고, 여학생은 선명한 빨간색 매니큐어를 바르거나 선생들이 생각하기에 너무 짧은 교복 치마를 입는 것에 대해 질책을 받았다. 학교 콤소몰 회합에서는 나이 든 선생들이 이러한 차림새를 소비에트 청년에게는 무가치한 서구 영향의 산물이자 교양 없는nekul'turnye 짓이라고 하면서 호되게 비판했다.[27] 알렉산드르는 니콜라이에게 1975년 4월 25일에 답장을 쓰면서 야쿠츠크 학교에서 친구들에게 그 사건을 이야기해줬다고 적었다.

너도 잘 알다시피, 우리는 네가 선생들과 논쟁을 벌이기 시작한 차림새 문제에 있어서 네 편이야. 덧붙여 말하자면 학교[숫자 삭제]

---

27 소비에트 학교에서 패션에 관한 유사한 논쟁을 5장에서 다룬 바 있다.

콤소몰 위원회 서기로서, 나는 옷과 머리 모양 문제에 관해서라면 너희 학교 선생들과 전적으로 반대되는 입장이야. 나는 그들이 체호프의 말을 상기해야 한다고 생각해. "인간에게 있는 모든 것, 즉 얼굴, 옷, 영혼, 사상은 훌륭해야만 한다."[28] 그리고 푸시킨의 말도. "인간은 손톱의 아름다움에 신경을 쓰면서도 훌륭한 존재일 수 있다."[29] 내가 거기 없어서 유감이야. 그 멍청이들pridurki과 기꺼이 제대로 한 번 붙어볼 용의가 있는데.

2년 후 니콜라이는 서구 록 음악을 하찮다고 비판하면서, 자기와 자기 친구들의 흥미를 순진함, 정치적 미성숙, 미적 교육의 부족의 징표로 조롱한 미학 교수와 논쟁을 벌인 일에 관해 썼다. 1977년 1월 21일 알렉산드르는 노보시비르스크 대학에서 답장을 썼다.

너희 미학 교수에게 전해줘. 인간은 주변 세계를 원시 시대의 자리에서 볼 수는 없는 거라고. 왜냐하면 그 구덩이 안에서는 우리의 삶이 거의 보이질 않고 기껏 보이는 거라곤 우리의 발뒤꿈치와, 그리고 험한 말을 써서 미안하지만, 우리 엉덩이zadnitsy뿐일 것이기 때문이라고 말야. 우리 눈을 똑바로 바라보려면 적어도 우리보다 조금은 앞서 있어야 한다고 말이야. 이건 그녀에게 특히 중요하지. 왜냐하면 그녀가 인간 특성의 관리자이고 인간 행동의 지도자이기 때문이야. 좀더 높은 지대에서 서서 본다면, 록 음악이 클래식의

---

28 V cheloveke vsë dolzhno byt' krasivo: i litso, i odezhda, i dusha, i mysli.

29 Byt' mozhno del'nym chelovekom, i dumat' o krase nogtei.

자격을 갖춘 후계자이며, '비틀스'가 아마도 우주 비행이나 핵물리학에 버금갈 만큼 인간 정신에 영향을 미치는 우리 삶의 전례 없는 현상임을 분명하게 알 수 있을 거야. [……] 우리가 가치 있다고 여기는 것chem my zhivëm이 무엇인지, 무엇이 우리를 고통스럽게 하는지, 우리가 무엇을 사랑하고 그 이유가 뭔지도 모르면서 우리를 교육할 수는 없어. 그녀에게 내가 바흐, 비발디Antonio Vivaldi, 차이콥스키Pyotr Tchaikovsky, 라흐마니노프Sergei Rachmaninoff, 시체드린Rodion Shchedrin을 아주 좋아하지만, 동시에 아무런 거리낌 없이 폴 매카트니를 그들 옆에 세울 수 있다고 전해줘. 만약 그녀가 이걸 이해하지 못한다면, 그녀는 삶과 발전하는 미학의 선생이 아니라 교리적 미학의 설교자인데, 그건 종교보다 나을 게 없지.

이 반응을 통해 알 수 있듯이 알렉산드르는 '부르주아'적이고 교양 없다고 여겨진 미학의 상징과 형식 들을, 공식적으로 칭송받는 소비에트 사회주의의 성과들(우주개발, 핵물리학), 그리고 러시아와 세계 문화의 정전들(차이콥스키, 라흐마니노프 등등)과 명시적으로 연결시키고 있다. 공산주의적 이상에 대한 그의 지지나 그것을 표현하기 위해 제시된 이데올로기적 공식들을 사용하는 일은, 그가 이런 이상에 대한 보수적인 당 관료와 선생의 해석에 반대하지 못할 이유도, 더 나아가 이런 생각을 소비에트 우편을 통해 나라 저편〔레닌그라드〕으로 보내지 못할 이유도 되지 못했다. 공산주의 미학의 교리적인 보수적 판본과 종교적 교리를 비교하면서, 알렉산드르는 교리에 얽매이지 않은 채 미학적으로 혁신적이고 미래 지향적인 용어를 통해 공산주의를 재해석할 필요성을 역설한다. 나이 든 당 관료들이 서구 록 음악에서 부패한 부르주아적 가치만을 보았던 반면, 알렉산드르는 그 속에서 최고의 클래식 음악, 수학 이론, 우주개발, 그리고 마르크스와 레닌의 글에서 보아온 일종의 미래를 향한 지향을 발견했다. 알렉산드르에게 이 다양한 지식 형식들 속에 표현된 과학적·미학적·윤리적 관심 전부는 인생을 인류의 미래를 위해 바치는 것이 유의미하고 중요하다는 그의 단호한 신념에 연결되었다.

실제로 이 미래주의적 윤리학은 알렉산드르의 담론에서 주제를 막론한 중심을 차지한다. 앞서 인용한 1977년 9월 8일자 편지에서 록 음악에 관한 논의에 뒤이어, 알렉산드르는 대학에서 전공하는 수학에서 환론이 갖는 중요성을 둘러싸고 니콜라이와 또 다른 논쟁을 펼친다. 환론이 너무 추상적이며 직접적이고 실용적으로 적용할 가능성이 없다는 니콜라이의 지적에 맞서, 알렉산드르는 진정한 관심사는 현재의 문제가 아니라 미래를 향한 것이어야 한다고 주장한다. "기초과학은 사람들의 직접적인 필요에 의해 자기 중요성을 정당화할 필요가 없어. 〔……〕 인간에겐 추상적 사고를 할 수 있는 정신이 있어. 만일 인간이 매번 자기가 이런저런 것들을 생각하는 이유를 숙고하고, 그가 고안해낸 것이 먹을 수 있는지를 고민한다면〔자기 발명품을 즉각 실용적으로 적용할 수 있는지, 이 경우에는 그가 생산한 게 식품인지〕, 과연 그자가 인간 존재가 될 수 있는지조차 미심쩍어질 거야. 앞으로 500년에서 1천 년 후면 환론이 수행한 연구가 쓸모 있어지리라고 100퍼센트 장담할 수 있어. 〔……〕 그리고 누군가는 반드시 이렇게 말하게 될 거야. '그들이 한 것들이 허사가 아니었어!'" 환론, 수학, 과학 일반은 그것들이 미래를 위해 복무하기 때문에 중요한 것이었다. 알렉산드르가 이해하기에, 예술과 음악의 경우에도 이것은 진실이었다. 이어지는 다음 편지(1977년 11월 23일자)에서 니콜라이와 음악에 관해 계속 논쟁하면서, 알렉산드르는 이렇게 적었다. "어떤 곡이 너무나 사려 깊고 극도로 능수능란하게 연주되어 듣는 사람이 생리적으로뿐만 아니라 미학적이고 영적으로 음악의 영향을 받게 될 때, 그럴 때에만 음악은 미래를 갖게 돼. 이것이 바흐, 베토벤Ludwig van Beethoven, 스트라빈스키, 거슈윈George Gershwin에게 미래가 있는 이유지. 록 음악에 미래가 있는 이유이기도 하고."

　　앞서 인용한 미학 교수에 대한 비판에서 알렉산드르는 그녀가 불변의 교리를 진술하고 새로운 것을 볼 수 없는 구덩이 속에 앉아 있다면서, 자기 세대보다 뒤처져 있다고 비판했다. 궁극적으로 알렉산드르는 교수가 순환하는 담론으로 말하고 있을 뿐이며, 따라서 미래를 만들어낼 수 없다고 비판하고 있는 것이다. 이것이 그 교수가 설교자일 뿐 스승이나 관리자가 아닌 이유이다. 그녀는 단지 다른 누군가의 교리적 수사를 얼어붙은 진술적 의미로, 그녀 자신의 해석 없이 반복하고 있을 뿐이다. 앞서 4장에서 분석했던 전환처럼, 알렉산드르는 미래의 비전을 그런 관료들에게서 스스로 되찾아와야 한다고 느끼면서, 그것에 단순한 주인공이 아니라 저자로서 참여하려고 노력했다. 그러므로 비록 그의 열정적인 공산주의적 담론이, 우리가 4장에서 살펴보았던 소비에트 시스템의 브녜에 산다고 주장했던 사람들의 담론과 놀랄 만큼 다르게 보일지라도, 실상 둘 사이에는 많은 공통점이 존재했다. 그들과 마찬가지로 알렉산드르도 자신이 (주인공으로서) 권위적 담론의 형식을 수행적으로 재생산함으로써 가능해진 새롭고 예측 불가능한 의미들을 (저자로서) 생산하는 데 관여하는 일이 중요하고 흥미롭다는 것을 깨달았다.

록 음악의 미래 지향적 미학과 그 미래에 관한 해석을 자기만의 언어로 말할 수 있다는 점이, 알렉산드르와 그 세대에 속한 다른 많은 사람들이 록 음악에 매료된 이유였다. 모든 서구 밴드가 1970년대 소비에트 청년들을 똑같은 방식으로 사로잡은 것은 아니었다. 그 시기에 정치적·문화적 국경을 넘어 소비에트연방 내에서 유독 열심히 유통·번역되었고, 나중에는 테이프로 녹음·복제된 음반들은 특정한 미학을 공유하는 경향이 있었다. 대부분은 아트록이나 하드록 장르를 연주했고, 그들의 음악은 '가볍지도' '멜로디가 풍부하지도' 않았으며, 그들의 노래는 풍부한 악기 연주, 복잡하고 열정적이며 때로는 오페라적인 보컬, 즉흥연주 악절, 조성 변화, 장중한 기타 리프, 오버드라이브나 디스토션 따위의 다양한 부분들을 포함했으며, 전반적으로 최면 상태를 일으키는 듯한 특징을 보였다. 스타일은 다양했지만 이들 그룹은 리얼리즘이나 가볍고 '멜로디적인' 음악의 뻔하고 순환적이며 불변하는 미학과 단절하는 것을 그 표식으로 삼는 음악 미학을 공유했다. 바로 이런 단절이 서구 록을 생기 넘치는 상상적 세계를 구축하는 데 완벽하게 들어맞는 작품으로 보이도록 만들었던 것이다.

이 밴드들의 음악은 후기 소비에트 맥락 속에서 보기 드문 공명을 일으켰다. 그것은 그 밴드들 스스로도 인식하지 못했을 그들 음악의 무엇인가가 일으킨 공명이었다. 그 무엇이란 당의 엄격한 통제와 불변하는 권위적 담론에도 불구하고 후기 사회주의 시기 동안 사회주의 에토스의 중요한 부분으로 남아 있었던, 미래주의적이고 아방가르드적인 실험적 미학이었다. 확실히 미래에 대한 알렉산드르의 언급은 이와 같은 혁명의 실험적 미학에 직접적으로 빚지고 있다. 알렉산드르가 "록 음악의 최고의 사례들"과 경쾌하고 사실적인 곡조를 연주하는 국가가 승인한 단순한 팝 밴드들 사이에 세운 대립 구도는, 부르주아 문화와 공산주의 문화 간의 대립이 아니라 소비에트 문화에 공존했던 두 계열, 교리적이고 순환적인 미학 형식과 미래 지향적 실험 및 혁신 사이의 대립이었다.

소비에트 문화에서 이 미래주의적 계열의 중요성은 1970년대에 등장한 러시아 '아마추어' 록 음악계의 음악, 가사, 밴드 명칭 등에서도 발견된다. 이 밴드들은 정부가 인가한 '전문' 소비에트 밴드들과 대단히 달랐다. 전문 밴드들은 "노래하는 기타Poiushchie gitary" "즐거운 아이들Vesëlye rebiata" "음유시인들Pesniary" 따위의 평이하고 묘사적인 밴드 이름을 가지고 승인된 레퍼토리만을 연주했다. 그들과 대조적으로 아마추어 밴드들은 사운드에 있어 실험적이었고, 가사에서 심오한 러시아 시 전통을 그려냈다. 대부분의 아마추어 밴드들은 상상적 세계와 관련된 이름을 고안해냈는데, 이런 이름들은 시공간과 종 구분을 넘나들었다. 처음에 이 이름들은 대체로 영어였지만, 1970년대 초부터는 러시아 이름들이 늘어나기 시작했다. 아르고나프티Argonnafty[아르곤호 승무원들], 미피Mify[신화들], 지믈랴네Zemlyane[지구인들], 마시나 브레메니Machina Vremeni[타임머신], 질룐니예 무라비Zelenye murav'i[녹색 개미들], 아크바리움Akvarium[수족관], 준글리Dzhungli[정글들], 주파르크Zoopark[동물원], 나우틸루스 폼필리우스Nautilus Pompilius[앵무조개], 텔레비조르Televizor[텔레비전], 키노Kino[영화] 등이 그것이다.

상상의 저편Imaginary elsewhere으로부터 와서 담론의 진술적 의미를 전환시켰던 것은 소비에트 마지막 세대에게 너무도 흥미롭고 흥분되는 것으로 받아들여졌던 음악의 실험적 사운드, 바로 그것이었다. 권위적 담론을 넘어서는 미학적 형식과의 유사한 연결이, 이 세대에게 다른 여러 미학적 형식들 또한 중요한 것으로 만들었다. 그것은 사회주의적 현실에 대립할 것을 요구하지 않은 채로 창조성과 상상력을 허용해주었다. 그것들 중에는 소비에트 이전 시기의 시, 이론과학, 외국어 등이 포함되었다. 이 세대의 많은 음악 애호가들에게 이 연결은 상상의 서구의 창조로, '심오한 진실,' '세월이 흘러도 변함없는' '보편적' 삶의 문제들을 향한 관심으로 번역되었다.[30] 알렉산드르 같은 사람들에게 이것은 소비에트의 권위적 담론이 제공하는 묘사와는 분명히 다르지만 그럼에도 여전히 공산주의적인 상상력으로, 그리고 고착된 정전들과 단절하려는 욕망에 뿌리내리고 있었던 상상의 미래 세계를 향한 관심으로 번역되었다. 다른 많은 알렉산드르의 동년배들은 이런 서구 록의 미래 지향적 미학을 상당히 명쾌하게 회상했다. 유명한 아마추어 록 밴드 스트란녜 이그리Strannye Igry[이상한 게임들]와 아비아AVIA의 리더 니콜라이 구세프Nikolai Gusev는 젊은 시절 서구 록에 매료되었던 일을 묘사하면서 1980년대에 이렇게 말했다. "저는 언제나 1920년대 아방가르드에 대단히 관심이 많았습니다. 저에게 그것은 벽을 부수기 위해 고안된, 좀더 진지하고 세련된 펑크록의 변이형에 해당했죠. 1920년대

---

30 4장에 나온 한 음악가의 말을 떠올려 보라. 우리는 "이 시스템이든 저 시스템이든 상관 없는, 혹은 특정한 시간대에 속하지 않는 보편적인 문제에 관심을 두었죠. 다르게 말하면 천 년 전에도 있었고 여전히 존재하는 문제들, 사람 사이의 관계, 인간과 자연의 연결 같은 것들 말입니다"(Cushman 1995: 95).

소비에트 아방가르드, 구성주의, 엘 리시츠키El Lissitzky 등등은 거대한 돌파, 강력한 망치 한 방이었죠."[31]

31 Nikkila(2002). 사운드, 이미지, 텍스트의 특이한 실험은 자주 아방가르드 예술가들에
    의해 미래를 창조하기 위한 강력한 미학적 도구로 사용되곤 했다. 5장 주석 8번을 보라.
    록의 아방가르드적 뿌리를 추적하는 그레일 마커스Greil Marcus(1990)의 매력적인 역사
    서술도 참고하라.

7

데드 아이러니
: 네크로미학, 스툡프, 그리고 아넥도트*

　[옮긴이] 러시아어본의 장 제목은 "외재성의 아이러니Ironia vnenakhodimost'"이다. 앞
선 장들에서 살펴보았듯이, '외재성'의 원칙은 후기 소비에트 시기 대다수 소비에트 시
민이 실천했던 (권력) 시스템과의 특별한 관계 방식을 일컫는 개념이다. 그 방식의 '끝의
풍경'이라 할 "데드 아이러니dead irony"를 다루고 있는 7장에서 유르착은 그 원칙의 몇
몇 극단적인 사례들을 살펴본다. 러시아어본에서는 이어지는 두 인용문 대신 아래의 니
체의 인용문이 실려 있다.

　어떤 대가를 치르고 예술가가 되는가. 모든 '비-예술가들'이 형식이라고 부르는 모든
　것을 '내용'으로 받아들임으로써 그렇게 된다. 당연히 그렇게 되면 뒤집힌 세상에서
　살아가게 된다. 왜냐하면 이제부터 모든 내용이 너에게는 모종의 형식이 되기 때문이
　다. 삶 그 자체를 포함해서.
　—프리드리히 니체, 『권력에의 의지: 모든 가치의 재평가의 시도』(Ницше 2005:
　447).

내 묘비에는 다음과 같이 쓰여 있을 것이다. '그는 종種이라는 관념과 대결하여 스스로 그 제약에서 해방되었다.'

—벨리미르 홀레브니코프[1]

아이러니와 진정한 매료 사이에서 균형을 잡는 일이 언제나 내 주요 관심사였습니다. 나는 내 일이 '직선적'으로, 명쾌하게 해석될 만한 상황을 피하고 싶었어요.

—니콜라이 구세프[2]

미트키

1980년경 **미트키**Mit'ki라고 불리는 기이한 예술가 집단이 레닌그라드에 등장했다. 이 집단의 구성원들은 시스템의 사회정치적 관심사들의 브녜(내-외부)에서 그로테스크한 방식으로 살아가는 수행적 실천을 통해서, 자신의 일상생활을 미적 프로젝트로 바꾸었다. 이 집단의 신화에 따르면, 진정한 **미툐크**Mitёk(미트키의 단수형)는 소비에

---

1 홀레브니코프Velimir Khlebnikov(1987: 196)의 시 「그들이 내 묘비명을 읽게 하라Let Them Read on My Gravestone」(1904)에서 발췌했다.
2 니콜라이 구세프는 레닌그라드의 유명한 연극적 록 밴드 스트란녜 이그리와 아비아의 리더다. Nikkila(2002)에서 재인용.

트 세계의 아무런 '뉴스'도 알지 못하고, 신문을 읽거나 텔레비전을 보지도 않으며, 절대적으로 필요한 경우를 제외하면 쇼핑도 하지 않는다. 사실 진정한 미툐크는 동네 상점 딱 두 군데, 즉 술집과 빵집 말고는 알지도 못한다. 미트키가 이런 지식들을 찾으려는 노력을 전혀 기울이지 않는다는 사실은, 그들이 경력, 성공, 돈, 아름다움, 건강 따위의 일반적 관심사를 전적으로 무시하면서, 무의식적이고 친근하며 모든 것을 다 받아들이는 백수 역할을 지속적으로 수행한다는 뜻이다. 이렇게 함으로써 그들은 모여서 술 마시고 그림 그리고 끝없이 옵셰니예(상호작용)를 나눌 수 있는 더 많은 시간과 에너지를 갖게 된다. 미트키는 입에서 입으로 전해지는 자기들 삶에 관한 우스운 이야기, 신화, 서사시 들을 낭송하곤 했는데, 1980년대 초반의 텍스트에서 그들 스스로를 다음과 같이 묘사하고 있다.

> 모름지기 미툐크라면 절대로 아무 일도 하지 않는 보일러실 근무를 일주일에 한 번 24시간 교대 근무로 하면서 한 달에 70루블[최저임금] 이상은 벌지 않는데, 왜냐하면 그는 아주 검소하기 때문이다. 예를 들어 미툐크는 수개월 동안 달랑 가공 치즈plavlennyi syrok만을 먹으면서도, 그것을 맛있고 질 좋은 경제적인 음식이라고 여길 수 있다. 그런 식이면, 요리에 시간을 쓸 필요가 없어진다는 건 말할 나위도 없다(Shinkarev 1990: 18).

보일러실과 띄엄띄엄 있는 교대 근무에 대한 언급은 물론 (4장에서 살펴본 바 있는) 그 시기 몇몇 청년들 사이에 실제로 유행하던 생활 방식을 가리킨다. 어느 영웅적인 미툐크 한 명은 한 달 치 먹거리를 미리 준비해 시간과 돈을 절약할 수 있는 방법을 고안해냈다고 한다.

> [그 미툐크는] 킬로그램당 30코페이카[3]짜리 싸구려 젤리식 육가공품zelets 3킬로그램, 빵 네 덩이, 그리고 여분의 영양 공급을 위해 마가린 두 팩을 사서, 그것들을 설거지통taz에 넣고 완전히 뒤섞은 후에 불에 익혔다. 그러고 난 뒤 그것을 10리터들이 유리병에 담아 냉장고에 저장했다. 이 음식은 차게 먹어도 되고 데워 먹어도 된다. 이렇게 하면 한 달 치 식량에 3루블밖에 들지 않을뿐더러 막대한 시간을 절약할 수 있다(Shinkarev 1990: 18).

미트키의 아이러니한 미학이 포스트모던식의 만사에 거리를 두는 냉소적인 태도를 연상시키는 것처럼 보일 수도 있지만, 그들의 무감각함은 사실 이런 입장의 정반대, 즉 만사를 사람 좋게 수용하는 태도에서 기인한다. 이런 형식의 아이러니는 러시아 민속과 러시아 문학예술의 부조리 유머에 그 뿌리를 두고 있으며,[4] 그와 더불어 절대 간과할 수 없는 후기 사회주의적 특징도 보여준다. 그래서 미툐크의 캐릭터가 러시아 동화에 나오는 '현명한 바보'의 원형적 캐릭터와 유사하다는 의견이 제시되어왔다. 결말에 가서는 언제나 '소녀를 얻게

---

3 아주 싼 가격이다.
4 예를 들자면 고골Nikolai Gogol, 불가코프Mikhail Bulgakov, 보이노비치Vladimir Voinovich의 풍자소설들, 하름스, 홀레브니코프, 크루첸니흐의 부조리한 단편과 시 들이 있다. 낸시 리스는 러시아 화자들이 지속적으로 "그들 자신의 부조리한 경험과 [작가들]에 의해 유명해신 부소리한 이미지늘, 그리고 부수히 많은 다른 부조리들을 나란히" 인용하거나 암시한다는 사실을 발견했다(Ries 1997: 51).

되는' 고운 심성을 지닌 순박한 젊은 농부 '바보 이반Ivan-durak' 캐릭터가 그것이다. 그런데 사실 미툐크 캐릭터는 바보 이반이 후기 사회주의식으로 전도된 버전이다. 이 지점을 설명하기 위해 전형적인 미트키식 서사시를 살펴보자.

원양 여객선 선장이 가교에서 외쳤다. "여자가 바다에 빠졌다!" 한 미국인이 갑판으로 달려왔다. 그 미국인은 기백이 넘치는 동작으로 단번에 하얀 반바지와 "마이애미 해변"이라는 표어가 적힌 흰 셔츠를 벗어던졌다. 강철색 수영복에 구릿빛으로 그을린 피부가 드러났다. 모두 숨을 멈추고 지켜본다. 미국인은 난간으로 달려가 우아하게 날아올라 물도 튀기지 않고 물속으로 들어간다. 그러고는 자신만만하게 물결을 가르고 국제적인 평영으로 여자에게 다가간다. 그러나…… 목표 지점을 10미터 남기고 물에 빠져 죽고 말았다!

선장이 다시 고함을 쳤다. "여자가 바다에 빠졌다!" 한 프랑스인이 갑판으로 달려왔다. 그 프랑스인이 우아한 동작으로 파란 반바지와 "사랑은 영원하다"라는 문구가 적힌 파란 티셔츠를 벗어던지자, 앵무새가 그려진 노란 수영 바지가 드러났다. 모두 숨을 멈추고 지켜본다. 프랑스인은 난간 위를 새처럼 날아 공중제비를 세 번 돌고는 물도 튀기지 않고 물속으로 들어간다! 그러고는 우아하게 국제적인 접영으로 여자를 구하러 헤엄쳐간다. 그러나…… 목표 지점을 5미터 남기고 물에 빠져 죽고 말았다!

선장이 다시 고함을 쳤다. "여자가 바다에 빠졌다!" 청소도구함 문이 열리더니 러시아인이 코를 팽 풀고 딸꾹질을 하며 비틀비틀 갑판으로 걸어 나왔다. "빠졌어? 어디라고?" 러시아인은 올이 다 드러나고 해지고 기름이 번들번들한 누비 재킷을 입고 있었다. 바지 무릎은 툭 튀어나와 있었다. 러시아인이 천천히 재킷을 벗고, 줄무늬 선원 셔츠를 벗고, 바지에 하나 남은 단추를 끄르자 무릎까지 내려오는 헐렁하고 더러운 속옷이 드러났다. 몸뚱이는 허옇고 비대했다. 추위에 덜덜 떨면서 철책을 붙잡고 볼품없이 바다로 떨어진 러시아인은 요란한 소리를 내고 물을 튀기며 물속으로 들어갔다. 그리고······ 곧바로 물에 빠져 죽고 말았다!

이 러시아인은 당연히 미툐크다. 러시아인이 여자에게 가까이 갔을 때 응당 나와야 할 결정적 구절은 등장하지 않는다. 서스펜스 이전에 물에 빠져 죽어버림으로써 아예 그런 일이 생기게 만들지를 않는다. 전통적인 러시아 동화에서 세련된 외국인(외국에서 온 왕자, 초자연적 존재 등)은 결말에 가서 패배하고, 그 동네 사는 세련되지 못한 영웅, 말하자면 바보 이반 같은 자가 승리한다. 그렇지만 미트키 이야기에서는 누구도 이기지 못한다. 이런 예상 밖의 결말도 미트키 미학의 일부이다. 이는 '쿨'해져야 할 필요성에 완전히 무감각해지는 효과를 창출한다. '쿨한' 미국인이나 프랑스인과 대조되는 것은 주인공의 옷차림, 행동, 신체만이 아니다. 그가 이 사실을 전혀 인식하지 못한다는 것 역시 대조적이다. 그가 승리하지 못하는 이유는 충분히 훌륭하지 못해서가 아니라, 이기고 지는 담론 자체가 그에게 낯설기 때문이다. 그렇다고 패배한 것도 아니다. 다만 경쟁을 인식하지 못

МИТЬКИ,

ОПИСАННЫЕ ВЛАДИМИРОМ ШИНКАРЁВЫМ И НАРИСОВАННЫЕ АЛЕКСАНДРОМ ФЛОРЕНСКИМ.

ЛЕНИНГРАД 1990 ГОД

⟨7.1⟩
『미트키』(블라디미르 신카레프Vladimir Schinkarev 구술, 알렉산드르 플로렌스키Alexandr Florenskii 그림, 1990)의 책표지. 1980년대 초반에 그려졌다.

하고, 경쟁이 일어나는 담론의 장에 딱히 들어가 있지 않을 뿐이다. 그는 그 장의 브녜에 존재한다. 당연하게도 미트키의 모토는 이것이다. "미트키는 누구도 이겨 먹을 생각이 없다Mit'ki nikogo ne khotiat pobedit'."

　이런 이야기들은 그것을 이미 여러 차례 들은 바 있는 관객들 앞에서 끊임없이 반복되었다. 이런 의례화된 반복은 그것에 동반되는 다른 의례화된 행위들과 마찬가지로 미트키의 우주를 구축하는 데 중요했다. 가령 집단적 음주, 건배, 포옹, 특정 문구의 사용, 감탄, 청중에 의한 몸짓 따위가 그것이다. 미트키가 말할 때의 목소리 어조조차도 의례화되어 있었는데, 감정적인 극적 태도가 거의 히스테리에 가까운 그로테스크한 친절함과 뒤섞여 있었다(Guerman 1993b). 미트키의 말 속에는 원래 있거나 만들어낸 온갖 지소형指小形, diminutive이 난무했는데, 별명, 명사, 형용사, 심지어 동사에도 지소형을 사용했다. 친구나 낯선 사람을 부를 때, 그들은 친족 사이에 사용하는 지소형인 '막내 남동생bratishka' '막내 여동생sestrënka'이라는 표현을 썼다. 이 운동의 명칭조차도 친족 관계의 은유를 담고 있다. 미툐크(드미트리Dmitry라는 이름의 특별히 친근한 지소형 애칭)의 복수형인 미트키는 '작은 드미트리들'이라는 뜻이다. 문제의 드미트리는 이 그룹의 멤버였던 드미트리 샤긴Dmitry Shagin을 가리키는데, 그는 부모에게 미툐크라고 불렸다. 다른 구성원들은 자신이 드미트리의 형제임을 보이기 위해 집단적으로 이 이름을 가져다 썼는데, 그 이유는 드미트리가 이런 생활 방식을 고안했으며, 그들이 레닌그라드 예술가였던 드미트리의 부모[5]를 그들 공통의 "영적인 부모"(Guerman 1993b)로 여겼기 때문이었다. 그런데 이 이름에는 그 이상의 무엇인가가 있다. 즉 그것은 [앞선 장들에서 살펴본] 스보이의 다양한 사회적 환경들에서 공통적으로 나타난 바 있는 친족 관계의 은유를 떠올리게 하는, 특정한 친족 관계의 상상력을 가리키고 있다. 4장에서 논의했던 고고학 동아리 구성원들을 떠올려보라. 그들은 그 동아리가 "친척들rodnye liudi [……] 그냥 친척이 아니라 아주 가깝고 소중한 사람들" "아주 가까운 사람들" 그리고 그 결속이 "심지어 가족 관계보다 더 가까운" 사람들로 이루어졌다고 주장했었다.

다른 사람을 "막내 남동생" 또는 "막내 여동생"이라고 부르는 미트키의 방식은 형제자매와 같은 감정, 그리고 서로의 삶에의 깊은 관여와 더불어 일종의 친족적 공중kinship public의 스보이를 만들어냈다. 그런데 이 스보이는 가족 관계도 순수한 우정도 아닌, 그 둘 사이의 거부된 경계에 바탕을 두고 있었다. 이 친족적 공중에는 젠더 분할이 존재했다. 진짜 미툐크는 남자였다. 여자는 그 속에서 여동생, 아내, 연인, 친구, 동지로 형상화되었지만, 미트키는 아니었다. 남자들의 경우 여자들보다, 특히 결혼한 여자들보다 목적 없는 옵세니예, 집단적 음주, 꼭 필요한 무관심 성향 같은 필수적인 실천을 실험하기 위한 더 많은 여유 시간이 있었고, 상대적으로 사회적 압력은 더 적었다. 그와 동시에 미트키는 남자다움이라는 전통적인 남성 역할을 거부하면서, 남성적 영웅주의나 신체상의 성적 매력이 그로테스크하게 결여된 모습을 연출했다.

미트키의 세계가 아무리 작고 고립된 것이었다 할지라도, 1980

---

5   블라디미르 샤긴Vladimir Shagin과 나탈리아 질리나Natalia Zhilina.

년대 초에 그들이 완성한 일상과 교제의 방식은 후기 사회주의 시기 특히 널리 퍼져 있던 아이러니 미학의 그로테스크한 버전이었다. 이런 생활양식은 너무나 농밀하게 미학화된 나머지, 살아간다는 것 자체가 거의 하나의 예술 프로젝트로 바뀔 지경이었다.[6] 아이러니한 방식으로 개인의 삶을 미학화하고자 하는 바로 이런 에토스가 후기 사회주의의 일반적 현상이 되었다. 바일과 게니스가 지적하듯이 후기 소비에트 사회에서는 "창조적 삶의 자유야말로 가장 진정한 자유로 간주되었고," [이는] 매일의 일상 속에서의 "기이한 행동 ekstravagantnoe povedenie"을 "예술적 행위"로 보이도록 만들었다(Vail' and Genis 1996: 198~99). 따라서 비록 미트키의 생활 방식이 후기 소비에트 사회의 규범적 행동을 대표하지는 않는다 하더라도, 결코 주변적 현상에 불과하지는 않았다. 그것은 해당 사회, 특히 소비에트 마지막 세대의 구성원 사이에서 벌어진 광범위한 문화적 전환의 징후로 보아야만 한다. 이는 유사한 미학이 이 세대의 더 넓은 집단 속으로 널리 퍼져갔다는 사실(사례들은 이후 제시될 것이다), 그리고 그들의 생활 방식과 철학 덕분에 미트키가 1980년대 후반 페레스트로이카 시기와 이어진 포스트-소비에트 시기에 극도로 유명해졌다는 사실에서 선명하게 드러난다.

이 장에서는 후기 사회주의 시기 동안 소비에트 체계의 내적 전치와 탈영토화, 그리고 그것이 낳은 역설적인 문화적·사회적·심리적

---

6 이런 미학은 사회주의하의 일상생활을 보여준 일리야 카바코프의 설치미술에서 전형적으로 드러나는데, 그가 다룬 주제에는 소비에트 공동주택과 소비에트 공중화장실이 포함된다. Tupitsyn(1991)과 Boym(1999)을 보라. [옮긴이] 카바코프에 관해서는 3장 수석 41번을 보라.

효과들이 어떻게 미트키에 의해 행해진 것과 같은 특이한 부조리 유머의 출현을 이끌었는지, 더불어 일상의 역설에 대한 반응이라 할 미묘한 아이러니 장르들을 낳게 되었는지를 분석할 것이다. 이 유머러스한 장르들의 특히 흥미로운 특징은 진지함과 유머, 지지와 반대, 말이 되는 것과 안 되는 것 사이의 경계를 전혀 받아들이려 하지 않았다는 데 있다. 이 장르들은 부조리 유머의 더 오래된 러시아 전통에 그 뿌리를 두고 있다. 하지만 후기 사회주의 시기에 그것들은 특별히 새로운 형식들을 취하면서 진정으로 일상 어디에나 편재하는 요소가 되었다. 이 장에서는 이런 유머 장르와 생활양식 중 몇 가지(그것들 중에는 널리 퍼졌던 것도 있고 지엽적이었던 것도 있다)에 초점을 맞추어, 그것들 모두가 시스템의 동일한 역설과 불연속성 들에 개입함으로써 그것들〔역설과 불연속성 들〕을 드러내고 재생산하고, 그 의미를 바꾸며 더 〔극단적으로〕 밀고 나갔다고 주장할 것이다.

네크로리얼리스트들

미트키가 출현한 것과 거의 같은 시기인 1970년대 말에 레닌그라드에서는, 전혀 낌새를 채지 못한 공공장소의 관객들 앞에서 불시에 그들 스스로 "도발provokatsiia"이라고 이름 붙인 기이한 이벤트를 공연하는 또 다른 청년 그룹이 나타났다. 이 그룹의 생활양식, 관심사, 실천은 궁극적으로 그들이 "네크로리얼리즘necrorealism"이라고 지칭한 예술 미학으로 수렴된다. 이후 1980년대 초에 그들은 이 도발들을 8밀리 카메라로 촬영했고, 이를 네크로리얼리즘 장르라고 불렀다.[7] 이어지는 분석에서 우리는 네크로리얼리스트들이 찍은 영화 자체보다는, 그들의 사회적 환경이 발전시킨 삶의 미학 및 현실과의 관계에 더 관심을 둘 것이다. 미트키와 마찬가지로(두 집단은 서로를 알지 못했다), 이 미학은 주변부 현상이 아니라 후기 소비에트 사회에서 일어났던 더 넓은 문화적 전환의 징후로 보아야 한다. 미트키처럼 네크로리얼리스트들도 페레스트로이카와 포스트-소비에트 시기에 명성과 성공을 성취했다.

미래의 네크로리얼리스트들의 집단적 장난은 1970년대 중반에 시작되었다. 1976년 겨울 레닌그라드에서 학교 친구였던 열다섯 살 소년들 한 무리가 동네 영화관 주변을 서성이고 있었다. 표를 사려고 사람들이 늘어선 줄이 워낙 길어 영화를 보기는 다 틀린 노릇이었다. 그런데 영화관 관리자가 소년들을 지목하더니, 영화관 앞의 눈을 치워주면 공짜로 영화를 볼 수 있게 해주겠다고 제안했다. 소년들은 기꺼이 그러겠다고 하고 나무 눈삽을 받아 일에 착수했다. 힘든 노동에 소년들은 금방 달아올랐고, 그중 한 소년인 예브게니 유

---

7   네크로리얼리스트 운동에 관한 아주 꼼꼼한 분석은 Mazin(1998), Berry and Miller-Pogacar(1996)를 참고하라. 〔옮긴이〕네크로리얼리즘necrorealism은 1980년대 초반 상트페테르부르크(당시 레닌그라드)에서 출현했던 특이한 예술 운동을 가리킨다. '죽음'을 뜻하는 'necro'와 '리얼리즘realism'이 결합된 단어로서, 자연스럽게 소비에트의 공식 예술 교리인 사회주의 리얼리즘socialist realism을 떠올리게 한다. 7장의 이어지는 논의에서 상세히 분석되겠지만, 예브게니 유피트Evgenii Yufit를 주축으로 한 네크로리얼리스트들의 괴이한 퍼포먼스들과 그것을 기록한 영화들은 1980년대의 분위기, 그러니까 소비에트 시스템의 '끝의 풍경'을 특징지었던 '부조리'의 미학을 온전히 드러낸다. 참고로 여기서 유르착이 언급하고 있지는 않지만, 유피트는 (흔히 소비에트의 섹스 피스톨스로 불리곤 하는) 소비에트 최초의 펑크록 그룹 '아브토마티체스키 우도블레트보리텔리Avtomaticheskie udovletvoriteli'〔자동 만족기〕의 리더 안드레이 '스빈' 파노프Andrei 'Svin' Panov와도 아주 가까운 사이로, 그에게 큰 영향을 준 것으로 알려져 있다.

피트Evgenii Yufit가 "옷을 좀 벗자"고 제안했다. 그러더니 예브게니는 겨울 코트, 스웨터, 속옷 윗도리를 벗었는데, 눈을 배경으로 이상하게 홀딱 벗은 것처럼 보였다. 이 행동은 이성적(정말로 더웠으니까)이면서도 부조리했다. 논의를 한 것도 아닌데 다른 아이들이 사건의 부조리한 측면에 집중하면서 따라 벗기 시작했다. 누구는 상반신을 벗고, 누구는 하반신을, 또 그중 하나는 겨울 부츠만 빼고 옷을 홀라당 다 벗어버렸다. 상황은 도발로 변했고, 영화를 보겠다던 원래 계획은 잊혔다. 그러고 나서 그들은 미친 듯한 열광에 사로잡혀 아무 목적 없이 눈을 사방으로 집어던지기 시작했다. 영화관 2층에는 거리를 내려다볼 수 있는 커다란 유리창이 있었는데, 영화를 보려고 기다리던 사람들이 깜짝 놀라 아래에서 벌어지는 광경을 구경했다. 어떤 사람들은 당황스러운 듯 웃었고, 어떤 사람들은 격노했다. 유피트는 이 스캔들을 이렇게 회상했다. "사람들 한 무더기가 거리로 달려 나왔고, 어떤 사람이 경찰에 신고를 했고, 다들 소리를 질러댔죠." 상황이 위험해지기 직전에 소년들은 나무 삽을 놓고 옷가지를 집어 들어 사방으로 도망쳤다.[8]

부조리한 알몸 노출과 이유 없는 과잉 행동, 그리고 무엇보다 소년들이 신이 나서 방금 한 도발에 대해 떠들어대기 위해 무리지어 한 방향으로 도망치는 대신에 사방으로 흩어져 달아났다는 사실이, 그들이 만들어낸 이 공적 스펙터클의 특정한 미학을 가리키고 있다. 이 미학의 중심에는 현실과 공연, 상식과 부조리 사이의 명확한 경계를 나누는 것에 대한 거부가 있다. 그것이 즉흥적이어야 한다는

---

8 유피트와의 저자 인터뷰. Mazin(1998: 40)도 참고하라.

점, 도발이 진행되는 동안 갑자기 예기치 않게 동참을 해서 제대로 즐길 수 있어야 한다는 점, 그리고 대체 무엇을 하려는 건지, 무엇 때문에 이런 일을 벌이는 건지에 관한 명시적인 분석이나 설명을 피하려 한다는 점 또한 핵심적이었다. 이런 미학이 그들 삶에서 영구적인 태도가 되었다. 그들은 이를 "멍청한 흥겨움tupoe vesel'e" 혹은 "활기찬 백치 짓거리energichnaia tupost'"[9]라고 불렀고, 이런 스타일의 자발적 이벤트에 언제고 집단적으로 참여할 준비가 되어 있었다.

이 친구들은 소비에트 마지막 세대에 속했다(그들의 리더인 예브게니 유피트는 1961년생이다). 몇 년간 이 그룹은 점점 더 커졌고, 도발 역시 더 빈번하고 정교해졌다. 그즈음에는 대략적으로 계획된 아이디어를 미리 갖고 있는 경우가 잦았다. 하지만 언제나 결말은 즉흥을 가미할 수 있을 정도로 열려 있었다. 정기적으로 벌이는 도발 중에는 남자들 수십 명이 몇 시간에 걸쳐 벌이는 패싸움이 있었다. 그들은 다양한 맥락하에 이런 일을 전혀 예상하지 못한 관객들 앞에서 패싸움을 벌이곤 했다. 싸움은 특별히 폭력적이거나 부상을 동반하지 않았고, 언제나 명확한 원인이나 목적 없이 쾌활한 도주, 굴러 떨어지고 뛰어오르고 팔을 휘두르는 따위의 과장된 신체 동작들을 포함했다(Mazin 1998: 58).

20~30명이 가담한 그런 싸움 중 하나가 1984년 겨울에 일어났다. 싸움은 레닌그라드의 외곽 숲에서 처음 발생해 얼어붙은 호수를 가로질러 교외 기차역으로 옮겨갔고, 결국 교외 열차 안에서 끝이 났다. 교외 열차는 다차dacha[러시아의 시골 별장]에 다녀오는 도시

---

9 유피트의 개인 자료, Mazin(1998: 58~59, 65)에서 재인용.

사람들로 가득 차 있어서, 싸움을 연출하기에 특히 매력적인 장소였다. 유피트가 설명하기를 "그런 환경에서는 언제나 승객들이 싸움에 휘말리고, 나중에는 누구랑 싸우는지, 왜 싸우는지, 무슨 일이 일어나는지 완전히 뒤죽박죽이 돼버리죠. 한번은 군인, 장교 들을 포함한 소대 전체를 싸움에 말려들게 만든 적도 있었죠. 소비에트군 소령과 제가 나란히 싸웠다니까요."[10] 그들은 명예와 도덕심에 대한 분명한 감각을 지니고 있는 "진지한 사람들," 특히 권위를 가진 인물이나 소비에트 이데올로기 신화의 주체들(군 장교는 이 모두를 결합한 존재였으므로 완벽한 대상이었다)을 끌어들이려고 애를 썼는데, 이들이야말로 누군가 도움이 필요할 때 언제든 개입할 준비가 되어 있는 사람들이었다. 이 사람들은 불과 1분 전까지만 해도 완전히 명확했던 상황이 갑자기 말도 안 되는 상황으로 뒤바뀌는 경험에 직면하도록 이끌렸다.

다른 유명한 도발은 1984년 겨울에 벌어진 일로, 네크로리얼리스트들의 기억 속에서 "주라프Zrab 두들겨 패기"로 신화화되었다. 주라프는 법의학 연구실에서 훔쳐온 실물 크기의 남자 고무 마네킹이었다. 이것에 레닌그라드의 맥락에서 이국적으로 들리는 주라프라는 그루지야식 이름이 붙여졌다.[11] 이들은 주라프에게 상황에 따라 다른 옷을 입혔다. 네크로리얼리스트들은 그날 저녁 레닌그라드 중심가에서 러시아워 시간에 수십 명이 가담하는 예의 저 목적 없는 패싸움을 연출했다. 싸움은 공사 중인 건물 5층에서 시작됐는데, 그 층의

---

10 저자 인터뷰.
11 이 이름에는 동성애적 뉘앙스도 담겨 있다. 주라프는 동성애자에 대한 농담에 등장하는 전형적인 인물이다.

앞부분 벽이 없었기 때문에 거리의 행인들이 싸우는 사람들을 훤히 볼 수 있었다. 어느 순간 겨울 재킷에 겨울 모자를 쓴 주라프가 행인들이 뻔히 보고 있는 가운데 5층에서 거리로 꼬꾸라졌다. 싸우던 남자들 무리가 건물 밖으로 달려 나와 나자빠진 주라프의 몸을 각목으로 계속 내리치면서 끝장을 내주겠다고 소리를 질렀다.

유피트는 이렇게 회상한다. "행인들은 그게 진짜 사람이라고 생각했어요. 사람들이 달려와 비명을 지르며 고함을 쳤죠. '이 살인자들! 무슨 짓을 하는 거야?' [……] 모두들 이리 뛰고 저리 뛰며 거기 쓰러져 있는 '사람의 몸'을 얼핏이라도 보려고 애를 썼죠." 사람들이 "더욱더 비명을 지르고 소동이 커지자 경찰이 출동했어요." 그런데 관심이 가장 집중된 순간에 주라프의 머리가 뜯겨 나가 겁에 질린 행인들이 목이 잘린 플라스틱 내부에서 스펀지가 삐져나온 걸 발견했고, 이내 생각했던 것과는 뭔가 다른 일이 벌어졌다는 걸 깨달았다. "군중은 완전히 충격에 빠져서 얼어붙었지요. 꼭 바보들 같았다니까요. 휘둥그레진 멍한 눈들이 기억나네요."[12] 사람들은 경악하여 자신조차 알아들을 수 없는 말들을 중얼거리며 뒤로 물러나기 시작했고, 싸우던 남자들은 주라프를 챙겨 이리저리 도망쳤다. 이전과 마찬가지로 패싸움 자체는 대체로 즉흥적으로 일어났다. 주라프를 끼워 넣어 싸움을 벌이자는 아이디어는 미리 계획된 것이었지만, 그것을 내던져서 팬 일은 행인들이 관심을 가졌기 때문에 특정한 방식으로 풀려나간 즉흥적인 행동이었다.

또 다른 도발은 1980년대 중반에 교외 철길 근처에서 벌어졌다.

---

12   Mazin(1998: 26)을 보라.

그룹의 구성원 두 명이 철길 한편에 선원 재킷을 입고 바지를 발목까지 내린 채 피 묻은 붕대로 머리를 감싸고 서 있었다. 다른 구성원 몇 명이 역시 붕대를 칭칭 감은 채로 선로 옆 덤불 속에 숨어 있었다. 기차가 다가올 때 앞의 두 명이 격렬하게 성행위를 하는 흉내를 내자, 다른 구성원들이 덤불에서 튀어나와 칼부림하는 시늉을 했다. 인적 없는 교외 한복판에서 목격한 기이한 광경에 기관사는 어리둥절하고 혼란스러워했음이 틀림없다. 기차는 고속으로 지나가는 동안 길고 요란한 경적을 울려 반응했다.

언데드

1982년 유피트는 이런 도발들의 일부를 8밀리 카메라로 비밀리에 녹화했다. 이 영상은 후에 그들의 첫 단편영화에 포함되었다.[13] 이

---

13 앞에서 언급한 숲속 패싸움과 "주라프 두들겨 패기" 영상 중 일부는 1985년 단편영화 「나무꾼Lesorub」에 포함되었다. 철길 영상은 1987년 단편영화 「봄Vesna」에 사용되었다(Mazin 1998: 26, 51). 최초의 영화들은 「소변에 미친 시체 도둑들Mochebuitsy trupolovy」(1985)과 「자살 괴물들Vepri suitsida」(1988)에 삽입되었다. 네크로리얼리스트 영화에 대한 논의는 Mazin(1998); Graham(2001); Alaniz and Graham(2001); Alaniz(2003)를 보라. 〔옮긴이〕네크로리얼리스트는 자신들의 경향을 나타낸 그림과 사진을 다수 남겼지만, 특히 그룹의 리더였던 유피트는 여러 편의 영화를 만들었다. 그의 영화들은 국가에서 만드는 '공식영화'뿐 아니라 (그에 대적하는) 이른바 '작가영화'의 방식 역시 거부했던, 1980년대 소비에트 언더그라운드 영화 운동으로 기록된다. 흔히 '병행 영화parallel cinema'로 분류되는 이 영화들은 극도의 비정치성, 폭력과 죽음의 묘사, 모든 종류의 아름다운 이미지에 대한 거부, 공식적 구조로부터의 완전한 독립 등을 그 특징으로 한다. 유피트의 영화는 1988년에 리가에서 열린 국제영화제에 처음 출품된 이후로 전 세계에서 전시와 상영을 이어갔다. 2011년 피츠버그 대학교에서 열린 제3회 러시아 영화 심포지움에서 유피트 영화의 특별 회고전이 열렸으며("Necrorealism

단편영화들에는 특이한 새 캐릭터들도 나왔다. 그들은 처음에는 쉽게 알아볼 수 있는 사회주의 리얼리즘의 영웅들, 즉 병사, 선원, 과학자, 의사, 공무원처럼 보이다가, 다음 순간엔 미친 사람 혹은 피투성이 붕대를 칭칭 감고 좀비 클레이[14]를 덕지덕지 바른 '산송장living dead'처럼 보이는 것이다. 이 캐릭터들은 달리거나 싸움질을 하고, 이상하게 고양된 행동과 동성애적인 행위를 한다든지, 아니면 목적 없이 그저 서성거렸다. 이 영화들은 삶이 죽음으로 변하는 과정, 시체 변형의 여러 단계와 생물학적 부패, 실패한 수차례의 자살 시도, 부상당하고 붕대를 감고 기어 다니고 물에 빠져 죽는 여러 등장인물들을 보여준다. 삶과 죽음 사이의 경계라는 주제는 그들의 논의, 장난, 영화의 중심 주제였다. 이 그룹은 당대의 범죄학, 법의학, 생리병리학에 관한 서적을 즐겨 읽었고, 그중에는 압데예프M. I. Avdeev의 교과서 『법의학 개론Short Guide to Forensic Medicine』(1966),[15] 특

Contexts, History, Interpretations," edited by Seth Graham, Pittsburgh 2011), 같은 해 모스크바 현대미술관MMMA에서 제4회 모스크바 비엔날레 특별 프로젝트의 일환으로 네크로리얼리즘 특별 전시를 열었다("Necrorealism," exhibition research publication, edited by Nelly Podgorskaya, MMMA, 2011).

14 좀비에 관한 공포 영화에서 사용하는 메이크업의 일종이다.

15 〔옮긴이〕러시아어본에는 이 책 이전에 그룹에서 가장 인기가 있었던 책으로 에두아르트 폰 호프만Eduard von Hofmann 박사의 『법의학 도해서Atlas of Legal Medicine』(Saint-Petersburg, 1900)를 화보와 함께 상세하게 언급한다. 이 책에는 20세기 초반 비엔나와 근교 도시에서 일어났던 각종 살인과 비극적 사건들이 기술되어 있었을 뿐 아니라, 사후 시체의 변이 과정을 포함한 부검 절차 등이 화보로 상세하게 그려져 있었다. 193장의 컬러 화보와 혁명 전 시기의 고풍스러운 활자체를 가진 이 책은 범상치 않은 내용에도 불구하고 잘 만들어진 예술 앨범처럼 보였다. 이 비범한 책은 상상력을 불러일으켰다. 지금은 유명한 네크로리얼리스트 예술가가 된 블라디미르 쿠스토프Vladimir Kustov의 회상에 따르면, "호프만의 책 덕분에 우리는 예기치 않게 시체와 조우하게 되었다 (러시아어본, pp. 477~80).

---

461   7 데드 아이러니: 네크로미학, 스탶프, 그리고 아넥도트

히 「시체의 부패 과정 연구」 같은 장이 포함되었다. 책에 실린 이미지들이 영화의 플롯과 캐릭터 분장에 영향을 미쳤다. 그러나 그들의 재현은 죽음이 불러일으킬 수 있는 공포나 두려움의 감정이 아니라, 죽음의 부조리함과, 상태가 아닌 과정으로서의 죽음을 향한 매혹에 초점을 맞추고 있었다. 이런 관심은 이 장르를 좀비와 뱀파이어가 나오는 서구 공포 영화들이나 그것의 우스꽝스러운 모조품들과는 상당히 다른 것으로 만들었다.[16]

이런 활동과 영화 들은 네크로리얼리스트 미학의 중요한 측면을 시사한다. 목적 없이 싸우는 남자들부터 부패하는 시체에 이르기까지, 그들의 낯설고 괴상한 도발과 이미지는 그것을 진술적인 참이나 거짓으로 읽는 것과는 사뭇 다른 효과를 얻기 위한 수단이었다. 그들이 겨냥한 것은 일상적인 것 내부에서 예상치 못하게 기이하고 오싹한 감정을 불러일으키는 것, 즉 평범한 일상적 세계를 혼란에 빠뜨리고 관중들로 하여금 그때까지 보이지 않았거나 오인되어온 전혀 다른 차원이 그 세계 안에 존재할지도 모른다고 의심하게 만드는 것이었다.

다양한 생물학적·심리적 은유가 이 프로젝트에 특히 적절했다. 삶과 죽음의 경계, 제정신과 정신이상의 경계 지대에 불안정하게 선 채로, 네크로리얼리스트들은 소비에트의 권위적 담론의 특정한 생명정치적 효과에 주목했다. 모든 근대국가가 그렇듯이, 소비에트 국가도 헐벗은 삶bare life과 정치적 삶 사이에 경계를 그었다(Agamben

---

16 도브로트보르스키S. Dobrotvorsky(1993: 7)는 초기 네크로리얼리스트 영화에서 "1920년대 소비에트 영화의 거리낌 없는 기행뿐만 아니라, 1910년대 맥 세넷Mack Sennett의 슬랩스틱 스타일과 프랑스 아방가르드의 충격 미학"의 요소도 발견했다.

1998). 아감벤은 근대국가에 의해 완전한 인간 주체로 인식되려면, 개인이 이런 두 가지 삶의 형식을 모두 갖추어야만 한다고 주장했다. 사회정치적 삶으로부터 배제된 채 헐벗은 삶만 영위할 경우 개인은 인간 이하의 지위로 격하된다.[17] 소비에트 국가는 이런 삶의 형식에 시기마다 다른 구분선을 그었지만, 언제나 그것은 보복을 동반한 구분이었다. 가령 그 구분은 "소비에트 인민"과 "인민의 적"을 구분한 스탈린에서부터, 스틸랴기 같은 문화적인 "탈선"에 대한 상징적 거부(예를 들어 1949년에 잡지 『크로코딜』이 스틸랴기를 "말하자면 제대로 된 방식으로 살아 있는 것이 아니라 [……] 삶의 표면 위를 펄럭이며 날아다닐 뿐인"[18] 앵무새나 카나리아라고 부르면서 인간이 아닌 종과 관련지은 것처럼)를 거쳐, 시민과 시민권을 빼앗긴 사람들을 구분하고 정치적 반체제분자들을 정신병자와 동일시했던 브레즈네프에 이르기까지 계속되었다.

삶과 죽음의 사이 지대, 제정신과 광기의 사이 지대, 건강한 시민과 썩어가는 신체의 사이 지대를 향한 네크로리얼리스트들의 천착은, 권위적 담론이 말하는 헐벗은 삶과 정치적 삶의 경계에 대한 거부였을 뿐만 아니라, 그 경계선이 그어진 담론 체제 전체에 대한 거부였다. 이는 미트키의 실천이 성취한 것과 동일하다. 미트키는 법

---

17 이 경계의 이동은 나치 독일 국가가 정신병을 앓는 사람들을 헐벗은 삶만 가진 존재, 따라서 이미 반쯤 죽은 존재로 취급할 수 있게 만들어, 안락사를 통해 체계적으로 그들을 몰살시키는 국가 프로그램을 작동시킬 수 있게 만들었다. 현대 국가가 정치적 삶과 헐벗은 삶을 구별하는 선은 "더 이상 명백하게 구분되는 두 지대를 나누는 안정된 경계선으로 나타나지 않는다. 이 선은 이제 움직이는데, 의사, 과학자, 전문가, 그리고 사제를 끌어들이며 점차로 정치적 삶 이외의 영역으로 이동해 들어가고 있다"(Agamben 1998: 122).
18 5장의 스틸랴기에 관한 논의를 보라.

을 준수하고 매사에 만족하는 좋은 소비에트 시민처럼 보였지만, 실은 자기 자신을 헐벗은 삶의 차원까지 끌어내렸던 것이다. 시민(권위적 형식의 수행, 시민의 외양)과 비시민(정착하지 못하거나 심지어는 진술적 의미가 붕괴된)의 이런 제휴는 둘을 갈라놓는 모든 종류의 명확한 구분을 흐려놓았다. 소비에트 국가의 권위적 담론과 브녜의 관계를 맺고 있다고 주장하는 많은 집단과 사회적 환경 들 역시, 정치적 삶과 헐벗은 삶 사이에 경계선을 긋는 담론적 체제 자체를 거부했다. 예를 들어 고고학 동아리의 인나와 그녀의 친구들(4장)은 자기들이 일반적인 소비에트 인민과 "종적으로 다르다"고 주장하면서, 인민과 비인민 사이의 구분이 그들에겐 전혀 적용되지 않는다는 점을 암시했던 것이다.

삶과 죽음의 경계 지대는 흔히 대중문화에서 탐구되곤 하는데, 가령 '산송장'이나 '언데드undead'의 형상들이 그런 사례들이다. 슬라보예 지젝은 이런 형상들의 존재론을 긍정판단, 부정판단, 무한판단을 구별하는 칸트의 구분을 끌어와 설명한다. 긍정판단에서는 논리적 주어가 술어를 긍정하고(예를 들어 "영혼은 필멸한다The soul is mortal") 부정판단에서는 술어를 부정한다면(예를 들어 "영혼은 필멸하지 않는다The soul is not mortal"), 무한판단에서 주어는 술어를 긍정도 부정도 하지 않고 비술어에 할당한다(예를 들면 "영혼은 불-멸이다 The soul is non-mortal")(Žižek 1994b: 26; Kant 1998). 삶과 죽음의 세계에 속하는 평범한 인간과 언데드의 차이는 부정판단과 무한판단의 차이와 동일하다. "죽은 사람은 살아 있는 존재로서의 술어를 상실하지만, 그/녀는 여전히 예전과 같은 사람이다. 언데드는 반대로 살아 있는 존재로서의 술어를 모두 유지하면서도, 예전과는 다른 존재"(Žižek 1994b: 29),[19] 즉 사람이 아닌 것이 된다.

네크로리얼리스트들이 만들어낸 캐릭터, 이미지, 은유 들은 공히 산 자와 죽은 자 사이의 이 〔중간〕 지대를 정확하게 환기한다. 그들의 초기 영화 가운데 몇 편에는 이 캐릭터들이 '언데드'로 그려진다. 또 다른 작품들에서는 뛰어다니거나 기어다니는 이런저런 정신병자의 형상들로 나타나기도 한다. 그들은 거의 사람처럼 보이며 사람처럼 걷고 있지만, 그럼에도 명백히 인간적 특징을 결여하고 있다. 그들은 언어 구사 능력의 브녜(내-외부)에 존재하며, 단지 끙끙거리고 신음하고 비명을 지를 뿐이다. 미트키의 캐릭터들은 이 사이〔지대〕의 특징in-betweenness을 공유하면서도, 그것을 다른 방식으로 드러낸다. 그들의 무관심한 태도, 그로테스크한 친근함, 과하게 지소형을 사용하는 양식화된 말하기 등은, 그들을 약간 정신이 나갔거나 미친 사람처럼 보이게 한다. 이 두 그룹〔네크로리얼리스트와 미트키〕의 캐릭터들은 소비에트의 권위적 담론이 그은 경계선 안쪽과 바깥쪽의 사이 지대, 헐벗은 삶과 정치적 삶을 가르는 경계를 거부하는 사이 지대에서 살아가면서, 브녜의 세계를 구성한다. 미트키는

---

19 이와 관련한 더 상세한 논의는 Žižek(1993a)을 참고하라. 〔옮긴이〕 무한판단은 죽음과 살아 있음 사이의 구별을 붕괴시키는 제3의 차원을 열어놓는다. 가령 '안 죽은undead'이라는 개념은 '죽지 않았음not dead'과 같지 않은데, 왜냐하면 언데드는 산 것도 죽은 것도 아닌 어떤 상태, 이를테면 '산 죽음living dead'에 해당하기 때문이다. "그는 인간이 아니다"라고 말하면 그것은 그가 인간성에 대해 외부적이라는, 즉 동물이나 신이라는 의미가 되지만, "그는 비인간이다"는 근본적으로 다른 어떤 것, 말하자면 인간도 아니고 인간이 아닌 것도 아니라는 뜻이 된다. 지젝은 이를 칸트의 철학적 혁명이 일으킨 본질적인 변화로 간주하는데, 즉 칸트 이전의 세계에서 인간이 단지 동물적 정욕과 신적 광기의 과잉에 맞서 싸우는 이성적 존재였다면, 칸트 이후 맞서 싸워야 할 과잉은 주체성 자체의 중핵에 내재한다는 것이다. 이와 관련된 보다 상세한 내용은 슬라보예 지젝, 『부정적인 것과 함께 머물기』, 이성민 옮김, 도서출판 b, 2007, 3부를 참고하라.

시스템에 찬성하는 '열성분자'와 시스템에 반대하는 '반체제분자'라는 두 주체 위치에 맞추기를 공히 거부하면서, 경계선의 **사회정치적** 효과를 거절한다. 한편 네크로리얼리스트들은 이 경계선의 **생명정치적** 효과를 거부하는데, 이를 통해 그것이 만들어낸 주체의 두 주체 위치인 '산 자'와 '죽은 자' 모두를 비껴간다. 미트키가 새로운 인간을 발명했다면, 네크로리얼리스트들은 새로운 종을 발명했다.

스툐프

우리는 미트키나 네크로리얼리스트 같은 그룹들이 수행한 아이러니한 미학을 지칭하기 위해 **스툐프**Stiob[20]라는 속어를 사용할 것이다. 스툐프는 빈정거림, 냉소, 조소, 혹은 보다 익숙한 그 어떤 부조리 유머의 장르들과도 차별화되는 독특한 아이러니의 형식이다. 스툐프는 자신이 겨냥하고 있는 대상이나 사람 혹은 이념과 지나칠 정도의 과잉동일시를 요구하기 때문에, 종종 그것이 진정한 지지인지, 미묘한 조롱인지, 아니면 그 둘의 독특한 조합인지를 딱 부러지게 말하기 어려울 정도다. 스툐프의 실행자들 스스로가 이 감정들을 명확히 구분하기를 거부한다. 즉 진지함과 아이러니 중 어느 하나로 해석될

---

20 스툐프와 그것의 포스트-소비에트 시기의 변형에 관해서는 Yurchak(1999; 2005)을 보라. 여기서는 스툐프를 1970년대 말 1980년대 초 등장했을 때의 원래 의미로 사용했는데, 이것은 현재 이 단어가 갖는 여러 의미 중 하나에 불과하다. 이와 유사한 '부조리한' 아이러니 형식을 가리키는 다른 단어들로는 텔레가telega, 시자shiza, 프리콜prikol 등이 있다. 블랭크Diana Blank가 쓴 포스트-소비에트 우크라이나에서의 프리콜 및 기타 유머와 냉소주의 형식에 관한 논의를 보라(Blank 2004; 2005).

수 있는 그 어떤 암시적 기호도 사용하지 않은 채로 그 둘 간의 이분법 자체를 거부하면서, 이 두 감정의 믿을 수 없는 조합을 만들어내는 것이다.

이런 유형의 아이러니는 바흐친의 카니발적 패러디와 일정 요소를 공유한다. 이를 권위적 상징에 대한 저항의 형식으로만 단순하게 이해할 수는 없는 이유는, 그것에는 대상에 대한 친밀감과 온기 또한 포함되어 있기 때문이다. 바흐친은 "종교 텍스트를 가장 서슴없이 패러디하는 사람은 〔……〕 흔히 종교를 진심으로 신봉하는 자"라고 주장했다(Bakhtin 1984: 95). 그러나 바흐친의 패러디와 달리, 소비에트 스툐프는 '카니발'이라는 공적으로 허가받은 한정된 시공간에 국한되지 않는다. 오히려 그것은 훨씬 더 넓은 일련의 맥락들 안에서 문자 그대로 생활의 일상 미학으로 기능한다. 미트키나 네크로리얼리스트 같은 극단적인 경우에 삶 전체가 끝없는 스툐프로 변모하여, 그 바깥의 '일상적' 지대를 남기지 않는다. 이 그룹들의 주된 예술적 창조물은 회화, 영화, 혹은 연출된 도발이 아니라, 나름의 스툐프식 철학, 언어, 행동 방식, 윤리 규범, 교제 방식, 음주 습관, 건강하지 못한 식단 따위의 '삶의 총체예술total art of living'이었다. 더 나아가 바흐친의 패러디와 달리, 이 그룹들이 수행한 스툐프는 상징적 질서 내부에다가 일종의 사이 지대를 만들어냄으로써 해당 질서의 위치 이동을 실행한다. 물론 그들은 결코 그 사실을 명시적으로 인정하지 않은 채로 그렇게 했다. 달리 말해 스툐프는 담론 장을 지지하거나 반대하는 대신에, 그것을 내부로부터 탈영토화시키는 또 다른 전략이었다.

따라서 스툐프는 소비에트 체계를 비판한 윗세대 예술가들이 수행한 소츠-아트(영미 '팝아트'의 아이러니한 모조품을 일컫는 '사회주의 예술'의 비공식적 명칭)[21]의 아이러니와는 다르다. 후자의 작업은 이데올로기적 상징들을 대중문화의 상징들과 뒤섞음으로써, 시스템의 정치적 표어와 사회주의 리얼리즘의 이미지들을 조롱하곤 했다. 소비에트 마지막 세대의 스탸프 미학은 반대로 그 어떤 정치적 관심이나 사회적 관심, 혹은 무엇을 대놓고 지지하거나 반대하는 식으로 연루되는 것을 회피했다. 4장에서 논의된 그룹이나 사회적 환경들과 마찬가지로, 이를 실행했던 사람들도 모든 정치적 입장은 '재미없다'고 생각했다. 후에 페레스트로이카 개혁이 진행되던 시기에, 유피트는 그의 예술적 작업이 정치 영역에 어떻게 개입했느냐는 질문을 받았다. 그의 응답은 아예 이 문제의식 자체와 엮기기를 거부하는 전형적인 모습을 보여주었다. 이 태도는 심지어 그와 같은 거부조차

---

21 이 세대에는 비탈리 코마르Vitaly Komar와 알렉산드르 멜라미드Alexsander Melamid, 일리야 카바코프Ilya Kabakov, 에릭 불라토프Eric Bulatov 등의 예술가들이 속한다. Kabakov(1995); Hillings(1999); Kabakov, Tupitsyn, and Tupitsyn(1999); Epstein(2000; 1995); Boym(2001; 1999); Erajavec(2004); Groys(2004); Buck-Morss(2000)를 보라. 〔옮긴이〕소츠-아트sots-art는 대략 1970년대부터 1988년 사이에 소비에트에서 형성된 비공식 예술의 흐름이다. 소츠-아트라는 용어는 사회주의 리얼리즘sotsrealism의 앞부분 'sots'와 앤디 워홀 등으로 대표되는 서구 팝아트pop art의 뒷부분 'art'를 결합한 것이다. 그들의 전략은 합법적인 예술적 질료, 그러니까 사회주의 리얼리즘의 스타일, 특히 그것의 대중화된 이데올로기적 함의를 지닌 질료들을 사용하되, 고유한 시각적 언어(병치, 치환, 탈맥락화, 희화화 등)를 통해 그것에 내재한 이데올로기 시스템을 교란하고자 하는 것이다. 공식 문화의 영역에서 비공식 문화의 (모더니즘) 스타일을 어느 정도 허용하여 공식과 비공식 문화 간의 대립이 약화되기 시작한 1970년대 중반, 소츠-아트는 사회주의 리얼리즘의 공식 어휘들을 적극적으로 끌어들임으로써 오히려 공식 문화와의 화해를 불가능하게 만들어버렸다. 이후 소츠-아트는 넓은 의미의 예술 운동인 개념주의kontseptualism로 발전해나갔다. 보다 상세한 내용은 이지연, 「해체와 노스텔지어: 소츠 아트Соц-Арт와 소비에트 문화」, 『러시아어문학연구논집』 21호, 한국러시아문학회, 2006, pp. 97~126을 참고하라.

명시적으로 인정하지 않으려는 경지에 이른다.

글쎄요, 가령 비행기 충돌처럼, 다양한 정치인들에게 영향을 미칠수 있는 그런 부상들도 존재하겠죠. 그런 의미에서라면 정치가 분명 내 관심 영역에 들어옵니다. 하지만 그런 부상들의 경우엔 누가누군지를 식별하기가 매우 어렵게 되죠. 조각난 신체가 3평방킬로미터에 이르는 넓은 영역에 흩어지니까요. 극도로 복잡한 사고죠. [……] 하지만 사체는 사체일 뿐입니다. [……] 저는 사체의 변형, [……] 형태와 색깔의 변화에 관심이 있습니다. 일종의 네크로미학necroaesthetics이랄까요. 처음 한두 달에 충격적인 변화가 일어납니다. 사체는 재규어처럼 얼룩덜룩해지고, 거대한 짐승처럼 부풀어 오르지요. 이런 일은 특정한 조건하에서만 일어나고요. 그게 특히 흥미로운 부분이죠. 하지만 정치에 관해서 말하자면 [……] 글쎄요, 정말로 잘 몰라서요(Mazin 1998: 42에서 재인용).

유피트의 답변은 정치적 관심사들을 겨냥한 노골적인 빈정거림에도, 그것들에 대한 직접적인 관여에도 근거를 두고 있지 않다. 그것은 권위적 담론 장의 브녜에 스스로를 위치시키는 양가성의 미학에 근거를 두고 있기에, 이를 '정치적'이라고 부르는 것은 불가능하다. 정치적 입장을 밝히기를 거부하고, 나아가 이런 거부 자체가 의식적인 정치적 입장이라고 주장하는 것도 거부하면서, 유피트는 시스템을 향한 '찬성'과 '반대'의 경계선이 그어진 담론 장 안에 자리매김되기를 거부한다. 대신에 그의 답변은 진혀 다른 담론적 차원 안에서 발화된다. 소비에트의 권위적 담론의 **내부**와 **외부**에 동시에 존재하는 그 차원은 소비에트의 공간적 우주 **내부**에 존재하면서도 그것의 담론적 척도 **내부에 있지는 않다.**

유피트는 그의 담론을 어떻게 해석해야 하는지에 관한 메타적 언급을 전혀 제공하지 않지만, 그럼에도 그가 자신의 부조리한 아이러니에 대해 무지하거나 그것을 인식하지 못하고 있는 것은 전혀 아니다. 이런 종류의 담론에서 중요한 것은, 즉흥적인 행동에 열려 있을 수 있도록 일반적인 스타일 내에 머물기, 잘 정의된 의제나 메시지를 거부하기, 자신의 부조리를 인정하지 않으면서 그것을 더욱더 멀리 밀고 나갈 준비 태세를 항상 갖추고 있기 등이다. 유피트에게 던져진 질문은 정치에 관한 것이었는데, 이에 답하면서 그는 "정치인"을 먼저 언급한다. 정치인들은 "극도로 복잡한 사고"를 당했고, 그들의 신체는 산산조각이 나서 넓은 영역에 흩뿌려졌으며, 누구인지 알아볼 수 없게 되었다. 그들은 형태와 색깔이 변형되어 정치인도 아니고 인간도 아닌, 일종의 비인간으로 축소된 채("사체는 사체일 뿐") 삶과 죽음의 사이 지대에 머물게 된다. 그들은 "재규어처럼 얼룩덜룩해지고, 거대한 짐승처럼 부풀어 오른"다. 즉흥적 스툐프 담론의 이런 짧은 사례들 속에 네크로리얼리즘의 철학이 고스란히 담겨 있다. 서사의 즉흥적인 부조리에 사용된 언어와 각종 기이한 형상, 사건, 창조물, 개체, 변형 들에 관한 문자를 통해 그들은 가능한 모든 이원론적 구분을 거부하면서, 언제나 그것들 사이의 다수의 지대에서 균형을 맞춘다.

이런 종류의 스툐프 미학은 현실에 대한 권위적 재현들이 초규범화된 채로 한 치의 변화도 없이 어디에나 편재했으며, 따라서 그것을 대놓고 지지하거나 비판하는 것이 백치 같은 행위, 나르시시즘,

나쁜 취향의 기미로 보였던 후기 사회주의의 맥락에서 발전했다. 그처럼 열성분자적이거나 혹은 반체제적인 입지 대신에, 스툐프 미학은 권위적 상징 **형식**과의 그로테스크한 "과잉동일시"[22]에 기반을 둔다. 해당 상징을 지지하는 것인지 아니면 그것을 미묘하게 조롱하면서 전복시키는 것인지를 명확히 구분할 수 없는 지경에까지 그 동일시를 밀고 나가는 것이다. 최상의 경우 스툐프에서 이 두 입장은 하나로 병합되고, 저자들 스스로가 그 사이에 분명한 선을 긋지 않는다. 상징과의 '과잉동일시' 행위에 더해, 스툐프의 절차는 두번째 행위를 포함하는데, 해당 상징의 **탈맥락화**decontextualization[23]가 바로 그것이다.

과잉동일시는 권위적 형식의 정확하면서도 다소 그로테스크한 재생산이다(권위적 형식의 예로는 각종 구호 텍스트, 의례의 대본, 단상용 연설문, 투표에서 찬성 표현, 선전 예술의 시각 이미지, 혹은 소비에트의 일상적 삶 속의 판에 박힌 형식적 요소 따위가 있다). 탈맥락화란 이들 형식을 본래 의도와 맞지 않는 의외의 맥락에 가져다 놓는 것을 말한다. 권위적 텍스트, 의례, 이미지 들을 정확하게 복제하는 일에 지나치게 대놓고 전념함으로써, 스툐프의 절차는 전자에 연결된 진술적 의미들의 닻을 풀어버리고, 그렇게 함으로써 의미를 불명확하고 비결정적인 것, 심지어는 부적절한 것으로 만들어버린다. 다시말해 스툐프가 '수행적 전환'의 모델로 복무하게 되는 것이다. 그 결과 상징이 갑작스레 당황스럽거나 부조리한 것으로 나타나게 된다.[24]

---

22 Žižek(1993b)을 보라.

23 탈맥락화에 관한 일반적 논의는 Urban(1996); Urban and Silverstein(1996)을 보라.

24 이런 부조리한 감정은 언어 기호의 기표-기의 관계의 자의성에 대한 갑작스런 인식에 기

앞에서 살펴보았듯이 미트키와 네크로리얼리스트의 과잉동일시 대상은 권위적 담론 속의 소비에트 인민과 소비에트 일상생활의 표상들이었다. 가령 당 연설문과 구호, 소비에트 삶의 일상적 실천, 소비에트 리얼리즘 예술 등이 그 표상들이다.[25] 과잉동일시된 이런 표상들을 탈맥락화하는 일은 그것과 연결된 의미를 예기치 못한 부조리한 방향으로 옮겨놓는다. 가령 미트키는 자신들의 생활양식 전체를 소비에트 삶에 대한 그로테스크한 사회주의 리얼리즘식 표상으로 바꿔놓았는데, 이는 낙관주의, 활력, 밝은 미래를 향한 확신 같은 그들의 자질을 문제, 관심사, 포부, 목표 따위의 전적인 결핍이라는 [또 다른] 자질과 연결시킴으로써 가능했다. 한편 네크로리얼리스트는 이 프로젝트를 더욱더 밀어붙이는데, 이를테면 사회주의 리얼리즘 영웅의 날것 그대로의 생물학적 활력과 정력적인 행동주의를 모방하면서도 정작 그것들의 의미, 말, 인격성과의 연결은 끊어버리는 식이다.

1980년대 초반 무렵이 되면 스툐프는 소비에트연방과 동유럽 사회주의 국가의 수많은 예술가 그룹을 아우르는 공통 미학이 된다. 예를 들어 이 미학은 슬로베니아 록그룹 라이바흐Laibach와 러시아 록그룹 아비아AVIA의 연극적 공연에 도입된 바 있다. 라이바흐는 공산주의적 상징주의의 진지하고 영웅적이며 약간 무서운 측면과의 과잉동일시를 시연하고, 그것들을 탈맥락화하는 과정에서 공산주의의

반한다(예를 들어 그 어떤 단어라도 일정 횟수 이상 반복되면 '부조리하게' 들리기 시작한다).

25 디트머Lowell Dittmer는 중국에서의 이런 미학을 이데올로기적으로 지정된 이상적 행동과의 "과잉일관성hypercoherence"이라고 묘사한다(Dittmer 1981: 146~47). 또한 Anagnost(1997: 191)도 참고하라.

언어, 시각, 미학적 상징들을 나치의 "피와 대지"[26] 이데올로기와 뒤섞어놓았다. 물론 이 상징들의 출처를 명시적으로 드러내지는 않은 채로 말이다(Žižek 1994c: 72; Yurchak 1999). 그들의 무대 디자인은 아름답고 과하고 장엄했다. 동시에 그것은 그 어떤 이데올로기와도 얼마든지 부합할 수 있는 상징들(이를테면 가죽 제복, 붉은 깃발, 독일어·러시아어·영어·슬로베니아어로 외치는 구호들, 귀를 먹먹하게 만드는 트럼펫 소리, 수그러들 줄 모르는 드럼 소리, 죽은 동물, 불길을 내뿜는 횃불 따위)을 사용했기 때문에 결코 지나치게 명확해지는 법이 없었다. 즉 그것을 어떻게 읽어야 할지 확신하는 것은 불가능했다.[27]

아비아는 다양한 시기에 걸친 소비에트 이데올로기의 열광적인 선전선동 전통에 스스로를 과잉동일시했는데, 그것을 탈맥락화하는 과정에서 낙관적인 1920년대의 아방가르드 미학과 침체된 1970년대의 굳어버린 이데올로기 형식을 펑크와 다소간 에로틱한 카바레의 요소들과 뒤섞었다. 아비아의 공연에서는 스무 명에 이르는 배우들이 노동자용 오버롤[상하로 이어진 작업복]을 입고 구호와 '만세'를 외치며, 열의에 차서 종대로 행진하고, 인간 피라미드를 쌓는다. "공산주의의 젊은 건설자"의 역할 속에서 그들은 어쩌나 명랑하고 열정적으

---

26 나치 이데올로기 "피와 대지Blut und Boden"는 게르만 혈통(피)인 사람들이 독일 토양에 자연스럽게 뿌리내리고 있고, 이는 땅을 갖지 못한 "뿌리 없는" 유대인이나 집시와 대조적이라고 주장한다(Etlin 2002: 9). 〔옮긴이〕 독일 나치즘의 인종주의를 떠받치는 핵심적인 이데올로기 중 하나다.

27 〔옮긴이〕 한편 라이바흐는 지난 2015년에 서양 록그룹 최초로 평양에서 공연을 성사시켰는데, 지젝은 이를 문화적·이데올로기적·정치적으로 21세기의 가장 매력적인 사건이라고 평가했다. 이 공연을 둘러싼 뒷이야기를 담은 다큐멘터리 「리베라시옹 데이 Liberation Day」는 2016년 암스테르담영화제에서 상영되었으며, 2017년에는 전수국제영화제에 초청되어 상영되는 동시에 내한 공연도 이루어졌다.

로 보이는지, 때로 광기에 근접할 지경이다(Yurchak 1999). 1980년
대 말에 나는 아비아의 매니저로 일하면서 관객의 반응을 목격했다.
라이바흐와 아비아의 공연 관객 중 많은 사람들, 특히 나이 든 사람
과 외국인 들은 이 해프닝들을 어떻게 해석해야 할지 몰라 갈팡질팡
했고, 종종 완전히 상반되는 해석으로 치닫곤 했다. 1987년 키예프
Kiev에서 아비아 콘서트가 끝난 후, 나이가 지긋한 공산주의자 부부
가 무대 뒤로 와서 진정한 공산주의적 축제의 분위기를 만들어주어
고맙다고, 공산주의 이상에 진정으로 헌신하는 젊은이들을 만나기
가 너무나 어렵다고 말했다. 다른 콘서트가 끝나고서는, 다른 나이
든 부부가 아비아에게 전체주의를 통렬하게 풍자해주었다며 감사를
표했다. 그 부부는 스탈린 시기에 수용소에서 수년을 보낸 사람들이
었다. 라이바흐의 공연에 대한 반응도 이와 유사하게 여러 해석으로
갈렸다. 1980년대에 뉴욕의 클럽에서 콘서트를 마친 후 관객은 라이
바흐를 통렬한 반反파시스트라며 박수갈채를 보내는 편과 이 "파시
스트들"을 미국에서 쫓아버려야 한다고 고함을 지르는 편으로 나뉘
었다.[28]

<hr>

28 1995년에 류블라나에서 그룹 라이바흐와 가진 인터뷰. 라이바흐에 관해서는
  Monroe(2005), Žižek(1993b), Gržinic(2000; 2003), Erjavec(2003)를 보라. 스토프
  미학의 또 다른 예들로는 소비에트 "병행 영화parallel cinema"(Matizen 1993)와 세르
  게이 쿠료힌Sergei Kuryokhin의 음악 그룹 '포풀랴르나야 메하니카(대중 역학)'가 있다
  (Yurchak 1999).

살벌한 짧은 시

지금까지의 분석은 비교적 예외적인 사례와 인물에 초점을 맞춰왔는데, 이는 그들이 후기 사회주의 시기 행위의 몇몇 표준을 대표한다고 주장하기 위해서가 아니라, 그들을 후기 소비에트 사회에서 발생했던 문화적 전환을 보여주는 하나의 징후로서 다루기 위해서였다. 1970년대 후반과 1980년대 초반에 네크로리얼리즘적 변이형을 포함하는 스툐프의 미학은 대개 상대적으로 덜 극단적인 형식으로 소비에트의 '보통' 인민, 특히 소비에트 마지막 세대 사이에서 널리 퍼져 나갔다. 이번 장에서는 어떻게 이러한 아이러니의 미학들이 '보통' 사람들을 비롯한 다양한 '보통'의 맥락과 담론 안에서 작동할 수 있었는지에 관해 숙고해보고자 한다.

이런 유형의 공통 담론을 보여주는 사례가 바로 '살벌한 짧은 시 stishki-strashilki'라는 명칭으로 알려진 민속 장르다. 이것은 2~4행 정도로 구성된 짧은 시로, 극단적인 폭력의 주체 혹은 대상이 된 어린아이를 오싹할 정도로 디테일하게 묘사한다. 이런 유형의 폭력적 민속 장르는 다른 문화적·역사적 맥락 안에서도 찾아볼 수 있다. 그러나 1960년대부터 1980년대 초반까지 소비에트연방은 이 장르의 진정한 폭발을 경험했다(Mazin 1998: 42; Belousov 1998). 수백 편이 넘는 새로운 살벌한 짧은 시가 등장했으며, 사람들은 다양한 맥락에서 친구나 지인이 이야기해주는 시를 빈번하게 들었다. 그 시를 들은 사람들은 예외 없이 웃음과 공포심이 뒤섞인 반응을 보였다. 전형적인 살벌한 짧은 시는 대략 다음과 같이 진행되었다(번역은 저자).

알료샤가 소리 없이 고기 스튜를 만들고 있었어요.

소년의 아버지는 다리가 없었고 소리 없이 바닥을 기고 있었죠.

어린 소녀가 들판에서 수류탄을 발견했어요.

"삼촌, 이게 뭐예요?" 소녀가 물었어요.

"옆에 고리를 잡아당겨보면 알 수 있을 게다." 삼촌이 말했어요.

소녀의 머리끈이 한참이나 들판 위를 날아다녔어요.

어린 소년 비챠는 총을 가지고 놀고 있었다.

총을 분해하는 건 까다롭지만 재미있었다.

그러다 우연히 그의 손가락이 방아쇠를 당겼다.

그의 뇌가 흐트러져 격렬하게 천장에 흩뿌려졌다.[29]

이런 종류의 민속 장르의 폭발은 후기 소비에트 사회에서 미트키,

---

29 Мальчик Алеша варил холодец, / По полу ползал безногий отец.
 Mal'chik Alesha varil kholodets, / po polu polzal beznogii otets.

 Девочка в поле гранату нашла. / "Что, это, дядя?" - спросила она.
 "Дерни колечко", - ейдядя сказал. / Долго над полем бантик летал.
 Devochka v pole granatu nashla. / "Chot eto, diadia?" sprosila ona.
 "Derni kolechko", diadia skazal. / Dolgo nad polem bantik letal.

 МаленькийВитя с ружьишком играл. / Он с любопытством его разбирал.
 Пальцем неловко нажал на курок — / пырснули дружно мозги в потолок.
 Malen'kii Vitya s ruzh'ishkom igral. / On s liubopytstvom ego razbiral.
 Pal'tsem nelovko nazhal na kurok - / Prysnuli druzhno mozgi v potolok.

네크로리얼리스트, 스튜프 미학의 출현을 불러온 바로 그 전환과 동일한 것을 가리킨다. 이 모든 장르를 하나로 묶는 공통점은 그것들이 섬뜩한uncanny 느낌을 불러일으키는 것에 의존하고 있다는 점인데, 이 사실은 이와 같은 문화적 전환의 조건과 그것이 미친 영향을 이해하는 데 있어 중요하다. 프로이트Sigmund Freud에 따르면, (독일어 'unheimlich'의 번역어인) "섬뜩함"의 의미 중 하나는 집처럼 익숙하고 친숙한 무언가와 관련이 있다(Freud 1919: 245). 이는 심리적 현상으로서의 섬뜩함을 이해하는 데 결정적이다. 섬뜩함은 익숙하고 친숙한 세계의 일관성 있는 모습이, 거기서 부자연스럽고 인공적인 특징이 드러나면서 갑작스럽게 깨져버렸을 때 경험하게 되는 혐오감이나 공포의 감정과 연결된다. 이러한 감정을 불러일으키는 일반적인 대상에는 "죽음과 시체, 〔……〕 죽은 자의 귀환, 〔……〕 영혼과 유령," 불가해한 행동, 간질 발작, 광기의 발현 등이 포함된다(Freud 1919: 241). 프로이트가 주장하기를 이런 서로 다른 경험들을 함께 묶어주는 것은 그것들이 무언가 미지의 것에 의해 야기되는 것이 아니라, 반대로 친숙하고 마음 깊숙한 곳에 오래전부터 자리 잡고 있었으나 단지 억압의 과정을 통해 멀어졌을 뿐인 무언가로부터 야기된다는 사실이다(Freud 1919: 241). 어떤 불가해한 행동을 "그의 동료 속에서 지금껏 알아차리지 못했던 힘의 작용"으로 인식할 때, 그는 "그의 존재의 먼 구석에서 그 존재를 희미하게나마 인식해왔던" 바로 그 감정을 느끼고 있는 것이다(Freud 1919: 243). 바로 이 감정이 섬뜩함이다.

네크로리얼리즘적인 이미지나 미트키의 행동이 그런 것처럼, 살벌한 짧은 시는 이러한 감정을 일상의 차원에서 생산했다. 그것은 소비에트 현실의 가장 일상적이고 익숙한 측면들 속에 깃든 사소한 역설과 모순을 무대화함으로써, 관객들로 하여금 자신이 이 역설과 모순에 친밀하게 연관된 채 얽혀 있다는 사실을 "희미하게나마 인식" 하도록 만든다. 앞선 사례들에서처럼, 살벌한 짧은 시는 학교, 집, 친구들과의 대화 같은 일상적 맥락들에서 읊어졌다. 이것 역시 권위적 담론의 재현과 더불어 일상적 상징들의 수행적 전환을 모방했던 스툐프의 사례에 해당한다. 시의 도입부(1~2행)는 일반적인 상식선에서 이해되는 순수한 아이들을 묘사한다. 종결부는 불가해한 폭력적 사건을 일상의 맥락 속으로 들여옴으로써, 모든 종류의 해석을 부조리하고 불가능한 것으로 만들어버린다. 이 시는 현실 안에서의 의미와 형식 간의 전환에 초점을 맞춤으로써, 현실에 대한 문자 그대로의 직접적 독해가 불가능하다는 사실을 듣는 이에게 전달한다. 그럼으로써 청자를 별다른 숙고 없이 참여해왔던 그 현실을 "희미하게나마 인식"하는 목격자로 만든다.

장로정치

스툐프의 한 요소로서의 네크로미학의 출현은 1970년대 후반과 1980년대 초반에 이루어진 소비에트의 권위적 담론의 흥미로운 발전에 의해 촉진되었다. 20년이 넘도록 공산당 중앙위원회의 구성, 즉 국가 최고 지도부는 사실상 변화 없이 거의 그대로 남아 있었다. 권위적 담론의 다른 기표들과 마찬가지로, 중앙위원회 구성원들의 초상화와 이름이 언론, 정치 광고판, 연설을 통해 (대개 목록의 형태로) 계속해서 언급되었다. 그 목록은 모든 이에게 잘 알려져 있었지만, 그 이름이 갖는 진술적 의미는 상대적으로 중요하지 않았다. 몇몇 거물을 제외한 대부분의 구성원은 이름과 얼굴의 연결조차 불분명했다. 중앙위원회는 수년째 고정된 형식을 그대로 유지하는 다중얼굴적이고 다중이름적인 단일체, 말하자면 초규범화된 권위적 담론의 완벽한 사례로서 경험되었다.

이와 비슷하게 위원회 구성원의 텔레비전 연설은 문자 그대로 해석될 수 있는 진술적인 언급이 아니라, 무엇보다도 권위적 담론의 수행적 제의로 독해되었다. 다소 불분명하게 표명된 언급(당시 늙은 브레즈네프의 연설은 점점 더 발음이 뭉개졌다)조차도 명확하게 진술된 언급과 거의 똑같이 기능할 수 있었던 이유가 여기에 있다. 권위적 담론의 전환(즉 고착된 불변적 형식이 고착되지 않은 유동적이고 비결정적인 의미와 결합하는 상황)은 "죽은 아이러니dead irony"[30]와 더불어 중앙위원회의 맥락에서 고스란히 드러났다. 중앙위원회를 구성하는 인간 존재는 정치적 신체로서는 고착된 불멸의 것(고정된 형식)으로 남아 있었지만, 생물학적 신체로서는 급속하게 늙고 노쇠해

---

30 〔옮긴이〕 이 단어의 의미는 정확하게 하나로 규정하기가 매우 까다롭다. 이중적인 해석이 가능한데, 우선 일반적인 아이러니의 그로테스크한 판본, 즉 과잉동일시를 통해 대상과의 '거리'가 소거되어버린 '죽은dead 아이러니'라는 해석이 가능하다. 하지만 내용적인 측면에서 보자면, 1980년대 소비에트에 만연했던 각종 죽음(당 지도부 고위 관료의 연쇄적인 사망에서 네크로리얼리즘에 이르기까지)을 배경으로 한 아이러니, 즉 '죽은 (것들을 둘러싼) 아이러니'라는 해석 역시 가능하다. 요컨대 7장에 등장하는 대표적인 세 기기 현상(네크로미학, 스툐프, 아넥도트)을 포괄할 수 있는 일종의 메타개념으로서 '데드 아이러니'라는 단어가 사용되고 있는데, 러시아이본에서는 이를 '외재성의 아이러니'라는 다른 단어로 대체한 것으로 보아, 저자 자신도 이 단어의 모호성을 의식한 것으로 보인다.

져 (고착되지 않은 유동적인 의미가 되어) 가고 있었다.[31] 1966년에 55세였던 중앙위원회의 평균 연령은 1980년대 초반에 70세로 높아졌고, 지도부의 경우엔 거의 80세에 육박했다(훗날 이 시기는 '장로정치Gerontocracy 시대'라고 불리게 된다). 여기서 형식과 의미 간의 탈구uncoupling는 이들 지도부 형상들이 생물학적 육체로서는 거의 죽기 직전인데도, 여전히 불멸의 권위적 형식으로 기능했다는 점에서 드러난다. 그렇기 때문에 1982년 브레즈네프의 사망 소식은 〔그가 노쇠하고 허약하다는 사실을 누구나 알고 있었기 때문에〕 사실 그다지 놀랍지 않았어야 함에도 불구하고, 수많은 사람들에게 허를 찌르는 충격으로 다가왔다. 안드레이 마카레비치는 그 순간에야 비로소 이제껏 그가 브레즈네프를 인간 존재가 아니라 "800년을 사는 성서 속의 인물"로 인식해왔다는 사실을 깨달았다고 회고했다(Makarevich 2002: 14).

당 지도부 고위 관료의 사망은 주기적 행사가 되었다. 1982년부터 1985년 사이에 사망한 위원회 구성원 및 후보자의 목록은 다음과 같다. 1982년 1월 수슬로프(향년 80세), 1982년 11월 브레즈네프(향년 72세), 1983년 1월 키셀레프Kiselev(향년 66세), 1983년 5월 펠셰Pel'she(향년 85세), 1984년 3월 안드로포프(향년 70세), 1984년 12월 유스티노프Ustinov(향년 76세), 1985년 3월 체르넨코(향년

---

31 〔옮긴이〕 러시아어본에는 이 부분이 훨씬 더 선명한 다음과 같은 문장으로 바뀌어 있다. "이 상황의 아이러니는 권위적 담론의 역설—1, 2장에서 살펴보았던 르포르의 역설— 이 이제는 생명정치적 차원에서 드러나게 되었다는 데 있다. 즉 소비에트의 상징적 체제의 불변성에 대한 감각과, 그것의 살아 있는 권위적 상징들의 명백한 생물학적 노쇠 사이의 역설로서 그 모습을 드러내게 된 것이다"(러시아어본, p. 600).

74세).[32] 1980년대 초반에 평균 6개월에 한 명꼴로 위원회 구성원이 사망한 것이다. 헐벗은 삶이 문자 그대로 정치적 삶의 불변적 우주 속으로 폭발했는데, 그 형태는 죽음이었다. 하지만 이는 권위적 담론이 파열을 경험했다는 사실을 의미하지 않는다. 오히려 그 반대로 고위 관료 사망의 표상은 본래의 원칙에 따라 신속하게 규범화되고 의례화되었다. 이제 그 빈번한 죽음은 똑같은 신문 부고 기사, 똑같은 표현과 관용구를 사용한 텔레비전 성명, 붉은광장에서 거행되는 똑같은 텔레비전 장례식 중계, 거리에 걸린 똑같은 애도 상징물과 깃발과 초상화, 그리고 라디오에서 흘러나오는 똑같은 엄숙한 노래 등으로 표현되었다. 이러한 규범화 과정의 결과, 고위 관료의 장례식에서 초점은 죽음의 생물학적 파열로부터 그것을 재현하고 있는 담론의 정치적 안정성과 지속성으로 옮겨졌다. 묘사의 정확성을 포기하더라도, 장례식을 서술하는 언어적 표현을 본래 그대로 유지하는 것이 훨씬 더 중요해졌다(붉은광장에서 치러진 장례식에서 실제로는 **유해**가 벽 **안쪽**에 안치되었음에도, **시신**이 "붉은광장의 크렘린 벽 **앞**에 묻혔다"라는 상투적 표현이 그대로 유지되었던 2장의 논의를 상기하라). 소비에트 아넥도트 하나가 이런 빈번한 고위 관료의 죽음과, 그에 따른 장례 의례에서의 초점 변화(파열과 불연속성에서 반복성과 지속성으로)에 나름대로 반응했다. 한 남자가 또 한 명의 중앙위원회 구성원의 장례식이 거행되고 있는 붉은광장으로 다가왔다. 초청장을 받은 주요 당 간부만 장례식에 참석할 수 있었기 때문에, 경찰이 그 남자를 불러 세웠다. "초청장을 갖고 계십니까?" 그가 대답했다. "나

---

32 위원회 멤버 여섯 명과 위원회 후보자 한 명.

는 시즌 티켓을 갖고 있소이다."

하지만 불변하는 권위적 형식과 그들의 갑작스런 생물학적인 죽음 사이에서 이런 전환은 권위적 담론의 형식과 의미 사이로 새로운 시간적·공간적·생명정치적인 불연속성을 도입했다. 네크로리얼리즘, 미트키, 살벌한 짧은 시 같은 아이러니 미학은 바로 이런 맥락에서 발전했고 두드러졌다. 이 장르들은 후기 소비에트 현실의 시간적·공간적·생명정치적인 불연속성과 유희했고, 이 시기의 맥락은 이 작업을 위한 정확한 은유를 제공했다. 그 은유는 죽음과 삶, 정상과 광기, 건강과 질병, 순진함과 괴물성 등등의 사이 지대의 존재에 초점을 맞추었다. 실제로 죽음의 의례와 묘지는 시간적·공간적·생명정치적 불연속성을 환기하는 데 있어 특별히 효과적이었는데, 왜냐하면 '언데드'에 관한 앞선 논의에서 지적한 대로, 그것들은 공동체의 삶의 안쪽과 바깥쪽에 공히 존재하면서 삶과 죽음의 경계를 뒤흔들기 때문이다.[33] 푸코가 지적했듯이, "헤테로토피아Heterotopia(공간의 불연속성)는 사람들이 전통적인 시간과 완전한 단절 속에 있을 때 제대로 기능하기 시작한다. 그 점에서 우리는 묘지가 고도로 헤테로토피아적인 장소라는 것을 알게 된다. 묘지는 개인에게는 생명의 상실, 그리고 그 스스로 와해되고 지워버리기를 멈추지 않는 의사-영원성의 기이한 헤테로크로니아heterochronia와 더불어 시작하기 때문이다"(Foucault 1998c: 182).[34]

---

33 조셉 로치Joseph Roach의 지적에 따르면, 묘지는 살아 있는 사람들에게 공동체의 경계가 갖는 "인위성과 삼투성, 그리고 드물지 않게 폭력성"을 상기시킨다(Roach 1995: 55).

34 〔옮긴이〕 미셸 푸코, 「다른 공간들」, 『헤테로토피아』, 이상길 옮김, 문학과지성사, 2014, pp. 53. 번역 일부 수정. 헤테로크로니아의 원어는 'heteros(다른)'와 'chronos(시간)'의 합성어인 'hérochronie'인데, 한국어에서도 헤테로토피아에 대응될 수 있도록 '헤테로크

네크로리얼리스트의 경우에 소비에트 삶의 가장 일상적인 맥락 안에서 자신들의 도발을 무대화함으로써, 심지어 그 안에도 시간적·공간적·생명정치적인 불연속성이 드리워져 있음을 분명하게 드러냈다. 그들의 부조리한 이벤트는 목격자들이 무슨 일이 일어났는지 이해할 수 있는 시간을 주지 않은 채 갑작스럽게 구체화되었고 서둘러 진행되었다. 벌거벗은 사람들이 사방으로 흩어져 달아났고, 집단 난투극이 뚜렷한 목적도 없이 시작됐다가 급작스럽게 끝났으며, 열차는 붕대를 감은 채 성교를 하는 선원들을 빠른 속도로 지나갔고, 폭력적인 남자들에 의해 몽둥이로 두들겨 맞는 사람이 마네킹으로 판명되었다──그런 다음 그들 모두는 갑자기 사라져버렸다. 벌어진 일들은 사회적 터부와 이성적인 이해를 비껴나면서, 목격자들로 하여금 그들이 지금 미치광이와 주정뱅이 그룹을 본 것인지, 아니면 그들 스스로가 미쳐가고 있는 것인지, 혹은 어쩌면 무언가 '더 큰' 어떤 일이 벌어진 것인지 알 수 없도록 만든다. 의미의 개방성과 비결정성이 이 도발의 중심이었다. 이것은 그 자체로 수행적 전환의 모델로서 작동했다. 이런 류의 사건의 형식은 언제나 쉽게 감지되었고 특정한 해석을 시사했지만, 결국에는 모든 해석의 가능성을 갑자기 상실하곤 했다. 미트키의 삶의 양식과 살벌한 짧은 시의 일상적 서술은 동일한 작업을 수행했다. 이 모든 장르들은 후기 소비에트 현실의 심오한 전치를 예증한다. 그 현실이란 예측 불가능하게 전환된 의미의 한가운데서 일상생활의 틀을 부여하고 그것을 가능케 했던,

---

로니아'로 번역됐다. "헤테로크로니아는 말 그대로 '다른 시간,' 즉 일상의 리듬을 벗어나 특이하게 분할된 이질적 시간을 의미한다." 앞의 책, p. 16의 옮긴이주를 참고하라.

7 데드 아이러니: 네크로미학, 스툐프, 그리고 아넥도트

어디에나 편재하고 변함없이 고착된 권위적 형식을 가리킨다. 이 장르들은 권위적 담론의 수행적 차원과 스스로를 과잉동일시함으로써, 해당 담론의 진술적 차원을 폭발시켜, 결국 사람들로 하여금 자신이 그 과정에 참여하면서 자신 속에서 그것을 재생산해왔다는 섬뜩한 느낌을 갖도록 만들었다.

명령서

앞서 주장한 바대로, 네크로미학적인 변형을 포함하는 스탸프의 미학은 결코 소수의 예술가 그룹에 한정된 것이 아니었다. 반대로 그것은 후기 소비에트 시기, 특히 마지막 소비에트 세대 사이에서 진정으로 널리 퍼진 현상이었다. 그것은 심지어 성실한 젊은 공산주의자, 지역 콤소몰 간부, 콤소몰 위원회의 구성원 들에 의해서도 수행되었다. 이어지는 사례들을 통해서 어떻게 그런 아이러니의 창조적인 형식이 콤소몰 위원회 내부에서 실행될 수 있었는지, 그리고 그것이 어떤 영향을 미쳤는지를 고찰해보기로 하자. 3장에서 살펴본 것처럼, 콤소몰 위원회의 업무는 대부분 권위적 담론 장르의 연설문을 쓰고 보고서를 작성하는 일과 관련이 있었는데, 동시에 그것들은 수행적 전환에 내맡겨져 있었다. 이로 인해 콤소몰 일상생활 내부에서 복합적인 시공간적 불연속성 및 탈영토화가 생겨나게 되었다. '순전한 형식'과 '의미 있는 일'의 구분, 스보이라는 공중, 브녜의 세계들, 다양한 '여가 시간' 형식들의 생산, '상상의 서구' 등이 그 사례이다.

이와 같은 행위들을 통해 그들 자신이 도입한 불연속성에 대해, 콤소몰 위원회의 구성원들은 스툐프의 장르로 논평을 하는 것으로 반응했다. 가장 일반적인 사례는 정례적인 권위적 스타일로 써진 위조문서, 곧 모방 문서를 제작하는 일이었다. 가령 1983년 8월, 3장과 5장에 등장했던 콤소몰 서기 안드레이는 콤소몰 위원회에서 일하는 자기 친구들과 함께 서른번째 생일을 축하했다. 퇴근 후 위원회 회의실에 모인 친구들은 건강을 위해 건배한 후 "명령서Ukazanie"라고 쓰인 축하 문서를 안드레이에게 선물했다(⟨7.2⟩와 ⟨7.3⟩).

이 문건은 위원회 구성원들 사이에 통용되었던 내부자 유머였다. 이것은 콤소몰의 작업을 수행하고 콤소몰의 보고서를 작성하는 일을 담당하는 바로 그 사람들이, 위원회 회의실이라는 이데올로기적 생산의 전형적인 장소에서, 공식 문건을 위한 정해진 서류 양식에다 등록일자와 일련번호까지 적어서 작성한 문건이었다. 이 모든 표지들은 권위적 담론을 예상하게 만든다.

고위 관료가 연달아 사망하던 당시(1980년대 초반)에 작성된 이 문서는 권위적 담론으로 작성되곤 했던 부고 기사 양식을 끌어왔다. 문서는 대개 다음과 같은 두 구절로 시작된다. 먼저 어떤 그룹이 "커다란 상실을 겪었다poterpel bol'shuiu utratu." 누가 사망했는지에 따라 그 그룹은 '소비에트 음악 문화' '소비에트 군대' '소비에트 과학' '소비에트 인민 전체' 등이 될 수 있었다. 이어서 '죽음'을 알리는 공식과도 같은 "세상을 떠났다ushël iz zhizni"라는 표현이 사용되고, 뒤이어 공식 직함과 그의 성취를 나열한 정형화된 목록이 이어진다. 맨마지막에는 고인의 이름으로 끝맺는다. 1982년 11월 11일 『프라우다』는 다음 텍스트로 브레즈네프의 사망을 알렸다. "소비에트연방

У К А З А Н И Е

12 августа 19 83 г.   № 001

ЛЕНИНГРАД

    13 августа 1953 года цветная металлургия СССР потерпела большую утрату. Пришел в жизнь вдохновитель и мистификатор, бессменный руководитель засолочного пункта и директор Василе-островской канатной дороги, отчим эстонского попса, герой монгольского эпоса [ANDREI'S NAME]

    Эта дата розовыми буквами вписана в биографию [INSTITUTE]

    В ознаменование этого выдающегося события УКАЗЫВАЮ рабочим коллективам и отдельным гражданам на соблюдение производственной дисциплины и соблюдение тишины после 23 часов. Приступить к поздравлению в виде подношений, объятий, приподаний, похлопываний, поцелуев и перетягивания каната.

Вр.И.о.секретаря
всего комитета   [NAME]

⟨7.2⟩
콤소몰 위원회에서 안드레이의 서른번째 생일 날 보낸 명령서(1983).

소비에트 사회주의 연방 공화국
비철금속부
소유즈SOYUZ-알루미늄
전全 소비에트 과학연구센터 및 디자인연구소

명령서

1983년 8월 12일   **N 001**

레닌그라드

　　　　1953년 8월 13일 소비에트의 비철금속 산업은 커
다란 상실을 겪었다. 영감을 주는 지도자이자 속임수의 대가
mistifikator, 피클 분과의 영원한 지도자, 바실리옙스키 섬의 스키
리프트 관리자, 에스토니아 팝의 의붓아버지, 몽골 서사시의 주인
공, 안드류센카 [성]가 세상에 나왔다.
　　　　이 날은 [이름] 연구소의 연혁에 분홍색 글씨로 쓰여 있다.
　　　　이 특별한 날을 기념하여 23시 이후 노동자 집단과 인민
에게 산업의 규율과 정숙을 준수할 것을 **나는 명령한다**. 그를 축하
하기 위한 행사는 선물 증정, 포옹, 기도, 격려, 키스, 줄다리기로 진
행된다.

위원회 임시 서기 대리   [성]
　　　　　　　　　　　　　　　　　　　　　　　　　　[서명]

〈7.3〉
왼쪽 명령서 〈7.2〉의 번역.

공산당과 전수 소비에트 인민은 커다란 상실을 겪었다. 레닌의 위대한 업적의 헌신적인 계승자이자 열렬한 애국자, 뛰어난 혁명가, 평화와 공산주의의 수호자, 동시대의 위대한 정치적·국가적 인물인 레오니드 일리치 브레즈네프가 세상을 떠났다."[35]

콤소몰 위원회의 멤버들이 작성한 "명령서"는 이러한 양식으로 시작하지만, 안드레이의 권위적 지위, 직업, 담론 들과 연관된 의미들의 다양성과 전환을 암시하면서 재빨리 그것을 또 다른 장르와 혼합시킨다. 안드레이는 콤소몰 업무의 조직자이자 젊은 노동자들의 삶에 신경을 쓰는 성실한 서기였다. 또한 그는 무의미한 형식과 의미 없는 작업을 피하기 위한 전략을 고안하는 창의적인 발명가, 위원회와 평단원 사이에서 친근한 스보이의 공동체를 만들어내는 사람, 서구 록 음악의 전문가, '아마추어' 밴드 콘서트와 무도회의 기획자이기도 했다. 부고의 권위적 스타일은 다음과 같은 첫 문장으로 시작한다. "1953년 8월 13일 소비에트 비철금속 산업[36]은 커다란 상실을 겪었다." 뒤이은 문장은 공식적인 표현의 의미를 뒤집는데, 즉 커다란 손실이 안드레이의 죽음이 아니라 그의 탄생으로 인한 것이 된다. 이어지는 비표준적인 구절 "세상에 나왔다prishël v zhizn'"는 권위적 문구인 "세상을 떠났다"에 대응되는 유머러스한 표현이다. 부고와 생일 축하 양식을 뒤섞음으로써, 문서는 삶과 죽음의 경계를 흐

---

35 *"Kommunisticheskaia partiia Sovetskogo Soiuza, ves' sovetskii narod ponesli tiazhʌluiu utratu. Iz zhizni ushʌl vernyi prodolzhatel' velikogo dela Lenina, plamennyi pa-triot, vydaiushchiisia revoliutsioner i borets za mir, za kommunizm, krupneishii politich-eskii i gosudarstvennyi deiatel' sovremennosti Leonid Il'ich Brezhnev"* ("Obrashchenie"[부고], *Pravda*, 1982년 11월 12일, p. 1).
36 연구소에서 실시했던 연구를 암시하는 구절이다.

릿하게 만들어 그 중간에 아이러니의 지대, 네크로미학과 유사한 양식의 시간적 불연속성을 도입했다. 안드레이의 직위 목록에서 권위적 공식 문구들은 또다시 다른 장르들과 뒤섞인다. 안드레이는 권위적인 공식에서는 "영감을 주는 지도자vdokhnovitel"로, 아이러니한 모방적 공식에서는 "속임수의 대가mistifikator"로 묘사되는데, 이는 콤소몰 서기로서의 업무가 그가 의미 있다고 생각하는 임무를 수행하는 것뿐만 아니라, 그가 보고서를 작성하긴 하지만 별 의미는 없다고 여기는 일들을 회피하는 것까지를 포함한다는 사실을 암시한다. 또 다른 권위적 공식에서 그는 "영원한 지도자bessmennyi rukovoditel'"로 묘사되는데, 콤소몰 위원회가 아니라 피클 분과zasolochnyi punkt의 지도자로 지칭된다. 이 위원회는 안드레이가 조직하곤 했던, 친구들끼리 자주 함께 모여 가졌던 술자리를 암시한다(러시아에서는 흔히 보드카를 들이켠 후에 소금에 절인 오이를 먹는다).

"바실리옙스키 섬 스키 리프트 관리자"라는 문구는 불연속성의 효과를 강화하기 위해 몇 가지 암시를 혼합했다. 레닌그라드의 구역 중 하나인 바실리옙스키 섬은 연구소가 위치한 장소인데, 핀란드 만 입구에 위치한 저지대의 이 평평한 섬에는 당시 홍수가 빈번했다. 이런 맥락에서 "스키 리프트"라는 표현은 매우 우스꽝스러운 부조화에 해당한다. "에스토니아 팝의 의붓아버지otchim estonskogo popsa"와 "몽골 서사시의 주인공geroi mongol'skogo eposa"이라는 두 구절은 서로 대응된다. 전자는 서구화된 소비에트 공화국을, 후자는 소비에트의 비서구적인 '전통적' 위성국을 가리킨다. 이는 또다시 안드레이의 행동의 핵심에 놓여 있는 전환과 불연속싱을 상기시킨다. 즉 아마추어 밴드들을 위한 록 콘서트를 조직하는 그의 업무, 그리고 "몽골 서사시"라는 표현이 가리키듯이 모호하지만 인상적인 권위적 양식으로 긴 텍스트를 솜씨 좋게 작성하는 그의 업무가 그것이다. 부고의 양식을 따라서 특징들을 나열한 이 목록은 안드레이의 이름으로 끝난다. 하지만 여기서 그는 이름(안드레이)과 부칭(니콜라예비치), 성姓을 포함하는 권위적인 형식 대신에 지소형 '안드류센카'로 지칭된다.[37] 이는 콤소몰 서기의 형상이 갖는 변화된 의미를 강조한다(그는 '보스'가 아니라, 스보이의 일원이었다).

　세번째 문장은 소비에트 달력에서 이데올로기적으로 중요한 날짜들을 '붉은색 글자들로Krasnymi bukvami 기입하는' 권위적 공식을 이용하여 안드레이의 생일을 기술한다. 가령 『프라우다』의 주요 기사는 매년 노동절 기념식을 다음의 구절로 알리곤 했다. "이 날은 우리 달력에 붉은색 글자로 쓰여 있다."[38] 명령서에서는 이 구절이 "분홍색 글자로 쓰여 있다rozovymi bukvami"로 바뀌었는데, 이는 안드레이의 생일이 가지는 의미를 재해석한 것이다. 즉 그것은 분명 중요하기는 하지만, 그 이유가 권위적 장르에서 제안되는 이데올로기적인 원인과 똑같지는 않다는 것이다. 마지막 두 문장은 또다시 권위적인 장르와 패러디적인 장르를 병치시킨다. "이 특별한 날을 기념하여 23시 이후 노동자 집단과 인민에게 〔……〕 나는 명령한다"라는 구절은 기념일을 맞이해 주요 도시에서 불꽃놀이를 진행하라는, 신문에 게재되곤 했던 국방부 장관의 명령을 따라 한 것이다. 예를 들어 1983년 5월 9일 『프라우다』는 다음과 같이 보도했다. "대조국전

37　장르의 혼합에 대해서는 Bakhtin(1986); Hanks(2000: 127)를 참고하라.
38　эта дата вписана красными буквами в вашем календаре.

쟁Great Patriotic War에서의 소비에트 인민의 승리를 기념하는 서른 여덟번째 기념식에서, 오늘 현지 시각으로 22시 정각, 다음의 도시들에서 포병의 불꽃놀이 시작을 나는 명령한다." 이 명령서의 패러디적인 지침은 친근하고 부조리한 축하 행위들의 목록으로 끝을 맺는다.

이 문서는 안드레이와 그의 콤소몰 위원회의 담론과 행위 들 속에 깃든 복합적인—시간적·공간적·의미론적—불연속성에 초점을 맞춘다. 스탸프의 한 사례로서, 그것은 단지 권위적 담론을 비웃는 것이 아니라 그것의 수행적 전환을 모방했다. 그것은 권위적 형식들을 예기치 못한 의미들에 연결시키면서, 이런 재해석들이 창조적·독창적·행위 주체적인 것인 동시에 윤리적이지 않은 것도 아니라는 점을 시사한다. 이것은 안드레이가 권위적 담론의 모든 진술적 의미에 동의하지도 거부하지도 않으면서, 그것들의 창조적인 해석과 전환에 관여하고 있음을 시사한다. 바로 이 점이 그가 (이데올로기적 업무의 의미 없는 부분을 피하고 그 대신 록 콘서트를 조직할 수 있는) "속임수의 대가"인 동시에 공산주의에 대한 믿음을 견지하면서 중요한 업무를 수행하는 사람, 그리고 이런 사실을 증빙하는 명예 표창장을 자랑스럽게 여기는 사람으로 스스로를 인식하고, 다른 사람들에게도 그렇게 받아들여질 수 있었던 이유다.

신상 기록 파일

후기 소비에트 시기 권위적 담론의 차원에서 시간적·공간적·생명

정치적 불연속성을 특히 잘 드러내 보여주는 또 하나의 유머러스한 문서를 살펴보자. 이 문서는 1983년에 마찬가지로 안드레이와 그의 콤소몰 위원회 동료들이 만든 것으로, "인적 자원용 신상 기록 파일 Lichnyi listok po uchëtu kadrov"이라고 이름 붙여진 공식 문건에 작성한 것이다. 이 문건은 소비에트의 인민이 새로운 직장에 채용될 때 작성했던 양식이다. 여기에는 개인의 사회적 출신 성분, 민족, 교육 수준, 직업 및 다른 직책, 수상과 징계 내역, 공산당을 비롯한 여타 단체 가입 현황 따위가 포함되어 있다. 여기에 드러난 정보의 범위와 수준은 이 문서를 특히나 흥미로운 스토프의 사례로 만든다. 이 문서는 또다시 권위적 담론의 형식을 다른 담론들과 병치시키면서, 다양한 역사적 시간과 사건 들, 사회적·윤리적·민족적·성적·생물학적 정체성, 집단적 유흥의 형식들, 상상의 서구 등을 암시했다. 지면이 한정되어 있기 때문에(본래 문서는 다섯 쪽에 이른다), 우리는 이 문건 중 일부 질문과 답변만을 살펴보기로 한다.

안드레이의 출생지 항목에는 기이한 이름을 가진 상상의 장소가 기입되어 있는데, "낮은 어머니 도시Nizhnie Matiugi"가 그것이다. 또한 그의 사회적 출신 성분은 이데올로기적으로 문제가 있는 혁명 전비非프롤레타리아 집안, 즉 "상류 지주 계층iz posadskikh" 출신으로 되어 있다. 당원으로서의 지위는 '당원chlen partii' 대신에 분명히 성적 농담을 담고 있는 "회원chlen"으로 기록되어 있다.[39] 그가 당에 가

---

39 영어의 'member'처럼 член(chlen)은 남성의 성기를 가리키는 속어였다. 이 단어 표현의 이중적 의미에 기댄 또 다른 흔한 유머로 중앙위원회 위원들이 타는 리무진을 가리키는 "위원-승용차chlenovoz"가 있는데, 이 단어는 말 그대로 성기들을 위한 자동차를 의미한다.

입한 일자는 "32.13.01"(13월 32일)이라는 터무니없는 숫자로 적혀 있고, 당원증 번호 또한 마찬가지로 터무니없는 0.75라는 숫자로 기입돼 있다. 0.75는 (0.75리터인) 가장 큰 보드카 병을 가리키는 일상적인 속어 표현이었다. 이 모든 항목들이 안드레이의 사회적·생물학적·정치적 삶에 시간적이고 공간적인 불연속성을 들여왔다.

"학문적인 작업과 발명" 항목은 안드레이가 수행했다는 명백히 부조리한 세 가지의 과학 연구 프로젝트로 채워져 있다. "편집증성 임질이 에릭 버든Eric Burdon의 최적 사운드에 미친 영향 문제에 관한 심화 연구"[40] "극한 조건에서 자라나는 얼굴 털에 관한 연구"[41] "장수longevity의 비밀 연구"[42]가 그것이다. 이 목록에 제시된 "편집증성 임질"(임질균에 장시간 노출되었을 경우 발생하는 치매의 한 형태)을 비롯한 다른 생물학적인 언급들은 네크로미학을 연상시키는 스타일로 성, 질병, 정신이상, 삶과 죽음 같은 주제들을 뒤섞어놓고 있다. 영국 록그룹 애니멀스의 멤버인 에릭 버든에 관한 언급은 서구 록 음악을 향한 안드레이의 특별한 흥미와 지식을 가리킨다. "장수의 비밀"은 부조리한 시간성과 장로정치의 현실을 가리키는 언급이었다.

문서의 항목 가운데 과거 직업에 관한 내용은 다음 사항들을 기술하라는 긴 문장으로 되어 있다. "최초의 직업 활동부터 (고등교육 및 특별 중등교육 기관에서의 학업, 군복무, 게릴라 부대 참여, 부업 등을

---

40 *Eshcha raz k voprosu vliianiia paranoicheskogo genokokka na frazovuiu strukturu optimal'nogo zvuchaniia Erika Bardona*

41 *Vyrashchivanie volosianogo pokrova na litse v ekstremal'nykh uslaviiakh.*

42 *Sekret dolgoletiia.*

포함한) 이제껏 수행한 모든 업무." 문서는 또한 "이 교육기관, 조직, 회사를 소속했을 당시의 이름으로 적을 것"과, 과거 "군복무 기록을 직급과 함께 적시할 것"을 요청하고 있다. 1980년대 초반에 발행된 문서 양식에 적힌 이 질문은 그 자체로 복잡하고 부조리한 시간성들의 혼합을 드러낸다. 그것은 오래된 과거의 복잡한 사실과 사건 들, 심지어 40년도 더 전에 끝난 2차 세계대전 당시의 게릴라 부대 활동까지 묻고 있다. 이런 식의 질문은 소비에트 개인 신상 기록 양식 어디에나 있었다. 이 질문들이야말로 수십 년간 변하지 않은 채 그대로 남아 있는 굳어진 권위적 형식의 전형적인 사례로서, 권위적 담론 내의 심오한 시간적 불일치를 보여준다.[43] 이 질문에 답하면서 안드레이와 그의 친구들이 초점을 맞춘 것도 바로 굳어진 형식과 그것의 진술적 의미 사이의 이런 불일치였다. 그들은 그러한 시간적 불연속성을 더욱더 밀어붙여 복잡한 이야기, 정치적 소속, 삶, 죽음, 생물학, 음주에 관한 언급을 더 추가한 것이다. 이런 스툐프식 기술에서 안드레이의 직업 관련 기술은 다음 내용을 포함한다. "보로디노 전투 참전"(1812년 러시아 군대가 나폴레옹의 군대에 맞선 중요한 전투), (1924년 내전 당시) "백군으로부터의 극동 해방 운동"(1945년 소비에트 군대의) "베를린 함락." 그가 태어난 장소는 "국군병원 6호실"[44]이며 그의 대학 시절은 (친구들과의 빈번한 술자리를 암시하면서) "몽롱함"이라고만 적혀 있다.

"정부 표창 내역" 항목에 답할 때, 친구들은 또다시 시간적·생명

---

43 소비에트의 정체성 정치의 일부로서의 이런 역사적 설문 유형의 지속성에 관해서는 Ssorin-Chaikov(2003: 106)를 참고하라.
44 〔옮긴이〕 안톤 체호프의 단편소설 「6호실」을 암시한 표현이다.

정치적 불연속성에 집중한다. 안드레이는 그 어떤 훈장도 받은 적이 없음에도 불구하고, 그의 수상 내역에 다음의 상들이 포함되어 있었다. "성 게오르기의 십자가"(혁명 이전 제정러시아 왕조에서 수여한 메달), "민족 우호 훈장"(국제주의적 업무에 기여한 사람에게 수여하는 소비에트의 메달),[45] 심지어 "베르디시치의 네번째 서비스 견犬 전시회 기념 메달"[46]이나 "사랑하는 암코양이가 수고양이 티혼에게 주는 메달"[47]과 같은 상상의 메달까지 있었다. 이런 우스꽝스러운 양식에 적힌 답변들은 안드레이의 삶을 다중적 시간성(오래된 것, 새로운 것, 소비에트, 혁명 이전, 상상의 시간)과 정치적 소속(소비에트, 제정러시아, 서구), 생물학과 섹슈얼리티(인간, 동물)가 교차하는 것으로서 제시한다.

프리고프의 부고

권위적 담론의 불연속성과 관련된 이런 식의 유머러스한 문서는 당시 콤소몰 위원회뿐 아니라 다양한 갈래와 맥락에 놓인 대부분의 후기 소비에트 세대 사람들에게 널리 퍼져 나갔다. 예를 들어 같은 시기에 깜짝 놀랄 만큼 유사한 텍스트가 모스크바의 '아마추어' 시인 드미트리 프리고프Dmitrii Prigov에 의해 창작되었다. 직업 조각가였던 그의 문학작품은 소비에트연방이 붕괴될 때까지 인정받지도 출판

---

45 *Orden druzhby narodov.*

46 *Medal' chetvertoi vystavki sluzhebnogo sobakovodstva v Berdshchakh.*

47 *Medal' kotu Tikhonu ot liubiashchikh koshek.*

되지도 못했다.[48] 뒤에서 분석해볼 시 텍스트를 썼던 1980년대 초반, 프리고프의 존재는 소비에트 대중에게 거의 알려져 있지 않았고,[49] 안드레이와 그의 친구들 또한 프리고프와 그의 작품에 관해 들은 바가 없었다. 권위적 담론과 스툐프 양식으로 연결되는 그들의 충격적인 공통점은 후기 소비에트 시기의 담론적 전환을 둘러싼 중요한 민족지학적 사실을 구성한다.

1980년대 초반 프리고프는 훗날 『소비에트 텍스트 모음집Soviet Texts』(1997)에 수록되어 출판될 「부고Nekrologi」라는 제목의 짤막한 소품 시리즈를 썼다. 프리고프의 텍스트는 소비에트 부고 기사의 권위적 스타일을 빌려, 사망한 지 이미 100년이 넘는 19세기 러시아 고전 작가들의 죽음을 '공지했다.' 이 텍스트들은 권위적 부고 형식과 과잉동일시되는 한편, 그것을 복수의 역사적 시간성 및 관련 사

---

48 1990년대 포스트-소비에트 시기에 프리고프는 '포스트모던' 시인이자 작가, 활동가로 매우 특별한 명성을 얻었다.

49 당시 프리고프의 텍스트는 지하 출판의 형태로 소량 인쇄되어 모스크바 지식인 사이에서 퍼져 나갔다. 소비에트 정부가 그의 예술 스튜디오를 몰수하여 더 이상 조각을 연습할 수 없게 된 이후부터 그는 언어적 실험을 시작했다. 〔옮긴이〕 드미트리 프리고프(1940~2007)는 그의 친구 레프 루빈스테인Lev Rubinstein과 더불어 이른바 퍼포먼스를 예술의 한 형태로 간주하는 개념주의 예술conceptual art의 리더로 알려져 있다. 소비에트 시기에 그의 시는 지하 출판의 형태로 인쇄되어 지식인과 예술가 들 사이에서 매우 유명했다. 1986년에 행인들에게 시 텍스트를 배포하는 퍼포먼스를 하다가 KGB에 체포되어 정신 치료 기관에 감금됐다가, 동료 시인들의 항의로 석방되었다. 포스트-소비에트 시기에 러시아 포스트모더니즘 시인의 기수로 여겨지면서 국내외에서 큰 관심과 주목을 받았다. 소비에트의 공식적 이데올로기 담론과 기호 들(예컨대 사회주의 리얼리즘의 정전적 기호들)의 경계 내에 머물면서 그것들을 '수행적으로' 복제하는 방식을 통해, 그것이 담지한 가치들을 이질적인 맥락으로 전치시켜 해체해버리는 프리고프(를 위시한 개념주의 예술)의 전략은, 여러 면에서 이 책에서 유르착이 그려내고 있는 수행적 전환의 전략과 일맥상통한다. 이와 관련된 상세한 내용은 이지연, 「응시와 권력: 드미트리 프리고프와 퍼포먼스로서의 텍스트」, 『슬라브학보』 28권 2호, 한국슬라브유라시아학회, 2013, pp. 133~66을 참고하라.

항 들과 뒤섞어버림으로써 탈맥락화했다. 스캬프 장르의 특성에 투철하게도, 그 텍스트는 절대 자신의 아이러니를 인정하지 않았다.

이 부고 기사는 러시아 고전 작가를 소비에트 당 관료처럼 대하면서, 그들을 "동지"라고 부르고 그들의 영웅적 업적 목록을 열거했다. 그가 작성한 푸시킨의 부고 기사는 다음과 같다. "소비에트 공산당 중앙위원회, 소비에트연방 최고위원회, 소비에트 정부는 깊은 애도와 더불어 위대한 러시아 시인 알렉산드르 세르게예비치 푸시킨이 1837년 2월 10일에 발생한 비극적 결투로 인해 사망했음을 알린다." 시인의 고귀한 도덕적 자질을 묘사한 후 부고 기사는 다음과 같이 끝맺는다. "동지 푸시킨은 바람둥이, 주정뱅이, 난봉꾼, 한량인 그와 가깝게 교제해온 친구들의 가슴속에 영원히 남아 있을 것이다." 프리고프는 이와 유사한 부고 기사를 "동지 레르몬토프Mikhail Lermontov" "동지 도스토옙스키" "동지 톨스토이"를 위해서도 썼다. 마지막 부고 기사는 자기 자신을 위해 작성했다. "소비에트 공산당 중앙위원회, 소비에트연방 최고위원회, 소비에트 정부는 깊은 애도와 더불어 1980년 6월 3일, 그가 태어난 지 40년이 된 해에 드미트리 알렉산드로비치 프리고프가 모스크바에 살아 있음을 알린다."

프리고프가 스스로를 위해 작성한 죽음이 아닌 삶을 알리는 이 부고 기사를 포함한 그의 텍스트 전부는, 앞서 살펴본 안드레이의 콤소몰 위원회에서 만들어진 두 개의 문건과 깜짝 놀랄 만큼 유사하다. 프리고프의 텍스트는 권위적 담론의 프레임 안에서 역사, 삶, 죽음, 섹슈얼리티, 문학의 정전 들을 뒤섞고 있으며, 시간적·공간적·생명정치적·의미론적 불연속성을 창조한다. 프리고프의 문학적 스타일이 부분적으로 러시아 부조리 문학 전통에 그 뿌리를 두고 있는 것은 사실이지만,[50] 그럼에도 그의 텍스트는 명백한 후기 사회주의의 문화적 산물이다. 그의 스타일은 "유사–시quasi-poetry"(Borukhov 1989)라고 불리곤 했는데, 말하자면 진짜 시도 아니고, 그렇다고 그것의 패러디도 아닌, 오히려 그 둘을 나누는 경계 자체를 거부하는 것으로 기능하도록 되어 있었다. 바로 이 점이 프리고프의 텍스트를 스툐프 미학 및 후기 소비에트 세대를 위한 에토스 전체의 중심 원칙에 가깝게 접근시킨다.

민방위

레닌그라드 대학교 언론학부 학생이었던 레나(1963년생)는 일기에서 "민방위Grazhdanskaia oborona"라는 수업을 묘사할 때 스툐프 장르를 활용했다. 이 수업은 필수과목이었고 모두 그것을 지루하고 의미 없는 것으로 여겼다. 수업에서는 전쟁 상황에서 민방위를 어떻게 실행할 것인지를 논의했다. 수업에서 사용된 교재에는 핵폭발이나 생물학적 재앙을 생생하게 묘사하는 삽화들이 그려져 있었는데, 군 아마추어 화가가 그린 형편없는 그림체와 갖가지 부상, 방사능 효과, 응급조치 들에 관한 건조한 묘사로 악명이 높았다. 이 텍스트와 이미지 들은 완벽한 스툐프의 대상이었다. 1983년 1월 16일에 레나는 다음과 같이 썼다.

---

50 1920년대에 다닐 하름스 역시 소비에트 러시아 문화에서 정전화된 유명 시인과 작가 들을 대상으로 한 짧은 이야기들을 썼다.

498

민방위 교육은 멋진 과목이다. 내 교과서에는 핵전쟁 발발 시 시민의 행동 요령을 알려주는 아주 훌륭한 삽화들이 그려져 있었다. 예컨대 공산주의 건설자의 행동 강령을 완벽하게 따르는 점잖고 매력적인 시민들이 평온하게 방공호에 들어간다. 젊은이는 몸에서 피가 분수처럼 뿜어져 나오는데도 침착하게 자신감 넘치는 숙련된 간호사 옆에 서 있다. 이 모든 그림에서 당황한 기색을 보이는 사람은 아무도 없다.

자신감 넘치는 간호사와 피를 흘리면서도 고통이나 공포를 느끼지 않고 침착하게 대처하는 시민이라는, 이런 공식 같은 이미지들은 선전물 간판이나 포스터 들에 그려진 소비에트 시민, 노동자, 과학자의 형상, 즉 사회주의 리얼리즘 이미지의 스타일과 색감, 도식적인 원시주의를 떠올리게 한다. 레나가 "공산주의 건설자의 행동 강령을 완벽하게 따르는 시민들"이라는 권위적 공식을 인용할 때, 그녀는 이런 이미지들을 가리키고 있다. 이런 시각물이나 텍스트에 등장하는 공식으로 굳어진 재현들은, 소비에트 시민을 인간처럼 보이지도 않고 인간처럼 행동하지도 않는 정치적 상징으로 묘사했다. 레나의 스툐프는 권위적 형식과 의미 사이의 이런 식의 불일치에 초점을 맞춤으로써 네크로미학과 유사한 효과를 만들어낸 것이다.

인나에게 보내는 편지 두 통

스토프의 미학은 다른 맥락들에서도 권위적 담론에 관여했다. 1970년대와 1980년대 초반의 일기와 편지에서도 스토프는 쉽게 발견된다. 뒤에서 살펴볼 두 통의 편지는 레닌그라드 대학교 역사학부 학생이었던 인나(4장에서 소개했던)에게 그녀의 대학 친구가 보낸 것이다. 첫번째는 1981년 7월 25일자 편지로, 인나의 친구가 레닌그라드 민속학박물관에서 일할 때 쓴 것이다.

> 안녕, 안녕, 나의 인칙![51]
> 오늘 나는 박물관에서 장난을 하나 쳤어. 우리 박물관에는 [……] "레닌이 누구누구에게 인사를 보낸다"(그게 누구였는지는 기억이 안 나)라고 쓰여 있는 명판이 하나 있거든. 그 명판은 고고학 홀에 있었는데, 어떻게 보면 그냥 거기 버려진 채 나뒹굴고volialisia 있었던 거지. [……] 그 홀에는 게라시모프[52]의 작업들 몇 개도 있었는데, 네안데르탈인과 오스트랄로피테쿠스의 모습을 재구성한 조각들이었어. 그리고 그 갤러리 입구에는 딱 들어맞게도 침팬지가 있었지. [……] 한마디로 난 그것들을 조합한 거야.

인나의 친구는 권위적 공식들을 스토프의 과정에 처해지도록 만들었다. 그녀는 본래 레닌의 사진 밑에 있어야 할 권위적 문구가 적힌

---

51 인나를 부르는 지소형 애칭이다.
52 미하일 게라시모프Mikhail Gerasimov는 소비에트의 물리 인류학자로, 두개골의 구조를 바탕으로 얼굴을 재생시킬 수 있는 방법을 고안했다.

설명판 하나를 선택한 후, 그 설명판 자체에는 아무것도 하지 않으면서 그것을 탈맥락화했다. 혁명 관련 사진들이 전시되어 있는 박물관 앞쪽 전시실로부터 인간의 진화 단계를 보여주는 전시실로 그 설명판을 옮겨서, 그것을 박제된 침팬지 바로 옆에 가져다 둔 것이다. 이 장난은 권위적 담론에다가 의미론적(권위적 상징에서 전시회의 인공물로), 시간적(소비에트의 역사에서 종의 진화로), 생물학적(레닌에서 침팬지로)인 다양한 불일치들을 도입하면서, 권위적 문구의 의미를 유쾌한 방식으로 미끄러지게 했다. 메시지의 모호함(인나의 친구는 아무것도 명시적으로 말하지 않았고, 단지 공식적인 상징을 살짝 옮겼을 뿐이다)은 인나의 친구로 하여금 그것을 공개적으로 생산할 수 있게 허용했다. 이듬해인 1982년 7월에 인나의 친구가 쓴 두번째 편지는 그녀가 동료 학생들과 함께 여름 동안 일했던 집단농장에서 보낸 것이다.

안녕 인칙!

여기서 나 혼자 무엇을 한담
남자도 하나 없이
──민요 중에서

정말 딱 그렇다니까! 바로 이렇게 부드러운 젊은 처자가 겁나게 독립적인 노처녀로 변해가는 거지. 순진한 민중이 해방된 존재라고 부르는, 그리고 상부의 당과 정부에선 "수세기 동안의 노예제에서 해방된 소비에트 여성의 새로운 이미지"로 알려진 존재들 말이야.

⟨7.4⟩

1982년에 인나의 친구가 인나에게 보낸 편지의 겉봉. 왼쪽에 "속물성을 프라우다로 격퇴하자!"라고 쓰여 있다.

앞의 편지와 마찬가지로 여기서 인용 부호는 편지를 쓴 친구가 직접 단 것으로, 권위적 담론에서 직접 인용한 것임을 나타내고 있다. 권위적 담론의 의미는 다시 다음과 같이 재해석된다. 새롭게 해방된 소비에트 여성은 고된 육체노동과 성적 욕구불만으로 인해 고통받고 있다. 심지어 다 볼 수 있게 노출된 편지봉투(〈7.4〉)마저도 권위적 담론을 인용하면서 그 의미를 전치시키는 스툐프식의 언급을 포함하고 있다. 인나의 친구가 봉투에 붙인 커다란 우표에는 이렇게 적혀 있다. "『프라우다』 70년. 소비에트연방 공산당 중앙위원회 기관. 1912년 5월 5일 레닌에 의해 창간된 신문." 인나의 친구는 우표 밑에다가 권위적 표어 스타일로 다음과 같이 적었다. "속물성kitsch을 프라우다PRAVDA로 격퇴하자!"[53] 이 문구의 의미는 '프라우다'라는 말의 모호함에 바탕을 둔다. '진실'을 뜻하는 '프라우다'는 국영 신문의 이름이기도 하다. 편지의 저자는 신문 이름인 '프라우다'를 끌어온다. 그녀는 이 문장을 신문 타이틀처럼 대문자로 썼다. 즉 권위적 형식과 과잉동일시한 것이다. 한편 "격퇴하자"라는 동사는 '프라우다'가 일반적인 단어인 '진실'로도 쓰였음을 암시하는데, 이는 다시 격퇴되어야 할 속물(성)이 이데올로기적 우표 그 자체임을 시사한다. 권위적 상징(우표 위에 적힌 텍스트와 이미지)은 스툐프의 과정에 처하게 되었다. 저자로 하여금 공개적으로 그것을 봉투에 쓸 수 있게 한 것은 또다시 해당 구절의 모호함이었다.

---

53 Vdarim PRAVDOI po poshlostiam!

엔지니어가 보낸 엽서 두 통

1980년대 초반, 칼리닌Kalinin 외곽 지역의 사벨로보Savelovo 마을에 사는 어느 젊은 엔지니어는 레닌그라드에 사는 생물학자 친구 마리아에게 두 통의 엽서를 보냈다. 이 엽서들은 혁명의 날, 노동절, 승전기념일 따위의 국경일에 친척과 친구 들에게 부치곤 했다. 수백만 장의 다른 엽서들과 똑같은 전형적인 짧은 기념일 엽서였다. 전통적으로 이 엽서들은 축하 인사, 개인적 소식, 수신자의 안부를 묻는 질문들을 담고 있었다. 가끔 이 엽서들은 권위적 형식을 재생산하는 의례적인 언급들을 담기도 했는데, 그렇게 함으로써 권위적 형식들의 의미를 앞에서 살펴본 것과 같은 일종의 전치에 종속시켰다. 첫번째 엽서(1981년 11월 10일)는 초가을에 도시의 엔지니어와 학생들이 작물 수확을 돕기 위해 파견되었던 집단농장에서의 지겨운 작업이 끝났다는 이야기를 담고 있다.

안녕 마루샤!
여기 우리 모두는 기념일을 축하하며 너의 건강과 평안, 그리고 창조성을 기원한단다. 우리는 드디어 얼마간 평소와 다름없는 상태에 진입했단다. 그러니까 더 이상 목장ranch[54]으로 달려가지 않아도 된다는 뜻이야. 더 이상 사과나무를 흔들지 않아도 되고, 잡초를 베다 손톱을 상하지 않아도 돼. 감자 포대들을 실어 나를 필요도 없고 [……] 수확물은 모두 한데 모아졌고, 이제 우린 앞으로

---

54 Ne nado bezhat' na rancho. 농업 현장을 가리키는 은어다.

일어날 일들을 기다리며 지켜보고 있는 중이야. 왜냐하면 **당이 우리에게 가르쳐주었듯이, 진짜 과제는 그저 모으는 데 그치는 게 아니라 보존하는 것**[55]이기 때문이지(강조는 저자 추가).

강조 표시된 문구는 정확히 권위적 담론에서 인용한 것인데, 이 편지는 인용된 그 문구를 전복시키지 않으면서 탈맥락화한다. 소비에트의 집단농장은 미국식 단어인 "목장ranch"이라고 불리는데, 이는 계절노동자들을 소외시키는 노동을 암시하는 것이다. 수확물을 보존해야 한다는 당의 가르침을 직접 인용하고, "이제 우린 앞으로 일어날 일들을 기다리며 지켜보고" 있다고 아이러니를 담아 말하는 것은, 수확물의 많은 부분이 저장과 운송 중에 손실되어버리는 소비에트 농업의 오랜 전통을 가리키는 것이다. 이런 언급의 함의는 엔지니어들이 수확 작업에 일손을 보탠다 하더라도, 결국 집단농장은 수확의 상당 부분을 잃고 말 것이라는 사실이다. 강조되어 있는 권위적 공식은 그대로 인용되었지만 그 의미는 전치되었다.

다음 해인 1982년 11월 10일에 쓰인 두번째 엽서는 또다시 권위적 담론의 두 가지 정형화된 문구를 인용한다. 이번 경우에는 그 문구들이 원문 그대로 옮겨져 인용 부호를 달고 있다.

안녕 마루샤! 축하해!
내가 병원에 입원했던 일 같은 몇 가지 불쾌한 사건들 이후에 드디어 상대적으로 평화롭고 조용한 시기가 찾아왔어. 우주비행사들이

---

55 Kak partiia uchit, glavnoe ne tol'ko sobrat', no i sokhranit'.

말하듯 "조국의 그 어떤 과업도 수행할 준비가 되어 있을"[56] 정도로 나는 정말 괜찮아졌어. 그리고 그 조국이 모스크바 승리 40주년을 기념하여 수보트니크[57]에 참여하라고 우리를 부르고 있지. 또예의 저 변덕ocherednaia blazh'을 부리고 있는 거지. 그래서 우리는 내일 "모스크바 시민들의 계획을 지지하기 위해" 집회에 갈 거야.

두 가지 권위적 문구의 의미는 "또 예의 저 변덕"이라는 말에서 뒤집어진다. 모든 사례들 가운데 이것은 권위적 담론에 대한 가장 직접적인 의견이다. 이 의견은 편지 저자가 선택권 없이 강제로 사업에 참여해야 하며, 자원 활동으로 치장된 그 사업은 사실 의무적인 것이고, 심지어 저자의 의견에 따르자면 무의미한 것임을 함축한다.

앞에서 인용된 편지와 엽서는 권위적 담론의 정형화된 문구들뿐만 아니라 명시적으로 그것을 말하는 자들을 겨냥하고 있다. 인나의 친구가 보낸 편지에서는 "~라고 쓰여 있는 명판" "당과 정부"가 이 언술자에 해당한다. 엔지니어의 편지는 이 언술자들에 대해 다음과 같이 말한다. "당이 우리에게 가르쳐 주었듯이" "우주비행사들이 말하듯" "조국이 우리를 부르고 있지." 이 언급들은 권위적 담론의 인용인 양 가장한다. 3장에서 나왔던 콤소몰 구區위원회 서기 사샤를 떠올려보자. 그는 그의 친구가 콤소몰 연설문 쓰는 것을 도와준 적이 있다. 권위적 담론의 문구들을 불러주기 전에, 그는 처음에는 농담을 하다가 나중에는 목소리를 가다듬고 대변인처럼 잘 훈련된 목소

---

56 Gotov vypolnit' liuboe zadanie Rodiny.
57 수보트니크subbotnik는 토요일에 하는 소위 자발적 무급 노동을 말한다.

리로 말했다. "좋아, 그럼 이제 시작해볼까." 이러한 표지들은 권위적 담론 장르의 도입을 가리키고 있을 뿐만 아니라, 해당 담론의 "허가받은 대변인"에게 위임된 수행적 권력과의 연결을 제공하기도 한다(Bourdieu 1991: 106). 바로 이런 연결로부터, 그리고 권위적 형식들이 극도로 정확하게 인용된다는 사실로부터, 발언들의 의미가 정박에서 풀려난 채 열려 있도록 만드는 수행적 전환이 가능해졌다. 그런 식의 의미의 개방성이 찬성/반대 이분법하의 선택을 거부하는 미학의 중요한 부분을 이룬다. 동시에 이러한 모호함 덕분에 사람들은 그런 발언을 꽤 공개적으로 할 수 있었고, 그 행동이 지나치게 위험하다고 느끼지 않으면서 일반 편지 봉투 겉면에조차 그런 말들을 적을 수 있었던 것이다.

6장에 등장했던 야쿠츠크와 노보시비르스크에서 알렉산드르가 보낸 열정적인 편지들과 충격적으로 달라 보이지만, 사실 이 편지들은 결정적인 특징 하나를 공유한다. 서로 다른 기술을 사용하고 상이한 결과를 얻고 있지만, 그들은 권위적 형식의 재생산이라는 동일한 과정에 관여하고 있다. 그들로 하여금 권위적 담론의 진술적 의미에 국한되지도, 그것에 의해 결정되지도 않는 새로운 의미들을 도입할 수 있게 해주었던 것은 바로 이 권위적 형식들이었다. 후기 사회주의 세대의 다양한 사람들이 의미 있는 삶을 상상하는 방식은 매우 달랐지만, 의미 있는 삶을 생산하는 과정과 미학은 서로 비슷했던 것이다.

아넥도트 풀기

후기 사회주의 시기 어디서나 접할 수 있을 정도로 인기 있었던 또 다른 아이러니 장르는 저 유명한 **아넥도트**anekdot였다. 이것은 다양한 맥락에서 다양한 사람들이 반복할 수 있는 형식화된 짧은 농담을 말한다. 앞에서 살펴본 유머의 사례들과 달리(살벌한 짧은 시를 제외하면), 아넥도트는 저자가 따로 없는 민속 장르였다. 러시아에서 이 장르는 후기 사회주의 시기에 시작된 것도, 그와 더불어 끝난 것도 아니다. 하지만 아넥도트는 후기 사회주의 시기 동안 그 전과 그 이후에는 지닌 적이 없던 특별한 성격을 획득했다. 아넥도트류의 장르는 이러저러한 역사적·정치적·사회적 맥락들에서 상이한 주제들에 초점을 맞추면서 다양한 기능, 의미, 유통 조건, 말하기의 의례들을 가질 수 있다. 또한 일상적 삶 속에서 아넥도트와 마주치는 수와 빈도 역시 달라질 수 있다.[58]

소비에트 역사 초기에도 아넥도트가 존재했지만, 러시아 민속학자와 문헌학자 들은 1960년대 후반에서 1980년대 초반 사이에 일상에서 흔히 마주칠 수 있는 아넥도트의 수가 급증했다고 지적한다. 또한 그들은 아넥도트들을 연달아서 끊임없이 풀어놓는 일종의 집단적 의례가 생겨났다는 사실도 발견했다. 그 의례는 "아넥도트 풀기travit' anekdoty"라고 불렸는데, 밧줄 뭉치를 푸는 것에 빗대 그런 이름이 붙었다. 그 시절에는 아넥도트를 듣거나 이야기하지 않고서는 단 하

---

58 소비에트연방에서는 심지어 스탈린 시기에도 많은 아넥도트가 유통되었다(Thurston 1991). 후기 사회주의 시기와 그 이후의 아넥도트와 그것의 역사적 변천에 관한 논의는 Yurchak(1997a)을 보라.

루도 살 수 없을 지경이었다.

민속학자 알렉산드르 벨로우소프Alexandr Belousov의 주장에 따르면, 1960년대에 이르러 아넥도트의 본질에서 모종의 전환이 발생했다. 1960년대 초반까지는 누구나 종종 아넥도트를 듣고 이야기했지만, 매일 그랬던 건 아니었고 보통 특별한 경우에 국한되었다. 그런데 벨로우소프에 따르면 1960년대 중반부터 아넥도트의 수가 급증했다. 아넥도트는 일상 대화에서 빠질 수 없는 일부분이 되었고, "대학에서 담배 피는 휴식 시간에 아넥도트를 이야기하는 것이 관례"가 되었다. 1960년대 후반 레닌그라드에서 에스토니아의 타르투 대학으로 이주한 벨로우소프는 그곳에서도 유사한 상황을 발견했다. 아넥도트는 어디에나 있었고 사람들은 새로운 아넥도트에 항시 목말라했다. "내가 레닌그라드나 모스크바에 갈 때마다 동료들은 나보고 새로운 아넥도트를 가져다달라고 늘 요청했어요."[59]

1960년대 후반 완전히 새로운 아넥도트들이 나타났다. 안드레이 시냡스키Andrei Siniavskii의 관찰에 따르면, 특히 1967년 10월 (볼셰비키) 혁명 50주년의 맥락에서 내전 영웅 차파예프Vasily Chapaev 사령관에 관한 대중적인 아넥도트 시리즈anekdoty pro Chapaeva의 수가 급증했고 인기도 높았다(Terz 1981: 175). 레닌에 관한 아넥도트 시리즈leniniana는 1970년 레닌 탄생 100주년 행사 준비 기간에 생겨났다.[60] 민속학자 미론 페트롭스키Miron Petrovskii는 후기 소비에트 시기를 묘사하면서 그것을 "아넥도트 중심적anekdot-centrist"이라 불렀

---

59 저자 인터뷰.
60 벨로우소프와의 개인적인 커뮤니케이션.

고, 시냡스키는 아넥도트를 염두에 두고 그 시기를 "민중 구술 예술과 거대한 민속 장르가 번창한 시기"(Terz 1981: 167)라고 불렀다.[61] 다른 이들은 이 시기를 "소비에트 아넥도트의 황금기"(Zand 1982)라고 불렀고, 심지어 아넥도트가 이 시기에 등장한 "아마도 가장 의미심장한 새로운 예술 형식"이라고 말하기도 했다(Fagner and Cohen 1988: 170).

이와 동시에 집단적으로 아넥도트를 끊임없이 '풀어놓는' 의례는 다양한 맥락과 집단, 친구와 지인과 완전히 낯선 타인 들 사이에서 실천되는 일상의 옵셰니예에서 결코 빠질 수 없는 부분이 되었다. 각종 공식적 교제, 직업적 모임이나 당 집회 등에서 아넥도트를 이야기하는 것은 부적절한 행동이었지만, 이러한 맥락들 바깥에서 아넥도트는 꽤 공개적으로 이야기되었다. 상사는 직원들과 함께 아넥도트를 '풀어놓을' 수 있었고, 콤소몰 서기도 평회원들과 아넥도트를 '풀어놓을' 수 있었다. 시냡스키는 이러한 의례가 이 시기 모든 소비에트 공화국과 동유럽 사회주의국가에서 흔히 볼 수 있는 공통의 현상이 되었다고 지적한다.[62]

두 명의 러시아인이나 세 명의 유대인 또는 체코, 폴란드 같은 여타 사회주의국가 시민들이 모이게 되면, 그들은 곧장 서로의 말에 끼어들면서 아넥도트를 '풀기' 시작했다. [······] 이렇게 묻는 것은 유쾌한 일이었다. "차파예프 나오는 이 아넥도트를 아세요?" 그

---

61 아넥도트에 관한 논의로 Kurganov(1997)와 Graham(2003b) 또한 참고하라.
62 Banc(1990)도 보라.

럼 다음과 같은 답이 돌아온다. "물론이죠! 그런데 제가 다른 것
도 하나 들려드리지요." 아넥도트를 최신 뉴스처럼 이야기하는 것
[……] 혹은 최소한 누가 어떤 아넥도트를 기억하는지 알아보는
것은 우리에게 자연스러웠다(Terz 1981: 167).

1980년대 초반 소비에트연방에 주재했던 미국 기자는 아넥도트의
의례를 다음과 같이 묘사했다.

> 사람들이 모이면, 우선 술이 몇 잔 돌고 나서 첫번째 농담들을 비
> 밀이라도 되는 양 꺼내놓기 시작했다. [식사가 거의 끝나고] 차가
> 나올 때쯤 되면, 농담들은 흐르고, 흐르고, 또 흐르기 시작한다. 한
> 차례의 술자리 동안, 내가 기억하기로 우리 아르메니아인 집주인
> 은 폭넓고 다양한 농담의 범주들을 우리에게 선보였다. 스탈린, 브
> 레즈네프, 이민자, 그루지야인에 관한 다양한 농담들(즉 지역적 장
> 르)이 있었다. 새벽 세 시가 되어서야, 그는 비틀거리며 일어나 새
> 로운 아넥도트 라운드의 시작을 선포했다. "자, 이제부턴 낙타에
> 관한 농담을 해봅시다!"(Zand 1982).

온갖 종류의 농담들—'정치적인 것'과 그 밖의 다른(성적이고 민
족적인) 것들—을 풀어내는 의례에서 중요한 것은 이런 농담들을
하나의 긴 회합에서 모두 함께 이야기했다는 점이다. 게다가 그런
조합에는 반드시 오래된 농담 여러 개가 포함돼 있기 마련이었는데,
이는 별로 문제가 되지 않았다. 새로운 농담들을 이야기하고 듣는
것은 듣는 이에게는 흥미로운 일이었고 이야기하는 사람에게는 명망

을 가져다주는 일이었지만, 농담을 풀어내는 의례에서 못지않게 중요했던 것은 사람들이 이미 이전에 여러 번 들었을 법한 농담들을 반복하는 것이었다. 거의 대부분의 아넥도트가 한 번 이상씩 이야기됐다. 사람들은 새로운 농담이나 특정 '유형'의 농담을 듣기 위해서뿐만 아니라, 즐거운 집단적 의례에 참여함으로써 스보이의 그룹을 만들어내기 위해 아넥도트 풀기에 동참했다.[63] 오래된 농담을 집단적으로 반복하고 즐기는 일의 중요성은 1960년대의 '메타-아넥도트'에서 다음과 같이 기술되었다.

> 하룻밤 사이 더 많은 아넥도트들을 '풀기' 위해, 친구들은 아넥도트에 번호를 붙였다. 술자리에 사람들이 모이자 누군가 15번을 시작했고 모두들 웃었다. 또 다른 누군가 74번을 이야기하자 또 모두들 웃었다. 그런데 세번째 사람이 108번을 이야기하자, 긴 침묵이 흘렀다. 그리고 누군가 당황해서 다음과 같이 말했다. "어떻게 숙녀들 앞에서 그걸 이야기할 수 있는 거지?"

의례의 종말

민속학자들은 1980년대 후반 페레스트로이카의 시작과 더불어 매일같이 접할 수 있었던 새로운 아넥도트의 수가 급감했으며, 아넥도

---

63 앞선 미트키의 사례에서 동일한 서사와 이야기를 의례적으로 반복하는 것이 지녔던 중요성과 비교해보라.

트를 풀어내는 의례도 사실상 일상에서 사라졌다는 것을 발견했다 (Petrovskii 1990: 49). 이 사실은 미디어와 일상 대화에서 널리 논의되었는데, 많은 사람들이 "더 이상 아넥도트가 없다!"며 불평을 했던 것이다. 소비에트의 가까운 과거에 관한 아넥도트를 이야기하는 것은 적절치 않아 보였고, 현재에 관한 아넥도트는 거의 없었다. 아넥도트의 실종이라는 현상은 동유럽 국가들에서도 나타났다.[64] 동시에 출판업자들은 아넥도트 시리즈를 모아 책으로 펴내기 시작했는데, 그것에서 아넥도트들은『농담으로 본 소비에트연방의 역사 The History of the USSR in Jokes』(Duborskii 1991) 따위의 제목을 달고 있는, 지난 시대에 관한 역사적 설명으로 변모했다. 1995년에 인기 주간지『등불』이 한때 생기 넘치는 창조적 구술 장르였던 아넥도트가 실종되고, 오래된 농담들을 편집한 인쇄본이 그것을 대체하게 된 현상을 아쉬워하는 기사를 실었다. "아넥도트가 사람들의 입을 통해 퍼지던 과거에는, 그것이 대화의 와중에 마치 디저트처럼 소중하게 음미되었다. 하지만 오늘날 아넥도트는 형편없는 소책자와 두꺼운 모음집을 통해 증식하면서 일상의 삶으로부터 완전히 사라져버렸다"(Erokhin 1995: 43).

여러 해 동안 아넥도트를 수집하고 아넥도트에 관해 글을 썼던 벨로우소프에 따르면, 후기 소비에트 시기에는 브레즈네프에 관한 아넥도트가, 페레스트로이카 초기에는 고르바초프에 관한 아넥도트가 다수 생겨났지만, 1990년대 포스트-소비에트 시기에는 옐친에 관한

---

64 베드데리Katherine Verdery는 루마니아에서 있었던 똑같은 현상을 묘사한다(Verdery 1996: 96).

아넥도트가 사실상 존재하지 않았다.[65] 상트페테르부르크 공공도서관 러시아문학 부서의 한 사서에 따르면, 1980년대 후반에서 1995년까지 도서관이 구입한 인쇄물에 담긴 아넥도트는 대부분 소비에트 시기에 나온 것이었고, 포스트-소비에트 시기의 삶에 관한 것은 거의 없었다. 포스트-소비에트 시기의 아넥도트 중에는 포스트-소비에트의 새로운 현상, 이를테면 광고나 서구 제품(탐팩스Tampax, 스니커스Snickers)에 관련한 것은 있었지만, 정치적 삶을 둘러싼 아넥도트는 사실상 존재하지 않았다. "모스크바에서 [1993년] 10월에 일어났던 사건[66]도 아넥도트에 반영되지 않았다. 과거였다면 그런 규모의 사건은 수천 가지의 아넥도트를 만들어냈을 것이다!" 이런 관찰들이 시작된 1990년대 초중반부터 상황은 약간 달라졌고, 새로운 종류의 아넥도트가 나타나기 시작했다.[67] 하지만 그중 대다수는 사서가 언급했던 현상들에 초점이 맞추어져 있었고, 예전 기준에 비춰보자면 정치적 담론은 여전히 덜 드러나 있었다. 게다가 일상에서 유통되던 아넥도트의 수는 소비에트 시대에 비해 훨씬 적어졌고, 특히 주목할 것은 아넥도트 풀기의 의례가 이제 더 이상 일상적 상호작용 어디에나 편재하는 지배적 위상을 갖지 못하게 되었다는 점이다. 이제 아넥도트 말하기는 특정한 맥락이나 친구 그룹에 국한된 드문 일이 되었다.[68]

---

65 저자 인터뷰.

66 옐친 행정부와 러시아 의회 사이의 교착 상황으로 결국 모스크바 시내에서의 무장 충돌로 끝났다.

67 1990년대 중반에 눈에 띄는 것은 신흥 부유층 노비 루스키New Russian들과 마피아에 관한 아넥도트들이다. Graham(2003a; 2003b)을 보라.

68 Yurchak(1997a); Pesmen(2000); Graham(2003b)을 보라. 최근 몇 년간 아넥도트와 기

투쟁하기를 그친 유머

후기 사회주의 시기 아넥도트가 그토록 갑작스럽게 일상적 삶 속에서 폭발했던 이유, 그리고 페레스트로이카를 거치는 동안 일상에서 거의 사라져버린 이유를 이해하는 것은, 이 유머 장르가 후기 소비에트 맥락에서 행한 역할을 이해하기 위한 열쇠가 된다. 아넥도트, 특히 정치적 아넥도트의 의미는 흔히 체제에 맞서는 '저항,' 체제의 교리에 대한 아이러니한 전복, 또는 '진짜로 생각하는' 바의 '진실'을 비밀리에 드러내기 등과 연관된다고 간주돼왔다. 그러나 후기 사회주의 맥락에서 아넥도트가 행한 역할은 이와는 다른 훨씬 더 복잡한 것이었다. 스툐프와 마찬가지로, 아넥도트는 이 시기 동안 권위적 담론에 발생한 몇몇 변화에 대한 대응이었으며, 바로 그 변화에 의해 가능해진 것이었다. 아넥도트 풀기가 차지했던 우세한 지위가 1960년대 권위적 담론의 초규범화와 동시에 일어난 현상이었다는 점, 그리고 아넥도트가 다름 아닌 권위적 담론의 붕괴 시기인 1980년대에 일상으로부터 사라졌다는 사실은, 결코 우연의 일치가 아니다.

후기 소비에트 아넥도트는 정치적 유머의 다른 장르들과 비교해 볼 수 있다. 페터 슬로터다이크는 두 종류의 정치적 유머를 구분한다. 첫번째는 냉소주의의 건방진 측면으로 볼 수 있는 "견유주의 kynicism," 즉 통치자를 향한 바보와 광대의 태도다. 견유학파는 "만

다 유머 장르들의 수가 다시 증가하고 있는 것처럼 보인다. 현내 우크라이나에서 그와 같은 장르들의 문제에 관해서는 Blank(2005)를 보라.

연한 거짓에 맞설 자유를 택하고" 이러한 자유는 "풍자적으로 느슨한 분위기를 만드는데, 이 분위기 아래서 권력자와 지배 이데올로그들은 감정적으로 이완될 수 있게 된다. 그런데 이는 정확히 견유학파에 의한 비판적 무례함의 공격이라는 조건하에서 가능해진다." 고대 그리스에서 견유학파는 "아테네 시장 바로 앞 노변에서 방귀를 끼고, 똥을 누고, 오줌을 싸고, 자위를 했다." 그들은 사회적 도덕의 규범을 의식적으로 조롱하면서, 그 규범들의 임의성을 폭로했던 것이다(Sloterdijk 1993: 305).

슬로터다이크는 이런 견유주의를 그와는 다른 종류의 유머, 그가 "투쟁하기를 그친 유머"라고 부른 또 다른 유머와 대조시킨다(Sloterdijk 1993: 305).[69] 이 유형의 유머는 신물 나게 하는 냉소주의와 다르고, 견유학파의 명백한 조롱 행위나 지배적 규범들의 전복과도 다르다. 그것은 "거짓"을 폭로하고 "진리"를 설파하는 도덕적 파토스로 충전되는 것 또한 거부한다. 이 유형의 유머는 우리를 격분시키거나 무력하게 만드는 것들, 그럼에도 여러 이유 때문에 여전히 중요하고 의미 있는 것들에 재미를 찔러 넣는다. 우리가 지지하고 믿기 때문에 우리 자신을 동일시하는 소중한 것들, 절대적으로 혹은 최소한 한동안은 변하지 않을 것이기에 그에 맞서 싸우는 게 의미가 없다고 생각하는 것들에조차 이 유머는 침투한다.

아넥도트의 유머는 지지와 반대, 정상과 광기, 사회적 책임과 냉소주의, 합리와 부조리, 삶과 죽음을 가르는 경계들의 횡단 지대에

---

69 슬로터다이크(1993)는 그것을 "냉소적 이성"과도 대조시켰다. 이에 관해서는 Žižek(1991a), Yurchak(1997a), Navaro-Yashin(2002)을 보라.

서 균형을 이루고 있었다. 가령 브레즈네프뿐만 아니라 당대의 반체제분자들도 정치적 아넥도트의 부정적 주인공이 될 수 있다는 사실은 매우 놀랍다. 다음의 두 아넥도트는 거짓을 폭로하고 싶어 하는 반체제분자의 도덕적 입장과 거리를 두려는 태도를 잘 보여주는데, 여기서 아넥도트의 담론과 반체제 담론의 차이가 드러난다(3장에서 언급된 반체제분자를 둘러싼 담론과 비교해보라).

어느 반체제분자가 집 밖으로 나섰다. 비가 오기 시작했다. 그는 하늘을 올려다보고 분개하며 말했다. "그들[당]은 언제나 원하는 건 다 한다니까!" 다음 날 그가 집 밖으로 나가자 해가 밝게 빛나고 있었다. 그는 하늘을 올려다보고는 역시 분개하며 말했다. "이것 봐! 이런 데 쓸 돈도 있다 이거지!"

많은 사람들이 목까지 차오르는 오물이 가득한 호수에 잠긴 채 조용히 서 있었다. 갑자기 어느 반체제분자가 호수에 빠졌고, 역겨움에 팔을 휘저으며 외치기 시작했다. "우웩! 정말 견딜 수 없어! 어떻게 당신들은 이런 끔찍한 조건을 받아들일 수 있는 거요?" 사람들은 조용히 분노하며 그에게 대답했다. "닥치시오! 당신이 지금 파도를 만들고 있잖소!"

첫번째 농담에서 반체제분자는 담론의 진술적 의미에 지나치게 집착하는 '정신병자'로 묘사된다. 그는 자연세계에서 일어나는 일들에서조차 의미 있는 메시지를 읽으려 하고, 현실의 재현들을 보통의 평범한 사람들이라면 결코 그렇게 하지 않을 방식으로 문자 그대로 해석하려 한다. 상징계에 대해 정신병자가 맺는 불안정한 관계를 묘사하는 라캉Jacques Lacan의 설명이 이 농담과 매우 유사하다. "모든 것은 그에게 기호가 되었다. 〔……〕 그가 거리에서 빨간색 자동차를 마주치게 되면—차는 자연적 사물이 아니다—그는 이렇게 말할 것이다. 이 차가 아무 이유 없이 바로 이 순간에 지나간 게 아니라고"(Lacan 1993: 9). 두번째 농담에서 반체제분자의 도덕적 주장은 통속적인 도덕주의의 태도이자 다른 사람에 대한 배려 없음으로 재해석된다. 그러나 이 농담은 사실 '우리' 모두를 함께 비웃고 있다고 할 수 있는데, 왜냐하면 여기서 우리는 목까지 차오르는 오물 속에 서 있을 뿐 아니라 그 사실을 인식하고 있기 때문이다.

이런 유머는 어떤 추상적인 '그들'(시스템, 반체제)을 겨냥하는 대신 내부를 바라본다. 이 유머는 농담을 말하는 사람들, 그러니까 그들 스스로가 사회주의의 모순에 개인적·집단적으로 관여하고 있다는 사실 자체를 바라본다. 슬로터다이크는 다음과 같이 지적한다. "오직 농담이 내부, 그 자신의 의식을 향할 때에야, 이를테면 약간 높지만 지나치게 무례하지는 않은 위치로부터 자기 자신을 고찰할 때에야, 비로소—견유주의적인 웃음도 아니고 냉소적인 미소도 아닌—투쟁하기를 그친 유머를 드러내는 평정 상태가 부상한다"(Sloterdijk 1993: 305).

앞서 주장했듯이, 스툐프 또한 바로 이런 유형의 유머에 속한다. 스툐프의 실행자는 아이러니의 대상을 명백하게 밝히기를 거부했는데, 그들은 자신의 행동이 모호함 없이 직접적으로 읽혀서 사소하고 재미없고 바보 같다고 여겨지는 걸 피하려 했기 때문이다. 뿐만 아니라 스툐프는 저항과 지지의 도덕적 언어도 거부했다. 미트키의 표어 "미트키는 아무도 이겨 먹을 생각이 없다"를 떠올려보자. 스탸프와 아넥도트는 권력의 상징과 규범을 명백히 전복하는 견유학파의 전략과도, 그보다 더 은밀한 냉소적 조롱의 형태와도 달랐다.

자주 반복되는 길고 집단적인 서사로서의 아넥도트 풀기의 의례에 참여한다는 것은, 당시 모두가 일상적으로 참여하고 있던 모순과 불일치를 가리키는 일종의 은유적인 지시를 집단적으로 만들어내는 방식이었다. 이런 모순과 불일치를 반복적이지만 순간적으로 집단적·개인적 차원에서 드러내는 일은 재미있고 중요했다. 왜냐하면 그것은 모두에게 우리 각자가 이러한 모순들의 재생산에 결부되어 있다는 사실을 보여줄 수 있기 때문이다. 이 의례들은 수행적 전환에 관여하는 방식의 모델, 그리고 수행적 전환이 만들어내는 개인적·집단적 불일치의 모델을 제공했다. 앞서 살펴본 콤소몰 서류의 패러디 역시 똑같은 역할을 행했다.

이런 식으로 작동하기 위해, 스탸프와 마찬가지로 아넥도트도 하나의 독특한 유머 부류로 구조화되는 경향이 있었다. 이러한 부류의 유머는 미셸 페쇠Micher Pecheux가 "뮌히하우젠 효과Münchhausen effect"[70]라고 부르는 것을 달성하는 유머다. 이 유머는 "자기 머리를 위로 잡아당기면서 하늘을 계속 날아갈 수 있다고 믿은 불멸의 남작의 기억 속에"(Pecheux 1994) 나타난다. 이 유머는 인간의 불일치와 전치에 집중하는데, 다음과 같은 것들이 그 예가 될 수 있다. 어느 학생이 "교장에게 전화를 걸어 자기를 학교에서 퇴학시키라고 말했

---

70 〔옮긴이〕 뮌히하우젠 증후군Münchhausen Syndrome에서 유래된 개념으로, 병적으로 거짓말을 하고 그럴듯하게 이야기를 지어내 마침내 자신도 그 이야기에 도취해버리는 증상을 말한다.

다. 교장이 '제가 지금 누구와 이야기하고 있는 거지요?'라고 묻자, 그는 '저는 우리 아버지입니다'라고 대답했다." "우리 지역에는 식인종이 하나도 남아 있지 않다. 왜냐하면 지난주에 우리가 마지막 식인종을 잡아먹었기 때문이다"(Pecheux 1994: 151). 한편 지젝은 그루초 막스Groucho Marx의 부조리한 농담에서 유사한 효과를 발견하기도 했다. "이보세요, 당신은 제게 엠마누엘 라벨리를 떠오르게 한답니다." "제가 바로 그 엠마누엘 라벨리인데요." "그렇다면 당신이 그를 닮은 게 놀랄 일도 아니네요"(Žižek 1994b: 32).

그러나 이런 사례들과 다르게, 아넥도트는 개인적인 불일치들을 폭로하지 않은 채 다만 암시만 해준다. 그 덕분에 역설이 비판적 검토와 분석의 바깥에 자리한 채 보존될 수 있었다. 아넥도트의 견고한 서사 구조(재미있는 것으로 남아 있으려면 아넥도트는 조금도 변하지 않은 채로 반복돼야만 했다)가 그 참여자들로 하여금 대놓고 역설에 직면하지 않을 수 있게 허용했다. 그 대신에 모순은 아넥도트의 구조의 차원에서 코드화되었다. 대부분의 아넥도트는 한 부분이 권위적 공식 문구를 인용하거나 권위적 주장 및 전제를 기술하면, 나머지 다른 부분이 불일치와 전도를 도입하는 식으로 구조화된다.

소비에트 체계에서 가장 항구적인 요소는 무엇일까?
"일시적인 문제들."

어떤 측면에서 사회주의는 다른 체계들보다 우월한가?
"사회주의가 여러 난점을 성공적으로 극복한다"는 점에서 그러하다. 하지만 그 난점은 다른 체계들에서는 존재하지 않는다.

자본주의와 사회주의의 차이는 무엇인가?

"자본주의에서는 인간이 인간을 착취한다." 그러나 사회주의에서 는 그 반대다.[71]

"자본주의는 심연의 가장자리에 있다"라는 구절이 의미하는 바는? 자본주의는 심연의 가장자리에서 그 밑을 내려다보며, 우리가 그 곳에서 무엇을 하고 있는지 바라보려고 한다는 것이다.

랴잔의 작은 마을에 사는 어느 독자가 『프라우다』에 보낸 편지: 존 경하는 동지들, 당신들은 종종 "자본주의 국가에서 사람들은 충분 한 먹거리를 갖고 있지 못하다nedoedaiut"라고 씁니다. 혹시 그들 이 충분히 갖고 있지 못하다는 그 **먹거리**를 우리 랴잔으로 좀 보내 줄 수 있겠습니까?

이어지는 사례들에서는, 형식상으로는 분명하게 표현된 일련의 권 위적 주장들(소비에트 사람들은 낙관적으로 미래를 바라본다. 공산주 의는 풍요로운 사회가 될 것이다. 공산주의에서 삶은 행복하고 문제가 없을 것이다)이 의미상으로 전치되어 있다.[72]

---

71 〔옮긴이〕 반대로 해도 결국 똑같기 때문에, 결국 사회주의에서도 인간에 의한 인간의 착 취가 발생한다는 의미다.

72 세리오(Sériot 1992)는 1980년대 개혁 시기 유고슬라비아의 신문에 실린 유사한 정치적 경구를 기술하는데, 앞의 언급이 당의 문구를 인용한다면, 이어지는 인급은 그것의 의미 를 뒤집어버린다. "우리의 노선은 진정 독특하다. 아무도 그것을 따를 생각이 없다!"

소비에트 비관주의자와 소비에트 낙관주의자의 차이는?

소비에트 비관주의자는 사태가 더 이상 나빠질 수 없다고 생각하지만, 소비에트 낙관주의자는 얼마든지 그럴 수 있다고 생각한다.

상점에서 줄 서는 문제를 공산주의에서는 어떻게 해결할 것인가?

줄 서서 사야 할 물건이 아무것도 없게 될 것이다.

사하라 사막에 공산주의를 건설하게 된다면 어떤 일이 벌어질까?

모래가 부족하게 될 것이다.

공산주의에서의 삶은 어떤 것이 될까?

모두들 개인 텔레비전 세트와 개인 헬리콥터를 가지게 될 것이다. 예를 들어 만약 당신이 텔레비전을 통해 우유가 스베르들롭스크에서 팔리고 있다는 얘기를 들으면, 당신은 헬리콥터에 뛰어올라 우유를 얻기 위해 스베르들롭스크로 날아갈 것이다.

스툐프의 경우와 마찬가지로, 이러한 아넥도트의 서사 구조는 대부분의 유머 유형을 인식할 때 핵심이 되는 불일치의 느낌을 창출하면서 담론의 전치를 수행했다(Curco 1995: 37). 하지만 아넥도트는 그보다 훨씬 더 넓은 사회적 차원에서, 하나의 아넥도트 풀기 회합에서 많은 농담들이 계속 되풀이되고, 나아가 그런 회합들이 날마다 반복되는 과정에서 증폭되었다. 이처럼 아넥도트는 고립된 하나의 농담이나 논평이 아니라, 사회적·개인적인 불일치들과 매일매일 항구적으로 연동되는 하나의 담론으로 기능했던 것이다.

후기 사회주의 시기에 아넥도트 풀기의 의례를 그토록 즐겁고 유쾌하며 중독적인 것으로 만든 것은, 바로 이와 같은 더 넓은 담론적 차원이었다. 이 의례의 즐거움은 프로이트가 말한 "경향적 농담 tendentious jokes"이 만들어내는 즐거움에 가깝다(경향적 농담은 공적인 맥락에서 공개적으로 이야기될 수 없는 인종차별적·성차별적·성적·정치적 농담들을 가리킨다). 프로이트는 그러한 농담들은 웃음의 쾌락을 생산하는 것과 별개로 "억제와 억압을 풀면서 새로운 즐거움을 생산"(Freud 1960: 137)하는가 하면, 동시에 그러한 억압을 만들어냈던 사회적 상황들이 지속될 수 있도록 허용한다고 주장했다. 하지만 농담-작용에 관해 묘사하면서 프로이트가 사용하는 "억압"이라는 은유는 문제의 소지가 있다. 그것은 이런 유머의 기능을 개인 자아의 차원으로 환원시켜버린다. 우리 논의의 맥락에서 볼 때, 이러한 환원은 분열된 주체와 억압적 체제라는 친숙한 이원론적 모델과 유사하다. 무엇보다 중요한 것은 다음의 사실을 인식하는 것이다. 아넥도트는 고립된 자아들과의 관련 속에서 고립된 농담들로서 기능했던 것이 아니라, 집단적인 아넥도트 풀기 회합에 그 근거를 둔 복잡한 담론을 구성했다. 이런 회합은 다양한 맥락에서 다양한 참여자들에 의해 지속적으로 반복되었다. 이렇게 고도로 의례화된 사회적 담론은 실제로 '새로운 즐거움'을 생산했는데, 그것은 결코 순수하게 심리적인 것이 아니었다. 그것은 (앞선 스툐프를 둘러싼 논의가 보여준 것처럼) 각종 개인적·담론적·사회적·시간적 차원에서 확인되는 불일치들의 복잡한 집합에 참여하고, 그것들을 풀어놓고 드러내며 가능하게 만드는 일과 연동되어 있다. 이 담론은 실제로 슬로터다이크가 말한 "투쟁하기를 그친 유머"처럼 작동했다. 아넥도트 풀기의 의례는 "조절하고 균형과 평형을 맞추는 하수 시스템처럼, 보편적으로 인정되는 조절적인 소규모 무도덕주의mini-amoralism"처럼 작동했다 (Sloterdijk 1993: 305).

후기 사회주의 시기 삶의 역설, 부조리, 불일치 들에 은유의 수준에서 관여함으로써, 이러한 유머는 그것들이 완전히 오인되도록 내버려두지 않았다. 동시에 이 농담들은 그 모순에 명시적으로 관여하기를 거부함으로써, 모순이 지속될 수 있도록 허용했다. 아넥도트 담론의 두 가지 효과는 공히 결정적이다. 이 두 가지 효과 덕분에 사람들은 지지와 반대의 경계를 넘나드는 공간과 지대 들에서 의미 있고 창조적이며 윤리적인 삶을 살아갈 수 있었다. 이렇듯 그것들은 소비에트 현실의 계속되는 탈영토화 과정에서의 또 다른 기술이 되었던 것이다.

결론

이 책은 하나의 역설에서 출발했다. 그것은 소비에트연방의 극적인 몰락은 대부분의 소비에트 사람들이 전혀 예상하지 못한 뜻밖의 사태였지만, 막상 그런 일이 실제로 일어났다는 걸 깨닫자마자 자신들이 그 뜻밖의 변화를 사실상 준비해왔다는 사실을 함께 깨닫게 되었다는 역설이다. 수백만의 사람들이 그 몰락을 뜻밖의 사태이면서도 놀랍지 않고 게다가 굉장히 급속한 것으로 만들면서, 재빨리 그에 빨려 들어갔다. 예상치 못한 것과 놀랍지 않은 것의 이런 복잡한 연쇄는 소비에트 시스템의 심장부에 놓인 독특한 모순을 드러낸다. 수십 년 동안 그 시스템은 양립 불가능한 입장들을 가까스로 공존시켜왔다. 즉 시스템은 영원한 동시에 꾸준히 쇠퇴했고, 생기가 넘치는 동시에 황량했으며, 고귀한 이념들을 좇는 동시에 그것들을 잃어버렸다. 이 입장들 중 어떤 것도 가면은 아니었다. 그것들 각각은 실재했으며, 내가 이제껏 보여주려 했던 것처럼 상호 구성적이었다. 국가사회주의의 본질을 이해하려면 이 독특한 역학을 이해하는 것이 결정적이다.

이 책은 소비에트 시스템의 이 역설을, 그것이 일상적 삶의 차원에서 뿌리내리고 있는 담론, 언어, 이데올로기, 윤리, 사회적 관계, 시간과 공간 속에서 탐색해보려는 목적으로 쓰였다. 또한 이 책은 그 역설로부터 가능해진 새롭고 예측 불가능한 의미, 공동체, 관계,

정체성, 관심, 추구 들에 초점을 맞추었다. 이 문제를 다루기 위해 이 책은 소비에트 마지막 세대의 눈을 통해 본 후기 사회주의 시기를 탐구했다.

처음부터 나는 여전히 널리 퍼져 있는 국가사회주의에 관한 갖가지 이원론적 모델들을 통해서는 이 문제를 적절하게 다룰 수 없다고 주장했다. 억압과 저항, 진실과 거짓, 공식 문화와 비공식 문화, 국가와 민중, 공적 자아와 사적 자아 따위의 이분법은 소비에트 시스템 속의 복잡한 의미와 가치, 이상과 현실을 간과한다. 명확한 구분선을 비껴가면서 소비에트 시스템을 구성했던 이 요소들은 국가가 선포한 목표에도 불구하고, 혹은 그것과 조화를 이루면서 공존했다. 엄청난 수의 소비에트 시민에게 사회주의의 근본적 가치, 이상, 현실은 진정으로 중요했다. 그들의 많은 일상적 실천이 사회주의국가가 선포한 규범과 규칙 들을 항시적으로 재해석했다는 사실에도 불구하고 그렇다.

예비적 결론을 정식화해보기로 하자. 후기 사회주의의 역설은 시스템의 권위적 담론의 불변적 형식들이 도처에서 재생산되면 될수록, 해당 시스템은 더욱 심오한 내적 전치를 겪기 마련이라는 데 있다. 한편 시스템의 이와 같은 전치는, 시스템의 권위적 형식과 재현들을 재생산하는 작업에 광범위한 대중이 참여하는 것에서 이미 예견된 것이다. 이 점이 상대적으로 통제되지 않고 규정되기 어려운 '정상적인normal'(일상에서 벗어나 있거나 일상에 대한 대안으로 인식되지 않는) 삶, 의미 있고 창조적인 온갖 삶의 형식들이 출현하는 것을 가능하게 했다. 뒤집어놓고 보면, 이런 정상적 삶의 영위는 시스템의 권위적 형식과 재현 들을 수행적으로 재생산하는 작업에 참여하는 것에 그 근거를 두고 있다. 시스템을 재생산하는 것과 끊임없는 내적 전치에 참여하는 것은 상호 구성적인 과정이었던 것이다.

페레스트로이카가 불러온 변화로 인해 시스템의 불변성에 관한 경험을 재생산하는 일이 더 이상 중요하지도 가능하지도 않게 되었을 때, 후기 사회주의의 역설적인 과정들도 더 이상 유지될 수 없게 되었다. 동시에 페레스트로이카 초기의 변화들은, 모든 이의 일상적 삶의 일부분이 된 지 이미 오래되었음에도 불구하고 거대 담론을 통해서는 발설되지 않은 채로 유지되어올 수 있었던 무언가, 그러니까 시스템의 제도, 의례, 담론, 생활양식에 만장일치로 참여함으로써 모든 사람이 끊임없는 시스템의 전치에 계속 관여할 수 있게 만든 그 무언가를 결정적으로 발설하고 드러내버렸다. 이 극적인 깨달음은 뜻밖의 것이었는데, 왜냐하면 시스템 형식의 헤게모니가 그 시스템을 불변하는 단일체로 보이도록 만들었기 때문이다. 다른 한편으로 이 폭로는 전혀 놀랍지 않은 것이기도 했는데, 그것이 발설한 전치의 과정들이 실은 대다수가 암묵적으로 이미 알고 있었을 뿐 아니라 오래전부터 스스로 관여해왔던 것들이었기 때문이다. 페레스트로이카 초창기에 소비에트의 담론 체제 안에서 파열이 발생했던 순간은 정확히 언제인가? 뜻밖이지만 놀랍지는 않은 이 폭로는 어떻게 시스템 내로 도입되었으며, 어떻게 후기 사회주의의 극적인 해체로 이어지게 되었나? 이 질문들에 답하기에 앞서, 지금까지 이 책에서 제시된 몇 가지 핵심 사항들을 재점검해보기로 하자.

우리가 살펴보았듯이, 후기 사회주의의 핵심에 놓인 역설은 소비에트 초창기로 거슬러 올라간다. 그것은 클로드 르포르가 근대 이데올로기의 일반적 역설로 가늠했던 것, 소비에트의 맥락에서 번역해

보자면 총체적인 통제를 통하여 총체적인 해방을 달성하겠다는 목표에 그 뿌리를 두고 있다. 이런 역설의 조건하에서 이제껏 다른 이데올로기적 담론들의 기준점 역할을 해오던 외적인 메타담론이 1950년대 후반에 실종되었고, 이는 그 담론들을 초규범화로 몰고 갔다. 규범화를 향한 이 전환은 특히 언어의 차원에서 잘 관찰된다. 공유되는 언어 외적 '규범'이 부재하게 된 상황에서, 모든 새로운 당 문건은 잠재적인 일탈로 읽힐 수 있게 되었다. 개인적·집단적 차원에서 모호함을 피하려는 다중적인 시도 속에서, 정치적 담론의 생산은 지도부부터 모든 하부 심급에 이르기까지 점점 더 집단적 글쓰기 및 개인적 모방을 통해 조직화되기 시작했다. 급기야는 언어, 서사, 텍스트 구조의 모든 차원에서 언어가 초규범화되어, 그것을 점점 더 고정되고 예측 가능하며 순환적이고 경직된 것으로 만들게 되었다. 동일한 과정이 시각 선전물과 이데올로기적 의례 구조부터 일상적 삶 속 반복적 행위들의 조직화에 이르기까지, 이데올로기적 담론의 다른 모든 차원에서도 발생했다.

규범화의 과정은 모든 형태의 지식을 이미 확립된 지식처럼 제시하는 일반 원칙을 준수했다. 그 결과 권위적 담론의 시간성이 과거로 이동했고, 그에 따라 새로운 사실이 이미 존재하는 사실처럼 전달되었다. 저자의 목소리가 새로운 담론의 창조자가 아니라 기존 담론의 중개자의 목소리로 변경되었다. 이데올로기적 언어의 경우 이 전환은 언어의 모든 구조적 층위—어휘론, 형태론, 구문론, 의미론, 화용론, 서사 구조, 수사학적 조직, 상호 텍스트성 등등—에서 뚜렷하게 나타났다(2장).

언어의 새로운 순환적 모델은 지식의 불변성과 예측 가능성을 재현했으며, 예기치 못한 파열과 전환에는 폐쇄적이었다. 이데올로기적 담론이 행한 이런 새로운 역할을 강조하기 위해서, 나는 바흐친의 용어인 '권위적 담론'을 사용했다. 이는 모든 다른 담론으로부터 스스로를 차별화하는 특별한 대본을 가동시키는 담론의 유형을 가리킨다. 다른 담론들은 권위적 담론을 바꿀 수 없으며, 존재하기 위해서는 반드시 권위적 담론을 참조해야만 한다. 후기 사회주의 시기를 특징짓는 것은 이런 식의 권위적 담론이 언어적·비언어적 양태 모두에서 생산되고 유통된다는 특별한 조건이다. 권위적 담론 형식들을 그것이 가질 수 있는 진술적(지시적) 의미가 아닌 일상적 삶의 의미 있는 구성적 요인으로 만든 것은, 다양한 순환적 맥락 속에서 그것이 재생산될 수 있도록 하는 편재성이었다. 소비에트 인민 대다수는 이와 같은 권위적 담론의 고정된 형식들을 재생산하는 각종 행위와 의례—선거, 회합, 연설, 조사, 텍스트, 행진, 보고서 등—에 적극적으로 참여했다. 뿐만 아니라 그들은 이런 담론들의 진술적 의미가 대부분의 경우에 형식에서 풀려나와 상대적으로 예측 불가능해지며 새로운 창조적 해석에 열려 있게 된다는 점 또한 잘 알고 있었다.

이와 같은 담론의 재생산 및 유통의 논리와 함의를 이해하기 위해서, 나는 수행적인 것에 관한 존 오스틴의 논의와 그를 둘러싼 다른 평자들의 비판적 독해를 끌고 오는 한편, 그런 식의 기존 독해를 넘어설 수 있는 담론 분석의 방법론을 제안했다. 오스틴을 따라서 나는 담론의 '진술적'('지시적'을 의미를 가리키는 오스틴의 용어) 의미(사실을 언급하거나 현실을 묘사하기 위해 말이나 다른 기호들을 사용하는 경우)와 그것의 '수행적' 의미(세계 속에서 행위를 성취하기 위해 말을 사용하는 경우)를 구분했다. 진술적 행위는 현실을 묘사하며,

참이거나 거짓일 수 있다. 수행적 행위는 아무것도 묘사하지 않으며, 참이거나 거짓일 수 없다. 그것은 무언가를 달성하는 데 있어 성공하거나 실패할 수 있을 뿐이다. 세계 속에서 무언가를 수행할 수 있는 발화 행위의 특수한 능력은, 그것을 말하는 화자의 의도가 아니라 그것이 사용되는 관례들에 근거를 둔다. 만일 어떤 사람이 적정한 조건하에서 서약을 했다면, 그가 마음속으로 그걸 지키지 않겠다고 생각했다 할지라도, 그의 말을 서약으로 받아들인 사람들 앞에서 그 서약이 갖는 힘은 결코 줄어들지 않는다.

이후에 데리다(Derrida 1977)가 강조했던 대로, 오스틴의 후기 입장은 살아 있는 발화는 결코 명확하게 구별되는 진술적 그룹과 수행적 그룹으로 나뉘지 않는다는 것이었다. 사실 모든 발화는 어느 정도까지는 이 두 역할을 동시에 수행한다. 다만 이 역할들이 한쪽으로 환원될 수 없으며, 이것 아니면 저것의 이원론적 관계 속에 있지 않을 뿐이다. 그들의 관계는 역동적이며, 상이한 방식들을 통해 역사적으로 변화될 수 있다.

오스틴의 구분에서 출발하여, 나는 내가 공존하는 담론의 두 차원이라고 부른 진술적 차원과 수행적 차원을 도입했다. 나는 현실을 묘사하는(즉 진술적 차원에서 작동하는) 발언이 특정한 방식으로 사용될 경우, 그것의 수행적 차원의 역할이 증대되는 경험을 할 수 있다고 주장했다. 하나의 발화나 담론 행위에서 둘 중 어떤 차원이 더 중심적인지 여부는 맥락에 따라 바뀔 수 있다. 담론의 역사적 발전의 결과, 다음과 같은 경우가 발생할 수 있다. 현실을 묘사하는 진술적 역할이 더욱 고정적이고 예측 가능해지는 반면, 세계 속에 특정한 효과를 도입하는 수행적 역할의 중요성이 증대되는 경우가 그것이다. 수행적 차원은 언어뿐 아니라 비언어적 행위들에서도 중요하다. 갖가지 물리적·공간적·법적인 의례 행위들, 이를테면 결혼식, 투표, 행진, 시험 등은 단지 이미 존재하는 사람, 그룹, 제도, 국가, 시민을 가리키는 것만은 아니다. 그들을 그런 존재로 만들어내는 것이 바로 이 의례의 행위들이다.

권위적 담론이 초규범화되었던 후기 소비에트의 맥락에서, 그것의 수행적 차원의 중요성이 증대되는 한편, 진술적 차원은 구체적인 핵심 의미로부터 풀려나와 점차 새로운 해석에 열리게 되었다. 권위적 담론은 내가 수행적 전환이라고 이름 붙인 것을 겪게 되었다. 권위적 담론이 지배적으로 유통되는 대부분의 맥락에서, 텍스트나 의례들을 현실에 대한 진술적 묘사로서 문자 그대로 해석하는 일은 점점 덜 중요해지는 반면에, 그것을 엄청나게 정확하게 재생산하는 일이 훨씬 더 중요해졌다. 이는 그저 이 담론의 진술적 차원이 사라져버렸다거나, 그 담론이 텅 빈 의례로 바뀌었다는 것을 의미하지 않는다. 반대로 그것의 진술적 차원은 창조적 혁신과 예측 불가능한 의미, 그리고 사회주의적 삶의 재해석의 영역들을 열어젖히면서 심오한 중요성을 띠게 되었다. 권위적 담론 형식들의 수행적 재생산 행위는 반드시 그것을 말하는 사람의 의도에 관한 것일 필요도 없고, 현실 묘사에 관한 것일 필요도 없었다. 권위적 언어를 통한 발화 행위, 가령 이데올로기적인 의례에 참여하거나 당 회합의 결의안에 찬성표를 던지는 행위는 대부분의 경우 이 담론 형태들의 진술적 의미에 대해 자신의 의견을 표하는 절차가 아니었다. 여기서 중요한 것은 의례화된 행위의 성공적인 완수인데, 즉 이 행위들이 제도, 법, 위계, 그리고 주체의 자리의 (재)생산을 그와 결부된 모든 가능성 및 한계 들과 더불어 공인해주는 것이다. 이를테면 그것은 의미 있는 삶을 사는 일, 자신만의 관심사, 교육, 경력을 추구하는 일, 윤리적 가치와 미래를 향한 이상과 희망을 품는 일, 친구를 사귀고 공동체에 속하는 일, 심지어 그런 의례화된 행위들의 진술적 의미에 대한 관료주의적인 해석을 거부하는 일조차 가능하게 만든다.

권위적 담론 형식의 재생산은 소비에트 현실의 강력한 구성 요소가 되었지만, 더 이상 그 현실을 묘사할 필요는 없게 되었다. 즉 그것은 소비에트인이 된다는 것의 가능성과 한계 들을 만들어냈지만, 더 이상 소비에트인 자체를 묘사하지는 않았다. 결국 권위적 담론은 그것의 의례화된 재생산과 순환을 통해서 수많은 새로운 삶의 방식, 의미, 관심사, 관계, 공동체 들이 후기 사회주의 일상 어디에서나 분출돼 나올 수 있게 만들었지만, 이것들은 권위적 담론에 의해 완전하게 묘사되지도 결정되지도 않았다. 수행적 전환의 결과인 소비에트의 삶 속에서의 그와 같은 내적 불일치들의 생산은 후기 사회주의 시기의 모든 실천을 위한 중심 원칙이 되었다.[1]

또한 이 새로운 것들의 생산은 사회주의의 가치와 윤리 들을 반드시 지지할 필요도, 그렇다고 반대할 필요도 없는 행위 주체적이고 창조적인 과정이었다. 이 창조적인 과정을 단지 지배적 규범과 법칙들에 대한 저항으로 환원할 수 없는 이유가 여기에 있다. 사실 앞선 장들에서 살펴보았듯이, 그것은 수없이 다양한 입장들을 허용했다. 심지어 그것은 사회주의적 윤리학과 공산주의적 이상들을, 때로는

---

1   가령 이 원칙은 몇몇 연구를 통해 깊게 논의된 바 있는 소비에트 "결핍 경제economy of shortage"의 가동에서 점점 더 핵심적인 것이 되었다. Nove(1977); Kornai(1980); Verdery(1996); Ledeneva(1998); Yurchak(1999)을 보라.

역설적이게도 국가에 맞서서 계속 추구할 수 있는 가능성까지를 포함했다. 후기 사회주의 시기에 태어나고 활동했던 소비에트 마지막 세대의 구성원들은 권위적 담론의 초규범화된 형식들을 수행적으로 재생산하는 작업에 특별히 능한 존재가 되었고, 이 재생산을 통해 가능해진 새로운 의미, 관심사, 정체성, 삶의 방식 들에 특별히 적극적으로 관여했다. 이 세대의 구성원들을 권위적 담론에 일상적으로 노출시켰던 공통의 맥락 중 하나는, 그들 중 압도적인 다수가 명시적으로 속해 있었던 지역 콤소몰 조직이었다.

3장에서 살펴본 것처럼, 콤소몰 활동은 조직의 위계상 서로 다른 단계에 속한 콤소몰 지도자들에 의해 조직화되고 관리·감독되었다. 상위 직책에 근무하는 많은 이들이 이 작업을 위한 특별한 교육을 받기는 했지만, 대다수의 지역 콤소몰 지도자와 평단원 들은 수행적 과정의 노하우를 실제 작업 활동 중에 익혔다. 그들은 자신이 '순수한 형식'이라고 부르는 종류의 일과 '의미 있는 일'을 구분하는 법을 배웠고, 전자의 수행이 후자의 시행, 창조, 해석을 가능하게 만들어준다는 것을 경험을 통해 배웠다. 그들은 또한 텍스트, 보고서, 의례, 제도직 실천 등에서 권위적 담론의 정확한 형태를 재생산하는 일의 중요성을 배웠다. 예를 들어 그들은 상급 콤소몰 임원 및 콤소몰 평단원 들과 상호작용하는 특별한 양식을 배웠는데, 이런 복잡한 활동들에 개인으로서 그리고 콤소몰 활동의 구성적 일부로서 개입하면서도, 그것들을 있는 그대로 보고하지는 않는 식이다. 지역 조직들에서 그에 관여했던 수백만의 사람들에게 권위석 담론에 대한 이런 복잡한 관계가 야기한 결과는, 예기치 못했던 의미의 '잉여'와 반드시 국가가 천명한 공산주의적 목표에 대립하지도 그렇다고 그것을 따르지도 않는 현실들의 창조였다.

콤소몰 활동에서의 이런 문화적 생산의 의도치 않은 효과는 3장에서 살펴본 스보이 혹은 '정상적인 사람'이라는 공중의 출현이다. 러시아에서 비교적 오래된 개념인 스보이는 후기 사회주의의 맥락하에서 권위적 담론에 대한 관계를 통해 정의되는 '정상적인' 소비에트인들의 사회성이라는 특성을 새롭게 획득했다. 담론의 수행적 전환이 불러온 공중의 개념으로서, 스보이는 일종의 탈영토화된 공중이 되었다. 대부분의 소비에트인이 권위적 담론을 통해 수행되는 공적 활동이나 실천(회합, 투표, 행진, 연설)에 예외 없이 참여했으며, 이것들이 스보이의 공중을 권위적 담론이 묘사한 '소비에트 인민'과 동일한 것처럼 보이도록 했음에도 불구하고, 사실 이런 활동들의 의미는 본질적으로 전환되었다. 스보이의 일원이 된다는 것은 다음의 사실을 이해한다는 것을 뜻했다. 그와 같은 이데올로기적인 의례들에 참여하여 그 수행적 차원에 특별한 주의를 기울이는 것은 매우 중요하다. 왜냐하면 그와 같은 참여야말로 의례나 텍스트 들이 묘사하는 것들과는 다른, 즉 그것들에 꼭 대립할 필요는 없지만 그럼에도 그것들을 넘어서는 지점에 놓여 있는 '정상적인 삶'의 창조적인 생산을 가능하게 만들어주기 때문이다. 권위적 담론에 대한 이런 관계가 스보이를 열성분자 및 반체제분자와 구별시킨다. 과도한 이데올로기적 행동주의와 연결되는 전자와, 시스템에 대한 과도한 비판과 연결되는 후자는 공히 이데올로기적인 묘사를 진술적 차원에서 참 혹은 거짓으로 해석하곤 한다.

이어지는 장들에서 내가 주장한 것처럼, 후기 사회주의는 스보이의 공중이 그렇듯이, 권위적 담론과 독특한 관계를 맺는 〔새로운〕 생활양식과 공동체 들의 출현으로 특징지어진다. 이 관계는 '브녜에 살기'로 정의될 수 있는데, 이는 해당 담론의 수사적 장의 안쪽과 바깥쪽에 동시에 자리하면서, 그 담론에 대한 단순한 지지와 거부 모두를 회피하는 특별한 위치를 가리킨다. 이 관계는 이원론적 구분과 경계를 적극적으로 피해가면서 새로운 의미들이 생산되는 역동적인 장소가 된다. 권위적 담론의 브녜에서 살아가기는 후기 사회주의 시기의 지배적인 삶의 양태가 되었는데, 일련의 극단적인 경우에는 시스템의 진술적인 관심사들에 거의 관여하지 않은 채로, 심지어 그에 무지한 채로 살아가는 양태로 해석되기도 했다. 이 관계 역시 많은 사람들이 권위적 담론이 지배하는 삶 속으로 새로운 의미와 관심사를 도입할 수 있게 만들었고, 심지어 많은 이들이 사회주의적 이상을 보존하고 사회주의의 미래 지향적 윤리를 계속해서 따를 수 있도록 해주었다.

스보이의 공중과 브녜에 살기의 관계는 둘 다 사회주의 시스템의 반대가 아니라 그것의 구성적이고 개별적인 요소였다. 그것들은 소비에트 이데올로기의 르포르식 역설과 소비에트 국가 문화 정책의 역설로 인해 가능해졌다. 후자는 당의 선도적 역할을 선전함과 더불어 비판적 사고, 개인적 창의성, 지적 호기심, 교육 등을 옹호했으며, 암묵적으로 이런 추구들을 재정적·시간적 측면에서 지원했다. 4장에서 잘 드러났듯이, 이 역설은 교육, 예술, 문화 생산과 학문 연구의 영역들에서 펼쳐졌다. 그것은 권위적 담론에서 묘사된 것들에 완전히 부합하되, 동시에 그것들과 심오하게 차별화되는 사회적 환경, 생활양식, 관심사 들의 출현을 가능하게 만들었다. 이 사회적 환경, 생활양식, 관심사 들이 집중했던 지식의 형태, 코드, 의미 들은 권위적 담론에서는 표현되지 않는 다양한 종류의 상상의 '저편'으로 부터 온 것들이었다. 가령 이론과학, 고대 언어, 19세기 시, 종교, 서구 록 음악 등이 그것이다. 이들 환경과 직종 들이 지니는 의미는 시스템을 반대하는 것으로 환원될 수 없다. 오히려 그것들은 스스로를 문화적 실천, 윤리, 이상 들의 안쪽과 바깥쪽에 동시에 위치시키면서, 시스템에 대해 탈영토화된 관계를 맺었다고 말해야 한다.

동일한 유형의 내적 역설이 외국의 영향에 대처하는 소비에트 문화 정책을 조형했다. 좋은 문화적 국제주의를 진작하는 동시에, 부르주아 문화의 나쁜 영향을 차단하고자 하는 국가의 이중적 시도 덕분에, 1950~1960년대에 온갖 종류의 상상의 세계들이 소비에트 일상의 한 부분이 되어 출현할 수 있었다. 소비에트 마지막 세대에게 그것들 중에서 가장 중요했던 한 세계가, 내가 5장에서 다루었던 상상의 서구다. 이 상상의 세계를 구성했던 문화적 산물과 지식의 형태는 또다시 부분적으로 국가 자체에 의해 가능해졌고 또 만들어졌다. 게다가 국가가 부르주아 문화의 영향에 빠져 있는 순진한 일탈자나 비도덕적인 백수 같은 극단적인 사례들에만 집중했기 때문에, 열심히 일하는 교육받은 '정상적인' 소비에트 청년 대다수는 그런 비판 대상과 스스로를 동일시하지 않은 채로 서구 문화를 향한 자신의 관심을 정상화normalize할 수 있었다.

문화적 생산과 관련된 기술을 다루는 국가 정책 또한 동일한 역설을 내포했다. 단파 라디오 진흥 정책, 늘어가는 저가 단파 라디오 세트의 생산, 국가에 의한 해외 방송 차단의 비일관성 등도 해외 방송 청취가 대다수 소비에트 시민 사이에서 정상적인 일이 되도록 도왔다. 이와 유사하게 국가가 생산한 수백만 개의 테이프 녹음기, 서구 록 음악과 재즈에 대한 국가 관료와 미디어의 일관되지 못한 태도는, 수백만 소비에트 팬들 사이에서 그런 음악을 향한 관심을 증대시키고 합법화하는 데 기여했다. 그 결과 음악과 라디오를 포함한 각종 문화적 산물들을 꼭 반反시스템적 정체성과 연결시킬 필요가 없었다. 우리가 몇몇 헌신적인 젊은 공산주의자의 사례에서 보았듯이, 서구 록을 향한 그들의 관심은 종종 공산주의의 이상을 부르주아 미학과 결합시키려는 진지한 시도를 낳기도 했다(6장). 공산주의를 향한 그들의 믿음이 서구 문화의 영향에 관한 당 관료들의 보수적인 해석에 동의하지 않을 수 있게 하는 도덕적 기반을 제공했다. 환상적인 굴절을 통해, 그들에게는 국가의 승인을 받은 소비에트 오케스트라와 팝그룹이 연주하는 '경음악'의 예측 가능한 리얼리즘보다, 오히려 서구 록그룹들의 특이하고 혁신적이며 실험적인 사운드가 공산주의적 상상계의 미래 지향적 에토스에 훨씬 더 잘 부합하는 것처럼 여겨졌다.

권위적 담론의 전 영역에서 발생했던 수행적 차원과 진술적 차원 간의 이런 널리 퍼진 전환에 의거한 다중적인 내적 전치와 시스템의 재해석은, 소비에트 마지막 세대 사이에서 스툐프라는 은어로 불렸던 특별히 부조리한 아이러니의 미학이 발전되는 결과로 이어졌다. 그 아이러니 형식은 앞에서 살펴본 다중적인 전치의 결과로 생성된 역설적인 담론적·사회적·심리적 효과들에 종사했다. 현실과 퍼포먼스, 진지함과 유머, 지지와 반대, 의미와 무의미, 헐벗은 삶과 정치적 삶, 삶과 죽음 등을 가르는 경계선을 비껴가면서, 이 유머는 권위적 담론의 수행적 전환뿐 아니라 그 결과 일상에서 나타나는 모든 역설과 불일치 들을 모방했다. 판에 박힌 일상적 상징과 상황 들이 유머의 대상으로 포착되는 순간, 그것들의 진술적 의미는 갑자기 닻에서 풀려나오면서 예측 불가능하게 열려버린, 즉 부조리하거나 그저 부적절한 것이 되어버렸다. 그리고 이는 평범한 소비에트식 삶의 내적 전치들을 폭로하는 데 그치는 게 아니라, 이 전치들이 그 삶에서 벗어난 일탈이 아니라 그것의 뗄 수 없는 구성적 요소라는 사실, 그것이 대부분의 사람들에 의해 매일같이 실천되었던 일상적 규범과 다르지 않다는 사실을 드러내 보였다. 이 부조리 유머 장르는 매우 다양한 형태를 띠었다. 그 종류는 편지나 대화에서 나타나는 즉흥적인 논평에서부터 의례화된 농담조의 서사, 예술적 퍼포먼스, 실용적 농담, 그리고 아넥도트에까지 이른다. 그것은 예술가, 콤소몰위원, '아마추어' 예술가, 그리고 대부분의 평범한 시민에 의해 실행되었고, 후기 사회주의의 일상을 지배하는 민속적 창조성의 공연형식으로 변모해갔다. 이 부조리한 아이러니 장르는 시스템의 내적 역설들이 복제되고 악화되는 과정에 직접 관여했는데, 그럼으로써 더욱 명시적인 형태의 비판적 분석들에서는 언급되지 않은 채로 남아 있을 수 있었던 그 역설들이 후기 사회주의의 구성적이면서 대체적인displacing 원칙이라는 자신의 역할을 수행하는 데 기여할 수 있었다.

시스템과의 이런 역설적 관계는 고도로 창조적이고 행위 주체적인 것이었다. 이런 관계 속에서 시스템의 권위적 담론의 자기 재현은 도처에서 천편일률적으로 복제되었지만, 정작 소비에트의 삶의 의미들은 재해석되고 내부로부터 대체되었다. 이런 식의 삶의 양식을 영위했던 소비에트 마지막 세대는 마치 바흐친의 저자-주인공이 문학 텍스트와 관계하듯, 소비에트 시스템의 권위적 담론 장과 관계를 맺었다. 그들은 권위적 담론이 제공하는 대본에 따라 살아가는 시스템의 주인공이었지만, 동시에 권위적 대본 형식의 수행적 복제가 제공하는 매개변수들 내부에서 현실에 대한 자신만의 새롭고 예측 불가능한 해석을 창조해내는 시스템의 저자이기도 했다.

고정된 권위적 형식의 차원에서 시스템은 불변하는 것으로 남아 있었다. 제의는 거행됐고 보고서는 작성됐으며 계획은 달성됐고 행진은 시행됐다. 이와 같은 형식의 재생산은 소비에트 인민이 각자의 삶 속으로 새롭고 예측 불가능한 창조적 의미들을 도입할 수 있게 해주었고, 해당 담론이 진술적으로 공표한 것들 속에 묘사된 공인된 목표와 규칙 들에 의해 제한되지도 결정되지도 않는 '정상적인[괜찮은] 삶'을 만들어냈다. 자신의 기능을 수행하는 과정에서 소비에트 시스템은 내적 돌연변이와 탈영토화를 겪었다. 그런데 그것은 반드시 공산주의 이념과 목표 들에 반대하는 형식일 필요가 **없는**, 오히려 드물지 않게 바로 그 이념과 목표 들의 이름으로 진행된 변이와 탈영토화였다. 이 실천들은 시스템의 피치 못할 고정된 의미와 통제 들에서 벗어나 더 큰 자유를 향해 나아가는 움직임으로 보일 수도 있다. 하지만 그것은 반체제 담론 혹은 '진실한 삶'을 향한 부름 따위의 거대 서사의 해방적 수사학으로 코드화된 것은 분명 아니었다.

예측하지 못했던 일

이 담론 체제의 갑작스러운 파열은 1985년에 일어났다. 미하일 고르바초프가 새 공산당 서기가 되어 개혁 조치를 도입했을 때, 그는 부지불식간에 권위적 담론의 순환적 구조와 결별했다. 부지불식간인 이유는 그를 포함해 그 누구도 이 조치들이 권위적 구조의 주요한 단절을 야기하고, 그 단절이 그토록 엄청난 파장을 갖는 불가역적 결과들을 불러오게 될 거라는 사실을 깨닫지 못했기 때문이다. 마이클 어번의 분석이 보여주었듯이, 이 단절은 고르바초프가 새 직책에서 행한 첫번째 연설에서 이미 관찰된다. 고르바초프의 연설은 처음에는 이전의 서기들의 연설처럼, 2장에서 기술한 익숙한 순환적 서사 구조를 따른다. 그것은 일련의 "부족함," 고르바초프의 경우엔 몇몇 경제적 난관과 전반적인 사회적 무관심을 열거하는 것으로 시작해서 그것들이 극복될 필요가 있다는 주장으로 이어진다.

하지만 그다음 단계는 오랫동안 이어져온 순환적 도식과 달라진다. 평소의 순환성에 의거해서 고르바초프는 이 부족함을 극복하기 위해서는 이미 과거에 적용을 해서 실패한 적이 있는 동일한 대책들을 더욱 집중적으로 실시할 필요가 있다는 설명을 이어가야만 했다. 혹은 모든 사람이 개인적으로 더 큰 자발성과 창의성을 발휘해야 한다고, 하지만 동시에 그것들을 전적으로 당의 통제 아래에 둘 필요가 있다고 주장했어야 했다. 고르바초프가 반드시 이런 제안들 혹은 이런 종류의 서사에 반하는 주장을 한 것은 아니지만, 그는 자신의 연설에 다음과 같은 또 다른 질문들을 끼워 넣었다. "작금의 상황을 어떻게 하면 개선시킬 수 있을 것이며, 현재의 조치들이 결과를 내놓지 못하는 이유는 무엇인가?" 더욱 중요한 사실은 그가 자신과 당은 이 질문에 답하기 위한 충분한 지식을 갖고 있지 못하다는 점을 시사했다는 점이다. 그는 순환적 서사 구조와 단절하는 전적으로 새로운 주제를 도입했다. 이 질문들이 당 관료들이 아니라 "경제 행정가" "각종 전문가" 그리고 "일반 시민"을 향해야만 한다는 것(Urban 1986: 154), 즉 권위적 담론이 아닌 다른 담론을 통해 이야기되어야 한다는 주장이 그것이다.

고르바초프는 이런 식으로 자기 연설을 조직하면서, 권위적 담론 장 너머의 '객관적인 과학적 지식'에 근거한 전문적인 메타담론을 제공할 수 있는 외부 논평자 혹은 이데올로기 주석자의 목소리를 권위적 담론의 서사 구조 속으로 재도입했다. 이 목소리, 더욱 중요하게는 그런 목소리의 존재론적 가능성이, 권위적 담론 이외의 장르에서 권위적 담론에 **대해서** 공적으로 토론할 수 있는 공간을 열었고, 이는 궁극적으로 사회주의의 전체 담론 구조를 의문에 부칠 수 있는 가능성을 창출했다. 이런 비판적 토론이 사회주의의 근본적인 이념으로 돌아가 당의 지도적 역할을 회복함으로써 사회주의를 보존하고 향상시키려는 생각과 나란히 이루어졌음에도 불구하고, 실제로 그것은 담론 체제를 파열시키고 후기 사회주의 담론 구성체 및 당의 지도적 역할을 위한 근본적인 기초를 약화시켰다.

처음 3~4년 동안 페레스트로이카는 소비에트의 권위적 담론의 해체 이상은 아니었다. 그것이 처음으로 담론적 차원의 불가역적 결과를 달성한 것은 담론적 체제를 문제 삼으면서부터였다. 지금껏 진술적 언급으로는 거의 읽힐 필요가 없었던 이데올로기적 기표들이 갑자기 담론의 진술적 차원에서 **면밀하게** 고찰되기 시작했고, 점점 더 많은 출판물과 텔레비전 토론에서 소위 그것들의 '문자 그대로의' 의미가 점검되기 시작했다. 이는 과거 소비에트 이데올로기의 수행적 전환의 뒤집힌 버전이었다.

앞선 장들에서 살펴봤듯이, 페레스트로이카 이전 후기 사회주의 시기 동안에 권위적 담론으로 이루어진 초규범화된 시각적 재현물들(가령 정치적 표어와 거리 벽보, 시각 선전물과 행진 등)은 보행자들에게 '투명하고' '비가시적'이었다. 그것들은 순전히 진술적인 묘사나 언급으로 읽히는 대신에, 모종의 형식화된 풍경으로 변모되곤 했다. 그 풍경은 현실을 예측 가능한 방식으로 묘사하지 않은 채로 그 현실을 가능하게 만드는 시각적인 수행적 행위의 집합으로 기능했다. 이 사실을 폭로하는 것 자체는 새로울 게 없었다. 하지만 페레스트로이카 담론은 이데올로기적 텍스트와 시각물 들이 그 관객들에게 문자 그대로 읽히지 않았다는 사실을 공공연하게 인정함으로써, 모종의 '진실'을 묘사하는 것보다 훨씬 더 중요한 무언가를 달성했다. 그것은 권위적 담론이 일상 속에서 기능했던 원칙들에 관한 토론을 위한 장소를 제공함으로써, 권위적 담론에 관한 공적인 메타주석을 재도입했던 것이다. 1950년대 이후로 존재한 적이 없었던 이런 유형의 메타담론은 권위적 담론 장의 수행적 모델을 약화시키면서, 1987년까지 페레스트로이카의 거의 모든 출판물과 방송에 편재하는 것이 되었다. 1987년에 출간된 아래의 시각예술 잡지 기사는 그 예를 보여준다. 도심 거리의 시각 선전물들에 관해 쓰면서 이 기사는 선전물이 잘못됐다고 하는 게 아니라, 담론으로서 그것의 기능 조건이 바뀌었고 그것이 의미의 변화를 이끌었다고 선언하고 있다. 무엇보다 문제적인 것은 대중 출판물의 지면에서 이데올로기의 수행적 전환을 그토록 공공연하고 명시적으로 묘사하고 있는 출판물의 메타담론적 목소리다.

요사이 점점 더 자주 시각물들에서 마주하게 되는 것은 [……] 내용의 가장 기초적인 복제이다. 그 결과 똑같은 '마네킹들'이 포스터, 현수막, 거대한 벽보들에서 남자와 여자의 역할을 맡고 있다. 그것들은 BAM[2] 건설자, 군인, 집단농장 트랙터 운전사, 우주인 등이 되기 위해 그저 옷을 갈아입을 뿐이다. [······] 대도시의 주요 거리에서 우리 전문가들이 시행한 설문 조사가 확실하게 보여주듯이, 보행자 대부분은 가장 가까운 선전 광고판에 무엇이 그려져 있었는지 기억하지 못했다. 이렇듯 시각적 선전의 요소들은 보이지 않게 되었다. 그것들은 도심 공간에 물리적으로 현전하지만, 인민의 의식 속에 침투하지 못한다(Chebotarev 1987: 21, 23).

권위적 담론의 이런 수행적 모델을 묘사함으로써, 이 메타주석은 무심코 독자로 하여금 권위적 담론을 문자 그대로 현실을 묘사하는—혹은 묘사하는 데 실패하고 있는—**진술적** 차원에서 대하도록 강제하고 있다. 이런 메타담론의 도입은 권위적 텍스트나 보고서가 작성되고 해석되는 전 차원에 영향을 끼쳤다. 우리가 3장을 비롯한 여러 부분에서 만나보았던 콤소몰 반장과 서기 들에 따르면, 1986년의 제19차 당대회 이후 그들은 연설에서 형식화된 언어 구절들을 더 이상 사용하지 말고 새롭고 "신선한svezhie" 용어들을 사용하라는 지시를 받았다. 연설은 이제 더 짧아져야 했고 순환적 구조는 끊어져야 했다. 모든 연설은 이제 "진정한 자아비판real'naia samokritika"을 제공해야 했고, "진짜 문제들real'nye problemy"을 인정해야 했으며, 그것들을 해설하기 위한 새롭고 낯선 장조적 접근tvorcheskii podkhod을

---

2   바이칼-아무르 철도의 약어로, 1970년대의 '영웅적인' 건설 프로젝트이다.

제안할 수 있어야만 했다.

이데올로기에 대한 메타담론은 권위적 담론 장의 다른 모든 차원들, 가령 미디어, 당과 콤소몰 연설, 집회, 회합, 토론 등에도 급속도로 도입되었다. 여기서 진술적 의미에는 주의를 기울이지 않은 채 투표 행위를 수행하는 것은 더 이상 적절하지도 흥미롭지도 권장되지도 않는 일이 되었다. 1985~1988년 사이 초창기 동안 이 메타담론은 소비에트 국가 또는 권력의 구체적인 제도나 법률 들이 아니라, 후기 사회주의를 작동시킨 수행적 전환의 원칙을 약화시켰다. 이것은 후기 사회주의 시스템의 '담론적 해체'였으며, 바로 여기에 페레스트로이카의 아름다움과 흥분, 그리고 초기의 희망이 놓여 있었다. 현실을 대체하고 예측도 계산도 할 수 없는 의미와 그것을 담은 삶의 형식을 창조하는 것에 기초한 생활양식은 더 이상 가능하지도 적절하지도 않게 되었다. 권위적 담론은 자체적으로 붕괴했고, 그와 더불어 시스템 자체도 내파했다. 그리고 그 과정은 불가역적인 것이었다. 많은 사람들에게 이 경험은 신나는 것임과 동시에 트라우마적이었다(이 책의 시작 부분의 토냐의 묘사를 기억하라).

앞에서 본 대로 고르바초프의 혁신은 권위적 담론의 주인 기표 중 하나인 당의 주도적 역할(2장) 또한 약화시켰다. 이 파열은 다른 주인 기표들이 대표하는 이념들의 기치 아래 일어났는데, 이를테면 그것은 "레닌의 순수한 말"로 되돌아가서 사회주의에 다시 생기를 불어넣기 위한 것이었다. 페레스트로이카 기간 중에 유명했던 한 포스터는 소비에트 상징이 새겨진 강연대 옆 계단에 쭈그리고 앉아서 공책에 무언가를 적고 있는 레닌을 보여준다. 포스터에는 "레닌의 말을 들어봅시다!Slovo Leninu!"라고 쓰여 있다. 이는 시스템이 비판에 직면한 상황에서 마지막으로 기댈 수 있는, 감히 도전할 수 없는 지혜는 레닌의 최초의 말뿐이라는 것을 시사한다. 하지만 권위적 담론의 엄격하게 짜인 구조를 고려했을 때, 그중 하나의 주인 기표(당)가 약화된다는 것은 곧 시스템 전체가 약화된다는 것을 의미했으며, 얼마 지나지 않아 담론 장이 허물어져내리기 시작했다. 1988년이나 1989년에 이르면 당은 위신을 잃어버렸고, 수백만의 사람들이 자기 직책을 버리기 시작했다. 이는 불과 1~2년 전만 해도 상상할 수 없는 행동이었다. 그리고 나자 레닌의 형상 또한 온갖 출판물과 다큐멘터리 영화 들에서 맹비난을 받게 되었다.[3]

3장에 등장했던 고등학교와 대학교에서 콤소몰 반장이었던 미하일은 그와 같은 담론적 파열을 심오한 개인적 변화로서 체험했다. 미디어에 나오는 공적 비판 담론의 맥락에서, 미하일은 "삶의 의미에 대한 그의 이해를 다시 생각했고" 심오한 "의식의 전환perelom soznaniia"[4]을 경험했다. 또 다른 서기 안드레이는 처음에는 그가 항상 부도덕한 썩은 권력이라 생각해왔던 (중급 당 관료를 가리키는) 아파라치키가 위기에 빠진 것을 환영했다. 하지만 결국 당 전체가 허물어졌을 때 그는 엄청나게 괴로워했다. 1989~1991년 사이에 서서히 안드레이는 잘못된 것은 당의 관료주의뿐만이 아니라 당 자체라는 새로운 확신에 도달했다. "당 기구 없이는 당이 존재할 수 없고, 전자는 후자의 필연적 결과sledstvie이자 핵심sterzhen'이며, 그 둘은 하나였던 거예요."

---

3 레닌 형상과 관련된 복잡한 실타래가 풀리는 과정에 대해 논의는 Yurchak(1999; 2005)을 보라.
4 마하일은 1장에서 토냐가 쓴 것과 동일한 표현을 사용했다.

당이 모든 문제에 대한 해답을 갖고 있지 않다는 생각을 최초로 도입한 이후에, 결국 당은 수백만 당원의 눈앞에서 권위적 담론의 주인 기표로서의 위상을 잃어버리게 되었고, 이는 더 나아가 권위적 담론 전체를 악화시켰다. 결국 이는 최종적으로 불가피하게 그 담론이 의지하고 있던 외부의 닻, 그것의 우두머리 주인 기표인 레닌의 몰락을 이끌었다. 마지막 버팀목이 붕괴된 이후에는 시스템이 더 이상 지탱될 수 없었다. 안드레이는 1980년대 말의 그 순간을 이렇게 회상한다.

> 레닌이 모든 해답을 알고 있다는 생각이 제 안에서 조금씩 달라지기 시작했어요. 처음엔 무언가를 읽었고 다음엔 텔레비전, 그다음엔 라디오였죠. 하나의 세부 사항에 또 다른 세부 사항이 뒤따르면서 새로운 이미지들이 그려지기vyrisovyvat'sia 시작했어요. 결국 다 똑같다는, 레닌이 더 오래 살지 못한 걸 그나마 감사해야만 한다는, 레닌이야말로 모든 걸 시작한 자, 모든 걸 만든 장본인이고, 스탈린은 단지 그의 논리적 연장에 불과하다는 […] 제게 이런 깨달음은 시간이 걸리는 힘겨운 과정이었어요. 제가 깨어난 마지막 환상이 바로 레닌이었죠.

후기 사회주의의 역설은 다음과 같은 것으로 판명되었다. 언어와 의례를 비롯한 여타 행위들을 통해 시스템의 권위적 형식들이 주도면밀하게 만장일치로 더 많이 재생산될수록, 그것의 진술적 의미와 형식 사이의 연결은 더 많이 끊어지고, 이는 결국 더욱 다양하고 예측 불가능한 방향으로의 전환을 허용하게 된다. 이 전환은 새로운 삶의 형식, 공중, 사람들, 생활양식, 시간성과 공간성, 상상의 세계, 미래의 비전을 도입할 수 있게 해준다. 시스템이 시민의 도움을 받아 불변하는 단일체의 모습으로 더 많이 재현될수록, 더 많은 돌연변이와 내적 탈영토화가 발생하고 더욱더 알 수 없게 되는 이유가 여기에 있다. 그 반대도 마찬가지다. 시스템의 계속적인 내적 전치는 해당 시스템의 의례화된 형식, 제도, 수사학, 법칙 들의 지속적인 수행적 재생산을 보장하고, 그것을 더욱더 예측 가능하고 불변하는 것으로 보이도록 만든다. 소비에트 시스템의 지속적인 내적 전환과 탈영토화를 위해서는, 소비에트의 삶이 고정적이고 영원하며 불변하리라는 바로 그 느낌이 구성적 요소로서 필요했다. 시스템이 불변하는 것처럼 보이면 보일수록, 그것은 스스로 그렇다고 주장하는 것과 달라져갔다.

이것은 구조기능주의적 설명에서 익숙한 유형의 정적이고 자기-영속적인 기계 같은 것이 아니라, 역동적이고 행위 주체적인 내적 재조직화의 과정이었다. 하지만 이 과정을 단순히 지속적인 정체나 쇠락과 동일시하는 것은 옳지 못하다. 실제로 소비에트 시스템은 아마도 이런 식으로 훨씬 더 오랫동안 지속될 수 있었을 것이다. 그것의 영속성에 관한 느낌은 실제로 전적인 오해가 아니었던 것이, 소비에트 젊은이들에 의해 그토록 심오하게 재해석된 사회주의가 단지 국가 헤게모니의 수사학이 아니라, 창조적 세계와 상상의 공간들, 그리고 의미 있는 사회성의 형식들로 가득 찬 '정상적인〔괜찮은〕' 삶으로서 경험되었기 때문이다. 그 세계의 붕괴가 그토록 갑작스러운 것이었던 이유 **역시도** 이런 의미 있는 세계들이 삶을 그토록 복잡하고 충만하며 창조적이고 '정상적인' 것으로 만들어주었기 때문이며,

그 세계들 자체가 불변하는 권위적 형식들의 수행적 재생산에 의존함으로써 존재할 수 있었기 때문이었다. 하지만 페레스트로이카의 변화들이 시작됐을 때 그것은 모든 사람을 절대적으로 장악해버렸는데, 왜냐하면 그것이 이미 오래전에 발생하여 모두 그에 따라 살아오고 있던 것, 즉 시스템의 담론적 매개변수들의 돌연변이와 내적 전환을 메타담론을 통해 발설해버렸기 때문이다. 소비에트 후기 사회주의는, 강력하고 역동적인 사회 시스템이 그것의 담론적 존재 조건이 달라졌을 때 어떻게 돌연 예상치 못하게 허물어져버릴 수 있는지를 보여주는 충격적인 사례다.

Abu-Lughod, Lila, 1986, *Veiled Sentiments: Honor and Poetry in a Bedouin Society*, Berkeley: University of California Press.

Agamben, Giorgio, 1998, *Homo Sacer: Sovereign Power and Bare Life*, trans. Daniel Heller-Roazen, Stanford: Stanford University Press[『호모 사케르: 주권 권력과 벌거벗은 생명』, 박진우 옮김, 새 물결, 2008].

Aksyonov, Vassily, 1987, *In Search of Melancholy Baby*, New York: Random House.

Alaniz, José, 2003, "Necrotopia: Discourses of death and dying in late/ post-Soviet Russian culture," PhD diss., University of California, Berkeley.

Alaniz, José, and Seth Graham, 2001, "Early necrocinema in context," in *Necrorealism: Contexts, History, Interpretations*, ed. Seth Graham, Pittsburgh: Russian Film Symposium, pp. 5~27.

Aliev, A., 1968, *Narodnye traditsii, obychai i ikh rol' v formirovanii novogo cheloveka*[People's Traditions and Customs, and Their Role in the Formation of the New Man], Makhachkala: [no publisher].

Alpatov, V. M., 1991, *Istoriia odnogo mifa, Marr i marrizm*[The History of One Myth: Marr and Marrism], Moscow: Nauka.

Althusser, Louis, 1971, "Ideology and ideological state apparatuses," in *Lenin and Philosophy and Other Essays*, trans. and ed. Ben Brewster, London: Monthly Review Press, pp. 127~86[「이데올로기와 이데올로기적 국가 장치」, 『재생산에 대하여』, 김웅권 옮김, 동문선, 2007, pp. 349~410].

Anagnost, Ann, 1997, *National Past-Times: Narrative, Representation, and Power in Modern China*, Durham: Duke University Press.

Anderson, Benedict, 1983, *Imagined Communities: Reflections on the Origin and Spread of Nationalism*, London: Verso[『상상된 공동체: 민족주의의 기원과 보급에 대한 고찰』, 서지원 옮김, 도서출판 길, 2018].

Andrei, Vandenco, "luckydog[Vezynchik]"(interview with film director Karen Shakhnazarov), *Itogi*, 2012, no. 27(http://www.itogi.ru/arts-spetzproekt/2012/27/179643.html).

Andreyev, A., et al, 1980, *The Komsomol: Questions and Answers*, Moscow: Progress Publishers.

Apollonio, Umbro, ed. 1973, *Futurist Manifestos*, London: Thames and Hudson.

Appadurai, Arjun, 1990, "Disjuncture and difference in the global cultural economy," *Public Culture* 2(2), pp. 1~24.

Arnol'dov, A. I., et al. 1984, *Marksistsko-leninskaia teoriia kul'tury*[Marxist-Leninist Theory of Culture], Moscow: Politizdat.

Austin, John, 1999, *How to Do Things with Words*, Oxford: Clarendon

Press[『말과 행위: 오스틴의 언어철학, 의미론, 화용론』, 김영진 옮김, 서광사, 1992].

Avdeev, M. I., 1966, *Kratkoe rukovodstvo po sudebnoi meditsine*[A Short Guide to Forensic Medicine], Moscow: Meditsina.

Bach, Jonathan, 2002, "The taste remains: Consumption, (N)ostalgia, and the production of East Germany," *Public Culture* 14(3), pp. 545~56.

Bakhtin, Mikhail, 1984, *Problems of Dostoevsky's Poetics*, ed. and trans. Wayne C. Booth, Minneapolis: University of Minnesota Press[『도스또예프스끼 시학의 제諸문제』, 김근식 옮김, 중앙대학교출판부, 2011].

─────, 1986, *Speech Genres and Other Late Essays*, eds. Vern W. McGee, C. Emerson, and M. Holquist, Austin: University of Texas Press.

─────, 1990, "Author and hero in aesthetic activity," in *Art and Answerability: Early Philosophical Essays by M. M. Bakhtin*, eds. Michael Holquist and Vadim Liapunov, Austin: University of Texas Press, pp. 4~256.

─────, 1994, *The Dialogical Imagination: Four Essays by Mikhail Bakhtin*, ed. Michael Holquist, Austin: University of Texas Press.

─────, 2000, *Avtor i geroi: k filosofskim osnovam gumanitarnykh nauk*[Author and Hero: Toward Philosophical Bases of Humanitarian Sciences], St. Petersburg: Azbuka[「미적 활동에서의 작가와 주인공」, 『말의 미학』, 김희숙·박종소 옮김, 도서출판 길, 2006,

pp. 27~275).

Bakhtin, Mikhail, and P. N. Medvedev, 1991, *The Formal Method in Literary Scholarship: A Critical Introduction to Sociological Poetics*, trans. Albert J. Wehrle, Baltimore, MD: Johns Hopkins University Press.

Balina, Marina, Nancy Condee, and Evgeny Dobrenko, eds. 2000, *EndnoteEndquote: Sots-Art Literature and Soviet Grand Style*, Evanston, IL: Northwestern University Press.

Banc, C. 1990, *You Call This Living?: A Collection of East European Political Jokes*, Athens: University of Georgia Press.

Barnett, Robert, 2002, "The secret *secret*: Cinema, ethnicity, and seventeenth-century Tibetan-Mongolian relations, *Inner Asia* 4, pp. 277~346.

Baudrillard, Jean, 1988, "Simulacra and simulations," in *Jean Baudrillard: Selected Writings*, ed. Mark Poster, Stanford, CA: Stanford University Press, pp. 166~84.[『시뮬라시옹』, 하태환 옮김, 민음사, 2001, pp. 9~28, 39~65).

―――, 1994, *Symbolic Exchange and Death*, London: Sage.

Beissinger, Mark R., and Crawford Young, eds. 2002, *Beyond State Crisis?: Postcolonial Africa and Post-Soviet Eurasia Compared*, Baltimore, MD: Johns Hopkins University Press.

Bell, Catherine, 1992, *Ritual Theory, Ritual Practice*, New York: Oxford University Press.

Belousov, A. F., ed. 1998, *Russkii shkol'nyi fol'klor: ot 'vyzyvanii' Pikovoi damy do semeinykh rasskazov*[Russian School Folklore: From Summoning the Queen of Spades to Family Stories], Moscow: Ladomir.

Benjamin, Walter, 1969a, "The task of the translator," in *Illuminations: Essays and Reflections*, ed. Hannah Arendt, New York: Schocken, pp. 69~82[「번역자의 과제」, 『발터 벤야민 선집 6: 언어 일반과 인간의 언어에 대하여/번역자의 과제 외』, 최성만 옮김, 도서출판 길, 2008, pp. 119~42].

────, 1969b, "The work of art in the age of mechanical reproduction," in *Illuminations: Essays and Reflections*, ed. Hannah Arendt, New York: Schocken, pp. 217~52[「기술복제시대의 예술작품」, 『발터 벤야민 선집 2: 기술복제시대의 예술작품/사진의 작은 역사 외』, 최성만 옮김, 도서출판 길, 2007, pp. 39~150].

Berdhal, Daphne, 1999, "(N)Ostalgie for the present: Memory, longing, and East German things," *Ethnos* 64(2), pp. 192~211.

Bergan, Ronald, 1997, *Eisenstein: A Life in Conflict*, New York: Overlook Press.

Berry, Ellen E., and Anessa Miller-Pogacar, 1996, "A shock therapy for the social consciousness: The nature and cultural function of Russian necrorealism," *Cultural Critique*(Fall), pp. 185~203.

Bhabha, Homi, 1984, "Of mimicry and man: The ambivalence of colonial discourse," *October* 28(Spring), pp. 125~33[「모방과 인간: 식민지 담론의 양가성」, 『문화의 위치: 탈식민주의 문화이론』 수정판, 나병철 옮김, 소명출판, 2012, pp. 195~211].

──────, ed., 1990, *Nation and Narration*, London: Routledge〔『국민과 서사』, 류승구 옮김, 후마니타스, 2011〕.

──────, 1997, *The Location of Culture*, London: Routledge〔『문화의 위치: 탈식민주의 문화이론』수정판, 나병철 옮김, 소명출판, 2012〕.

Blank, Diana, 2004, "Fairytale cynicism in the kingdom of plastic bags: Powerlessness of place in a Ukrainian border town," *Ethnography*(Fall), pp. 349~78.

──────, 2005, "Voices from elsewhere: An ethnography in place in Chelnochovskna-Dniestre, Ukraine," PhD diss., University of California, Berkeley.

Blinov, I. Ya, 1948, *Iazyk agitatora*〔The Language of the Agitator〕, Moscow: Ogiz-gospolitizdat.

Bonnell, Victoria, 1997, *Iconography of Power: Soviet Political Posters under Lenin and Stalin*, Berkeley: University of California Press.

Bordo, Susan, 1990, "Reading the slender body," in *Body/Politics: Women and the Discourses of Science*, eds. Jacobus, M., Keller, E. F., and Shuttleworth, S., New York: Routledge, pp. 83~112〔「날씬한 몸 읽기」, 『참을 수 없는 몸의 무거움: 페미니즘·서구문화·몸』, 박오복 옮김, 소명출판, 2003, pp. 231~62〕.

Borneman, John, 1998, *Subversions of International Order: Studies in the Political Anthropology of Culture*, Albany: State University of New York Press.

Borodin, E. I., 1962, *500 slov. Kratkii slovar' politicheskikh, ekonomicheskikh i tekhnicheskikh terminov*〔500 Words: A Short

Dictionary of Political, Economic, and Technical Terms], Moscow: Molodaia Gvardiia[Young Guard].

Borukhov, Boris, 1989, "Vertikal'nye normy stilia"[Vertical norms of style], *Mitin zhurnal* 25.

Bourdieu, Pierre, 1977, *Outline of a Theory of Practice*, Cambridge: Cambridge University Press.

――――, 1991, *Language and Symbolic Power*, Cambridge, MA: Harvard University Press[『언어와 상징권력』, 김현경 옮김, 나남출판, 2014].

Boym, Svetlana, 1994, *Common Places: Mythologies of Everyday Life in Russia*, Cambridge, MA: Harvard University Press.

――――, 1999, "Ilya Kabakov: The soviet toilet and the palace of utopias," *Artmargins: Contemporary Central and Eastern European Visual Culture*, https://artmargins.com/ilya-kabakov-the-soviet-toilet-and-the-palace-of-utopias/.

――――, 2001, *The Future of Nostalgia*, New York: Basic Books.

Brennan, Timothy, 2001, "The cuts of language: The east/west of north/south," *Public Culture* 13(1), pp. 39~63.

Brodsky, Joseph, and Vaclav Havel, 1994, "The post-communist nightmare: An exchange," *New York Review of Books* 41(4), pp. 28~30.

Brovkin, Vladimir, 1998, "Komsomol and youth," in *Russia after Lenin: Politics, Culture and Society*, London: Routledge, pp. 108~25.

Brown, Wendy, 2003, "Neo-liberalism and the end of liberal democracy,"

Theory and Event 7(1), https://muse.jhu.edu/article/48659.

Buck-Morss, Susan, 2000, *Dreamworld and Catastrophe: The Passing of Mass Utopia in East and West*, Cambridge, MA: MIT Press[『꿈의 세계와 파국: 대중 유토피아의 소멸』, 윤일성·김주영 옮김, 경성대학교출판부, 2008].

Bulgakowa, Oksana, 1994, "Povelitel' kartin—Stalin i kino, Stalin v kino"[Rule of motion picture—Stalin and the pictures, Stalin at the pictures], in *Agitatsiia za schast'e. Sovetskoe iskusstvo stalinskoi epokhi*[Agitation for Happiness: Soviet Art of Stalin's Epoch], St. Petersburg: State Russian Museum, pp. 65~70.

———, ed. 1995, *Die ungewyhnlichen Abenteuer des Dr Mabuse im Lande der Bolschewiki: Das Buch zur Filmreihe 'Moskau-Berlin'*, Berlin: Fieunde der Deutschen Kinemathek.

Burlatskii, Fyodor, 1988, "Posle Stalina. Zametki o politicheskoi ottepeli"[After Stalin: Notes on the political thaw], *Novyi Mir* 10, pp. 153~97.

———, 1990, *Vozhdi i sovetniki. O Khrushcheve, Andropove i ne tol'ko o nikh···*[Leaders and Advisors: About Khrushchev, Andropov and not only them···], Moscow: Izdatel'stvo politicheskoi literatury[Political Literature Press].

———, 1997, *Glotok svobody. Kniga pervaia*[A Gulp of Freedom: First Book], Moscow: RIK Kul'tura.

Butler, Judith, 1990, *Gender Trouble: Feminism and the Subversion of Identity*, New York: Routledge[『젠더 트러블: 페미니즘과 정체성

의 전복』, 조현준 옮김, 문학동네, 2008].

─────, 1993, *Bodies That Matter: On the Discursive Limits of Sex*, New York: Routledge[『의미를 체현하는 육체』, 김윤상 옮김, 인간사랑, 2003].

─────, 1997a, *The Psychic Life of Power: Theories in Subjection*, Stanford, CA: Stanford University Press[『권력의 정신적 삶: 예속화의 이론들』, 강경덕·김세서리아 옮김, 그린비, 2019].

─────, 1997b, *Excitable Speech: A Politics of the Performative*, New York: Routledge[『혐오 발언: 너와 나를 격분시키는 말 그리고 수행성의 정치학』, 유민석 옮김, 알렙, 2016].

Calhoun, Craig, 2002, "Imagining solidarity: Cosmopolitanism, constitutional patriotism, and the public sphere," *Public Culture* 14(1), pp. 147~71.

Casey, E. S., 1996, "How to get from space to place in a fairly short stretch of time: Phenomenological prolegomena," in *Senses of Place*, eds. S. Feld and K. Basso, Santa Fe, NM: School of American Research Press, pp. 13~52.

Cavell, Stanley, 1995, "What did Derrida want of Austin?" in *Philosophical Passages: Wittgenstein, Emerson, Austin, Derrida*, Bucknell Lectures in Literary Theory, No. 12, Cambridge, MA: Blackwell, pp. 42~65.

Chakrabarty, Dipesh, 2000, *Provincializing Europe: Postcolonial Thought and Historical Difference*, Princeton, NJ: Princeton University Press[『유럽을 지방화하기: 포스트식민 사상과 역사적 차이』, 김택

현·안준범 옮김, 그린비, 2014].

Cheah, Pheng, 1998, "Given culture: Rethinking cosmopolitical freedom in transnationalism," in *Cosmopolitics: Thinking and Feeling beyond the Nation*, eds. Pheng Cheah and Bruce Robbins, Minneapolis: University of Minnesota Press pp. 290~328.

Chebotarev, A. N., ed. 1987, *Nagliadnaia agitatsiia. Opyt, problemy, metodika*[Visual Propaganda: Experience, Problems, Methodology], Moscow: Plakat.

Cherednichenko, Tatyana, 1994, *Tipologiia sovetskoi massovoi kul'tury. Mezhdu Brezhnevym i Pugachevoi*[Typology of Soviet Mass Culture: Between Brezhnev and Pugacheva], Moscow: RIK Kul'tura.

Chernov, Sergei, 1997a, "Istoriia istinnogo dzhaza"[The history of real jazz], *Pchela* 11, pp. 31~35.

──────, 1997b, "Klub 'Kvadrat': dzhaz-shmaz i normal'nye liudi"['Kvadrat' club: Jazz-shmaz and normal people], *Pchela* 11, pp. 36~42.

──────, 1997c, "Piterskie kluby. Blesk i nishcheta"[Petersburg clubs: Glamour and poverty], *Pchela* 10, pp. 12~17.

Chin, Gabriel J., and Saira Rao, 2003, "Pledging allegiance to the constitution: The first amendment and loyalty oaths for faculty at private universities," *University of Pittsburgh Law Review*(Spring), pp. 431~82.

Chomsky, Noam, 1986, *Knowledge of Language: Its Nature, Origins, and Use*, New York: Praeger[『언어지식: 그 본질, 근원 및 사용』, 이선우 옮김, 아르케, 2000].

Clark, Katerina, 1995, *St. Petersburg: Crucible of Cultural Revolution*, Cambridge, MA: Harvard University Press.

Clark, Katerina, and Michael Holquist, 1984, *Mikhail Bakhtin*, Cambridge, MA: Harvard University Press.

Comaroff, Jean, and John Comaroff, 1991, *Of Revelation and Revolution: Vol. 1*, Chicago: University of Chicago Press.

Coombe, Rosemary J. 1998, *The Cultural Life of Intellectual Properties: Authorship, Appropriation, and the Law*, Durham, NC: Duke University Press.

Culler, Jonathan, 1981, "Convention and meaning: Derrida and Austin," *New Literary History* 13, pp. 15~30.

Curco, C., 1995, "Some observations on the pragmatics of humorous interpretations: A relevance theoretic approach," *Working Papers in Linguistics: Pragmatics. University College London* 7, pp. 27~47.

Cushman, Thomas, 1995, *Notes From Underground: Rock Music Counterculture in Russia*, Albany: State University of New York Press.

de Certeau, Michel, 1975, *Une Politique de la Langue: La Rŭvolution Franɜaise et les Patois: L'Enquиte de Grŭgoire*, Paris: Gallimard.

――, 1988, *The Practice of Everyday Life*, Berkeley: University of California Press.

Deleuze, Gilles and Felix Guattari, 2002, *A Thousand Plateaus: Capitalism and Schizophrenia*, London: Continuum[『천 개의 고원: 자본주의와 분열증 2』, 김재인 옮김, 새물결, 2001].

참고문헌

DeMartini, J. R., 1985, "Change agents and generational relationships: A reevaluation of Mannheim's problem of generations," *Social Forces* 64, pp. 1~16.

Derrida, Jacques, 1977, "Signature event context," *Glyph* 1, pp. 172~97.

Dittmer, Lowell, 1981, "Radical ideology and Chinese political culture: An analysis of the revolutionary *Yangbangxi*," in *Moral Behavior in Chinese Society*, eds. Richard W. Wilson, Sidney L. Greenblatt, and Amy Auerbacher Wilson, New York: Praeger, pp. 126~51.

Djurić, Dubravka, and Miško Šuvaković, eds. 2003, *Impossible Histories: Historic Avant-Gardes, Neo-Avant-Gardes, and Post-Avant-Gardes in Yugoslavia, 1918~1991*, Cambridge, MA: MIT Press.

Dobrotvorsky, S.,1993, "A tired death," in *Russian Necrorealism: Shock Therapy for New Culture*, ed. Miller-Pogacar, Anessa, Exhibition Catalog, Bowling Green, OH: Bowling Green State University, pp. 7~8.

Dovlatov, Sergei, 1993, *Remeslo: Selected Prose in Three volumes*, Vol. 2. St. Petersburg: Limbus Press.

Dreyfus, Hubert, and Paul Rabinow, eds. 1983, *Michel Foucault: Beyond Structuralism and Hermeneutics*, 2nd ed. Chicago, IL: University of Chicago Press.

Dubovskii, M., 1991, *Istoriia SSSR v anekdotakh*(The History of the USSR in Jokes), Minsk: Everest.

Dunayeva, E., 1950, "Cosmopolitanism in the service of imperialist reaction," *Current Digest of the Soviet Press* 2(16).

Dundes, Alan, 1987, *Cracking Jokes: Studies of Sick Humor Cycles and Stereotypes*, Berkeley, CA: Ten Speed Press.

Dunham, Vera, 1976, *In Stalin's Time: Middle-Class Values in Soviet Fiction*, Cambridge: Cambridge University Press.

Duranti, Alessandro, 1993, "Intentions, self, and responsibility: An essay in Samoan ethnopragmatics," in *Responsibility and Evidence in Oral Discourse*, eds. Jane Hill and Judith Irvine, Cambridge: Cambridge University Press, 24~47.

————, 1997, *Linguistic Anthropology*, Cambridge: Cambridge University Press.

Edele, Mark, 2003, "Strange young men in Stalin's Moscow: The birth and life of the Stiliagi, 1945~1953," *Jahrbücher für Geschichte Osteuropas* 50, pp. 37~61.

Egbert, Donald D., 1967, "The idea of 'Avant-garde' in art and politics," *The American Historical Review* 53(2), pp. 339~66.

Ellis, Frank, 1998, "The media as social engineer," in *Russian Cultural Studies: An Introduction*, eds. Catriona Kelly and David Shepherd, Oxford: Oxford University Press, pp. 274~96.

Epstein, Mikhail, 2000, "Postmodernism, Communism, and Sots-Art," in *Endquote: Sots-Art Literature and Soviet Grand Style*, eds. Marina Balina, Nancy Condee, and Evgeny Dobrenko, Evanston, IL: Northwestern University Press, pp. 3~29.

Erastov, N. P., 1979, *Psikhologiia obshcheniia*(Psychology of Communication), Yaroslavl': [no publisher].

Erjavec, Aleš, ed. 2003, *Postmodernism and the Postsocialist Condition: Politicized Art under Late Socialism*, Berkeley: University of California Press.

Erokhin, A., 1995, "Iumor v Rossii"[Humor in Russia], *Ogonek* 14 (April), pp. 40~43.

Etlin, Richard, ed. 2002, *Art, Culture, and Media under the Third Reich*, Chicago, IL: University of Chicago Press.

Ewing, Katherine, 1997, *Hegemony, Consciousness, and the Postcolonial Subject*, Durham, NC: Duke University Press.

Fabian, Johannes, 2001, *Anthropology with an Attitude: Critical Essays*, Stanford, CA: Stanford University Press.

Fagner, D., and G. Cohen, 1988, "Abram Tertz: Dissidence, diffidence, and Russian literary tradition," in *Soviet Society and Culture: Essays in Honor of Vera Dunham*, eds. Terry L. Thompson and Richard Sheldon, Boulder, CO: Westview Press, pp. 162~77.

Fain, A., and V. L. Lur'e, 1991, *Vse v kaif!*[Everything Super!], Leningrad: Lena Productions.

Fairclough, Norman, 1989, *Language and Power*, London: Longman[『언어와 권력』, 김지홍 옮김, 경진, 2011].

──, 1992, *Discourse and Social Change*, Cambridge: Polity Press[『담화와 사회 변화』, 김지홍 옮김, 경진, 2017].

Faraday, George, 2000, *Revolt of the Filmmakers: The Struggle for Artistic Autonomy and the Fall of the Soviet Film Industry*, College Station, PA: Penn State University Press.

Fauchereau, Serge, 1992, *Malevich*, New York: Rizzoli.

Fedotov, Vladimir, 2001, "Tot kto proizvodil 'rok na kostiakh'"[The one who produced 'rock on bones'], *Argumenty i fakty*, February 14.

Feiertag, Vladimir, 1997, "Istoriia istinogo dzhaza"[The history of real jazz], *Pchela* 11, https://web.archive.org/web/20101128213606/http://pchela.ru/podshiv/11/jazz.htm.

――――, 1999, *Dzhaz ot Leningrada do Peterburga*[Jazz from Leningrad to Petersburg], St. Petersburg: Kul't Inform Press.

Foucault, Michel, 1972, *The Archaeology of Knowledge and the Discourse of Language*, New York: Pantheon Books[『지식의 고고학』, 이정우 옮김, 민음사, 2000].

――――, 1979, "Governmentality," *Ideology and Consciousness*(Autumn), pp. 5~21[「통치성」, 『푸코 효과: 통치성에 관한 연구』, 심성보 외 옮김, 난장, 2014, pp. 133~56].

――――, 1983, "Subject and power," in *Michel Foucault: Beyond Structuralism and Hermeneutics*, 2nd ed., eds. Hubert Dreyfus and Paul Rabinow, Chicago: University of Chicago Press, pp. 208~26.

――――, 1991, "Questions of method," in *The Foucault Effect: Studies in Governmentality*, eds. Graham Burchell, Colin Gordon, and Peter Miller, Chicago: University of Chicago Press[「방법에 관한 질문들」, 『푸코 효과: 통치성에 관한 연구』, 심성보 외 옮김, 난장, 2014, pp. 113~32].

――――, 1998a, "What is an author?," in *Aesthetics, Method, and*

Epistemology, ed. James Faubion, New York: The New Press, pp. 205~22[「저자란 무엇인가?」, 장진영 옮김, 『미셸 푸코의 문학비평』, 김현 엮음, 문학과지성사, 1989, pp. 238~75].

──. 1998b, "On the archeology of the sciences: Response to the epistemology circle," in *Aesthetics, Method, and Epistemology*, ed. James Faubion, New York: The New Press, pp. 297~333.

──, 1998c, "Different spaces," in *Aesthetics, Method, and Epistemology*, ed. James Faubion, New York: The New Press, pp. 175~85[「다른 공간들」, 『헤테로토피아』, 이상길 옮김, 문학과지성사, 2014, pp. 41~58].

Fraser, Nancy, 1992, "Rethinking the public sphere: A contribution to the critique of actually existing democracy," in *Habermas and the Public Sphere*, ed. Craig Calhoun, Cambridge, MA: MIT Press, pp. 109~43.

──, 1995, "Pragmatism, feminism, and the linguistic turn," in *Feminist Contentions: A Philosophical Exchange*, eds. Seyla Benhabib, Judith Butler, Drucilla Cornell, and Nancy Fraser, New York: Routledge, pp. 157~72.

Freud, Sigmund, 1919, "The 'uncanny'," in *Standard Edition of the Complete Psychological Works of Sigmund Freud* 17, ed. James Strachey, London: Hogarth Press and the Institute of Psycho-Analysis, pp. 219~52[「두려운 낯설음」, 『예술, 문학, 정신분석』신판, 정장진 옮김, 열린책들, 2003, pp. 399~452].

──, 1960, *Jokes and Their Relation to the Unconscious*, James Strachey, ed. New York: Norton[『농담과 무의식의 관계』 신판, 임인주 옮김, 열린책들, 2003].

Frey, M., 1925, *Les transformations du vocabulaire française?: L'epoque de la revolution(1789~1800)*, Paris: Les Presses Universitaires de France.

Friedrich, C. J., and Z. K. Brzezinski, 1965, *Totalitarian Dictatorship and Autocracy*, Cambridge, MA: Harvard University Press.

Gal, Susan, 1995, "Language and the 'arts of resistance'," *Cultural Anthropology* 10(3), pp. 407~24.

Gal, Susan, and Gail Kligman, 2000, *The Politics of Gender after Socialism: A Comparative-Historical Essay*, Princeton, NJ: Princeton University Press.

Gardiner, Michael, 1992, *The Dialogics of Critique: M. M. Bakhtin and the Theory of Ideology*, London: Routledge.

Gessen, Masha, 1997, *Dead Again*, London: Verso.

Gilroy, Paul, 1984, "Leisure industries and new technology," in *World View 1985*, eds. Ayrton, P., and V. Ware, London: Pluto Press.

———, 1991, *There Ain't No Black in the Union Jack: The Cultural Politics of Race and Nation*, Chicago, IL: University of Chicago Press.

Gladarev, Boris, 2000, "Formirovanie i funktsionirovanie milieu na primere archeologicheskogo kruzhka LDP-DTYu, 1970~2000"[Formation and functioning of a milieu on the example of the archeological circle of LDP-DTYu], St. Petersburg: Center for Independent

Sociological Research, http://www.indepsocres.spb.ru/boriss.htm.

Glebkin, Vladimir, 1998, *Ritual v Sovetskoi kul'ture*[Ritual in Soviet Culture], Moscow: Yanus-K.

Gordon, Colin, 1991, "Governmental rationality: An introduction." in *The Foucault Effect: Studies in Governmentality with Two Lectures by and an Interview with Michel Foucault*, eds. Graham Burchell, Colin Gordon, and Peter Miller, Chicago, IL: University of Chicago Press[「통치합리성에 관한 소개」, 『푸코 효과: 통치성에 관한 연구』, 심성보 외 옮김, 난장, 2014, pp. 13~84].

Gorham, Michael, 2000, "Mastering the perverse: State building and language 'purification' in early Soviet Russia," *Slavic Review* 58(1), pp. 133~53.

Gorky, M., V. Molotov, K. Voroshilov, S. Kirov, A. Zhdanov, and J. Stalin, 1937, *History of the Civil War in the U.S.S.R.(From the Beginning of the War to the Beginning of October 1917), Volume I: The Prelude of the Great Proletarian Revolution*, New York: International Publishers.

Graffy, Julian, 1998, "Cinema," in *Russian Cultural Studies: An Introduction*, eds. Catriona Kelly and David Shepherd, Oxford: Oxford University Press, pp. 165~91.

Graham, Seth, ed. 2001, *Necrorealism: Contexts, History, Interpretations*, Pittsburg: Russian Film Symposium.

────, 2003a, "The wages of syncretism: Folkloric new Russians and post-Soviet popular culture," *Russian Review* 62, 1(January), pp.

37~53.

──────, 2003b, "A cultural analysis of the Russo-Soviet anekdot," PhD diss., University of Pittsburgh.

Gray, Piers, 1993, "Totalitarian Logic: Stalin on Linguistics," *Critical Quarterly* 35(1), pp. 16~36.

Grebenshchikov, Boris, 1996, "Saigon," *Pchela* 6, https://web.archive.org/web/20101128212253/http://pchela.ru/podshiv/6/saigon.htm.

Grebnev, A., 1967, *Kak delaetsia gazeta. Teoriia i praktika sovetskoi partiinoi pressy. Kafedra zhurnalistiki i literatury Vysshei Partiinoi Shkoly pri TsK KPSS. Kurs lektsii. Pervyi krug*[How the Newspaper Is Made: Theory and Practice of the Soviet Party Press], Moscow: Department of Journalism and Literature of the Higher Party School of the Central Committee of the Communist Party of the Soviet Union.

Greenhouse, C. J., 1996, *A Moment's Notice: Time Politics across Cultures*, Ithaca, NY: Cornell University Press.

Grigor'ev, V. P., 1986, *Slovotvorchestvo i smezhnye problemy iazyka poeta*[Word Creation and Related Problems in Poetic Language], Moscow: Nauka.

Grossberg, Lawrence, 2000, "(Re)con-figuring space: Defining a project," *Space and Culture* 4(5), pp. 13~22.

Groys, Boris, 1992, *The Total Art of Stalinism: Avant-Garde, Aesthetic Dictatorship, and Beyond*, Trans. Charles Routlege, Princeton,

NJ: Princeton University Press.

―――, 2003, "The other gaze: Russian unofficial art's view of the Soviet world." in *Postmodernism and the Postsocialist Condition: Politicized Art under Late Socialism*, ed. Aleš Erjavec, Berkeley: University of California Press, pp. 55~89.

Gržinić, Marina, 2000, "Synthesis: Retro-avant-garde, or, mapping post-socialism in Ex-Yugoslavia," in *Artmargins: Contemporary Central and Eastern European Visual Culture*, https://artmargins.com/synthesis-retro-avant-garde-or-mapping-post-socialism-in-ex-yugoslavia/, September 26.

―――, 2003, "Neue Slowenische Kunst," in *Impossible Histories: Historic Avant-Gardes, Neo-Avant-Gardes, and Post-Avant-Gardes in Yugoslavia, 1918~1991*, eds. Dubravka Djurić and Miško Šuvaković, Cambridge, MA: MIT Press, pp. 246~69.

Guattari, Felix, 1995, *Chaosmosis: An Ethico-Aesthetic Paradigm*, Trans. Paul Bains and Julian Pefanis, Bloomington: Indiana University Press[『카오스모제』, 윤수종 옮김, 동문선, 2003].

Gudkov, Lev, and Boris Dubin, 1994, "Ideologiia besstrukturnosti. Intelligentsiia i konets sovetskoi epokhi"[Ideology of unstructuredness: Intelligentsia and the end of the Soviet epoch], *Znamia* 11, pp. 166~79.

Guerman, Mikhail, 1993a, "Mitki [sic]: Paintings, destiny mythology," in *Mitki [sic]: The Retrospective Exhibition 10 Years of the Movement*, St. Petersburg: State Russian Museum, http://www.

kulichki.com/mitki/museum/zhivo.html.

———, 1993b, "New trends in the Mitki [sic] speech culture," in *Mitki [sic]: The Retrospective Exhibition 10 Years of the Movement*, St. Petersburg: State Russian Museum, http://www.kulichki.com/mitki/themitki/newtrends.html.

Guilhaumou, J. 1989, *La Langue Politique et la Revolution Française: De l'Evenement a la Raison Linguistique*, Paris: Meridiens Klincksieck.

Guk, Olesia, 1997, "Valentin Tikhonenko: tarzan v svoem otechestve"[Valentin Tikhonenko: Tarzan in his fatherland], *Pchela* 11, pp. 21~28.

Gupta, Akhil, 1995, "Blurred boundaries: The discourse of corruption, the culture of politics, and the imagined state," *American Ethnologist* 22(2), pp. 375~76.

Habermas, Jürgen, 1991, *The Structural Transformation of the Public Sphere: An Inquiry into a Category of Bourgeois Society*, Cambridge, MA: MIT Press[『공론장의 구조변동: 부르주아 사회의 한 범주에 관한 연구』, 한승완 옮김, 나남출판, 2004].

Hall, Stuart, 1988, "The toad in the garden: Thatcherism among the theorists," in *Marxism and the Interpretation of Culture*, eds. C. Nelson and L. Grossberg, Urbana: University of Illinois Press, pp. 35~57

Hanks, William F., 2000, *Intertexts: Writings on Language, Utterance, and Context*, Lanham, MD: Rowman and Littlefield.

Han-Pira, E. N., 1991, "Iazyk vlasti i vlast' iazyka"[The language of power and the power of language], *Vestnik Akademii Nauk SSSR*[Herald of the Academy of Sciences of the USSR], 4, pp. 12~24.

Hanson, Stephen, 1997, *Time and Revolution: Marxism and the Design of Soviet Institutions*, Chapel Hill: University of North Carolina Press.

Haraway, Donna, 1991, *Simians, Cyborgs, and Women: The Reinvention of Nature*, New York: Routledge[『유인원, 사이보그, 그리고 여자: 자연의 재발명』, 민경숙 옮김, 동문선, 2002].

Havel, Václav, 1986, "The power of the powerless," in *Living in Truth*, London: Faber and Faber[「권력 없는 사람들의 권력」, 『대통령의 꿈: 하벨 정치 에세이』, 김정숙·임혜정 옮김, 들꽃세상, 1992, pp. 75~154].

――――, 1993, "The post-communist nightmare," *New York Review of Books* 40(10), pp. 8~10.

Hebdige, Dick, 1988, *Subculture: The Meaning of Style*, London: Routledge.

Hill, Jane, and Bruce Mannheim, 1992, "Language and world view," *Annual Review of Anthropology* 21, pp. 381~406.

Hillings, Valerie, L., 1999, "Komar and Melamid's dialogue with (art) history," *Art Journal* 58, no. 4(Winter), pp. 48~61.

Hirschkop, Ken, 1997, "Bakhtin, philosopher and sociologist," in *Face to Face: Bakhtin in Russia and the West*, ed. Carol Adlam, Sheffield:

Academic Press, pp. 54~67.

Hollywood, Amy, 2002, "Performativity, citationality, ritualization," *History of Religions* 42(2), pp. 93~115.

Holquist, Michael, 1990, *Dialogism: Bakhtin and His World*, London: Routledge.

Hough, Jerry F., 1979, *How the Soviet Union Is Governed*, Cambridge, MA: Harvard University Press.

Humphrey, Caroline, 1983, *Karl Marx Collective: Economy, Society, and Religion in a Siberian Collective Farm*, Cambridge: Cambridge University Press.

————, 1989, "'Janus-faced signs'—the political language of a Soviet minority before *Glasnost'*," in *Social Anthropology and the Politics of Language*, ed. Ralph Grillo, New York: Routledge, pp.145~75.

————, 1994, "Remembering an 'enemy': The Bogd Khann in twentieth-century Mongolia," in *Memory, History and Opposition under State Socialism*, ed. R. Watson, Santa Fe, NM: School of American Research Press, pp. 21~44.

————, 1995, "Creating a culture of disillusionment," in *Worlds Apart: Modernity through the Prism of the Local*, ed. Daniel Miller, New York: Routledge, pp. 43~68.

————, 2001, *Marx Went Away But Karl Stayed Behind*, Updated edition of *Karl Marx Collective: Economy, Society and Religion in a Siberian Collective Farm*, Ann Arbor: University of Michigan Press.

———, 2002a, "Cosmopolitanism and *Kosmopolitizm*," Paper presented at the Annual Meeting of the American Anthropological Association, New Orleans, November.

———, 2002b, *The Unmaking of Soviet Life: Everyday Economies after Socialism*, Ithaca, NY: Cornell University Press.

Humphrey, Caroline, and James Alexander Laidlaw, 1994, *The Archetypal Actions of Ritual: A Theory of Ritual Illustrated by the Jain Rite of Worship*, Oxford: Clarendon Press.

Hunter, Isobel, 1999, "*Zaum* and sun: The 'first futurist opera' revisited," *Central Europe Review* 1, no. 3(July).

Iampolsky, Mikhail, 1995, "Death in Cinema," in *Re-Entering the Sign: Articulating New Russian Culture*, Ellen E. Berry and Anessa Miller–Pogacar, eds. Ann Arbor: University of Michigan Press, pp. 270~88.

Ikonnikova, S. N. and Lisovskii, V. T., 1969, *Molodezh' o sebe, o svoikh sverstnikakh*[Youth about Itself and its Peers], Leningrad: Lenizdat.

———, 1982, *Na poroge grazhdanskoi zrelosti*[On the Eve of Civic Maturity], Leningrad: Lenizdat.

Jakobson, Roman, 1960, "Closing statement: Linguistics and poetics," in *Style in Language*, ed. T. A. Sebeok, New York: Wiley, pp. 350~77.

Jameson, Fredric, 1992, *Postmodernism or the Cultural Logic of Late Capitalism*, Durham, NC: Duke University Press.

Joravsky, David, 1970, *The Lysenko Affair*, Cambridge, MA: Harvard University Press.

Jowitt, Ken, 1993, *New World Disorder: The Leninist Extinction*, Berkeley: University of California Press.

Kabakov, Ilya, 1995, *Uber die "Totale" Installation/On the "Total" Installation*, Stuttgart: Cantz.

Kabakov, Ilya, Margarita Tupitsyn, and Victor Tupitsyn, 1999, "About installation," *Art Journal* 58, no. 4(Winter), pp. 62~73.

Kalinin, Mikhail I., 1935, *Stat'i i rechi. Ot VI do VII s'ezda sovetov SSSR*(Essays and Speeches: From the 6th to the 7th Congress of the Soviets of the USSR), Moscow: Partizdat.

Kant, Immanuel, 1998, *Critique of Pure Reason*, Trans. ed. Paul Guyer and Allen W. Wood, Cambridge: Cambridge University Press(『순수이성비판』1·2권, 백종현 옮김, 아카넷, 2006].

Kaplan, Fanni, 1997a, "Letiat muzykal'nye volny s zakata"(Musical waves of the sunset are flying), *Pchela* 11, pp. 46~48.

――――, 1997b, "Soprotivlenie na Nevskom prospekte"(Resistance on Nevskii prospect), *Pchela* 11, pp. 29~30.

Kharkhordin, Oleg, 1999, *The Collective and the Individual in Russia: A Study of Practices*, Berkeley: University of California Press.

Khlebnikov, Velimir, 1987, *Letters and Theoretical Writings*, vol. 1 of *Collected Works of Velimir Khlebnikov*, eds. Ronald Vroon and Charlotte Douglas, Cambridge, MA: Harvard University Press.

Kniazeva, Marina, 1990, "Deti zastoia"(Children of the stagnation),

Literaturnaia gazeta June 13.

Kondakov, N. I., ed. 1941, *Iazyk gazety. Prakticheskoe posobie i spravochnik dlia gasetnykh rabotnikov. Tsentral'nyi kabinet redaktorov pri otdele propagandy i agitatsii TsK VKPb*(Language of the Newspaper: Practical Manual and Reference Book for Newspaper Employees. Central Cabinet of Editors at the Department of Propaganda and Agitation of CC VKPb), Moscow–Leningrad: Legprom.

Kornai, Janos, 1980, *Economics of Shortage*, Amsterdam: North–Holland Publishing.

Kostomarov, B. G., 1994, *Iazykovoi vkus epokhi. Iz nabliudenii nad rechevoi praktikoi mass-media*(Language Taste of the Epoch: From Observations of the Speech Practices of Mass Media), Moscow: Pedagogika–Press.

Kotkin, Stephen, 1995, *Magnetic Mountain: Stalinism as a Civilization*, Berkeley: University of California Press.

Kravchenko, Aleksei, 1969, *Spravochnik sekretaria pervichnoi partiinoi organizatsii*(Reference Book for the Secretary of a Primary Party Organization), Moscow: Izd–vo politicheskoi literatury [Political Literature Press].

Kristeva, Julia, 1986, "Word, dialogue and novel," in *The Kristeva Reader*, ed. Toril Moi, Oxford: Basil Blackwell(「말, 대화, 소설」, 『세미오티케』, 서민원 옮김, 동문선, 2005, pp. 105~44].

Kriuchkova, T. B., 1982, "K voprosu o mnogoznachnosti 'ideologicheskisviazannoi leksiki"[On the question of polysemy of 'ideologically bound' lexicon], *Voprosy Iazykoznaniia*[Issues of Linguistics] 1, pp. 28~36.

Krivulin, Viktor, 1996, "Nevskii do i posle Velikoi Kofeinoi Revoliutsii. Interview with Viktor Krivulin"[Nevsky before and after the great coffee revolution: Interview with Viktor Krivulin], *Pchela* 6, pp. 4~9.

Krotov, Iakov, 1992, "Sovetskii zhitel' kak religioznyi tip"[Soviet inhabitant as a religious type], *Novyi mir*(May), pp. 245~50.

Kruchenykh, Alexei, 1988a, "New ways of the word," in *Russian Futurism through its Manifestoes 1912~1928*, eds. A. Lawton and H. Eagle, Ithaca, NY: Cornell University Press.

―――, 1988b, "Declaration of transrational language," in *Russian Futurism through its Manifestoes 1912~1928*, eds. A. Lawton and H. Eagle, Ithaca, NY: Cornell University Press.

Kryshtanovskaia, Olga, 1996, "Finansovaia oligarkhiia v Rossii"[Financial oligarchy in Russia], *Izvesttiia* January 10.

Kupina, N. A., 1999, *Iazykovoe soprotivlenie v kontekste totalitarnoi kul'tury*[Language Resistance in the Context of Totalitarian Culture], Ekaterinburg: Izdatel'stvo Ural'skogo universiteta.

Kurganov, E., 1997, *Anekdot kak zhanr*[Anecdote as a Genre], St. Petersburg: Akademicheskii Proekt.

Lacan, Jacques, 1988, "The seminar of Jacques Lacan," in *Book 3. The Psychoses, 1955~1956*, ed. Jacques-Alain Miller, New York: Nor-

　　　　　　　　　　　　　　　　　　참고문헌

ton.

Lahusen, Thomas, and Gene Kuperman, eds. 1993, *Late Soviet Culture: From Perestroika to Novostroika*, Durham, NC: Duke University Press.

Laibach, 1983, "Ten items of the covenant," *Nova Revija(Slovene Review for Cultural and Political Issues)* No. 13/14.

Lampland, Martha, 1995, *The Object of Labor: Commodification in Socialist Hungary*, Chicago: University of Chicago Press.

Lane, Cristel, 1981, *The Rites of Rulers: Ritual in Industrial Society: The Soviet Case*, Cambridge: Cambridge University Press.

Ledeneva, Alena, 1998, *Blat: Russian Economy of Favours*, Cambridge: Cambridge University Press.

Lee, Andrea, 1981, *Russian Journal*, New York: Random House.

Lefort, Claude, 1986, *The Political Forms of Modern Society: Bureaucracy, Democracy, Totalitarianism*, Cambridge, MA: MIT Press.

Lemon, Alaina, 1998, "'Your Eyes are Green Like Dollars': Counterfeit Cash, National Substance, and Currency Apartheid in 1990s Russia," *Cultural Anthropology* 13(1), pp. 22~55.

Lemon, Lee, and Marion Reis, eds. 1965, *Russian Formalist Criticism: Four Essays*, Lincoln: University of Nebraska Press.

Leont'ev, A. A., 1975, "Psikhologia obshcheniia v professional'noi deiatel'nosti lektora"[Psychology of communication in the professional activity of a lecturer], in *Voprosy lektsionnoi propagandy. Teoriia i praktika*[Issues of Lecture Propaganda: Theory and Practice], vol. 2, Moscow: Znanie, pp. 54~61.

Levinson, Stephen, 1983, *Pragmatics*, New York: Cambridge University Press.

Lisovskii, V. T., et al., eds, 1978, *Aktual'nye problemy teorii i praktiki nravstvennogo vospitaniia studentov*[Contemporary Problems in the Theory and Practice of the Moral Education of Students], Leningrad: Izdatel'stvo LGU.

Losev, A., 1978, "Pis'ma"[Letters], *Kontinent. Literaturnyi, obshchestvennopoliticheskii i religioznyi zhurnal*[Continent: Literary, Socio-Political and Religious Journal], 16.

Lukashanets, A. A., et al. 1988, *Obshchestvo—iazyk—politika*[Society—Language—Politics], Minsk: Vysheishaia Shkola.

Lur'e, Lev, 1997, "Pokolenie vyshedshee iz kholoda"[A generation that came out of the cold], *Pchela* 11, pp. 17~19.

―――, 1998, "Semidesiatye kak predmet istorii russkoi kul'tury. Materialy diskussii"[The seventies as an object in the history of Russian culture: Notes of a discussion], in *Rossiia/Russia* 1(9).

―――, 2003, *Zanimatel'naia istoriia Peterburga*[Popular History of St. Petersburg], a series of programs on Radio Ekho Peterburga, August 7.

Mahmood, Saba, 2001, "Feminist theory, embodiment, and the docile agent: Some reflections on the Egyptian Islamic revival," *Cultural Anthropology* 16(2), pp. 202~36.

Makarevich, Andrei, 1994, "Interview on weekly program *Vzgliad*," Ostankino Channel, June 24.

―――, 2002, *Sam ovtsa. Avtobiograficheskaia proza*[A Sheep Yourself: Autobiographical Prose], Moscow: Zakharov.

Makarevich, E., 1987, "V ozhidanii tret'ei volny"[Awaiting the third wave], *Molodoi Kommunist*[Young Communist] 1.

Mann, Thomas, 1980, *The Magic Mountain*, Trans. H. T. Lowe-Porter, New York: Vintage[『마의 산』 상·하, 홍성광 옮김, 을유문화사, 2008].

Mannheim, Karl, 1952, *Essays on the Sociology of Knowledge*, London: Routledge.

Marcus, Greil, 1990, *Lipstick Traces: A Secret History of the Twentieth Century*, Cambridge, MA: Harvard University Press.

Marr, N. Ia, 1977, *Iazyk i myshlenie*[Language and Cognition], Letchworth, England: Herts.

Marshak, Samuil, 1937, "Vystuplenie na torzhestvennom otkrytie dvortsa pionerov"[Address at the opening ceremony of the palace of pioneers], Sankt-Peterburgskii gorodskoi dvorets tvorchestva iunykh. Letopis' dvortsa[St. Petersburg city palace of youth creativity: History of the palace], https://ru.wikipedia.org/wiki/Санкт-Петербургский_городской_дворец_творчества_юных.

Matizen, Viktor, 1993, "Stiob kak fenomen kul'tury"[*Stiob* as a phenomenon of culture], *Iskusstvo Kino* 3, pp. 59~62.

Mazin, Viktor, 1998, *Kabinet Nekrorealizma: Yufit i*[The Cabinet of Necrorealism: Yufit and.] St. Petersburg: Ima Press.

Mbembe, Achille, 1992, "The banality of power and the aesthetic of vulgarity in the postcolony," *Public Culture* 4, no. 2(Spring), pp. 1~30.

———, 2001, *On the Postcolony*, Berkeley: University of California Press.

McMichael, Polly, 2005a, "'After all, You're a rock and roll star(at least that's what they say)': *Roksi* and the creation of the Soviet rock musician," *Slavonic and East European Review* 83(4).

———, 2005b, "The making of a Soviet rock star, Leningrad, 1972~1987," PhD diss., University of Cambridge, Forthcoming.

Medvedev, Roi, 1997, "Stalin i iazykoznanie. Kak bylo razrusheno gospodstvo ucheniia Marra"[Stalin and linguistics: How the dominance of Marr's teaching was destroyed], *Nezavisimaia gazeta* April 4.

———, 1998, *Kapitalizm v Rossii?*[Capitalism in Russia?], Moscow: Prava cheloveka.

Mertz, Elizabeth, 1996, "Recontextualization as socialization: Text and pragmatics in the law school classroom," in *Natural Histories of Discourse*, eds., Michael Silverstein and Greg Urban, Chicago: University of Chicago Press, pp. 229~49.

Mikeshina, L. A., 1999, "Znachenie idei Bakhtina dlia sovremennoi epistemologii"[The significance of Bakhtin's ideas for contemporary epistemology], *Filosofiia nauki*[Philosophy of Science] 5.

Mitchell, Timothy, 1990, "Everyday metaphors of power," *Theory and*

Society 19: 545~77.

Monroe, Alex, 2005, *Interrogation Machine: Laibach and NSK*, Cambridge, MA: MIT Press.

Moore, Donald, 2002, "Spatializing provinces and geographies of belonging," A response to Dipesh Chakrabarty's *Provincializing Europe* on the panel "Rethinking Europe/Non-Europe: Anthropological Dialogues with Dipesh Chakrabarty and Kenneth Pomerantz," American Anthropological Association Meeting, New Orleans, 23 November.

Morris, Rosalind, 1995, "All made up: Performance theory and the new anthropology of sex and gender," *Annual Review of Anthropology* 24, pp. 567~92.

Munting, R., 1984, "Lend-lease and the Soviet war effort," *Journal of Contemporary History* 19, pp. 495~510.

Nadkarni, Maya, and Olga Shevchenko, 2004, "The politics of nostalgia: A case for comparative analysis of postsocialist practices," *Ab-Imperio*.

Nafus, Dawn, 2003a, "Time, sociability, and postsocialism," PhD diss., Sidney Sussex College, Cambridge University.

———, 2003b, "The aesthetics of the internet in St. Petersburg: Why metaphor matters," *The Communication Review* 6, pp. 185~212.

Navaro-Yashin, Yael, *Faces of the State: Secularism and Public Life in Turkey*, Princeton, NJ: Princeton University Press.

Nikkila, Anton, 2002, "Russian industrial noise: Pioneers, youth league and party members," *The Wire Magazine*, November 1.

Nove, Alec, 1977, *The Soviet Economic System*, London: Allen and Unwin.

NSK, 1991, *Neue Slowenische Kunst*, Los Angeles: AMOK Books.

Nyíri, Pal, and Joana Breidenbach, 2002, "Living in truth: Physics as a way of life," *Anthropology of East Europe Review* 20, no. 2(Autumn), pp. 43~54.

Nyomarkey, Joseph, 1965, "Factionalism in the National Socialist German Workers' Party, 1925~1926," *Political Science Quarterly* 80, no. 1(March), pp. 22~47.

Oushakine, Sergei, 2001, "The terrifying mimicry of samizdat," *Public Culture* 13(2): 191–214.

Paperno, Irina, 2002, "Personal accounts of the Soviet experience," *Kritika: Explorations in Russian and Eurasian History* 3(4), pp. 577~610.

Pecheux, Michel, 1994, "The mechanism of ideological (mis)recognition," in *Mapping Ideology*, ed. Slavoj Žižek, London: Verso, pp. 141~51.

Pechkin, I., and M. Cherniakhovskii, 1988, "Torzhestvo plakata ostrogo i dinamichnogo"[Triumph of a sharp and dynamic poster], *Nagliadnaia agitatsiia* 4, pp. 4~12.

Pelevin, Victor, 1999, *Generation P*, Moscow: Vagrius[『P세대』, 박혜경 옮김, 문학동네, 2012].

―――, 2002, *Homo Zapiens*, Trans. Andrew Bromfield, New York: Viking.

Pesmen, Dale, 2000, *Russia and Soul: An Exploration*, Ithaca: Cornell University Press.

Petrovskii, Miron, 1990, "Novyi anekdot znaesh'?"[Do you know a new anecdote?], *Filosofskaia i sotsial'naia mysl'* 5, pp. 46~51.

Pocheptsov, G., 1997, "Processes of political communication in the USSR," in *Political Discourse in Transition in Europe 1989~1991*, eds. P. Chilton, M. Ilyin, and J. Mey, Amsterdam: John Benjamins Publishing Company, pp. 51~68.

Popov, Valerii, 1996, "Krysha: interv'iu s Valeriem Popovym"[Roof: An interview with Valerii Popov], *Pchela*, https://web.archive.org/web/20101128212631/http://pchela.ru/podshiv/6/krisha.htm.

Prigov, D. A., 1997, *Sovetskie teksty*[Soviet Texts], Moscow: Izdatel'stvo Ivana Limbakha.

Pudovkina, Elena, 2000, "Klub 'Derzanie'"[Club 'Dare'], *Pchela*, https://web.archive.org/web/20101128180719/http://pchela.ru/podshiv/26_27/club.htm.

Rabinow, Paul, 1989, *French Modern: Norms and Forms of the Social Environment*, Cambridge, MA: MIT Press.

Rancière, Jacques, 2002, "The aesthetic revolution and its outcomes," *New Left Review* 14, pp. 133~51.

Richmond, Yale, 2003, *Cultural Exchange and the Cold War: Raising of the Iron Curtain*, University Park: Pennsylvania State University Press.

Ries, Nancy, 1997, *Russian Talk*, Ithaca, NY: Cornell University Press.

Riordan, Jim, ed. 1989, *Soviet Youth Culture*, Houndmills: Macmillan Press.

Roach, Joseph, 1995, "Culture and performance in the Circum-Atlantic world," in *Performativity and Performance*, eds. Andrew Parker and Eve Kosofsky Sedgwick, London and New York: Routledge, pp. 45~63.

Rofel, Lisa, 1999, *Other Modernities: Gendered Yearnings in China after Socialism*, Berkeley: University of California Press.

Rogov, K. Iu, 1998, "O proekte 'Rossiia/Russia'—1970-e gody" [About the project "Rossiia/Russia"—the 1970s], *Rossiia/Russia* 1(9), pp. 7~11.

Rosaldo, Michelle, 1982, "The things we do with words: Ilongot speech acts and speech act theory in philosophy," *Language in Society* 2, pp. 203~37.

Rossianov, K., 1993, "Stalin as Lysenko's editor: Reshaping political discourse in Soviet science," *Configurations* 1(3), pp. 439~56.

Roxburgh, A., 1987, *Pravda: Inside the Soviet News Machine*, New York: George Braziller.

Rudy, Stephen, 1997, "Introduction," in Roman Jakobson, *My Futurist Years*, New York: Marsilio Publishers, pp. ix~xvi.

Ryazanova-Clarke, Larissa, and Terrence Wade, 1999, *The Russian Language Today*, London: Routledge.

Saint-Simon, Henri de, 1825, *Opinions littéraires, philosophiques et industrielles*, Paris: Bossange.

Savchuk, Valerii, 1995, "Konets prekrasnoi epokhi. Monolog filosofa"(The end of a belle epoque: Monologue of a philosopher), in *Konets prekrasnoi epokhi. Fotopostskriptum*(The End of a Belle Epoque: Photo-Postscriptum), eds. Dmitrii Pilikin and Dmitrii Vilenskii, Exhibition catalog, St. Petersburg: Fond Svobodnaia Kul'tura.

Schechner, Richard, 2003, *Performance Theory*, London/New York: Routledge Classics edition(리챠드 쉐크너, 『퍼포먼스 이론 I』, 이기우 옮김, 현대미학사, 2001; 『퍼포먼스 이론 II』, 이기우 옮김, 현대미학사, 2004).

Schein, Louisa, 1998, "Importing Miao Brethren to Hmong America: A not so stateless transnationalism," in *Cosmopolitics: Thinking and Feeling Beyond the Nation*, eds. Pheng Cheah and Bruce Robbins, Minneapolis: University of Minnesota Press, pp. 163~91.

Schmitt, Carl, 1985, *Political Theology: Four Chapters on the Concept of Sovereignty*, Trans. George Schwab, Cambridge, MA: MIT Press(『정치신학: 주권론에 관한 네 개의 장』, 김항 옮김, 그린비, 2010).

Schechner, Richard, 1985, *Between Theater & Anthropology*, Philadelphia: University of Pennsylvania Press.

———, 1993, *The Future of Ritual: Writings on Culture and Performance*, London/New York: Routledge.

Schoenhals, M., 1992, *Doing Things with Words in Chinese Politics: Five Studies*, Berkeley: Institute of East Asian Studies, University of

California.

Scott, James, 1990, *Domination and the Arts of Resistance: Hidden Transcripts*, New Haven, CT: Yale University Press.

Selishchev, Afanasii, 1928, *Iazyk revoliutsionnoi epokhi: iz nabliudenii nad russkim iazykom, 1917~1926*[The Language of the Revolutionary Epoch: From Some Observations on the Russian Language, 1917~1926], Moscow: Rabotnik Prosveshcheniia.

Searle, John, 1977, "Reiterating the differences: A reply to Derrida," in *Glyph* 1, pp. 198~208.

――――, 1983, "The word turned upside down," *New York Review of Books*, October 27.

Sériot, Patrick, 1985, *Analyse Du Discours Politique Sovietique*, Paris: Institut D'Etudes Slaves.

――――, 1986, "How to do sentences with nouns," in *Russian Linguistics* 10, pp. 33~52.

――――, 1992, "Officialese and straight talk in socialist Europe," in *Ideology and System Change in the USSR and East Europe*, ed. Michael Urban, New York: St. Martin's Press, pp. 202~14.

Shinkarev, V. 1990, *Mit'ki, opisannye Vladimirom Shinkarevym i narisovannye Aleksandrom Florenskim*[Mit'ki. Narrated by Vladimir Shinkarev and Drawn by Aleksandr Florenskii], Leningrad: SP Smart.

Shlapentokh, Vladimir, 1989, *Public and Private Life of the Soviet People: Changing Values in Post-Soviet Russia*, New York: Oxford University Press.

Silverstein, Michael, 1979, "Language structure and linguistic ideology,"
in *The Elements: A Parasession on Linguistic Units and Levels,*
eds. P. Clyne et al., Chicago, IL: Chicago Linguistic Society, pp.
193~247.

――――, 1993, "Metapragmatic discourse and metapragmatic function,"
in *Reflexive Language: Reported Speech and Metapragmatics,*
ed. John A. Lucy, Cambridge: Cambridge University Press, pp.
33~58.

Skvortsov, L. I., 1964, "Ob otsenkakh iazyka molodezhi(zhargon i ia-
zykovaia politika)"[About the evaluations of the language of
youth(slang and language policy)], *Voprosy Kul'tury* 5.

Slezkine, Yuri, 1996, "N. Ia. Marr and the national origins of Soviet eth-
nogenetics," *Slavic Review* 55(4), pp. 826~62.

Sloterdijk, Peter, 1993, *Critique of Cynical Reason,* University of Minne-
sota Press[『냉소적 이성 비판 1』, 박미애·이진우 옮김, 에코리브르,
2005].

Smith, Hedrick, 1976, *The Russians,* Revised Edition, New York Ballan-
tine Books.

Smith, Michael G. 1998, *Language and Power in the Creation of the
USSR, 1917~1953,* Berlin: Mouton de Greyter.

Solnick, Steven, 1998, *Stealing the State: Control and Collapse in Soviet
Institutions,* Cambridge, MA: Harvard University Press.

Solzhenitsyn, Alexander, 1974, *The Gulag Archipelago, 1918~1956: An*

Experiment in Literary Investigation, New York: Harper and Row[『수용소군도』 전6권 개정판, 김학수 옮김, 열린책들, 2017].

Sosin, Gene, 1999, *Sparks of Liberty: An Insider's Memoir of Radio Liberty*, University Park: Pennsylvania State University Press.

Spravochnik sekretaria pervichnoi partiinoi organizatsii[Reference Book for the Secretary of a Primary Party Organization], 1969, Moscow: Izdatel'stvo Politicheskoi Literatury[Political Literature Press].

Ssorin-Chaikov, N., 2003, *The Social Life of the State in Subarctic Siberia*, Stanford, CA: Stanford University Press.

Stalin, I. V., 1950a, "Otnositel'no marksizma v iazykoznanii"[On Marxism in linguistics], *Pravda*, June 20.

―――, 1950b, "K nekotorym voprosam iazykoznaniia. Otvet tovarishchu E. Krasheninnikovoi"[On some issues in linguistics: Response to comrade E. Krasheninnikova], *Pravda*, July 4.

―――, 1950c, "Tovarishcham D. Belkinu i S. Fureru"[Response to comrades D. Belkin and S. Furer], *Pravda*, August 2.

―――, 1950d, *Marksizm i voprosy iazykoznaniia*[Marxism and Questions of Linguistics], Moscow: Gosudarstvennoe izdatel'stvo politicheskoi literatury[State Political Literature Press].

Stark, David, and Laszlo Bruszt, 1998, *Postsocialist Pathways: Transforming Politics and Property in East Central Europe*, Cambridge: Cambridge University Press.

Starr, Frederick, 1994, *Red and Hot: The Fate of Jazz in the Soviet Union 1917~1991*, New York: Limelight Editions.

Stites, Richard, 1989, *Revolutionary Dreams: Utopian Vision and Experimental Life in the Russian Revolution*, Oxford: Oxford University Press.

──, 1993, *Russian Popular Culture: Entertainment and Society Since 1990*, Cambridge: Cambridge University Press[『러시아의 민중문화: 20세기 러시아의 연예와 사회』, 김남섭 옮김, 한울, 2008].

Stites, R., and J. von Geldern, eds. 1995, *Mass Culture in Soviet Russia: Tales, Poems, Songs, Movies, Plays, and Folklore, 1917~1953*, Bloomington: Indiana University Press.

Strada, Vittorio, 1998, "O proekte 'Rossiia/Russia'"[About the project 'Rossiia/Russia'], *Rossiia/Russia* 1(9), pp. 11~13.

Strathern, Marilyn, 1988, *The Gender of the Gift*, Berkeley: University of California Press.

──, 2002, "On space and depth," in *Complexities: Social Studies of Knowledge Practices*, eds. John Law and Annemarie Mol, Durham, NC: Duke University Press, pp. 88~115.

Strauss, Claudia, 1997, "Partly fragmented, partly integrated: An anthropological examination of 'postmodern fragmented subjects'," *Cultural Anthropology* 12, pp. 362~404.

Strugatsky, Arkady, and Boris Strugatsky, 1979, *Roadside Picnic*, Trans. Antonina W. Bouis, Harmondsworth: Penguin[『노변의 피크닉』, 이보석 옮김, 현대문학, 2017].

Stump, Jordan, 1998, *Naming and Unnaming: On Raymond Queneau*, Lincoln: University of Nebraska Press.

Tassi, Aldo, 1993, "Person as the mask of being," *Philosophy Today* 37, pp. 201~10.

Taussig, Michael, 1992, *The Nervous System*, New York: Routledge.

──────, 1993, *Mimesis and Alterity: A Particular History of the Senses*, New York: Routledge[『미메시스와 타자성: 감각의 독특한 역사』, 신은실·최성만 옮김, 도서출판 길, 2019].

Terz, A. [Siniavskii, Andrei], 1981, "Anekdot v anekdote"[An anecdote in an anecdote], in *Odna ili dve russkikh literatury*[One or Two Russian Literatures], ed. Niva, Georges, Lausanne: L'Age d'Homme, pp. 167~79.

Thom, Françoise, 1989, *Newspeak: The Language of Soviet Communism*, London: Claridge Press.

Thurston, R., 1991, "Socialist dimensions of Stalinist rule: Humor and terror in the USSR, 1935~1941," *Journal or Social History* 24(3), pp. 541~62.

Todorov, Tzvetan, 1998, *Mikhail Bakhtin: The Dialogical Principle*, Trans. Wlad Godzich, Minneapolis: University of Minnesota Press.[『바흐찐: 문학사회학과 대화이론』, 최현무 옮김, 까치글방, 1987].

Toporov, Viktor, 1996, "My vypivali kazhdyi den'"[We drank every day], *Pchela*, http://www.pchela.ru/podshiv/6/krishna.htm.

Troitsky, Artemy, 1988, *Back in the USSR: The True Story of Rock in Russia*, Boston: Faber and Faber.

Tupitsyn, Victor, 1991, "The communal kitchen: A conversation with Ilya Kabakov," *Art Magazine*(October), pp. 48~55.

Turovskaya, Maiia, 1993a, "Lectures on the totalitarian film of Stalin and Hitler," Unpublished manuscript, Duke University, Department of Slavic Languages and Literatures.

———, 1993b, "The tastes of Soviet moviegoers during the 1930's," in *Late Soviet Culture: From Perestroika to Novostroika*, Thomas Lahusen and Gene Kuperman, eds. Durham, NC: Duke University Press.

Urban, Greg, 1996, "Entextualization, replication, and power," in *Natural Histories of Discourse*, eds. Michael Silverstein and Greg Urban, Chicago: University of Chicago Press, pp. 21~44.

Urban, Michael, 1986, "From Chernenko to Gorbachev: A repoliticization of official Soviet discourse?," *Soviet Union/Union Sovietique* 13(2), pp. 131~61.

Uvarova, I. and K. Rogov, 1998, "Semidesiatye: khronika kul'turnoi zhizni"[The seventies: A chronicle of the cultural life], *Rossiia/ Russia* 1(9). pp. 29~74.

Vail', Petr, and Alexandr Genis, 1988, *60-e. Mir sovetskogo cheloveka*[The 60s: The world of the Soviet person], Ann Arbor: Ardis.

———, 1991, "Strana slov"[The country of words], *Novyi Mir* 4, pp. 239~51.

Veller, Mikhail, 2002, "Khochu v Parizh"[I want to go to Paris], in *Khochu byt' dvornikom*[I Want to Be a Street Sweeper], St. Petersburg: Folio, pp. 263~91.

Verdery, Katherine, 1996, *What Was Socialism, and What Comes Next?*,

Princeton, NJ: Princeton University Press.

Vilenskii, Dmitrii, 1995, "Svideteli epokhi. Monolog fotografa"[Witnesses to an epoch: Monologue of a photographer], in *Konets prekrasnoi epokhi. Fotopostskriptum*[The End of a Belle Epoque: Photo-Postscriptum], eds. Dmitrii Pilikin and Dmitrii Vilenskii. Exhibition Catalog, St. Petersburg: Fond Svobodnaia Kul'tura.

Vite, Oleg, 1996, "Izbirateli—vragi naroda?(Razmyshleniia ob adekvatnosti elektoral'nogo povedeniia i faktorakh, na ee uroven' vliiaiushchikh)"[Are the electorate enemies of the people? Contemplations about the adequacy of the electorate behavior and the factors that Affect its Level], *Etika Uspekha* 9, pp. 58~71.

Volkov, Solomon, 1995, *St. Petersburg: A Cultural History*, New York: Free Press.

Voloshinov, V. N., 1986, *Marxism and the Philosophy of Language: Main Problems of the Sociological Method in the Science of Language*, Trans. Ladislav Matejka and I. R. Titunik, Cambridge, MA: Harvard University Press[『마르크스주의와 언어철학』, 송기한 옮김, 한겨레, 1990].

Voronkov, Valerii and E. Chikadze, 1997, "Leningradskie evrie: etnichost' i kontekst"[Leningrad Jews: Ethnicity and context], in *Biograficheskii metod v izuchenii postsotsialisticheskikh obshchestv*[Biographical Method in the Study of Postsocialist Societies], St. Petersburg: Center for Independent Sociological Research, pp. 74~78.

Wanner, Catherine, 1998, *Burden of Dreams: History and Identity in Post-Soviet Ukraine*, University Park: Pennsylvania State University Press.

Warner, Michael, 2002a, "Publics and counterpublics," *Public Culture* 14(1), pp. 49~90.

──────, 2002b, *Publics and Counterpublics*, New York: Zone Books.

Wedeen, Lisa, 2000, *Ambiguities of Domination*, Chicago: University of Chicago Press.

Wierzbicka, Anna, 1990, "Antitotalitarian language in Poland: Some mechanisms of linguistic self-defence," *Language and Society* 19, pp. 1~59.

Wilde, Oscar, 1930, "The decay of lying," in *Intentions*, New York: A. & C. Boni[「거짓의 쇠락: 관찰」, 『거짓의 쇠락』, 박명숙 옮김, 은행나무, 2015, pp. 23~86].

Willis, P., 1990, *Common Culture: Symbolic Work at Play in the Everyday Cultures of the Young*, Boulder: Westview Press.

Young, John, 1991, *Totalitarian Language: Orwell's Newspeak and Its Nazi and Communist Antecedents*, Charlottesville: University of Virginia Press.

Yurchak, Alexei, 1997a, "The cynical reason of late socialism: Power, pretense, and the Anekdot," *Public Culture* 9, no. 2(Winter), pp. 161~88.

──────, 1997b, "Mif o nastoiashchem muzhchine i nastoiashchei zhen-shchine v rossiiksoi telereklame"[Myth of a real man and a real woman in Russian TV advertising), in *Sem'ia, Gender, Kul'tura*(Family, Gender, Culture), ed. V. Tishkov, Moscow: Institut etnologii i antropologii rossiiskoi akademii nauk(Institute of Ethnology and Anthropology of the Russian Academy of Sciences).

————, 1999, "Gagarin and the rave kids: Transforming power, identity, and aesthetics in the post-Soviet night life," in *Consuming Russia: Popular Culture, Sex, and Society Since Gorbachev*, ed. Adele Barker, Durham, NC: Duke University Press, pp. 76~109(「가가린과 레이브 키즈: 포스트소비에트 밤문화와 권력, 정체성, 미학의 변형」, 『러시아 소비하기: 포스트소비에트 러시아의 사회와 대중문화』, 정하경 옮김, 그린비, 2018, pp. 120~71).

————, 2000, "Privatize your name: Symbolic work in a post-Soviet linguistic market," *Journal of Sociolinguistics* 4(3), pp. 406~34.

————, 2001a, "Entrepreneurial governmentality in post-Socialist Russia: A cultural investigation of business practices," in *The New Entrepreneurs of Europe and Asia*, eds. Victoria Bonell and Thomas Gold, Armonk, NY: M. E. Sharpe, pp. 278~324.

————, 2001b, "Muzhskaia ekonomika. Ne do glupostei kogda kar'eru kuesh'!"(Male economy: There is no time for trivialities when you are forging your career), *Neprikosnovennyi zapas* 19, no. 5.

————, 2002a, "Muzhskaia ekonomika. Ne do glupostei kogda kar'eru kuesh'!"(Male economy: There is no time for trivialities when you are forging your career), *O Muzhe(n)stvennosti*(On (Fe)maleness), ed. Sergei Oushakine, Moscow: New Literary Review.

————, 2002b, "Imaginary west: I want to go to Paris again," Paper presented at the annual meeting of American Anthropological Association, New Orleans.

————, 2003a, "Russian neoliberal: Entrepreneurial ethic and the spirit Of 'true careerism'," *Russian Review* 62(January), pp. 27~90.

————, 2003b, "Soviet hegemony of form: Everything was forever, until it was no more," *Comparative Studies in Society and History* 45, no. 3(July), pp. 480~510.

————, 2005, "Nochnye tansty s angelom istorii: kriticheskie kul'tural'nye issledyvaniia post-sotsializma"[Night dances with the angel of history: Critical cultural studies of postsocialism], in *Rossiiskie Kul'tural'nye Issledovaniia*[Russian Cultural Studies], ed. Alexandr Etkind, Forthcoming, St. Petersburg: Letniisad.

Zaitsev, Genadii, 1996, "Rok klub"[Rock club], *Pchela* 6, https://web.archive.org/web/20101128211451/http://pchela.ru/podshiv/6/rokclub.htm.

Zand, Arie, 1982, *Political Jokes of Leningrad*, Austin, TX: Silvergirl.

Zaslavsky, V. and M. Fabris, 1982, "Leksika neravenstva—k probleme razvitiia russkogo iazyka v sovetskii period"[Lexicon of inequality: On the problem of the development of the Russian language during the Soviet period], *Revue des Etudes Slaves* 3, pp. 387~401.

Zdravomyslova, Elena, 1996, "Kafe Saigon kak obshchestvennoe mesto" [Café Saigon as a public place], in *Materials of the International Seminar Civil Society in the European North*, St. Petersburg: Centre for Independent Social Research.

Zemskaia, E. A., 1996, "Klishe novoiaza i tsitatsiia v iazyke postsovetsko-go obshchestva"[Clichés of newspeak and citations in the language of post-Soviet society], *Voprosy Iazykoznaniia* 3, pp. 23~31.

Zemtsov, I., 1984, *Lexicon of Soviet Political Terms: Manipulation of a Language*, Fairfax: Hero Books.

Zhdanov, A. A., 1950, "On music: Concluding speech at a conference of Soviet music workers, 1948," in *On Literature, Music and Philosophy*, London: Lawrence and Wishart Ltd, pp. 52~75.

Žižek, Slavoj, 1982, "The principles of stalinism. A short course," in *Dometi* 1, 2, Zagreb: Rijeka.

———, 1991a, *The Sublime Object of Ideology*, London: Verso[『이데올로기의 숭고한 대상』, 이수련 옮김, 새물결, 2013].

———, 1991b, *For They Know Not What They Do*, London: Verso[『그들은 자기가 하는 일을 알지 못하나이다』, 박정수 옮김, 인간사랑, 2004].

———, 1993a, *Tarrying with the Negative*, Durham, NC: Duke University Press[『부정적인 것과 함께 머물기: 칸트 헤겔 그리고 이데올로기 비판』, 이성민 옮김, 도서출판b, 2007].

———, 1993b, "Why are Laibach and NSK not fascists?," *M'ARS* 3/4, pp. 3~4.

——— ed 1994a, *Mapping Ideology*, London: Verso.

———, 1994b, "Kant as a theoretician of vampirism," *Lacanian Ink* 8(Spring), pp. 19~33.

———, 1994c, *The Metastases of Enjoyment*, London: Verso[『향락의 전이』 개역판, 이만우 옮김, 인간사랑, 2002].

———, 1999, "The thing from inner space," *Artmargins: Contemporary Central and Eastern European Visual Culture*, April 1, https://artmargins.com/the-thing-from-inner-space/.

찾아보기

페레스트로이카 10~12, 16~17, 21~
22, 62~64, 67, 181, 185~86,
201~202, 247, 263, 294, 361, 453,
383, 398, 411, 455, 468, 512~13,
515, 529, 543~44, 546, 550
페리, 브라이언 353
페쇠, 미셸 519
페스먼, 데일 209
페이에르타크, 블라디미르 320, 325,
342
페트렌코, 미하일 273
페트롭스키, 미론 509
펠레빈, 빅토르 151, 153, 216, 385, 389
펠셰, 아르비드 480
포나마료프, 보리스 니콜라예비치 98
포드, 존 322
포스트-소비에트 24, 26, 36, 62, 151,
184, 203, 224, 257, 269, 283, 293,
359, 384~85, 453, 455, 466, 496,
513~14
포이어바흐, 루드비히 421
포티포로바, 마르타 114
포포프, 발레리 333
폴리스 371
푸시킨, 알렉산드르 263, 286, 435, 497
푸코, 미셸 15, 27, 60, 309~10, 482
『프라우다』 37, 88, 91, 123~24, 126~
27, 131, 135, 140, 168, 485, 490,
503, 521
프레슬리, 엘비스 327
프레이저, 낸시 223

프로레트쿨트(프롤레타리아문화) 31,
80
프로이트, 지그문트 477, 523
프로코피예프, 세르게이 95, 313
프루스트, 마르셀 276
프리고프, 드미트리 495~97
플라토노프, 안드레이 276
플로렌스키, 알렉산드르 290, 450
피르멘니 368~70
피오네르 37, 168, 170~71, 256~58
―공책 170, 258
―궁전 256~59, 262, 272, 360
―서약 170
―캠프 179
피카소, 파블로 315
핑크 플로이드 401~404, 428

ㅎ

하르호르딘, 올레크 41, 43
하버마스, 위르겐 277, 280
하벨, 바츨라프 40~41, 201~203,
252, 289
하이네, 하인리히 324
하이킨, 보리스 318
한-피라, 에릭 105
할리우드, 에이미 49
해빙기(→브레즈네프 시기) 17, 21, 65,
202, 260, 323
행크스, 윌리엄 213, 288
헐벗은 삶 462~65, 481, 539
험프리, 캐럴라인 130, 196, 304

어떤 '영원했던' 세계의 '정상적인 삶'에 관하여
: 소비에트 마지막 세대의 눈으로 본
후기 사회주의의 역설

1

지난 세기말 소비에트의 붕괴는 커다란 충격으로 경험되었다. 그것은 전 세계 수많은 사람들에게 각자의 이유에서 트라우마로 남았다. 러시아와 소비에트를 연구하는 사람들, 이른바 소비에트학 Sovietology의 전문 연구자들도 그중 하나였다. 30년 가까이 흐른 지금까지도 커다란 의문으로 남아 있는 사실이 있다. 냉전을 배경으로 한 국가적 관심사에서 출발해 엄청난 규모의 재정 지원을 받고 성장한 '공룡 지역학' 소비에트학이 어째서 이 거대한 시스템의 붕괴를 사전에 예측하지 못했는가 하는 것이다. 이를 두고 소비에트라는 '적'을 파악하고 상대하기 위한 목적으로 탄생한 '용역학'의 한계가 지적되곤 했지만, 어쩌면 원인은 더 단순한 것일 수도 있다. 만일 소비에트의 거주자들이 그들이 살아가는 세계가 영원할 거리고 믿었다면 어쩌겠는가? 마지막 순간, 그러니까 정말로 사라져버리기 전까지는 그 모든 것이 영원했다면?

알렉세이 유르착의 연구서 『모든 것은 영원했다, 사라지기 전까지는』(프린스턴대학교출판부, 2005)은 사회주의의 현실을 묘사하는 기존의 이원론적 범주들로 환원되지 않는 새로운 언어를 찾기 위한 흥미로운 시도다. 사회주의 체제를 살아간 사람들이 현실과 관계 맺고 그것을 해석했던 방식에 대한 기존의 상투적 가정들을 의문시하고, 그것들이 놓쳐버린 근본적 역설과 창조적 의미들을 새롭게 부각시킨 이 책으로, 유르착은 2007년 미국의 슬라브, 동유럽 및 유라시아 학회ASEEES에서 수여하는 최고저작상Vucinich Book Prize을 수상했다. 학술서로서는 이례적으로 10쇄를 넘긴 이 화제작을 러시아어로 번역 출간하기 위한 논의가 즉각 이루어졌는데, 유르착은 다른 사람에게 맡기는 대신 본인이 러시아어로 다시 쓰기로 결정했다. 2014년에 출간된 러시아어 번역본 또한 커다란 화제를 불러일으키면서, 2015년 러시아 드미트리 지민 재단에서 수여하는 학술저작상Prosvetitel' Book Prize(인문학 부문)을 수상했다.

하지만 이 책의 출간이 갖는 의의는 이런 개인적 차원의 영예를 넘어선다고 말해야 할 것이다. 출간된 지 15년 정도가 흐른 지금 우리는 이 책에서 유르착이 처음 제시했던 후기 사회주의Late Socialism라는 개념이 공식적인 학술 장에 공고히 자리 잡았다고 단언할 수 있다. 이 용어는 이제 단지 특정한 역사적 단계, 그러니까 흐루쇼프 집권기(해빙기)와 브레즈네프 집권기(침체기)를 합친 대략 30여 년의 시간만을 뜻하는 것이 아니라, 나름의 고유한 원칙과 규칙 들을 둘러싸고 조직된 독자적인 시스템, 말하자면 독립적인 학적 연구의 대상을 가리키는 것으로 이해되고 있다. 실제로 오늘날 소비에트 (문화)연구의 새로운 중심은 혁명기와 스탈린 시기, 그리고 해빙기를 거쳐 브레즈네프 시기로 확연히 이동하고 있는데, 이런 변화의 한복판에 유르착의 연구서가 자리하고 있음은 의심의 여지가 없다. 특히 이 책에서 중점적으로 다뤄지고 있는 1970~1980년대 소비에트의 일상과 문화를 향한 커다란 관심이 주로 젊은 학문 후속 세대들 사이에서 나타나고 있다는 점은 주목할 만하다. 러시아는 물론이고 영미권 슬라브학 진영에서 이런 경향이 뚜렷하게 나타나고 있는데, 만일 이 현상이 단지 흥미를 좇는 유행의 결과가 아니라면, 오늘날 전 세계의 젊은이들이 후기 사회주의의 일상과 문화 속에서 발견하는 (초국가적) 공통성에 관해 숙고해볼 필요가 있다.

이 책의 추천사를 쓴 슬라보예 지젝의 말처럼, "그저 역사책이 아니라 진짜 문학작품을 읽는 것 같은 만족감을 주는" 이 책의 내용을 「옮긴이의 글」에서 재차 요약하는 것은 별 의미가 없을 것이다.[1] 책 전체의 핵심적인 문제의식과 그와 관련된 이론적 맥락은 저자 스스로 1장에서 상세히 개진하고 있다. 소비에트 시스템의 중대한 내적 변환을 야기한 역사적 배경이 될 권위적 담론의 "초규범화" 과정을 다루는 2장까지의 내용을 끈기 있게 따라간 독자라면, 이후 3장부터 7장까지 이어지는 생생하고 다채로운 '인류학적' 탐사의 쾌감을 온전히 만끽할 수 있을 것으로 확신한다. 이 탐사의 현장들은 별다른

---

1 이 책의 요지와 의의를 정리한 리뷰로, 김수환, 「소비에트 마지막 세대의 눈으로 본 후기사회주의」(『러시아어문학연구논집』 41호, 2012, pp. 187~99)가 있다. 또한 공산주의 시스템 속의 언어라는 더 넓은 맥락에서 책의 논지를 고찰한 글로, 김수환, 「공산주의와 기호: 언어 통치에서 수행적 전환으로」(『기호학연구』 57집, 2018, pp. 27~57)를 참고할 수 있다.

이론적 맥락 없이도 충분히 관심을 끌 법한, 어쩌면 문학작품의 플롯이 될 수도 있을 만한 온갖 흥미로운 일화들로 가득 차 있다. 반면에 어떤 이들은 에피소드 자체보다도 오히려 그것들에 적절한 이론적 차원을 부여하면서 복잡하고 신선한 개념의 얼개를 짜나가는 저자의 능란한 솜씨에 깊은 인상을 받았을 수도 있다.

본문의 내용을 반복해 설명하는 대신에 이 지면을 빌려 전하고자 하는 바는 대략 다음과 같다. 분명 유르착의 이 책은 최근 10여 년간 출간된 소비에트 관련 저작물 중 가장 많은 리뷰를 받은 연구서일 텐데, 출간 직후부터 이어진 여러 반응에서 몇 가지 공통된 물음을 도출하기는 어렵지 않다. 나는 아래에서 이런 '비판적' 질의들을 크게 세 가지로 요약한 후, 유르착 본인이 쓴 반론이나 좌담, 인터뷰 등을 참고하여 이 비판들에 대한 저자의 생각과 입장을 정리해볼 것이다. 책의 의도와 연구 대상, 그리고 방법론의 문제를 둘러싼 저자의 직접적인 목소리는 책의 한계를 가늠하기 위해서뿐만 아니라 책이 주장하는 핵심 논지를 좀더 명확하게 정식화하는 데에도 도움을 줄 것이다. 그에 더해 이 책의 내용이 러시아·소비에트학이라는 좁은 학제를 넘어 인문사회과학 전반에 시사해줄 수 있는 몇몇 통찰들, 나아가 21세기 한국이라는 구체적인 시공간에서 갖는 특별한 함의들을 생각해보고자 한다. 역자로서 이 책을 번역하면서 갖게 된 몇 가지 개인적인 소회 역시 빼놓을 수 없다. 이 책의 번역본이 출간됨으로써 이제 바야흐로 독자들과 함께 '나누어 갖게' 될 성찰로서 제 몫을 다하기 위해 다소 긴 「옮긴이의 글」을 덧붙인다.

2

출간 후 가진 좌담이나 인터뷰에서 저자가 가장 많이 받은 질문은 집필 의도에 관한 것이었다. 어쩌다가 소비에트 붕괴 문제를 다루게 됐으며, 왜 하필 "마지막 세대"에 주목했는가? 이에 답하려면 아무래도 저자의 이력을 얼마간 소개하지 않을 수 없다. 1960년생으로 그 자신이 '소비에트의 마지막 세대'에 속하는 유르착은 꽤 색다른 경력의 소유자다. 레닌그라드(현 상트페테르부르크)에서 태어난 그는 영어특수학교인 238번 중등학교를 졸업하고, 1977년에 레닌그라드 국립우주항공기기대학교SUAI에 진학하여 전파물리학을 전공했다. 졸업 후에는 레닌그라드의 '포포프 라디오수신 및 음향 연구소'에서 연구원으로 근무하다가, 1987년부터는 아예 일을 그만두고 레닌그라드의 록 밴드 아비아AVIA의 전속 매니저로 활동했다. 이 책 5장의 주요 소재인 단파 라디오와 록 음악에 관한 논의가 그토록 현장감 있게 느껴지는 것은 우연이 아니다.

유르착은 격동의 페레스트로이카를 겪으면서 자신이 전무후무한 역사의 실험대를 통과하고 있다는 강한 느낌을 받았지만, 그걸 어떻게 설명해야 할지 알 수 없었다. 이를 설명하는 법을 배울 수 있을지 모른다는 희망을 안고, 그는 1990년 서른 살의 나이로 미국 유학을 떠났다. 그리고 이듬해 겨울 그가 떠나온 소비에트는 역사 속으로 사라졌다. 당시 미국은 쇼크 상태에 빠져 있었다. 대체 어떻게 이런 일이 발생한 것인지, 오랜 전통과 노하우를 갖춘 소비에트학은 어째서 이 갑작스런 붕괴를 전혀 예측하지 못했는지에 관해서 별의별 이야기들이 다 쏟아져 나오고 있었다. 유르착의 술회에 따르면, 처음

옮긴이의 글

미국에 갔을 때 그는 소비에트에 관한 서방의 천박한 이해 수준에 큰 충격을 받았다. 무엇보다 놀라웠던 것은 서방에서 말하는 소비에트의 이미지가 자신이 직접 겪은 체험과 너무나 동떨어져 있다는 사실이었다. 미디어나 학계에 완고하게 뿌리내린 '(국가의) 억압' 대 '(시민의) 저항'이라는 단순한 이분법적 도식은 체험으로 알고 있는 소비에트의 일상과 전혀 닮은 데가 없었다. 무엇보다 록그룹 매니저 시절 매일같이 겪어야 했던 특유의 체험, 그러니까 공식 이데올로기가 적대시하는 록 콘서트를 콤소몰(공산주의청년동맹) 활동의 일환으로 수행하는, 국가의 비호 아래 그것의 속박으로부터 해방되는 저 복잡한 역설의 상황을 어떻게 납득시켜야 할지 난감했다.

서방의 소비에트 이해에 강한 위화감을 느낀 후부터, 그는 미국과 러시아를 시계추처럼 오가는 이중생활을 시작했다. 학기 중에는 미국 대학에서 공부하고 석 달간의 방학 기간에는 러시아에서 인터뷰와 자료 들을 수집하던 중 얼마 지나지 않아 또 하나의 사실을 깨닫게 되었다. 소비에트가 '갑작스럽게' 붕괴됐다는 느낌이 어느샌가 그 붕괴가 '자연스럽고 논리적인' 결과라는 인식으로 변화하기 시작한 것이다. 매우 짧은 기간 동안 사람들의 의식이 확연하게 달라졌음을 확인한 그는, 현재 시점에서 바라본 과거가 아니라 과거 당시의 관점을 보여줄 수 있는 각종 기록들(당시의 편지, 메모, 일기, 비디오 영상, 음성 녹음)을 보내달라는 요청을 담은 신문 광고를 냈다. 엄청난 양의 자료들이 쇄도하기 시작했고, 이후 수년간 여름마다 (칼리닌그라드, 야쿠츠크, 노보시비르스크 등을 포함한) 더 광범위한 지역에서의 현장 연구가 이어졌다. 1997년 듀크 대학교에서 언어 및 문화 인류학으로 박사 학위를 받았고, 그로부터 8년 후 자신을 포함한 소비에트 마지막 세대에게 온전히 바쳐진 한 권의 단행본을 출간했다. 이렇듯 소비에트의 갑작스런 붕괴를 둘러싼 의문에서 시작된 긴 여정은 사회주의의 체험적 현실을 다각도로 재조명하는 작업을 동반했고, 결국 '현존 사회주의' 소비에트의 삶을 새롭게 재성찰하는 계기로 이어졌다. 그렇다면 이 모든 과정을 아우르는 집필의 핵심 목표를 한마디로 표현할 수 있을까? 유르착은 이렇게 말한다. "저의 목적은 지금까지 '호모 소비에티쿠스' 따위의 말로 손쉽게 폄하되어온 소비에트의 주체성을 '재인간화rehumanize'하는 것이었습니다."

출간 이후 가장 많은 논란을 야기했던 두번째 이슈는 "외재성"의 자유라는 개념이었다. 외재성은 본래 소설에서 작가와 주인공의 특별한 관계를 가리키는 바흐친의 개념인데, 유르착은 이를 내부와 외부에서의 동시적인 실존, 즉 권위적 체계나 담론의 안쪽에 머물면서 동시에 바깥쪽에서 살아가는 특이한 실존의 방식("브녜에 살기Being Vnye")으로 전유해 사용했다. 쉽게 짐작할 수 있듯이 이런 식의 자유 개념은 상당히 많은 반론을 불러일으켰다. 반론의 요지를 간단히 요약하면, 소비에트에서 그와 같은 시스템 내적인 자유의 공간은 불가능했으며, 설사 그런 "상상의 사적 영역"이 가능했다 하더라도 그건 극소수의 특별한 사람들에만 한정된 사례에 불과했다는 것이다. 그런데 이런 비판은 (단지 주장의 현실 부합 여부만이 아니라) 유르착이 이 개념을 통해서 전달하고자 했던 가장 중요한 핵심 메시지를 '튕겨내고' 있다는 점에서 이중으로 문제적이다.

유르착은 애초부터 자신의 관심사가 시스템으로부터 절연된 채 살아가는 사람들이 아니었음을 거듭 강조했다. 그의 관심은 시스템 '내부'에서의 생존의 방식, 그러니까 시스템의 일부분으로 살아가는 사람들을 향해 있었다. 국가가 뭐라고 하든 자기식대로 살아갔던 (설사 그것이 가면을 쓴 채 연기하는 가장 혹은 그럴 수 있는 특권이었다 하더라도) 사람들이 아니라, 어떤 식으로든 자기 삶에서 국가의 공식적 이데올로기의 차원과 관계를 맺으면서 살아갔던 사람들이 그의 관심 대상이다. 유르착은 "제가 소비에트 공간 내의 자율적인 autonomous 자유의 공간을 그렸다는 흔한 지적은 잘못된 것입니다. 저는 소비에트 내에는 그와 같은 자율적 공간이 없었다고 생각합니다"라고 단언했다.

'바깥은 존재하지 않았다'는 것, 소비에트의 주체는 원칙상 소비에트의 정치적 공간으로부터 분리된 채 존재할 수 없었다는 명제를 받아들이는 것은 매우 중요하다. 왜냐하면 이 책에서 말하는 "정상적인 사람들"이 어떤 사람들인지가 바로 이 명제의 확인에 달려 있기 때문이다. 이데올로기적 "열성분자"도 아니고 그렇다고 "반체제분자"도 아닌 "정상적인 사람들"을 묶어주는 진정한 공통점은, 그들 모두가 시스템 내부에서 어떤 식으로든 공식적 이데올로기와 연동된 삶을 살았다는 점, 그리고 주어진 대본을 연기하는 '주인공'으로서뿐 아니라 나름의 '저자'로서 거기에 함께 참여했다는 사실에 놓여 있다. 바로 이 사실이 유르착이 이 책에서 보여주는 수많은 사례들을 관통하는 공통점이다. 국가로부터 최고 혜택을 받는 이론물리학자와 공공기관 중 최저임금을 받는 보일러공을 하나로 묶고, "상상의 서구"를 지향하며 서구의 문화와 스타일에 열광하는 젊은이들의 무리("스틸랴기")를 록 음악 전문가인 콤소몰 서기와 하나로 묶어줄 수 있는 유일한 고리는 바로 이런 이데올로기적 담론에의 관여 여부다.

그런데 이 명제의 각별한 중요성은 여기에 그치지 않는다. '바깥은 없(었)다'라는 명제는 유르착의 책 전체를 관통하는 핵심적인 통찰에 직결되어 있는바, (억압적) '권력'과 (창조적) '자유' 사이의 상호 연동이라는 역설이 그것이다. 이 책에 등장하는 온갖 창조적 일탈의 전술들은 공식 담론과 의례 들에 '반하여' 혹은 그것의 '바깥'에서 이루어지지 않는다. 그 전술들은 공식 담론의 반복적인 재생산 과정 자체를 통해 그것과 '나란히' 이루어진다. 유르착이 말하는 창조적 해석의 가능성, 일탈의 시공간을 여는 "탈영토화"의 작업은 공식 이데올로기의 '외부'가 아니라 그것의 반복적인 수행 '한가운데서' 이루어진다. 그가 제공하는 생생한 에피소드들에서 얻게 되는 놀라운 깨달음은 소비에트의 평범한 인간들이 발명한 수많은 "사소한 책략들"의 배후에서 어김없이 발견되는 것이 이데올로기적 공식 담론 자체라는 사실이다. 새롭고 다채로운 삶을 '가능하게 만든' 것은 소비에트 시스템 자체였다!

억압적인 국가 '덕분에' 가능해진 이런 역설적 자유의 상황이 소비에트만의 독특한 현상인지, 아니면 "근대성의 이데올로기 내부의 일반적 역설"(르포르)에 해당하는 것인지는 깊게 생각해볼 문제다(유르착은 후자를 강하게 시사한다). 중요한 것은 소비에트 국가 시스템이 분명 이런 모순적인 방침과 정책을 계속해서 견지했으며(가령 나쁜 세계시민주의를 비판하면서 좋은 국제주의를 장려하고, 해외 라디오 방송을 차단하면서 단파 라디오를 적극 보급하는 식), 그 시스템의 내부자들 또한 그와 같은 모순적인 입장의 '공존'과 '상호 생산성'을 사기식대로 적극 '수행'해왔다는 사실이다. 콤소몰 간부로서 반부르주아적인 연설문을 작성하는 동시에 서구 록 밴드에 관한 해외 기사를

옮긴이의 글

번역하기도 했던 안드레이는 "개인 문서고에 두 유형의 텍스트들을 '1982'라고 표시한 하나의 서류첩에 함께 보관하고 있었다"(p. 414).

이렇게 볼 때, 이 책의 표지로도 사용된 "엑스레이 레코드판"은 매우 탁월한 메타포라 하지 않을 수 없다. 유르착도 여러 번 언급했듯이, 그것은 소비에트 국가의 신체에 내재적인 동시에 외재적인 실존, 이를테면 소비에트적 신체의 뼈와 동맥들이 저편elsewhere에서 들려오는 낯선 사운드를 위한 내밀한 공간을 제공하는 역설의 상황을 집약해 보여준다. 마치 동맥처럼 구역의 수많은 아파트 속으로 들어가면서 "시스템의 가장 깊숙한 곳, 시스템의 내장entrails 속에 착근embed"(p. 294)되었던 보일러실과 마찬가지로, 엑스레이 레코드판은 "상상의 서구"에서 온 낯선 사운드를 명백하게 '보이는' 소비에트의 내장 기관과 뒤섞어놓았던 것이다.

결국, 이 책의 논지를 받아들이기 위한 관건은 다음의 물음에 달려 있다고 할 수 있다. 후기 소비에트의 삶을 특징짓는 이와 같은 모순적 상황은 지배적 규범으로부터의 예외일 뿐일까, 아니면 반대로 시스템의 기능 방식을 보여주는 전형적인 표현일까? 이에 대한 유르착의 입장은 단호하다. 그는 이 모순적 상황들이 "후기 사회주의 시기의 지배적인 삶의 양식으로부터의 예외가 아니라, 반대로 그 체계에 널리 퍼진 중추적인 삶의 원칙이었다"(p. 245)고 주장한다. 그리고 바로 이 문제, 이른바 재현의 대표성representativeness 문제가 가장 많은 비판을 불러온 세번째 이슈였다.

동료 연구자를 포함한 많은 이들이 제기했던 불만은 유르착이 소비에트식 삶의 전모를 드러내기엔 지나치게 좁은 '예외적 개인들'만을 선택해 보여주었다는 데 있었다. 즉 그의 소비에트에는 정교 신자도 우즈베키스탄 사람도 존재하지 않는다는 것, 극단적으로 말해 그 세계는 모스크바나 레닌그라드 같은 대도시에 거주하는 한 줌 인텔리들의 삶의 풍경에 불과하지 않은가라는 비판이다. 이런 비판에 대해 유르착은 자신은 처음부터 소비에트 주체성의 어떤 중간적이고 평균적인 상에 관심을 가졌던 게 아니라고 주장했다. 그가 관심을 기울였던 대상, 곧 이 책의 분석을 위한 질료는 규범norm이 아니라 그것의 (눈에 보이지 않는) 미묘한 변이형들이다. 가령 질료의 한계를 지적하는 비판들을 향해 유르착은 다음과 같이 응수했다. "저는 모종의 규범을 기술하는 방식이 상당히 위험하다고 생각합니다. 왜냐하면 [기존의 소비에트학이] 바로 그런 식으로 소비에트 시스템의 규범들을 묘사해왔는데, 막상 시스템이 갑자기 붕괴했을 때 우린 그 이유를 알 수 없었기 때문입니다. 실상은 바로 그 규범들 가운데 미묘한 예외들이 만연하여 아주 활발하게 작동하고 있었다는 것입니다. 눈에 보이지 않는 방식과 형태이기 때문에 당연히 이것들은 규범적인 대표성을 띠지 못합니다."

규범적 기술의 한계를 역으로 지목하는 유르착의 저 반론은 사실 이 책의 뼈대를 이루는 근본 물음을 건드리고 있다. '시스템의 붕괴는 과연 언제부터 어떻게 진행되었는가'라는 물음이 그것이다. 우리는 이 물음이 소비에트라는 구체적인 사례를 넘어서는 일반적 차원을 겨냥하고 있다는 점을 간과할 수 없다. 이 책이 소비에트의 갑작스런 종말을 해명하는 역사적 사례집에 그치지 않는다는 점, 그와 더불어 이 책이 제시하고 있는 것은 정치 시스템의 '위기'에 관한 매우 복잡하고 신선한 모델이라는 사실을 간과할 필요가 있다. 이른바

옮긴이의 글

시스템의 위기란 어떠한 방식으로 전개, 변화, 경험되는지를 연구하기 위한 새롭고 독창적인 접근법의 제시야말로 이 책의 본령에 해당한다.

이 새로운 접근법에 따르면, 시스템 내부의 위기를 분석하기 위해서는 '재현'의 원칙에 의거해 질료를 선택해서는 안 된다. 그와 반대로, 오랜 시간 동안 평범한 시민들이나 정치 지도부에게는 감지되지 않은 채로 남아 있었던, 하지만 바로 그 덕분에 시스템 내부에서 계속해서 증식될 수 있었던 미세한 신호들을 분석할 수 있어야 한다. 정적인 규범의 관점에서는 재현되지 않는 것들, 전형적이지 않기 때문에 대부분의 보통 사람들의 삶과는 관계가 없는 듯 보이는 바로 그런 질료들이야말로, 시스템을 '동역학' 속에서 바라볼 수 있게 해주고 아직 채 무르익지 않은 그 내부의 '변화'와 '전치'들을 감지할 수 있게 해준다. 그렇다면 시스템의 내적 변화를 드러내는 이 미세한 신호들을 무어라 불러야 할까? 아마도 징후symptom라는 말이 가장 적당할 것이다.

유르착은 이 징후들을 소비에트 붕괴의 '원인'으로 지목하는 것에 강하게 반대했다. 예를 들어 소비에트 붕괴의 원인은 유가 변동부터 반체제 운동, 공화국들의 분화 움직임에 이르기까지 얼마든지 다양하게 제기될 수 있다. 유르착이 보기에 이런 주장들은 가능성을 만드는 일련의 '조건'들에 대한 분석을 '원인'으로 바꿔치기하고 있을 뿐이다. 그의 관심은 붕괴의 원인을 규명하는 것이 아니라, 시스템의 역학을 해명하는 것에 있다. 해당 체제의 '영원성'에 대한 감각을 그토록 빨리 붕괴의 '자연스러움'에 대한 인정으로 바꿔버린 시스템 고유의 '내적 조건'을 밝혀내는 것이야말로 그의 과제라고 할 수 있다.

그렇다면 이제 우리는 어째서 유르착이 이 책의 앞부분(특히 1장과 2장)을 장식하는 '이론적 논의'에 그토록 많은 공을 들였는지를 자연스럽게 이해할 수 있다. 그가 오스틴에서 시작해 데리다와 버틀러, 부르디외까지 총동원하면서 엄밀하게 개념화하고자 했던 "수행적 전환performative shift"의 원칙은, 후기 사회주의라는 시스템을 떠받치는 특유의 역학인 동시에 그것의 갑작스런 붕괴를 야기한 내적 조건이기도 하다. 수행적 전환의 원칙, 후기 사회주의 시기 소비에트를 지배했던 온갖 역설을 '모순 없이' 가동시킨 숨은 동력인 저 원칙의 '조건'이 달라져버린 순간, 시스템은 즉각적으로 붕괴에 직면하게 되었다. 페레스트로이카 기간에 새롭게 (재)등장한 이데올로기에 대한 메타담론이 결정적으로 손상시킨 것은 바로 저 수행적 전환의 고유한 조건이었다. 이것은 후기 사회주의 시스템의 "담론적 해체"였던바, 그 결과 "권위적 담론은 자체적으로 붕괴했고, 그와 더불어 시스템 자체도 내파했다"(p. 546). 그것은 분명 아름다움과 흥분, 기대를 담은 길이었지만, 동시에 수십 년간 작동해온 거대 시스템의 중추신경을 건드리는 불가역적인 자기 폐지의 길이기도 했다. 건물에서 벽돌 하나를 빼내자마자 건물 전체가 한꺼번에 무너져내렸다. 심지어 빼낸 사람 스스로도 그게 그렇게 중요한 건지 모른 채로 빼내버린 벽돌. 영원할 것만 같았던 강력하고 거대한 정치 시스템은 그렇게 한순간에 몰락해버렸던 것이다.[2]

---

2 소비에트의 붕괴에 관한 유르착의 이런 설명을 비슷한 시기에 발표된 또 다른 가설과 비교해본다면 흥미로울 것이다. 또 한 명의 '소비에트 체험자'인 보리스 그로이스에 따르면, 소비에트의 해체는 "공산당 지도부의 주도하에 평화적인 방식으로 이루어진 공산주

3

    알렉세이 유르착의 『모든 것은 영원했다, 사라지기 전까지는』은 소비에트 삶의 주체성을 "재인간화"하려는 목표하에, 그가 "정상적인 사람들"이라고 부르는 압도적 다수 인민의 삶 속에 만연했던 "징후적인 예외들"을 탐구한 연구서다. 이 탐구를 통해 그는 소비에트의 일상적 삶 속에 내재된 '역설'을 언어화할 수 있는 대안적 관점을 제시할 수 있었다. 집필의 '목표'와 연구의 '대상,' 그리고 '방법론'의 문제가 얼마간 명료해졌다면, 이제 관심의 초점을 약간 옮겨보기로 하자. 책이 쓰인 집필의 맥락에서 이 번역본이 받아들여질 수용의 맥락으로. 2010년대 끝을 향해 가는 지금 여기 한국에서, 언젠가 소비에트사회주의공화국연방이라고 불렸던 한 시대의 '끝'을 마주하는 일은 아무래도 남다른 감회를 불러일으킬 수밖에 없을 것 같다. 분명 이 책을 읽으면서, 혹은 읽기 전부터 이미, 소비에트의 끝을 조선민주주의인민공화국이라 불리는 또 다른 시스템의 끝에 대입시켜보고 싶은 충동을 가질 사람이 존재할 것이다. 가령 유르착이 그려내고 있는 후기 사회주의 시스템에 입각했을 때, 우리는 북한 체제의 '끝'을 가늠해볼 수 있을까? 정치 시스템의 '위기'가 전개되고 경험되는 방식에 관한 유르착의 모델에 입각했을 때, 우리는 과연 북한 체제의 위기를 감지할 수 있을까? 만일 징후를 읽어내야 한다면,

---

의의 자기 폐지"에 해당한다(『코뮤니스트 후기』, 김수환 옮김, 문학과지성사, 2017, p. 143). 인류학자 유르착의 설명은 그것의 맥락과 배경에 있어 철학자 그로이스의 도발적 가설과 전혀 다르지만, 적어도 한 가지 측면에서는 일맥상통한다고 볼 수 있다. 그에 따르면 어쨌든 소비에트의 끝은 의도하지 않았고, 그 스스로도 파장을 예측할 수 없었던 '자기 결정'의 결과였다.

그건 대체 어디에서 어떤 방식으로 찾아야만 하는 것일까?

하지만 이 책을 처음부터 끝까지 주의 깊게 읽은 독자라면, 정작 물어야 할 질문이 따로 있다는 생각을 하게 되리라 믿는다. 우리는 과연 북한이라는 나라를 하나의 '시스템'으로 간주하고 있을까(혹은 그럴 수 있을까)라는 질문이다. 이를테면 북한을 전근대적인 통치 방식이 지배하는 미개한 독재의 왕국이 아니라 나름의 독자적인 시스템, 그러니까 "모종의 암묵적 원칙과 규칙 들을 둘러싸고 조직된 특정한 담론 구성체discursive formation"(p. 310)로서 바라볼 수 있을까? 분명한 사실은 유르착이 바라본 후기 사회주의 시스템은 하나의 "담론 구성체"이며, 그가 그려내는 후기 사회주의의 끝은 "담론적 해체"라는 점이다. 그가 말하는 후기 사회주의는 정확하게 푸코의 본래 개념이 가리키는 바 그대로, "상호 모순적으로 보일 수도 있는 다양한 공적 진술들이 실제로는 논리적으로 연결된 채 상호 생산적으로 공존하는 [······] 분산된 담론적 사회 환경"(p. 311)에 해당한다.

그런데 후기 사회주의라 불리는 이 분산된 담론적 사회 환경에는 결코 빼놓을 수 없는 하나의 중대한 구성 요소가 존재한다. 이른바 "사회주의적 가치들"이 그것이다. 유르착이 보기에 소비에트에 대한 서구의 이원론적 설명이 갖는 치명적인 한계는 "매우 결정적이고 외견상 역설적인 다음의 사실" 하나를 놓치게 된다는 데 있다. "절대 다수의 소비에트 시민에게 사회주의적 삶의 근본적 가치, 이념, 현실 들 중 많은 것(가령 평등, 공동체, 헌신, 이타심, 우정, 윤리적 관계, 안전, 교육, 직업, 창조성, 미래에 대한 근심 등)이 진정으로 중요했다"(p. 23)는 사실이 바로 그것이다. 사실상 수없이 다양한 (모순적으로 보일 수도 있는) 입장들을 허용할 수 있었던 저 분산된 담론

옮긴이의 글

적 환경은 사회주의 속 일상적 삶의 윤리적 가치들을 배제하지 않았다. "순전한 형식"을 통해 "의미 있는 일"을 건져내는 "수행적 원칙"을 통해 만들어낸 새롭고 창조적인 많은 것들은 사회주의의 가치들과 양립 불가능한 것이 아니었다. 심지어 그것은 "사회주의적 윤리학과 공산주의적 이상들을, 때로는 역설적이게도 국가에 맞서서 계속 추구할 수 있는 가능성"(pp. 534~35)까지를 포함했다(서구 록 음악에 대한 '더욱 진정한' 공산주의적 해석을 밀고 나가는 6장의 젊은 콤소몰 단원 알렉산드르를 보라. 유르착에 따르면 그는 "소비에트의 역설이 만들어낸 완벽한 산물"이다). 바로 이 측면, 사회주의 시스템의 암묵적·명시적인 핵심을 이루었던 가치들이 사회주의 일상의 삶 속에서 여전히 '작동하고' 있었다는 점을 인식하는 일은 결정적이다. 그 이유는 바로 이 측면이 후기 사회주의 시스템의 '영속성'에 관한 감각에 직결되어 있기 때문이다.

유르착에 따르면, "그것의 영속성에 관한 느낌은 실제로 전적인 오해가 아니었던 것이, 소비에트 젊은이들에 의해 그토록 심오하게 재해석된 사회주의가 단지 국가 헤게모니의 수사학이 아니라, 창조적 세계와 상상의 공간들, 그리고 의미 있는 사회성의 형식들로 가득 찬 '정상적인〔괜찮은〕 삶'으로서 경험되었기 때문이다. 그 세계의 붕괴가 그토록 갑작스러운 것이었던 이유 역시도 이런 의미 있는 세계들이 삶을 그토록 복잡하고 충만하며 창조적이고 '정상적인' 것으로 만들어주었기 때문"(p. 549)이다. 소비에트 시민에게 '사회주의'는 인간적 가치들의 체계이면서 동시에 바로 저 '정상적인 삶'의 일상적 현실이었다. 정상적인 삶은 세뇌로 인한 무지나 약삭빠른 기만의 결과가 결코 아니었다. 그것은 "일상적 사회주의의 작가-주인공"

으로서 그 시스템에 참여하고 관여한 결과였다.

현존 사회주의가 소비에트 시민의 삶 속에서 획득했던 윤리적 · 미학적 역설의 문제는 결코 가볍게 (가령 "소비에트 노스탤지어" 현상 따위의 말로) 무시될 성질의 것이 아니다. 소비에트 현실의 우중충함과 공포가 소박하고 신실한 인간적 온기와 맞물려 있는 역설적인 결합의 풍경은, 예컨대 최근 한국에 소개된 두 편의 러시아 영화에서도 잘 표현된 바 있다. 전설적인 소비에트 록그룹 키노Kino의 초창기를 다룬 키릴 세레브렌니코프 감독의 「레토Leto」(2018)나 소비에트에서 미국으로 망명한 작가 세르게이 도블라토프의 삶을 그린 알렉세이 게르만 주니어 감독의 「도블라토프Dovlatov」(2018)에서 관객들은 1980년대 소비에트 록 음악계와 문단에 드리워진 억압적 권력의 암울한 흔적뿐만 아니라 무어라 설명하기 힘든 진정성의 기운과 따스한 열정 같은 것을 느끼게 되는데, 이는 그 시절의 주인공들이 자신들의 삶에 부여했던 고유한 윤리적 · 미학적 가치들에 대한 고려 없이는 납득하기 힘든 부분이다.[3]

아무튼 중요한 것은 소비에트라는 담론 구성체의 중대한 구성 요소였던 사회주의적 가치에 입각했을 때, 이제 우리는 이 책을 둘러싼 가장 피상적인 독해의 모델 하나를 도출해낼 수 있다는 점이다. 그것은 수행적 전환의 의미를 일종의 형식적 가면 쓰기로 축소 · 왜

---

3 사실 이 주제를 훨씬 직접적으로 다룬 작품으로 로빈 헤스먼Robin Hessman 감독의 다큐멘터리 「나의 페레스트로이카My Perestroika」(2010)가 있다. 유르착의 책에서 받은 영향이 나분이 느껴지는 이 영화는 1970~1980년대에 유년기를 보내고 청년기에 페레스트로이카를 겪은 '소비에트 마지막 세대'에 속한 다섯 명의 동창생의 삶의 궤적을 따라가면서, 비범한extraordinary 사건들 속의 평범한 삶ordinary lives의 풍경을 생생하게 보여준다.

곡하는 방식이다. 가령 정해진 형식의 정확한 복제만이 중요해지면서 해당 담론의 진술적 차원이 눈에 띄게 축소되고, 그에 따라 수행적 차원이 현저하게 부상하는 수행적 전환의 상황을 다음과 같이 받아들인다고 가정해보자. 후기 사회주의 시기 소비에트에서는 권력이 요구하는 권위적 담론의 형식적 정합성만 '어떻게든' 맞출 수 있다면, 그로부터 가능해진 시공간 내부에서 얼마든지 자기식의 의미를 부여하면서 나름의 삶의 스타일을 꾸려나갈 수 있었다고. 그런데 얼핏 그럴듯해 보이는 이런 해석의 문제점은 거칠고 성긴 이념의 그물을 덧씌웠을 때 곧바로 드러난다. 이를테면 다음과 같은 해석은 어떠한가?

사실 사회주의의 공식 담론은 허울 좋은 '외관'에 불과하며, 정작 그 포장지 안쪽에서는 온갖 자유주의적 혹은 자본주의적 '실질'이 이미 오래전부터 기능하고 있었다. 그런 점에서 후기 사회주의는 이미 '내부로부터' 무너져 있었던바, 페레스트로이카는 단지 그것에 마지막 방아쇠를 당겼을 뿐이다. 보라, 북한 엘리트 계층의 의식 변화와 인민대중에 널리 퍼진 장마당 경제는 이미 그 내적 붕괴의 과정을 잘 보여주고 있지 않은가? 분명히 말하건대, 적어도 소비에트의 경우라면 이런 안이한 해석은 오직 앞서 말한 일상적 삶 속 "사회주의적 가치"의 위상과 의미를 송두리째 삭제할 때만 가능한 것이다. 그렇다면 북한의 경우엔 이런 식의 삭제가 가능할까? 만일 누군가 소비에트와 북한의 비교를 원한다면, 바로 이 지점에서 시작해야 할는지도 모른다.[4]

---

4 언젠가 슬라보예 지젝은 오늘날의 북한이 더 이상 공산주의 국가가 아니라는 점을 보여

북한과 연관된 해석은 물론 가능하겠지만, 그럼에도 이 책의 가능한 독법 중 하나일 뿐이다. 고백하건대, 역자가 이 책을 번역하면서 (특히 뒤로 갈수록 점점 더 많이) 떠올리게 된 단어는 사실 따로 있었다. 다소 엉뚱하게 들릴지 모르겠지만, 그건 바로 '포스트post-'라는 단어다. 후기 사회주의의 삶을 "정적이고 자기-영속적인 기계 같은 것이 아니라, 역동적이고 행위 주체적인 내적 재조직화의 과정"(p. 549)으로 그려내려는 저자의 지난한 노력에도 불구하고, 책의 후반부로 갈수록 점점 더 뚜렷해지는 것은 이 삶 이외의 다른 대안은 존재하지 않을 것이라는 강력한 느낌이다. 유르착의 말대로, 소비에트의 '영원성'에 대한 감각, "[그] 삶이 고정적이고 영원하며 불변하리라는 느낌"은 "소비에트 시스템의 지속적인 내적 전환과 탈영토화를 위한 구성적 요소"(p. 549)였을 것이다. 매우 역설적이지만 지금 모습 그대로 영원하리라고 느꼈기 때문에,[5] 바로 그런 느낌이 유지될 수 있었기 때문에, 그들은 그 안에서 더욱 다양하고 예측 불가능

주는 근거로, 스탈린식 집단수용소의 북한식 버전에 해당하는 '완전통제구역'에서 이데올로기 교육이 전면 삭제됐다는 점을 지적한 적이 있다. 그가 보기에 당국자들이 죄수들에게 이데올로기 교육을 하는 수고조차 하지 않는 이 상황은 북한의 체제가 "그 어떤 이데올로기적 정당화도 없는 순수한 규율 메커니즘," 이를테면 파시즘으로 바뀌었음을 보여주는 증거에 해당한다. 이는 "그 보편성으로 말미암아 체제가 모든 시민들에게 자신의 공식 이념을 선전할 수밖에 없는 계몽의 유산과도 단절"했음을 뜻하는 것으로, 가령 유르착식으로 바꿔 말하자면, (수행적으로 다시 채우기 위해) 권위적 담론의 진술적 차원을 '비우는' 게 아니라 아예 그것을 내팽개쳐버림을 의미하게 된다. 슬라보예 지젝, 『잃어버린 대의를 옹호하며』, 박정수 옮김, 그린비, 2009, p. 392.

5 "소비에트 연방에서 무언가가 바뀔 수 있다는 생각은 한 번도 해본 적이 없어요. 그게 사라질 거라는 생각은 고사하고요. 어른이건 아이건 말이에요. [……] 모든 게 영원할 거라는 완전한 인상이 있었죠"(p. 9).

한 방식으로 살아갈 수 있었을 것이다. 하지만 이런 놀라운 역설에
도 불구하고 부정할 수 없는 한 가지 사실이 있다. 유르착이 그려내
고 있는 후기 사회주의의 풍경이란 어쨌든 시스템이 이미 '공회전'에
돌입한 상황, 그러니까 하나의 사회 시스템이 혁명적 변화의 과정을
완료한 '이후post-'의 상태에 해당하는 국면의 분석이라는 점이다.
그런데 현재가 영원히 지속되리라는 느낌, 이후론 더 이상 결정적인
변화는 없을 것이며, 무엇을 하더라도 본질적으로 바뀌는 건 없을
거라는 이런 느낌은, 어딘지 모르게 낯익지 않은가?

　역사가 소거된 영속성의 느낌, 우리 시대를 특징짓는 이런 전형
적인 실존 감각을 가리키기 위해 "자본주의 리얼리즘"이라는 용어
가 등장하기도 했는데(물론 사회주의 리얼리즘에 빗댄 표현이다),[6] 실
제로 후기 사회주의와 오늘날의 시대 감각 사이의 대응은 나 혼자
만 느낀 개인적 감상이 아니다. 그 실례로 영국의 다큐멘터리 감
독 애덤 커티스Adam Curtis의 2016년 작 「하이퍼노멀라이제이션
HyperNormalisation」을 들 수 있다. 『모든 것은 영원했다, 사라지기 전
까지는』에서 직접적인 영감을 받은 커티스 감독은 유르착의 이 용어
("초규범화")를 비정상의 상태를 마치 규범인 것처럼 받아들이는 동
시대적 감각을 가리키는 개념으로 전유하여, 이를 우리 시대 전체를
수식하는 개념으로 전면화했다. 그에 따르면 우리 시대는 1980년대
소비에트에서 그랬던 것처럼, 정치가와 기업가에서 일반 시민에 이
르기까지 말 그대로 모든 사람이 이미 시스템이 망가져 있다는 것을
잘 알면서도, 그에 대한 다른 대안을 상상할 수 없기 때문에 마치 그

6　마크 피셔, 『자본주의 리얼리즘: 대안은 없는가』, 박진철 옮김, 리시올, 2018.

허위fakeness가 정상적인 현실real인 것처럼 가장하며 살아가고 있는 형국이다.[7] 하지만 그 가장의 끝에, 언젠가 저곳에서 그랬듯이, 누구도 예상치 못한 갑작스러운 몰락이 기다리고 있는지는 아무도 모른다.

'후기' 사회주의 소비에트의 일상적 삶이 근대 '이후'를 살아가는 우리의 삶과 만들어내는 기이한 공명은 분명 곱씹어볼 만한 가치가 있다. 영원히 끝날 것 같지 않은 기이한 안정성의 느낌, 시스템의 비작동(혹은 오작동)이 상례가 되어 오히려 온전한 작동이 시스템을 불안하게 만드는(페레스트로이카의 상황이 정확하게 이러했다!) 이런 영속성의 상황이 언제까지나 똑같은 모습으로 지속될 수 있을 리는 없다. 바로 이런 각도에서, 개인적으로 이 책에서 가장 흥미롭게 다가온 부분은 마지막 7장이었다. "엑스레이 레코드판"이 상징하는 "소비에트의 저편"을 다루는 5장이 흥미진진한 발견의 기쁨을 준다면, 역설을 대신해 '부조리absurdity'가 전면화된 무시무시한 끝자락의 풍경을 보여주는 7장은 말 그대로 '섬뜩한uncanny' 느낌을 준다. 시스템이 내부로부터 썩어가고 있음을 잘 알고 있을 뿐만 아니라 그 과정에 모두가 함께 '가담'하고 있다는 걸 분명하게 느끼고 있는 상황, 하지만 "투쟁하기를 그친 유머"(슬로터다이크)를 통해 이를 슬쩍 드러내는 가운데 무화시켜버리는 모습은, 스탸프와 네크로미학이 보여

---

7 "저는 이것〔하이퍼노멀라이제이션〕이 기막힌 제목이라고 생각했어요. 왜냐하면 우리가 진짜로 소비에트연방에서처럼 살고 있는 게 아님에도 불구하고, 우리의 현재 속에 그와 비슷한 느낌이 정말 있기 때문이에요." Adam Curtis, "The antidote to civilisational collapse—An interview with the documentary filmmaker Adam Curtis," *Open Future*, 2018년 12월 6일(https://www.economist.com/open-future/2018/12/06/the-antidote-to-civilisational-collapse).

주는 그로테스크함 못지않게 섬뜩한 기시감을 준다. 유르착의 본래 의도와 상관없이, 인구의 절대 다수가 시스템의 모순에 개인적·집단적으로 관여하면서 그것을 '유희적으로' 재생산하는 이 모습은 너무나 '포스트적'이지 않은가. 거대 제국 소비에트의 최종회, 그것의 진짜 막장에 해당하는 이 풍경을 보고 있노라면, 서구의 모더니티를 "따라잡고 앞질러야Dognati i peregnati"만 했던 후발 근대국가 소비에트가 혹시 그것의 '이후'(포스트모던)마저 '가속도'를 붙여 앞질러 갔던 게 아닐까 하는 생각마저 들 정도다.[8]

어쨌든 그 시절의 참모습을 재구축하는 것을 넘어 그것을 오늘의 현실에 끌어당겨 읽어보는 일은 독자의 몫이다. 꼭 그와 같은 '동시대적 읽기'가 아니더라도, 이 책에는 그 시절의 삶과 인간 들을 새롭게 조명하기 위한 단초가 될 만한 온갖 흥미진진한 '물건-기호들'이 도처에 박혀 있다. 가령 1980년대 초반 소비에트의 거리에서 나이가 지긋한 점잖은 사람들이 반나체의 모델이 그려진 외국 비닐봉지를 버젓이 들고 다닌 이유가 무엇인지, 핵폭발의 재앙을 묘사한 삽

---

8 실제로 소비에트가 사라지기 직전에 한 미국 연구자가 이런 생각을 표명했던 적이 있다. 1990년 1월 "국제 소비에트-프랑스-미국 심포지움 공동 여성 의장"의 자격으로 모스크바에서 공동 연구모임을 조직했던 수전 벅모스는 모스크바 연구진 측에서 제안한 모임의 명칭을 듣고 깜짝 놀랐다(당시 소비에트 측에서는 발레리 포도로가, 미하일 리클린, 엘레나 페트롭스키야 등이, 서구 쪽에서 수전 벅모스, 프레드릭 제임슨, 슬라보예 지젝 등이 참여했다). "포스트모던 담론의 철학적 문제들"이라는 그들의 제안에 대해 그녀는 다음과 같이 덧붙였다. "게다가 포스트모던적인 문화에 관해서라면, 소비에트연방이 자본주의적인 서구 이전에before 이 역사적 단계를 획득함으로써 나머지 세계보다 더 앞서 갔다고 주장할 방법이 있었다. 정치적 냉소주의, 반유토피아주의, 모든 전체화하는 담론에 대한 불신은 탈스탈린주의의 지적 유산의 일부분으로서 소비에트의 반체제 문화에서 일찍이 잘 확립된 포스트모더니티의 특징들이 아니었던가?" 수전 벅모스, 『꿈의 세계와 파국: 대중 유토피아의 소멸』, 윤일성·김주영 옮김, 경성대학교출판부, 2008, p. 285, 번역 일부 수정.

화가 그려진 민방위 수업 교재를 갖고 그 시절의 학생들이 무슨 장난을 쳤는지에 관해, 우리는 여전히 많은 것을 모르고 있다. 그리고 감히 말하건대, 우리가 여전히 모르고 있는 그것들 중에는 미국인이나 영국인 혹은 프랑스인이 아닌 한국인이기 때문에 우리가 그들보다 더 잘 이해할 수 있는 것들이 상당히 많다. 모쪼록 이 책이 '그들'이 만들고 전해준 소비에트가 아니라, 우리의 경험에 입각해 우리의 관점에서 바라본 소비에트의 상을 만들어가기 위한 유용한 나침반의 역할을 할 수 있기를 기대한다.

좋은 책에는 두 종류가 있다고 생각해왔다. 우리가 전혀 몰랐던 새로운 사실을 알게 하는 책, 혹은 알았다 하더라도 별다른 주의를 기울이지 않았던 세계를 향한 관심을 불러일으키는 책이 첫번째라면, 우리가 이미 알고 있는 사실에 관해 다시 생각해보도록 만드는 책이 두번째다. 어떤 대상에 대한 우리의 앎 자체를 의심하게 하는 책, 기존의 이해 전체를 근본적으로 되묻지 않을 수 없도록 촉구하는 책이 존재한다. 소비에트 후기 사회주의에 관한 유르착의 저작은 두 가지 모두에 해당하는 '드문' 경우였다. 부디 이 책에서 촉발된 관심과 의문이 더 많은 질문과 성찰을 낳는 계기가 되기를 바란다.

4

본래 이 번역본은 2017년 러시아혁명 100주년에 맞춰 출간될 계획이었다. 언제나 그렇듯이 계획은 어긋났고 이제야 세상에 내놓게 되었다. 2010년경에 처음 읽은 후부터 기회가 있을 때마다 주변에 이 책에 관한 이야기를 늘어놓았고, 2012년에는 학술지에 서평을 쓰기도 했지만, 직접 번역할 생각은 하지 못했다. 2015년 가을, 서평을 읽은 한 젊은 출판 편집자가 이 책을 혁명 100주년에 맞춰 번역 출간하고 싶다는 연락을 해왔을 때, 그의 열의에 공감했고 용기를 냈다. 그런데 이듬해 그 편집자가 일하던 출판사에서 일어난 몹시 '유감스런' 사태로 인해 책의 출간을 보장할 수 없게 됐고, 자칫하면 번역이 무산될지도 모르는 상황에서 문학과지성사가 계약과 관련된 금전적 손실을 무릅쓰고 출간을 대신 맡아주었다. 언제나처럼 당장의 수익보다 책 자체의 가치를 앞서 고려해준 문학과지성사에 감사하며, 아울러 지금은 다른 자리에서 자신의 일을 계속하고 있는 이승한 편집자에게도 감사를 표한다.

번역은 영어판에 의거했지만, 책 전체에 걸쳐서 저자가 직접 쓴 러시아어판을 참고했다. 설명의 강조점이나 순서가 바뀐 경우, 혹은 아예 표현과 용어를 달리 쓴 경우에는 옮긴이주에 따로 설명을 달았다. 2018년에 출간된 일본어 번역본은 몇몇 결정적인 대목에서 유용한 참고가 되었다. 이 밖에도 역사적 맥락이나 학술적 배경을 따로 소개할 필요가 있다고 여겨지는 부분에서 상세한 옮긴이주를 덧붙였다. 본문에서 파생된 이 '곁가지들'이 소비에트 역사와 문화에 관심을 가진 독자들에게 또 다른 씨앗이 되어 새로운 관심과 탐구를 부추길 수 있으면 좋겠다.

책의 부피와 내용의 방대함 탓에 몇 차례에 걸친 교정의 과정이 역대급으로 고통스러웠다. 그 과정에서 수차례 악몽 같은 실수로부터 역자를 건져준 홍원기 외주편집자의 전문가다운 손길에 감사한다. 어느새 세번째 작업을 함께하면서 특유의 놀라운 집중력과 묵직한 추진력으로 페이스메이커의 역할을 톡톡히 담당해준 문학과지성사 인문팀 김현주 편집장에게도 깊은 감사를 드린다. 한국외국어대학 노어노문학과 대학원 소비에트연구 수업에서 한 학기 동안 이 책을 함께 읽으며 생각과 고민을 나눠주었던 박하연, 이종현, 전미라 선생에게도 고마움을 전한다. 번역연구를 지원해준 한국외국어대학교에도 감사한다. 끝으로, 오랫동안 이 번역본의 출간을 기다리다가 급기야 최근 동명의 장편소설 연재를 시작한 정지돈 작가에게 미안함을 전하며, 그의 건투를 빈다.

2019년 가을
김수환

옮긴이의 글